독서 논술 지도

(사) 한국어문능력개발원 편

태영출판사

머리말

21세기는 정보화와 지식문화의 물결을 타고 하루가 다르게 변화하고 있습니다. 그런데 정보화와 지식화는 인류사회의 개방을 촉진시키고 지식을 끊임없이 창출하는 창의력을 필요로 하고 있습니다.

창의력은 폭넓은 사고력과 논리적 이론으로 새로운 것을 창출하는 인간의 정신적 가치를 의미합니다. 창의력에 의해 새로운 기술이 개발되며, 인류 문화의 대변혁이 일어나기도 합니다. 따라서 우리가 살고 있는 이 시대야말로 창의력을 가진 사람이 주도하는 세기라고 할 수 있습니다.

이 책은 어린이들에게 독서논술을 지도하여 표현력 · 사고력 · 논리력은 물론 창의력을 함양시킴으로써 이 시대가 요구하는 경쟁력 있는 글로벌 인재를 양성하는 데 도움이 되도록 분야별로 전문가들이 나누어 집필하였습니다.

또한 이 책은 독서논술 분야에 깊은 연구와 현장경험이 풍부한 (사)한국어문능력개발원 전문연구진이 이론과 실제를 밀도 있게 접목하여 이 과정을 수료한 교사들은 누구나 현장에서 학생들을 지도할 수 있도록 엮었다는 점에서 여타의 교재와 차별화됩니다.

유대인의 '탈무드'에 "물고기 한 마리를 주면 하루를 살 수 있지만, 물고기 잡는 방법을 가르쳐 주면 일평생을 살 수 있다"고 말한 것처럼, 일선에서 독서논술을 지도하고 있는 선생님들이 이 책을 효과적으로 잘 활용하여, 어린이들이 일생을 살아가는 데 필요한 무기가 될 언어능력을 길러줄 수 있기를 바랍니다. 선생님들에게도 큰 보람이 되실 것입니다.

그 동안 집필에 수고하신 선생님들께 진심으로 감사를 드립니다.

2008년 12월

저자 대표

차례

제 1 장 인간과 언어

1. 인간 ········ 8
2. 언어구성과 형태 ········ 9
3. 언어습득과 발달 ········ 13
4. 언어의 기능과 의미 ········ 22
5. 언어와 신체 ········ 30
6. 유아의 언어발달 ········ 32

제 2 장 문학의 맛

1. 언어의 맛 ········ 43
2. 사상의 맛 ········ 46
3. 체험의 맛 ········ 48
4. 정서의 맛 ········ 50
5. 상상의 맛 ········ 52
6. 장르의 맛 ········ 55

제 3 장 국어정서법

1. 국어정서법 ········ 60
2. 문장부호 ········ 116
3. 원고지 사용법 ········ 122
4. 교정부호 ········ 134
5. 비문 ········ 137

제 4 장 논술의 이해

1. 논리적인 글쓰기 지도 ········ 148
2. 논술의 단계-단계별 논리적 글쓰기와 실제 ········ 159
3. 단계별 논리적 글쓰기 지도의 실제 ········ 166
4. 유형별 논리적 글쓰기 지도의 실제 ········ 183

제 5 장 논술의 실제

1. 초등 논술, 어떻게 가르칠까? ······204
2. 교과서와 연계한 논술교육 ······206
3. 유형별 논술의 실제 ······215
4. 학년별 논술지도의 실제 ······261

제 6 장 그림책 읽기지도

1. 그림책이란 ······276
2. 그림책의 구성 ······277
3. 그림책의 중요성 ······277
4. 좋은 그림책의 선택기준 ······278
5. 그림책의 종류 ······279
6. 그림책의 연구접근법 ······280
7. 그림책의 접근방법 ······281
8. 그림책 지도의 실제 ······282

제 7 장 *NIE* 독서논술지도

1. 신문의 이해 ······290
2. *NIE*의 이해 ······309

제 8 장 독서지도와 아동심리발달

1. 프로이트의 이론과 문학 ······363
2. 에릭슨의 이론과 문학 ······364
3. 발달단계별 언어와 문학 ······366
4. 아동기의 이해와 문학 ······370
5. 아동기의 특징과 문학 ······372
6. 독서지도와 아동발달 ······374
7. 미디어 독서지도 ······385

제 9 장 독서치료

1. 독서치료의 정의 ······404
2. 독서치료의 이론적 기초 ······405
3. 독서치료의 유형 ······406
4. 독서치료의 목적과 가치 ······407
5. 독서치료의 실제 ······408

※ 참고 문헌 / 448

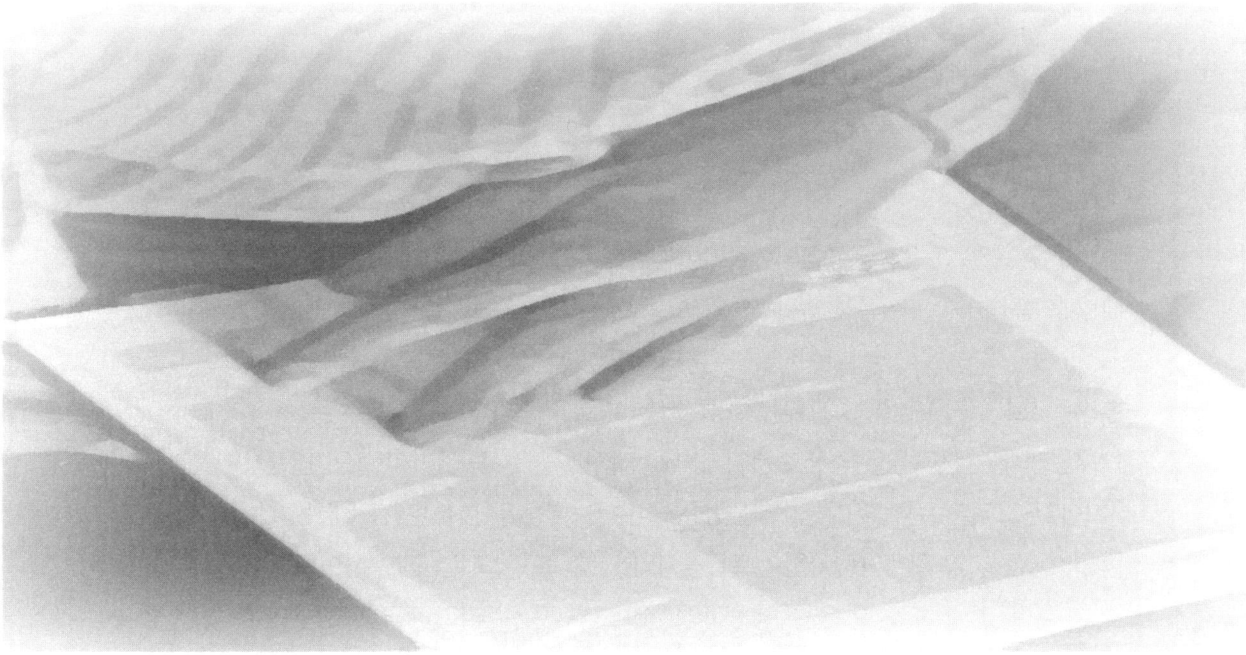

인간과 언어

제 1 장

1. 인간
2. 언어구성과 형태
3. 언어습득과 발달
4. 언어의 기능과 의미
5. 언어와 신체
6. 유아의 언어발달

1. 인 간

이 세상에 존재하고 있는 인간들은 그 무엇인가와 관계를 맺으며 살아가고 있다. 즉 인간은 생존을 위한 본능적인 욕구와 그 무엇을 성취하기 위해 누군가와 관계를 맺으며 살아간다는 것이다. 이에 인간을 사회적 동물(社會的 動物, *social animal*)[1], 정치적 동물(政治的 動物, *politics animal*)[2], 경제적 동물(經濟的 動物, *economical animal*)[3], 예술적 동물(藝術的 動物, *artistic animal*)[4]이라고 한다.

이는 인간이 개인으로서 존재하고 있어도 그 개인이 유일적(唯一的)으로 존재하고 있는 것이 아니라, 끊임없이 타인과의 관계속에 존재하고 있다는 의미이기도 하다. 그러므로 인간 없이 사회가 존재할 수 없으며, 사회 없이는 인간이 존재할 수 없는 것이다. 인간과 사회가 조화를 이룰 때 인간은 사회 속에서 존재의 의미를 찾을 수 있기 때문에 인간은 개인적 존재이면서 동시에 사회적 존재가 된다.

학자들은 동물로부터 구별되는 인간의 특징을 여러 가지로 이야기한다. 인간을 만물의 영장이라고 하는 까닭은 어디에 있을까. 인간에 대한 인류학자들의 견해를 살펴보면 크게 두 가지로 생각해 볼 수 있다.

첫째, 인류학자들은 인간을 호모 사피엔스(*Homo sapiens*)[5]라고 부른다. 인간은 생각할 수 있는 능력을 가지고 있다는 의미이다. 인간은 아침에 눈을 뜬 순간부터 잠이 든

---

1) 인간은 사회의 구성원이며, 사회공동체의 형성자로서 포착될 수 있다는 것을 뜻한다. 이에 아리스토텔레스(*Aristoteles*)는 '정치적 동물(*zoon politikon*)'이라고 말했다.
2) 인간과 인간과의 관계는 조직문화이다. 추구하는 목표, 성향에 따라 조직을 형성한다. 혼자의 힘보다는 여러 사람의 힘이 결집된 조직의 힘으로 목표를 성취하는 것이 더 쉽고 빠르기 때문이다. 조직은 다른 말로 하면 사회의 구성요소가 된다.
3) 인간은 삶을 영위하기 위해서 필요한 경제적 활동을 할 수밖에 없다. 그러자면 의식주 해결을 위하여 타인과의 관계를 맺을 수밖에 없다. 경제력은 자본주의 사회에서 자신의 가치를 높이는 가장 효율적인 수단이 되기 때문이다.
4) 인간은 기본적인 의식주 해결만으로 만족하지 못한다. 특별한 재료, 기교, 양식 따위로 감상의 대상이 되는 아름다움을 표현하고자 하는 활동을 하는데 이를 예술적 행동이라고 한다. 인류의 문화가 발전하는 데 중요한 요소가 된다.
5) 인류의 진화단계를 원인(猿人)·원인(原人)·구인(舊人)·신인(新人)으로 구분했을 때 가장 진화한 단계가 호모 사피엔스(지혜 있는 인간이라는 뜻)이다. 일반적으로 4만~5만 년 전부터 지구상에 널리 분포되어, 후기 석기문화(石器文化)를 가지며 농경·목축이라는 혁명적 생산수단을 발명하여 마침내 문명의 꽃을 피웠다. 분류학적으로는 구인, 즉 네안데르탈인(*Homo neanderthalensis*)도 호모 사피엔스의 한 아종(亞種)으로 보는 설이 유력하다.

순간까지 생각한다. 파스칼이 '인간은 생각하는 갈대다.'라고 말한 것처럼 인간은 수많은 생각을 하고 행동을 결정한다. 그러므로 생각하지 않는 인간은 인간이라고 볼 수 없는 것이다.[6)]

둘째, 인류학자들은 인간은 호모 링기스티쿠스(*Homo linguisticus*)라고 부른다. 인간은 생각한 그 무엇을 어떤 수단과 방법으로 나타내고자 한다. 이때 커뮤니케이션의 필요성을 느끼게 된다. 커뮤니케이션은 의사(*opinion*)를 소통하고 정보(*information*)를 교환하고 감정(*sentiment*)을 이입시키는 행위의 수단이다(*Virginia Satir*)[7)]. 이때부터 인간은 지혜를 끌어 내고 지식을 공유하고 사고를 조정하여 언어를 사용할 수 있는 능력을 가지게 되었다. 따라서 인간이 다른 동물들과는 달리 커뮤니케이션의 수단으로 언어를 발명하고 사용할 수 있는 능력을 갖고 있다는 점에서 높이 평가받고 있는 것이다.

이처럼 인류가 동물로부터 구별되어 오늘날의 영장류가 될 수 있었던 요체는 바로 언어(음성언어)의 사용이며, 인류가 원시 상태에서 벗어나 오늘날과 같은 발전된 문명을 향유할 수 있게 된 것도 언어(문자 언어)의 사용 때문이다.

2. 언어구성과 형태

1) 언어의 정의

언어에 대한 여러 학자들의 견해를 살펴보면 다음과 같다. 에드워드 사피어(*Edward Sapir*)[8)]는 '언어란 자의적으로 생성된 상징체계를 통해 생각, 감정 및 욕구를 상호 전달

---

6) 우리는 흔히 현실, 입장, 상황을 생각하지 않고 행동하는 사람을 보고 이렇게 말한다. '저게 사람인가?' 물론 극단적인 표현이지만 생각 없이 행동하는 사람을 사람 아닌 존재로 비하시킨다. 바로 사람은 생각할 수 있는 능력을 가졌다는 의미를 내포하고 있는 것이다. 의식이 없이 병상에 누워 있는 사람을 보고 '식물인간'이라고 하는 까닭도 생각을 할 수 없기 때문이다.

7) 버지니아 사티어(*Virginia Satir*)는 전 세계 문제 있는 가족을 치료해 온 선구자로 알려져 있다. 그녀가 수년간 가족치료를 하며 겪은 수많은 가족의 이야기가 담긴 〈아름다운 가족〉은 전 세계 많은 가족들로부터 극진한 찬사를 받았다. 이 책의 원제목은 〈더 뉴 피플 메이킹 *THE NEW PEOPLE MAKING*〉으로 가족들의 전체적인 삶의 문제를 섬세하고 감동어린 메시지로 펼쳐 보이며, 많은 사람에게 기쁨과 위안을 안겨 주었다.

8) 에드워드 사피어(*Edward Sapir*) : 미국의 인류학자이자 언어학자로 음성학의 연구 수준을 높였고,

하는 인간적이고 비충동적인 방법을 말한다. 이와 같은 상징은 청력적이며 언어적인 기관에 의해 산출된다.'고 정의했다. 이에 브롬필드(*Louis Bromfield*)[9]는 '언어란 말이 통하는 지역사회에서 생각과 정보의 전달을 위한 상징체계'이므로 언어를 의사소통의 수단으로 정의했다. 노엄 촘스키(*Avram Noam Chomsky*)[10]는 '언어란 인간이 가지고 태어난 생득적 언어능력이 주위의 언어 환경을 통해 성숙된 것이다.'라며 언어를 생득적인 능력으로 정의하였다.

따라서 언어의 일차적 정의는 인간의 입술, 혀 등 발성기관의 활동에 의해서 생성되는 청취 가능하게 발음된 의미 있는 음성적 소리이다. 이차적 정의는 사상과 감정, 의사 등 심적 내용을 서로 전달하기 위한 음성에 의한 기호와 그 사회적인 조직 또는 체계에 의해 말하는 행위이며 문자의 사용까지 포함하는 것이다. 즉 언어는 말소리나 글자를 결합시킨 상징적인 기호체계로서 의도한 바를 말소리나 글자에 의해 인간 상호 간에 소통하는 수단이 된다.

2) 언어의 구성

언어는 음소(音素, *phoneme*), 음절(音節, *syllable*), 형태소(形態素, *morpheme*), 단어(單語, *word*), 구(句, *phrase*), 절(節, *clause*)로 구성되어 있다.

음소(音素)란 의미를 분별하는 최소 음성단위이며 자음과 모음을 말한다.

자음(子音)체계는 19자(字)이며 공기가 입 안에서 장애를 받아 만들어지는 소리로서 스스로 음절을 이룰 수 없고, 홀로 발음될 수 없다.

모음(母音)체계는 21자(字)이며 공기가 목 안이나 입 안에서 별다른 장애를 받지 않고 나는 소리이다. 단모음(11자)은 발음하는 도중에 입술이나 혀가 고정되어 움직이지 않는 모음이며, 이중모음(10자)은 발음하는 도중에 입술이나 혀의 모양이 변하는 모음으로서

언어 구조의 체계적인 성질을 이해하는 데 힘썼다. 주요 저서에 ≪언어 - 말의 연구 서설≫이 있다.

9) 브롬필드 (*Louis Bromfield*) : 미국 소설가. 초기 작품 〈초가을〉로 퓰리처상을 수상했다. 그는 고향 가까이에 구입한 맬러바 농장에서 살았으며 이 농장은 지금도 유명하며 농장 생활을 아름다운 필치로 그려낸 〈맬러바 농장〉 등의 논픽션 작품은 그의 새로운 문학적 발전을 나타낸 것으로서 높이 평가되고 있다.

10) 촘스키(*Avram Noam Chomsky*) : 별칭이 언어학 혁신의 아버지이다. 미국의 언어학자로서 변형생성문법 이론으로 언어학에 큰 영향을 끼쳤다. 또한 1960년대부터 활발히 사회운동에 참여하여 미국을 대표하는 비판적 지식인으로 평가를 받고 있다.

단모음과 반모음(半母音)의 결합이다.[11]

음절(音節)은 한 번에 낼 수 있는 소리의 단위이다. 한국어는 모음이 반드시 있어야 소리를 낼 수 있다. 음절은 '모음, 자음+모음, 모음+자음, 자음+모음+자음'의 형태로 나눠진다. 예를 들면 '가, 나, 다, 라, 바' 같은 글자이다.

형태소(形態素)는 음소가 모여서 의미를 가지는 최소 단위로 크기가 가장 작고 독립된 의미를 지닌 언어표현이다. 즉 뜻을 가지고 있거나 문법적 역할을 하는 말의 단위가 형태소이다. 형태소는 일정한 음성과 뜻이나 기능을 지닌 가장 작은 말의 단위이다. 한 개의 음소로 이루어진 것도 있고, 한 개의 음절로 이루어진 것도 있고, 둘 이상의 음절로 이루어진 것도 있다.

단어(單語)는 더 이상 나뉠 수 없는 가장 작은 언어의 단위로 적절히 결합되어 의미가 소통되는 문장을 구성한다. 구(句)는 중심이 되는 말(핵심어)과 그것에 부속되는 말(부속어)의 덩어리이다. 즉 주어와 서술어의 관계로 이루어지지 않은 문장이다.

절(節)은 하나의 완전한 문장이 다시 한 문장의 재료가 되어 하나의 성분과 같은 기능으로 사용된 말의 덩어리이다. 즉 주어와 서술어의 관계로 이루어진 문장이다.

3) 언어의 형태

언어의 형태에 대한 학자들의 논의는 다양하다. 소쉬르(*Ferdinand de Saussure*)는 "구어와 문어는 둘 다 분명한 기호 체계이지만 문어는 단지 구어를 다시 나타내 주는 기호에 불과하다."라고 하였다. 반면 사피어(*Edward Sapir*)는 "문어는 구어의 형태를 나타내는 이차적인 상징기호이다."라고 했으며, 블룸필드(*Leonard Bloomfield*)는 "작문은 언어가 아니다. 그것은 단지 가시적 부호로서 언어를 기록하는 수단에 불과하다."라고 하였다.

하지만 구어의 제한성이 나타남에 따라 캐나다의 언어심리학자 올슨(*Olson*)은 "음성언어의 사용으로 인간은 인간다워지고, 문자언어의 사용으로 인간은 문명화된다."라고 하였다. 이러한 학자들의 견해를 종합해 보면, 문자의 사용은 인간의 인지과정과 표현양식에 엄청난 변화를 가져왔다는 것을 알 수 있다. 의사소통의 수단으로서의

---

11) 국어의 음운체계는 모음 21개와 자음 19개로 이루어져 있다. 모음 중 단모음(10개)은 'ㅏ, ㅓ, ㅗ, ㅜ, ㅡ, ㅣ, ㅐ, ㅔ, ㅚ, ㅟ'와 이중모음(11개)은 'ㅑ, ㅕ, ㅛ, ㅠ, ㅒ, ㅖ, ㅘ, ㅝ, ㅞ, ㅢ'가 있다. 자음으로는 예사소리 'ㄱ, ㄴ, ㄷ, ㄹ, ㅁ, ㅂ, ㅅ, ㅇ, ㅈ(ㅎ)'와 된소리 'ㄲ, ㄸ, ㅃ, ㅆ, ㅉ'와 거센소리 'ㅊ, ㅋ, ㅌ, ㅍ'가 있다.
음운은 '음소+운소'이다. 음소는 자음과 모음이고, 운소는 소리의 장단, 높낮이, 강세, 억양이다. 표준어에서는 장단만 운소로 인정한다.

문자사용이 인류 기술 문명의 발전을 가져온 것은 분명한 사실이다.

언어의 형태는 음성언어와 문자언어로 구분된다. 음성언어는 '말'을 의미하며 듣기를 통해서 말하기가 행해진다. 문자언어는 '글'을 의미하며 읽기를 통해 쓰기가 이루어진다. 여기에서 듣기와 읽기는 외부에서 받아들인 시각적 · 음성적 기호를 해석하는 '수용언어(이해언어)' 기술이다. 반면 말하기와 쓰기는 의미를 전달하기 위해 산출하고 표현한 시각적 · 음성적 기호이며 '표현언어' 기술이다.

언어의 습득과정은 대체적으로 듣기 → 말하기 → 읽기 → 쓰기의 형태로 이루어지는데 이를 국어의 4영역이라고 한다. 인간이 언어로써 지식을 습득한다고 볼 때 음성언어에서 문자언어의 습득으로 이어지며, 대체적으로 나이가 어릴수록, 교육수준이 낮을수록 음성언어의 의존도가 높다. 반면 교육수준이 높은 전문가일수록 문자언어에 대한 의존도가 높다. 상황에 맞게 언어를 효율적으로 잘 사용하기 위해서는 음성언어와 문자언어를 적절하게 사용할 수 있어야 한다.

문자언어와 음성언어의 특성을 살펴보면 다음과 같다.

구분	문자언어	음성언어
특성	1. 시간적 · 공간적 제약을 뛰어넘는다. 2. 표현수단은 쓰기, 이해 수단은 읽기이다. 3. 보존이 길므로 전달력이 지속적이다. 4. 문장법에 의해 구성된다. 5. 선택된 낱말로 이루어지기 때문에 문장력과 언어표현력이 뛰어나다. 6. 복잡한 내용을 논리적으로 전달할 수 있다. 7. 수정이 가능하다. 8. 억양, 쉼, 감정 등을 표현하는 것이 불가능하다. 9. 독자의 반응을 즉시 참고할 수 없다. 10. 비언어적 요소의 영향을 크게 받지 않는다.	1. 시간적 공간적 제약을 받는다. 2. 표현수단은 말하기, 이해수단은 듣기이다. 3. 전달력이 일회성이며 기억에 한계가 있다. 4. 문장법이 생략된다. 5. 화자의 언어구사력의 차이가 있기 때문에 언어표현의 차이가 있다. 6. 복잡한 내용을 논리적으로 전달할 수 없다. 7. 수정이 불가능하다. 8. 감정을 표현할 수 있어 의미전달에 도움을 준다. 9. 청자의 즉각적인 반응을 확인할 수 있다. 10. 비언어적 요소의 영향을 많이 받는다.
언어영역	읽기 쓰기	듣기 말하기
비고	국어 4영역	

3. 언어습득과 발달

학자들의 견해에 따르면 언어행동과 언어발달은 세 가지 측면에서 비교된다.

첫째, 생득적 요인 대 환경적 요인(경험)의 이론이다. 언어습득 및 언어발달이 타고난 인간의 능력인가, 아니면 주변 환경에서의 경험(교육)에 의해서인가에 관점을 두는 견해이다.

둘째, 능력 대 수행으로서의 관점이다. 능력이란 개인마다 가지고 있는 언어능력, 언어지식, 또는 개인 내에 갖추어진 언어 규칙을 말한다. 수행은 개인의 언어능력을 실제생활에 얼마만큼 활용하는가를 의미한다. 즉 개인마다 가지고 있는 언어능력과 현실생활에서의 실제 언어표현과의 연관성을 언어습득의 중요 관점으로 보는 관점이다.

셋째, 구조주의 대 기능주의로서의 비교이다. 구조주의는 통사론을 기초로 한 언어행동을 설명하는 반면, 기능주의는 화용론을 바탕으로 한 사회적 환경에서의 언어사용 및 언어행동을 말한다.

이러한 세 가지 측면에서의 언어습득 이론을 다시 구분하면 생득주의 이론, 행동주의 이론, 상호작용주의 이론으로 나누어진다.

1) 생득주의적 이론

생득주의적 이론은 1960년대 초에서 1970년대의 지배적인 이론으로서 언어학자 촘스키(*Noam Chomsky*)가 대표적이다. 인간은 태어날 때부터 두뇌에 보편적 문법인 언어습득 기제 LAD(*Language Acquisition Device*)가 있다고 본다. 아이의 생김새가 부모의 유전인자를 물려받은 것처럼 언어습득 능력도 부모의 유전인자에 의해 결정된다고 보는 견해이다. 따라서 생득주의적 이론은 각 개인마다 타고난 선천적 언어능력이라고 보는 것이다.

더불어 인간은 인간 본연의 속성으로 매우 짧은 시간에 언어 체계를 습득하기 때문에 생득주의적 이론은 더 탄력을 받는다. 예를 들어 사람은 들어본 적이 없는 문장을 산출하고 이해하는 창조적 능력이 있기 때문에 언어능력은 생리적인 것이라고 볼 수 있다는 것이다.

생득주의적 이론에서 주장하고 있는 이론은 다음과 같다.

첫째, 언어능력은 이미 타고날 때부터 물려받은 선천적인 요소이기 때문에 후천적인 노력이나 여건으로 달라지지 않는다. 후천적인 노력이나 여건에 의해서 사용하는 낱말의 수나 구문의 복잡성의 변화는 있을 수 있지만 언어의 기본적 · 문법적 능력에 있어서 하등의 차이가 없다는 주장이다. 이 같은 예는 최고의 학력을 가진 사람은 말을 잘하고 문맹인 사람은 말을 잘하지 못하는 경우에서 찾아 볼 수 있다. 배움과는 상관 없이 모든 사람들이 말을 사용하며 살아가는 것과 같은 이치이다.

둘째, 언어습득능력과 발달과정에 있어서 개인차가 없다. 인간의 능력에는 개인차이가 상당하다. 각 개인을 비교했을 때 노래를 잘하고 못하는 경우, 기계를 잘 만지고 못 만지는 경우처럼 차이가 있음을 인정한다. 하지만 이 중에 언어습득능력은 개인 차이가 없다는 것이 생득주의적 이론이다. 다시 말하면 언어습득도 신체발달처럼 누구나 비슷하게 획득한다는 것이다. 이 같은 예로는 말 잘하는 아이는 말하는 일을 직업으로 한 부모나 특별히 말을 잘 하는 부모의 영향을 받았다고 믿는 경우를 들 수 있다.

셋째, 언어습득능력과 그 발달과정이 인간발달의 어떤 특정 시기에만 발현된다. 언어습득의 결정적 시기(critical period)는 생후 12개월에서 만 12세 또는 13세 사이라고 본다. 이 결정적 시기가 지나면 선천적 언어습득능력이 소멸되어 모든 종류의 언어습득이 어려워진다고 본다. 이러한 이유를 근거로 하여 언어교육은 어렸을 때 해야 한다는 이론이 제기되고 있다.

넷째, 인간의 언어습득과 그 발달 과정은 오직 인간에게만 가능하다. 인간 이외의 그 어떤 것도 인간처럼 언어를 습득하고 활용하지 못한다는 것이다. 말을 따라 하는 앵무새나 말을 하게끔 조작된 컴퓨터 로봇이라도 인간처럼 말을 구사할 수 없다는 것이다.

이러한 생득주의 가설은 기본적으로 문법적 능력, 즉 문법적 이론에 국한한다. 화용론적 능력은 이 생득주의 가설에 포함되지 않는다. 그러나 늑대인간이나 고립되어 살아온 사람을 예로 든다면 생득주의적 이론은 설득력이 약하다. 생득주의적 이론에 의하면 어떤 환경에서든 언어를 사용할 수 있어야 하기 때문이다. 또한 언어습득 및 언어발달에 있어서 사회적 기능, 상황 등을 배제하였으며, 언어 체계의 오류나 변화를 제대로 설명하지 못하는 단점이 있다.

2) 행동주의적 이론

행동주의적 이론은 1950년대에 지배적인 이론으로서 대표적인 심리학자는 스키너(*B. F. Skinner*)이다. 스키너는 언어습득 및 발달이론을 '스키너 상자'로 설명하였다. 방음이 된 스키너 상자는 한쪽 구석에 지렛대가 있고 이것을 누르면 자동적으로 먹이와 물이 나오도록 되어 있다. 그 상자 속에 생쥐들을 넣어 두는데 상자 속에 든 생쥐는 마음껏 상자 안을 돌아다니다가 우연이든 의도했든 간에 지렛대를 누르면 물이 나온다는 것을 알게 된다.

이에 생쥐는 배가 고프면 지렛대를 누르고(작동) 나오는 먹이를 먹는 행동(반응)을 하게 된다. 그러므로 스키너 상자는 주어진 상황에 적응하는 동물의 행동변화를 보여주는 실험이다.

스키너(*B. F. Skinner*)의 조작적 조건형성이론은 강화[12)]에 의해 반응행동을 변화시키려는 방법이기 때문에 강화이론(*reinforcement theory*)이라고 한다. 강화이론은 강화를 어떻게 해 주면 학습이 효과적인가를 밝히는 연구이다. 연구결과, 상대방이 원하는 반응을 할 때마다 강화를 주는 것보다는 간헐적으로 강화를 제공하는 것이 반응을 유지하는데 더 효과적이라고 한다.

여기에서 벌이나 혐오자극에 의한 강화보다는 칭찬, 격려, 상 등의 긍정적 강화물이 학습에 더 효과적이다. 더불어 반응을 보인 후 즉시 강화물을 제공하는 것 등도 반응유지에 도움이 된다는 점 등을 밝히고 있다.

이를 스키너는 *'Mand'*, *'Tact'*, *'Echoic'* 에 의해서 언어를 획득한다고 보았다. *'Mand'* 는 명령(*command*)과 요구(*demand*)의 복합어로서 유아가 요구할 때 언어를 산출하면 부모가 그 요구를 충족시켜 주는 것이다. 예를 들면 영아가 우연히 '마－마'와 같은

---

12) 강화란 어떤 특수한 반응이 일어날 확률을 증가시키는 모든 것을 말한다. 예를 들면 흰쥐에게 주어지는 먹이, 어린이에게 하는 칭찬, 학생에게 주어지는 상장, 혹은 잘못을 했을 때 손을 들고 벌을 서게 하거나, 용돈을 주지 않는 경우 등이 해당된다.

옹알이를 했을 때 엄마가 영아의 요구에 응해서 우유를 주면 영아는 우유가 먹고 싶을 때마다 '마－마'와 같은 소리를 낼 가능성이 높아지고 이런 절차의 반복으로 인한 강화는 유아의 언어표현을 돕게 된다.

'*Tact*'는 접촉(*contact*)이라는 단어에서 파생되었으며 유아가 객관적 자극을 받았을 때 특정한 언어로 반응한 것에 보상을 받고 학습하는 것이다. 예를 들어 우유병을 영아에게 쥐어 주고 '이게 뭘까？'라는 질문을 하면 영아가 '마－마'라고 대답할 때 '아주 잘 아는구나.'라고 칭찬을 하는 강화를 해 줌으로써 '마－마' 소리를 '맘마'라는 낱말과 연결시켜 습득하게 되는 것이다.

'*Echoic*'는 어른의 소리를 그대로 반향한다는 뜻으로서 엄마의 '맘마'라는 정확한 발음을 계속 듣고, '마－마'를 '맘마'로 모방해서 말하게 되면, 그때마다 엄마가 껴안거나 뽀뽀를 해 줌으로써 강화를 해 주게 된다. 이런 절차의 반복에 의해 유아의 언어발달이 이루어진다는 것이다.

행동주의 이론은 환경의 역할을 강조한다. 언어는 자연스럽게 습득되는 것이 아니라 경험을 통해서 학습된다. 다른 행동의 발달과 마찬가지로 언어학습도 개체와 환경과의 관계에서 일어나는 것으로, 개인이 다양한 자극에 대하여 반응할 때 긍정적 또는 부정적으로 강화된다는 입장이다. 즉 유아의 언어발달은 부모들이 제공하는 강화에 의해 학습되는 것으로 본다.

예를 들면 유아는 옹알이부터 언어를 시작하는데, 이 옹알이 속에는 모국어에 사용되는 음소가 포함되어 있다(예 : 아, 가 등). 이때 부모들이 옹알이에 포함된 음소가 든 언어를 들려주면 더 좋아하는 경향이 있다. 이처럼 부모들의 긍정적 태도는 강화 역할을 하여 영아가 모국어의 음소뿐 아니라 어휘 및 문법을 획득해 나간다는 것이다.

이와 같이 스키너이론에 기초한 행동주의적 입장의 언어학습은 자극과 반응, 모방, 강화를 통한 학습을 강조한다. 언어적 자극을 유아에게 제시하면, 유아는 모방과 강화를 통하여 제시된 언어자극을 학습하게 된다. 그러나 언어습득은 강화와 모방만으로 가능한 것은 아니다. 예를 들어 유아의 언어 발달 속도는 부모의 강화 빈도와는 비교도 되지 않을 만큼 빠른 것을 볼 때 행동주의 이론으로 언어습득을 설명하기에는 충분하지 않은 점도 있다.

3) 상호작용주의적 이론

언어발달은 선천적으로 습득되는 것이 아니라 자신의 경험을 표상하고 소통하는 노력에 의해 구조화된다. 유아는 타고난 선천적인 언어능력을 가지고 있지만 이 능력이 발휘될 수 있도록 다양한 언어 환경을 제공해 주어 경험을 많이 할 수 있도록 해야 한다는 이론이다. 이러한 상호작용주의적 이론은 두 가지로 구분된다.

(1) 인지적 상호작용주의

인지적 상호작용주의[13]를 주장한 스위스의 심리학자 피아제(*Piaget*)의 언어습득은 동화(*assimilation*)와 조절(*accommodation*)을 통해 구조화된다. 동화란 자신이 가지고 있는 도식(*scheme*)에 의해 당면한 사물이나 사상을 해석 · 이해하는 인지과정이다. 조절은 자신이 가진 기존의 도식이나 구조가 새로운 세상을 동화하는 데 적합하지 않을 때 새로운 대상에 맞게 이미 있는 도식이나 구조를 바꾸어 가는 인지적 과정을 의미한다. 예를 들면 유아는 물 속에서 지느러미로 헤엄치고 알을 낳으면 모두 어류인 줄 알고 언어로는 물고기라고 언어화하였다(동화과정). 그런데 고래는 새끼를 낳기 때문에 포유동물임을 알게 되어(조절과정) 고래는 동물이라고 언어화하게 되는 것이다.

특히 피아제(*Piaget*)는 5, 6세 아이의 발화(發話)를 8가지 범주로 분류하였다. 유아의 언어 중 반복, 독화(獨話), 집단적 독화(집단의 가운데에서 청자의 반응을 기대하지 않은 채 말하는 독화) 세 가지를 제시하면서 상대편이 있고 없음에 관계하지 아니하는 발화로서 '자기중심적 언어(自己中心語, *egocentric speech*)'[14]로 명명하였다. 5, 6세까지는 자기중심어가 많아서 아동의 사고는 아직 자폐적(自閉的)이고 자기중심적이기 때문이다. 그러나 자기중심적 언어는 7세가 되면 급격히 감소하게 되므로 그때까지 미발달 상태로 있던 의사소통을 위한 사회적 언어(社會的 言語)가 점차 발달하게 된다고 설명하였다.

---

13) 피아제(*Piaget*)가 주장하는 사고우위설로 보충 설명할 수 있다. 사고는 말보다 선행적이라서 말은 사고에 의존한다는 것으로 전통적 견해가 대개 이러하다. 가령 아동이 말을 배우기 전에도 사고는 존재한다거나 농아가 말은 못해도 이해하는 사고 능력은 있다는 점, 거짓말하면서 상대방 눈치 보듯 말을 하면서 다른 생각을 동시에 할 수 있다는 점을 이유로 내세운다. 또한 동일한 언어 사용자라도 여러 사고방식이 존재할 수 있고 다른 언어 사용자라도 동일 사고방식을 가질 수 있는 것이라 말과 사고는 상이하다고 본다. 즉 언어습득은 모방되는 실체나 상태가 없을 때에도 그것을 표현할 수 있는 언어의 상징적 기능이 이해하는 것으로 보는 견해이다.

14) 유아의 자기중심적인 사고가 언어상(言語上)에 드러나는 바가 곧 자기중심어가 된다.

(2) 사회적 상호작용주의

언어의 발달은 사회문화적 경험에 의해 발달된다고 보는 이론으로 러시아의 비고츠키(*L. S. Vygotsky*)가 대표적이다. 비고츠키는 피아제(*Piaget*)의 연구를 높이 평가하지 않는 입장으로, 자기중심적 언어에 대한 논의를 비판하였다.

비고츠키(*L. S. Vygotsky*)에 의하면, 자기중심적 언어는 자기중심적 사고와 전혀 관계가 없는 내면의 사고 과정을 보이는 것이다. 만약 유아가 그림을 그리고 있는 시간에 색연필 및 종이, 그림 도구 등을 감추어 아이를 괴롭히면 유아의 자기중심적 언어가 급격하게 증가하는 것을 보게 된다. 이런 점에서 자기중심적 언어는 두뇌 가운데의 언어에 의하여 사고가 일어나는 것을 보이는 것이라 주장했다. 비고츠키는 피아제(*Piaget*)가 자기중심적 언어를 아동의 자기중심성과 결부시키는 것을 부정하였다. 비고츠키(*L. S. Vygotsky*)는 자기중심적 언어를 심리학적 기능으로는 내언(內言)이며 생리학적 본성에 따르면 외언(外言)이 된다고 보았다. 그러므로 음성에 의한 언어(외언)가 '내언'으로서 사고의 수단이 되는데, 그것이 '독화' 등으로 표현된 것을 자기중심적 언어라 하였다.

사회적 상호작용주의 이론에서 볼 때 언어습득과 발달은 사회적 경험이 내면화되는 것이며 사회적 언어는 개인의 언어를 형성해 준다. 처음에는 언어를 사회적 상호작용의 도구로 사용하다가 점차적으로 놀이 시 크게 말하거나 의존적 행동을 말로 하면서 환경과 개인적 상호작용을 통해 습득하고 발달한다. 언어는 어려서부터 상대적이며 사회적이어서 언어와 인지는 서로 독립적으로 작용하다가 어느 지점에서 합치되는 때가 있다고 보는 것이다.

또한 비고츠키(*L. S. Vygotsky*)는 유아를 향한 말(*child-directed=DS*)이 정상적인 언어발달을 조성해 주는 중요한 언어적 경험이며 유아의 새로운 언어습득은 성인들 또는 좀 더 능력 있는 또래들과 상호작용하는 동안에 발달된다고 보았다.[15] 그러므로 유아의 언어습득 및 발달은 자기가 속한 그 사회의 언어를 지향하며 변화해 간다는 것이다.

결론적으로 피아제(*Piaget*)는 인지발달 과정을 설명하면서 인지발달 단계에 따라 언어발달 수준이 달라진다고 보는 반면, 비고츠키(*L. S. Vygotsky*)는 언어는 어려서부터

15) 이와 같은 예로는 맹모삼천지교(孟母三遷之敎)라든가, 3~4세 아이를 또래의 아이보다는 한두 단계 높은 5~6세 아이들과 어울리게 하면 5~6세 아이들의 언어를 사용하는 경우를 들 수 있다. 또는 직업, 지역, 환경, 나라에 따라서 사용하는 언어가 다른 것을 볼 때 사회적 경험이 언어습득 및 발달에 영향을 미침을 알 수 있다.

상대적이며 사회적이라고 보았다. 언어와 인지는 서로 독립적으로 작용하다가 어느 지점에서 합치되는 때가 있다고 보는 견해이다.

이와 같이 살펴보았을 때 언어와 사고는 불가분의 관계에 있음을 알 수 있다. 대체로 사고 없는 언어를 생각할 수 없고 언어 없는 사고는 불완전하다는 점에서 인간은 언어를 통해 사고를 확장하고 사고의 확장을 통해 언어의 세계를 확대 변화시키게 된다.

4) 언어동일설

'마음이 있으면 행동이 있다.'라는 속담이 있다. 즉 언어와 사고의 동일설(同一說)을 의미하며, 왓슨(*J. B. Watson*)과 같은 행동주의 심리학자들의 주장과 일치한다.

그러나 말없는 생각, 말없이 진행되는 운동이나 예술 행위가 있다고 보았을 때 동일설을 반대할 수도 있다. 물론 동일설을 주장하는 견해에서는 말없는 생각이란 있을 수 없고, 말없이 진행되는 운동이나 예술 행위도 의식 속으로는 끊임없이 독백이 진행 중이라고 이야기한다. 더구나 21세기를 살아가는 우리 자화상을 보면 출세와 성공을 위해서 마음에도 없는 말(아부형)들을 많이 쏟아 내는 형, 사교적 차원에서 마음과는 다른 말들을 하고 있는 것은 언어와 사고의 동일설로는 설명하기 어려운 부분이다.

5) 언어우위설

대표적인 학설로는 사피어 – 워프(*Sapir–Whorf*)의 언어상대성이론을 들 수 있다. 사고보다 언어가 앞선다는 것으로, 언어가 우리의 행동과 사고방식을 결정한다는 이론이다. 이는 독일에서 싹튼 훔볼트(*Karl Wilhelm von Humboldt*)의 언어세계관설이 발전한 것으로 언어를 통해서 객관세계를 보기 때문에 우리가 보고 느끼는 세계는 있는 그대로의 객관 세계라기보다는 언어에 반영된 주관세계라는 것이다. 따라서 언어는 사고의 기본으로 사고를 지배하며 자연 현상의 이해는 사용 어휘에 영향받는다고 본다. 예를 들면 에스키모족에게는 눈에 관한 어휘가 20여 가지가 있다는 것도 그런 변별 어휘가 있음으로 인해 그런 어휘가 없는 종족의 경우보다 눈에 관한 한 어휘 수효만큼 사고가 분화, 발달된다고 볼 수 있다.

사실 언어를 발명하고 또 그 언어를 사용함으로써 문명을 발전시키는 능력은 모든 동물 중에서 오직 인간만이 갖고 있는 매우 독특한 능력이다. 인간이 오늘날의 모습으로 진화, 발달하여 문명을 누릴 수 있게 된 가장 근본적인 힘도 바로 인간의 '언어 사용'에서 나왔다고 볼 수 있다. 바로 이런 점에서 심리학자 올슨(*Olson*, 1977, 257쪽)은 인간과 언어의 관계를 "언어의 사용으로 인간은 인간다워지고, 문자의 사용으로 인간은 문명화된다(*Speech makes us human, and literacy makes us civilized*)"라는 말로 표현하였다.

언어는 앎[16]의 과정인 사물의 이해를 하고, 아이디어를 생성하며, 아이디어를 표출하는 데 필수적인 도구가 된다. 언어는 의사교환을 생명으로 삼고 있기 때문에 언어의 세계는 의미의 세계이다. 의미의 세계는 복잡한 정신작용인 사고(思考)에 기반을 두기에 언어의 세계는 사고(思考)[17]의 세계가 된다. 즉 언어는 의미를 표출하고 통합하고 표상하는 상징이다. 그러므로 인간이 생각을 언어로 표현함으로써 사회가 발달하는 과정을 단계별로 설명해 보면 다음과 같다.

☞ 예시문 1

- 1단계(사고의 단계) : 사고(思考)는 의미(意味)를 내포한다.

  예 현영이는 무엇을 먹을까 생각했어요.

- 2단계(언어의 단계) : 의미(意味)는 언어(문자언어 · 음성언어)화된다.

  예 음성언어화 – "엄마, 밥 줘!"
  문자언어화 – 현영이는 짝꿍 친구에게 쪽지를 건네 주었어요.
  "성휘야, 떡볶이 먹으러 갈래 ? "

- 3단계(진화의 단계) : 언어의 사용으로 인간은 진화된다.

  예 현영이는 굶어 죽지 않고 잘 살아간다.

---

16) 듀이(*Dewey*)는 앎에 대해 이렇게 정의하고 있다. "앎이란 언어를 중심으로 인간과 환경 사이의 상호이행과정(*transactional process*)이며 경험은 지속적인 반성적 사고의 과정을 거쳐 해석되어야 한다." 그러므로 앎이란 '알아간다, 사고한다, 변한다'의 의미를 가지고 있다. 앎의 과정은 여러 단계를 거치는 과정이며 앎의 의미 자체가 과정적 의미를 담고 있는 것이다. 그러므로 언어는 인간과 사물 사이에서 일어나는 앎의 과정을 매개한다.

17) 왓슨(*Watson*)은 사고를 마음 속으로 하는 말이라고 지칭한다.

☞ 예시문 2

- 1단계(사고의 단계) : 사고(思考)는 의미(意味)를 내포한다.

  예 과학자 - '동물에는 등뼈가 있는 것과 없는 것이 있구나!'

- 2단계(언어의 단계) : 의미(意味)는 언어(문자언어)화된다.

  예 문자언어화 - 등뼈가 있는 동물은 척추동물이라고 부른다.
  - 등뼈가 없는 동물은 무척추동물이라고 부른다.

- 3단계(진화의 단계) : 언어의 사용으로 인간은 진화된다.

  예 동물의 분류기준은 척추동물과 무척추동물로 나뉘어져 구체적으로 세분화된다.

☞ 예시문 3

- 1단계(사고의 단계) : 사고(思考)는 의미(意味)를 내포한다.

  예 현영이는 길을 걸어가고 있었어요.
  우연히 음식점 간판이 눈에 띄었지요.
  '요즘 쇠고기 먹어도 되나?'

- 2단계(언어의 단계) : 의미(意味)는 언어(문자언어)화된다.

  예 그때였어요. 전자대리점 텔레비전에서 미국산 수입쇠고기 반대운동인 촛불시위 현장이 보도되었지요.
  문자언어화 - "국민의 건강을 위해서 미국산 쇠고기 수입을 중단하라!"- 피켓의 내용.
  음성언어화 - "쇠고기 먹기가 겁나." - 현영이의 혼잣말.

- 3단계(언어의 단계) : 언어의 사용으로 인간은 진화된다.

예 음식에 대한 올바른 인식과 바람직한 가치관을 가지게 됨으로써 음식문화가 진화된다.

언어와 사고의 상관관계에 대한 이론은 다양하다. 이는 마치 달걀이 먼저냐, 닭이 먼저냐 하는 논쟁처럼 앞과 뒤를 정확하게 구분하기는 어렵다. 그러나 아래 이론을 종합해 보면 결국 언어와 사고는 따로따로 독립되어 있는 것이 아니라 상호의존, 상호보완, 상생관계에 있음을 알 수 있다.

결론적으로 인간은 언어를 사용함으로써 자신의 생각을 명료하게 이끌어 낼 수 있고, 지식과 지혜와 감정을 다른 사람에게 전달하여 공유할 수 있게 되며, 사고를 더욱 깊고 넓게 고등 수준으로 조작할 수 있게 된다.

4. 언어의 기능과 의미

1) 언어의 기능

인간이 언어를 사용하고자 할 때에는 목적이 있다. 목적은 언어의 기능과 맞닿아 있는데 언어의 기능을 일상생활에 잘 활용하면 효율적인 의사표현이 된다. 하지만 본의 아니게 상황에 맞지 않은 언어의 기능을 선택함으로써 곤란을 겪게 되는 경우를 직간접적으로 경험하게 된다. 이에 할리데이(*M. A. K. Halliday*, 1975)는 사회적 의사소통의 측면에서 언어의 기능을 7가지 범주로 나누어 다음과 같이 설명하였다. 언어학습이 사고를 표현하는 방법의 학습이라고 보는 견해이다.

(1) 지시적 기능/도구적 기능*(instrumental function)*

영유아에서부터 어른에 이르기까지 화자는 욕구 충족의 수단으로 언어를 지시적 기능 혹은 도구적 기능으로서 사용하게 된다.

영유아인 경우 배가 고프거나, 오줌을 쌌거나, 아플 때, '하고 싶어요*(I want)*'의 기능으로 '엄마'라는 언어를 사용한다. 성인인 경우, 의식주 해결을 위해서, 혹은 필요성에 의해서 지시적 · 도구적 기능으로서 언어를 사용한다. 예를 들어 '밥 먹자', '자자', '장난감 사줘', '옷 사줘' 등이 해당된다. 지시적 · 도구적 언어의 기능은 일상생활을 영위하기 위한 가장 기본적인 언어형태를 의미한다.

(2) 통제적 기능*(regulatory function)*

화자가 다른 사람의 행동과 감정을 통제하는 기능으로 '내 말대로 해 주세요*(Do as I tell you)*'라는 의미를 가지고 있다. 통제에 사용되는 언어는 질문, 진술, 비평, 명령이 있다. 예를 들어 자녀를 둔 엄마인 경우, '밥 먹어라', '학원 가라', '공부해라', '똑바로 앉아라' 등의 언어는 통제적 기능으로 사용하는 경우이다. 단체의 리더, 교사 등의 직업을 가진 사람들이 통제적 기능을 많이 사용한다고 볼 수 있다.

(3) 상호작용적 기능*(interactional function)*

개인과 개인, 혹은 개인과 단체 간의 관계를 매개하고 유지하기 위해 사회적 상호작용을 하는 기능을 의미한다. '나와 너*(Me and you)*'의 기능을 하는 것으로 다른 사람과의 사회적 관계를 형성하는 것으로 인사, 타협, 협상을 할 때 쓰이는 언어의 기능이다. 주로 영업활동에서나 해결사 등의 일을 하는 사람들이 상호작용적 기능을 많이 사용한다. 상호작용적 기능으로 언어를 잘 활용하면 다툼이나 분쟁을 방지할 수 있다.

(4) 개인적인 기능*(personal function)*

개개인의 개성 및 개인적 정체감을 표현할 때 쓰이는 기능으로 '나는 이런데요*(Here I come)*'의 의미를 가진다. 이름, 자기소개서, 자기자랑, 족보 등을 표현할 때 사용된다.

(5) 발견적 기능*(heuristic function)*

인간은 본질적으로 자연, 환경, 사람, 그 외 주변에 대하여 끊임없이 탐구하고 알고자 한다. '왜 그래요? *(Tell me why?)*'처럼 호기심에 의한 질문과 대답, 발견에 관한 자신의 생각을 표현할 때 쓰이는 기능이다. 예를 들어 같은 길을 두 사람이 걸어가고 있어도 한 사람은 주변 환경에 대한 변화 및 본질에 대해 많은 질문을 가지고 달라진 점을 발견하여 이를 언어로 표현하는 경우가 해당된다. 과학자, 발명가, 창의성이 뛰어난 사람 등이 많이 사용하는 기능이다.

(6) 상상적 기능*(imaginative function)*

인간이 본능적으로 호기심을 가지고 있다면 상상은 당연한 사고의 과정이다. '*If then* ~' 기법, 혹은 '~처럼 해 봐요.'의 상상에서 비롯되는 표현이다. 예를 들어 '내가 만약 대통령이라면!' "자, 지금 여기가 바닷 속이라고 생각해 봐요'라는 표현에서 상상적 기능이 사용된다. 또한 예술에 대한 심미적인 가치가 있는 여러 활동이나 표현도 이에 속한다. 자신의 세계를 창조하기 위해 언어를 사용하는 문학가, 예술가 등이 많이 사용하는 경우이다.

(7) 정보적 기능*(representational function)* 기능

자신의 추상적인 생각 및 새로운 정보 설명 및 표현할 때 쓰이는 기능이다. '말할 게 있어요*(I've got something tell you)*의 의미로 이론가, 세미나, 토론, 발표, 웅변 등이 이 경우에 해당된다.

언어의 기능은 같은 상황이어도 어떤 언어기능을 사용하느냐에 따라 결과가 달라질 수 있다. '말 한 마디로 천냥 빚을 갚는다.', '가는 말이 고와야 오는 말이 곱다.'라는 속담에서도 언어기능의 중요성을 이야기하고 있다. 명령을 할 때나 부탁을 할 때 통제적 기능으로 사용하는 것보다 상호보완적 기능으로 사용한다면 훨씬 커뮤니케이션이 원활해질 수 있기 때문이다. 그러므로 어떤 언어적 기능을 사용하느냐에 따라 의사소통의 분위기 형성 및 원하는 욕구 충족에 도움을 줄 수 있다.

2) 언어 이해의 모형

언어는 사고의 결과물로서 사상 내용을 사람들에게 전달한다. 그뿐만 아니라 사고의 과정을 일으키고 사상 내용 그 자체를 형성하기도 한다. 사고가 이루어지는 과정을 살펴보면 말하기 · 쓰기 전에 생각하기, 듣기 · 읽기 후에 생각하는 것만이 사고가 아니라, 말하고 쓰는 표현, 듣고, 읽는 이해의 언어활동 그 자체가 사고활동임을 알 수 있다. 예를 들면 어떤 어휘를 사용할 것인가, 어떤 구문(構文)을 할 것인가 및 문장의 종결을 어찌할 것인가 등과 같은 것인데, 특히 전혀 의식하지 아니하는 가운데에서 언어를 운용하는 사고 작용도 많이 일어나는 것으로 보인다. 이를테면 언어 능력의 습득은 아동 · 학생들의 사고력 발달과 관계하는데, 나아가 그 언어 능력이 사고력 형성에 관련하는가의 여부를 검토해야만 하며, 이를 위해서 언어 이해를 돕기 위한 교육이 중요시된다.

따라서 말하기, 듣기, 읽기, 쓰기의 발달을 위해 지도한다는 것은 문자를 해독하는 단순한 기능을 습득하도록 지도하는 것이 아니라 정보화 사회에서 고도로 복잡한 문제를 합리적으로 해결하는 데 필요한 높은 수준의 사고력을 기르고 각각의 의미를 해석할 수 있도록 돕는다는 의미이다.[18)]

---

18) 국어, 국어과 교육에서 언어와 사고의 문제는 1970년대 이후 인지심리학의 이론을 패러다임으로 삼아 국어의 교육이 단순히 국어국문학의 대상인 언어, 국어에 관한 선언적 지식 추구보다 추리력, 분석력, 문제해결력, 비판력, 창의력, 구상력 등 고등 사고 기능, 고등 수준의 지적 능력 추구를 강조함에 따라 국어과 교육 본질 관련 문제로 중요하게 다루어지게 되었다.

인간의 언어 사용은 표현활동인 말하기와 쓰기, 이해활동인 읽기와 쓰기로 구분되며 정보 전달의 매체인 언어를 수용하여 화자나 필자가 의도한 의미를 형성하는 복합적 인지 과정이다. 언어 처리 과정에서 언어의 지각이나 구조 이해가 우리의 행동을 지배하는 사고요인들과 관련되어 있기 때문이다. 일상생활에서의 행동, 사고, 문제해결에 영향을 미치는 지식, 배경, 목적, 흥미, 상황 등이 언어 처리 과정에 영향을 미치는 것을 알 수 있다. 그러므로 언어와 사고의 기능이나 역할, 언어처리 과정을 돕기 위한 학자들 간의 이론을 인지하는 것이 효과적인 언어지도에 도움이 된다. 언어 이해의 모형에는 크게 세 가지가 있다.

(1) 상향식 모형

상향식 모형은 의미 형성이 언어 기호에서 비롯된다고 보는 이론이다. 언어 이해 과정에서 독자나 청자는 무엇보다도 먼저 언어를 정확하게 확인하고 지각하고 해독하여야 한다. 언어 기호의 표상화 과정은 작은 단위의 언어에서 시작하여 점차 더 큰 언어적 단위(단어, 구, 절)로 확대되고 나아가 의미가 형성된다고 가정한다. 이 모형의 이해자는 수동적이며 듣기과정과 읽기과정이 중심이며 자모식과 음절식 등 발음중심 교육이다.

예를 들면 한글을 가르칠 때 'ㄱ+ㅏ=가', '가나라다……', '가+위=가위'의 순서대로 글자를 가르치는 언어지도 방법이다.

상향식 모형에서 중요한 교육내용은 자소(字素)와 음소(音素)를 정확하게 대응시키며 글자의 정확한 발음을 강조하는 것이다. 이런 경우 문자를 이루는 구성요소에 대해서는 잘 알 수 있지만 상황에 맞는 언어구사력과는 맞지 않는 단점이 있다.

(2) 하향식 모형

하향식 모형은 언어 이해자가 갖고 있는 지식의 정도에 크게 영향을 받는다. 언어의 이해는 말이나 글의 의미에 대한 이해자의 가정 또는 추측에서 시작되기 때문이다. 단어식과 문장식 등 의미와 파악을 중요하게 생각하는 의미 중심교육으로 단어나 문장의 반복 사용, 글에 곁들인 그림이나 삽화의 최대한 활용, 유아의 배경 지식을 동원하는 언어지도 방법이다. 예를 들면 유아들이 동시나 짧은 동화의 문장을 그대로 익히게 하는 통문장 배우기의 방법으로 상황에 맞는 문장을 단문, 중문, 복문의 형태로 가르치는 언어지도 방법이다. 이런 경우, 재미있게 언어를 이해할 수 있으며 상황에 맞는 의사표현을 적절하게 할 수 있는 장점이 있다.

(3) 상호작용 모형

상호작용 모형에서 언어이해는 메시지 내용에 대한 이해자의 가정과 추측, 언어자료의 확인이 동시에 작용함으로써 이루어진다고 본다. 언어 이해자의 역할은 하향식에 의해 형성된 메시지 내용에 대한 추측이 얼마나 정확한가에 따라 능동적일 수도 있고 수동적일 수도 있다. 상호작용의 모형의 예는 스키마 모형의 언어이해 과정으로 설명되며 두 가지로 구분할 수 있다.

하나는 자료에 의한 과정이다. 이는 언어를 자극하여 기존 지식을 작동하게 하는 과정이다. 즉 말이나 글이 스키마(지식)를 작동시키는 '아래에서 위로'의 과정이다. 또 다른 하나는 개념에 의한 과정이다. 이미 작동된 스키마로 언어자료(말이나 글)를 해석하는 '위에서 아래로'의 과정이다. 따라서 자료에 의한 과정과 개념에 의한 과정이 상호작용하는 예를 들어 보면 다음과 같다. 교사가 아이에게 '바다'라는 단어를 주고 생각나는 것을 이야기해 보자고 이야기한다(자료에 의한 과정). 그러면 아이는 '바다'라는 단어에서 자신이 경험했던 스키마를 작동하여 여러 가지 이야기를 하게 되는 것이다(개념에 의한 과정). 이와 같은 상호작용 모형은 창의성의 사고영역인 유창성과 연관관계가 있으며 창의성을 강조하는 오늘날 교육현장에서 많이 사용되고 있다.

3) 언어의 의미해석

언어의 의미를 해석할 때에는 표피적인 해석과 의미적인 해석으로 구분할 수 있다. '말 그대로 해석'하는 언어 직해가 바로 표피적인 의미해석이며, 의미적 해석은 언어가 내포하고 있는 상징적인 의미로 해석하는 방법이다. 같은 말이라도 상황에 따라서 화자와 청자의 관계에 따라서 의미가 달라질 수 있는 것이므로 언어의 의미 해석은 중요한 부분이다. 해석은 인간적으로 체험되고 표현된 것을 이해하는 과정이다. 자신의 생각을 언어로 표현하고자 할 때에는 화자의 삶의 체험이 언어로 표현화되어 청자가 이해하도록 하는 방식을 취하고 있다. 타자의 심성에 의해 표현된 의미심장한 정신적 산물을 더 심도 있게 이해하기 위해서 해석이 필요하다는 의미이다. 이는 의사교환을 생명으로 삼고 있는 언어의 본질에 충실한 태도이다. 따라서 언어의 의미는 세 가지로 구분하여 설명할 수 있다.

(1) 명시적 의미(문자적 의미)

언어가 가지고 있는 고유의 의미를 말하는 것으로 사전에 정의되어 있는 단어의 뜻으로 해석하는 것을 말한다. 일상적인 생활에서 많이 해석되고 있는 것으로 의식주를 해결하기 위해서라든가 규칙적인 생활을 영위하기 위해서 표현하게 되는 언어의 해석이 주로 해당된다. 유아가 언어를 습득할 경우 대부분 언어의 명시적 의미를 배우게 된다.

예 "밥 먹자." – 밥 먹자는 행위를 의미한다.

(2) 상징적 의미(비유적 의미)

언어의 의미가 간접적으로 혹은 상징적으로 말하고 있는 의미로서 텍스트에 내재된 의미에 주목하게 되며 이러한 태도는 마치 "우리는 우리가 말하는 것을 반드시 의미하지 않는다."라는 것을 전제로 한다. 언어가 가지고 있는 고유의 의미를 간접적으로 해석하여 의미를 부여한다. 상징적 의미는 객관적인 의미를 기준으로 하나 주관적으로 해석이 달라질 수 있다. 문자언어인 경우 문학작품의 해석, 사회문제 풍자처럼 대체적으로 객관적인 의미를 가지고 있다. 음성언어(말)는 상황, 사건, 화자와 청자와의 관계에 따라 주관적으로 의미해석이 될 수 있다. 언어의 상징적 의미는 상당한 언어표현력을 요구하는데 작가 혹은 화자가 상황에 맞는 언어표현을 적절한 상징적 의미로 표현할 때 문장력을 인정받게 된다. 같은 의미라도 직접화법 혹은 간접화법을 사용하느냐에 따라 독자의 느낌은 다르기 때문이다.

예

① "밥 먹자"

㈎ 말하는 화자가 배고픔을 의미한다.

㈏ 화자가 있는 곳이 식당임을 암시한다.

② "어유, 부잣집 맏며느리감이네."

㈎ 신체적으로 건강함을 의미한다.

㈏ 날씬하지 않다는 의미를 내포하고 있다.

③ "돼지 목에 진주목걸이를 해 주지."

㈎ 의상이 신체와 어울리지 않는다는 의미이다.

㈏ 주제 파악을 하고 몸치장을 하라는 의미이다.

(3) 징후적 의미(상징적 의미)

징후적 의미는 프로이트의 꿈 해석처럼 억압의 과정을 통해 체계적으로 감추어져 있는 심오한 의미를 찾고자 한다. 징후적 의미에 따르면 언어의 의미는 비자발적이며 명백한 의미와 암시적 의미에 의해 감추어져 있다. 따라서 징후적 의미는 화자나 청자 모두 주관적 의미가 강하게 작용하며 논리적인 설명이 가능해야 언어의 징후적 의미를 인정받을 수 있다. 징후적 의미는 시대적 상황에 따라 의미가 달라질 수 있음을 알 수 있다. 일상생활에서 징후적 의미를 내포하고 있는 언어해석은 꿈해몽, 사주팔자, 징크스 등이 있다.

예

① "밥 먹자."

- 화자는 어렸을 때 상당한 빈곤함을 겪은 사람이다. 그러므로 먹는 것에 대한 강한 집착을 가지고 있으며 하루 세 끼 먹는 일을 가장 중요시하는 사람임을 의미한다.
- 화자는 위장장애를 심하게 경험한 사람이다. 건강을 위해서 하루 세 끼 먹는 시간을 철저하게 지키는 사람임을 의미한다.

② "어유, 부잣집 맏며느리감이네."

- 재물, 외모, 능력을 골고루 갖춘 덕 있는 사람이다. 부잣집에서 며느리를 고를 때 맵시, 솜씨, 말씨를 본 것을 바탕으로 하는 의미이다.
- 그 사람이 건강해 보인다는 것과 그가 치장한 의상이나 액세서리 가격이 고가임을 의미한다.

③ "돼지 목에 진주목걸이를 해 주지."
- 지성과 인격은 외면한 채 겉치장으로 품위 있는 사람으로 위장하려는 사람을 비하하는 의미이다.
- 돈보다는 사람 됨됨이가 더 우선이라는 의미이다.

의사표현을 하기 위한 언어사용은 개인적인 언어표현력이나 말투에 따라 다르지만 대체적으로 나이가 어리면 어릴수록 지식수준이 낮으면 낮을수록 명시적 의미를 주로 사용한다. 반면 암시적 의미나 징후적 의미는 연륜이나 지식의 수준이 높을수록 사용 빈도가 높다고 볼 수 있다.

인간은 자신의 생각과 사상을 상대방에게 전달하고자 하는 목적에서 언어를 사용하고 있다. 이에 문자언어와 음성언어의 장점을 활용하여 사용하여 더욱 효율적인 의사표현을 하고자 한다. 버지니아 사티어(*Virginia Satir*)는 커뮤니케이션을 순기능적 커뮤니케이션과 역기능적 커뮤니케이션으로 구분한다. 순기능적 커뮤니케이션이 우리가 지향해야 할 커뮤니케이션으로 사회적으로 성공한 사람에게 나타나는 특징과 같다.

① 상대방의 메시지를 경청하며 명확하게 질문한다.
② 질문에 대하여 적절하게 대답한다.
③ 상대방에게 자기의 의견을 명확하게 전달한다.
④ 찬성이나 반대의 반응을 분명히 하지만 반대의견을 직접적이고 노골적으로 표현하지 않는 기술이 있다.
⑤ 상대방의 반응을 잘 받아들인다.
⑥ 언어적 커뮤니케이션이 합리적이고 분명하다면 메시지 내용에 대하여 책임을 진다.
⑦ 분명하고 적절한 커뮤니케이션으로 내용을 지나치게 일반화하지 않고 자신의 희망, 생각, 개념을 다른 사람에게 투사하지 않는다. 그리고 다른 사람에게 제삼자의 사적인 이야기를 전하지 않는다.

5. 언어와 신체

1) 언어와 두뇌

인간의 뇌는 출생시 완전하게 유전적으로 형성되어 태어나는 것이 아니라 다른 발달처럼 유전과 환경의 부단한 상호활동에 의해서 발달된다.

*Newsweek*지 보도에 의하면 대뇌는 표면이 수많은 주름으로 되어 있으며, 신생아는 태어날 때 약 1천억 개의 신경세포와 신경세포의 결합으로 형성되는 50조 이상의 시냅스를 갖고 있다고 한다.

특히 유아는 오감을 통해 들어오는 정보를 시냅스로 이루는데 그 속도는 성인보다 2배 이상 빠르며, 출생 후 첫 4년까지는 급속하게 증가하여 유아기에 절정을 이루었다가 차츰 감소한다.

또한 유아가 행복하고 긍정적인 경험을 가질 때는 세라토닌 호르몬이 신경세포의 섬유질 소낭에 담기고 이것은 신경세포끼리의 연결을 쉽게 한다. 반면 억압적이고 부정적인 경험을 할 때는 코티솔 호르몬이 생성되어 신경세포의 연결을 축소시킨다.

대뇌반구의 좌우의 역할에는 다음과 같은 차이가 있다.

좌 뇌	우 뇌
확신적	직관적
분석적	일시적
직선적	종합적
명쾌함	정서적
연속적	시각적
언어적	비언어적
구체적	확산적
합리적	시각적
활동적	상징적
목표지향적	예술적
	육체적

2) 언어와 음성기관

말소리를 내는 데 관여하는 인체의 모든 기관을 음성기관(*organs of speech*)이라 한다.
광의의 음성기관은 발동부, 발성부, 발음부, 세 가지로 구분된다. 일반적으로 소리를 내려면 공기의 움직임이 있어야 한다.

(1) 발동부

소리를 내기 위해서는 공기가 필요하며, 공기를 불어 보내기 위해서는 처음 공기를 움직이게 하는 곳이 있어야 한다. 발동부는 폐, 후두, 후두구강으로 이루어지며 가장 중요한 부분은 폐에서 공기를 보내어서 내는 '부아소리(*pulmonic*)'이다. 후두에서 내는 소리를 '목소리(*glottalic*)', 후두구강에서 보내는 소리를 '입안소리(*velaric*)'라 한다.

(2) 발성부

발성부는 발동부에서 나온 공기를 진동시켜 소리를 내는 부분인데 후두 속에 있는 성문(聲門)의 작용을 통하여 소리가 난다. 음성은 숨을 내쉴 때 폐에서 나오는 공기가 성대를 진동시켜서 발생된다. 성대는 수평으로 전후에 연결된 좌우로 맞선 두 짝이 한 쌍을 이루는 점막의 주름으로 되어 있다. 좌우 성대 사이를 성문열이라고 하며 성대와 성문열을 합쳐 '성문(*glottis*)'이라고 하는데 이것이 발성장치이다.

성대의 진동여부에 따라 유성음 · 무성음 등으로 갈라진다. 소리의 높낮이는 성대의 진동수가 많을수록 높으며, 대체로 여자의 소리가 높게 난다. 소리의 세기는 성대의 진동폭이 클수록 세게 난다. 발동부와 발성부를 거쳐서 나온 공기는 아직 언어음성으로 완전히 분화되어 있지 않은 것이 대부분인데 이것이 발음부에서 다듬어져서 언어음성으로 기능하게 된다.

(3) 발음부

발음부의 가장 중요한 부분은 입 안이며, 목젖이 높아지거나 낮아져서 비강이 이용되기도 한다. 그러나 비강은 그 형태가 고정되어 있어서 성대를 떨어서 내는 소리에 대한 공명기(共鳴器)의 구실만을 하는 단순한 음성기관이다. 입 안에는 입천장, 움직임이 매우 빠르고 다양한 혀와 입술이 있어서 거의 대부분의 언어음성이 이 부위에서 분화된다.

인간은 여러 가지의 자음과 모음으로 소리를 분화하는데 이것을 조음(*articulation*) 과정이라고 한다. 조음은 능동적 조음부가 고정된 조음점에 작용하여 원하는 소리를 만드는 것으로 이것을 발음이라고 한다. 입 안의 발음부위는 그 능동성과 고정성으로 보아 크게 둘로 나눌 수 있다. 비교적 활동이 많은 부위를 능동부라 하며 아랫부분 곧 혀 · 아랫입술 등이 이에 속하고, 비교적 움직임이 적은 그 맞은편을 고정부라 하며 입천장 · 윗입술 등이 이에 속한다. 능동부와 고정부를 각각 대비시키면 다음과 같다. 아랫입술 – 윗입술, 윗니끝 · 혀끝 – 윗니끝 · 윗니뒤쪽, 윗잇몸 · 앞혓바닥 – 경구개(센 입천장) · 뒤혓바닥, 연구개(여린 입천장) · 혀뿌리 – 인두 벽과 같다. 자음은 이러한 발음 부위에 따라서 각각 소리가 분화되는데, 소리는 또한 조음방법, 즉 파열 · 마찰 · 파찰 등에 의해서도 분화된다. 모음은 입 안의 어떠한 장애도 받지 않고 나는 소리이므로, 우선 성대가 떨어 울려서 청취효과를 높여야 하므로 대부분의 모음이 유성음이 되며, 혀의 앞뒤 위치, 높낮이와 입 안의 모양에 좌우된다.

6. 유아의 언어발달

예로부터 태교 중에 태아에게 좋은 말, 좋은 소리를 들려주는 행위가 있다. 태아가 엄마 자궁에서 십 개월을 지내는 동안에도 여러 가지 소리를 들을 수 있다는 이야기이다. 근래에 들어 여러 가지 다양한 소리를 들려주는 것이 태아의 지능에 영향을 미친다는 이론도 제시되고 있다. 따라서 영아는 출생시 혹은 출생 이전부터 말소리를 변별하여 들을 수 있는 능력을 지니고 있으며, 이것은 모국어 학습의 기초를 형성한다.

출생 후의 영아도 당연히 언어를 습득하기 이전의 상호작용 과정 속에서 의미 없는 소리나 표정이 다른 사람과의 관계를 변화시킨다는 것을 알게 된다고 한다. 그러므로 소리, 표정 등이 자신의 요구와 필요를 충족시켜 줄 수 있는 수단이라는 것을 배운다 (*Eckerman, Paderson*, 1982).

영아의 최초의 의사소통은 듣기와 관찰하기, 소리에 대한 실험, 사람의 소리에 대한 모방이므로 영아의 행동적, 비언어적 측면, 즉 손짓, 몸짓, 얼굴표정, 분위기 등은 의사소통에 매우 중요하다(김금주, 2000). 6개월 된 영아가 부모와의 상호작용에서 음성의 고저를 바르게 표현하는 것은 영아가 실제 단어를 사용하기 이전에 부모와 대화하기 위해 음성적 신호를 사용하며 부모는 이에 반응한다는 것을 보여주는 것이다(*Bruner*, 1983). 이 시기에는 울음, 가성적 울음, 쿠잉(*cooing*), 옹알이와 같은 언어적 행동이 나타난다.

1) 음성언어 발달

말하기는 화자가 자신의 생각이나 느낌을 청자에게 음성언어(말)로 표현하는 것이다. 말하기에는 화자의 의사표현을 강조하기 위해 표정, 손짓, 몸짓과 같은 신체언어를 사용한다. 음성 · 어조 · 억양 · 성량 · 태도 등 비언어적 표현양상은 화자의 의사표현을 가감시키는 역할을 하므로 말하기에서 비언어적 표현은 의사표현에 중요한 요소가 된다.

유아의 음성언어 발달단계는 언어습득 이전의 시기와 언어습득 이후의 시기로 구분할 수 있는데 다음과 같다.

(1) 언어습득 이전의 시기

1 울음

출생시 영아의 첫울음은 건강유무를 파악하는 수단이 된다. 첫울음 이후 이 때의 울음은 요구와 느낌을 소통하는 초기의 수단이 된다. 영아가 요구하고 있는 것들을 울음으로 표현하기 때문이다. 예를 들면 배가 고프거나, 배설했거나, 소리에 민감하거나, 잠이 올 때 영아는 울음으로 의사표현을 하게 된다. 따라서 영아의 울음은 의사표현의 첫 단계로 사용됨을 알 수 있다.

2 가성적 울음

생후 3개월 이전의 영아는 주의 집중을 받기 위한 의도를 갖고 관심을 얻기 위한 표현으로 울음이 아닌 발성이 나타난다. 이것은 울음과 비슷하면서도 구분할 수 있어

가성적 울음이라 한다. 즉 자신의 욕구를 충족하기 위해서 가성적 울음(칭얼거림)으로 표현한다. 예를 들면 아무런 요구사항이 없는데도(배고픔, 배설, 수면장애 등) 칭얼거려서 영아에게 가서 아는 척을 하면 가성적 울음을 그치는 경우가 해당된다. 결국 가성적 울음을 낸다는 것은 영아가 환경을 인지하는 초기과정이라고 볼 수 있다.

그러므로 영아는 자신의 요구를 소통하는 데 있어서 다양한 유형의 울음이 효과적 수단이 된다. 영아가 초기부터 울음이라는 수단을 효과적으로 사용하는 것은 아니나, 주변인과의 상호작용적 연대감의 형성 과정에서 울음의 의미가 점차 분화되고 주변인들은 그 의미를 더 잘 파악하게 되는 것이다.

또한 영아 울음의 상태(가성적 울음이냐, 울음이냐의 구분)는 의사나 부모들에게 도움을 주는 진단의 수단이 되기도 한다. 적당한 울음은 폐활량과 심장 혈관 발달을 증진시키는 데 도움을 주기 때문이다. 그러므로 부모는 영아의 울음의 상태를 잘 파악하여 대처하는 능력도 필요하다(그냥 두어도 좋은 울음과 즉각 대처해야 하는 울음). 영아의 울음은 언어 기능이 증가됨에 따라 감소된다. 언어 능력에 의해 요구가 표현되고 충족을 얻을 수 있으면 울음의 소통 신호는 언어 표현으로 전환되는 것이다.

3 쿠잉(*cooing*)

가성적 울음이 나타나면서 순환적 형태로 개별소리를 재산출하게 된다. 이와 같은 울음이 아닌 자음 또는 모음 같은 단일 소리 발성을 쿠잉이라고 한다. 모음으로는 '/아-/, /오-/'와 같은 발성이며 자음으로는 '/k/, /g/, /p/'와 같은 폐쇄음이 주가 된다. 생후 4개월에서 6개월 사이가 되면 영아는 모음에 자음을 더해 소리를 내게 되는데 '/W(우)/, /P(프)/, /M(음)/' 등 입모양을 다양하게 바꾸어 만들어지는 소리를 낸다.

이때 영아는 자신에게 말을 거는 사람의 얼굴을 똑바로 바라보며 얼굴표정과 소리에 반응한다. 특히 말소리가 상승된 높은 소리이거나 다양한 변화를 준 소리, 음절에 과장된 강세를 준 말에 민감하다(*Cooper & Anslin*, 1990). 즉 영아는 단어의 소리 속성을 배우기 시작하는 것이다. 농아인 경우 쿠잉와 같은 소리를 내며 의사표현을 손짓, 몸짓으로 나타낸다. 쿠잉의 단계에서는 엄마와 영아와의 상호 발성이 이루어지며 이 시기에 이미 언어를 통한 상호 교환적 의사소통이 시작된다고 볼 수 있다.

4 옹알이

영아가 4~6개월 정도가 되면 자음과 모음으로 구성된 소리를 반복하여 연결하여 낸다(*Kent & Miolo*, 1995). 이와 같이 자모음으로 구성된 음절을 연속적으로 발성하는 음성적 행위를 옹알이라고 한다. 일어표현 시기에 가까운 영아의 옹알이는 긴 옹알이 대신 한 음절 또는 두 음절 길이의 옹알이를 반복한다(*Menyuk*, 1977).

혼자서 옹알이하는 자폐적 옹알이가 많이 나타난다. 자폐적 옹알이는 영아가 발성을 즐기는 음성놀이의 형태로 발성연습에 효과가 있다. 이때 부모가 영아의 옹알이에 반응하고 소리 내어 말을 건네주는 것은 영아의 언어발달에 중요한 자극 요소가 된다. 주변인을 의식하여 발성하는 사회적 옹알이는 영아가 자신의 욕구를 전달할 뿐만 아니라 양육자와의 사회 · 정서적 유대를 맺는 기초로 사회성 발달에 중요한 역할을 한다.

생후 8~9개월경의 영아는 처음으로 단어를 인식하고 단어의 의미를 이해하기 시작한다(*Benedict, 1979; Huttenlocher)*. 영아가 말소리에 가까운 발성을 하려면 자음과 모음 소리를 연속하여 발성하는 조절능력이 발달해야 한다. 자음과 모음을 연결지어 발성하는 조절능력이 발달했을 때 성인이 내는 소리와 유사한 소리 내기가 가능하다(*Kent & Miolo*, 1995). 그러므로 영아는 말소리에 대한 민감성이 발달하여 듣는 소리와 자신이 만드는 소리 간의 유사성을 인식하는 기회가 된다. 이때 동화를 들려주거나 아름답고 즐거운 이야기를 다양한 언어로 들려주면 좋다. 특히 모국어에서 발견되는 특정 억양 패턴이나 강세도 영아가 옹알이의 옹알이에서 나타나는데(*Levitt & Wang*, 1991) 지방 방언의 고저장단도 이에 해당한다.

(2) 언어습득 이후의 시기

영아가 12개월이 되면 한 단어 정도는 정확하게 말할 수 있다. 일어문은 한 단어가 문장으로서의 역할을 하게 되는 경우이며 상황에 따라 그 의미가 달라질 수도 있고 여러 가지 의미를 나타낼 수도 있다(예를 들어 '엄마'라고 불렀지만 배가 고파서, 혹은 물건을 달라는 의미에서 말하는 것을 의미한다. 그러므로 만 12개월의 유아가 '엄마'라고 말했을 때는 다양한 의미로서 사용한다는 것이다).

18개월 이상이면 유아는 두 단어 이상의 단어로 된 아주 초보적인 문장을 형성하여 말하기 시작한다. 예를 들어 '아빠 까까', '엄마 맘마', '엄마 물' 처럼 조사를 생략한 문장으로 자신의 욕구나 생각을 표현하는데 이때 유아는 손짓이나 표정으로 자신의 생각을 강조하기도 한다.

유아의 언어습득 및 언어사용은 주변 환경의 영향을 많이 받는다. 유아가 경험했던 것을 다른 사람에게 이야기할 때는 개인적 경험을 기억하여 말하기 때문이다. 유아의 개인적 경험은 이야기로 표현된다. 개인적 이야기의 구조발달은 24개월에서 36개월 사이에 유아가 성인과의 대화에서 과거의 사건을 기억하여 보고할 때에 시작된다(*Hudson*, 1990 : *Lucariello & Nelson*, 1987). 발달해야 하기 때문이다. 유아의 언어발달을 돕기 위한 방법들이 많이 있으나 요약하면 다음과 같다.

첫째, 많이 들려주어라.

유아의 언어교육에 있어서 듣기는 단순한 청각적 듣기가 아니라, 언어저장고의 저장물이 된다. 냉장고가 아무리 좋아도 음식물이 없으면 무용지물이 되는 것처럼 듣는 과정을 통해 말하기의 재료를 얻기 때문이다. 이는 농아가 듣지 못하기 때문에 말을 할 수 없는 이치와 같다. 듣기는 모든 의사소통 기능의 기초가 되는 활동이므로 유아기 때 듣기 경험은 유아의 어휘력 증대에 중요한 영향을 미친다.

들려주기는 유아에게 직접 말을 거는 방법이나 다른 매체를 활용하는 방법이 있다. 유아의 언어발달은 모방에서 비롯되므로 많은 단어로 구성된 말을 들려주는 것이 좋다. 백 개의 단어로 조합된 말을 들은 아이와 열 개의 단어로 조합된 말을 들은 아이의 언어저장고는 상당히 차이가 있기 때문이다. 언어저장고가 풍부한 유아의 언어표현력이 훨씬 월등하다는 의미이다. 따라서 유아의 이해 유무를 떠나서 동화나 동시, 노래, 혹은 텔레비전 뉴스라도 들려주면 언어가 입력이 되어서 언어저장고가 넉넉해진다는 의미이다.

시카고 대학의 재닐런 허텐로는 유아의 어휘력 크기는 엄마가 아기에게 말을 하는 양과 밀접한 관계가 있다고 말한다. 단, 맹모삼천지교(孟母三遷之敎)의 의미처럼 들려주는 언어도 아름다운 말들로 순화되어야 한다. 유아는 언어에 대한 선별력이 없기 때문에 그대로 입력하고 사용하기 때문이다.

듣기는 문장구조의 복잡성에도 적용된다. 만약에 내용의 40%를 복문으로 말하는 엄마의 소리를 듣고 자란 아이는 내용의 35%를 역시 복문형태로 말하게 된다. 반면 엄마가 내용의 10%만을 복문형태로 말할 때 아이는 불과 5%만을 복문으로 말한다(*Newsweek*, 한국판 특별호, 2000). 따라서 아름다운 모국어로 순화된 동화나 동시를 구연으로 들려주는 것은 유아의 언어발달을 향상시킬 수 있는 좋은 방법이다.

둘째, 다양한 볼거리를 제공하여 호기심을 자극하라.

호기심을 자극하는 것은 유아의 언어표현을 유발하기 위함이다. 다양한 볼거리를 통하여 호기심을 유발하고 이를 말로 표현할 수 있도록 하는 일이다. 유치원 교육과정에서 각 영역별로 연계되는 현장학습은 유아의 언어발달에 중요한 영향을 미친다. 평소에 접하지 못한 환경을 접하게 되면 사용하게 되는 언어도 달라진다. 새로운 환경에 대한 호기심은 질문을 유발하고, 설명에 의해서 새로운 언어를 접할 수 있기 때문이다. 여행을 많이 한 사람은 사고력의 폭이 넓어짐과 동시에 언어표현력도 풍성해짐을 알 수 있다.

개인적 이야기는 한 가지 사건에서 시작하여 두 가지 사건으로 연결하는 과정으로 발달한다(예를 들어 '엄마하고 시장에 갔어.', '빵도 먹고 장난감도 샀어.' 라는 식으로 표현하는 경우이다).

또한 유아는 가장놀이를 하면서 가상적 이야기를 표현하게 된다. 시장놀이라든가, 병원놀이를 하면서 유아들은 상황을 직접 경험하는 것처럼 상상하여 이야기를 한다. 이때 개인적 경험이 바탕이 됨은 물론이며 상상력이 첨가되어 언어로 표현되는 것이다. 개인적 경험은 언어표현의 중요한 바탕이 되지만 직접적 경험은 제한되어 있다. 이에 간접경험의 방법으로 책 읽어 주기, 비디오 보기, 텔레비전 보기 등의 매체를 활용한 방법을 활용한다. 그러나 이러한 방법은 유아에게 일방적으로 들려주는 방법이므로 엄마가 직접 동화책을 들려주거나 이야기를 해 주는 방법이 쌍방향으로 의사소통할 수 있는 가장 좋은 자극이 된다.

지금까지 유아의 언어습득 및 언어발달을 살펴보았을 때 유아의 언어습득은 나이에 비례함을 알 수 있다. 예를 들어 유아가 1세인 경우는 한 단어 또는 두 단어, 혹은 한 문장, 두 문장을 사용한다. 2세인 경우는 두 단어 또는 세 단어, 두 문장 또는 세 문장을 사용하거나 습득하게 된다는 것이다.

예 1세 – '엄마, 아빠, 어부바, 맘마, 까까, 사과, 바나나' 등의 한 단어 문장
2세 – '엄마 맘마! 아빠 까까! 엄마 어부바! 노란 바나나' 등의 두 단어 문장
3세 – '자동차가 부릉부릉 달려가. 아빠 안녕히 다녀오세요.' 등의 세 단어 문장

이처럼 유아의 언어습득 및 언어발달을 향상시키기 위해서는 듣기와 의사소통능력이 필수적임을 알 수 있다. 질 높은 내용을 들음으로써 자신의 생각과 경험했던 것들을 이야기로 풀어내기 때문이다. 이에 유아의 언어발달과 의사소통능력의 발달양상을 살펴보면 다음과 같다.

유아의 언어발달(*Toanne Hendrick*, 1992)

연령	어휘 및 언어발달 양상
0~4개월	· 발성적 소리 또는 미소, 웃음*(coos and chuckles)*
6~9개월	· 옹알이 '마' 또는 '다'
12~18개월	· 간단한 단어의 사용(한 개 또는 두 개 정도) · 단순한 요구와 아니라는 것을 잘 알아들을 수 없는 소리로 표현함
18~21개월	· 18개월 초에는 20단어 정도부터 시작하여 21개월 말에는 약 200단어 정도 사용
24~27개월	· 전보다 많은 사물을 지적하거나 간단한 질문을 이해(2단어 정도). · 300단어에서 400단어 정도 사용
30~33개월	· 2~3 단어의 구절을 사용 · 간단한 조사류와 대명사를 사용 · 어휘 사용이 급격히 증가 · 세 단어 이상의 문장 사용이 일반적
36~39개월	· 적절한 문법적 언어능력도 발달됨. 그러나 성인의 문법적 사용과는 차이가 있음 · 1000단어 이상의 단어 사용 · 복잡한 문법적 규칙도 사용 가능 · 문법적 실수가 줄어들고 90% 이상도 이해함

의사소통 능력의 발달(*Kath Bulman* 외, 1999)

연 령	의사소통 능력의 발달 양상
0~3개월	· 배고픔을 표현하기 위해 운다(또는 지루함, 불쾌함). · 소리의 다름을 인식한다. · 만족했을 때 웃으면서 소리를 낸다. · 3개월 정도면 주 양육자의 소리를 인식하고 소리를 내며 반가워한다. · 다른 사람의 얼굴을 보며 미소짓는다.
3~6개월	· 아직 불만이 있을 때 울지만 쉽게 풀린다. · 옹알이나 발성적 소리를 낸다. · 소리 내어 웃거나 킬킬거리거나 비명을 지르기까지 한다.
6~12개월	· 울음 대신 주로 옹알이로 상호작용한다. · 10개월 정도에는 바이바이와 같은 단어 17개 정도를 이해한다. · 어떤 것을 요구하기 위해 몸짓을 사용한다. · 손으로 지적하거나 성인에게 무엇을 원하는지 보여주기 위해 칭얼거리기도 한다. · 동요를 부르며 놀이하는 것을 즐길 수 있다.

12~18개월	· 자신이 원하는 것을 표현하기 위해 불완전한 한 단어를 사용한다. · 한 단어로 여러 가지 의미를 포함하여 의사소통한다. · 15개월 정도 되면 주 양육자가 알아들을 수 있는 정도의 단어를 10개 정도 사용할 수 있다.
18~24개월	· 두 단어를 사용하여 의사소통한다. 예) 아빠, 빠이빠이! · 전보식 언어를 사용하여 의사소통한다. · 두 살쯤 되면 대부분 200단어 정도를 사용할 수 있다.
2~3세	· 새로운 단어를 빨리 익힌다. · 부정을 나타내어 의사소통하기 시작한다. · 질문형으로 의사소통하기 시작한다.
3~4세	· 성인의 언어 유형을 정확하게 모방한다. · 낯선 사람과도 의사소통이 가능하다. · 질문하는 것을 매우 좋아한다.
4~8세	· 문법적인 실수를 하는 경우가 많이 감소한다. · 언어 사용을 즐긴다. · 다른 사람과 사회적으로 어울리기 위하여 다른 사람이 한 것을 나열하여 표현하거나 자세하게 이야기할 수 있다. · 전보다 복잡한 문장을 사용하여 의사소통할 수 있다(5세 정도면 5000단어 정도 사용가능함). · 8세 정도에는 유창한 화자, 청자가 되며 읽기와 쓰기를 통한 의사소통을 할 수 있다.

의사소통 능력의 발달단계에 관련하여 피아제(*Piaget*)는 자기중심적 언어단계와 사회화된 언어단계로 나누어 설명하였다. 자기중심적 언어단계에서는 반복, 독백, 집단적 독백 형태로 나타난다.

반복이란 유아 혼자 재미있어서 좋아하는 낱말을 되풀이하는 것으로 언어를 주고받는 사회적 단계는 이루어지지 않는다. 독백은 다른 사람이 듣는 것과는 상관없이 유아 자신의 생각을 말로 표현하는 형태를 말한다. 집단적 독백이란 청자의 대답을 바라고 하는 말이 아니라 누군가 들어주기를 기대하면서 하는 말이다(예 : 유아가 인형을 가지고 놀면서 어떤 이야기 형태의 말을 하는 상태).

반면 사회화된 언어 단계는 순응된 정보교환, 비판 · 비평, 명령 · 요구, 질문과 대답의 형태로 나타난다. 사회화된 언어 단계에서는 일단 대상자가 분명히 존재하고 있는 경우이다. 화자와 청자 간의 의사소통이 전제되는 것이므로 사회화된 언어표현은 삶에 있어서 중요한 부분이다.

사회화된 언어는 때와 상황에 맞는 감성이 언어에 내재되어 있으면 효율적인 의사소통에 도움을 준다. 이에 사용되는 감성지수는 의사전달의 이해와 더불어 인간관계의 윤활유 같은 역할을 하기 때문이다.

포인트

EQ

감성지수 또는 감정적 지능지수는 미국 예일대학교 심리학 교수 피터 샐로베이*(Peter Salovey)*와 뉴햄프셔대학교 심리학 교수 존 메이어*(John D. Mayer)*가 이론화한 개념이다. 이는 지능지수*(IQ)*와는 질이 다른 지능으로, 마음의 지능지수라고 할 수 있다. 심리학 저술가인 대니얼 골맨*(D. Goleman)*이 저서 〈감성지능*(Emotional Intelligence)*〉에 제시하면서 대중화되었다.

첫째, 자신의 진정한 기분을 자각하여 이를 존중하고 진심으로 납득할 수 있는 결단을 내릴 수 있는 능력, 둘째 충동을 자제하고 불안이나 분노와 같은 스트레스의 원인이 되는 감정을 제어할 수 있는 능력, 셋째 목표 추구에 실패했을 경우에도 좌절하지 않고 자기 자신을 격려할 수 있는 능력, 넷째 타인의 감정에 공감할 수 있는 공감능력, 다섯째 집단 내에서 조화를 유지하고 다른 사람들과 서로 협력할 수 있는 사회적 능력 등을 들 수 있다.

*EQ*는 자신과 다른 사람의 감정을 이해하는 능력과 삶을 풍요롭게 하는 방향으로 감정을 통제할 줄 아는 능력을 의미한다. *EQ*가 높은 사람은 갈등 상황을 만났을 때 그 상황을 분석하고 자신의 처지를 정확하게 인식할 수 있는 능력을 갖추고 있다. 감정적 대응을 자제함과 동시에 다른 사람에 대한 공감적인 이해를 나타낸다.

골맨은 이런 태도를 '정서면에서의 지성'이라 하고 그 육성의 필요성을 강조했다. 미국의 교육학자들도 친구들과 잘 어울려 놀지 못하는 아이가 학교를 중퇴할 확률이 평균보다 8배나 높다는 사실을 지적하며, 유아기부터 *EQ*를 키우는 감정교육을 실시하도록 권고하고 있다. 그러나 아직 *IQ*처럼 정형화된 *EQ* 테스트 방법은 정립되어 있지 않다.

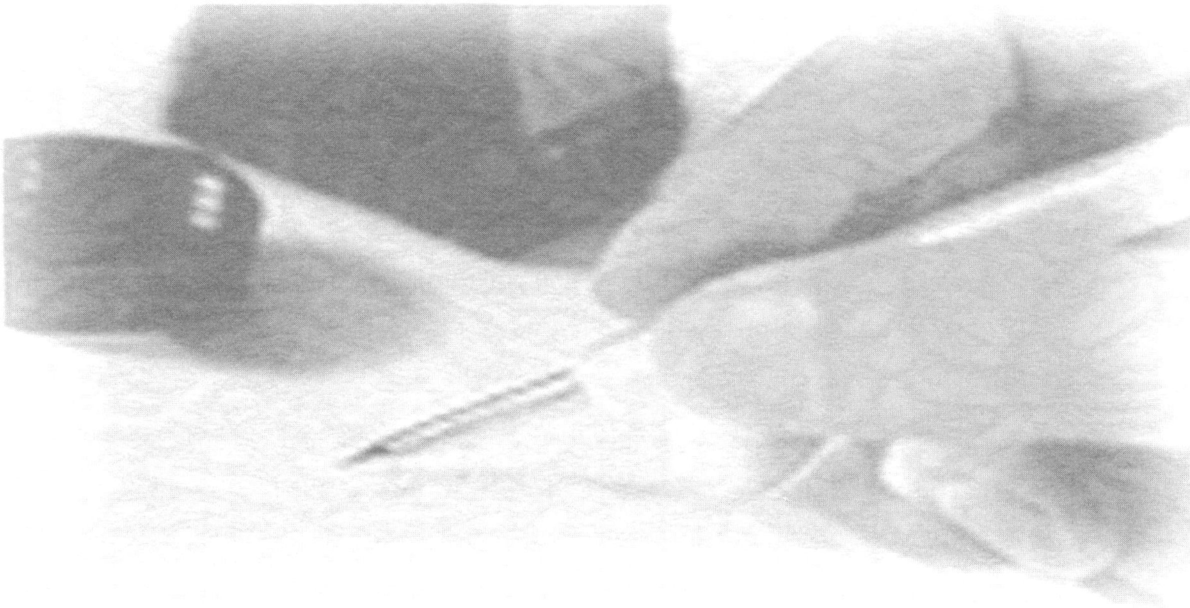

문학의 맛

제 2 장

1. 언어의 맛
2. 사상의 맛
3. 체험의 맛
4. 정서의 맛
5. 상상의 맛
6. 장르의 맛

만일 누가 버스 정류장에서 가까이 다가와 '그대 아직 고요의 신부여'라고 중얼거리면, 그때 우리는 곧 문학적인 것을 마주하고 있음을 느낄 것이다. 왜냐하면 그 단어들의 결*(texture)*, 리듬, 울림*(resonance)*이 그 추상 가능한 의미를 초과하고 있기 때문이다. 문학은 일상 언어를 변형하고, 그 강도를 높이며, 일상의 말로부터 체계적으로 벗어나는 것이다. 언어학자들의 더욱 전문적인 표현 그대로 시니피앙*(signifiant)*과 시니피에*(signifie)* 사이의 비례가 어긋나 있기 때문이다. 그 언어는 '운전사들이 파업 중임을 모르고 계십니까?'와 같은 진술과는 달리 언어 자체에 주의를 끌며 자신의 물질적 존재를 과시한다. 사실 이것은 러시아 형식주의자들이 주창한 문학적인 것의 정의다.

러시아 형식주의자들은 문학작품을 '장치들*(devices)*'의 집합으로 보는 것으로 출발했으며, 나중에야 이 장치들을 텍스트 체계 전체 안에 있는 상호 관련요소들 혹은 '기능들'로 보기에 이른다. 그 장치들에는 음, 이미지, 리듬, 구문, 운율*(metre)*, 운*(rhyme)*, 서술기법 등 사실상 문학의 형식적 요소들 모두가 망라되어 있다. 이 모든 요소들이 공통적으로 지니고 있는 것은 '서먹하게 하는*(estranging)*' 효과였다. 문학 언어에 고유한 것, 그리고 문학 언어를 다른 담론형식들로부터 구분해 주는 것은 문학 언어가 일상 언어를 다양한 방식으로 변형시킨다는 사실이다. 이는 곧 낯설게 된 언어라고 할 수 있는데, 이 서먹서먹함 때문에 일상의 세계 역시 갑자기 낯설게 된다. 일상어의 진부함 속에서 우리의 현실인식과 현실에 대한 반응은 경직되거나 둔감해지거나 형식주의자들이 말하는 것처럼 자동화된다. 문학은 우리로 하여금 언어를 극적으로 인식하게 함으로써 이 습관적인 반응들을 새롭게 하고 사물들을 더욱 인식 가능하도록 만든다. 평소보다 더욱 집요하고 자의식적인 방법으로 언어와 맞씨름할 수밖에 없음으로 해서 그 언어가 담고 있는 세계는 생생하게 되살아난다.

낯설게 하기에 대한 또 다른 예로, 런던 지하철에서 이따금 볼 수 있는 '에스컬레이터에서는 반드시 개를 안고 가시기 바랍니다'와 같은 산문적이고 뜻이 아주 분명한 진술을 잘 검토해 볼 필요가 있다. 어쩌면 이것은 처음 볼 때만큼 뜻이 그리 분명치는 않다. 그 진술은 에스컬레이터에서는 반드시 개를 안고 가야 한다는 걸 의미하는가? 만약 당신이 길 잃은 어떤 개라도 찾아서 양팔로 꼭 안아서 올라가지 않는다면 에스컬레이터 탑승 금지라도 당한다는 것인가? 언뜻 보기에는 뜻이 명료해야 할 많은 게시물이 이러한 모호함을 지니고 있다.

시는 문학에 일반적으로 포함되는 것의 일부분에 불과하다. 따라서 그 게시문을 오독하는 또 하나의 방법을 검토하여 여기서 한 걸음 더 나아가 보자. 늦은 밤 취객이

에스컬레이터의 손 난간에 엉겨 붙어 그 게시문을 몇 분 동안 열중해서 읽은 뒤 '암 지당한 말이지!'라고 혼잣말로 중얼대는 모습을 상상해 보자. 여기서 어떤 종류의 착오가 일어나고 있는가? 그 취객이 하는 것이라고는 실제로 그 게시문을 어떤 보편적이고 심지어는 우주적인 중요성을 지닌 진실로 여기고 있는 것이다. 그는 어떤 독서관습을 그 게시문에 적용시킴으로써 그것들을 그 직접적인 맥락으로부터 떼어 내어 그 실용적 목적을 넘어서는 더 넓고 아마도 더 깊은 중요성을 지닌 발언으로 확대하고 있는 것이다. 시인이 우리에게 그의 사랑은 붉은 장미와 같다고 말할 때, 우리는 그가 운율로 이러한 진술을 하고 있다는 바로 그 사실을 통해 실제로 그가 어떤 기묘한 이유로 인해 자신에게 장미와 닮아 보이는 연인을 가졌었음을 묻지 말아야 한다는 것을 안다. 그는 일반적인 사랑과 여인에 관한 어떤 것을 우리에게 말하고 있는 것이다 (테리 이글턴/김현수 역, 문학이론입문).

우리는 항상 어느 정도까지 우리 자신의 관심사에 비추어 문학 작품을 해석한다. 물론 우리는 작품 자체와 많은 관심사를 공유하고 있을 수 있다. 그러나 또한 실제로 삶은 자신의 생각과 달리 동일한 작품을 두고 평가를 내리고 있는 것이 결코 아닐 수도 있다. 우리의 호메로스는 중세의 호메로스와 일치하지 않으며, 우리의 셰익스피어도 당대인들의 셰익스피어와 일치하지 않는다. 다시 말해서 모든 문학작품은 무의식적이긴 하지만 그것들을 읽는 사회에 의해 다시 씌어진다. 한 작품을 읽는다는 것은 어느 경우에나 그것을 다시 쓰는 일이기도 하다. 어떠한 작품도 그 작품에 대한 현재의 어떤 평가도 도중에 아마도 거의 인식할 수 없을 변화를 겪지 않고서는 새로운 집단의 사람들에게 단순히 확대될 수는 없다. 이것이야말로 문학이라고 여겨지는 것이 두드러지게 가변적인 한 이유이다.

문학을 구성하는 요소는 관점에 따라 다르고, 종류도 다양하다고 본다. 그러나 문학을 구성하고 있는 요소들을 크게 나누면 문학을 문학답게 하는 기본적인 요소와 문학에서 많이 다루어지는 소재나 제재로서의 요소들을 생각할 수 있다.

여기서 문학을 이해하는 데 필요한 몇 가지 요소들을 간단하게 언급하고자 한다.

1. 언어의 맛

문학은 주변 현실을 재창조한다는 점에서 다른 예술과 같은 목적을 갖는다. 그러나 문학은 다른 예술과 많은 점에서 차이를 가지고 있다. 문학이 가진 다른 예술과의 차이점 중에서 가장 중요한 것 하나는 언어를 재료로 한다는 것이다.

예술은 현실을 재창조하기 위해 각기 다른 재료를 사용한다. 음악은 소리를 재료로 하며 회화는 색깔을, 조각은 돌이나 쇠붙이, 나무 등을 재료로 한다. 각 예술 사이의 차이는 무엇보다도 먼저 그것들이 사용하는 재료의 성격에 따라 달라진다.

문학이 언어를 사용한다는 점은 예술로서의 장점이기도 하다. 우선 문학은 언어를 사용하기 때문에 다른 예술에 비해 훨씬 더 풍부한 예술이 될 수 있었다는 것을 지적할 수 있다. 다른 예술들이 사용하는 재료들, 이를테면 음악의 소리나 회화의 색, 조각의 돌 등은 그 자체로는 어떤 사회적, 이데올로기적 의미도 갖지 않는다. 그것들은 예술가가 그것들을 재료로 하여 하나의 체계, 즉 예술 작품을 창조했을 때만 사회적 의미를 갖는다. 그러나 문학이 재료로 하는 언어는 예술가가 그것을 예술 작품의 재료로 만들기 이전에 이미 사회적, 이데올로기적 의미를 가진 하나의 체계이다. 그런 점에서 문학은 다른 예술에 비해 훨씬 더 높은 정보능력을 지닐 수 있게 된다.

그러나 문학이 언어를 사용한다는 점은 문학의 단점일 수도 있다. 우선 우리는 음악을 듣거나 그림을 보고 그것이 예술인지 아닌지 금방 식별해 낼 수 있다. 그러나 한 편의 시나 소설, 또는 수필을 보고 그것이 예술인지 아닌지 분간하는 것은 쉽지 않다. 그것은 재료로서의 언어와 예술로서의 문학이 쉽게 구분되지 않기 때문이다. 이런 경험은 사진이나 영화예술에서도 경험된 사실이다. 사진이나 영화는 다른 예술에 비해 뒤늦게 예술로 인지되기 시작했다. 얼마 전까지만 해도 그것은 예술로 인정되지 않았다. 그것은 예술로서의 사진과 재현되는 것 사이의 구분이 명확하지 못했기 때문이었다. 이동 카메라의 등장과 몽타주 기법이 나타나면서 그것은 비로소 예술로 인지되기 시작했다.

문학의 경우도 마찬가지다. 재료로서의 언어와 예술로서의 문학 사이의 구분이 명확하지 못하기 때문에 우리는 한 편의 글을 예술로 보아야 하는지 일상언어로 보아야 하는지 주저하게 되는 것이다.

예술은 인간이 정보의 저장과 전달을 목적으로 만들어낸 하나의 기호 체계이다. 음악가는 그 자체로는 의미가 없는 자연적인 소리들을 질서 있는 체계로 구성하여 예술적 의미를 창조한다. 화가 역시 마찬가지다. 그들은 여러 가지 색깔과 선, 면을 이용하여 한 폭의 예술적 체계를 창조함으로써 그들의 의미를 창조한다. 여기서 우리는 예술과 재료 사이의 차이는 질서화에 있다는 것을 알 수 있다. 예술가들은 기호들을 무질서하게 나열하는 것이 아니라 나름의 규칙에 따라 체계적으로 배열하여 하나의 통일된 전체를 구성하며 그것이 예술을 만드는 것임을 알 수 있다*(http://non-gae.gsnu.ac.kr/~jcyoo/theory/litlan.html)*.

문학의 힘은 언어로부터 나오지만 단순히 개인을 움직이는 것만은 아니다. 신동엽의 〈껍데기는 가라〉나 김수영의 여러 편의 시들은 민중들로 하여금 독재의 억압으로부터 벗어나 자유를 추구하려는 힘으로 작용했었다. 또 스토우 부인이 쓴 〈톰 아저씨의 오두막집〉은 미국을 움직여 노예해방 전쟁을 일으키는 힘으로 작용하기도 했다. 그리고 요즘의 생태문학에 속하는 여러 작품들은 독자들로 하여금 우리가 살고 있는 환경에 대한 인식을 새롭게 하는 역할을 담당하고 있기도 하다. 또 우리 민족이 안고 있는 분단 문제를 풀어나가는 데 민중의 정서적 힘이 없이는 불가능한데, 이러한 민중의 정서를 움직일 수 있는 힘도 바로 문학에서 나온다.

1) 정서 표출의 언어

일반적으로 문학은 언어를 유일한 표현 매체로 하기 때문에 언어예술이라고 부른다. 따라서 우리가 문학작품을 대한다는 것은 곧 언어와의 만남이라고 할 수 있다. 문학에 쓰이는 언어는 개념적 · 기호적 · 수학적으로 기술하는 언어가 아니라 정서를 표출하는 언어로 규정지을 수 있는데, 리처드*(Richards)*에 따르면 개념을 진술하는 언어의 쓰임을 '과학적 · 지시적인 용법*(scientific use of language)*'이라 하고, 감정을 표출하는 말의 쓰임을 '정서 환기적인 용법*(emotive use language)*'이라고 구별하여 사용한다. 문학이 언어를 수단으로 한다는 점에서는 과학과 일치할지 모르나 용도나 사용방법은 확연히 다르다.

2) 문학적 언어

이상섭은 사람의 말을 일상적 사용 · 과학적 사용 · 문학적 사용으로 구분하여 각각 그 사용법을 제시하고 있는데, 그 중에 문학적 언어는 본래 사전에 정의되어 있는 의미뿐 아니라 그 의미에다 전혀 뜻밖의 특수한 의미, 또는 보통 느끼긴 하면서도 꼭 집어서 말할 수 없던 의미, 사전적 의미에 충돌하는 의미, 합리성을 구하는 실생활에서 멀리하려고 하는 마술적 · 미신적 의미 등이 어울려서 단지 그 글 속에서만 통하는 의미를 형성하는 것이 문학적 언어의 큰 특징이라고 밝히고 있다. 한 마디로 문학적 언어는 사전적인 의미는 물론이고 이면에 숨어 있는 2차적 의미까지를 모두 포함한다고 할 수 있다.

3) 내포적 언어

가능한 과학적 · 학술적 서술에서 벗어나 특수하고도 개별적인 의미를 의식적으로 추구하고자 하는 것이 문학인데, 한 마디 말에다 여러 의미를 한꺼번에 포함시키려는 이와 같은 말의 사용법을 철학적으로는 내연*(connotation)*이라 하지만 우리는 쉽게 말의 함축적 사용이라 해도 무방하다. 그런데 함축적으로 쓰이는 한 마디 말은 한꺼번에 여러 의미를 포함하고 있어서 언어는 각각 그 주관에 따라 그 이미지를 달리할 뿐 아니라, 상황에 따라서도 역시 그 이미지의 구체적 내용을 전혀 달리할 경우가 있다. 예를 들면 '달'이란 말은 사회적으로 공인된 말이나 '달'이라고 하는 말이 누구에 의하여 사용되었느냐? 그리고 어떤 상황에서 사용되었느냐에 따라 '달'이 가지는 함축적 이미지는 매우 복잡해진다.

즉 외연적 사용으로는 '월(月)' 이외에 아무것도 의미하지 않지만, 내연적 사용에서는 가령 초오서*(Chaucer)*에겐 '꽃피는' 이미지로, 바이론*(Byron)*에겐 '황금의 그릇'으로, 엘리어트*(Eliot)*에겐 '잔인한 달'로 나타난다. 또 '진달래꽃'의 외연적 의미는 '철쭉과에 속하는 갈잎떨기나무'이지만, 소월 시의 '진달래꽃'은 '버림받은 여인의 한 맺힌 분신'일 수도 있다.

2. 사상의 맛

문학작품을 위대하게 만드는 요소 중에서 으뜸가는 요소는 곧 사상이다. 다시 말해서 정서와 상상이 문학의 독창성을 만들어 준다면, 사상은 그에게 위대성을 결정해 주는 중요한 요소가 된다. 문학에 있어서 사상이란 작가의 인생관이나 세계관에 의해서 작품 속에 담겨진 의미 내용이라고 정의할 수 있다. 따라서 작품의 사상이 뛰어나고 독창성이 있으면 그 문학은 위대한 것이 되는 것이다. 문학에서 사상이라 할 때, 그것은 사고의 단원으로서의 관념에서 시작하여 조직적인 철학에 이르기까지 일체의 사고를 의미한다. 그런데 사상은 외부로부터 들어오는 영역이다. 그러한 점에서 사상은 객관적이다. 작가가 어떤 사상을 갖는다 하더라도 그것은 정서나 감정처럼 개인적 사유적인 것이 아니라 사회적이며 공유적인 것이다. 다시 말해서 작가는 사회로부터 사상을 받아 온다. 그러나 사람은 흥미의 대상이 되는 자극만을 선택적으로 받아들인다. 어느 사상을 자기의 것으로 선택하느냐 하는 것은 결국 그 사람의 요구 전체가 결정한다. 그러한 한도에서 사상은 주관적이기도 하다. 사상의 이러한 양면성이 문학에 그대로 반영되어 있기 때문에 문학론에서 사상의 문제는 항상 논쟁거리가 된다. 그러므로 작품의 사상이 뛰어나고 독창적이면 그 문학은 위대한 것이 되는 것이다. 이 점은 과거 수세기 동안 인류에게 위대한 감명을 준 문학작품은 예외 없이 인생이 무엇인가에 대하여 사상적으로 말해 준 작품이었다는 점을 통해서도 알 수 있다.

1) 사상성

아놀드(*Arnold*)는 '문학이란 인생의 비평이며, 위대한 시인이란 관념을 생활 속에 힘차게, 그리고 아름답게 적응시키는 사람'이라 하였으며, 허드슨(*Hudson*)도 '위대한 작가는 인생의 관찰자인 동시에 인생에 대하여 생각하는 사람'이라고 말한 바 있는데 이는 곧 문학 속에는 인생에 대한 관점, 즉 사상성이 내포되어야 함을 시사해 주는 말이다. 그러나 작가가 취급하는 사상은 작가 스스로의 작품의 표면에 나타나는 것이 아니라 작중 인물의 행동이나 사건으로 다루어져 독자의 정서적 감동을 통해 공감되도록 해야 한다.

최재서의 말대로 좋은 문학이 되기 위해서는 뛰어난 사상성이 표현되어야 하되 그것은 정서의 상태로 용해되어 있어야 하고 소위 예술적인 형상화를 이루어야 한다. 발레리(*Valery*)도 그의 ≪문학론≫에서 사고는 시구 속에서는 과일 속에 묻힌 영양소와 같이 숨겨져 있어야 한다고 말하였는데 이 역시 문학의 사상이 구체적으로 형상화되어야 한다는 점을 의미한 것이다. 문학을 독창적으로 만드는 것은 주로 정서이지만 문학을 위대하게 만드는 것은 사상이다.

2) 사상의 유형

일반적으로 사상은 객관적인 것과 주관적인 것으로 나눌 수 있는데 이를 더 세분하면 다음 네 가지로 요약할 수 있다.

첫째, 사상은 외부 환경에서 영향을 받는 것으로 주목할 때에 객관성이 의식된다. 사상의 객관성은 진리로서 나타나는데, 진리는 언어 진술과 언어 표시물, 즉 사상과 외부의 사상이 완전히 일치함으로써 성립된다. 현대 리얼리즘은 사상의 객관성을 특별히 강조하는 문학정신이다.

둘째, 우리의 내면적 요구에 응해서 정위(定位)되는 일면에 주목할 때에는 주관성이 의식된다. 주관주의는 항상 문학을 지배해 온 정신이었으며, 그것이 극단적으로 가면 사상을 배척하고 정서적 요소만을 강조하는 문학이 되지만 주정적 문학이 아니라 사상의 지위를 충분히 존중하면서도 그것을 객관화하지 않고 내면적인 요구의 합리화라 생각하는 현대 주지주의 문학의 이론에 주목할 필요가 있다.

셋째, 예술적 표현은 개인적인 충동에서 시작되지만, 정서를 표현하는 데는 그 전달자로서의 사상이 필요하다. 그래서 시인은 그 시대의 사상가들에게서 적당한 사상을 빌려 온다. 예술적 표현의 수단으로 사상을 사용하는 경우다.

넷째, 문학에서 사상 문제에 대해서 가장 관심을 갖는 사람은 휴머니스트다. 그들은 문학의 필수적 요건으로 사상을 엄격히 요구한다. 그들은 작가 자신이 이념을 사랑하고 신앙하고 그것에 귀의함으로써 문학은 위대해질 수 있다고 믿기 때문이다.

문학 작품 속에 사상이 없다면 그것은 공허한 미사여구에 지나지 않는다. 사상은 정서와 결합하여 우리에게 감동과 인생의 새로운 해석을 가능케 해 준다.

3. 체험의 맛

구체적인 대상의 표현이라든가 그 대상의 개인화 · 감정화의 의미를 다시 생각해 보면 우선 체험이라는 것이 하나의 전제조건이 되어 있다는 것을 알 수 있다. 그만큼 체험은 고금의 모든 문학작품을 통하여 하나의 보편적이고 내용적인 재료라고 볼 수 있다. 괴테가 그의 자서전 ≪시와 진실≫ 또는 작가의 수업과정을 자서전적으로 탐구한 ≪빌헬름 · 마이스터의 수양시대≫와 같은 소설이 그의 작가로서의 태도를 보여주고 있다.

흔히 문학은 인생의 표현이요, 사회의 거울이라고 하지만, 그것은 작가의 주관을 통한 재현이지 그저 사진을 찍어 놓은 복사품은 아니다. 리얼리즘도 선택이라는 말이 있듯이 시인이나 작가의 주관이나 체험을 통하지 않은 문학작품의 창조란 거의 있을 수 없다.

그러나 체험이란 단순한 것이 아니고, 상당히 다양한 종류와 성질이 포함되어 있다. 체험이란 그 제작을 위한 하나의 토양과 같은 내용적 조건으로 보아도 틀림이 없으며, 체험이 문학을 위하여 대단히 귀중한 까닭도 여기에 있다.

1) 직접적 체험

윈터스(*Winters*)는 ≪비평의 기능≫이라는 평론집에서 '시란 다른 예술 문학 작품도 마찬가지지만, 인간의 체험을 언어로서 기술한 것'이라고 문학과 경험의 관계를 밝혔으며, 괴테(*Goethe*)도 '시인은 한 지방의 풍토, 계절을 묘사하기 위해 먼저 몇 차례 그 지방에 가서 직접 경험하고 감정을 익혀 가지고 비로소 작품에 착수할 것'이라고 말했듯이 문학 이론가들이 체험을 강조한 것은 그만큼 문학에서 체험이 귀중하기 때문이다.

최재서도 '문학이란 가치 있는 체험의 기록'이라고 정의 내리는 부분에서 영국의 밀턴(*Milton*)은 정치적 소용돌이 속에서 신고를 겪고 실명한 뒤에 〈실락원(*Paradise Lost*)〉을 썼고, 워즈워드(*Wordsworth*)는 전원을 체험한 후에 〈외로운 추수꾼(*Solitary Reaper*)〉을 썼으며, 셰익스피어(*Shakespeare*)는 비극적 체험을 분석하여 〈맥베드(*Macbeth*)〉를 썼다고 제시하면서 이러한 시적 체험이나 비극적 체험이 비단 시인, 작가의 창작 조건에 그치지 않고 독자의 감상 조건임을 지적하였다. 아울러 독자는 문학작품을 감상하는 가운데 작가의 체험에 공감하고 동참할 수 있다는 것이 그의 주장이다.

2) 간접적 체험

그러나 현대문학에서 말하는 체험의 의미는 실제의 체험보다도 작품의 제작적인 뜻으로 접근해 있다는 사실을 기억해야 한다. 이점에 대하여 윈터즈(*Winters*)는 훌륭한 작품에 있어서 작자의 체험을 통하여 인생의 문제가 매우 깊이 다루어지고 있다는 것은 단순히 그 체험의 주관적인 절박성을 가리킬 뿐만 아니라 그 내용을 일반화하고 심화한 것을 의미한다고 했다. 톨스토이(*Tolstoi*)가 〈전쟁과 평화〉를 쓴 것은 그가 실제로 그 당시의 전쟁에 참가하고 쓴 체험담은 아니다. 더욱이 단테(*Dante*)가 지옥편을 그토록 여실하게 묘사하고, 또 밀턴(*Milton*)이 사탄의 지옥세계를 그토록 경탄하리만큼 묘사한 것은 그들이 지옥을 구경하고 와서 쓴 것은 물론 아니다.

그것은 물론 어떤 서적이나 학문을 참고로 한 것이지만 시인의 내적 세계를 통해서 표시된 하나의 상상력의 소산이었던 것이며 재능 있는 시인 작가에 있어서 그것은 동시에 하나의 체험인 것이다.

4. 정서의 맛

정서란 인간이 사물에 부딪쳐서 일어나는 온갖 감정을 말한다. 시인이나 예술가는 일반 사람들에 비해 훨씬 풍부한 정서를 지니고 있어 적당한 자극을 받으면 곧 분출하여 작품을 만드는 데 사용하게 된다. 정서는 감정(*feeling*)이란 말과 유사하지만 그보다는 본능적이며 신체적 표출이 심한 것이며 정서보다 한층 더 복잡하고 고등한 것을 정조(*sentiment*)라고 할 수 있다.

바네스(*Barness*)는 이에 대하여 '우리들의 마음 속에는 막대한 정서적 태도들이 용해 상태로 존재해 있는데 이들은 외부에서 적당한 자극이 오면 언제든지 재자극될 수 있는 감정인 것이다. 이것은 말하자면 과거 체험의 잔재인 것이다. 예술가는 이러한 감정의 잔재를 일반 사람들보다도 더 풍부하고 다양하게 가지는 사람인데, 그것이 예술가의 밑천'이라고 밝히고 있다. 리처즈(*Richards*)는 정서를 일종의 유기적 혹은 전신적 감각이라고 하였으며, 미국의 심리학자 제임스(*James*)는 정서의 형성과 정을 '자극이 되는 사실을 지각한 뒤를 따라 신체적 변화들이 나타나는데 그 변화의 의식이 곧 정서'라며 아래와 같이 예를 들어 설명하고 있다.

즉 어둠 속에서 그림자가 불쑥 나타날 때에 우리는 반사적으로 움찔하면서 등골이

오싹하고 이마에 땀이 솟는다. 그것은 본능적인 것이지만 그러한 신체적 변화가 우리 자신에게 공포의 정서로 의식된다. 그러므로 정서의 성질은 감각적이고 어느 정도는 조절할 수 있고, 정서의 뉘앙스는 다채롭다는 것이다.

1) 미적 정서

그렇다면 제임스의 말대로 대상의 자극으로 말미암아 발생되는 생리적 변화의 총체를 의식하는 정서는 모두 문학적인 정서가 될 수 있나? 문학의 요소로서의 미적 정서가 되기 위해서는 미적 경로를 취해야 하며 이것 없이는 결코 예술, 적어도 훌륭한 예술은 될 수 없다는 것이다. 미적 경로에는 두 개의 심리적 특색이 있는데 하나는 실감의 유리요, 또 하나는 실감의 보수라고 한다. 여기서 말하는 실감의 유리란 경험 당시의 실감이 아니라 거기에서 일단 떠난 회상의 실감이요, 환각*(illusion)*으로서의 정서를 뜻하며, 실감의 보수란 체험된 감정을 수정, 정리하여 미적 정서가 되도록 함을 뜻한다. 따라서 미적 정서는 생체험 그대로의 정서가 아니라 예술가의 머릿속에서 취사선택되고 순화되고 정화되고 미화된 정서이다.

러스킨*(Ruskin)*은 미적 정서를 사랑*(love)*, 존경*(veneration)*, 찬탄*(admiration)*, 기쁨*(joy)*과 이에 대응하는 미움*(hate)*, 분노*(indignation)*, 공포*(horror)*, 슬픔*(grief)*으로 나누어 생각하였다. 문학에서 미적 정서는 모든 사상이나 관념까지도 순화시켜 감동을 통해서 표현 승화시키는 예술이라 할 수 있다. 그러나 작가가 어떤 정서적 체험을 문학적으로 전달할 결심을 하고 장르를 택하고 인물·배경·행동을 선택하여 구성하는 것, 적절한 낱말을 찾는 것 등 일체가 객관화의 과정을 거치는 동안 본래의 정서와는 달리 변모된다는 사실을 간과해서는 안 된다. 보산케*(Bosanquet)*는 어떠한 정서나 감정이 모두 문학의 요소가 되는 것이 아니라, 구체화되지 않은 어떠한 미적 감정도 예술은 아닌 것이라며 구체성을 강조하고 있다. 또한 윈체스터*(Winchester)*는 인생의 가장 보편적인 정서, 가장 영구적인 감정, 그리고 가장 개성이 강렬한 정서나 감정이 더 많은 공명을 준다고 밝힌 바 있다.

2) 열정*(passion)*

정서의 기능으로 정열이란 게 있다. 헌트는 시를 진리와 미와 힘에 대한 열정이라고 정의하면서, 시는 가장 심각한 인상을 구하기 때문에 심각한 인상을 전달하려면 먼저 인상을 심각하게 받아야 한다고 설명한다. 열정(passion)의 어원은 *passio(=suffer)*다. *passio*의 의미는 '받는다'지만, 그러나 그 개념은 중성적인 것은 아니다. 다시 말하면 기쁘지도 괴롭지도 않은 단순히 기계적인 받음의 행동은 아니라는 말이다. *passion*에 해당되는 *suffer*가 고통을 받는다는 의미로 쓰이는데 그것은 생각해 보면 인간이 처해 있는 환경의 성질을 잘 설명하는 데 불과하다. 우리가 환경에서 받는 힘은 언제나 괴로운 것이다. 그러기 때문에 *passio*에서 발생하는 *passion*은 수고와 수난을 의미한다. *passion*의 그러한 의미는 지금도 *The Passion*(그리스도의 수난)과 *Passion Play*(그리스도 수난극) 속에 남아 있다.

3) 감상벽*(sentimentalism)*

일반적으로 불건강한 상태의 정서를 감상벽(sentimentalism)이라고 한다. 현대인들은 기계문명에 따라서 대단히 이지적으로 발달했지만 또 한편 자연을 떠나서 사는 관계로 옛날 사람들이 모르던 감상병을 얻게 되었다. *sentiment*는 정서와 구별해서 정조라 번역된다. 정서는 어떤 사물에 대해서 발생하는 일시적인 감정이다. 동일한 사물에 대한 정서를 누누이 반복할 때에 감정은 기억에 남게 되고 그 결과 습관적이고 고정적인 감정의 한 경향이 생겨난다. 한 여성을 여러 번 만나는 동안 그 인물 위에 여러 가지 정서와 사상이 정착될 때 그 남자가 품고 있는 것은 사랑이라는 일종의 정조다. 우리의 정서적 반응이 정조의 간섭으로 말미암아 그 반응을 일으킨 사태에 대해서 적절치 못할 때에 그것을 감상벽(sentimentalism)이라고 한다.

5. 상상의 맛

문학은 언어를 통해 현실 세계와는 다른 별도의 세계를 만들어 낸다. 그렇기 때문에 현실 세계의 구체적인 무엇을 직접 가리키지는 않는다. 그래서 문학을 허구라고도 하고 상상력의 소산이라고도 한다. 그러나 만들어 내되 멋대로가 아니라 경험 세계에 근사하게 조직된 것이다. 만일 경험 세계의 뒷받침이 없는 문학이 있다면 넋두리가 되거나 무의미한 글자의 나열에 그치고 말게 된다. 아무리 독특한 경험이라 할지라도 우리의 삶의 테두리 안에서 이루어진 것이라면 거기에는 누구든 동의하고 수긍할 수 있는 삶의 진실이 담겨 있을 터이므로 사람들은 그것을 가치 있는 것으로 받아들이게 된다. 그것을 접하는 독자는 자신의 경험을 통해 그것을 바라보고 자신에게 필요한 가치를 발견하게 된다.

진실을 추구하기 위한 인간의 노력은 매우 다양하다. 그 가운데서 문학은 진실을 추구하되 형상으로 한다는 점에서 다른 것들과 현저한 차이를 지닌다. 그런데 그 형상은 실재하는 것은 아니다. 창작자는 자신이 체험, 관찰, 생각한 바를 나타내되 주관적 관점과 상상을 통해 재구성하므로 허구성을 지닌다. 그러나 비록 허구라 할지라도 그 상상은 개연성이 있기에 공감을 준다.

문학을 가리켜 허구적 진실이라 할 때 진실은 인간을 둘러싼 그 모든 것을 꿰뚫는 보편적인 진실을 의미한다. 그리고 그 보편적 진실은 이미 실재하는 사실이 아니라 허구, 즉 만들어 낸 것이다. 그렇지만 그 진실은 인간이 그렇다고 믿어야 할 가치의 범주에 속한다. 그것을 믿게 만드는 것이 문학의 근본적인 역할이다.

문학이 이미 확보하고 있는 감염력을 바탕으로 문학의 세계를 통해 진실을 추구하고자 하는 노력을 하게 만드는 데서 문학의 생명력의 원천을 찾을 수 있다. 노래를 통해, 이야기와 연희를 통해 인간은 그러한 진실의 세계를 자기 삶의 영역으로 받아들일 수 있게 되는 셈이다. 문학의 다양한 양식과 구성 법칙은 이러한 기능의 실현을 위한 필요성에서 비롯된 것으로 봄이 타당하다.

실재하지 않는 허구의 세계로 설명되는 상상의 범주 내에 존재하는 진실을 읽어 내는 일이 그리 수월한 것은 아니다. 설령 창작자의 머릿속을 들여다 볼 수 있게 되더라도 마찬가지이다. 창작자 자신 역시 명쾌하게 설명하기 어려운 복잡하게 얽힌 상념들을 때로는 덜어 내고 때로는 결합하면서 이끌어 낸 것이기 때문이다. 더군다나 그 진실이 매우 추상적인 것일 때는 더욱 그러하다. 그러나 문학은 형상으로 제시된다는 점을 염두에 두면 접근의 통로가 마련된다.

문학이 다루는 형상은 가시적이고 개별적이다. 따라서 그 형상을 이루고 있는 제 요소들은 그리 어렵지 않게 지각할 수 있다. 문제는 그 요소들을 연결해 주는 보이지 않는 끈들을 찾아 내는 일이다. 여기에 연상이라는 사고 활동이 개입된다. 문학과 관련된 연상은 창작 과정이냐 수용 과정이냐에 따라 다른 속성을 지니고 있다. 전자가 한정된 맥락에서 이루어지는 쪽에 가깝다면 후자는 열려 있는 맥락에서 이루어진다는 점에서 우선적으로 구별된다. 창작자는 자신이 경험했거나 지각한 요소들이 어떤 연관 관계에 있는가를 생각하면서 의미를 발견하거나 부여한다.

예를 들면 작자는 꽃병에서 활짝 피어난 꽃과 쓰레기통에 버려진 시든 꽃을 보면서 떠오른 생각들을 정리하는 과정에서 인생의 의미를 발견하고 꽃과 인간을 동일시하는 한 편의 시를 쓰게 된다. 그러나 그 시를 읽는 독자의 입장에서는 그러한 과정이 주어지지 않았기 때문에 꽃이나 인간에 관해 가능한 모든 생각들을 떠올려 보아야 한다. 왜 두 사물이 연관되고 있는지를 파악해야 한다. 우리가 흔히 말하는 자유 연상이라는 사고 활동이 수반되는 것이다(김대행 외, 문학교육원론, 서울대학교 출판부, 2000).

1) 상상과 창조

베이컨(*Bacon*)은 처음으로 문학이란 이성보다 상상력과 관계가 깊다는 생각을 분명히 하였다. 그는 상상력이 이성과 동등하다거나 더 높은 능력이라고 보지는 않았지만 '역사는 기억, 문학은 상상, 철학은 이성'에 직결되어 있음을 말하고, 역사와 철학은 사실 · 실제를 다루는 데 반하여 문학은 사실에 대한 지식을 가지고 유희하는 것이라고 하였다.

상상은 사실의 세계에 매이지 않고 사실들을 마음대로 변형시켜 사실보다 더 아름답게, 좋게, 다양하게 만들어 즐기는 것이라고 하였다. 상상력의 암시 없이 시는 나올 수 없다는 러스킨의 말이나, 상상력 없이 어떠한 공명에도 들어갈 수 없다는 보산케의 말을 통하여 상상력의 문학, 창작상의 의미와 문학 감상상의 의의를 발견할 수 있다. 시인의 상상은 무에서 유를 창조하는 신의 능력을 연상시킨다고 해서 *divine power*라 불리워 왔지만 그것은 비유적인 말에 지나지 않는다. 시인의 상상은 체험의 소재들을 결합해서 새 물건을 만들어 낸다는 의미에서 창조적이지 결코 무에서 유를 탄생시킨다는 뜻이 시인이 과거의 체험 없이 상상적으로 쓸 수 있다는 것을 의미하지는 않는다. 무엇이나 근거 없이 생각하는 일을 상상이라 하지는 않는다.

2) 상상의 종류

윈체스터(*Winchester*)는 ≪문학비평의 제 원리≫에서 상상의 종류를 다음과 같이 제시하고 있다. 즉 창조적 상상은 경험에 의하여 주어지는 요소들 중에서 자발적으로 선택하여 그들을 결합해서 새로운 전일체를 만들어 낸다. 이 결합이 자의적이고 비합리적이라면 그 기능을 공상(*fancy*)이라 부른다. 연상적 상상은 물체 · 관념 혹은 정서에다 정서적으로 친근한 이미지들을 연합한다. 그러한 정서적 친근성 위에 기초를 두지 않을 때에 그 과정을 공상이라 부를 수밖에 없다. 해석적 상상은 정신적 가치 혹은 의미를 지각하여 그러한 정신적 가치가 들어있는 부분 또는 성질을 가지고 대상을 표현한다는 것이다.

여기서 윈체스터는 상상의 종류를 세 가지로 분류하고 있는데 이를 문학의 장르와 관련시켜 보면 창조적 상상(*creative imagination*)은 구성적인 형식을 요구하는 소설이나 희곡의 방식으로, 연상적 상상(*associative imagination*)은 시가의 방식으로, 해석적 상상(*interpretative imagination*)은 수필이나 평론의 방식에 알맞은 것이라 하겠으나 엄격히 구분될 수 있는 성질이 아니므로 결국 이 모든 것이 종합적으로 이루어졌을 때 가장 이상적이라 하겠다.

러스킨은 이를 직관적 상상(*imagination penetrative*), 연상적 상상(*imagination associative*), 정관적 상상(*imagination contemplative*)의 셋으로 나누어 생각하였다. 그러나 러스킨의 분류는 직관적 상상과 정관적 상상을 나눈 것이 애매하고, 윈체스터의 분류도 창조적 상상과 연상적 상상을 나눈 것이 모호하다고 최재서는 밝히고 있다.

이처럼 문학에서 상상은 과거의 체험과 이미지를 결합하여 새로운 것을 창조한다는 점에서 대단히 중요한 구실을 하고 있다.

6. 장르의 맛

장르(*genre*)란 용어는 라틴어의 게누스(*genus*, 종족, 혈통, 부문)에서 온 것으로 생물학자들이 동식물의 종이나 유를 분류할 때 사용하던 용어이다. 이런 생물학적 용어가 다윈(*C. Darwin*)의 진화론이 예술 전반에 영향을 미친 20세기 이후 예술의 유형을 가리키는 개념으로 보편화되었다. 한 편의 문학작품이 어떤 종류에 속하느냐 하는 문제는 한 작가가 자기를 드러 내는 방식으로 어떤 추출양식을 따르는가 하는 문제에 귀착된다.

한 편의 소설을 소설로서 알아볼 수 있는 것은 그 자체가 이미 한 작가가 소설이란 장르의 규범을 따르고 있다는 것이 되며, 무엇보다도 그것이 정신기술의 한 방식으로써 그 작가의 의식에 가장 알맞기 때문이다. 그만큼 문학에 있어서 장르란 인간의 정신이 문학적 생활을 이룩해 나가는 방식을 말하므로 장르의 문제는 문학의 표현된 방식, 다시 말해서 문학 체계론의 문제가 제기될 수 있는 것이다.

기본 장르에 대한 분류가 처음 시도된 것은 플라톤의 ≪공화국≫에서다. 서구의 시학에서 장르의 이론은 대상, 사물 또는 인간을 모사하는 데 있어서 가능한 두 가지 양식으로 구별한 데서 비롯한 것이다. 아리스토텔레스의 ≪詩學≫에는 서사시, 비극, 희극, 송시, 드라마, 찬가, 풍자시 등의 명칭이 있을 뿐이다. 서정, 서사, 극의 세 장르가 확정되어 오늘날과 같은 장르관이 형성된 것은 18세기 헤겔(*Hegel*)에 와서이며 서사시와 극에 서정시를 추가했다.

1) 장르의 의미

장르란 문학의 종류를 밝히는 작업, 다시 말해서 문학을 분류하는 일이다. 장르(*genre*)의 어원은 라틴어의 *genus*에서 유래된 말로 원래 동 · 식물의 분류와 체계를 세울 때 사용했던 용어였다. 그 뜻은 종류 · 부문 · 문체 · 양식 등으로 번역되지만 문학상의 개념으로는 문학의 종류, 문학의 부문을 가리킨다. 그렇다고 문학의 종류가 다 장르는 아니다. 문학의 장르는 문학의 종류를 작품 형성의 원리와 공통적인 질서에 따라서 구분되는 문학의 종류보다는 본질적인 것이며, 문학이 무엇인가 하는 문제와 직접 관련된다.

문학을 장르로 구분하는 일은 분류의 편의상 이루어진 것이기도 하지만, 문학작품은 어떻게 만들어지고 어떻게 존재하는가 하는 문제와 무관하지 않으며 문학상의 이론을 마련하는 데 결정적인 구실을 한다. 또한 웰렉(*Wellek*)의 ≪문학의 이론≫에서는 장르를 제도(*institution*)라고 말하고 있다.

마치 교회 · 대학 혹은 국가가 하나의 제도인 것처럼, 그것은 동물이 존재하는 것처럼 혹은 건축물 · 예배당 · 도서관 혹은 신전이 존재하는 것처럼 존재하는 것이다. 우리들은 현존하는 제도로 해서 활동하며, 자기를 표현하며, 새로운 제도를 창조하며, 혹은 될 수 있는 한 정치와 제식에 관여하지 않은 채 해나갈 수 있다. 우리들은 또

제도에 참여할 수도 있지만, 그것을 개조할 수도 있다. 문학의 갈래를 건물처럼 고칠 수 없는 모양으로 있는 것이 아니라 언제든지 고치고 새로 만들어 갈 수 있는, 교회 · 대학 · 국가와 같은 제도로 보고 있다. 문학의 장르 이론은 질서의 원리*(principle of order)* 이다. 이 이론은 문학과 문학사를 시간과 장소가 아니라 조직*(organization)*과 구조*(structure)*가 만들어 내는 특수한 문학상의 틀*(literary type)*로 해서 갈래짓는다고 웰렉은 덧붙여 말한다.

2) 장르의 구분

문학의 장르 이론은 아리스토텔레스의 ≪시학≫에서부터 찾을 수 있는데 그는 서정양식*(Lyric Mode)*, 서사양식*(Epic Mode)*, 극 양식*(Dramatic Mode)*의 3분법을 제시한 바 있다. 이 방법은 전통적으로 가장 널리 통용되고 있는 분류법이다. 문학의 장르를 가장 단순하게 나누는 방법은 운문과 산문으로 나누는 2분법이며, 서정 · 서사 · 극의 세 양식에 교훈 문학을 더한 것이 4분법임을 쉽게 확인할 수 있다. 한편 덴지거*(Danziger)*는 다음과 같은 기준에 의해 장르를 구분했다.

① 작품의 매체나 형태
② 작품이 택하는 제재의 성격
③ 창작 목적과 작가의 태도
④ 독자와의 관계에서 고려된 상황

첫째, 작품의 매체나 형태에 따라 구분하는 방법으로, 우선 운문과 산문으로 크게 나눌 수 있다. 구전문학*(oral poetry)*과 기록문학*(written poetry)*, 자연시(민족시)와 예술시로 구분될 수도 있다.

둘째, 작품이 택하는 제재의 성격에 따라 구분하는 방법으로, 장르를 제재의 성격에 맞추어 본다면 그 분류가 상당수에 이를 것이다. 예를 들어 연애소설 · 농촌소설 · 세태소설 · 해양소설 · 역사소설 등 인간 의식의 삼라만상이 다 제재가 되므로 이 분류는 매우 다양할 수 있다.

셋째, 창작 목적과 작가의 태도에 따라 구분하는 방법으로, 작가의 사상이나 인생관 · 세계관에 따라 문학의 경향이 구분되나 사조와 유파에 따라 분류할 수 있으며, 독자를 대하는 작가의 태도에 의해서 참여문학 · 목적문학 또는 경향문학 · 교훈문학

등의 장르를 말할 수 있다.

넷째, 독자와의 관계에서 고려된 상황에 따라 구분하는 방법으로, 독자와의 기준을 생각하므로 통속문학 · 대중문학 · 순수문학 · 본격문학 등으로 분류할 수 있다. 그러나 이와 같은 기준에 의해 장르를 구분하는 것은 언제나 결정적인 것은 아니다. 관점에 따라 다른 구분이 가능할 수도 있다.

장르 이론에 대하여 중요한 업적을 남긴 프라이(*Northrop Frye*)는 ≪비평의 해부(*Anatomy of Criticism*)≫에서 신화와 원형에 관한 포괄적인 유형학을 제시해 주고 있는데, 그는 인류의 근본적 신화라고 보는 봄 · 여름 · 가을 · 겨울의 네 계절에 관련된 신화가 문학의 4대 장르, 즉 희곡(봄), 로만스(여름), 비극(가을), 아이러니와 풍자(겨울)의 원형이라고 밝힌 바 있으나 이 역시 신화를 문학의 원형으로 인정하는 경우에 효과적이라는 한계성을 배제할 수 없다.

그러나 오늘날처럼 퓨전문학이니, 인터넷소설이니 문학의 양식이 다양하게 변화하는 시대에 아직도 문학의 3대 장르를 시 · 소설 · 희곡으로 분류하는 나태하고 무지한 부류들이 존재하는 한 문학의 발전은 요원하다.

국어정서법

제 3 장

1. 국어정서법
2. 문장부호
3. 원고지 사용법
4. 교정부호
5. 비문

1. 국어정서법

1) 국어표기법의 변천

“삼국시대 사람들은 말을 어떻게 했을까요 ? ”하고 물으면 학생들이 “손짓 발짓으로 했겠죠.”라고 대답해 한바탕 웃게 만든다. 벙어리가 아닌 다음에야 그때도 말은 어떻게든 했을 것이다. 단지 우리글이 없어서 중국의 한자어를 빌려다가 표기하는 언문불일치의 생활을 했는데, 사용하다 보니 점차 익숙해졌겠지만 남의 언어로 우리말을 표기한다는 것은 여전히 혼란스럽고 불완전하고 불편했을 것이다. 그리고 지배층에 비해 서민층은 의사소통의 어려움을 더 많이 겪었다.

표기법은 시대에 따라 약간씩의 변천을 보여 왔다. 한자 차자 표기법은 그 내용과 형식에 따라 고유명사 표기, 구결, 이두, 향찰 등의 형태로 기록되어 오다가 훈민정음 창제 이후부터 비로소 완전한 언문일치의 국어표기가 가능하게 되었다.

개화기 때는 백성들의 의식수준이 향상되고, 신학문을 배우고자 하는 욕구가 충만했는데 한자어로는 감당할 수 없어서 배우기 쉬운 한글이 보편화되기 시작했다. 또 선교사들이 한글의 가치를 발견하고 연구하며, 선교를 목적으로 부녀자들에게 성경을 읽히려고 문자 교육을 했는데, 이러한 것들도 한글의 보급에 일조하였다.

갑오경장 이후 그간 언문으로 천시받던 한글이 국문으로 승격함에 따라, 국어표기법의 혼란을 정리하고자 국문연구소가 설립되었다. 이들의 노력은 1933년 한글학회에서 한글맞춤법 통일안이 제정되는 데 결정적인 동기를 제공하였다. 한글맞춤법통일안은 공포 직후부터 사회적 호응을 얻어 국어표기법의 규범으로 자리를 잡게 되었으나 학회의 주관으로 이루어진 것이므로 국가의 공인 절차가 필요했는데, 광복과 더불어 문교부의 국정 교과서에 채택됨으로써 정서법의 확고한 자리를 굳히게 되었다.

그러나 그 후 50여 년이 지나는 동안 말의 변화와 복잡하고 다양한 문자생활이 나타나 그간의 변화와 사용 시의 문제점들을 수용하여, 여러 번 수정을 거듭한 끝에 마침내 국가 차원의 공식적인 한글맞춤법을 제정 공포하게 되었다. 현행 어문규정은 1988년 1월 19일 문교부가 새로 개정 고시하여 1989년 3월 1일부터 시행되었다.

2) 국어정서법의 필요성

우리가 일상적인 햇빛과 공기와 물의 소중함을 잊고 살듯이, 한글의 소중함을 잘 모르고 살아가기 쉽다. 그러나 한글 때문에 우리는 자부심 있는 민족이 될 수 있었다. 지금 영어가 대세이듯이, 한글 창제 당시에 조선 관료들은 오랑캐나 자기 글을 쓴다고 믿고 한자만을 숭상하였다. 그러나 오랑캐도 쓰는 글이 우리만 없다면 오히려 그게 더 자존심 상하는 것 아니냐고 반문하며 관철시킨 세종대왕 덕분에 소중한 우리글을 갖게 되었다. 지금도 우리글이 없다면 불편하게 다른 문자를 빌려다 쓰고 있을 것이다.

유네스코가 1997년 한글을 세계의 문화유산으로 등재했듯이, 한글은 세계가 인정하는 과학적인 문자이다. 언어학자들은 한글이 가장 배우기 쉽고 과학적이어서 세계 문자 중 으뜸이요, 알파벳의 꿈이라고 말한다. 한글은 표음문자이기 때문에 몇 개의 자음과 모음으로 거의 모든 말을 정확하게 문자로 표기할 수 있다. 소리 표현만도 8,800여 개여서 어휘 조합능력도 뛰어나다. 또한 한글은 음소문자이면서도 음절을 한 덩어리로 표시할 수 있어서 읽고 쓰기에 매우 편리하고 경제적인 문자이다.

세종대왕이 미래를 내다보고 한글을 만들었을 리는 없겠지만 정보화 사회에서 한글은 더욱 진가를 발휘한다. 한국이 정보기술 강국이 된 이유는 한글 덕분이라고 해도 과언이 아니다. 문자 전송 시 한글로 5초면 되는 문장을 중국 · 일본 문자는 일곱 배 느린 35초가 걸린다는 연구 결과도 있다. 12개 단추밖에 없는 휴대전화로 모국어를 완전하게 전송할 수 있는 사람들은 우리뿐이다. 모든 모음자는 천지인(· ㅡ ㅣ)의 세 글자로 만들 수 있고, 모든 자음자는 'ㄱ, ㄴ, ㅁ, ㅅ, ㅇ'의 다섯 글자로 만들 수 있다. 이는 IT 시대에 큰 경쟁력이 된다.

이렇게 과학적이고 우수한 한글의 가치를 모르고 그 의미를 폄하하거나 우리 스스로가 소중히 여기고 지키지 않는다는 것은 매우 안타까운 일이다. 인터넷 통신언어상에서 맞춤법의 규정을 지키면 시대착오적인 사람으로 전락하고 만다. 각종 권위가 해체되는 포스트모더니즘 시대를 살면서 기존 질서를 전복시키는 해방감 때문인지, 편의성 추구나 맹목적 유행 때문인지, 또래 간 소통의 재미 때문인지 청소년들의 언어의 축소와 폐기, 조작 등의 왜곡현상이 심각하다. 이제 통신언어는 일상생활에까지 침투해 다른 세대와는 의사소통이 어려울 정도이다. 한편 창의적이라고 해석할 수도 있기는 하나, 언어의 파급효과를 고려해 볼 때, 그러한 행위가 결국 우리의 사고와 문화를 왜곡할 수도 있다는 점에서 우려하지 않을 수 없다.

나아가 언어는 문화이자 민족정신으로 볼 수 있다. 우리 민족은 나라말의 중요성을 일제강점기에 체험한 바 있다. 일제강점기에는 일본어상용을 강요당했다지만 지금은 자발적으로 우리말 대신 영어를 쓰자고 한다. 상호나 상품명은 말할 것도 없고, 우리말 지키기에 앞장서야 할 언론이나 청와대나 공기업 등도 영어명칭을 사용하는 게 일반적인 현상이 되었다. 영어가 주가 되다 보니 우리말이 토씨화하는 느낌도 든다. "天地之間萬物之中에 惟人이 最貴하니"와 오늘날 "판타스틱하고 엘레강스한……"이 무엇이 다른가?

젊은이들이 토익은 만점 받아 입사해도 한글로 된 보고서 하나 맞춤법에 맞게 작성하지 못하는 게 현실이다. 국경이 무너져 가고 모든 것의 경계가 허물어져 가는 퓨전 시대에 언어마저 영어로 단일화되어 가는 추세인데, 책임의식과 위기의식을 갖고 우리말과 글을 지키고 바르게 사용하도록 힘쓰지 않으면 우리말의 정체성은 더욱 훼손되어 갈 것이다.

바람직한 언어생활을 하려면 우선 규범에 맞게 정확하게 사용해야 한다. 특히 문자언어는 '국어정서법'이라는 규범에 맞게 써야 한다. 국어정서법은 사회생활에서 반드시 지켜야 할 국어문자 규칙을 국가에서 법령으로 맞게 제정해 놓은 것이다. 사회유지나 운동경기에도 룰이 필요하듯 문자언어의 사용에도 정서법이라는 룰이 필요하다. 사람들이 임의로 말과 글을 사용한다면 의사소통에 크게 지장을 받게 될 것이다. 똑같은 문자인데도 사람에 따라 여러 발음을 낸다든가 또 동일한 발음이 여러 글자로 표기된다면 얼마나 혼란스럽겠는가. 이것이 정서법이 필요한 이유이다. 정서법은 불필요한 규제가 아니라 사회구성원 간의 효율적인 문자생활을 위한 것이다.

물론 언어의 용법을 지나치게 엄격히 틀 지우고, 표준말만 사용할 것을 고집하는 것도 어찌 보면 시대에 걸맞지 않다고 할 수 있다. 다른 법규와 달리 맞춤법은 언중을 따라가는 경향이 있기 때문이다. 문법적으로 틀리나 실제 생활에서 상당히 굳어진 표현방식은 법으로도 어찌할 수가 없는 문법의 한계가 있다. 하지만 문법의 틀을 무시하고 우리말의 체계를 심하게 위협하는 언어를 생각 없이 사용해서는 안 된다.

국어정서법의 가장 이상적인 목표는 누구나 맞춤법을 쉽게 배워 바르고 정확하고 편리하게 의사소통을 할 수 있게 하는 데 있다. 여기에는 한글맞춤법, 띄어쓰기, 표준어 규정, 외래어 표기법, 로마자 표기법 등이 포함된다. 이러한 것들을 글쓰기의 기초가 되는 것으로, 만약 이런 것들이 제대로 갖춰지지 않은 글이라면 기초가 부실한 건물과 같이 되고 말 것이다. 맞춤법이 어렵고 까다로워 골치 아프다는 생각을 하는 사람들이 많은데, 이는 맞춤법이 문자생활에 있어서 기초적이고 필수적인 지식임에도 불구하고 대부분 체계적인 문법교육을 받지 못했기 때문이다.

한글맞춤법 표기 원리는 세 항으로 되어 있는데 제1항은 '한글맞춤법은 표준어를 소리대로 적되, 어법에 맞도록 함을 원칙으로 한다', 제2항은 '표준말은 대체로 현재 중류사회에서 쓰는 서울말로 한다', 제3항은 '문장의 각 단어는 띄어 씀을 원칙으로 한다'라고 되어 있다.

표준어 사용뿐만 아니라 띄어쓰기도 바르게 해야 한다. 한자어에는 띄어쓰기의 개념이 없기 때문에 국어를 한자어로 표기하다 보니 자연히 우리도 띄어쓰기의 개념이 없었던 것으로 보인다. 훈민정음 해례본이나 고서적을 보면 국문도 띄어쓰기를 하지 않고 있는데다가 세로 행으로 되어 있어 오늘날에 비해 읽기가 다소 불편하다.

1896년 우리나라에서 처음으로 띄어쓰기를 실시한 독립신문의 창간사에서는 "ᄯᅩ 국문을 알아보기가 어려운 건 다름이 아니라 첫ᄌᆡ는 말마ᄃᆡ을 ᄯᅦ이지 아니ᄒᆞ고 그져 줄줄 내려 쓰는 ᄭᅡᄃᆞᆰ에 글ᄌᆞ가 우희부터ᄂᆞᆫ지 아ᄅᆡ부터ᄂᆞᆫ지 몰라셔 몃번 일거본 후에야 글ᄌᆞ가 어ᄃᆡ부터ᄂᆞᆫ지 비로소 알고 일그니"라는 말로 띄어쓰기의 필요성을 역설하고 있다.

'띄어쓰기'란 글자와 글자 사이를 그 언어에서 분류될 수 있는 어절 단위로 쪼개는 것을 말한다. 만약 띄어쓰기를 안 한다면 우선 보기에 답답할 뿐만 아니라 가독성이 떨어져 의미 이해에도 상당히 지장을 받게 될 것이다.

또 문장부호도 한글맞춤법에서는 정식조항이 아니라 부록으로 처리되어 있지만 엄연한 맞춤법 체계의 하나이므로 올바로 사용해야 한다. 문장부호는 문상에 생기를 주고 숨결을 주며 시각적 효과를 주어 글의 의미를 명확히 이해하게 해 준다.

글은 언제나 독자를 염두에 두고 써야 한다. 띄어쓰기나 문단 나누기, 문장부호 사용, 정서법에 맞는 표기 등은 독자를 위한 가장 기본적인 배려이자 자신의 글에 탄탄한 기초를 세우는 작업이 될 것이다. 논술채점 시에도 맞춤법은 정답이 있기 때문에 다른 측정요소보다 더 정확하고 객관적인 기준이 적용된다.

3) 한글맞춤법

다음은 우리말 가운데 자주 틀리게 사용하는 것들 중 일부를 선정한 것이다. 조사의 오용 부분은 '에게/ 에', '로서/로써' '고/-라고' 등의 사례를 연이어 적는 등 품사별로 비슷한 유형끼리 묶었다. 문법적인 설명이 없어도 알 수 있는 오용 사례들은 뒷부분에 따로 가나다순으로 넣었다. 두 가지 표기 가운데 진하게 쓴 글자가 맞는 것이다. *표는 국어학에서 문법적으로 맞지 않는다는 것을 표시하는 기호이다.

틀리기 쉬운 우리말

1 바람/*바램

바라다 : 생각하는 대로 어떤 일이나 상태가 이뤄지거나 그렇게 되었으면 하고 생각하는 것
바래다 : 가는 사람을 일정한 곳까지 배웅하다. 볕이나 습기를 받아 색이 흐릿하게 변하다.

① 그것은 우리의 (바램/**바람**)이었어.('바라다'의 어간 '바라'에 명사형 어미 'ㅁ'이 붙은 형태)
② 그 이상 무얼 더 (바래/**바라**)? (어간 '바라'에 종결어미 '-아'가 붙어 중복되는 '아'가 탈락된 형태)
③ 내가 집까지 (바라다/**바래다**) 줄게.
④ 햇빛에 색깔이 그만 (바랐어/**바랬어**).

〈명사형 만들기〉

명사는 사람이나 사물의 이름을 나타내고, 형태가 변하지 않으며, 앞에 관형사가 와서 수식할 수 있고, 뒤에 조사가 붙는 특징이 있다. 명사는 문장에서 주체적으로 쓰이므로 체언이라고 한다. 체언에는 명사, 대명사, 수사가 있다. 체언은 형태가 변하지 않는다. 순우리말에는 명사가 부족한 편이라서 용언의 어간에 명사형 어미인 'ㅁ, 음, 기' 등을 붙여서 명사형을 만들어 사용한다.
'웃다, 웃고, 웃으니, 웃지만……' 등으로 문장에서 단어의 제 몸꼴이 달리 바뀌는 것을 활용이라고 하고, 이렇게 활용하는 말을 용언이라고 한다. 동사나 형용사 등이 이에 해당된다. 용언의 어간은 활용할 때 '웃-'처럼 변하지 않는 앞부분을, 어미는 '-고, -으니, -지만'처럼 변화하는 말꼬리 부분을 지칭한다. 변하지 않는 어간 '웃-'에 '다'를 붙이는 것을 용언의 기본형이라고 하고, 어간 '-웃'에 명사형어미 '음'을 붙이면 명사형이 된다.
이렇게 만들어진 단어는 품사가 전성되어 파생명사가 되기도 하고, 품사는 그대로 동사나 형용사인 채 다만 문장 속에서 명사의 기능만 하는 명사 형태로만 쓰이기도 한다.

"**삶**이란 끝없이 **앎**을 추구하며 지내온 과정이었고, 즐기면서 해온 **놀이**였다."에서 **'삶', '앎', ' 놀이'**는 '살다', '알다', '놀다' 등의 동사가 명사형 접미사 'ㅁ, 음'을 만나 명사로 품사가 바뀐 파생명사이고, '그는 작년까지 서울에서 **삶**', '이번에 새로운 사실을 **앎**', '바라는 일이 이루어지기를 **빎**', '얼음이 **얾**', '그런 뜻으로 **쓰임**'에서 **'삶', '앎','빎', '얾', '쓰임'**은 '살다', '알다', '빌다','얼다', '쓰다'라는 동사의 명사형이다.

(1) 받침 없는 말이나 ㄹ받침을 가진 말 다음에는 'ㅁ'을 붙여서 명사형을 만든다.
엄벌에 처하다→'처함', 배고프다→배고픔, 보다→봄, 갈다→갊, *갈음, *감, 낯설다→ 낯섦, *낯설음, 거칠다→ 거칢, *거칠음, *거침, 둥글다→둥긂, *둥금, 만들다→만듦, *만듬, 살다→삶, *살음, *삼, 알다→앎, *알음, *암, 푸르다→푸름, *푸르름

(2) ㄹ을 제외한 받침이 있는 어간 다음에는 '음'을 붙여 명사형을 만든다.
웃다→웃음, 먹다→먹음, 많다→ 많음, 적다→적음, 기쁘다→기쁨, 있다→있음, 맑다→맑음

(3) 받침에 'ㅂ'이 올 때는 'ㅗ'가 'ㅜ'로 변하고, 여기에 'ㅁ'을 붙여 명사형을 만든다.
날카롭다→날카로움, *날카롬, 즐겁다→즐거움, *즐검, 무겁다→무거움, *무검

(4) 명사형 어미 '기'를 붙여서 명사형을 만든 예
달리다→달리기, 열다→열기, 맛보다→맛보기, 읽다→읽기, 쓰다→쓰기

2 -읍니다/-습니다

(명사형은 '음', 서술형은 '-습니다'). ※ '있음'과 '없음'은 파생명사가 아니라 형용사의 명사형이다.

① 빈 방 (**있음**/있슴), 빈 좌석(**없음**/없슴)
② 올해에는 열심히 공부하려고 착실히 마음먹고 (**있습니다**/있슴니다/있읍니다).

3 접미사 표기 원칙

단어는 단일어와 복합어로 나뉜다. 복합어에는 합성어와 파생어가 있다. 합성어는 '김+밥' '오르+내리다' 등 두 개 이상의 단어가 결합되어 쓰이는 것이고, 파생어는 단어의 실질적 의미를 지닌 어근에 접두사나 접미사가 결합되어 새말을 형성한 것이다. 접두사는 앞부분에, 접미사는 뒷부분에 붙는다. 접미사는 단어의 뜻도 제한하고, 품사를 바꾸는 힘이 있어서 어떤 단어에 명사화 접미사가 붙으면 품사가 명사로 바뀐다.

어간에 '- 이'나 '- 음/- ㅁ'이 붙어서 명사로 된 것과 '- 이'나 '- 히'가 붙어서 부사로 된 것은 그 어간의 원형을 밝혀 적는다.
① 달맞이, 먹이, 미닫이, 놀이, 깊이, 높이, 길이, 넓이, 꺾꽂이, 살림살이, 쇠붙이……
② 믿음, 웃음, 울음, 졸음, 죽음, 걸음, 묶음, 앎, 엮음, 얼음……
③ 같이, 굳이, 길이, 높이, 많이, 실없이, 좋이, 짓궂이……
④ 밝히, 익히, 작히……

다만, 어간에 '-이'나 '-음'이 붙어서 명사로 바뀐 것이라도 그 어간의 뜻과 멀어진 것은 원형을 밝혀 적지 않는다.
무녀리 → 문+열+이(초태생), 코끼리(코낄이), 거름(비료), 고름[膿], 노름(도박)

'-하다'나 '-거리다'가 붙는 어근에 '-이'가 붙어서 명사가 된 것은 그 원형을 밝히어 적는다.
꿀꿀거리다→꿀꿀이, 발발거리다→발발이, 살살거리다→살살이, 오뚝하다→오뚝이, 홀쭉하다→홀쭉이

'-하다'나 '-거리다'가 붙을 수 없는 어근에 '-이'가 붙어서 명사가 된 것은 그 원형을 밝혀 적지 않는다.
개구리, 귀뚜라미, 기러기, 깍두기, 꽹과리, 날라리, 뻐꾸기, 딱따구리, 누더기, 부스러기, 두드러기, 매미, 얼루기, 동그라미……

'-이' 이외의 모음으로 시작되는 접미사가 붙어서 된 말은 원형을 밝혀 적지 않는다.
마중(맞이하다의 어근 맞+웅), 기둥(긷+웅), 지붕(짓다의 어근 짓+웅), 꾸중(꾸짖+웅), 마감(막+암), 마당(맏(넓은 땅)+앙), 도로(돌+오), 무덤(묻+엄), 주검(죽+엄), 부채(부치다의 어근 붗+애), 빨래(빨+애), 마개(막+애), 노래(놀+애), 지팡이(짚+앙+이), 키(크다의 어근 크+이), 터럭(털+억), 코뚜레(코+'뚫'+에), 누에(눕다의 어근 눕+에), 갸우뚱(갸웃+ 둥), 일찌감치(일찍+암치), 짝짜꿍(짝짝+궁), 나머지(남+어지), 바가지(박+아지), 귀머거리(귀먹+어리), 까마귀(깜+아귀), 너무(넘다의 어근 넘+우), 자주(잦다의 어근 잦+우), 부터(붙다의 어근 붙+어), 조차(좇다의 어근 좇+아), 날개(날+개), 덮개(덮+개), 아낙(안+악), 뜨락(뜰+악), 싸락눈(쌀+악+눈), 우레('울'+접사 '-게'→ 울게→ '-ㄹ'아래에서 ㄱ탈락→울에→우레) '우레'는 '하늘이 운다[명(鳴)]'에서 유래함. '울다'의 어근 '울'+접사 '-게' → 울게→'-ㄹ'아래에서 ㄱ탈락→울에→우레(한자 좋아하는 선비들이 우뢰(雨雷)를 끌어들여 사용하기도 했으나, '우레'는 순우리말이고 한자어가 아니다.)

4 된소리 나는 접미사의 표기
'–꾼, –깔, –때기, –꿈치, –빼기, –쩍다' 등 된소리로 나는 접미사는 된소리 글자로 적는다.
꾼–어떤 일을 직업적, 습관적으로 하는 사람

일군/**일꾼**, **심부름꾼**, **익살꾼**, **사냥꾼**, **농사꾼**, **주정꾼**, **성깔**, 빛갈/**빛깔**, 뒷굼치/**뒤꿈치**, 콧배기/**코빼기**, 겸연적다/**겸연쩍다**, 귓대기/**귀때기**

5 접미사 '–장이'/'–쟁이'
기술자에게는 '–장이', 성질, 습관, 행동, 직업을 나타낼 때는 '–쟁이'를 쓴다.

① 간판장이, 대장장이, 미장이, 도배장이, 땜장이
② 개구쟁이, 거짓말쟁이, 겁쟁이, 멋쟁이, 월급쟁이, 점쟁이

6 접미사 '–이'/'–기'
'–이' : 동사의 어간에 사람, 사물의 일의 뜻을 더하는 접미사
명사, 형용사, 의성어, 의태어 등에 붙어 사람, 사물의 뜻을 나타내기도 함.
'–기' : 동사에 명사 구실을 하는 명사형 어미 '–기'가 붙어 행위를 뜻함

① 떡볶이 : 가래떡을 토막 내 고기와 여러 가지 채소를 넣고 양념하여 볶은 것
떡볶기 : 떡을 볶는 행위
② 손톱깎이 : 손톱 깎는 기구, 손톱 깎기 : 손톱 깎는 행위
③ 연필깎이 : 연필 깎는 행위, 연필 깎기 : 연필 깎는 행위

7 –난/–란
'난(欄)' : 신문이나 잡지에서 글이나 그림 따위를 싣기 위해 마련한 자리, 한자어와 결합할 때는 '란', 외래어는 두 단어로 인식하여 두음법칙이 적용되고, 나머지 우리말에는 '난'을 쓴다.

① (인사/고정/가정/학습/독자투고/문화/부고)**란**
② (스포츠/오피니언/레저/가십/펜팔) ∨ **난**
③ 어린이**난**/ 빈 **난**

8 –열/–렬
모음이나 'ㄴ' 받침 뒤에 이어지는 '렬'은 '열'로 적는다.

① **나열**(羅列)/나렬, **치열**(齒列)/치렬, **비열**(卑劣)/비렬
② **분열**(分列)/분렬, **선열**(先烈)/선렬, **진열**(陳列)/진렬

9 –율/ –률
'율' : 받침 없이 모음으로 끝날 경우, 앞말에 'ㄴ'받침이 올 때, '률' : 'ㄴ' 이외의 받침이 있는 말 뒤에서

① 연체율, 이자율, 연소율, 비율, 규율, 실패율
② 생존율, 환율, 선율, 생산율, 전율, 백분율, 이혼율
③ 능률, 성장률, 응답률, 법률, 출석률, 자살률

10 웃–/ 윗–
아래 위 대립 여부 따라 대립관계가 성립되어 '아래'를 붙여서 말이 잘 되면 '위', 안 되면 '우'

윗눈썹, 윗니, 윗도리, 윗목, 윗몸, 윗막이, 윗배, 윗변, 윗수염, 윗입술, 윗잇몸, 윗자리, 윗옷(상의, 하의인 바지나 치마와 짝을 이뤄 입는 윗도리)

다만 1. 된소리나 거센 소리 앞에서는 '위-'로 한다.
위짝, 위쪽, 위채, 위층, 위치마, 위턱, 위팔

다만 2. 아래 위의 대립이 없는 단어는 '웃-'으로 발음되는 형태를 표준어로 삼는다.
웃국, 웃돈, 웃어른, 웃통, 웃옷(추위를 막고자 겉에 입는 겉옷)

11 수-/숫-

수컷을 이르는 접두사 및 접미사는 수로 통일한다.
수꿩, 수나사, 수놈, 수소, 수게, 수벌

다음 단어에서는 접두사 다음에 나는 거센 소리를 인정한다.
수캉아지, 수캐, 수컷, 수탉, 수퇘지, 수평아리

수+강아지=수캉아지가 되는 것은 '수'가 ㅎ을 끝소리로 갖고 있던 'ㅎ종성체언'이기 때문이다. 사이ㅎ은 적지 않는다.
'ㄱ, ㄷ, ㅂ+(ㅎ)'→'ㅋ, ㅌ, ㅍ,' 머리카락(머리ㅎ가락), 살코기(살ㅎ고기), 수캐(수ㅎ개), 수탉(수ㅎ닭), 안팎(안ㅎ밖), 암컷(암ㅎ것)

예외) 숫양, 숫염소, 숫쥐
사이시옷의 원리에서 'ㄴㄴ음이 첨가되는 것, 뒷말의 첫소리가 된소리로 나는 것'에 해당된다.

12 사이시옷

뒷말의 원래 형태를 살려주어 의미 이해를 쉽게 하도록 합성어의 사이에 시옷을 넣는 것

1) 사이시옷이 들어가는 경우
(1) 순 우리말+순 우리말로 된 합성어에서 앞말이 모음으로 끝난 경우
① 뒷말의 첫소리가 된소리로 나는 것
고깃국, 나룻배, 햇볕, 나뭇가지, 냇가, 바닷가, 조갯살, 여윳돈, 핏대, 보랏빛……
② 뒷말의 첫소리 'ㄴ, ㅁ' 앞에서 'ㄴ' 소리가 덧나는 것
아랫마을, 뒷머리, 잇몸, 혼잣말, 깻묵, 냇물, 빗물, 텃마당, 아랫니……
③ 뒷말의 첫소리 모음 앞에서 'ㄴㄴ'소리가 덧나는 것
뒷일, 뒷입맛, 베갯잇, 욧잇, 깻잎, 나뭇잎, 댓잎, 두렛일……

(2) 순 우리말+한자어로 된 합성어에서 앞말이 모음으로 끝난 경우
① 뒷말의 첫소리가 된소리로 나는 것
전셋집, 찻잔, 콧병, 탯줄, 텃세, 핏기, 처갓집, 햇수, 장밋빛, 만둣국, 아랫방……
② 뒷말의 첫소리 'ㄴ, ㅁ' 앞에서 'ㄴ' 소리가 덧나는 것
곗날, 제삿날, 훗날, 툇마루, 양칫물, 수돗물, 연샛날……
③ 뒷말의 첫소리 모음 앞에서 'ㄴㄴ' 소리가 덧나는 것
가욋일, 예삿일, 훗일……

2) 사이시옷이 안 들어가는 경우
(1) 한자어(합성어 중 한 부분이라도 우리말이 들어가야 사이시옷이 적용된다)
예외 - 두 음절로 된 다음 한자어
곳간(庫間), 셋방(貰房), 숫자(數字), 찻간(車間), 툇간(退間), 횟수(回數)

위의 예를 제외하고는 사이시옷이 첨가되지 않는다.
내과, 요점, 초점, 대가(代價), 소수점, 제사상, 시가(市價)……

'인사말', '머리말', '머리기사'는 사이시옷을 쓰지 않는다.
'핑크빛','피자집' 등 외래어는 뒷말의 첫소리가 된소리로 나도 사이시옷을 쓰지 않는다.

(2) 합성명사에서 뒷말의 첫소리가 된소리(ㄲ, ㄸ, ㅃ, ㅆ) 거센소리(ㅊ, ㅋ, ㅌ, ㅍ)인 경우
① 위쪽, 뒤쪽, 아래쪽
② 바위틈, 위층, 아래 채, 뒤처리, 뒤탈, 뒤통수

13 -에게/-에

어떤 행동이 미치거나 행동을 일으키는 대상을 나타내는 부사격 조사.
'-에게' : 유정물(감정이 있는 사람이나 동물)에, '-에' : 무정물(그 외의 경우)에 쓴다.

① 사흘에 한 번씩 (꽃**에**/꽃에게) 물을 주어야 한다.
② 부모님**에게** 꾸중을 들었다. 재수 없이 (개에/개**에게**) 물렸다. (친구들**에게**/친구들에) 합격 사실을 알렸다. 유권자**에게** 도움이 되는 정보
③ 북한은 (미국에게/미국**에**) 양자회담을 요구했다. 한국**에** 우호적이다. 개인이나 (단체에게/단체**에**), 21세기**에** 어울린다.

14 -로서/-로써

'-로서' : 지위나 신분, 또는 자격을 나타내는 조사.
'-로써' : 어떤 물건의 재료나 원료, 수단이나 도구를 나타내는 조사. '~을 이용해', '~를 써서'의 뜻으로 쓰임.

① 그는 책임자(**로서**/로써) 맡은 일에 최선을 다했다. 그것은 공인으(**로서**/로써) 할 일이 아니다. 나로(**서**/써)는 그럴 이유가 없다. 부모로(**서**/써) 당연히 할 일이다.
② 우리는 굳은 신념과 용기(로서/**로써**) 이 시련을 극복해야 한다. 글로(**써**/서)든 말로(**써**/서)든 자기 생각을 논리적으로 표현할 수 있는 능력이 있어야 한다. 눈물로(서/**써**) 호소하다.

15 인용격조사 '-다 '라고/다고

직접 인용 : 남의 말을 인용할 때 그 말을 그대로 되풀이하는 것
간접 인용 : 남의 말을 인용할 때 자신의 입장에서 인칭이나 시제를 고쳐서 말하는 것

① 베이컨은 "아는 것이 힘이다."**라고** 말했다.(직) 베이컨은 아는 것이 힘이라고 말했다.(간)
② "오직 당신만을 사랑할게요."**라는** 말을 믿었다(직). 오직 나만을 사랑한다는 말을 믿었다.(간)
③ 글쓰기는 타고난 사람만이 할 수 (있다라고/**있다고**) 여기던 시대는 지났다.(간)

16 인칭대명사+주격조사

인칭대명사 : '나, 너, 저'+ 주격조사 '가'→ '내가, 네가, 제가'로 바뀜. 주격이 아닌 경우에는 바뀌지 않는다.

① 내가 너무 바빠서 그래. (니가/**네가**) 좀 기다려라.
② 흥, (저가/지가/**제가**) 잘 나면 얼마나 잘났기에
③ (너/**네**)가 저지른 일이잖아.
④ (**나**/내) 자신이 원망스러워. 나 자신(동격)/ *내 자신-나의 자신?
⑤ (제/**저**) 자신이 너무나도 부끄럽습니다.
⑥ (네/**너**) 자신을 알라.

⑦ 그러게 **내**가 뭐랬니? 그건 **내** 거야.

17 낸들/난들 어쩌겠어?

낸들=나/내+인들('~라고 할지라도'의 뜻을 가진 보조사)의 준말이 아니다. '-인들'은 받침 있는 체언이나 부사어 뒤에 온다. 받침 없는 체언 뒤에 붙는 '-ㄴ들'과 결합해서 '난들(나+ㄴ들)'이 되는 것이다. '내'는 주격조사 '가'와만 결합하고 보조사 '-ㄴ들'과는 결합하지 않는다. '나'는 보조사 '-ㄴ들'과 결합하여 쓰인다.

네가 나를 모르는데 (낸들/**난들**) 너를 알겠느냐. (낸들/**난들**) 그러고 싶겠니?

18 나더러/*날더러 어쩌라고?

격조사는 체언 뒤에 붙어 그 체언이 문장 안에서 일정한 자격을 갖도록 해 준다. 뜻을 더해 주는 보조사와 달리 다른 격조사와 결합할 수 없고 하나의 체언에 하나의 조사만 쓰이는 게 일반적이다. 다만 소유의 뜻을 나타내는 '-의'는 '학교에서의 행동'처럼 다른 격조사와 어울릴 수 있다. 따라서 '나' 뒤에는 두 개의 격조사가 나란히 올 수 없다. 어떤 행동이 미치는 대상을 나타내는 조사 '더러'만을 써서 '나더러'로 바꿔줘야 바른 문장이 된다.

19 부사의 끝음절 '이/히'

절대적인 규칙은 없다. 서술어(동사나 형용사), 또 다른 부사를 수식하는 말을 부사라고 한다. 부사의 끝음절이 분명히 '이'로 소리가 나면 '이'로 적고 '히'로만 나거나 '이, 히'로 나는 것은 '히'로 적는다.

〈'이'로 적는 경우〉-무성음 'ㄱ, ㅂ, ㅅ' 다음에는 '이'로 소리 난다. '갈빗살'로 외운다.

① '-하다'가 붙는 단어 어간이 ㄱ받침으로 끝나는 순우리말 뒤
깊숙이, 촉촉이, 빽빽이, 끔찍이, 그윽이, 나직이
② ㅂ불규칙 용언 뒤
날카로이, 너그러이, 가벼이, 새로이, 외로이, 고이
③ ㅅ받침으로 끝나는 어근 뒤
깨끗이, 다소곳이, 산뜻이, 헛되이, 반듯이, 따뜻이
④ 한 단어를 반복한 복합어(첩어) 뒤
간간이, 겹겹이, 번번이, 일일이, 줄줄이, 틈틈이, 낱낱이
⑤ '~하다'가 붙지 않는 어간 뒤
곰곰이, 더욱이, 생긋이, 히죽이
⑥ 부사 뒤
적이, 많이, 같이, 굳이, 헛되이, 일찍이, 더욱이

〈'히'로 적는 경우〉
⑦ '하다'가 붙는 어간 뒤, 히로 소리 나는 경우
정확히, 과감히, 막연히, 솔직히, 꼼꼼히, 촘촘히, 가만히, 각별히, 소홀히, 분명히, 당당히, 상당히, 고요히, 도저히, 톡톡히

20 왠지/웬

왠지 : 무슨 까닭인지, '왜 그런지 모르게', '왜인지'의 준말
웬 : '어찌 된', '어떠한'의 뜻을 가진 관형사. 명사 앞에만 씀

① (**왠지**/웬지) 모르게 마음이 끌린다. **왠지** 가슴이 두근거린다.
② (이게 왠/**웬**) 떡이냐? **웬** 말이 그리 많으냐? **웬**일로 여기까지 오셨어요?

21 예스럽다/*옛스럽다, 예부터/*옛부터

'옛' : '지나간 때의'라는 뜻을 지닌 관형사. 뒤에는 수식을 받는 명사가 온다.
'예' : '옛적, 오래 전'이라는 뜻의 명사. 명사 다음에는 조사와 접미사가 올 수 있다.

뒤에 꾸밈을 받은 명사가 올 경우에는 관형사로 '옛'을 쓰고, 뒤에 조사나 접미사가 붙으면 명사로 '예'를 쓴다. '-스럽다'는 일부 명사 뒤에 붙어 그러한 성질이 있음의 뜻을 더하는 접미사로 관형사 '옛'과는 결합할 수 없다. 명사 '예'와 결합해야 옳다. '부터'도 조사이므로 앞에는 명사인 '예'가 와야 한다.

① (**예부터**/옛부터) 전해 내려오는 미풍양속입니다.
② (옛스러운/**예스러운**) 것이 반드시 좋은 것은 아니다.
③ **옛** 이야기는 언제 들어도 재미있다.
④ **옛**날에는 지금보다 인심이 훨씬 좋았다.

22 서수사

첫째, 둘째… : 사물의 차례나 등급을 나타낼 때 쓰임
첫 번째, 두 번째… : 연이어 계속해 반복되는 일의 횟수를 나타냄

① 전교 **첫째**, 독립심 있는 **둘째** 아들, 언어학 개론 **셋째** 장
② 삼성과 현대의 **두 번째** 축구경기, 트랙을 **세 번째** 돌고 있는 황영조 선수

둘째는 십 단위 이상의 서수사에 쓰일 때에 '두째'로 한다.
첫째, 둘째/*두째, **셋째**/*세째, **넷째**/*네째, **열둘째**/*열두째, **스물두째**/*스물둘째

23 양수사

우리 고유의 단위어

길이 : 뼘(손가락), 발(두 팔), 자(0.303m), 치(한 자의 10분의 1), 리(400m), 길(사람 키)

무게 : 관(3.75kg), 근(600g), 푼(엽전), 돈(3.75g, 엽전 열 푼 무게), 냥(한 돈의 열 곱)

부피 : 홉, 되, 말, 섬(곡식, 액체), 아름(두 팔), 줌(주먹), 짐(한 번 져 나름)

특정 사물 : 고등어 한 손(2), 조기 한 뭇(10), 청어 한 두름(20, 물고기를 10마리씩 엮은 두 줄의 단위), 고사리 한 두름, 고사리 한 갓(산나물 10모숨), 낙지 한 코(20), 북어 한 쾌(20), 오징어 한 축(20), 구두 한 켤레(2), 수저 한 벌(2), 젓가락 한 매(한 쌍), 두부 한 모, 과일 한 접(100), 무·배추·오이 등 채소 한 접(100), 국수 두 사리, 밤 세 톨, 주사 한 대, 연필 다섯 자루, 털실 두 타래, 바늘 한 쌈(24개), 접시 한 죽(10벌), 기와 한 우리(200장), 기와집 한 채, 논 한 마지기(200~300평), 젓가락 한 매(쌍), 미역 세 꼭지(모숨을 지어 묶은 것), 피륙 한 동(50필), 붓 한 동(10자루), 곶감 한 동(100접), 백지 한 동(10권), 인삼 한 채(100근), 갈비 한 짝(고기 갈비의 한 무더기), 짐 한 짝, 약 한 제(스무 첩), 편지 한 통, 말 한 필(匹), 임야 두 필(筆), 홰(닭이 세 홰째 운다),시체 한 구(具), 꿀 한 초롱, 엽전 한 닢, 가마니 두 닢. 한 움큼

특정 단위의 수 표현

서, 너 : 돈, 말, 발, 푼, 홉 앞에 쓰임
석, 넉 : 냥, 달, 되, 동, 섬, 자, 장, 줄 앞에 쓰임
세, 네 : 개, 놈, 다발, 리터, 마리, 번, 아름, 자리, 평, 홉 앞에 쓰임

① (*세 돈/**서 돈**)짜리 금반지
② 흥부네 가족은 박에서 나온 쌀로 **한 섬**이나 되게 밥을 해서 그 밥 속에 파묻혀 실컷 먹었다.

24 이상/이하/~전/~후/ %/ %포인트

이상 이하는 기준치를 포함하고, 전후는 기준치를 포함하지 않는다.
이상 : 2명 이상(2명까지 포함), 이하 : 2명 이하(2명도 포함), 이외 : 2명 이외 (2명을 뺀 전부)
미만 : 60세 미만(59세 이하를 말함), 초과 : 10세에서 초과, 11세 이상
~전 : 개강(5일) 전 3일 - 4, 3, 2일, ~후 : 개강(5일) 후 3일 -6, 7, 8일
% : 비율 변화의 정도, % 포인트 : % 단위끼리 비교할 때

① (과반수 이상의/**과반수의**) 찬성을 얻어야 한다.
② 지난 달 여론조사에서 30%이던 정당의 지지율이 한 달 만에 **10%** 떨어졌다.(3% 떨어져 지금은 27%라는 말)
③ 지난 달 여론조사에서 30%이던 정당의 지지율이 한 달 만에 **10% 포인트** 떨어졌다.(10% 떨어져 지금은 20%라는 말)

25 ㅣ모음 역행동화(움라우트 현상, 전설모음화)

뒤의 '이' 모음의 영향을 받아 앞소리에까지 비슷하게 '이' 음이 첨가되는 현상
뒤의 'ㅣ'모음 혹은 'ㅣ'모음을 갖고 있는 이중모음 '야, 여, 요, 유'의 영향을 받아 후설모음인 '아, 어, 오, 우, 으'가 각각 전설모음인 '에, 애, 외, 위, 이'로 바뀌는 현상
'ㅅ, ㅈ, ㅊ' 등 혀의 앞쪽에서 발음되는 전설자음엔 같은 자리에서 발음되는 전설모음 'ㅣ'가 오는 게 발음하기 편해서 나타나는 현상. 표준어로 인정하지 않으므로 발음은 그렇게 해도 표기에는 반영되지 않는다.

까슬까슬하다/까실까실하다, **메스껍다**/메시껍다, 으시대다/**으스대다**, 으시시하다/**으스스하다**, 부시시하다/**부스스하다**, 초생(初生)+달 : 초생달/**초승달**, 이생(生)/**이승**, 저생(生)/**저승**, **흉측하다**/흉칙하다, **괴상망측**(怪常罔測)하다/괴상망칙하다

'ㅣ'모음 역행동화가 일어난 형태를 표준어로 인정한 경우
냄비, 서울내기, 신출내기, 시골내기, 풋내기, 소금쟁이, 새내기, 동댕이치다, 올챙이, 넌지시/*넌즈시, **나직하다**/나즉하다, **나지막하다**/나즈막하다, **느지막하다**/느즈막하다/늦으막하다

그 외에는 방언으로 보고 표준어로 인정하지 않음
호랑이/호랭이, **노랑이**/노랭이, **아지랑이**/아지랭이, **가자미**/가재미, **고기**/괴기, **학교**/핵교, **아비**/애비, **어미**/에미, **지팡이**/지팽이, **곰팡이**/곰팽이, **다리미**/대리미, **손잡이**/손잽이, **아기**/애기, **지푸라기**/지푸래기, **창피하다**/챙피하다, **정강이**/정갱이, **먹이다**/멕이다, **벗기다**/벳기다, **죽이다**/쥑이다

26 모음조화

모음조화 : 밝은 소리인 양성모음(ㅏ, ㅑ, ㅗ, ㅛ, ㅘ)은 양성모음끼리, 어두운 소리인 음성모음(ㅓ, ㅕ, ㅜ, ㅠ, ㅝ, ㅡ)은 음성모음끼리 어울리는 현상. 현대국어에서는 모음조화가 파괴된 채로 굳어져 쓰이는 경우가 많다. '부조, 삼촌, 사돈' 등은 음성모음화하여 '부주, 삼춘, 사둔'으로 널리 쓰이지만, 한자 어원의식이 강하게 작용하기 때문에 양성 모음 형태를 그대로 표준어로 삼는다.

오손도손/**오순도순**, 깡총깡총/**깡충깡충**, 사둔/**사돈**, 삼춘/**삼촌**, 부주/**부조**

27 고마워/*고마와

① 용언의 어간 끝받침 'ㅂ'이 모음 앞에서 'ㅜ'로 바뀌어 나타나는 경우 바뀐 대로 적는다.
② 'ㅂ'앞이 'ㅗ'로 된 외글자인 경우에는 모음조화에 충실하여 '–곱다(麗)', '돕다(助)' 등의 경우에는 '–와'
③ 뽑다'는 정칙용언으로 '뽑아'
④ 나머지 ㅂ변칙용언은 모음조화에 관계없이 모두 '–워'

가까워, 까다로워, 아름다워, 미워, 쉬워, 매워, 무거워, 차가워, 사나워, 괴로워, 아까워, 안타

까워……

28 구개음화

입천장의 딱딱한 부분을 경구개라고 하고 여기서 나는 소리를 구개음이라고 한다. 발음을 쉽게 하기 위해 원래 구개음이 아닌 소리를 구개음으로 발음하는 현상을 구개음화라고 한다. 구개음 'ㅈ, ㅊ, ㅉ'은 '주차쯩'으로 외우면 쉽다. 'ㄷ, ㅌ'받침 뒤에 종속적 관계를 가진 '-이'나 '-히-'가 올 적에는 그 'ㄷ, ㅌ'이 'ㅈ, ㅊ'으로 소리 나는 현상. 발음은 구개음화하여 바뀌지만 표기에는 반영되지 않아 그대로 'ㄷ, ㅌ'으로 적는다.

맏이→[마디]→마지, **해돋이**→[해도디]→해도지, **굳이**→[구디]→구지, **같이**→[가티]→가치

29 두음법칙

두음은 단어의 첫소리를 말한다. 두음법칙은 음절의 첫소리에 오는 'ㄴ', 'ㄹ' 대신에 발음하기 쉬운 'ㅇ'이나 'ㄴ'으로 발음하는 현상을 말한다. 두음법칙은 표기법에 반영되므로 발음한 대로 적는다.

① 단어의 첫머리에 한자음 '녀, 뇨, 뉴, 니'가 올 때는 '여, 요, 유, 이'로 적는다.
여자/녀자, **유대**(紐帶)/뉴대, **연세**(年歲)/년세, **요소**(尿素)/뇨소, **익명**/닉명

다만, 다음과 같은 단위성 의존명사에서는 '냐, 녀' 음을 인정한다.
냥(兩), 냥쭝(兩-), 년(年)(몇 년)

다만, 다음과 같은 의존명사는 본음대로 적는다.
리(里) : 몇 리냐? 리(理) : 그럴 리가 없다.

※ 단어의 첫머리 이외의 경우에는 본음대로 적는다.
개량, 선량, 수력, 협력, 사례, 혼례, 쌍룡, 하류, 급류, 도리, 진리, 쾌락, 극락, 거래, 왕래, 연로, 지뢰, 낙뢰, 광한루, 동구릉, 가정란, 남녀, 당뇨, 결뉴(結紐), 은닉(隱匿)

② 한자음 '랴, 려, 례, 료, 류, 리'가 단어의 첫머리에 올 경우
양심(良心)/량심, **역사**(歷史)/력사, **유행**(流行)/류행, **예의**(禮儀)/례의, **이발**(理髮)/리발

※ 외자로 된 이름을 성에 붙여 쓸 경우에도 본음대로 적을 수 있다.
신립(申砬), 최린(崔麟), 채륜(蔡倫), 하륜(河崙)

※ 준말에서 본음으로 소리나는 것은 본음대로 적는다.
국련(국제연합), 대한교련(대한교육연합회)

※ 둘 이상의 단어로 이루어진 고유명사를 붙여 쓰는 경우, 새 단어로 생각하여 두음법칙을 적용하고, 십진법에 따라 쓰는 수(數)도 다음과 같이 적는다.
서울**여**관, 신흥**이**발관, 육천**육**백**육**십**육**, 서울**여자**대학, 대한**요소**비료회사

※ 접두사처럼 쓰이는 한자가 붙어서 된 말이나 합성어에서, 뒷말의 첫소리가 'ㄴ' 또는 'ㄹ' 소리가 나더라도 두음법칙에 따라 적는다.
역**이**용(逆利用), 연**이**율(年利率), 열**역**학(熱力學), 해외**여**행(海外旅行), 내**내**월(來來月), 상**노**인(上老人), 중**노**동(重勞動), 비**논**리적, 공**염**불(空念佛), 신/**여**성(단어 인식의 첫머리), 남존**여**비, 사업 **연**도, 회계 **연**도, 생년월일(생년+생월+생일)

③ 한자음 '라, 래, 로, 뢰, 루, 르'가 단어의 첫머리에 올 경우
낙원(樂園)/락원, **내일**(來日)/래일, **노인**(老人)/로인, **뇌성**(雷聲)/뢰성, **누각**(樓閣)/루각, **능묘**(陵

墓)/릉묘(cf 서오릉, 서삼릉, 태릉, 홍릉)
※ 두음법칙이 적용되지 않는 예 : '열렬하다. 낭랑하다, 냉랭하다, 적나라하다, 역력하다, 늠름하다' 등으로 두음법칙이 쓰이나 예외적으로 '연연불망, 유유상종, 누누이'

30 준말표기

1) 준말이 표준어인 경우－빔, 김, **똬리**/*또아리, **무**/*무우, **뱀**/*배암, **생쥐**/*새앙쥐, **솔개**/*소리개

2) '갖다'의 준말
모음 어미가 붙을 때에는 준말의 활용형을 인정하지 않는다. '갖아, 갖아라, 갖았다' 따위처럼 모음 어미로는 활용되지 않는다. 그러나 '갖고, 갖게, 갖지만'처럼 자음 어미로 활용하는 것은 아무 제약을 받지 않는다.
기본형 : 가지다. **가지고/갖고, 가지는/갖는, 가지면**/*갖으면, *갖면, **가질**/*갖을

3) 르 불규칙 용언 '머무르다'의 준말
본디말－머무르다, 준말－머물다. 모음을 만날 때는 본디말의 활용만 인정하고 준말의 활용형은 인정하지 않는다. 자음을 만날 때는 두 가지로 모두 활용한다.
머무르고/머물고, 머무르는/머무는, 머무르면/머물면, 머무르지/머물지, 머무르되/머물되, 머무른/머문, 머무름/머묾, 머무름/머묾 둘 다 가능함.
*머물어/**머물러**, *머물었다/**머물렀다**

4) '－지' 뒤에 '않－' 이 어울려 준말이 되어'－잖－'이 될 경우, '－하지' 뒤에 '－않－'이 어울려 '찮－'이 될 경우
적지 않은→**적잖은**/*적쟎은, 변변하지 않다→**변변찮다**/*변변챦다, 만만하지 않다→**만만찮다**/*만만챦다, 그렇지 않은→**그렇잖은**/*그렇챦은

31 안/않

'안'은 부정이나 반대의 뜻을 나타내는 부사 '아니'의 준말, '않'은 용언의 어간 '아니하'의 준말, 아니+하다→안하다, 아니하다→않다. (안 한다=하지 않는다=않는다)
동사나 형용사 뒤에서 '－지 아니하다'의 꼴로 쓰여 앞말이 뜻하는 행동을 부정하는 보조용언이다. '－지 아니하다'가 본말이지만 '－지 않다'의 준말이 더 자주 쓰인다.

① 잘 (**안**/않) 보여. 몸에 (**안**/않) 좋은 음식. 대화를 (**안**/않)하는 것은 좋은 해결책이 아니다.
② 찬성 (**않는**/안는) 사람, 그는 아무 말도 (**않고**/안고) 떠났다. 아직 오지 (**않았다**/안았다).
③ 죽어도 (**아니**/않) 눈물 흘리오리다.

32 돼/되

'되어'의 기본형은 '되다'인데 어간 '되'로만 끝나면 말이 성립되지 않는다. '돼'는 '되(어간)+어(어미)'의 준말, '되어'로 바꾸어 보아 가능하면 '돼', 그렇지 않으면 '되', '하' 붙여서 말이 되면 '되', '해' 붙여서 말이 되면 '돼'

① 이번에 일이 참 잘 (*됬다/**됐다**). *됬거든/**됐거든**. 그러면 (안 되/**안 돼**). **돼**먹지 못한 인간
② 자식이 **안되기를** 바라는 부모는 없다. 참 **안됐어**.
③ 협상이 너무 급히 추진(되도/**돼도**) 문제다.
④ "훌륭한 사람이 **되라**"(신문 사설 등의 제목 등에서 보는 문어체 명령)
"훌륭한 사람이 **돼라.**"(직접명령, 직접인용).
훌륭한 사람이 **되라**고 말씀하셨다(간접명령, 간접인용).
⑤ 요즘 사업 잘 (**돼**/되)? 잘 (**되**/돼)긴 뭘 잘 (**돼**/되). 안 (**돼**/되)도 너무 안 (**돼**/되).
⑥ 신문 제목에서 쓰이는 경우 : '신상품 선 뵈/**봬**), **선보이다/선뵈다.**

33 뵈어/봬/*뵈, 뵈었다/뵀다/*뵜다(기본형－뵈다)

눈에 뵈는 게 없다/잡지를 뵈어 주다. 선생님을 뵈러 왔습니다. 이따가 **봬요**(뵈+어+요)

34 꼬이다/꾀다(준)/*꼬시다/꾀이다

꼬이다 : 유혹하다. 명사형 : 꾐. 일이 잘 안되다. 꾀이다 : 꾐을 당하다.

① 그는 아리따운 처녀를 (**꼬여**/꼬셔) 결혼했다.
② 그는 학교를 빼먹고 놀러 가자고 친구를 (**꾀었다**/꼬셨다).
③ 나쁜 친구 (**꾐**/**꼬임**)에 빠져 탈선했다.
④ 도서관에 가려다가 친구가 (꼬시는/**꼬이는, 꾀는**) 바람에 바닷가에 갔다.

35 *우연찮게/우연하게

우연하다 – 어떤 일이 뜻하지 않게 저절로 이루어져 공교롭다는 뜻.
우연찮게 – '우연하지 않게'의 준말로 '필연적으로'라는 의미

① 길에서 (**우연히**/우연찮게) 그를 만났다.

36 이에요/*이예요, 아니에요/*아니예요

'이어요'와 '이에요'는 복수표준어. '–예요'='이+에요'의 준말. '이'는 명사를 서술어로 만들 때 쓰이는 서술격조사다. '–예요'는 받침 없는 체언 뒤에, '–이에요'는 받침 있는 체언 뒤에 쓰이는 조사다. 자연스럽게 발음되는 대로 앞말에 받침이 있으면 '이에요', 받침이 없으면 '예요'와 결합한다.
명사가 아닌 용언(동사, 형용사)의 어간과 직접 결합할 때는 서술격 조사 '이'가 필요 없으므로 어미 '에요'만 붙는다. '아니+이→ '아니'가 되어 서술격 조사 '이'를 이미 포함하고 있다고 본다. 형용사 '아니다'의 경우 '아니다'의 어간이 '아니'이므로 '아니(어간)+에요(어미)→아니에요'='아녜요'(준말)

① 아이가 하나예요? 저예요. 나무예요. 제 친구예요. 뭐예요? 이거 (**얼마예요**/*얼마에요)? 패랭이예요→패랭이+이에요. 아마 곧 돌아올 (*꺼예요/**거예요=것이에요**/*거에요/*꺼에요).
② 선물이에요. 책이에요. 꽃이에요. 당신이에요? 둘이에요? 그게 아니에요. 이게 답이 아니에요?

37 –건대/–컨대, –지/–치, –기로/–키로

① 어간의 끝음절 '하'의 'ㅏ'가 줄고 'ㅎ'이 다음 음절의 첫소리와 어울려 거센소리로 될 적에는 거센소리로 적는다.
간편하게→간편케, 연구하도록→연구토록, 정결하다→정결타, 가하다→가타, 흔하다→흔타

② 어간의 끝음절 '하'가 아주 줄 적에는 준 대로 적는다.('–하다'에서 '하' 전체를 생략)
생각하건대/생각건대/*생각컨대, **추측하건대/추측건대**/*추측컨대

③ '–하지' 앞이 무성음(ㄱ, ㅂ, ㅅ –갈빗살로 외운다) 받침일 때는 '하' 전체가 떨어져 나가고, '지', '기'만 남는다. 어색하면 줄이지 말고 하를 쓰는 게 좋다.
ㄱ : 넉넉하지 않다/넉넉지 않다, 익숙하지 않다/익숙지 않다
ㅂ : 섭섭하지 않다/섭섭지 않다, 적합하지 않다/적합지 않다. 갑갑하지/갑갑지
ㅅ : 깨끗하지 않다/깨끗지 않다, 못하지 않다/못지않다

④ '∼하지' 앞이 유성음(ㄴ, ㄹ, ㅇ, ㅁ –노란양말로 외운다)일 때는 'ㅏ'만 떨어져 'ㅎ'+ '지'='치'가 된다.
흔치, 만만치, 간단치, 온당치, 가당치

다음과 같은 부사는 소리대로 적는다.
결단코, 결코, 기필코, 무심코, 아무튼, 요컨대, 정녕코

38 두 말이 어울릴 적에 'ㅂ' 소리나 'ㅎ' 소리가 덧나는 경우의 표기

1) 'ㅂ' 소리가 덧나는 것

단어 첫머리에 'ㅂ'의 흔적－찹쌀, 입쌀, 댑싸리(대ㅂ싸리), 멥쌀(메ㅂ쌀), 볍씨(벼ㅂ씨), 입때(이ㅂ때), 접때(저ㅂ때), 좁쌀(조ㅂ쌀), 햅쌀(해ㅂ쌀)

2) 중세국어에서 ㅎ을 끝소리로 갖고 있던 어휘는 축약현상에 의해 거센소리로 난다.

ㄱ, ㄷ, ㅂ＋(ㅎ)'→'ㅋ, ㅌ, ㅍ'

머리카락(머리ㅎ＋가락), 살코기(살ㅎ＋고기), 수캐(수ㅎ＋개), 수탉(수ㅎ＋닭), 안팎(안ㅎ＋밖), 암컷(암ㅎ＋것)

39 기본형에 '이'가 잘못 들어간 예들

① 개다 : 어떤 (개인/**갠**) 날

② 설레다 : (설레이는/**설레는**) 마음, (*설레임/**설렘**)

③ 메다 : 목이 (메이다/**메다**)

④ 헤매다 : (헤메이는/**헤매는**) 발길

⑤ 에다 : 살을 (에이는/**에는**) 추위

40 종결어미표기

1) 예사소리 표기, 의문형 어미는 된소리(관용적 현상)

① -(으)ㄹ껄/-**(으)ㄹ걸**. － 내가 먼저 사과할걸. 좀 더 잘 해 줄걸.

② -(으)ㄹ께/ -**(으)ㄹ게**. － 다시 연락할게. 내가 도와 줄게.

③ -(으)ㄹ찌언정/ -**(으)ㄹ지언정** － 비록 굶을지언정,

④ -(으)ㄹ찐대/-**(으)ㄹ진대** － 친구일진대 어찌 그럴 수가

⑤ -(으)ㄹ가？/-**(으)ㄹ까？** － 내가 도와 줄까？

⑥ -(으)ㄹ고？/-**(으)ㄹ꼬？** － 날씨가 왜 이리 더울꼬？

⑦ -(으)ㄹ소냐？/-**(으)ㄹ쏘냐？** － 네가 나를 이길쏘냐？

2) 종결 어미 '－오'는 '요'로 소리 나는 경우가 있더라도 그 원형을 밝혀 '오'로 적는다.

① 이것은 **책이오**./ 이것은 책이요, 이것은 책이 **아니오**./ 이것은 책이 아니요.

② 이리로 **오시오**./ 이리로 오시요.

3) 연결형에서 사용되는 '이요'는 '이요'로 적는다.

① 이것은 **책이요**, 저것은 **붓이요**, 또 저것은 먹이다.

4) 용언의 어간이나 어미 '－었－', '－겠－' 뒤에 붙는 종결형 어미 '－소'

① 수고가 (많았오/**많았소**) ② 이것이 (좋겠오/**좋겠소**)

5) 구려/구료

① 목부터 (축이시구료/**축이시구려**)

41 해라/하라, 하지마/ 하지 마라/ 하지 말라/ *하지 말아/*하지 말아라

'해라'체 : 상대를 낮춰 부르고 명령하는 말투, 구어체 명령형.

'하라'체 : 구체적으로 아직 정해지지 않은 독자에게 책, 신문 등의 매체를 통해 명령의 뜻을 나타낼 때 하는 말투, '동사 어간+라/으라'의 형태로 문어체 명령

'마라' : 기본형-말다, 일상적인 대화에서 쓰이는 말인 구어체 명령형, 직접 명령 어미 '－아(라)'가 직접 결합하는 경우에는 '마, 마라'를 쓴다.(직접 인용)

'말라' : 문장에서 쓰는 문어체 명령형, 간접 명령 어미 '－으(라)'가 결합하는 경우에는 '말라'를 쓴다.(간접인용)

원래 어간 끝받침 ㄹ은 '살다→살아+라'의 경우처럼 '아/어' 앞에서 줄지 않는 게 원칙이나 '말다'의 경우 명령형 어미인 '-아(라)'가 붙을 때는 관용상 'ㄹ'이 줄어든 형태가 굳어져 쓰인다고 본다. 그래서 원칙에서 벗어나더라도 준 대로 적는다.

① "홍도야, 울지 **마라**. 오빠가 있다." "방해되니까 거기 서 있지 **마**."(구어체 명령, 직접인용)
② 그는 "너는 먹지 **마라**"라고 말했다.(직접인용) 그는 나에게 먹지 **말라**고 했다.(간접인용)
③ 게임 많이 하지 (**마라**/말아라). 어머니께서 길거리에서 놀지 **말라**고 하셨다.
④ 눈물 젖은 빵을 먹어보지 않은 자와는 인생을 논하지 **말라**/ '먹지 **말라**'/ 길이 아니면 가지를 **말라**. (문어체 명령)
⑤ 정답을 (**고르라**/골라라), 다음 물음에 (**답하라**/답해라), 알맞은 것끼리 (**이으라**/이어라), 그림을 (**그리라**/그려라), 맞는 답을 (**쓰라**/써라)
⑥ 선생님께서는 "수업 시간에는 제발 떠들지 **마라**."라시면서 남에게 피해를 주지 **말라**는 내용의 훈계를 하셨다.

42 '-오'와 '-요'

'-오' : 종결어미, '-요' : 보조사-종결어미 뒤에 붙거나 자립적으로 쓰이는 체언이나 부사어, 연결어미에 붙어 청자에게 존대의 뜻을 나타낸다.
'응/아니'의 존대어나 연결어에는 '아니요(감탄사)', 문장을 끝맺을 때는 '아니오(서술어)'

1) '예'와 짝을 이루는 경우 : '아니요', '응-아니, 예-아니요'
① 물음에 '예, 아니요'로 답하시오.
② 숙제 다 했니? 아니요, 조금 남았어요.
아니(감탄사)+요(존대보조사)→감탄사에는 종결어미 '-오'가 붙을 수는 없다.

2) 문장 속에서 연결하는 역할을 할 때
① 어려서부터 한 동네에서 살아온 우리는 친구가 아니요 형제랍니다.
아니 (형용사 '아니다'의 어간)+ '-요'(연결어미), 종결어미 '-오'를 쓰면 안 된다.

3) 설명하거나 물으면서 문장을 끝맺는 경우
① 이미 결론은 난 것 아니오?
아니(형용사의 어간 '아니')+'-오'(종결어미)

4) 어미 뒤에 덧붙는 존대보조사 '-요'는 '-요'로 적는다.
① 지금은 바빠서 시간이 없어요. 어서요. 참아요. 나를 모르겠어요?

5) '-이요?'는 '-요'의 잘못. 연결어미로는 '-이요'를 쓰지만 문장의 끝에는 '-이요'가 올 수 없음. 종결어미로 '-이요'를 쓸 수 없다. '-이요'는 서술격조사 '이'에 보조사 '요'가 붙은 형태인데 국어에 이런 형태는 없다.
① 이번 작품 어때요? 이번 (작품이요?/**작품요?**) 정말 제 마음에 들어요.
② 어디 가세요? "서점이요./**서점요.**"

43 -던가/-든가

'-던', '-더라' : 과거의 일을 회상할 때 쓰이는 연결어미,
'-든' : 어떤 것을 선택할 때나 아무런 상관이 없음을 나타낼 때 쓴다.

① 내가 그런 말을 언제 (했든가/**했던가**)?
② 공부를 (**하든가**/하던가)(**놀든가**/놀던가) 결정해.

44 –함으로/–하므로

'–함으로'는 '–하는 것으로'라는 뜻으로 수단과 방법을 나타낸다.
'–하므로'는 '–하기 때문에'라는 뜻으로 까닭, 이유를 나타낸다.

① 철수는 지금 글라이더를 (**만들므로**/만듦으로) 같이 놀 수 없다.
② 다른 사람의 모범이 (됨으로/**되므로**) 이에 표창함

그러므로/그럼으로써
네가 **그럼으로**(써) 다른 사람들에게 방해가 된다. **그러므로** 나는 너를 내쫓을 수밖에 없다.

45 –하게 마련이다/*–하기 마련이다.

'–게'는 용언의 어간에 붙어, '–도록'의 뜻을 나타내는 종속적 연결 어미로, 그것이 뒤에 오는 동작(상태)에 대한 목표(이유, 기준, 조건)가 됨을 나타낸다.
'마련'은 '그리 됨, 그리 되는 것이 당연함'이라는 뜻으로, 주로 '–게'에 이어 쓰인다.

비밀이란 새어 (**나가게**/나가기) 마련이다.

46 끊으려야/끊을래야

'–(으)려고' : 어떤 행동을 할 의향이 있음을 나타내는 연결어미
–려야 : '–라고 하여야'가 줄어든 말

① (**끊으려고 해야**/끊을라고 해야) 끊어지지 않는 끈
② 언어와 사고는 (뗄레야 뗄 수 없는/**떼려야 뗄 수 없는**) 관계
③ 도저히 (**먹으려야**/먹을래야) 먹을 수 없는 음식
④ 그 사람은 성격이 좋아 (미워할래야/**미워하려야**) 미워할 수 없다.
⑤ (갈래야/**가려야**) 갈 수 없는 곳

47 발음에 ㄹ이 추가되는 사례

1) –길래/–**기에** (길래 : '–기에'의 방언)
사랑이 (무엇이길래/**무엇이기에**), 돈이 (뭐길래/**뭐기에**), 당신은 (누구시길래/**누구시기에**)?

2) –ㄹ려고/**려고** (동사 어간 + 어미 '–려고'가 결합된 것이므로 ㄹ이 낄 여지가 없다)
① 지금 막 (갈려고/**가려고**) 하던 참이에요.
② (할려면/**하려면**) 빨리 해.
③ 뜻을 (펼칠려면/**펼치려면**) 넓은 데로 나가야 한다.
④ 안건이 (통과될려면/**통과되려면**) 과반수의 동의가 필요하다.
⑤ 그 프로젝트를 (**추진하려면**/추진할려면) 돈이 필요해.

48 –데/–대

'–데' : 과거에 직접 경험한 내용임을 표시(과거회상시제 선어말어미 던(더+ㄴ)을 넣으면 말이 더 잘 된다), 앞말이 형용사이면 '–데' '–대' : 남의 말을 전달(–ㄴ다고 해), 앞말이 동사이면 '–ㄴ대'

① 어제 보니까 혜원이 참 (예쁘대/**예쁘데**).
② 바람이 꽤 (**시원한데**/시원한대)?
③ 듣자니 은성이가 곧 (**결혼한대**/결혼한데).
④ 그 애는 하루 종일 비디오만 (**본대**/본데).
⑤ 그거 얼마나 (**되데**/되대)?

49 형용사인가? 동사인가?

① 기본형에 현재의 일을 나타낼 때는 '-는/-은'을 넣어보고 '-는다/-은다'의 꼴로 만들어 보아 가능하면 동사, 아니면 형용사다. 동사는 사물의 움직임을, 형용사는 주어의 성질이나 상태를 나타낸다.
② 기본형에 현재를 나타내는 '-는'이나 '-ㄴ/은'을 붙여 뒤에 오는 단어를 꾸미는 말로 만들어 본다. 이때 '-는'이 오면 동사, '-ㄴ/은'이 오면 형용사이다. 단 현재시제일 때만 적용된다.
③ '-어라'를 붙여 명령형, '-하자'를 붙여 청유형을 만들어 보아 가능하면 동사고 그렇지 않으면 형용사이다. '먹다'와 '예쁘다'의 경우, '먹다(동사)'는 '밥을 먹어라'는 명령형과 '밥을 먹자'는 청유형으로 활용이 가능하다. 그러나 '예쁘다(형용사)'는 명령형 '예뻐라'(감탄형 '예뻐라'는 가능), 또는 청유형 '예쁘자'의 형태는 불가능하다.

① 밥을 (**먹자/ 먹어라/ 먹는다**/ *먹은다), 단풍이 (*곱는다/ **곱다**)
② 이 꽃은 (*예쁘자/ *예쁜다/ **예쁘다**), 너 (*슬퍼라/*슬프자)
③ 그 토끼를 (**잡아라/ 잡자**), 얘들아, 우리 (**조용히 하자**/*조용하자).
④ 오래오래 (*행복하세요/**행복하게 지내세요**).
⑤ 올해도 (*건강하세요/**건강하게 지내세요**).
⑥ 사랑이여! (*영원하라/**영원하기를!**)
⑦ *좋은 하루 되세요./**좋은 하루 보내세요.** 오늘이 당신에게 **좋은 하루가 되기를 바랍니다. 오늘 하루 즐겁게 보내세요.** (날에게는 명령을 할 수 없다)

50 걸맞은/알맞은

동사(현재형)에는 동사의 어미 '-는'이 붙고, 형용사에는 형용사의 어미 '-은'이 붙는데, '걸맞다', '알맞다'는 형용사이므로 '-은'이 붙는다. 형용사에는 '-는'이 붙을 수 없다. '맞다'가 단독으로 쓰일 때는 동사이므로 '맞는'으로 활용된다. 이것과 '걸맞은'을 혼동하면 안 된다.

① 옷차림에 (걸맞는/**걸맞은**) 모자를 써. 스포츠 정신에 (걸맞는지/**걸맞은지**) 의문이다.
② 다음 괄호 안에 (**알맞은**/알맞는) 말은? 10대 수준에 (**알맞은**/알맞는) 책들만 소개한다.

51 다르다(형)/틀리다(동)

다르다–같지 않다.
틀리다–셈이나 사실 따위가 어긋나거나 맞지 않다. 어떤 일이나 사물이 예정된 상태에서 벗어나다

① 이론과 현실은 (틀리다/**다르다**). 물건이 (**달라요**/틀려요). 야! 이 집은 분위기부터 (**다른데**/틀린데). 제 생각은 (틀립니다/**다릅니다**).
② 계산이 **틀리다**. 놀러가기는 다 **틀렸다**. 마음가짐이 **틀렸어**. 어? 이러면 약속이 **틀리는데.**

52 '어떡해(동)'와 '어떻게(형)'

어떡해 : '어떻게 하다→어떡하다', '어떻게 해(부사어+동사)'의 준말('어떡하든지, 어떡할까, 어떡해'로 활용)
어떻게 : '어떠하다'의 준말, '어떻다'의 활용형으로 동사를 꾸며 주는 등 부사적으로 쓰인다. (어떻든, 어떨까, 어때)

① 지갑을 잃어버렸어, 나 **어떡해. 어떡하든** 살아보려고 바동거렸다. 날 두고 가 버리면 나는 **어떡해.**
② 지갑을 잃어버렸으니 집에 **어떻게** 가지? 이게 도대체 **어떻게** 된 일이냐? 그곳 날씨는 **어떻습니까**?

53 그러다(동)/그렇다(형), *그리고나서/그러고 나서

그러다 : 상태, 모양 등이 그렇게 되게 하다. 그렇게 하다(동사)
그렇다 : 상태, 모양 등이 그와 같다.(형용사)

'나서'– 보조동사 '나다'를 활용한 형태. '끝내고 나니 홀가분하다'처럼 '–고 나다'의 구성으로 쓰여 앞 말이 뜻하는 행동이 끝났음을 나타낸다. 보조동사이므로 바로 앞에는 동사가 와야 한다. '그리고'는 보조동사가 아니라 단어, 구, 절, 문장 등을 연결할 때 쓰이는 접속부사이므로 '은/는'과 결합하지 않는다. 그러므로 '그리고 나다'의 형태로는 쓸 수 없다. 하지만 '그러고'나 '그리하고'는 보조사 '은/는'과 결합할 수 있다.

① 외출에서 돌아와 그는 손을 씻었다 (**그러고 나서**/그리고 나서) 밥을 먹었다.
② 오이를 소금으로 문질러 씻는다. (그리고는/**그러고는**/**그리하고는**) 채썬다.
③ (그리고도/**그러고도**) 정당하다고 할 수 있어? (그리고는/**그러고는**) 그냥 돌아서 가 버렸다.

54 ㄹ 불규칙 용언의 오용

우리말에는 어간의 끝소리가 'ㄹ'인 경우 '–ㄴ, ㅂ니다, –오,–시–' 앞에서 'ㄹ'이 탈락하는 'ㄹ불규칙활용' 현상이 있다. (날다→나는, 납니다, 나오, 나시오). 그러나 뒤에 '–다,–고,–지,–면'으로 된 어미가 올 경우에는 '날다, 날고, 날면'처럼 'ㄹ'이 유지된다.
받침이 있는 어간 다음에는 발음을 편하게 하기 위한 조음소 '으'를 넣어 '으면'을 사용하지만 'ㄹ'받침 다음에는 예외적으로 조음소 '으'가 탈락하여 '–면'을 사용한다.

하늘을 (날으는/**나는**) 원더우먼. 창문 좀 (열으면/**열면**) 안 될까?. 아기가 잘 (**놀면**/놀으면) 건강하다. 이거 (**팔면**/팔으면) 얼마나 받을까?. 정부가 (내걸은/**내건**) 구호. (시들은/**시든**) 꽃. (찌들은/**찌든**) 때. (녹슬은/**녹슨**) 청동거울. (녹슬은/**녹슨**) 기찻길. 어머니의 (거칠은/**거친**) 손. (거칠은/**거친**) 벌판으로. (낯설은/**낯선**) 사람을 따라가면 안 된다. 명함을 (내밀은/**내민**) 손. (헐은/**헌**) 위벽. 곱게 (**물든**/물들은) 단풍. 태안반도에서 기름에 (**전**/절은) 새. 실력이 (**는**/늘은) 학생. 봉투에 (들은/**든**) 편지. 30년이나 (살은/**산**) 개. 몸 (달은/**단**) 금융계. 5cm나 (줄은/**준**) 허리. 좀 더 (가늘은/**가는**) 실로 꿰매. (잇달은/**잇단**) 사고. 이 수박 (달으니/**다니**)?. 〈그 먼 나라를 알으십니까/**아십니까**〉. 〈어머니 아직 촛불을 켜지 말으셔요/**마셔요**〉

55 가르치다(教)/ 가리키다(指)

가르치다 : 사람이 중심이 돼 지식이나 기술·이치 등을 깨닫게 하는 일, 즉 교육을 한다는 말.
가리키다 : 손가락, 고갯짓 등으로 어떤 방향이나 대상을 꼬집어 나타내 보이거나 강조할 때 쓰는 말로 지시나 지정의 개념이 있다. 사회적 약속에 의한 각종의 도로 표지판·경고 표시 등 그림으로 나타낸 상징물도 가리키는 예에 포함된다.

① 어머니께서는 사람은 항상 정직해야 한다고 우리에게 (가리키셨다/**가르치셨다**).
② 그는 손가락으로 달을 (**가리켰다**/가르쳤다/가르켰다).

56 좇다/쫓다

좇다 : '남의 뜻을 따라 그대로 하다', '남의 뜻이나 대세를 따르다'와 같이 추상적인 행동을 말할 때
쫓다 : '어떤 대상을 잡기 위해 급히 뒤를 따르다', '떠나도록 내몰다'와 같이 실제적인 공간이동이 있는 구체적인 행동을 말할 때

① 유행을 좇다. 스승의 학설을 좇다.
② 모깃불을 피워 모기를 쫓다.

57 맞히다/맞추다

맞히다 : 퀴즈나 수수께끼의 정답을 알아낼 경우, 총이나 화살로 표적을 적중한 경우
맞추다 : 어떤 것을 다른 것과 나란히 놓고 대조해 보는 경우

① 이 문제는 정답을 **맞히기** 어렵다. 과녁을 잘 **맞혀라**. 예방주사를 **맞히다**. 비를 **맞히다**. 소박을 **맞히다**.

② 답을 서로 **맞추**어 보다. 박자를 **맞추**다. 손발을 **맞추**다. 날짜를 **맞추**다. 간을 **맞추**다. 비위를 **맞추**다. 안경을 **맞추**다. 적성에 **맞추**다. 기준에 **맞추**다.
③ 로또복권의 여섯 개의 숫자를 다 **맞힐** 수 있다는 확신을 갖고 월요일 아침 신문의 당첨번호와 **맞춰**보는 순간 장밋빛 꿈은 깨지고 만다.

58 부딪히다/부딪치다/부닥치다

본디말 : 부딪다. 센말 부딪치다. 어려운 문제나 반대에 직면하다.
'-치' : 행위의 주체가 행동하거나 관여하는 것. 강세 접미사.
'-히' : 남의 관여에 의해 행동하게 되는 피동접미사
문장에서 행위의 주체가 어떤 역할을 했는지 살펴서 사용하면 된다.

① 한눈을 팔다가 전봇대에 머리를 **부딪쳤다.** 국회에서 여야가 **부딪쳐** 설전을 벌였다. 승용차끼리 **부딪쳤다.** 배가 암초에 **부딪쳤다.**
② 냉혹한 현실에 **부딪히다.** 경제가 난관에 **부딪혔다.** 골목에서 나오는 차에 자전거가 **부딪히다.**
③ 그들은 모퉁이에서 서로 **부닥쳤다.** 한계에 **부닥쳤다.**

59 벌이다/벌리다

벌이다 : 일을 계획하여 시작하거나 펼쳐 놓다. 여러 가지 물건을 늘어놓다. 전쟁이나 말다툼 따위를 하다. 일, 잔치, 사업, 조사, 좌판, 싸움, 논쟁 등에 쓰인다.
벌리다 : 둘 사이를 넓히거나 멀게 하다. 열어서 속의 것을 드러내다. 우므러진 것을 펴서 열다(↔오므리다, 닫다, 다물다). 간격, 차이, 손, 양팔, 입, 틈새 등에 쓰인다. 돈을 '벌다'의 피동형이기도 하다.

① 싸움을 (**벌이다**/벌리다), 사업을 (**벌이다**/벌리다), 좌판을 (**벌이다**/벌리다), 각축전을 (**벌이다**/벌리다), 이미 (**벌여**/벌려) 놓은 굿판이다.
② 두 팔을 (**벌리다**/벌이다), 밤송이를 (**벌리다**/벌이다), 자루를 (벌이다/**벌리다**)
③ 돈이 잘 **벌린다**고 능력 이상으로 사업을 **벌이다**가는 실패하기가 쉽다.

60 띠다/띄다/떼다

띠다
① 사람이 용무나 직책, 사명 따위를 맡아가지다.
역사적 사명을 **띠고**/ 특수한 임무를 **띠고**
② 사람이 얼굴에 표정이나 감정 기분 따위를 드러내거나 나타내다.
그녀는 미소 **띤** 얼굴로/홍조를 **띤** 얼굴로
③ 물체가 빛깔이나 색채 등을 표면에 나타내다.
녹색을 **띠고** 있는 다이아몬드는 매우 드물고 귀한 것이다.
④ 대상이 어떤 성질이나 특징을 가지거나 나타내다
일에 전문성을 **띠다.** 열기를 **띠다,** 부업의 성격을 **띠다.** 보수적 성향을 **띠다.**
⑤ 끈 따위를 몸에 두르다.
허리띠를 **띠다.**

띄다 : '뜨이다', '띄우다'의 준말 형태
① 눈에 보이다.
네가 입은 옷은 너무 야해 남들 눈에 잘 **띄겠다.**
② 뭔가 들으려고 청각의 신경이 긴장되다.
바스락거리는 소리에 귀가 번쩍 (**띄었다/뜨였다**).
③ 띄우다(간격을 벌어지게 하다)의 준말
첫줄에서 한 칸을 **띄고** 써 내려갔다.

'뜨다'의 사동형
거리를 적당히 (**띄어/띄워**) 놓아라. 수정과에 잣을 **띄우다**. 배를 **띄우다**. 메주를 **띄우다**.

떼다 : 붙어 있거나 잇닿은 것을 떨어지게 하다. 전체에서 한 부분을 덜어 내다.
벽보를 떼다/월급에서 식대를 떼다/성적증명서를 떼다/주민등록증을 떼다

61 안절부절하다?/주책이다?/칠칠맞게?/어리숙하게?

"왜 그렇게 안절부절해?"
"칠칠맞게 중요한 서류를 잃어버렸어."
"그러게 뭐랬어. 적당히 마시랬지?"
"내가 나이 들어 주책이지, 젊은 여자에게 혹해서."
"원, 사람도, 어리숙하기는."

*칠칠맞게(반듯하고 야무지게)→칠칠맞지(칠칠치) 못하게
*안절부절하다→안절부절못하다(마음이 초조하고 불안해 어쩔 줄을 모르다)
*주책이다→주책없다(주책 : 일정하게 자리 잡힌 주장이나 판단력).
*어리숙하다→어수룩하다

62 빌다/빌리다

빌다– '乞(빌 걸), 祝(빌 축)'의 뜻일 때, 소원이 이루어지도록 바라며 기도할 때, 잘못을 용서해 달라고 간곡히 청할 때, 남의 것을 거저 달라고 사정할 경우에 쓰인다.
빌리다–'借(빌 차), 貸(빌릴 대)'의 뜻일 때
借는 '빌다'의 뜻으로 貸는 '빌리다'의 뜻으로 구분하던 것을 1988년 이후 표준어 규정에서 모두 '빌리다'로 통일.
정확하게 쓰려면 '借(빌 차)'– '빌려오다, 꾸다'는 의미로, '貸(빌릴 대)'의 의미로는 '빌려 주다, 꾸이다'를 쓰면 된다. 남의 도움을 입을 때나 남의 말과 문장을 인용할 때에도 '빌리다'를 쓴다.

① 너처럼 일하기 싫어하면 밥 **빌어먹기** 딱 알맞다.
② 잘못했다고 **빌다**.
③ 당신의 행복을 **빕니다**.
④ 방글라데시의 그라민 은행에서는 가난한 사람에게도 담보 없이 돈을 **빌려** 준다.
⑤ 술의 힘을 **빌려** 사랑을 고백하다. 이 자리를 **빌려** 한 말씀 드리겠습니다. 사르트르의 말을 **빌리**자면 자유는 곧 책임을 수반한다고 한다.

63 쇠다/ 새다/ 세다/ 쉬다

쇠다 : 명절, 생일, 기념일 등을 맞이하여 지내다. 채소 등이 뻣뻣해지다. 한도를 지나쳐 좋지 않은 쪽으로 점점 더 심해지다.
새다 : 날이 밝아오다. 구멍 틈으로 조금씩 흘러나오다.
세다 : 머리카락이나 수염 따위의 털이 희어지다. 사물의 수를 헤아리다. 힘이 많다. 기세가 강하다. 수준이 높다.
쉬다 : 음식이 상하다. 목소리가 변질되다.

① 날이 (**새다**/세다). 밤을 (세워/**새워**) 공부하다.
② 머리칼이 허옇게 (**세다**/쇠다/새다/쉬다). 바람이 **세게** 불어 열매들이 떨어진다.
③ 설을 (**쇠다**/세다/새다/쇄다). 봄나물이 **쇠었다**. 감기가 **쇠다**.
④ 음식이 **쉬다**.

⑤ 깨진 바가지라서 물이 **새다**. 비밀이 **새다**.
⑥ 수확을 앞둔 과일이 떨어질까 봐 걱정하는 사이 날이 **새** 버렸다.

64 제치다/젖히다/제끼다

제치다 : 거치적거리지 않게 처리하다. 대상에서 빼다. 상대보다 우위에 서다. 일을 미루다. 제쳐 놓다(접어 놓다)
젖히다 : 안쪽이 겉으로 나오게 하다. '뒤로 기울다'의 뜻을 가진 '젖다'의 사동형
제끼다 : '제치다'의 북한식 표현
제키다 : 살갗이 조금 다쳐서 벗겨지다.

① 그는 수비수를 **제치고는** 고개를 뒤로 **젖혀** 패스할 곳을 살폈다. 커튼을 **열어젖히다.**
② 하루쯤은 골치 아픈 일은 (재껴 놓고/제껴 놓고/**제쳐 놓고**) 여행을 가고 싶다.

65 받히다/바치다/받치다/밭치다

받히다 : '받다'의 피동형
바치다 : 웃어른께 드리다. 아낌없이 내놓다. 세금 등을 내다.
받치다 : 펴서 들다. 안에 다른 물체를 대거나 밑에서 다른 물건으로 괴다. 심리적 작용이 강하게 일어나다.
밭치다 : 건더기와 액체를 분리하는 것

① 조심해라. 차에 **받히면** 큰일 난다.
② 옷을 갖다 **바치다.**
③ 항아리에 담근 술을 체에 **밭쳐** 거른 후
④ 밑에 벽돌을 **받쳐** 기울어지는 것을 괴었다.
⑤ 배경음악이 그 장면을 잘 **받쳐** 주었다.
⑥ 학생들이 공책에 책받침을 **받치고** 쓴다.
⑦ 양산을 **받쳐** 들다.
⑧ 맨 바닥에서 자려니 등이 **받쳐서** 잠이 안 온다. 아침 먹은 게 **받쳐서** 점심 걸러야겠어.
⑨ 그는 쇠뿔에 엉덩이를 **받혀** 가며 어렵게 농사지은 것을 모두 소작료로 **바치고**는 설움에 **받쳐** 눈물을 흘렸다.

66 일체/일절

일체 : 긍정적인 상황에서 쓰임. 모든 것. 모두 통틀어서
일절 : '아주, 도무지, 전혀, 절대로'의 뜻으로 부정문으로 끝을 맺음

① 그는 재산 일체(一切)를 기부하고도 그 말을 누구에게도 일절(一切) 하지 않았다.

67 체/채/째

체 : 그럴듯하게 꾸미는 거짓 태도나 모양. '체하다'는 '척하다, 듯하다' 등과 같은 보조용언임
채 : 어미 'ㄴ'뒤에 쓰여 '이미 있는 상태 그대로'의 뜻. 관형사형 어미 뒤에서는 의존명사
째 : 명사 뒤에서는 접미사 '-째'

① 그는 날 보고도 못 본 **체**했다. 쥐꼬리만 한 지식을 가지고 되게 아는 **체**하네.
② 불을 켠 **채**(로) 잠을 잤다. 신을 신은 **채**(로)
③ 통**째**, 껍질**째**

68 탓/덕/까닭/때문

'탓' : 주로 부정적인 현상에 씀. 일을 그르치거나 잘못된 원인으로 핑계, 구실, 원망, 책임전가의 뜻이 있음
'덕, 덕분, 덕택' : 좋은 것에 씀. 덕이란 좋은 것을 행하는 마음으로, 도덕적이며 너그러워 은혜를 준 대상에게

감사함을 표시하는 뜻이 있음
'까닭' : 중립적, 먼저 이유가 오고 뒤에 결과가 오는 구조에서 쓰임
'때문' : 중립적, 인과관계성을 짙게 드러냄. 아주 논리적인, 전후 맥락이 과학적 합리성을 드러내는 데 쓰임

① 이라크 전쟁 **탓**에 세계경기가 엉망이다.
② 희소성 **탓**에 부르는 게 값이다.(사고파는 사람의 입장에 따라 다름)
③ 잘 되면 제 탓, 못 되면 조상 탓 → 잘 되면 제 **덕**, 못 되면 조상 **탓**
④ 유대인이 다른 민족보다 언변이 뛰어난 것은 어려서부터 논리적인 사고와 토론법을 배우는 **탓**이다. → 유대인은 어려서부터 논리적인 사고와 토론법을 배운다. 그것이 유대인이 다른 민족보다 언변이 뛰어난 **까닭**이다. → 유대인은 어려서부터 논리적인 사고와 토론법을 배우기 **때문**에 다른 민족보다 언변이 뛰어나다.

69 경위/경우

경우(境遇) : ① 사리나 도리 ② 놓여 있는 조건이나 놓이게 된 형편이나 사정
경위(涇渭) : 일이 진행되어 온 과정. 원래 경위(涇渭)란 '사이의 옳고 그름이나 이러하고 저러함에 대한 분별'을 뜻하는 말이었다. 중국 징수위 (涇水) 강의 물은 항상 흐리고 웨이수이 강의 물은 항상 밝아 또렷이 구별된다는 데서 온 말이다. 그런데 언중의 사용으로 의미가 잘못 굳어져 '경위'가 '경우'로 되었다.

① **경우**에 어긋나는 행동을 하지 마라. 그이는 **경우**가 참 밝다. **경우**가 바르다.
② 사건의 **경위**를 밝히다.
③ 교통사고가 났을 **경우**에는 사고의 **경위**를 따지기보다는 인명피해를 먼저 살펴야 한다.

70 반증/방증

반증(反證) : 어떤 사실이나 주장이 옳지 아니함을 그에 반대되는 근거를 들어 증명함(disprove), 또는 그런 증거(counter evidence), 부정적 증거
방증(傍證) : 사실을 직접 증명할 수 있는 증거가 되진 않지만 주변의 상황을 밝힘으로써 간접적으로 증명에 도움을 주는 증거(supporting evidence), 간접적 증거

① 그는 자신의 혐의를 부인했지만 그것을 **반증**할 만한 증거가 없었다.
② 학교에서 문장을 쓰는 훈련을 받지 않고 졸업해서 회사에 들어간 후 맞춤법을 배운다. 이런 현상은 모두 학교 커리큘럼이 단순한 타성에 의해 짜여 있다는 **방증**이다.

71 외곬/외골수

외골수 : '외+골수(骨髓)', 단 한 방면으로만 파고 드는 사람. 사람에 한정해서 쓰임
외곬 : 방법이나 방향 또는 길과 관련하여 쓰임

① 회사와 노조가 피차 (**외곬**/외골)으로 치달아서는 안 된다.
② 전문가는 그 방면에 (**외골수**/외곬수)가 되어야 한다.
③ 저 사람은 (**외곬으로**/외골수로) 치우쳐 고지식하고 융통성이라곤 전혀 없다.
④ 잊어버리기에는 너무 깊어진 나의 (**외곬**/외골수) 사랑이 안타까워 추억을 조금은 남겨 놓기로 했다.
⑤ 생각이나 사상이 (**외곬으로**/외골수로) 치우쳐선 안 돼.

72 구/귀

한자 '구(句)'가 붙어서 이루어진 단어는 '귀'로 읽는 것을 인정하지 않고 '구'로 통일한다.
구절, 경구, 결구, 대구, 문구, 어구, 시구, 인용구

예외) 다만 다음 단어는 '귀'로 발음되는 형태를 표준어로 삼는다.
귀글, 글귀

73 의사(義士)/지사(志士)/열사(烈士)

의사 : 나라와 민족을 위해 목숨을 걸고 무력으로써 항거하다 의롭게 죽은 사람
지사 : 나라와 민족을 위해 제 몸을 바쳐 일하려는 뜻을 품은 사람
열사 : 나라와 민족을 위해 맨몸으로 저항하다 의롭게 죽은 사람

① 안중근 **의사**. 윤봉길 **의사**. 이봉창 **의사**
② 이준 **열사**, 유관순 **열사**
③ **의사**와 **열사**는 순국한 뒤에 붙이나 **지사**는 살아있을 때 붙일 수 있다.

74 과태료/ 벌금/ 세금/ 요금

과태료 : 의무 이행을 태만히 한 사람에게 벌로 물게 하는 돈. 형벌이 아니다.
벌금 : 범죄에 대한 처벌로 부과하는 돈. 재산형(財産刑)의 하나다. 내지 못하면 노역으로 대신한다.
세금 : 경제 행위로 이익을 본 당사자에게 국가가 그 일부분을 내도록 하는 강제적인 비용이다.
요금 : '이발 요금, 택시 요금, 목욕 요금, 공항 이용 요금' 등 물건이나 시설을 개인적 필요에 따라 사용하고 그 대가로 내는 비용. 이용요금의 준말

① 어제 주차위반으로 (벌금/**과태료**)를 냈다.
② 정보를 공개한 경우 1년 이하의 징역이나 1천만 원 이하의 (과태료/**벌금**)에 처한다.
③ "영희 엄마, 이번 달 수도(세/**요금**) 얼마나 나왔어?"
"말도 마. 수도(세/**요금**) 전기(세/**요금**) 합해서 10만 원도 넘어."

75 넓-/널-/넙-

① 명사나 용언의 어간 뒤에 자음으로 시작된 접미사가 붙어서 된 말은 그 명사나 용언의 어간을 밝혀 적는다.
무를 **넓**적하게 썰어 깍두기를 담그다. **넓**적하다. **넓**적다리

② 겹받침의 끝소리가 드러나지 않는 것
널따랗다/**널따랗다**[널따라타], 짤따랗다/**짤따랗다**, 짧막하다/**짤막하다**, 얇다랗다/**얄따랗다**

③ 어원이 분명하지 않거나 본뜻에서 멀어진 경우는 소리대로 적는다.
광어는 (넓치/**넙치**)를 말한다.
넙죽– 입을 넁큼 벌렸다가 닫는 모양, 몸을 바닥에 대고 엎드리는 모양, 선뜻 행동하는 모양을 나타낼 때 쓰인다.

76 외래어의 오용

① 와이셔츠(*white shirts* 화이트 셔츠의 일본식 발음)→ **드레스 셔츠**(*dress shirts*)
② 호치키스 → **스테이플러**(*a stapler*)
③ 봉고 → **밴**(*a van*)
④ 따블 백 → **더플 백**(*Duffle bag*)
Duffle : 벨기에 북부 도시 더플에서 만드는 두껍고 거친 나사(羅紗)의 일종인 직물 이름
⑤ 스프링쿨러 → **스프링클러**(*sprinkler*), 살수기(撒水器)
⑥ 헬스 다이어트? 다이어트 화장품? 헬스한다?
*diet*는 음식조절, 체중을 줄이거나 건강증진을 위해 제한된 식사를 하는 것, 식이요법, 덜 먹기
*health*는 건강인데 헬스클럽에서 하는 운동으로 착각해서 헬스한다고 한다.
⑦ 컬러/ 칼라

*color*는 컬러(빛깔, 색상, 색깔)
*collar*는 칼라(양복이나 와이셔츠 따위의 목 둘레에 길게 덧붙여진 부분, 깃, 옷깃)
blue-collar, white-collar, color TV

⑧ 셀프 서비스
*셀프 주유소 인기(자체주유소 인기), *물은 셀프입니다.(물은 자기자신입니다?) *self service*로 써야 맞다. '제 시중'으로 번역 가능

⑨ 수험생 50% 세일
수험생을 50% 판다? 수험생에게 50% 할인판매*(bargain sale/ discount sale)*로 써야

⑩ 핸드폰 **hand phone*/ 휴대전화
cellular phone 셀 폰(미국식), *mobile phone* 모빌 폰(영국식)

⑪ 선팅? *(window tinting)*
선팅, 미팅*(blind date)*, 소개팅, 폰팅 같은 파생어, *tint*는 빛깔 중에서도 색채가 선명한 *color* 또는 그보다 은은한 *hue*와 달리 여러 색이 혼합된 '엷은 색채'를 의미한다.

⑫ '러닝머신(달리기틀)'은 콩글리시/'트레드 밀*(treadmill)*'

⑬ 해프닝*(happening)*
'우연한 일이나 사건', 영어에서는 주로 복수로 쓰인다.
"두 사람의 결혼설은 해프닝으로 끝났다, 이름 때문에 웃지 못할 해프닝이 벌어졌다." 등 해프닝이 사리에 맞지 않거나 웃기는 일 등의 의미로 사용한다면 콩글리시. 웃음거리나 웃기는 일로 바꿔 써야 한다.
해프닝은 현대 예술에서 우연히 생긴 일이나 극히 일상적인 현상을 이상하게 느껴지도록 처리하는 예술행위를 일컫는 용어로 쓰이기도 한다.

그 외에도 컨닝(*cunning* 표기법상 커닝이 맞다, *cunning*은 교활, 간사, 교묘, 부정행위는 *cheating*이 맞다), 보루박스(*board box*의 일본식 발음), 토하다(*overeat*는 *throw up, vomit*가 맞다), 리모컨(리모트 컨트롤), 화이팅(표기법상으론 파이팅), 백미러(룸미러, *rear view mirror*가 맞다), 랜트카(*rent-a-car*, 렌터카가 맞다), 빵구(표기법상으론 펑크)

77 한자성어

① 風飛雹散 (**풍비박산**/풍지박산)
바람을 타고 날아 흩어지고 우박처럼 깨어져 조각조각 부서지는 것을 가리키는 말이다. 하나도 제대로 남아있지 못하고 모든 게 사방으로 날아 확 흩어지는 것

② 絕體絕命(**절체절명**/절대절명)
몸이 잘라지고 목숨이 끊어질 정도로 어찌할 수 없이 절박한 경우를 가리키는 말

③ 晝夜長川(**주야장천**/주야창창)
긴 강은 밤낮으로 끊임없이 흐르듯이, 밤낮 쉬지 않고 계속하여 늘 잇달아서 한다는 뜻

④ 孑孑單身(**혈혈단신**/홀홀단신)
고단하게 외로이 서 있는 것이 혈혈, 의지할 곳 없는 홀몸

⑤ 理判事判(**이판사판**/이판새판)
이판은 참선하고 공부하는 스님, 사판은 절의 업무를 꾸려가는 스님
억불정책을 쓴 조선시대에 승려가 된다는 것은 마지막 신분계층이 된다는 것, 즉 이판사판은 곧 막다른 데에 이르러 어찌할 수 없게 된 지경을 의미한다.

⑥ 夜半逃走(**야반도주**/야밤도주)
'야반'이란 밤을 반으로 자른 한 가운데, 즉 한밤중을 의미한다. 야반도주는 밤을 틈타 몰래 도망하는 것

⑦ 同病相憐(**동병상련**/동병상린)
같은 병을 앓는 사람들이 서로를 불쌍하게 여긴다는 뜻

⑧ 同苦同樂(**동고동락**/동거동락)
괴로움도 즐거움도 함께 함

⑨ 一絲不亂(**일사불란**/일사분란)

한 오리 실도 엉키지 아니 함, 질서가 정연해 조금도 흐트러지지 아니함

〈복수표준어〉

가뭄/가물, 가엾다/가엽다, 거슴츠레하다/게슴츠레하다, 거짓부리/거짓불, 고깃간/푸줏간, 꼬까옷/고까옷, 나부랭이/너부렁이, 네/예, 녘/쪽, 노을/놀, 늑장/늦장, 덩굴/넝쿨/*덩쿨, -뜨리다/-트리다, 막대기/막대, 만큼/만치, 망태기/망태, 맴세/맴서, 머무르다/머물다, 목화씨/면화씨, 물봉숭아/물봉선화, 서두르다/서둘다, 서럽다/섧다, 서투르다/서툴다, 소고기/쇠고기, 신/신발, 옥수수/강냉이, 외우다/외다(외우며, 외며), 우레/천둥, -(으)세요/-(으)셔요, -이에요/-이어요, 장가가다/장가들다, 종종걸음/동동걸음, 채비/차비

기타 〈틀리기 쉬운 우리말〉 가나다순

1. **가게**/가개
2. 가냘퍼/**가냘파**
3. 뱁새가 황새 쫓아가려면 (**가랑이**/가랭이)가 찢어진다.
4. (가리마/**가르마**) 같은 논길
5. 밭 (가상장자리/가생이/**가장자리**)에 많다.
6. (**가없는**/가이 없는) 어머니의 은혜
7. 방이 몇 (간/**칸**) 짜리인 집을 찾으십니까?
8. 그가 내 마음을 (갈갈이/**갈가리**) 찢어 놓았다.
9. 새 것으로 (**갈음**/가름)하였다.
10. **갈치**/칼치
11. 강남콩/**강낭콩**
12. 개나리봇짐/**괴나리봇짐**
13. 글씨가 (개발새발/게발새발/개발쇠발/**괴발개발**)이군.(※괴 : 고양이의 옛말, 강원도, 경상도에서는 지금도 폭넓게 쓰임)
14. 하루이틀도 아니고 허구헌날 나한테 (개기니/**개개니**?)
15. 지능(개발/**계발**), 경제(**개발**/계발)
16. **개밥에 도토리**(가 있다)/개밥의 도토리
17. 담배 한 (**개비**/개피/가치/까치)
18. **거꾸로**/꺼꾸로
19. 부귀와 영화를 양손에(**거머쥐다**/걸머쥐다)
20. 대전을 (**거쳐**/걷혀) 서울에 왔다.
21. 거치장스럽다/**거추장스럽다**
22. **거치적거리다**/걸리적거리다
23. 안개가 서서히 (거친다/**걷힌다**).
24. (**건넌방**/건넛방)에서는 지금 뭘 하고 있느냐?
25. (건늘목/**건널목**)에서는 조심을 해야 한다.
26. 곡식을 (걷어들이다/**거두어들이다**)
27. 두 팔을 (걷어부치고/**걷어붙이고**)
28. 끼니를 (걸르다/**거르다**)
29. 겉잡을 수 없다/**걷잡을 수 없다**.
30. 그는 (겸손해했다/**겸손한 태도를 보였다**).
31. 어음으로 (결재/**결제**)하다.
32. 회장님께 (**결재**/결제)서류를 올리다.
33. (고냉지/**고랭지**) 채소
34. (고등어자반/**자반고등어**)! 한 손에 5000원.
35. (고주망태기/**고주망태**)가 되게 술을 마셨다.
36. 골프치다/**골프하다**
37. 나를 (괄세/**괄시**)하면 (섭하지/**섭섭하지**).
38. (**괜스레**/괜시레/괜스리/괜시리) 겁먹었네.
39. **구레나룻**/구렛나루
40. (**구슬려**/구슬러) 삶다. 구어삶다/**구워삶다**
41. 구태어/**구태여**
42. 대한민국 정부 수립 후 (국쇄/**국새**)를 다시 만들었다.
43. **굽실거리다**/굽신거리다
44. (구비/**굽이**)마다 권력에 의해 거짓이 진실로 둔갑한다. (**굽이굽이**/구비구비) 흐르는 물, **굽이돌다**/구비돌다, **굽이치다**/구비치다
45. 요런 **깍쟁이**, 도토리 **깍정이**

46. 배를 (**곯으며**/골으며/곯며)
47. **귀때기**/귓대기, **볼때기**/볼대기
48. 미리 (**귀띔**/귀뜀/귀뜸)이라도 해 주지.
49. (**귀이개**/귀지개/귀개/귀후비개/귀쑤시개)로 (**귀지**/귓밥/귀에지)를 파다.
50. 남자가 그뿐이냐? (**그깟**/그깐)놈은 잊어 버려.
51. **그러잖아도**/그렇찮아도
52. 그림에 떡/**그림의 떡**
53. (기디긴/**길디긴**) 행렬, (길다란/**기다란**) 회초리 • 기본형 : 기다랗다
54. 물건이 좋아서 (**금세**/금새) 다 팔렸다.
55. 긴팔 옷/**긴 소매 옷**, 반팔 옷/**반 소매 옷**
56. (까발겨/**까발려**) 모든 의혹을 털어내야 한다.
57. 성격이 (까탈스럽다/**까다롭다**/까닭스럽다)
58. (깎듯이/**깍듯이**) 모시다.
59. (**깨작거리지/깨작대지**) 마라.
60. 양심에 (꺼리낌/**거리낌**)이 없다.
61. **꺾꽂이**/꺽꽂이, **꺾다**/꺽다
62. (꼬셔서/**꾀어/꼬여**) 결혼했다. (**꼬였다/꾀었다**/꼬셨다).
63. (**꼭두각시**/꼭둑각시)노릇을 하다.
64. 날씨가 (꾸물꾸물/**끄물끄물**)하다.
65. 단추를 (**꿰매다**/꼬매다).
66. (끄나불/**끄나풀**)노릇을 하다.
67. (끄적거리다/**끼적거리다**), 끄적대지/**끼적대지**, 끄적끄적/**끼적끼적**
68. 끝짱나다/**끝장나다**
69. 끝발/**끗발**이 좋다. (**말발**/말빨)이 세다
70. 끼우다/**꿰다**.
71. 짐을 날르다/**나르다**
72. (나으리/**나리**) 모시러 간다.
73. (**나발/나팔**)불지 말고 잠자코 있어.
74. 병이 다 (**나았다**/났다/낫다)
75. 나즈막하다/**나지막하다**
76. 나침판/**나침반**
77. (**낚아채듯**/나꿔채듯/나까채듯) 받아들다.
78. (남새/**남세**)스러워서 혼났어.
79. **납작하다**/납짝하다
80. 암은 잘 (났지/**낫지**) 않는 병인데
81. 숨을 들이쉬고 (내어 쉬는/**내쉬는**)
82. 널판지/**널빤지**
83. (**노름판**/놀음판)이 벌어졌다.
84. 어떤 (놈팽이/**놈팡이**)와 살림을 차렸어?
85. **뇌졸중**/뇌졸증(뇌에 갑자기 중풍을 맞았다)
86. (**눈곱**/눈꼽)만큼도 미련이 없다.
87. 그의 행동에 (**눈살**/눈쌀)을 찌푸렸다.
88. (**눈썰미**/눈설미)가 있다.
89. 눈의 가시/**눈엣가시**
90. 밥이 솥바닥에 (**눌어붙다**/늘어붙다).
91. 뉘엇뉘엇/**뉘엿뉘엿**
92. (**늘그막**/늙으막)에 이룬 꿈
93. (늘상/ **늘/노상**) 해 오던 일인데요. 뭐.
94. (**늦장**/ **늑장**) 부리다 결국 수업에 지각했다.
95. (**다디단**/달디단) 감주 한 그릇
96. 살금살금 (닥아갔다/**다가갔다**).
97. **닦달하다**/닥달하다.
98. (단촐한/**단출한**) 식구
99. 교복을 (달이다/**다리다**)
100. 매실을 (**달이다**/다리다)
101. 김장을 (담는다/**담근다**).
102. 왠지 비오는 날에는 부침개가 (**당겨**/땡겨).
103. (**당초에/당최**/당췌) 마음에 안 든다.
104. 담쟁이 (**덩굴/넝쿨**/덩쿨)
105. 나한테 (덤탱이/**덤터기**/덤테기) 씌우지 마.
106. 수염이 (**덥수룩하다/텁수룩하다**).
107. 돋구다/**돋우다**.
108. 날개 (**돋친**/ 돋힌) 듯 팔린다. 가시 (**돋친**/ 돋힌) 목소리
109. 아기 (돐/**돌**)잔치
110. (**돌부리**/돌뿌리)에 걸려 넘어지다.
111. 돼지(**비계**/비게), 비계덩어리/**비곗덩어리**
112. 한복(두루막이/**두루마기**/두루매기)
113. 친분이 (두껍다/**두텁다**)

114. 사방이 눈으로 (**뒤덮이다**/뒤덮히다)
115. (**뒤처지면**/뒤쳐지면) 안 된다.
116. (**뒤치다꺼리**/뒷치닥거리) 하기도 힘들다.
117. 뒷굼치/**뒤꿈치**
118. 방을 한 칸 더 (**드리다**/들이다), 손님을 사랑방으로 **들이다**
119. 들녁/ **들녘**
120. 맑은 공기를 (들여마시다/**들이마시다**)
121. 가는 길에 꼭 (**들렀다**/들렸다) 가.
122. 그는 (**들입다**/디립다) 화부터 냈다.
123. (**들쭉날쭉**/ **들쑥날쑥**)하다.
124. 시어머니 (**등쌀**/등살)에 시달리다
125. 과학교과서, 영화에 (**딴죽**/딴지) 걸다.
126. 내게 (**딸린**/달린) 식구가 많아.
127. 얼굴도 몸매도 (딸려/**달려**).
128. (떼어 논/따 논/ **떼어 놓은**/ **따 놓은**) 당상
129. (뜻뜨미지근한/**뜨뜻미지근한**) 사랑은 싫어.
130. 띠엄띠엄/**띄엄띄엄**
131. **마니아**(mania)/매니아/매니어
132. (**만날**/맨날) 놀기만 하니?
만날 : 萬 번의 날, 즉 날마다, 계속해서, 언제나
133. 만두국/**만둣국**
134. **만에 하나**(만 가지 가운데 하나)
135. 망둥어/**망둥이**/**망둑어**
136. **맞춤**/마춤, **안성맞춤**/안성마춤
137. 요즘 사람들 인정이 (매말라서/**메말라서**)
138. **매스컴**/메스콤/메스컴
139. 오늘이 몇 월 (몇 일/**며칠**)이냐?
140. 모둠냄비, (**모둠회**/모듬회), 모둠밥
141. 바닥이 (맨들맨들하다/**반들반들하다**).
142. 정신이 (**맨송맨송**/맹숭맹숭)하다. (**맨송맨송**/맹숭맹숭)한 아래턱
143. 맵씨/**맵시**
144. **머리말**/머릿말
145. (**먼지떨이**/ 먼지털이), (**재떨이**/ 재털이)
146. **메시아**/메시야
147. 가방을 (**메다**/매다)
148. 신발끈을 (메다/**매다**)
149. 간격을 (**메우다**/메꾸다)
150. **메밀국수**/모밀국수, **메밀꽃**/모밀꽃
151. (멱사리/**멱살**)을 잡니?
152. (**명란젓**/명난젓, 창란젓/**창난젓**)은 강경(젖갈/**젓갈**)이 유명하다.
153. 시간이 (모자르다/**모자라다**)
154. **목돈**/몫돈
155. (못쓸/**몹쓸**) 사람 같으니라고.
156. 아버지께서 (무등/**무동**) 태워 주시던 기억
157. 부끄러움을 (무릎쓰고/**무릅쓰고**)
158. **뭉그적뭉그적**/뭉기적뭉기적/밍기적밍기적
159. (뭉기적거리거나/**뭉그적거리거나**) 뒹굴기 일쑤다.
160. (밍그적이고/**뭉그적이고**) 있었다.
161. (미다지/**미닫이**)문
162. 미류나무/**미루나무**
163. (**미숫가루**/ 미싯가루) 한 잔 드릴까요?
164. 순서가 (바껴/**바뀌어**) 버렸다.
165. **바리케이드*(barricade)***/바리케이트
166. (발렌타인/**밸런타인**)데이에 먹은 (초콜렛/**초콜릿**)
167. **발자국**/발자욱
168. 일을 많이 해서 손에 못이 (**박였다**/박혔다). 예수님 손에 못이 (**박혔다**/박였다).
169. (**법석**/ 법썩)을 떨다
170. 벗꽃/**벚꽃**
171. 벼개/**베개**/배게/베게
172. (**변변찮아**/ 변변챦아) 죄송합니다.
173. 닭 (**볏**/벼슬)
174. 오랜 (병구환/**병구완**)에 지쳤다.
175. 컴퓨터 파일이 원상**복구** 됐다.
176. 사고 소식으로 전날 폭락했던 주가가 하루 만에 원상**복귀** 됐다.
177. (**복슬**/복실)강아지
178. 복권이 당첨되고 안 되고는 (복골복/복궐복/**복불복**(福不福))이지 뭐.

179. **봉선화**/**봉숭아**/봉숭화
180. 빰을 (부비다/**비비다**)
181. 중공업 (**부문**/부분)
182. (부화/**부아**)가 나다.
183. (**북돋우면**/북도두면) 잘 자라고 사람도 용기를 북돋우면 새힘을 얻는다.
184. 북어국/**북엇국**
185. 라면이 (**붇다**/붓다).
186. (불를/**부를**) 사람을 (불르지도/**부르지도**) 않은 채 일을 시작했다.
187. 호박은 (붓기/**부기** 浮氣)를 빼 준다.
188. 빈 (**칸**/ 간)에 알맞은 표현을 쓰시오.
189. 빈털털이/**빈털터리**
190. **빚쟁이**/빗장이
191. (빼치는/**뻗치는**) 국력
192. (뼉다귀/**뼈다귀**/뼈다구/뼉다구)해장국
193. (**뾰두라지**/ **뾰루지**/ 뾰두락지/ 뽀두락지) 가 났다.
194. (삐약거리는/**삐악거리는**) 병아리
195. 한번 (**삐치면**/삐지면) 석달 열흘 간다. 속치마가 **삐져** 나왔다.
196. 사그러들다/**사그라지다**.
197. **사글세**/삯월세/삭월세
198. 시집 간 딸이 (사니 못 사니/**사느니 못 사느니**) 해서 걱정이야.
199. 장희빈은 숙종에게 (**사약**(賜藥)/ 사약(死藥))을 받았다.
200. 돌도 (**삭일**/삭힐) 나이
201. 멸치젓을 (삭이다/**삭히다**).
202. 보리밭 (사잇길/**샛길**)로 걸어가면
203. 살괭이/**살쾡이**
204. (**살진**/살찐) 암소, (**살진**/살찐) 과일, (**살진**/살찐) 물고기
205. **삼림욕**/ 삼림욕
206. **삼수갑산**/산수갑산
207. (상치/ **상추**)랑 (무우/ **무**) 좀 사 와.
208. (**상판대기**/상판때기)를 하고 있으면 심사위원이 너를 붙여주겠냐?
209. **새발의 피**/새발에 피
210. (새악시/**새색시**/새각시) 볼에 수줍음
211. 생각찮은 일로/**생각잖은 일로**, 생각치도 않았던/**생각지도** 않았던
212. (**생때같은**/생떼같은) 자식을 징용 보내고
213. 불편한 점이 있으면 (**서슴지**/서슴치)말고 말씀해 주세요. (기본형 '서슴다')
214. 집없는 (서러움/**설움**/서름/설음)
215. 동지(**섣달**/섯달) 꽃 본듯이
216. **설렁탕**/ 설농탕/ 설롱탕
217. 섯부른/**섣부른**
218. **성대모사**/성대묘사
219. **소곤거리다**/소근거리다. **소곤대다**/소근대다
220. (**소낙비**/**소나기**/소낙이/소내기/쏘내기)
221. (손고락/**손가락**/손까락)을 다쳤다.
222. (**손나발**/손나팔)을 하고 소리를 지른다.
223. **손뼉**/손벽
224. 땀이 (**송골송골**/송글송글) 맺히다.
225. **수군거리다**/수근거리다
226. **숫제**/숫쩨/ 수쩨/숫체
227. 스물-<u>서른</u>-마흔-**쉰**-예순-일흔-여든-아흔
228. 무술이가 왕의 (**승은**/성은)을 입고 아들을 낳았다.
229. (시레기/ **시래기**/ 씨레기)국
230. 현재 (**시각**/시간)이 3시를 가리키고 있다.
231. (**시간**/시각)은 돈이다.
232. 경찰이 피의자를 놓고 대질(**신문**/심문)을 하다.
233. 경찰이 자백을 끌어내는 유도(**신문**/심문)을 하였다.
234. 헌병에게 (**심문**/신문)을 당했다.
235. (**실낱**/ 실날) 같은 희망
236. 소의 (**심줄**/힘줄)로 라켓의 줄을 만든다.
237. (**쌀뜨물**/쌀뜬물)로 세수하면 뽀얗게 된다.
238. (**쌍꺼풀**/쌍까풀)수술도 하고 진주(**귀걸이**/**귀고리**)도 했다.

239. 쌍둥밤/**쌍동밤**, **쌍둥이**/쌍동이
240. 쌍용/**쌍룡**
241. 높은 산에 둘러 (**싸이다**/쌓이다).
242. 저런 (쑥맥/**숙맥**)같으니라구.
243. 눈에 뭐가 (씌였던/**씌었던**/씌웠던)가 봐.
244. (아구/**아귀**) 찜
245. 아다시피/**알다시피**)
246. 말도 안 되는 (어거지/**억지**)
247. (**아이고**/아이구) 기가 막혀라.
248. (아이구머니/**아이고머니**), 이 일을 어째.
249. (**에구머니**/에그머니), 망측하기도 해라.
250. (아이쿠/**아이코**), 내 정신 좀 봐.
251. (**악바리**/악발이)근성
252. 부모에게 **안갚음**하여 효자소리를 듣다. 수모를 당한 만큼 **앙갚음**하다.
253. **안쓰럽다**(안이 쓰리다)/안스럽다/안슬프다
254. **애꿎다**/ 애끚다
255. 모습이 (**앳되다**/애띠다/앳띠다).
256. **애처롭다**/ 애처럽다
257. 앰플/**앰풀**(*ampoule*)
258. **얄궂다**/ 얄굿다
259. 멧돼지 (어금니/**엄니**), 코끼리 상아도 **엄니**
260. **어깻죽지**/ 어깨쭉지
261. 어느듯/ **어느덧**
262. **어우러지다**/ 어울어지다
263. (**어쭙잖은**/어줍잖은) 행동을 하지 마라
264. (언덕백이/**언덕배기**)
265. 얼만큼/**얼마큼**
266. 얼키고설키다/ **얽히고설키다**
267. **엎지르다**/ 업지르다
268. **엎치락뒤치락**/ 업치락뒤치락
269. 부모님을 (여위다/**여의다**)
270. 다이어트 하느라 얼굴이 (**여위다**/여의다)
271. (**여문**/**영근**) 밤
272. **역할**/역활
273. **연거푸**/연거퍼
274. **열에 아홉**/열의 아홉
275. (엿장사/**엿장수**) 마음대로.
276. (오랜동안/ **오랫동안**) 이 날을 기다려 왔다.
277. (**오른쪽**/바른쪽)문으로만 출입하시오.
278. (**오지랖**/오지랍)이 넓다.
279. (옥쇄/**옥새**)는 국가 문서에 사용하던 임금의 도장을 말한다.
280. 옥의 티/**옥에 티**(옥에도 티가 있다)
281. 올바르다/**올바르다**, **올곧다**/옳곧다.
282. (**옷거리**/옷걸이)가 좋아 맵시가 있다.
283. 외토리/**외톨이**
284. 울궈먹어라/**우려먹어라**
285. **원활하다**/원할하다
286. (**윗몸**/윗몸)일으키기
287. **위층**/윗층
288. **육개장**/육계장
289. **으스대다**/으시대다
290. **으스름 달밤**/ 어스름 달밤
291. (응큼한/**엉큼한**) 속셈을 가진 남자
292. 읖조리다/**읊조리다**
293. (**이제야**/이제서야/이제사) 대책을 마련하다.
294. **이튿날**/이튼날, 이틀날
295. (**이파리**/잎파리)는 삶아서 쌈을 싸 먹는다.
296. 인삿말/**인사말**
297. 논점 (**일탈**/이탈), 선수들의 일탈 행위
298. 근무지 (**이탈**/일탈), 비행기가 활주로를 **이탈**하다.
299. 전깃불 끄는 것을 (잃어버리다/**잊어버리다**)
300. 휴대전화를 (**잃어버리다**/잊어버리다).
301. (**자디잔**/잘디잔) 글자, 남자가 그렇게 (**자디잘아서**/잘디잘아서) 어디다 쓰냐.
302. (자랑스런/**자랑스러운**) 태극기 앞에
303. **자장면**/짜장면
304. (**자투리**/짜투리)시간을 활용해 단어를 외워
305. 수입이 (작다/**적다**).
306. 잠궈 주세요/**잠가 주세요**.
307. 장사아치/ **장사치**
308. 오이를 소금에 (**절이다**/저리다)

309. 발이 (절이다/**저리다**)
310. 머리 꼭대기를 (정수박이/**정수리**)라고 한다.
311. 향그러운 (젓가슴/**젖가슴**)
312. 조개를 넣고 끓인(**재첩국**/재치국)
313. (조그만한/**조그만**/**조그마한**) 겨자씨
314. (**족집게**/쪽집게) 논술학원
315. 생선을 (**조리다**/졸이다).
316. 마음을 (조리다/**졸이다**).
317. 졸르다/ **조르다**
318. 졸립다/ **졸리다**
319. (쭈꾸미/**주꾸미**) 볶음.
320. **주근깨**/ 죽은깨
321. 눈물이 (주루룩/**주르륵**) 흘러내렸다.
322. 신앙을 지키려다 (죽음/**죽임**)을 당했다.
323. (**죽자사자**/죽자살자) 쫓아다녀 결혼했다.
324. (줄문토기/**즐문토기**)
325. (줏어/**주워**)
326. 쥐어 주다/**쥐여 주다**
327. (지리한/**지루한**) 장마
328. (**지천으로**/지천에) 핀 꽃 • 지천 : 매우 흔하다
329. 평화통일을 (**지향**/지양)하다.
330. 여성은 가사에 종사한다는 생각을 (**지양**/지향)하고
331. (**진눈깨비**/진눈개비) 내리던 날
332. 진무르다/**짓무르다**
333. **짓궂다**/ 짖궂다
334. 지푸라기/**지푸라기**
335. 겨울엔 (김치찌게/**김치찌개**)가 최고야.
336. 과제물이 거의 (**짜깁기**/짜집기)야.
337. (찌뿌둥한/**찌뿌듯한**) 날씨
338. (찝적대지/**찝쩍대지**/**직접대지**/**직접거리지**) 마라.
339. 이소연은 우주에서 (찰진/**차진**) 밥을 먹었다.
340. 회의에 (참가/참여/**참석**)
341. 올림픽에 (**참가**/참여/참석)
342. 경영에 (참가/**참여**/참석)
343. 떠날 (**채비**/**차비**)를 한다.
344. 애인에게 (채였다/**차였다**/**채었다**).
345. **처넣다**/쳐넣다, **쳐부수다**/쳐부시다.
346. (천만에/**천만의**) 말씀
347. (천상/**천생**) 다음 주에나 뵐 수 있겠네요.
348. **천장**/천정
349. 서울에 와 (촌때/**촌티**)를 벗다.
350. (초죽음/**초주검**)이 됐다.
351. **총각무**/알타리무
352. 동족 간에 (총부리/**총부리**)를 겨누다.
353. 감정을 (추스린다/**추스른다**), 오그라진 형편을 (추스르었다/추스리었다/**추슬렀다**).
354. **치근거리다**/ **치근대다**/ 추근거리다/ 추근대다.
355. 수능을 (**치르다**/치루다)
356. **칫솔**/치솔
357. **케케묵다**/ 퀘퀘묵다/ 켸켸묵다
358. **켕기다**/ 캥기다
359. (콧빼기/**코빼기**)도 볼 수가 없구나.
360. **콘텐트**/콘텐츠
361. 알아듣게 잘 (타일르다/**타이르다**)
362. 탁구치다/**탁구하다**
363. (택/**턱**)도 없는 소리 마라.
364. 곡식을 (**털면**/떨면) 이삭이 **떨어**진다. 가진 거 다 (**털어먹다**/떨어먹다)
365. 가진 건 (**통틀어**/통털어) 3만 원뿐이다.
366. (**트림**/트름)을 하면 실례다.
367. 움푹 (**파이다**/**패다**/패이다)
368. 졌다고 (**파투**/파토)를 놓다니.
369. 중국산 짝퉁 (팔목시계/**손목시계**)
370. (퍽으나/**퍽이나**/**퍽**)고마운 일이군요.
371. **포클레인**/포크레인
372. 통행금지 (**표지**/표시)
373. 가격(**표시**/표지), 원산지 (**표시**/표지)
374. **푯말**/ 표말
375. (푸르른/**푸른**) 저 들판을 보라. 남산 위의 저 소나무도 길이 (푸르를/**푸를**) 것이다.
376. (품아시/**품앗이**)를 한다.
377. 풍요롭다/ **풍요하다**

378. 피해를 (입다/**보다/당하다**)
379. **-하게끔**/-게시리
380. (하기사/**하기야**) 열심히 공부했으니 성적이 오른 거겠지.
381. **하늘의 별따기**/하늘에 별따기
382. (하마트면/**하마터면**) 큰일 날 뻔 했어.
383. (할 일 없이/**하릴없이**) 거지꼴로 돌아오다.
384. **하이라이트**/하일라이트
385. 전엔 내가 그래도 (한 가닥/**한가락**) 했지.
386. (**한결**/행결) 예뻐 보인다.
387. 스트레스를 (**한목**/한몫)에 날리다.
388. 내용도 중요하지만 포장도 (**한몫**/한목)한다.
389. 벚꽃이 (**한창**/한참)이다.
390. **한참**을 기다렸다.
391. **해쓱하다/핼쑥하다/**핼쓱하다/핼슥하다/해슥하다.
392. (**해코지**/해꼬지)할까 두렵다.
393. **햅쌀**/ 햇쌀
394. 햇님/**해님**
395. 행길/**한길**
396. **허구헌 날**/허구한 날
397. 허섭쓰레기/**허섭스레기**
398. 허수룩하다/**헙수룩하다**
399. **헌칠하다**/훤칠하다
400. **헛갈리다/헷갈리다**
401. 헛탕치다/**허탕치다**
402. **헝겊**/헝겁
403. **헝클어지다**/헝크러지다
404. 조조(활인/**할인**)
405. 무정부 상태 같은 (**혼돈**/혼동)을 겪고 있다.
406. 사이버세계와 현실을 (**혼동**/혼돈)하다.
407. 임신으로 인해 **홑몸**이 아니라 힘들다.
408. 교통사고로 가족을 잃고 **홀몸**이 되었다.
409. 환골탈퇴/**환골탈태**
410. **횡격막**/횡경막
411. **후텁지근하다/후덥지근하다**.
412. **흐리멍덩하다**/흐리멍텅하다.
413. 바닥에 (흘른/**흐른**) 물을 잘 닦아라.
414. 희노애락/**희로애락**

<표준발음법>

1. 밝고[발꼬], 밝게[발께], 밝다[박따], 밝지[박찌]
2. 밟다[밥따], 밟게[발께], 밟지[밥찌], 밟고[밥꼬], 밟소[밥쏘], 밟는[밤는]
3. 넓다[널따], 넓게[널께], 넓고[널꼬], 넓지[널찌]
   넓습니다[널씁니다]
4. 읊다[읍따], 읊게[읍께], 읊고[읍꼬], 읊지[읍찌], 읊습니다[읍씁니다]
5. 값을[갑쓸], 값어치[가버치], 값있는[가빈는]
6. 숱을[수틀]
7. 닭이[달기], 닭을[달글], 까닭은[까달근]
8. 맑게[말께]
9. 늙지[늑찌]
10. 묽고[물꼬]
11. 떫지[떨찌]

12. 꽃을[꼬츨], 낮을[나츨]
13. 부엌이[부어키]
14. 곬이[골씨]
15. 맛없다[마덥다], 맛있다[마싣따/마딛다]
16. 디귿이[디그시], 디귿을[디그슬], 디귿에[디그세]
17. 지읒이[지으시], 지읒을[지으슬], 지읒에[지으세]
18. 치읓이[치으시], 치읓을[치으슬], 치읓에[치으세]
19. 키읔이[키으기], 키읔을[키으글], 키읔에[키으게]
20. 티읕이[티으시], 티읕을[티으슬], 티읕에[티으세]
21. 피읖이[피으비], 피읖에[피으베]
22. 히읗이[히읏이], 히읗을[히으슬], 히읗에[히으세]
23. 국물[궁물], 꽃망울[꼰망울]
24. 담력[담녁], 대통령[대통녕], 항로[항노], 막론[망논], 협력[혐녁]
25. 난로[날로], 신라[실라], 천리[철리], 광한루[광할루], 대관령[대괄령], 칼날[칼랄]
26. 결단력[결딴녁], 입원료[이붠뇨], 이원론[이원논] 의견란[의견난], 생산량[생산냥], 공권력[공꿘녁], 동원령[동원녕]
27. 색연필[생년필], 막일[망닐], 늑막염[능망념], 금융[금늉/그뮹], 남량특집[남냥특찝], 책읽기[챙닐끼]
28. 솜이불[솜니불], 담요[담뇨], 식용유[시공뉴], 눈요기[눈뇨기]
29. 강의의[강의에], 우리의[우리에]
30, 민주주의[민주주이], 협의[협의/혀비]
31. 희망[히망]
32. 은혜[은헤], 혜택[헤택], 시계[시게]

〈된소리화 현상 경계〉

점/쩜, **고추**/꼬추, **잘렸다**/짤렸다, **볶아** 먹다/뽂아 먹다, **닦다**/딲다, **삶다**/싦다, **소주**/쏘주, **동그라미**/똥그라미, **조금만**/쪼금만, 세다/**쎄다**, **족집게**/쪽찝게, **더블**/따블, **댄스**/땐스, **가스**/까스, **밴드**/빤드, **버스**/뻐스, **스탠드바**/스탠드빠, **재즈**/째즈, **볼**/뽈, 께임/**게임**, 뽀너스/**보너스**, 바겐쎄일/**바겐세일**, 삘띵/**빌딩**, 쎄일즈맨/**세일즈맨**, **썬크림**/선크림, **시스템**/씨스템, 빠리/**파리**, 르뽀/**르포**……

4) 외래어 표기법

1 7종성 받침만 쓰는 규정(ㄱ, ㄴ, ㄹ, ㅁ, ㅂ, ㅅ, ㅇ)
① 케잌/**케이크** ② 커피숖/**커피숍** ③ 맑스/**마르크스** ④ **크린랩**/크린랲 ⑤ 굳/**굿**

2 장모음(이중모음) 금지 규정
① 보우트/**보트** ② 처어칠/**처칠**

3 'ㅈ'계 후행 모음의 단모음 표기 규정
① 비젼/**비전** ② 쥬스/**주스** ③ 스케쥴/**스케줄** ④ 쵸콜릿/**초콜릿**

4 된소리 금지 규정
① 까스/**가스** ② 써비스/**서비스** ③ 도꾜/**도쿄**

5 중국 및 일본의 지명 가운데 한국 한자음으로 읽는 관용이 있는 것은 이를 허용한다.
① 東京, 도쿄, 동경 ② 京都, 교토, 경도 ③ 上海, 상하이, 상해 ④ 臺灣, 타이완, 대만

6 영어의 sh는 쉬가 아니라 시로 표기한다.

7 마찰음 f는 후가 아닌 ㅍ으로 표기한다.

〈외래어 표기 용례〉

1. 께임/**게임**(*game*)
2. 고호/**고흐**(*Gogh*)
3. 기부스/**깁스**(*Gips*)
4. 기스/**흠**
5. 까페/**카페**(*cafe*)
6. 깐느/**칸**(*Cannes*, 프) 영화제
7. 꼬냑/**코냑**(*cognac*, 프)
8. 꽁뜨/**콩트**(*conte*)
9. 낑깡/**금귤**
10. 넌센스/**난센스**(*nonsense*)
11. 나레이터/**내레이터**(*narrator*)
12. 나이롱/**나일론**(*nylon*)
13. 내프킨/**냅킨**(*napkin*)
14. 네트웍/**네트워크**(*network*)
15. 뉴우튼/**뉴턴**(*Newton*)
16. 뉴우스/**뉴스**(*news*)
17. 대쉬/**대시**(*dash*)
18. 데이타/**데이터**(*data*)
19. 데뷰/**데뷔**(*debut*, 프)
20. 도마도/**토마토**(*tomato*)
21. 도우넛/**도넛**(*doughnut*)
22. 디스켇/**디스켓**(*diskette*)
23. 도꾜/**도쿄**(*Tyoko*)
24. 듀오/**듀엣**(*duet*)
25. 디지탈/**디지털**(*digital*)
26. 랑데뷰/**랑데부**(*rendez-vous*)
27. 런닝구/**러닝셔츠**(*running shirts*)
28. 렛떼루/**라벨 / 레이블**(*label*, 프 / *letter* 네덜란드어)
29. 렌지후드/**레인지후드**(*randgehood*)

30. 로우션/**로션**(*lotion*)
31. 로타리/**로터리**(*rotary*)
32. 레져/**레저**(*leisure*)
33. 레파토리/**레퍼토리**(*repertory*)
34. 로보트/**로봇**(*robot*)
35. 로케트/**로켓**(*rocket*)
36. 리더쉽/**리더십**(*leadership*)
37. 링겔/링게르/**링거**(*Ringer*)
38. 맘모스/**매머드**(*mammoth*)
39. 메세지/**메시지**(*message*)
40. 메시야→**메시아**(*messiah*)
41. 몽타즈→**몽타주**(*montage*)
42. 빳데리/밧데리/**배터리**(*battery*)
43. 바란스/**밸런스**(*balance*)
44. 바겐쎄일/**바겐세일**(*bargain sale*)
45. 버버리코트/**바바리코트**(*Burberry coat*)
46. 버턴/보튼/**버튼**(*button*)
47. 부페/**뷔페**(*buffet*, 프)
48. 부럭/브로끄/블럭/**블록**(*block*)
49. 바하/**바흐**(*Bach*)
50. 뱃지/**배지**(*Badge*)
51. 베에토벤/**베토벤**(*Beethoven*)
52. 바베큐/**바비큐**(*barbecue*)
53. 밤바/**범퍼**(*bumper*)
54. 부쓰/**부츠**(*boots*)
55. 비니루/**비닐**(*vinil*)
56. 비지니스/**비즈니스**(*business*)
57. 빵빠레/**팡파르**(*fanfare*, 프)
58. 벨딩/**빌딩**(*building*)
59. 삐에로/**피에로**(*pierrot*, 프)
60. 샷시/샤시/**새시**(*sash*)
61. 샌달/**샌들**(*sandal*)
62. 셋트/**세트**(*set*)
63. 센타/쎈터/**센터**(*center*)
64. 수퍼마켓 / 슈퍼마켙/**슈퍼마켓**(*supermarket*)
65. 씽크대/**싱크대**(*sink-*)
66. 싼타크로스/산타크로스/**산타클로스** (*Santa Claus*)
67. 스텝/**스태프**(*staff*)
68. 세멘트/**시멘트**(*cement*)
69. 세파트/**셰퍼드**(*sheperd*)
70. 소세지/**소시지**(*sausage*)
71. 수퍼맨/**슈퍼맨**(*superman*)
72. 스치로폴/스티로퐁/**스티로폼**(*styrofoam*)
73. 스탠드빠/**스탠드바** (*stand bar*)
74. 스폰/**스폰서**(*sponsor*)
75. 스프링쿨러/**스프링클러**(*sprinkler*)
76. 싸이렌/**사이렌**(*siren*)
77. 싸이보그/**사이보그**(*cyborg*)
78. 싸이코드라마/**사이코드라마**(*psychodrama*)
79. 싸이클/**사이클**(*sycle*)
80. 싸이펀/**사이펀**(*siphon*)
81. 싸인/**사인**(*sign*)
82. 싸파리/**사파리**(*safari*)
83. 써스펜스/**서스펜스**(*suspense*)
84. 쎄이브/**세이브**(*save*)
85. 쎄일/**세일**(*sale*)
86. 쏘파/**소파**(*sofa*)
87. 씬/**신**(*scene*)
88. 스폰지/**스펀지**(*sponge*)
89. 심볼/**심벌**(*symbol*)
90. 어나운서/**아나운서**(*announcer*)
91. 아뜰리에/**아틀리에**(*atelier*, 프)
92. 유우머/유모어/**유머**(*humour*)
93. 알미늄/**알루미늄**(*aluminium*)
94. 알콜 / 알코홀/**알코올**(*alcohol*)
95. 에어콘/**에어컨디셔너 / 에어컨** (*air-conditioner*)
96. 윈도우/**윈도**(*window*)
97. 유니언 샵/**유니언 숍**(*union shop*)
98. 아마튜어/**아마추어**(*amateur*)
99. 악세사리/**액세서리**(*accessory*)
100. 워크샵/**워크숍**(*workshop*)
101. 앙케이트/**앙케트**(*enquete*, 프)
102. 자켓 / 쟈켓/**재킷**(*jacket*)
103. 쥬스/**주스**(*juice*)

104. **점퍼**/잠바*(jumper)*
105. 차이코프스키→**차이콥스키**(러)
106. 처어칠/**처칠***(Churchil)*
107. 쵸코렛/초콜렛/**초콜릿** *(chocolate)*
108. 츄리/**트리***(tree)*
109. 캐롤/**캐럴***(Carol)*
110. 침팬치/**침팬지***(chimpanzee)*
111. 카네이숀/**카네이션***(carnation)*
112. 카바이트/**카바이드***(cabaret)*
113. 컬럼/**칼럼***(column)*
114. 칸쏘네/**칸초네***(canzone)*
115. 콘써트/**콘서트***(concert)*
116. 캬바레/**카바레**(*cabaret,* 프)
117. 카달로크/카탈록/**카탈로그***(catalogue)*
118. 카페트/**카펫***(carpet)*
119. 카쎈타/**카센터***(car center)*
120. 카렌다/**캘린더***(calender)*
121. 카아드/**카드***(card)*
122. 캉가루/**캥거루***(Kangaroo)*
123. 컴플렉스/**콤플렉스***(complex)*
124. 케비넷/**캐비닛***(cabinet)*
125. 케찹/**케첩***(ketchup)*
126. 코메디/**코미디***(comedy)*
127. 콜룸부스/**콜럼버스***(Columbus)*
128. 타이루/**타일***(tile)*
129. 타올/**타월***(towel)*
130. 탈렌트/**탤런트***(talent)*
131. 탑/**톱***(top)*
132. 타부/**터부***(taboo)*
133. 텔레비전/텔레비젼/테레비젼/**텔레비전** *(television)*
134. 테입/**테이프***(tape)*
135. 빠이롯트/**파일럿***(pilot)*
136. 팜프렛/팜플렛/**팸플릿** *(pamphlet)*
137. 팬더/**판다***(panda)*
138. 페스탈로찌/**페스탈로치***(Pestalozzi)*
139. 포탈싸이트/**포털사이트***(portal site)*
140. 프랑카드/플랭카드/**플래카드***(placard)*
141. 플래쉬/**플래시***(flash)*
142. 플룻/**플루트***(flute)*
143. 프리 마돈나/**프리마 돈나**(*prima donna* 이)
144. 프림/**크림***(cream)*
145. **플라밍고**(*flamingo* 홍학)
146. **플라멘코**(*flamenco* 스페인 집시춤)
147. 하일라이트/**하이라이트***(high light)*
148. 화운데이션/**파운데이션***(foundation)*
149. 홀몬/**호르몬***(hormone)*
150. 화일/**파일***(file)*
151. 히로인/**헤로인***(heroine)*
153. 후라이팬/**프라이팬***(frypan)*

〈외래어표기 연습문제〉

1. (가전프라자/**가전플라자**) 옆에 (드라이크리닝/**드라이클리닝**) 하는 집이 있다.
2. (후라시/**플래시**)가 고장나서 (써비스 쎈타/**서비스 센터**)에 가보았다.
3. (후라이판/**프라이팬**)에 기름을 붓고 (도나쓰/**도넛**)을 만들었다.
4. (비디오테잎/**비디오테이프**)에 (코메디 프로/**코미디 프로**)를 녹화해라.
5. (께임 파일/**게임 파일**)을 (디스켙/**디스켓**)에 복사했다.
6. (컨닝/**커닝**)하다 들켜 (잠바/**점퍼**)를 벗고 화장실 (타이루/**타일**)을 닦았다.
7. (훼미리 쥬스/**패밀리 주스**)를 마시고 (파이팅/**파이팅**)을 외쳤다.
8. 프라스틱 로케트(**플라스틱 로켓**)과 장난감 로봇(**로봇**), 밧데리(**배터리**)를 상자에 담았다.
9. (칼라테레비/**컬러 텔레비전**)에 (장개석/**장제스(蔣介石)**), (모택동/**마오저뚱(毛澤東)**)이 나왔다.
10. (*network*/**네트워크**)를 확충하여 (수퍼마켙/**슈퍼마켓**)에 (초코렛/**초콜릿**)과 (비스켙/**비스킷**)을 보급하다.

11. 그 개그맨은 개그(컨테스트/**콘테스트**)를 통해 방송에 데뷔하였다.
12. 그 영화배우는 (매니져/**매니저**)와의 염문설에 빠졌다.
13. 여성들의 사회활동이 늘어나면서 (캐리어/**커리어**) 우먼들의 활동이 늘어났다.
14. (데뷰/**데뷔**)한 지 1년도 안 되어서 대스타가 되었다.
15. 한강변에 늘어선 아름다운 (까페/**카페**).
16. 빛이 들어오지 않게 (커텐/**커튼**)을 쳐라
17. 그 영화는 사실을 영화화 한 (넌픽션/**논픽션**)이다.
18. 이동국과 고종수의 환상적인 (컴비네이션/**콤비네이션**)
19. 앙드레 김이 만든 빨간 (마후라/**머플러**)
20. 그 신문의 (컬럼/**칼럼**)은 날카로운 사회 풍자로 유명하다.
21. 저 (코메디언/**코미디언**)은 언제나 익살스러운 표정으로 웃음을 준다.
22. 토마토 (케찹/**케첩**)
23. 결혼 전날 신부(맛사지/**마사지**)를 받으셔야 합니다.
24. 여성들의 눈 화장이 늘어나면서 여러 종류의 아이(섀도우/**섀도**)가 나왔다.
25. 담배의 주성분인 (니코친/**니코틴**)
26. 여가에 대한 관심이 늘어나면서 (레크레이션/**레크리에이션**) 산업이 새로운 직종으로 인기를 모으고 있다.
27. 시험을 끝낸 고3 여학생들을 위하여 (메이컵/**메이크업**) 강좌를 개설하였다.
28. 이번 여름 학술 (심포지움/**심포지엄**)에서는 새로운 학설들이 제기되어 주목을 끌었다.
29. 이승엽 선수는 지난 (씨즌/**시즌**)에 홈런 신기록을 작성하였다.
30. 성공한 (**쿠데타**/쿠테타)
31. 멤버쉽 카아드(**멤버십 카드**)

〈우리말 속에 뒤섞인 일본말들〉

1. 가께우동(かはうとんを) → 가락국수
2. 곤색(紺色), [こん(紺), いれ(空)] → 진남색, 감청색
3. 기스(きず) → 흠, 상처
4. 노가다(どかた) → 노동자, 막노동꾼
5. 다대기(たたき) → 다진 양념
6. 단도리(だんどり) → 준비, 단속
7. 단스(たんす) → 서랍장, 옷장
8. 데모도(てもと) → 허드레 일꾼, 조수
9. 뗑깡(てんかん) → 생떼, 행패, 어거지
10. 뗑뗑이가라(てんてんがら) → 점박이 무늬, 물방울무늬
11. 똔똔(とんとん) → 득실 없음, 본전
12. 마호병(마호빈まほうびん) → 보온병
13. 멕기(ぬつき) → 도금
14. 모찌(もち) → 찹쌀떡
15. 분빠이(ぶんぱい) → 분배, 나눔
16. 사라(さら) → 접시
17. 셋셋세(せつせつせ) → 짝짝짝, 야야야
('셋셋세', '아침바람 찬바람에' 등은 우리 전래동요 같지만 실제론 2박자의 일본 동요이다.)
18. 소데나시(そでなし)→ 민소매
19. 소라색 [そら (空色)] → 하늘색
20. 시다(した) → 조수, 보조원
21. 시보리(しぼり) → 물수건
22. 아나고(あなご) → 붕장어
23. 아다리(あたり) → 적중, 단수
24. 야끼만두(やきまんじゆう) → 군만두
25. 에리(えり) → 옷깃
26. 엥꼬(えんこ) → 바닥남, 떨어짐
27. 오뎅(おでん) → 생선묵
28. 와사비(わさび) → 고추냉이 양념
29. 요지(ようじ) → 이쑤시개
30. 우라(うら) → 안감
31. 우와기(うわぎ) → 저고리, 상의
32. 유도리(ゆとり) → 융통성, 여유
33. 입빠이(りつぱい,一杯) → 가득히

34. 자바라(じやばら) → 주름물통
35. 짬뽕(ちやんぽん) → 뒤섞음, 초마면
36. 찌라시(ちらし) → 선전지, 광고 쪽지
37. 후까시(ふかし) → 부풀이, 부풀머리, 힘
38. 히야시(ひやし) → 차게 함

〈일본식 외래말〉

1. 공구리→ 콘트리트(*concrete*)
2. 난닝구(*running-shirts*) → 런닝셔츠
3. 다스(*dosen*) → 타(打), 묶음, 단
4. 도란스→ 트랜스미션(*transmission*)
5. 돈까스(豚/*pork-cutlet*) → 포크 커틀릿, 돼지고기튀김(발음이 너무 어려워 이상하게 변형시킨 대표적인 예)
6. 레미콘(*ready-mixed-concret*)→양회반죽
7. 레자(*leather*) → 인조가죽
8. 마후라→ 머플러(*muffler*)
9. 만땅(滿-*tank*) → (가득), 입빠이(가득)
10. 맘모스(*mammoth*) → 대형, 메머드
11. 메리야스(*madias*, 스페인어) → 속옷
12. 미싱(*sewing machine*) → 재봉틀
13. 백미러(*rear-view-mirror*) → 뒷거울
14. 빤쓰→ 팬츠(*pants*−반바지, *panties*−팬티)
15. 빵꾸(*puncture*) → 구멍, 망치다
16. 뼁끼(*pek* : 네델란드어) → 칠, 페인트(*paint*)
17. 사라다(*salad*) → 샐러드
18. 스뎅(*stainless*) → 녹막이, 스테인리스("스뎅(*stain*)"만 쓰게 되면 오히려 "얼룩, 오염, 흠" 이란 뜻이 되므로 뒤에 '리스(*less*)' 를 붙여야만 된다)
19. 엑기스(*extract*) → 농축액, 진액
20. 오바(*over coat*) → 외투
21. 자꾸(*zipper, chuck*) → 지퍼
22. 조끼(*jug*) → 저그(큰잔, 주전자, 단지)
23. 찌찌→일본말로 젖
24. 츄리닝(*training*) → 운동복, 연습복(더구나 *training*만 쓴다면 단순히 '훈련'이란 뜻밖에 안 된다.)
25. 함박스텍(*hamburg steak*)→ 햄버그 스테이크
26. 후앙(*fan*) → 환풍기
27. 호구(일어 호고 反故)→휴지나 소용없는 물건

5) 띄어쓰기

기본원칙－문장의 각 단어는 띄어 쓴다.(분철)

1 조사는 붙여 쓴다.

각 낱말은 띄어 쓴다. 조사는 단어에 속하지만 예외적으로 띄어 쓰지 않고 그 앞말(체언)에 붙인다. 체언과 조사가 결합할 때는 조사의 원형을 밝혀 적는다. 체언은 명사, 대명사, 수사가 해당된다.
※ 조사-자립하는 말에 붙어 그 말과 다른 말과의 문법적인 관계를 나타내 주거나 보조적인 의미를 더해 주는 의존 형태소. 체언 뒤에, 용언의 어미 다음에, 부사에, 문장의 끝에 붙는다.

① 꽃이, 꽃에, 꽃으로, 꽃을, 꽃만, 꽃은, 꽃을, 꽃같이, 꽃입니다…
② 철수야, 학생으로서 그런 일을 하다니, 모범생이 아니군그래! 잘 하네그려.
③ 돈깨나 있다고 어깨에 힘주고 다녀. 부사 '꽤'에 보조사 '나'가 붙어 만들어진 조사
④ 믿어줘. 내겐 너밖에 없어.(*only*), 한글창제는 당시 언문으로밖에 인식되지 않았다. 하나밖에 모르는 사람, 공부밖에 모르는 학생, 당사자들끼리 해결하는 수밖에 없다.
※ 기대 밖의 결과, 이 밖에도 검토할 내용이 남았다.(*out*, 명사이므로 띈다)
⑤ 모든 사람이 "예."할 때 "아니요."라고 말할 수 있는 사람이 진정으로 용기 있는 사람입니다.

※ '-라고'는 인용격조사이고, '입니다(이다)'는 서술격조사이므로 앞말에 붙여 쓴다.

* 처음 가본 곳 이라서 찾기가 어려웠던 것 이다.(×)

처음 가본 곳이라서 찾기가 어려웠던 것이다.(○)

⑥ 많이도 먹네, 하나라도 주세요. 먹어서는 안 된다. 도와만 주신다면, 빨리 갑시다요.

⑦ 뿐만 아니라

'뿐'은 보조사이며, '만'도 보조사이다. '뿐만 아니라'는 접속부사어가 아니므로 문장 첫머리에 단독으로 쓸 수 없다. 조사의 앞에 문장을 받는 대명사를 넣어 '그뿐만 아니라'로 써야 한다. 체언에 붙는 '뿐'은 접미사이므로 붙여 쓰고, 용언에 붙는 '뿐'은 의존명사이므로 띄어 쓴다.

2 관형사는 띄어 쓴다.

관형사 : 체언 앞에 와서 뒤에 오는 체언을 수식하는 역할을 하는 품사

고 안중근 의사, 근 두 달 동안, 요 근처에, 첫 졸업생, 한두 사람, 순 우리말, 각 가정, 단 하루, 헌 책, 맨 먼저, 여러 가지, 새 사람, 갖은 고생, 딴 마음, 몹쓸 사람, 예쁜 막내, 고운 빛깔……

3 의존명사는 띄어 쓴다.

의존명사(依存名詞)=불완전명사. 문장의 첫머리에 오지 못하며, 앞에 관형어가 있어야만 문장에 쓰일 수 있고 단독으로는 쓸 수 없다. 의미가 형식적이어서 실질적 의미를 간접적으로만 나타내고 다른 말 아래에 기대어 쓰인다. 이를테면 '데'만 쓰일 때 어떤 의미인지 알 수 없지만 '콩 심은 데' 라고 관형사와 함께 쓰일 때 비로소 장소라는 의미를 획득한다. 그래서 의존적이라는 것이다. 의존명사도 명사이므로 앞에 관형사가 와서 뒷말을 수식할 수 있고, 뒤에 조사가 붙을 수 있다.

쓰는 것/하기 나름이다/사용하는 데/몸둘 바를/말할 나위가/할 리가/떠날 수밖에/시작한 지도/ 최선을 다할 따름이다/해왔기 때문이다/사나운 편이다/도착하는 대로/하는 둥 마는 둥/춤 추는 듯이/좋을 만큼/해 뜰 무렵에/빠질 뻔한/만날 양으로/지칠 줄 알고/하는 짓이/ 아는 척을/못 본 체하였다/난처할 텐데……

① 보편성 의존명사-분, 이, 것, 데, 바 (주어, 목적어, 서술어, 부사어 등의 성분으로 두루 쓰임)
② 주어성 의존명사-지, 수, 리, 나위(주로 주어로만 쓰임)
③ 서술성 의존명사-나름, 따름, 때문, 뿐, 터('이다'와 함께 서술어로만 쓰임)
④ 부사성 의존명사-대로, 양, 듯, 체, 척, 만큼, 등, 뻔, 만(부사어로만 쓰임)
⑤ 단위성 의존명사-자, 섬, 평, 원, 명, 번, 개, 마리, 리, 그루, 켤레, 가량, 가웃, 가지(앞에 오는 명사가 수량을 세는 단위로만 쓰임)

'때문에'를 문장의 앞에 단독으로 쓸 수 없다. '때문'은 '어떤 일의 원인, 까닭'을 나타내는 의존명사이므로 '그 때문에', '그렇기 때문에'로 써야 한다.

4 단위성 의존명사는 앞의 수관형사와 띄어 쓴다.

단위성 의존 명사 : 의존명사 가운데 명사의 수량을 단위로 나타내는 말

물 한 잔,/갈비 한 짝/여섯 개/나무 한 그루/수천 명이/다섯 번/옷 한 벌/**사오** 세 된/**열다섯** 살/30여 척의 배/풀 한 포기/금 서 돈/소 한 마리/조기 한 손/연필 한 자루/버선 한 죽/약 한 제/집 한 채/돈 천 원만 주세요/신 두 켤레/북어 한 쾌……

※ 수관형사 뒤에 의존명사가 붙어서 순서를 나타내는 경우나 산용 숫자와 어울리어 쓰이는 경우에는 붙여 쓸 수 있다.

㉠ 순서를 나타내는 경우(서수)
제일과(第一課)/제삼십이항/이십사대/이십삼번

접두사 '제(第)'가 생략된 경우도 붙여 쓴다.
두시 삼십분 오초, 제1과, 제1차, 제일 차, 육층, 팔급, 팔월, 십구일, 육 개월, 세 시간

수효를 뜻하는 '개년, 개월, 년간, 주간, 일간, 시간, 분간, 초간'은 그 말을 한 단어로 하여 띄어 쓴다.
삼십 년간/십여 일 간/삼십여 년 간(접미사 '여'가 들어가면 '간'은 윗말에서 띄어 쓴다.)

㉡ 숫자와 어울리어 쓰이는 경우
산용 숫자 뒤에 놓이는 의존명사나 그 외의 낱말도 모두 붙여 쓸 수 있다.
202동 1303호, 제1어학실습실, 80원, 10개, 7미터 80센티, 제53회, 1446년 10월 9일……

5 굳어진 의존명사는 붙여 쓴다.

의존명사 가운데 '이, 그, 저, 아무, 여러' 등의 대명사나 관형사와 어울려 통상적으로 앞말에 붙어 하나로 굳어진 것은 붙인다.

것 : 이것/그것/저것/들것/물것/별것/탈것/날것/아무것/어린것
이 : 이이/그이/저이/어린이/옮긴이/지은이/젊은이/늙은이/못난이
자 : 이자/그자/저자
때 : 이때/그때/저때
분 : 이분/저분/그분
번 : 먼젓번/이번/저번/요번
편 : 저편/이편/그편/왼편/오른편/건너편/맞은편/반대편(※ '쪽'과 '편'이 연이어 날 때에는 '쪽'과 '편'을 띄어 쓴다 ㉑ 이편 쪽/이쪽 편/뒤쪽 편/어느 쪽 편/어느 편 쪽)
곳 : 이곳, 저곳, 그곳
쪽 : 위쪽, 아래쪽, 앞쪽, 뒤쪽, 동쪽, 서쪽, 남쪽, 북쪽, 이쪽, 저쪽, 그쪽, 한쪽, 오른쪽, 반대쪽
녘 : 동녘, 서녘, 남녘, 북녘, 새벽녘, 아침녘, 황혼녘(해질 녘, 동틀 녘)
즈음 : 요즈음, 그즈음
나절 : 반나절, 한나절

둘 이상의 단어가 결합해 한 단어로 굳어진 것과, 단음절로 된 낱말이 연이어 나타날 적에는 붙여 쓸 수 있다.
그때 그곳/좀더 큰것/이말/저말/한잎 두잎

관용적으로 붙어서 한말이 된 의존명사는 붙여 쓴다.
쓸데없이, 보잘것없는, 그런대로, 온데간데없다……

6 품사에 따라 띄어쓰기가 왔다 갔다 하는 것들

같은 단어라도 어떤 품사로 쓰였는지에 따라 띄어쓰기가 달라지므로 유의해야 한다. 체언 뒤에서는 조사로 쓰이므로 붙인다. 접미사는 붙인다. 앞에 관형사가 꾸며 주는 의존명사는 띈다. 앞에 관형사가 오고 뒤에 조사를 붙여 봐서 말이 더 잘 되면 의존명사이다. 문장의 단어와 단어 사이를 연결할 때 쓰이는 연결어미는 붙인다.

대로 ① 학교에 도착하는 대로 전화 해.(의존명사)
② 네 마음대로 해. 약속대로('그와 같이'의 뜻으로 체언에 붙을 경우 조사)

만큼 ① 먹을 만큼만 갖다 드세요. 공부하느라 애 쓴 만큼 성적 올랐다.(의존명사)
② 저금하리만큼, 문학형식이니만큼, 놀라우리만큼(어미)
③ 나도 너만큼은 갖고 있다.(조사)

데 ① 얼굴은 예쁜데 마음씨가 나쁘다.(어미) 머리는 좋은데 공부를 안 해.(어미)
② 얼굴에 예쁜 데가 없어. 사는 데가 어디냐.(의존명사)

만 ① 돈 천 원만 다오.(조사) ② 우리는 삼 년 만에 다시 만났다.(의존명사)

바 ① 아는 바가 없다, 생각하는 바가 같다. 공헌하는 바가 크다. (방법, 일의 뜻, 의존명사)
② 말을 들어본바 (본즉) 사실과 다르다. 시험공부를 열심히 한바 합격했다. 금강산에 가 본바 과연 절경이더군. 어머님의 생신이온바('-인데'의 뜻, 연결어미), 많이 오셔서 축하해 주세요.

지 ① 결혼했는지 안 했는지 궁금하다.(어미) ② 결혼한 지가 벌써 3년 됐어요.(의존명사)

뿐 ① 내겐 오직 너뿐이야. 그뿐만 아니라/내용뿐만 아니라/하나뿐이었지.
(체언에 붙어 한정(限定)의 뜻을 나타내는 '뿐'은 접미사)
② 너와 조금 다를 뿐이야. 가라면 갈 뿐, 딱 한번 만났을 뿐(의존명사).

밖에 ① 예수밖에는 믿을 이가 세상에 없다.(*only*, 조사) ② 예수 밖에는 구원이 없다(*out*, 명사)

들 ① 남자들, 여자들, 우리들(복수접미사, 붙임)
② 감, 배, 포도 들은 과일이다. 쌀, 보리, 조, 콩 들을 (열거 기능 의존명사는 띔)

걸 ① 그런 걸로 알아라. ('것으로'의 준말, 의존명사) 먹을 걸세. ('것을'의 준말, 의존명사)
② 그렇게 하지말걸. 계속한걸요.('ㄴ걸', 'ㄹ걸' 종결어미)

간 ① 서울-부산 간, 뭘 하든지 간에, 부모 자식 간에('사이, 관계'의 뜻으로 쓰이면 의존명사)
② 부부간(가족관계를 나타내는 복합어), 사흘간, 외양간(동안, 장소의 뜻으로 쓰일 경우 접미사)

것 ① 모든 것, 온갖 것(의존명사) ② 이것, 어느 것(의존명사지만 굳어진 것은 붙임)

곳 ① 여러 곳, 사는 곳(의존명사) ② 이곳, 저곳(대명사와 결합한 의존명사, 굳어진 것은 붙임)

같이 ① 꽃같이 아름다운(조사) ② 같이 가라(부사), 신사임당 같은 사람(형용사)

번 ① 한두 번(단위성 의존명사) ② 이번(대명사와 결합한 의존명사, 굳어진 것은 붙임)

이 ① 아는 이, 가진 이(의존명사, 앞에 꾸며 주는 말이 오면 띔) ② 이이, 저이(의존명사, 굳어진 것은 붙임)

쪽 ① 아는 쪽, 유리한 쪽(의존명사) ② 이쪽, 저쪽(의존명사, 굳어진 것은 붙임)

차 ① 서울에 왔던 차에 (의존명사) ② 연구차, 참석차(접미사)

판 ① 장기 한 판(의존명사) ② 씨름판(접미사)

편 ① 힘이 약한 편, 우리 편(의존명사) ② 건너편, 이편(의존명사, 굳어진 것은 붙임)

7 첩어, 준첩어는 붙인다.

동음(同音) · 유음(類音) 반복 합성어나 의성 · 의태 부사는 붙여 쓴다.

가물가물/속닥속닥/흘끗흘끗/싱글벙글/알록달록/지그재그/맑디맑은/기나긴/차디차다/울고불고/머나먼/보나마나/들락날락/성큼성큼/차례차례/울긋불긋/그러나저러나/요리조리

※ 용언의 부사형이 반복 합성어의 형태를 취하는 다음의 경우는 띄어 쓴다.
곧게 곧게/밀고 밀다/곱게 곱게/싸고 싼/높고 높다/흘러 흘러……

8 합성어는 붙인다.

둘 이상의 낱말로 이루어진 단어(합성어)는 각각 원형을 밝혀 한 덩어리로 붙여 쓴다.

가장자리/닭고기/노랫소리/바닷바람/빈손/오솔길/여름날/진주조개/하룻밤/불꽃같다/돌아가다/도와주다/훑어보다/큰오빠/맛있다/재미있다/맛있다/탐나다/길들이다/힘들다/본받다/굶주리다/남부끄럽다/높푸르다/걸어가다/오가다/오르내리다/나뭇가지/오랫동안/물놀이/가위바위보/새끼손가락/겁나다/예의바르다/땀방울/밥통/맛좋다/사이좋다

9 파생어는 붙인다.

파생어를 형성하는 접두사, 접미사는 붙여 쓴다.

1) 접두사가 붙어서 된 말은 붙여 쓴다.
가건물/군소리/귀공자/개나리/날것/다방면/대가족/돌나물/맨손/미개간지/반국가적/불가능/비공개/생고무/선무당/선잠/설익다/신여성/잡풀/전국민/참숯/초가을/헛소문/홑겹/헛되다/첫사랑/한패/풋사과/미완성/비인도적/늦더위

2) 접미사가 붙어서 된 말은 붙여 쓴다.
싸이질/손가락질/쌍둥이/고기볶음/실없이/절뚝발이/긁적거리다/거꾸러트리다/즐거워하다/결정되다/부질없다/세 개씩/ 식사중/대전행/미닫이/해님/김가/잠꾸러기/15일경/천 원어치/ 만 원짜리/한사람꼴/애인끼리 /보름께/거짓말쟁이/ 열 개째/학년별/어디쯤/천여 명/오류투성이/홍길동전/부산행열차/한국식/격퇴시키다

10 한 단어인지 두 단어인지에 따라

복합어는 붙이고, 두 단어가 연결된 구는 띈다. 두 단어가 합쳐져 한 단어가 되었는지 두 단어인지를 구별한다.

① 한밤중, 은연중, 무의식중(한 단어로 굳어진 경우가 아니면 중을 띄어 씀)
② 우리말, 우리글 = 우리+말, 우리+글(한 단어), 우리 민족 = 우리+민족(두 단어)
③ 손+가락 = 손가락(한 단어), 눈+물 = 눈물 (한 단어)
④ 생각 중 = 생각하는 중, 회의 중(두 단어)
⑤ **왜냐하면**/왜냐 하면

11 호칭

성과 이름, 성과 호는 붙여 쓰고, 그 뒤에 덧붙는 '공, 군, 양, 옹' 등의 호칭어, 존칭어, 관직명 등은 띄어 쓴다. 다만 성과 이름, 성과 호를 분명히 구분할 필요가 있을 경우에는 띄어 쓸 수 있다.

① 유창진 목사, 김혜정 교수, 민병곤 박사
② 충무공 이순신 장군, 백범 김구 선생, 우남 이승만 대통령
③ 신사임당, 이율곡, 서화담, 정송강
④ 김유정, 박완서, 선우 휘/선우휘(2자성 : 선우, 사공, 서문, 남궁, 동방, 독고, 황보, 사마, 제갈)
⑤ 김 선배, 윤 의원, 김 회장
⑥ 배용준 씨, 김 군, 임 양

12 성씨

사람을 가리키는 경우의 씨는 띄어 쓴다. 하지만 성(姓) 다음의 '씨(氏), 가(哥)'는 붙여 쓰기로 한다.
① 최씨, 김가 ② 강가성 가진 이, 김해 김씨, 권씨 문중회의, ③ 형식 씨, 정 씨의 논문

13 접속성 의존 명사 및 접속 부사

두 말을 이어 주거나 열거할 적에 쓰이는 접속성 의존명사 및 접속 부사들은 띄어 쓴다.
접속성 의존명사란 두 명사를 이어 주는 데 쓰이는 것이요, 접속 부사란 문장 또는 낱말을 이어 주는 부사를 이른다. 부사를 조사로 착각하는 경우가 많다.

① 국장 겸 과장, 친구도 만날 겸
② 열 내지 스물
③ 이사장 및 이사, 나 또는 너
④ 청군 대 백군, 3 대 2, 일 대 일
⑤ 부산 광주 등지, 사과, 배, 귤 등, 책상, 걸상 등, 사과, 배 등속

14 성명 이외의 고유명사

단어별로 띄어 씀을 원칙으로 하되, 대상의 의미를 잘 이해하도록 단위별로 붙여 쓰는 것도 허용한다.
서울 대학교 사범 대학(원칙)/서울대학교 사범대학(허용)

15 전문용어

단어별로 띄어 씀이 원칙이나 붙여 쓸 수 있다.

만성 골수성 백혈병(원칙)/만성골수성백혈병(허용), 관상 동맥 경화증(관상동맥경화증)/장거리 달리기(장거리달리기)/탄소 동화 작용(탄소동화작용)

※ 관형어의 꾸밈을 받거나 두 개 이상의 전문 용어가 접속 조사로 예견되는 경우에는 전문 용어 단위로 붙여 쓸 수 있다.
간단한 도면 그리기/감자찌기와 달걀삶기/도면그리기와 도면읽기

16 한 음절의 말과 어울려 한 낱말로 굳은 것은 붙여 쓴다.

광속도, 핵무기, 열역학, 원운동, 핵반응, 열전도

17 한 의미 요소를 지닌 숙어는 띄어 쓴다.
각종 산업 폐수/고등학교 교육/연구 보고서/이성 교제/흑백 논리/비판 언론

18 역사적인 서명, 사건명
붙여 쓸 수 있다. 그러나 뚜렷이 별개의 단어로 인식되는 것은 띄어 쓴다.
훈민정음, 임진왜란, 대동여지도, 삼국사기, 병자호란, 갑오경장, 구약 성서, 신약 성서

19 고유명사
동식물명의 분류학상의 단위, 우리말로 된 품종명, 하나의 화학물질, 학술용어, 책이름, 기구이름, 동식물이름, 산천이름, 지명, 문화재명, 한자 고사성어, 음식이름 등은 붙여 쓴다.

조선호박, 진돗개, 이산화탄소, 과산화수소, 염화나트륨, 푸른곰팡이, 경국대전, 사과나무, 진돗개, 한강, 다보탑, 석가탑, 김치찌개, 금수강산, 군계일학(群鷄一鶴), 청출어람(靑出於藍)

20 조리법
요리 이름 뒤에 붙는 조리법은 독립적인 한 단어다. 그러므로 띄어쓰기의 기본 원칙에 따르면 요리 재료들과 조리법은 띄어 써야 한다. 그러나 음식 이름이 될 때는 대부분 붙여 쓴다.

'쌀밥, 미역국, 배추김치, 시금치무침, 생선구이, 야채볶음, 갈비찜, 새우튀김, 갈치조림, 김치찌개, 버섯전골, 호박전' 등 그 재료가 조리법 앞에 붙어 요리 이름이 된다.

21 용언의 어미나 어미의 일부로 굳어진 숙어
용언의 관형사형 어미 '-ㄴ', '-ㄹ' 다음에는 띄어 쓰지만, 용언의 어간에 붙어 용언의 어미나 어미의 일부로 굳어진 숙어는 붙여 쓴다.

욕을 먹을망정 할 말은 한다, 이르다뿐이랴, 하는족족, 얼굴도 예쁠뿐더러, 보다시피, 하면 할수록, 굶어죽을지언정, 그럴지라도, 도착하자마자, 내가 확인한바, 그 꼴을 볼작시면, 성인의 가르침을 따를지니라, 내가 간다손치더라도, 너에게 질까보냐, 놀라우리만큼, 함께 노래를 부를거나, 이번엔 고향에 꼭 갈거야, 내가 먼저 갈걸(ㄹ걸), 곧 갈게.(*갈께)

22 수
수를 적을 때는 만 단위로 띄어 쓴다. ('만, 억, 조' 및 '경(京), 해(垓), 자(秭)' 단위로)
다만, 금액을 적을 경우에는, 변조 등의 사고를 방지하려는 의도에서 붙여 쓰는 게 관례로 되어 있다.
십억 원, 12억 3456만, 7890만 원, 이백만 원, 200만 원, 삼십만 원, 삼만 개, 십만 원씩

숫자에 접미사 '여'가 붙을 때는 단위를 나타내는 명사를 붙여 쓰지 않는다.
10여 년, 20여 일, 100여 미터, 삼만여 원

수를 나타내는 말 앞에 붙는 '몇 -'은 붙여 쓰고, 명사 앞에 오는 '몇'은 띄어 쓴다. '수 -'도 붙여 쓴다.
몇십 년, 몇천만 명, 몇 사람, 몇몇 학교에서는, 수십 년, 수천 명, 수만 개, 너 몇 반이니?

23 '~ 수'
두 음절 이상의 말에 수를 나타내는 명사 '수'가 붙은 말 중 다음 말들은 한 낱말로 굳어 버린 것으로 보아 붙여 쓴다.
가짓수, 마릿수, 맥박수, 번지수, 주파수, 진동수, 회전수

24 색깔

'빛, 색'이 붙은 빛깔 이름은 붙여 쓴다.

붉은빛, 연둣빛, 파란빛, 하늘빛, 검은색, 노란색, 흰색, 회색, 빨간색, 얼굴색

'빛, 색'이 붙어 빛깔을 나타내는 경우라도 그 빛깔이 어떠함을 나타내는 말이 앞에 오면 띄어 쓴다.

누르스름한 빛, 저 높은 하늘 빛, 피보다 더 붉은 색, 좀더 파란 색

빨간색을 나타내는 '빨강'은 자체적으로 이미 색을 나타내므로 빨강색으로 쓰지 않는 게 좋다. 의미중복이다. '파랑, 노랑, 검정, 하양' 등도 마찬가지

25 한자어 접두사

한자어 접두사는 뒷말에 붙여 쓰나 붙여 써서 이해하기 어려운 경우와 관형사로 인정되는 경우는 띄어 쓴다.

(붙여 씀)	(띄어 씀)
내주일(來週日),	내 25일에
대성황(大盛況),	대(大) 올림픽 대회를, 대(對)북한 전략, 대미 수출
매시간(每時間),	매 회계 연도에
별천지(別天地),	별 해괴한 소리 다 듣겠다.
본회의(本會議),	본 한글 맞춤법은
순이익(純利益),	순 어머니의 정성으로
신학문(新學問),	신 한글 맞춤법은
전속력(全速力),	전 학생들을 동원하여
전남편(前男便),	전 어머니회 회장
총동원(總動員),	총 수업 시간 수는
현세기(現世紀),	현 어머니회 회장
각자(各自),	각 가정

26 맨

'맨'이 '아무 것도 없이 비어 있다'는 뜻이면 붙여 쓰고, '제일'이나 '온통'으로 바꿀 수 있으면 띄어 쓴다.

① 접두사 : 일부 명사 앞에 붙어 '다른 것이 없다는 뜻'을 더하는 접두사는 뒤의 명사에 붙인다. 접두사는 홀로 단어가 될 수 없으므로 붙여 쓴다.

맨땅, 맨손체조, 맨바닥, 맨눈, 맨발, 맨주먹, 맨입, 맨몸, 맨밥, 맨다리

② 관형사 : '맨'이 '그보다 더할 수 없을 정도나 경지에 있음'을 나타내는 관형사일 경우 띄어 쓴다.

맨 끝, 맨 처음, 맨 먼저, 맨 꼭대기, 맨 가장자리, 맨 구석자리, 맨 위

③ 부사 : '다른 것은 섞이지 않고 온통 그것뿐', '오로지'와 같은 뜻으로 쓰인 부사는 띈다.

그들은 맨 놀기만 하고 일은 안 한다. 이 방에는 맨 책뿐이다.

27 간(間)

길이나 넓이의 단위, 사이, 관계의 뜻일 때는 의존명사로 띄어 쓴다.

가족 간, 국가 간, 이웃 간, 부모와 자식 간, 서울 부산 간, 두 문장 간에

'어느 쪽인지를 가리지 않는다는 뜻을 나타낼 때는 의존명사이므로 띈다.

공부를 하든지 운동을 하든지 간에 열심히만 해라.

기간을 나타내는 일부 명사 뒤에 붙어 '동안'의 뜻. 몇몇 명사 뒤에서 장소의 뜻일 때는 접미사로 붙여 쓴다.
며칠간, 사흘간, 십여 년간, 일주일간, 대장간, 외양간, 별안간, 순식간, 상호간, 피차간

가족 관계를 나타내는 말 중에 한단어로 굳어진 것은 붙인다.
부부간, 부자간, 사제간, 동기간, 혈육간, 남녀간, 고부간, 부녀간, 모녀간

28 지명

'해, 섬, 강, 산' 등이 외래어에 붙을 때는 띄어 쓰고, 우리말에 붙을 때는 한 단어로 취급하여 붙여 쓴다.
카리브 해, 홍해, 발트 해, 발리 섬, 제주도(바다는 '해'로, 한국섬은 '도', 외국 섬은 '섬'으로 통일한다)

외래어와 붙은 것은 띈다.
캘리포니아 주, 멕시코 만, 프랑스 인, 유대인, 미국인

땅이름은 붙인다.
강원도 춘천시 신월동, 신촌역, 인천항

29 상/하

'상, 중, 하'의 개념일 때는 명사이므로 띈다. 위, 아래의 개념일 때는 앞의 단어와 띈다.
'-상(上) : 물체의 위나 위쪽을 뜻하는 말일 때는 앞의 단어와 띈다.
구체적 또는 추상적 공간에서 갖는 한 위치의 뜻이거나 일부 명사 뒤에서 그것과 관계된 입장 또는 그것에 따름의 뜻일 때는 접미사이므로 붙인다.
-하(下) : (일부 명사 뒤에 붙어) '그것과 관련된 조건이나 환경'의 뜻을 더하는 접미사

① 호주에는 지구 상 어디에서도 발견되지 않은 생물 수십 종이 산다.
② 지구 상의 물은 97% 가량이 해수로 이루어져 있다.
③ 도로 상의 불법 행위를 단속한다.
④ 영업상, 가정 형편상, 통계상, 역사상, 통신상의 오류, 미관상, 사실상, 외관상, 절차상, 법률상
⑤ 이러한 인식하에, 두 사람의 합의하에, 일제 식민지하에서, IMF체제하에서

30 내(內), 외(外), 초(初), 말(末), 백(白)

범위 내, 예상 외, 21세기 초, 내년 말, 관리소장 백

31 한

'한'을 '두'로 바꿔서 말이 되면 띄고, 말이 안 되면 붙인다.

① 한 사람 ('한'이 사람을 수식하는 수 관형사일 경우 띈다)
② 한사람이야, 한걸음에 달려갔다. 한목소리로 북한을 성토하다. ('동일하다'는 뜻일 경우 붙인다)
③ 한판 붙어볼까? ('한번 벌이는 판'이라는 뜻은 붙인다)
④ 피자 한 판 ('한 개'라는 뜻은 수 관형사이므로 띈다)
⑤ 술 한잔 하자. (술을 딱 한잔만 먹자는 말이 아니다. 수 관형사가 아님)
⑥ 벌써 석 잔째야. 세 번째 선수 (수 관형사이므로 띈다)
⑦ 한 걸음씩 목표를 향해 나아갔다.(수 관형사이므로 띈다) 한 번 실패하더라도 두 번, 세 번 다시 도전하자. (단순히 일의 차례나 횟수를 나타내면 띈다)
⑧ 인심 한번 고약하구나. 제가 한번 해 보겠습니다.(어떤 일에 도전정신을 갖고 시도함의 뜻일 때는 붙임. 일단, 아주 썩, 참 잘 등을 나타내는 부사어로서의 기능을 한다)

32 같이(부사, 조사)/같은(형용사)

형용사 : '같은'은 형용사 '같다'의 활용형이므로 앞말과 띄어 써야 한다. 조사가 아니다.

봄이 왔건만 꽃샘추위로 인해 이 **같은** 추위를 몇 번 더 겪어야 할 것이다.

조사 : '같이'가 체언 뒤에 붙어 '앞말이 보이는 전형적인 어떤 특징처럼'의 뜻을 나타내는 조사로 쓰이면 붙인다. 같이'가 때를 나타내는 명사 뒤에서 앞말이 나타내는 시점을 강조하는 역할을 할 때 붙인다.

원수**같이**, 꿈결**같이**, 천사**같이**, 매일**같이**, 이**같이**, 그**같이**, 얼음**같이** 차다.

부사 : 조사 '와/과' 뒤에 쓰여 '둘 이상의 사람이나 사물이 함께'라는 의미의 부사로 쓰이면 띄어 쓴다.
'어떤 상황이나 행동 따위와 다름이 없이'의 뜻일 때는 띄어 쓴다.

친구와 **같이** 봉사활동에 참여하다, 신부가 아버지와 **같이** 입장한다, 조교가 하는 것과 **같이** 따라 하시오, 친구와 **같이** 사업하다, 선생님이 하는 것과 **같이** 만들어 보세요.

33 막

명사 앞에서 '거친', '세련되지 못한', '품질이 낮은', '닥치는 대로'의 뜻을 나타내고, 일부 동사에 붙어 '주저없이, 함부로'를 뜻하는 '막'은 접두사로서 붙여 써야 한다.
'바로 지금'이나 '바로 그때', '몹시 세차게' 를 나타내는 부사는 띄어 쓴다.

① 막소주, 막국수, 막일, 막노동, 막말
② 김 사장은 직원들을 막보고 무시했다, 막가는 말에 흥분했다, 막살던 생활습관
③ 차가 막 떠났다. 막 벗어났다, 지금 막 하려던 참이에요. 밀려오는 슬픔에 막 울었다.

34 데

의존명사 : '데'는 '없다'의 일부 단어와 결합해 '물샐틈없다', '간데온데없다', '쓸데없다', '올데갈데없다' 등과 같이 긴 단어를 만든다. 하지만 '데'가 '없다'와 결합하지 않을 경우에는'올/갈 데'의 '데'는 '곳'이나 '장소'를 나타내는 의존명사이므로 띈다. 또한 '데'가 '일, 것, 곳, 장소, 경우, 처지'일 경우, 관형사어미(은, 는)가 붙은 경우에는 데를 띄어 쓴다. '어떤 일에 대한 청자의 반응을 기다린다'는 뜻일 때 띄어 쓴다.

어미 : '뒤 질에서 어떤 일을 설명하거나 제안하기 위해 그 대상과 상관되는 상황을 알려주는' 뜻의 연결어미인 'ㄴ 데'는 붙인다. '-ㄴ데, -는데, -은데, -던데'의 형태로 쓰여 '상황을 미리 말하거나 과거를 회상'하는 뜻일 경우는 연결어미로 붙여 쓴다. 뒤에 '에'를 비롯한 조사가 결합할 수 있는지 따져 본다. 결합할 수 있으면 띄어 쓰고, 결합할 수 없으면 붙여 쓴다.

① 학교에 가는데 비가 오기 시작했다. 날씨가 추운데 외투 입고 가라. 학교를 자주 결석하던데 무슨 일이 있니? 충분히 말했는데도 불구하고, 할 일은 많은데 시간이 없다. 머리는 좋은데 공부를 안 한다. 공부하려는데 전화가 왔다.(연결어미)
② 이 일을 마치는 데 한 달 걸렸다. 콩 심은 데 콩 나고 팥 심은 데 팥 난다. 올 데 갈 데 없는 신세. 탈북자를 돕는 데 써 주세요.(의존명사)
③ 머리 아픈 데 먹는 약(의존명사). 머리 아픈데 좀 쉬어라. (연결어미)

35 만

조사 : 어떤 대상을 한정하거나, 다른 대상을 비교하는 뜻을 가질 경우, '마는'의 준말로 쓰일 경우 조사이므로 붙여 쓴다.
의존명사 : '만에, 만이다. 만이야' 꼴로 쓰여 경과한 시간을 나타내거나, 앞말이 뜻하는 행동을 할 타당한 이유를 가질 정도로 가치가 있음을 나타내는 경우, 앞말이 뜻하는 행동을 하는 것이 가능함을 나타날 때는 의존명사이므로 띄어 쓴다.
보조용언 : 동사 뒤에서 관형사형 어미 '-으ㄹ' 뒤에 쓰여 어떤 대상이 앞말이 뜻하는 행동을 할 타당한 이유를

가질 정도로 가치가 있음을 나타내는 경우, 앞말이 뜻하는 행동을 하는 것이 가능함을 나타내는 경우(띄는 게 원칙이나 붙여 쓰기도 허용)

① 오직 너만 사랑할 거야. 하루 종일 공부만 했다. 일만 한다. (한정하는 말, 조사)
② 집채만 한 파도가 밀려 왔다, 쥐꼬리만 한 월급.
이 만한 집, 간이 콩알만 해졌다. 내가 너만 못하니 ? (비교하여 같은 정도임을 뜻함. 조사)
③ 먹고는 싶다만 돈이 없다. ('마는'의 준말, 조사)
④ 데뷔한 지 3년 만에 스타가 되었다.(어느 기간이 얼마 계속되었음을 나타내는 말, 의존명사)
⑤ 화를 낼 만도 하다. 이해할 만은 하다. 이 음식은 정말 먹을 만하다. 칭찬받을 만하다.

명사일 경우 붙인다 : 오래간만이다. 오랜만에 고향사람을 만났다.

36 지

어미 : 막연한 의문이나 느낌을 나타내는 연결어미'-ㄴ(은, 는)지, '-ㄹ(을)지'의 형태로 쓰일 때 붙인다.
비슷한 형태의 다른 말(-ㄴ지, -ㄴ가, -ㄹ지, -ㄹ까)을 붙여서 말이 잘 되면 연결어미이므로 붙여 쓴다.
의존명사 : 어떤 일이 있었던 때부터 지금까지의 동안, 시간의 경과를 나타낼 때 띈다. 주격조사 '가'를 붙여 말이 더 잘 되면 의존명사이므로 띈다.

① 제때 도착했는지 모르겠다. (동사는 '-는지') 어찌나 부지런한지(형용사는 'ㄴ지'), 그 모임에 갈지 안 갈지 아직 모르겠다. 바람이 얼마나 세게 부는지 밖에 나갈 수 없다(연결어미)
② 너를 기다린 지 벌써 세 시간이 되었다. 그를 만나본 지 3년이 넘었다.(의존명사)
③ 결혼했는지 안 했는지 궁금하다.(연결어미) 결혼한 지 벌써 3년 되었습니다. (의존명사)

37 차

한자어 숫자를 의미하는 단어 뒤에서 번, 차례를 나타내는 의존명사로 쓰인 경우 띈다.
그는 연구차 수십 차에 걸쳐 미국을 방문했다. 제일 차 세계 대전

'어떠한 일을 하던 기회나 순간'을 뜻하는 의존명사로 쓰인 경우 띈다.
집에 가려던 차에 전화가 왔다. 너를 만나러 가려던 차였다. 보고 싶던 차에 마침 잘 왔구나.

'~하려고'라는 목적의 뜻을 더하는 접미사로 쓰인 경우 붙인다.
인사차 찾아뵈다. 사업차 방문하다, 연구차 도미하다.

일차가 '일 차 전쟁처럼' 첫 번째를 뜻하는 것이 아니라 '근본적, 원초적'의 뜻을 나타내는 하나의 단어로 쓰일 경우 붙여 써야 한다. 차(次)는 이수冫변에 하품 흠 欠이 결합된 글자로 '피곤해 하품하면서 다음으로 미룬다'는 의미에서 다음이나 버금을 뜻하게 되었다.
일차적 원인, 일차 방정식, 이차 방정식

38 뿐

의존명사일 때는 띈다. 어미 '-을'의 뒤에 쓰여 '다만 어떠하거나 어찌할 따름'이라는 뜻일 때, '-다 뿐이지' 구성으로 쓰여 '오직 그렇게 하거나 그러하다'는 뜻일 때
그는 웃고만 있을 뿐이다. 이름이 나지 않았다 뿐이지 성실한 사람이다.

체언이나 부사어 뒤에 붙어 '그것만이고 더는 없음', '오직 그렇게 하거나 그러하다'의 뜻일 경우는 보조사이므로 붙인다.
우리 민족의 염원은 오직 통일뿐이다. 진호는 학교에서뿐만 아니라 집에서도 말을 잘 듣는다.

'-ㄹ뿐더러'의 형태로 쓰여 '어떤 일이 그것만으로 그치지 않고 나아가 다른 일이 더 있다'의 뜻으로 쓰일 때는 연결어미이므로 붙인다.

장미는 꽃이 예쁠뿐더러 향기도 좋다.

39 '잘'과 '못'

'잘'과 '못'이 잘함과 못함의 의미를 지닌 경우, '잘'과 '못'은 부사이므로 띄어 써야 한다. 그러나 이 '잘'과 '못'에 '하다', '되다'가 오는 경우에는 '잘하다, 잘되다, 못하다, 못되다, 잘못되다'와 같이 한 단어가 되므로 붙여 써야 한다. 대체로 '못, 안' 같은 것들은 그 단어를 빼서 말이 되면 띄어 쓰고, 빼면 말이 안 될 경우에는 붙여 쓴다.

(1) 잘

〈띄어 쓰는 경우〉
'잘' : '옳고 바르다, 멋지다, 적절하다, 재주나 요령이 좋다' 등의 다양한 뜻.

잘 먹다. 잘 대해 주다. 잘 익다. 아들을 잘 두다. 그림을 잘 그린다. 잘 알다. 잘 보인다. 마침 잘 왔다. 잘 잤다. 잘 웃다. 남에게 잘 속는다. 생각이 잘 안 난다. 칼이 잘 든다. 잘 차려입다.

〈붙여 쓰는 경우〉

잘한다(부정문이 아니면 붙여 쓴다), 잘한다 – 버릇처럼 자주하거나 훌륭하게 한다.

술을 잘한다. 공부를 잘하다. 살림을 잘하다. 거짓말을 잘하다. 잘나다. 잘나가다. 잘빠지다. 잘생기다. 잘살다. 잘되다. 처신을 잘해야지. 일을 잘하다. 영어를 잘하다. 말을 잘하다. 노래를 잘한다. 오해를 잘하다. 잘하면 올해도 풍년이 들겠다. 잘해야 만 원 받겠다.

(2) 못

〈띄어 쓰는 경우〉
'못' – 행위자의 의지와는 다르게 '능력'이나 외적인 다른 이유 때문에 어떤 행동이 일어나지 않았음을 나타냄. 대개 어떤 동작을 할 수 없거나 상태가 이루어지지 않는 부정의 의미로 쓰인다.
동사 앞에 쓰여 그와 같은 동작에 대한 금지나 불가능 따위의 부정을 뜻하는 말

아파서 숙제를 못 하다. 술을 못 먹다. 운동을 못 한다. 일을 못 하다. 못 말리다. 못 먹는 감 찔러 나 본다. 잠을 통 못 자다. 못 하는 말이 없구나. 못 오를 나무. 못 미덥다. 초등학교도 못 미치다.

〈붙여 쓰는 경우〉

못하다– 연결어미'–지' 다음에 쓰여 ① 할 수가 없다 ② 그렇게 해서는 안 된다 ③ 조사'만'이나 '보다' 다음에 쓰여 질이나 양 정도가 다른 것보다 작거나 낮다는 의미일 때

걷지 못한다. 건강하지 못하다. 노래를 못하다. 술을 못한다. 형이 동생만 못하다. 못산다. 못생겼다. 못나다. 그것도 읽지 못하니? 못마땅하다. 학교 못미처 있는 문방구, 옳지 못하다. 예전만 못하다.

(3) 잘 못하다/잘못하다

〈띄어 쓰는 경우〉
잘 못하다–잘하지 못하다.
일을 잘 못한다. 말을 잘 못한다. 면접시험에서 답변을 잘 못하다.

〈붙여 쓰는 경우〉
잘못하다–실수하다. 그릇되게 틀리게 하다.
잘못하면 벌을 받는다. 일처리를 잘못하다. 수술을 잘못하다. 자칫 잘못하면 누명을 쓴다.

(4) 못되다/못 되다

〈붙여 쓰는 경우〉
못되다–성질이나 품행이 악하거나 고약한 데가 있다. 못나거나 덜되다.

못된 친구. 심보가 못되다. 행실이 못되다. 못되면 조상 탓. 못된 심보. 못된 버릇을 고치다.

〈띄어 쓰는 경우〉
못 되다– 일정한 수준에 정도나 상태가 미칠 수가 없다.

국가대표가 못 되었다. 떠난 지가 1년이 채 못 되었다. 거기에는 못 들어간다. 도저히 더는 못 참겠다. 라디오가 고장 나 못 쓰게 되었다.

(5) 안되다/안 되다

〈띄어 쓰는 경우〉

안 되다 –'아니 되다'의 준말. 이루어지지 아니하다. 행위자의 의지가 작용해 어떤 동작이 일어나지 않았거나 상태가 그렇지 않은 것을 뜻함

시간이 아직 안 되었다. 일이 잘 안 되었다. 혼자 보내기가 안 돼서 배웅을 했다. 얼굴이 안 되다.

〈붙여 쓰는 경우〉

안되다–섭섭하거나 가엾고 애석한 느낌이 있다. 일, 현상, 물건 등이 좋게 이뤄지지 않다. 일정 수준에 이르지 못하다는 의미의 동사로 쓰일 때

시험에 실패하다니 참 안되었다.(형용사). '공부가 안된다'. '안돼도 1억 원은 족히 될 거야.' 참 안됐어. 자식이 안되기를 바라는 부모는 없다.

40 믿음 직한/믿음직한

믿음직하다 : [형용사] 능력이나 태도 등이 매우 믿을 만하다.
믿음 직하다 : 믿을 가능성이 많다
먹음직하다 – 맛있을 것 같다. 먹음 직하다 –눈앞에 있다면 누구나 집어서 먹을 가능성이 많다.

① 믿음직한 아들이 둘이나 있어서 좋겠네요. 믿음직한 국가 대표 선수들
② 만우절에 친구에게 거짓말을 했다. 웬만하면 믿음 직한데 그는 속지를 않았다.

41 '–까봐'/'–까 봐'

'봐'는 추측이나 의사를 뜻하는 보조형용사 '보아'의 준말이므로 띄어 써야 한다.

실패할까 봐 걱정이다. 살이 찔까 봐 많이 안 먹는다. 학교에 늦을까 봐 빨리 뛰었다. 비가 올까 봐 우산을 가지고 왔다. 나 그만 갈까 봐. 어찌 원수의 밥을 먹을까 보냐?

42 보조용언

보조용언은 띄어 씀을 원칙으로 하되, 경우에 따라 붙여 씀도 허용한다.

'–아/–어' 뒤에 연결되는 보조용언
불이 꺼져 간다(꺼져간다). 내 힘으로 막아 낸다(막아낸다). 어머니를 도와 드린다(도와드린다).

의존명사에 '–하다'나 '–싶다'가 붙어서 된 보조용언
비가 올 듯하다(올듯하다). 비가 올 성싶다(올성싶다). 일이 될 법하다(될법하다). 그는 당선이 된 양하였다(된양하였다). 철수는 죽은 체하고 있었다(죽은체하고 있었다). 이제는 살 만하구나(살만하구나). 일이 잘 될 듯싶다(될듯싶다). 그는 죽을 뻔하였다(죽을뻔하였다).

'-아/-어' 뒤에 연결되는 보조 용언이라고 할지라도 앞말에 조사가 붙거나 앞말이 합성 동사인 경우, 그리고 중간에 조사가 들어갈 적에는 그 뒤에 오는 보조용언은 띄어 쓴다.

앞말에 조사가 붙어 두 단어로 분리되는 것이 분명할 경우
잘도 놀아만 나는구나! 책을 읽어도 보고. 그가 올 듯도 하다. 잘난 체를 한다.

합성 동사 뒤에 보조용언이 붙은 경우에는 앞의 용언을 붙여 쓰고 보조용언을 띄어 쓴다(합성동사 뒤에 보조용언을 다 붙여 쓰면 한 어절의 길이가 너무 길어져 독서능률이 떨어지니까).

네가 덤벼들어 보아라. 강물에 떠내려가 버렸다. 읽어 볼 만하다/읽어볼 만하다. 문장 공부도 어려운 줄 알았더니 할 만하다(할만하다). 잘 되어 가는 듯하다/잘되어가는 듯하다. 도와 줄 법하다/도와줄 법하다. 밀어내 본다(*밀어내본다) 집어넣어 버렸다(*집어넣어버렸다) 잡아매 둔다(*잡아매둔다) 매달아 놓는다(*매달아놓는다)

보조용언이 본동사와 어울려 한 개념, 한 동작을 나타낼 경우에는 하나의 복합어로 굳어진 것으로 보고 붙여 쓴다(완료, 경험, 시도, 봉사, 반복, 부정, 진행, 피동, 예정, 추측의 뜻을 나타낸다).

걸어가다, 살아나가다, 벗어나다, 밀려나오다, 견뎌내다, 깎아내리다, 집어넣다, 늘어놓다, 앓아눕다, 끌어당기다, 덜렁대다, 참되다, 귀담아듣다, 모여들다, 스며들어오다, 거두어들이다, 그럴듯하다, 허풍떨다, 쥐어뜯다, 하고야말다, 들어맞다, 붙잡아매다, 얻어먹다, 애먹이다, 긁어모으다, 잃어버리다, 몰라보다, 먹어보다, 우러러보다, 작아보이다, 얼어붙다, 집어삼키다, 나서다, 뒤집어쓰다, 껴안다, 꿇어앉다, 관계없다, 다녀오다, 솟아오르다, 끌어올리다, 가만있다, 마주잡다, 잡아주다, 걷어차다, 집어치우다

43 드리다

드리다-일부 명사 뒤에 붙어 '공손한 행위'의 뜻을 더해 동사를 만드는 접미사. 윗사람을 높여 말이나 인사를 드리다. 신에게 비는 일을 하다의 경우

〈붙여 쓰는 '드리다'〉
보조동사 '주다'를 붙여 쓰는 동사에 '주다' 대신 존칭을 나타내는 '드리다'가 붙을 경우에는 '드리다'가 접미사이므로 앞말에 붙여 쓴다.
읽어주겠다→읽어드리겠습니다. 돌려주다→돌려드리다.

접미사 '하다'가 붙는 용언에 '하다' 대신 공손, 존칭을 나타내는 '드리다'가 붙을 경우에는 '드리다'가 접미사이므로 앞말에 붙여 쓴다. 관용적으로 널리 쓰이는 '드리다'는 붙인다.
문안하다→문안드리다. 예배하다→예배드리다. 감사하다→감사드리다. 사과하다→사과드리다. 말씀하다→말씀드리다. 축하하다→축하드리다. 부탁하다→부탁드리다

〈띄어 쓰는 '드리다'〉
물건 등을 남에게 건네어 가지거나 누리게 하다. 다른 사람을 위해 어떤 행동을 대신함을 나타내는 의미의 보조동사로 쓰일 경우 띈다.
아버지께 용돈을 드리다. 일을 도와 드리다. 집을 사 드리다. 안내해 드리다. 확답해 드리다.

조사를 붙이면 띄어 쓴다.
기도를 드리다. 말씀을 드리다. 아버지께 서신을 읽어드리고 집안 사정을 말씀 드렸다.

앞에 체언만을 꾸미는 관형어가 올 경우에는 '하다'와 '드리다'를 띄어 써야 한다.
너무 서운한 말씀/하지 마십시오. 추수감사 예배/드리러 간다.

44 당하다/받다
명사 아래 피동을 나타내는 '받다, 당하다'가 붙어 한 낱말이 된 것은 붙여 쓴다(접미사화한 것).
고통받다, 멸시당하다, 버림받다, 오해받다, 약탈당하다, 학대받다.

그러나 명사 앞에 그 명사를 꾸미는 관형어가 오거나 명사 뒤에 조사가 붙을 경우에는 띄어 쓴다.
결박을 당했다. 오해를 받았다. 애인에게 버림을 받고, 심한 봉변을 당했다. 수많은 고통받으며

45 하다
〈붙이는 경우〉
일부 명사의 아래, 형용사의 어미 'ㅏ, ㅓ, ㅝ' 에, 의성의태어 뒤에, 어원적 어근, 몇몇 의존명사, 혹은 부사의 아래에 '하다'가 붙을 경우 '-하다'는 형용사화 접미사, 혹은 동사화 접미사로 쓰인다. 이럴 경우 어근에 붙여 쓴다.

동사 : 생각하다, 사랑하다, 고백하다, 좌우하다, 예뻐하다, 공부하다, 인사하다, 밥하다, 절하다, 잘하다, 빨리하다, 기뻐하다, 고마워하다, 흥겨워하다, 힘겨워하다, 반가워하다, 두려워하다, 즐거워하다, 그리워하다.
형용사 : 순수하다, 행복하다, 건강하다, 진실하다, 씁쓸하다, 말랑말랑하다, 황량하다, 덜컹덜컹하다, 반짝반짝하다, 소곤소곤하다, 흥하다, 망하다, 착하다, 따뜻하다, 체하다, 척하다, 뻔하다, 양하다, 듯하다, 법하다.

〈띄는 경우〉
명사에 접미사 '하다'가 붙은 말이라도 그 앞에 명사를 꾸미는 관형어가 올 경우 [즉 명사나 명사의 성질을 가진 말이 목적어('ㄹ이 붙은 말)로 쓰일 때]에는 '하다'를 띄어 쓴다. 앞에 있는 명사는 '하다'의 목적어이기 때문이다.
말하다-쓸데없는 말 하지 마라. 생각하다-딴 생각 하지 마라. 이야기하다-남의 이야기 하기는 쉽다. 한글 공부 하기가 재미있다. 힘든 운동 하지 마시오. 남북 화합하려면 어떤 (**노력 해야**/노력∨해야) 하나? 힘들게 돈 벌었는데 왜 (기부 할까요/**기부할까요**)?

※ '하다'를 남발해서는 안 된다.

감탄해하다. 감격해하다. 만족해하다. 감사해하다. 겸손해하다. 당황해하다. 등은 동사에 '-하다'라는 말이 붙었으므로 틀린 말임.
다음과 같이 형용사에는 붙을 수 있다.
난감해하다. 난처해하다. 황당해하다. 궁금해하다. 초조해하다. 행복해하다. 미안해하다. 창피해하다. 불안해하다. 불편해하다. 중요시하다.

46 '하다, 시키다, 되다'
명사에 '그렇게 만들거나 됨'의 뜻을 가진 접미사 '화'가 붙은 말에 다시 '하다, 시키다, 되다'가 붙을 경우에는 붙여 쓴다. 서술성이 있는 명사 또는 부사에 붙어 동사나 형용사가 되게 한다.
고급화하다, 대중화하다, 민주화하다, 고급화시키다, 대중화시키다, 민주화시키다, 민주화되다.

'하다'가 붙을 수 있는 명사에 '되다, 시키다'가 붙어 한 낱말이 된 것은 붙여 쓴다.
결정되다, 정리되다, 당선되다, 진행되다, 확정되다, 비롯되다, 계속되다, 참되다, 복되다, 망령되다, 막되다, 당선시키다, 진행시키다, 안정시키다.

47 '있다'

명사에 '있다'가 붙어 이루어진 말 중 다음 것은 붙여 쓴다.
맛있다, 멋있다, 재미있다

나머지는 띈다.
흥미 있다. 강조하고 있다. 자신 있다.

그 앞에 명사를 수식하는 관형어가 올 경우에는 붙여 쓰지 않는다.
돈 버는 재미∨있는 사업, 서구적인 멋∨있는 옷

48 '-없다'

명사나 명사의 성질을 가진 말에 형용사 '없다'가 붙어 이루어진 말 중 다음 것은 붙여 쓴다.
아랑곳없다, 거침없다, 꾸밈없다, 난데없다, 빠짐없다, 틀림없다, 쓸데없다, 버릇없다, 맥없다, 끊임없다, 온데간데없다, 터무니없다, 의지가지없다, 헐수할수없다, 보잘것없다, 두말없다, 밥맛없다, 느닷없다, 값없다, 관계없다, 맛없다, 멋없다, 상관없다, 쓸모없다, 염치없다, 재미없다.

합성어 같지만 띄어 쓰는 경우
별 볼일 없다, 너 나 할 것 없다, 밑도 끝도 없다

'없다' 앞에 용언을 수반한 명사가 오거나, 조사가 생략된 것으로 생각될 때는 '없다'를 붙여 쓰지 아니한다.
놀 새 없이/띄어쓰기 없는 시/먹는 것 없이/바다 없이는 못 산다/반찬 없이/쓰는 데 없이/총 없는 군인

'없다'에서 전성한 부사는 붙여 쓴다.
거침없이, 아낌없이, 끝없이, 여지없이, 틀림없이, 꾸밈없이, 난데없이, 버릇없이, 쓸데없이

그러나 그 앞에 명사를 꾸미는 말이 올 경우에는 붙여 쓰지 않는다.
아무 꾸밈없는∨순진한 태도, 아무 짝에도∨쓸 데 없는 물건, 한 치의 틀림∨없는 설계

49 가

명사 '가'는 앞말과 붙어 굳어 버린 것으로 보아 붙여 쓴다.
→ 길가, 물가, 연못가, 부둣가, 샘물가, 창문가

그러나 결합된 말 중 앞말을 꾸미는 관형어가 앞에 오면 띄어 쓴다.
불 꺼진 난로∨가에 모여 있다, 맑은 샘물∨가에서, 그의 무덤∨가에 꽃을 심었다.

앞에 관형어가 오더라도 '가'가 붙은 복합어 전체를 꾸미는 말이 앞에 올 때에는 띄지 않고 붙인다.
관광객들이 모여 있는/부둣가에서, 수영객들이 많이 있는/바닷가에서

50 '나다, 들이다, 삼다, 짓다'

명사에 직접 '나다, 들이다, 삼다, 짓다'가 붙은 다음의 말들은 앞말에 붙여 쓴다.
소문나다, 공들이다, 길들이다, 재미삼다, 혼나다, 탐나다, 탈나다, 단정짓다, 결정짓다, 관련짓다.

그러나 그 앞에 관형어가 올 때에는 붙여 쓰지 않는다.
좋은 이름 나도록 노력해야지. 큰 힘 들이지 않고 돈을 모았다. 최종 결론 났다.

51 '-지다'

명사에 직접 붙어 용언을 만드는 '지다'와 어미 '아, 어, 워' 등에 붙어 피동을 나타내는 '지다'는 앞말에 붙여 쓴다.
값지다, 달라지다, 등지다, 숨지다, 젊어지다, 아름다워지다, 예뻐지다, 잘 만들어졌다, 이루어지다.

보조 동사 중 '지다'는 언제나 앞의 용언과 붙여 쓴다.
잊혀지다, 잊혀져 버렸다.

피동의 뜻이 아닌 '지다'는 체언 뒤에 오더라도 붙여 쓰지 않는다.
→ 해 지는 서쪽, 짐 지는 지게, 해 진 뒤에

피동의 뜻이 아니더라도 한 덩어리로 익은 말은 붙여 쓴다.
→ 책임지다, 젊어지다.

52 '-기'

명사와 동사, 동사와 동사가 서로 어울려 어미가 '-기'로 끝나는 말로서, 하나의 동작이나 하나의 상태를 나타내는 술어는 붙여 쓴다.
노래부르기, 씨뿌리기, 띄어쓰기, 술래잡기, 양치기, 이어달리기, 채소가꾸기

그 앞에 관형어나 부사어가 올 경우에는 붙여 쓰지 않는다.
정확하게 띄어쓰기, 건전한 노래 부르기, 여름 채소 가꾸기, 좋은 씨 뿌리기

53 한 단어인가/구인가?

품사와 문맥과 수식관계를 잘 따져서 띈다. 특수한 의미가 있어 '한 단어'로 사전에 등재된 합성어냐, 그냥 '단어가 연결된 구' 모습을 하고 있느냐에 따라 다르다. '함께, 대신'이란 말을 생략했을 때 말이 되면 '단어가 연결된 구' 모습이고, 말이 되지 않으면 '한 단어'로 쓰인 것이다. 후자의 경우, '함께, 대신'이 '하다'와 결합해 특정한 의미를 갖게 된 것이다.

함께 하다/함께하다, 대신 하다/대신하다
그는 언제나 큰소리만 쳐 댄다(한 단어). 그는 큰 소리로 노래를 부른다(구).

54 ㄴ걸/ㄹ걸

'걸'을 '것을'로 바꿔 뜻이 통하면 띄어 쓴다. 여기에서 '걸'은 '것을'의 준말이다.
"어제 먹은 걸 또 먹어야 하나?", "받은 걸 돌려 줘라."

'ㄴ걸'은 지나간 일에 대한 후회의 뜻을 나타낸다. (구어체로) 혼잣말에 쓰여, 현재의 사실이 이미 알고 있는 바나 기대와는 다른 것임을 나타내는 종결 어미. 가벼운 반박이나 감탄의 뜻을 나타낸다.
꽤 큰 돈인걸. 이젠 다 끝난걸 뭐. 차는 이미 떠난걸. 그 앤 아직 어린앤걸. 내가 생각한 거랑 다른걸. 이건 제법 괜찮은 그림인걸!

'ㄹ걸', '을걸'도 마찬가지로 붙여 쓴다. 화자의 추측이 상대편이 이미 알고 있는 바나 기대와는 다른 것임을 나타내는 종결 어미. 가벼운 반박이나 감탄의 뜻을 나타낸다. (구어체로) 혼잣말에 쓰여, 그렇게 했으면 좋았을 것이나 하지 않은 어떤 일에 대해 가벼운 뉘우침이나 아쉬움을 나타낸다.
계획대로 되지 않을걸. 차 안에서 미리 자 둘걸. 나도 가 볼걸. 좀 더 잘해 줄걸.

55 단음절 명사의 띄어쓰기

'망(網), 면(面), 상(象), 염(鹽), 축(軸) 선(線)' 등은 단음절이라도 하나의 단어이므로 독립적일 때는 띄어 쓴다. 그러나 이들 앞에 다른 명사가 오면 항상 앞말에 붙여 쓴다.

교통망, 판매망, 통신망, 경계면, 겉면, 교사상, 어머니상, 무기염, 좌표축, 배열선, 절개선

〈예외적인 경우〉
망(網) : 그물처럼 만들어 가려 두거나 치거나 하는 물건을 통틀어 이를 때(삼중 망, 철사 망 등),
면(面) : 어떤 측면이나 방면의 의미일 때(안보 면)
상(象) : 사람이나 물건의 형체를 본뜬 입체적 조형물이나 그림일 때(마리아 상, 부처님 상)
염(鹽) : '-화(化)'형태 뒤(이온화 염)
축(軸) : 앞 단어가 축을 수식하는 단순한 관형어인 경우(상하 축, 기본 축)
선(線)' : 단어가 고유어인 경우(목 선, 얼굴 선), 관형어의 성격인 경우(청색 선), 재료의 의미(금속 선)

각(各), 본(本), 전(全), 해(該)가 독립성이 없는 단음절어와 어울려 한 낱말로 굳은 것은 붙여 쓴다.
각급(各級), 각자(各自), 본교(本校), 본관(本館), 전교(全校), 전신(全身), 해교(該校 : 그 학교)

56 부사

다음 말들은 부사로 간주하여 붙여 쓴다.
그런고로, 그런대로, 보다못해, 이른바, 이를테면, 하루바삐, 아니나다를까, 적지않아, 한시바삐, 다름아니라, 오래간만에, 제멋대로, 덮어놓고, 왜냐하면, 하루빨리

두 개의 부사가 겹쳐진 말 가운데 다음 경우는 붙여 쓴다.
곧바로, 더욱더, 똑같이, 제아무리, 곧잘, 더한층, 또다시, 좀더

57 '측'과 '시'

측과 시는 의존명사이므로 앞말과 띄어 쓴다.
송신 측, 수평 측, 전송 시, 운전 시

측과 시가 붙은 말 중에 합성어로 인정되는 다음의 말은 붙여 쓴다.
매도측, 매수측, 서방측, 상대측, 비상시, 중요시

58 구령

모든 구령은 붙여 쓴다.
열중쉬어, 앞으로가, 옆에총, 받들어총, 편히쉬어, 뒤로돌아가, 우로가, 좌로가

59 법령제명의 띄어쓰기(2005. 1. 1부터 발효됨)

① 법령명은 단어별로 띄어 쓴다.

지방교육자치에 관한 법률, 박물관 및 미술관 진흥법, 옥외 광고물 등 관리법

② 조사, 어미, 부사, 의존명사가 없이 명사(복합명사)만으로 이루어진 법령명은 최대 8음절까지 붙여 표기하는 것을 허용한다.

농업협동조합법, 초·중등교육법, 노인복지법, 범죄피해자구조법, 직업교육훈련 촉진법, 기업구조조정 촉진법, 공적자금관리 특별법, 부동산등기 특별조치법

③ 복합명사로 이루어진 조직, 단체(공단, 공사, 조합 등) 또는 기금의 명칭을 포함하는 법령명의 경우 하나의 명사로 인식되므로 8음절을 초과해도 붙인다.

대한민국재향군인회법, 한국보훈복지의료공단법, 한국대학교교육협의회법

④ 시행령, 시행규칙, 규정 등도 하나의 명사이므로 띄어 쓴다.

상법 시행령, 도로교통법 시행규칙, 소비자피해보상 규정

⑤ 법령명을 본칙 내에서 인용하는 경우, 법령명칭을 다른 문장과 구분하기 위하여 법령명 앞뒤에 낫표『 』를 사용한다. 문장 중에서는 「액화석유가스에 관한 법률」로 사용한다.

「민법」, 「도로교통법」

2. 문장부호(文章符號)

1) 문장부호 사용의 목적

문장은 글자와 여러 가지 부호로 구성된다. 문장부호는 문장 각 부분 사이에 표시하여 논리적 관계를 명시하거나 문장의 정확한 의미를 전달하기 위하여 표기법의 보조수단으로 쓰이는 부호를 말한다. 한글맞춤법에서는 부록에 문장부호 규정을 따로 두고 있다. 문장부호도 한글 맞춤법의 일종이므로 글을 쓸 때는 문장부호의 기능을 제대로 익혀서 규범에 맞게 적절하게 사용할 수 있어야 한다.

문장부호를 대수롭지 않게 생각할 수 있으나 그것은 글자만큼 중요하며, 때에 따라서는 글자보다 더한 위력을 발휘하기도 한다. 국가 간의 조약이나 사회에서 계약서를 작성할 경우에는 쉼표 하나가 있느냐 없느냐에 따라 수식 범위에 따른 해석이 달라지게 되어 큰 손해를 입을 수도 있다.

문장을 도로에 비유한다면 문장부호는 의미이해의 신호등과 안내표지판이라 할 수 있다. 신호등을 무시하면 교통사고가 나고, 표지판이 잘못되어 있으면 엉뚱한 곳으로 잘못 가듯이 문장에서 문장부호를 적절하게 사용하지 않으면 문자의 의미파악이

제대로 되지 않을 뿐 아니라 엉뚱한 뜻으로 잘못 이해되게 된다.

예를 들어 '멋진 국어 선생님의 애인'이라는 표현에서 국어선생님이 멋지다는 말인지 국어선생님의 애인이 멋지다는 말인지 의미가 모호하다. '제대로 된 환경 교육에 관한 참고 자료가 없었다.'라는 문장과 '제대로 된, 환경 교육에 관한 참고 자료가 없었다.'라는 말은 쉼표 하나의 추가여부에 따라 의미가 전혀 달라진다. 한 문장이 달리 해석될 수 있는 중의적 문장은 의미를 한정해 주는 문맥을 추가하거나 '멋진, 국어 선생님의 애인'처럼 쉼표를 사용하면 중의성이 사라져 의미를 이해하기가 쉬워진다. 관형어가 간단한 경우에는 반점의 위력이 돋보이지 않지만, 길어지면 그 위력을 절감할 수 있다.

문장부호 사용의 목적은 단어, 구절, 문장 사이의 논리적 관계를 밝혀 그 의미를 정확히 구별하게 함으로써 독자가 읽기에 쉽고 편하게 해 주는 것이다. 요즘에는 인터넷 통신 언어상에서 글자에 각종 이모티콘을 섞어 의사소통을 하는데, 한글맞춤법 규범을 파괴한다는 점에서 그 부작용을 심각하게 우려할 만하지만, 한편으로는 글로 다 나타내지 못하는 정서 부분까지도 상당수의 기호를 대신 사용하여 표현 요건을 충족시키고 있음을 알 수 있다. 향신료로 음식 맛을 돋우듯 이 같은 기호에 해당하는 문장부호는 필자의 의도를 더 확실하게 드러내 주는 역할을 한다. 얼굴로 말하자면 부수적 표현인 표정에 해당한다 하겠다.

문장부호가 전혀 없는 글을 상상해 보라. 글이 매우 밋밋하고 의미 이해가 훨씬 어려울 것이다. 문장부호를 틀리게 잘못 사용하는 경우도 마찬가지이다. 이처럼 문장부호는 독서 능률을 높여 준다는 점에서 매우 중요하다. 독자에게 더욱 정확한 의미를 전달하고, 시각적으로 바르고 좋은 문장을 전달하기 위해서는 바른 문장부호 사용법의 인지와 사용이 필수적이다.

2) 문장부호의 종류

(1) 마침표(終止符)

부호	이름	사용처	용례
.	온점	문장의 끝 연월일 표시 준말 표시 표시 문자 다음	젊은이는 나라의 기둥이다. 1919. 3. 1. (1919년 3월 1일) 서. 1987. 3. 5. (서거) 1. 마침표 ㄱ. 물음표 가. 인명

		※ 표제어나 표어에는 쓰지 않는다.	압록강은 흐른다. 꺼진 불도 다시 보자.
°	고리점	세로쓰기에 사용	
?	물음표	직접 질문 반어, 수사 의문문 의심되는 어휘	이름이 뭐지? 제가 거역할 리가 있습니까? 일복(?)이 터졌다
!	느낌표	감탄 감정을 넣은 사람의 이름 명령, 놀람, 항의	아, 달이 밝구나! 춘향아! 예, 도련님! 운동장에 집합! 이게 누구야! 내가 왜 사과를 해야 해!

(2) 쉼표(休止符)

부호	이름	사용처	용례
,	반점 (쉼표)	열거 구별, 병치 뒤의 말을 꾸밀 때 절과 절 사이 부르거나 대답할 때 제시어 다음 도치 가벼운 감탄 접속이나 연결 끼어든 구절 앞뒤 반복 부분 생략 문맥상 끊어 읽을 곳 숫자 나열 수의 폭이나 개략의 수 수의 자릿점	근면, 검소, 협동은 우리 겨레의 미덕이다. 닭과 지네, 개와 고양이는 상극이다. 슬픈 사연을 간직한, 경주 불국사의 무영탑 콩 심으면 콩 나고, 팥 심으면 팥 난다. 얘야, 이리 오너라. 예, 지금 가겠습니다. 빵, 빵이 인생의 전부냐? 다시 보자, 한강수야. 아, 깜빡 잊었구나. 첫째, 몸이 튼튼해야 된다. 나는, 솔직히 말하면, 그가 마음에 안 들어. 여름에는 바다에서, 겨울에는 산에서 휴가를 즐겼다. 철수가, 울면서 떠나는 영희를 배웅했다. 1, 2, 3, 4, 5, 6, 7 5, 6세기, 6, 7개 3, 537, 701
·	가운뎃점	여러 단위로 나눌 때 특정한 의미를 가지는 날 같은 계열의 단어	철수·영희·영수·순이가 서로 짝이 되어 윷놀이를 했다. 3·1운동, 8·15광복, 6·25 동사·형용사를 합하여 용언이라고 한다.

:	쌍점	내포되는 종류 소표제 뒤 저자, 저서 시와 분, 장과 절 대비	문장부호 : 마침표, 쉼표, 따옴표, 묶음표 일시 : 2008년 10월 15일 10시 주시경 : 국어 문법, 서울 박문서관, 1910. 오전 10 : 20(오전 10시 20분) 요한 3 : 16(요한복음 3장 16절) 3 : 1(3 대 1)
;	쌍반점	저서 · 필자 동아리 풀이	허웅 ; ≪20세기 우리말의 형태론≫ ㄱ · ㄲ · ㅋ; ㄷ · ㄸ · ㅌ 그 이유로는 ; A의 교만, B의 태만, C의 안하무인을 들 수 있다.
/	빗금	대응, 대립, 대등 분수	남궁 만/남궁만, 뜨리다/트리다, -이/-히 3/4분기, 3/20
//	쌍빗금	시를 줄글로 벌일 때	죽는 날까지 하늘을 우러러/한 점 부끄럼이 없기를 // 잎새에 이는 바람에도/나는 괴로워했다 // 별을 노래하는 마음으로 모든 죽어가는 것들을

(3) 따옴표(引用符)

부호	이름	사용처	용례
“ ”	큰따옴표	직접 대화 표시 인용	“옛날 사람들은 어떻게 살았을까?” 예로부터 “민심은 천심이다.”라고 하였다.
『 』	겹낫표	세로쓰기에 사용	
‘ ’	작은따옴표	따온 말 속에 다시 따온 말이 있을 때 마음 속으로 한 말 드러냄표 대신	“여러분! 침착해야 합니다. ‘하늘이 무너져도 솟아날 구멍이 있다.’고 합니다. ” ‘내가 나타나면 모두들 깜짝 놀라겠지?’ ‘배부른 돼지’보다는 ‘배고픈 소크라테스’가 되겠다.

(4) 묶음표(括弧符)

부호	이름	사용처	용례
( )	소괄호	언어, 연대, 주석, 설명 기호 빈 자리	커피(coffee)는 기호 식품이다. '무정(無情)'은 춘원(6 · 25때 납북)의 작품이다. 니체(독일의 철학자)는 이렇게 말했다. (1) 주어, (ㄱ) 명사, (라) 소리에 관한 것 우리나라의 수도는 ( )이다.
〈 〉	외갈매기	작품명 건명 논문명	김유정의 〈동백꽃〉, 〈한글맞춤법〉은 다시 손질해야 한다. 허웅,〈20세기 우리말 통사론〉,2000
≪ ≫	겹갈매기	잡지명, 책명	앨빈 토플러의 ≪부의 미래≫
{ }	중괄호	여러 단위를 동등하게 묶어서 보일 때	주격 조사{ 가 이 }
〔 〕	대괄호	바깥 말과 음이 다를 때 묶음표 안에 또 묶음표가 있을 때	나이[年歲], 낱말 [單語], 手足[손발] 명령에 있어서의 불확실[단호(斷乎)하지 못함]은 복종에 있어서의 불확실[모호(模糊)함]을 낳는다.

(5) 이음표(連結符)

부호	이름	사용처	용례
—	줄표	문장 중간에 부연 정정 또는 변명	그 신동은 네 살에 — 보통 아이 같으면 천자문도 모를 나이에 — 벌써 시를 지었다. 이건 내 것이니까 — 아니, 내가 처음 발견한 것이니까 — 절대로 양보할 수가 없다.
–	붙임표	합성어, 접사나 어미 외래어, 고유어, 한자어의 결합	불–구경, 휘–날리다, 슬기–롭다, –(으)ㄹ 걸 나일론–실, 다–장조, 빛–에너지, 염화–칼륨
~	물결표	동안, 내지 들어갈 말 대신	9월 15일~9월 25일 새마을 : ~운동, ~노래 - 가(家) : 음악~, 미술~

(6) 드러냄표(顯在符)

부호	이름	사용처	용례
·		중요한 부분	한글의 본 이름은 훈민정음이다.
˚		특별히 강조할 곳	왜 사느냐, 어떻게 사느냐가 중요하다.
——, ~~	밑줄 물결표	주의를 둘 곳	다음 보기에서 명사가 아닌 것은?

(7) 안드러냄표(潛在符)

부호	이름	사용처	용례
××, ○ ○	숨김표	금기어, 비속어 비밀	그 말을 듣는 순간 ×××란 말이 목구멍까지 치밀었다. 육군 ○○부대 ○○○명이 작전에 참가하였다.
□	빠짐표	비문이나 서적 등에서 글자가 불분명할 때 글자가 들어가야 할 자리	大師爲法主□□賴之大□薦(옛 비문) 훈민정음의 초성 중에서 아음(牙音)은 □□□의 석 자다.
……	줄임표	할 말을 줄였을 때 말이 없음을 나타낼 때	"어디 내가 한번 ……." 하고 철수가 나섰다. "어서 대답하지 못하겠니?" " ……."

기타

※ 마침표 중 부연 설명할 때 괄호 안팎의 온점 처리 문제-동어반복, 참고표시 등 앞문장과 관련이 있는 것은 마칠 때 온점을 한번만 치고, 내용이 다른 것은 괄호 밖에 온점을 친다.

심판의 메시지 속에서도 주님의 긍휼하심은 여전히 나타났다(마23 : 37-39).

그 팀은 아시아 대표팀이다.(작년도 아시아 대회 우승).

그림이란 사진과 문장의 중간자이다.(도식의 효과)

※ 그리고, 그러나, 물론, 즉, 왜냐하면 등 자주 쓰이는 접속부사 다음에는 쉼표를 찍지 않는다.

3. 원고지 사용법

1) 원고지의 정의

원고지란 원고용지의 준말로, '원고를 작성할 때 쓰는 일정한 규격의 종이'를 말한다.

2) 원고지의 종류

원고지에는 우리가 흔히 쓰는 일반용지와 특수 목적에 맞게 만들어 쓰는 특수용지가 있다. 일반원고용지는 초등학교 학생용, 중학생용, 고등학생용, 일반용, 학자 논문용 등으로 200자, 400자, 600자, 800자, 1000자, 1200자가 다양하게 구비되어 있으므로 용도에 맞게 선택하여 사용할 수 있다.

특수원고용지는 신문 · 잡지 · 사전 등의 편집에서 일정한 인쇄면에 필요한 분량만을 써 넣기 위한, 인쇄상의 특수 목적을 가진 원고지를 말한다.

3) 원고지의 세부 명칭(200자 원고지 기준)

① 칸 : 가로로 셀 때, 스무 칸
② 행 : 세로로 셀 때 열 줄(십 행)
③ 행간 : 줄과 줄 사이의 긴 빈자리, 글을 다듬고 고치거나 밑줄, 강조점 등을 찍는 곳
④ 퇴고란 : 글을 다듬고 고칠 때 이용하는 사방 난외 여백 및 행간
⑤ 각주란 : 본문 중 어떤 부분의 뜻을 보충하거나 풀이하기 위한 글을 쓰는 난
⑥ 번호란 : 일련번호를 적어 원고 전체 분량을 나타냄
⑦ 칸수표시 : 원고지의 가장자리에 '20×10'이라고 표시되어 있으면, 가로 20칸, 세로 10행의 200자 원고지임을 표시함.

4) 원고지 사용의 의미와 목적

원고지는 원래 출판 교정 및 인쇄 작업을 용이하게 하기 위해 사용한 것이다. 책이나 보도매체를 다루는 곳에선 문서의 분량이나 단락 등을 쉽게 파악하고, 띄어쓰기나 한글맞춤법에 맞도록 오류를 교정하기가 쉬워야 하는데, 그 점에서 원고지는 매우 효율적인 도구로 사용되었다.

요즘은 사람 대신 컴퓨터가 '쓰기', '원고 분량의 측정', '교정', '원고지 형태의 출력' 등의 기능을 대신해 주고 있기 때문에 '원고지 무용론'이 대두하고 있기는 하나 아직도 원고지는 몇 가지 측면에서 여전히 가치 있는 도구이다.

기본적으로 원고지 사용법에 절대적인 원칙이 있는 것은 아니나, 보통 원고지를 사용하는 데는 일반적으로 따르는 형식이 있다. 원고지에 글을 작성하면 필자 입장에서는 문서 규격에 대한 제한 조건에 맞춰 원고 분량을 정확하게 계산하고, 원고 내용을 규모 있게 안배하고 조절하면서 쓸 수 있다. 또한 집필 의도를 정확히 나타낼 수 있으며, 맞춤법, 띄어쓰기 규범 등을 정확히 하는 훈련이 되며, 퇴고할 때 여백을 사용할 수 있고, 필체가 좋아지는 효과를 거둘 수 있다. 요즘에는 컴퓨터로 쓰는 것을 더 선호하는데, 컴퓨터로 쓸 때는 수정이 자유로워 생각을 깊이 하지 않고 쓰게 되지만, 원고지를 사용하면 수정이 어렵기 때문에 쓸 때 깊이 생각하게 되는 장점도 있다.

원고지에 글을 작성하면 독자(논술채점자) 입장에서는 필자의 국어정서법 이해와 활용 수준을 쉽게 파악할 수 있으며, 무엇보다도 문단을 통한 내용 파악이 용이하고, 글의 분량 등을 쉽게 파악할 수 있으며, 첨삭할 때 넓은 여백을 사용할 수 있다는 장점이 있다.

일정한 형식에 맞춰 원고지를 사용하는 능력은 글쓰기에 있어 기본적이고도 중요한 기술적인 측면이며, 이것을 잘 할 때 독자에게 호감이 가는 첫인상을 주게 된다. 필체를 공식적인 채점의 기준으로 삼지는 않지만 미팅할 때 그 사람의 내면보다는 외모에 치중하여 선택하듯이, 실제로 처음보는 비슷한 내용의 글을 여러 편 동시에 채점하게 되는 채점관들은 깨끗하게 정서한 글의 내용이 더 좋을 것이라고 생각하며 점수를 더 주고자 하는 경향이 있다고 한다. 글을 독자와 필자 간의 의사소통이라고 볼 때 정서하기의 필요성은 더욱 커진다.

학생들은 대체로 백지에 비해 원고지를 더 두려워한다. 국어정서법 관련 지식을 기르는 한편, 처음에는 원고지 한두 장에 짧게 써 보다가, 점차로 분량을 늘여서 써 보고, 주어진 시간 내에 정해진 분량의 글을 써내는 훈련을 거듭하면 누구나 두려움 없이 원고지에 내용을 자유롭게 구사할 수 있는 능력을 기를 수 있게 될 것이다.

5) 원고지 표기법의 실제

(1) 글의 종류와 제목 쓰기

① 원고지 1행(세로줄)의 둘째 칸(가로줄)부터 글의 종별(생활문, 수필, 소설, 시, 독서감상문, 논설문, 기행문 등)을 쓴다.

	〈	수	필	〉															

② 제목은 2행 둘째 줄의 중심부에 쓴다.

	〈	생	활	문	〉														
1	2	3	4	세	상	에	서		제	일		좋	은		형	4	3	2	1

제목이 짧아서 두서너 자일 경우는 한두 칸씩 벌려 쓴다.

	〈	소	설	〉															
1	2	3	4	5	6	7	8	무			정	8	7	6	5	4	3	2	1

③ 제목을 쓸 때는 문장부호에 유의하여 마침표, 줄임표는 사용하지 않는다. 물음표와 느낌표도 가급적 붙이지 않는다.

			누	가		내		치	즈	를		옮	겼	을	까					o

			누	가		내		치	즈	를		옮	겼	을	까	?				x

④ 같은 계열의 단어가 열거될 때는 쉼표 대신에 가운뎃점을 쓴다.

	〈	설	명	문	〉														
				설	날	·	추	석	에		하	는		놀	이				

⑤ 책 이름에는 작은따옴표를 쓴다. 낫표『 』는 세로쓰기할 때 쓰는 부호이므로

잘못이다. 독서감상문에서는 일반적으로 윗줄에는 글 전체의 내용을 포괄하는 본제목을 적고, 아랫줄에는 ‘○○○를 읽고’라는 형태의 부제를 적는다. 부제는 양 끝에 줄표를 표시하여 본제목 아랫줄에 쓴다.

	〈	독	서	감	상	문	〉												
			사	막	과		별	이		아	름	다	운		이	유			
				-		‘어	린	왕	자	’	를		읽	고	-				

⑥ 제목이 길어서 한 줄에 다 못 쓸 때는 두 줄을 잡아 쓴다. 첫 행은 왼쪽으로, 둘째 행은 오른쪽으로 치우치게 쓰면 균형이 잡혀 보기에 좋다.

	〈	독	서	감	상	문	〉												
		불	행	했	지	만		위	대	한		삶	을		산				
								천	재		음	악	가		베	토	벤		

⑦ 부제목은 양 끝에 줄표를 표시하여 본 제목 아랫줄에 쓴다.

	〈	설	명	문	〉														
					한	국		문	학	의		흐	름						
			-	고	전		소	설	을		중	심	으	로	-				

⑧ 제목과 부제가 상당히 길 경우나 응모 작품일 경우에는 표지를 따로 쓰는 것이 좋다.

(2) 소속과 성명 쓰기

① 원칙적으로는 제목 아래의 1행을 비우고 난 뒤(4행)부터 쓰는 것이나, 소속은 3행에, 성명은 4행에 오른쪽으로 치우쳐 쓰는 것이 보편화되어 있다. 3행에 학교 및 반을 쓰고 4행에 이름을 쓰거나, 3행에 소속 학교를 쓰고 4행에 반과 이름을 쓰기도 한다.

② 소속과 성명의 끝 자는 2~3칸을 비우고 쓴다. 학교명은 띄어쓰기의 원칙에 따라

단어별로 띄어 쓸 수도 있고, 하나밖에 없는 이름으로 보아 붙여 써도 무방하다.

③ 성명은 소속 다음 행에 쓴다. 성과 이름은 붙여 쓰는 것을 원칙으로 한다.

	〈	시	〉																
							나	의		소	원								
									갈	현		초	등		학	교			
										제	5	학	년		김	이	슬		

	〈	기	행	문	〉														
						경	주	에		다	녀	와	서						
										신	사		초	등	학	교			
										6	의		3		정	다	운		

2자 성일 경우에는 성과 이름을 확실히 구분하기 위해 한 칸을 띄어 써도 된다.

	〈	시	〉																
							우	리		학	교								
							구	산	초	등	학	교		2	~	1			
														선	우		휘		

④ 제목이 두 글자일 때는 시각적인 효과를 고려해 두어 칸 벌려서 쓸 수 있다. 성명의 각 글자 사이는 답답함을 피하기 위해서 한 칸씩 띄어 써도 무방하다.

	〈	수	필	〉															
								약			속								
												은	평	중	학	교			
											1	학	년		1	반			
													한		아		름		

⑤ 성명만 적거나, 소속·성명을 한 줄에 적을 경우에는 제목 아래 한 줄을 비운다.

	〈	설	명	문	〉														
									김	치									
								선	정	고	등	학	교		김	하	나		

	김	치	란		우	리	나	라		고	유	의		발	효	저	장	식	품

(3) 본문 쓰기

① 이름 밑에 한 줄을 띄고 그 다음 줄부터 쓴다. 제목과 이름 사이는 붙여 쓰거나, 한 줄을 띄어 쓸 수도 있다.

② 글자는 한 칸에 한 자씩 쓰고, 글을 처음 시작할 때, 단락이 바뀔 때는 그 줄의 첫 칸을 비우고 둘째 칸부터 쓴다. 단락이나 글월 내에서는 처음의 시작만 첫 칸을 비운다. 단락이 완전히 종결되었을 때는 마침표를 찍고 줄을 바꾼다. 줄의 끝에서 비울 칸이 없을 경우는 ∨표시를 하고 첫 칸부터 글을 써 나간다.

						지	혜	의		왕		솔	로	몬						
															전	신	지			
	성	경	에		나	오	는		솔	로	몬		왕	의		재	판	일	화	
는		그	의		지	혜		정	도	를		가	늠	하	게		한	다	.	
	두		여	자	가		왕	에	게		나	아	왔	다	.	한		여	자	
는		죽	은		아	이	를	,	또		한		여	자	는		산		아	
기	를		데	리	고		와		서	로		산		애	가		자	기	의	∨
아	이	라	고		우	겼	다	.	그	러	자		솔	로	몬		왕	은		

③ 로마 숫자, 알파벳 대문자, 낱자로 된 아라비아 숫자는 한 칸에 한 자씩 쓴다. 두 자 이상의 아라비아 숫자나 알파벳 소문자는 앞에서부터 끊어서 한 칸에 두 자씩 쓴다. 끊어지는 느낌이 들지 않게 칸의 왼쪽이나 오른쪽으로 치우치게 쓴다.

	Ⅰ	Ⅱ	Ⅲ	Ⅳ	Ⅴ	Ⅵ	Ⅶ	Ⅷ	Ⅸ	Ⅹ									
	K	O	R	E	A	를		C	O	R	E	A	로		바	꾸	자	.	
	T	he		L	O	R	D		is		my		sh	ep	er	d	.		

④ 빈 칸에 쓸 수 있는 숫자, 알파벳, 문자 부호들이 교차되어 만나면 이들은 서로 성격이 다르므로 각각 적는 것을 원칙으로 한다. 단위를 나타내는 명사는 띄어 쓰지만, 순서를 나타내거나 숫자와 어울려 쓰이는 경우는 붙여 쓸 수 있다.

	5	월		5	일	은		어	린	이	날	이	다	.					
	3	·	1		운	동													
	3	D	업	종	에		종	사	한	다	.								
	S	Q	3	R		학	습	독	서	법									
	3	,	4	,	5	를		모	두		합	하	면	?					

⑤ 분수는 '1/2, '1/3' 두 가지 다 허용한다.

	달	의		$\frac{1}{2}$		달	의		⅓		달	의		3	분	의		1	

⑥ 대화는 대화가 끝날 때까지 대화의 지문과 쉽게 구별될 수 있도록 행을 바꾸어 다른 줄을 잡아서 첫 칸은 비우고 둘째 칸부터 큰따옴표로 시작하고, 아무리 짧은 대화라도 한 줄에 같이 쓰지 않는다.

	"	나		갈	게	.	잘		있	어	. "								
	"	언	제	쯤		돌	아	오	세	요	?	"							
	"	1	년		후	에	…	…	. "										
	그	는		아	쉬	운		표	정	으	로		자	꾸	만		뒤	돌	아
보	면	서		떠	났	다	.												

⑦ 시, 시조, 인용문에서는 앞의 두 칸을 비운다. 시의 행이 원고지 한 행의 길이를 넘어설 때에는 다음 행의 둘째 칸부터 쓴다.

		가	을	에	는														
		기	도	하	게		하	소	서	…	…								
		낙	엽	들	이		지	는		때	를		기	다	려		내	게	
	주	신																	
		겸	허	한		모	국	어	로		나	를		채	우	소	서		

⑧ 본문에 인용문을 시작할 때에, 인용부호를 사용하는 경우에는 줄을 따로 잡아 쓰고 인용문 전체를 한 칸씩 들여 쓴다. 인용부호 없이 인용할 때는 위 아래로 한 줄씩을 띄우는 게 원칙이다. 인용문 내에서 문단이 바뀔 때는 앞의 두 칸을 비운다. 한 줄을 띄는 경우, 배경(시간, 공간)이 급변하는 경우라든지 이야기 속의 이야기일 때도 위 아래로 한 줄씩 비운다.

	유	진	오		선	생	의		글	에	는		다	음	과		같	은	
빙	탄	불	상	용	의		표	현	이		나	온	다.						
		문	법	에		맞	지		않	는		문	장	이		악	문	임	은
	틀	림	없	다	.	그	러	나		문	법	에		맞	는		문	장	이

⑨ 항목별로 나열할 때는 한 칸씩 비우고 쓴다. 소항목, 단락 표제를 표시할 때도 한 칸씩 비우고 쓴다. 첫째, 둘째 등을 전개할 때도 첫 칸을 비운다.

1	.	읽	기	에		영	향	을		미	치	는		요	인	들			
	1	)	자	존	감	(	自	尊	感	)									
	2	)	목	적	(	目	的	)											

	요	약	하	기	의		평	가	기	준	은		다	음	과		같	다	.
	첫	째	,	주	제	를		파	악	하	는		능	력					
	둘	째	,	논	리	의		흐	름	을		파	악	하	는		능	력	
	셋	째	,	체	계	의		균	형	성									

⑩ '–할, –라고, –하고, –하기에, –등의, –한다' 등 이어받는 말은 다음 줄 첫 칸부터 쓴다.

	징	기	츠	칸	은		전	투	를		앞	두	고						
	“	화	살		한		개	는		잘		부	러	져	도		화	살	이
	모	이	면		절	대	로		부	러	지	지		않	는	다	. ”		
라	고		했	다	.														

	“	남	을		배	려	하	는		사	람	이		되	어	라	. ”		
하	고		당	부	하	셨	다	.											

그	는		갑	자	기		돌	아	서	며									
	“	이	대	로		기	다	리	고	만		있	을		수		없	어	. ”
한	다	.																	

앞의 대화를 직접 서술하는 말도 첫 칸부터 쓴다.

	“	제	발		저	희		모	녀	를		도	와	주	세	요	. ”		
애	원	을		하	고	는		가	방		깊	숙	이		넣	어	두	었	던 ∨

⑪ 대화 뒤에서 문장이 새로 시작되는 경우 첫 칸을 비우고 쓴다.

	동	생	이		울	면	서		말	했	다	.							
	“	형	아	,	상	우	가		놀	이	터	에	서		나	한	테		바
	보	라	고		놀	렸	어	. ”											
	나	는		이		말	을		듣	고		화	가		났	다	.		

(4) 문장부호

① 한 칸에 하나씩 표현한다. 마침표와 큰따옴표 닫기는 대개 한 칸에 한다.

② 쉼표(반점)나 마침표(온점), 줄표, 쌍점 다음에는 한 칸을 띄지 않고 바로 이어서 쓴다. 물음표, 느낌표 다음에는 한 칸씩 띈다.

	선	생	님	께	서	는		무	서	운		눈	을		하	시	고	,	내
얼	굴	을		쳐	다	보	셨	다	.	아	!		나	는		왜		이	렇
게		시	험	을		못		봤	을	까	?		선	생	님	께		죄	송
한		마	음	이		들	었	다	.										

③ 즉, 또한, 또, 먼저, 단, 따라서, 그러나, 그런데, 그러므로 등의 접속부사 다음에는 반점을 쓰지 않는다.

그	는		다	재	다	능	한		사	람	,	즉		탤	런	트	이	다	.
또	한		그	는		사	회	봉	사	도		많	이		한	다	.		

④ 따옴표가 있는 문장은 따옴표가 끝날 때까지 왼쪽 한 칸을 들여 쓴다.

⑤ 줄임표는 한 칸에 세 점씩, 두 칸에 걸쳐 여섯 점을 찍는다.

	“	뭐	예	요	?		천	만	에	!		난		지	금	까	지		최
	선	을		다		했	다	고		자	부	해	요	.	운	이		나	빠
	서		그	리		된		것	뿐	…	…	. ”							

⑥ 연월일을 온점으로 대신할 수 있다.

19	45	년		8	월		15	일		19	45	.	8	.	15	.			

⑦ 괄호 문자－설명하지 않는 소괄호는 한 칸을 띄운다. 소괄호는 설명이 필요할 때 쓴다.

	위	의		(	나	)	제	시	문	에		나	오	는		제	자	는	,
공	자	의		또		다	른		제	자	(	자	로	)	를		말	한	다.

커	피	(	co	ff	ee	)	는		기	호	식	품	이	다	.				
3	·	1	운	동	(	19	19	)		당	시	엔		학	생	이	었	다.	
니	체	(	독	일	의		철	학	자	)	는		이	렇	게		말	했	다.

⑧ 중괄호는 나열할 때 쓴다.

노	동	3	권	{	단	결	권	,	단	체	협	약	권	,	단	체	행	동	권}
은		헌	법	에		보	장	된		권	리	이	다	.					

⑨ 대괄호는 묶음표 안의 말이 바깥 말과 음이 다를 때에 쓴다.

나	이	[	年	歲	]		낱	말	[	單	語	]		손	발	[	手	足	]

⑩ 가운뎃점은 열거할 때 쓴다(반점을 써도 된다).

시	장	에	서		사	과	·	배	·	밀	감	을		샀	다	.			
공	주	,	논	산	,	아	산	을		따	라	다	녔	다	.				

⑪ 문장 중에 속담이나 명언을 적을 때는 큰따옴표를 쓴다.

흔	히		“	인	생	은		짧	고		예	술	은		길	다	.	”라	고

⑫ 작품명, 또는 강조를 하거나 혼잣말을 할 때는 작은따옴표를 쓴다.

	‘	임	의		침	묵	’	은		사	랑	의		노	래	이	다	.	

제	시	문	의		공	통	주	제	는		‘	평	등	’	이	다	.		
그	는		‘	대	단	하	군	.’	하	는		혼	잣	말	을		하	였	다.

⑬ 문장부호, 숫자, 알파벳 등이 잇달아 올 때 한 칸씩 각각 다른 칸에 쓴다.

	20	08	.	12	.	31	.		6	·	25		사	변		90	0	원	
	요	한	복	음		3	:	16		W	T	O		R	.	Q	.		
	톨	스	토	이	(	T	ol	st	oi	,	L	ev		N	.	:	18	28	-
19	10	)	.	러	시	아	의		문	호	.								

※ 줄 끝에서의 부호 처리

⑭ 닫는 문장부호는 첫 칸에 쓰지 않는다. 온점, 반점, 물음표, 느낌표 등의 문장부호를 찍을 칸이 남아 있지 않을 때 끼움표(∧) 속에 부호를 넣어 맨 끝 칸의 오른쪽 구석이나 공란에 찍는다. 혹은 마지막 칸에 글자와 부호를 함께 기입한다. 닫는 부호를 앞에 쓰지 않는 것은 줄의 첫머리에 쉼표나 마침표가 오는 어색함을

피하기 위해서이다.

	그		뒤	로		소	녀	의		모	습	은		뵈	지		않	았	다.
	이	번	엔		소	년	이		뒤	따	라		달	리	지		않	았	다

.

	“	참	외	도		좋	지	만		수	박	맛	은		더		좋	다	. ”
	“	너	,	저		산		너	머		가		본		일	이		있	니

?”

	“	앞	으	로		거	짓	말	은		하	지		않	을		거	예	요

.”

	‘	아	!		저	렇	게		예	쁜		무	지	개	를		보	다	니

!’

⑮ 따옴표나 묶음표, 소괄호와 같이 두 부호가 마주 한 짝을 이룰 때에는 여는 부호가 맨 끝에 오거나, 닫는 부호가 맨 첫 칸에 오는 것도 피하여 줄 끝에서 시작하지 않고, 끝의 칸을 비우고 다음 줄 첫 칸에 부호를 쓴다. 다른 부호들도 될 수 있으면 맨 앞에 오는 것을 피한다.

에	서	는		좀	처	럼		보	기		힘	든		규	모	여	서		
‘	외	지		거	지	가		악	양	에		들	어	와	도		1	년	은
놀	고		먹	을		수		있	다	’	는		말	은		그	런		규

⑯ 끊어지는 숫자나 영어 단어를 적을 때는 줄을 바꾸지 말고 오른쪽 여백에 쓴다.

	더	구	나		다	음		달	부	터		버	스		요	금	이		12
원	으	로		오	른	다	고		한	다.									

00

	길	을		찾	을		수		있	다	.	책	을		영	어	로		bo
이	라	고		하	는	데		종	이	가		발	명	되	기		전	에	는

ok

⑰ 단위가 큰 덩어리 숫자의 경우, 여백에 쓸 숫자가 많을 때는 남는 칸을 비워 두고 줄을 바꿔 쓴다.

	현	재		우	리	나	라		남	한	의		총	인	구	수	는		
49	,0	24	,7	37	명	이	다.												

⑱ 영어 단어의 경우, 여백에 쓸 알파벳 숫자가 많을 때는 다음 줄에 이어 쓸 수 있다.

	세	익	스	피	어	는		‘	한	여	름		밤	의		꿈	(	M	id
su	mm	er		N	ig	ht	's		D	re	am	)	'	의		이	야	기	를

⑲ 말을 바꿀 때 쓰는 줄표는 세로줄을 무시하고 두 줄에 걸쳐 이어 쓴다.

	어	머	니	께		말	했	다	가	——		아	니		말	씀	드	렸	다
가	——		꾸	중	만		들	었	다	.									

4. 교정부호

1) 교정의 의의

일반적으로 교정은 문장의 오류를 바로잡는 것으로서 띄어쓰기, 맞춤법 등 비문법적인 것을 바로잡는 것을 의미한다. 아무리 내용이 좋아도 형식에 오류가 많으면 내용의 신뢰도가 떨어지고, 독자에게 좋은 인상을 주기 어렵기 때문에 교정의 과정이 반드시 필요하다.

교정과 관련된 한자어로는 ‘校正’, ‘校訂’, ‘矯正’ 등이 있다. ‘校’는 ‘木’과 ‘交’가 합쳐진 말로 ‘단단히 죈다’는 뜻이며, ‘矯는’ ‘喬’와 ‘矢’가 합쳐진 말로 ‘화살이 굽은 것을 바로잡는다’는 뜻이다. ‘正’은 ‘一’과 ‘止’로서 ‘하나에서 멈춘다’는 것이며, ‘訂’은 ‘言’과 ‘丁’이 합쳐진 글자로 ‘물어서 바로잡는다’는 의미이다. 의미에서 약간 차이가 있지만 모두 ‘비교하여 잘못된 곳을 바로잡는다’는 뜻이다.

누구나 다 전문가도 아니고, 단번에 완벽한 글을 쓰기는 어려우므로, 글을 다 쓴 후에 필자는 보완의 목적으로 스스로 점검하는 과정을 통해 글의 내용과 형식을 수정하고, 교사는 평가 지도의 목적으로 첨삭을 하게 되는데, 이때 적합한 교정부호를 사용해서 교정을 해야 한다. 정확하고 적절한 교정을 통해 내용과 형식을 가다듬으면 글이 좀 더 세련되고 돋보이는 효과를 거둘 수 있을 것이다.

우리가 바른 언어생활을 하려면 국어문법 지식에 대한 올바른 이해가 선행되어야 한다. 이를 위해 국어정서법, 원고지 사용법, 부호 사용법, 교정 부호를 숙지하고, 평소 좋은 글을 자주 보거나, 글을 쓸 때는 가급적 원고지에 직접 써 보고, 쓴 후에는 스스로 점검해 고쳐 보기도 하고, 남의 글을 고쳐 주는 훈련을 해 보는 것이 좋다.

2) 교정부호의 기입방법

원고지의 세계에도 법이 있다. 교정은 자신이 읽기 위한 것이 아닌 만큼 누가 보아도 교정된 사항이 무엇인지를 알 수 있도록 교정자는 원고지 사용법에 규정된 문장 교정 부호의 종류와 정확한 사용법을 숙지하여 올바른 교정부호를 사용해야 한다.

3) 교정부호

부호	이름	사용할 경우	표시방법	수정 후
∨	띄움표	띄어 써야 할 곳을 붙였을 때	사랑하는∨조국	사랑하는 조국
∀	둠 표	띄어 쓰려다가 다시 원상태로 둘 때	뛰어오른다	뛰어오른다
∨ / ‿	고침표	틀린 글자나 내용을 바꿀 때	좋아하명 (면) / 적었든가에 (거나)	좋아하면 / 적거나
∧	부호 넣음표	밑에 찍는 문장부호를 넣을 때	믿음소망사랑	믿음, 소망, 사랑
=	지움표	필요없는 내용을 지울 때	너무 더욱 고와서	너무 고와서
⌣	넣음표	글자나 부호가 빠졌을 때	언제나 (까지)	언제까지나
∂	뺌 표	필요 없는 글자를 없앨 때	봄이이면	봄이면
㉿(생)	살림표	지운 것을 다시 살릴 때	고즈넉한 고요만 (생)	고즈넉한 고요만

⁀	붙임표	붙여야 할 곳이 떨어져 있을 때	아름 다운	아름다운
	둠 표	붙여 쓰려다가 다시 원상태로 둘 때	몇 가지	몇 가지
∽	자리 바꿈표	글자, 단어의 앞뒤 순서를 바꿀 때	생각 좋은	좋은 생각
	오른자리 옮김표	오른쪽으로 자리를 옮길 때	아직도 남아있는 매일 따스한 밥과	아직도 남아있는 매일 따스한 밥과 반찬
	왼자리 옮김표	왼쪽으로 자리를 옮길 때	나 보기가	나 보기가 역
	부분 자리옮김표	지시하는 부분만 자리를 옮길 때	사 랑	사 랑
	줄 바꿈표	한 줄로 된 것을 두 줄로 바꿀 때	떠났다. 로웰이	~ 떠났다. 로웰이 ~
	줄 이음표	두 줄로 된 것을 한 줄로 이을 때	…를 못한다. 언어린 본	…를 못한다. 언어린
╳	줄 비움표	줄을 비울 때	산에는 꽃피네 꽃이 피네 갈 봄 여름 없 꽃이 피네.	산에는 꽃피네 꽃이 피네 갈 봄 여름 없 꽃이 피네.
( )	줄 붙임표	줄을 비울 필요가 없을 때	골짝물 예는 바람결처럼 세월은 덧없어 가신 지 이미	골짝물 예는 바람결처럼 세월은 덧없어 가신 지 이미
	줄 서로 바꿈표	윗줄과 아랫줄을 서로 바꿀 때	접동 아우래비 접동 접동	접동 접동 아우래비 접동
□	위치 표시표	특별히 위치를 나타내 주어야 할 때	H O (2)	H_2O
╳ ═	부호 지움표	잘못 찍은 문장 부호를 지울 때	=창작과 비평=	'창작과 비평'

*출처 : http://k.daum.net/qna/view.html?category_id=QNO003&qid=2dI8k&q=%B1%B3%C1%A4%BA%CE%C8%A3&srchid=NKS2dI8k

5. 비 문

비문(非文)이란 '문장이 아니다'라는 뜻이다. 즉 문법에 맞지 않는 문장을 말한다. 비문은 글 쓰는 이가 문법적 지식을 갖추지 못해서 발생한다. 문법이란 일반 언중이 말이나 글의 적합성 여부를 판단하는 준거가 되는 갈무리된 지식을 말한다. 말과 글을 배워간다는 것은 곧 문법을 익혀 간다는 말이다. 문법은 말과 글을 통한 상호간의 의사소통을 위해 정한 것이다. 문법에 맞는 문장을 구사하려면 문법을 구성하는 다양한 층위의 요소들에 신경을 써가면서 해야 한다.

말은 문법적으로 맞지 않게 했다고 해도 현장에서 수정이 가능하고 필수성분을 생략하고 해도 어느 정도 상황맥락을 통해 알아들을 수 있다. 반면 글은 문법적으로 맞지 않으면 수정이 어렵기 때문에 말보다도 더 문제가 된다. 학생의 글에 비문이 발견되면 교사는 그 원인을 정확히 지적해 주고, 온전하게 수정한 모범문장을 학생에게 제시해서 비문을 바로잡아 주어야 한다.

좋은 문장은 수준 높은 어휘나 미사여구에 있는 것이 아니다. 좋은 문장이 되기 위해서는 정확성과 간결성, 평이성을 갖추어야 한다. 정확성이란 필자가 의도하였던 내용을 문법적으로 정확하게 표현한 것이다. 좋은 문장의 첫째 조건은 전하고자 하는 내용을 정확하게 전달하는 것이다. 간결성이란 문장 구성에 있어서 필요 없는 부연이나 중첩, 유사어의 반복을 피하고, 전달하고자 하는 내용의 요점만 간결하게 표현하는 것이다. 문장이 길면 주어와 서술어의 호응이 어렵게 된다. 평이성이란 문장의 수준이 낮다는 것이 아니라 누구나 알고 쉽게 이해할 수 있다는 것이다. 난삽하고 까다로운 어휘보다는 내용을 정확하고 간결하게 전달해 줄 수 있는 어휘를 사용하면 된다.

자주 드러나는 우리 글쓰기의 문제점은 띄어쓰기, 맞춤법 등의 표기 오류, 어휘력 부족, 부적절한 어휘 사용, 무분별한 외래어 남용, 외국어 번역투 문체, 문법적 오류, 단락 의식 결여, 독자를 고려하지 못하는 자기중심성 등을 들 수 있다.

비문을 찾아내 바로잡기 위해서는 먼저 문장의 서술어를 확인하고 주어와 호응이 잘 되는지를 파악해야 한다. 문장성분의 호응이란 문장 안에서 특정 문장 성분이 뒤에 오는 성분을 제약하는 것이다. 문장의 기본 구조 안에서 성분끼리 자연스럽게 어울려야만 올바른 문장이 된다. 문장 속의 모든 서술어를 찾아 주어, 목적어, 부사어의 유무를 확인한다. 문장의 인과관계를 점검하고, 조사가 잘못 쓰이지 않았는지, 시제는 맞는지, 성분이 빠진 것이 없는지, 종결어미와 연결어미를 제대로 사용하였는지, 접속어를 문맥에 맞게 바로 사용하였는지, 피동과 능동 표현의 오류는 없는지를 확인한다. 흔히 나타나는 '했다'와 '했습니다'의 혼용으로 인한 종결어미의 불일치로 인한 통일성 저해라든가, 부사어의 앞뒤 문맥이 긍정 · 부정으로 일치하게 호응되고 있는지도 살펴보아야 한다. 또한 외국어를 직역한 듯한 번역투의 어색한 문장은 없는지 살펴보아야 한다.

1) 부당한 생략에 의한 비문(필요한 문장 성분을 다 갖추고 있는가?)

① 인간은 신을 숭배하기도 하지만 때로는 도전하기도 한다.→때로는(신에게) 도전하기도 한다.
② 어제는 비와 바람이 많이 불었다. → 비가 내렸고, 바람이 많이 불었다.
③ 중국의 땅덩이와 인구는 많다. → 땅덩이는 넓고 인구는 많다
④ 비가 많이 오니 우산과 우비를 입고 나가라 →우산을 쓰고 우비를 입고
⑤ 어린이는 나라의 주역이 될 기둥이고, 마땅히 그들을 보호할 의무가 있다.→(어른들은) 마땅히~

2) 동일어의 반복 사용에 의한 비문(불필요한 성분은 없는가?)

① 판이(判異)하게 다르다.→아주 다르다, 판이하다.('판이하다'가 '비교 대상의 성질이나 모양, 상태 따위가 아주 다르다'란 뜻이므로 '다르다'를 덧붙일 필요가 없다)
② 결실(結實)을 맺다→결실을 거두다, 결실하다, 계약(契約)을 맺다→계약하다, 자매결연을 맺다→결연하다.
③ 남은 여생(餘生)→여생, 남은 생애
④ 돌이켜 회고해 보건대→회고(回顧)해 보건대, 돌이켜 보건대
⑤ 미리 예방하다/사전에 예방하다→ 예방하다.(예방 : 질병 따위가 일어나기 전에 미리 대처해 막는 일)

3) 호응관계가 잘못된 비문(성분끼리 자연스럽게 어울리는가?)

(1) 주어와 서술어의 호응이 잘못된 비문

문장의 기본 구조를 갖추기 위해서는 무엇보다도 주어와 서술어가 호응해야 한다. 문맥상 의미가 통할 때에는 우리말의 특성상 주어가 생략되거나 이중주어가 오는 경우도 있다.

① 그보다 중요한 것은 국제 경쟁력을 갖추기 위해서는 외국어를 구사할 수 있어야 한다. →그보다 중요한 사실은 국제 경쟁력을 갖추기 위해서는 외국어를 구사할 수 있어야 한다는 것이다.

② 살아가는 데 있어서 무엇보다 중요한 것은 건강해야 한다. → 건강해야 한다는 사실이다.

③ 내가 강조하고 싶은 것은 학교에 지각하지 말아야 한다. → 지각하지 말아야 한다는 것이다.

④ 성적이 떨어지는 이유는 컴퓨터 게임을 너무 많이 했다.→너무 많이 했기 때문이다.

⑤ 우리가 알아야 할 것은 환경을 함부로 오염시키면 나중에 더 큰 피해를 입게 된다.→ 된다는 것이다.

(2) 수식어와 피수식어의 호응이 잘못된 비문

꾸밈을 받는 말과 꾸미는 말이 호응하는 것을 말한다. 관형어는 체언적인 요소를 수식하고, 부사어는 용언적인 요소를 수식한다. 꾸미는 말은 가급적 길지 않아야 하고, 꾸밈을 받는 말과 꾸미는 말은 그 거리가 가까울수록 좋다.

① 나도 모르게 바다에 빠졌던 일이 생각나서 울음이 나왔다. → 바다에 빠졌던 일이 생각나서 나도 모르게 울음이 나왔다.

② 한결같이 어려운 이웃을 돕는 사람들이 많습니다.→어려운 이웃을 한결같이 돕는 이웃 사람들이 많습니다.

③ 자동 커피 판매기→커피 자동 판매기

(3) 부사어와 서술어의 호응이 잘못된 비문

① 오늘 급식의 반찬이 별로 좋았다. → 별로 좋지 않았다.
② 그는 내키지 않는 일은 반드시 하지 않는다.→ 결코
③ 네가 아무리 바빠도 그 약속만큼은 절대로 지켜야 한다. → 꼭, 반드시
④ 이번에 새로 나온 음반은 그다지 좋은 편이다.→ 그다지 좋은 편이 아니다.
⑤ 과연 그 사람은 영리하지 않구나! → 영리하구나!

(4) 목적어와 서술어의 호응이 잘못된 비문

① 학교에서 돌아오면 그는 늘 빵과 우유를 마셨다. →그는 늘 빵을 먹고 우유를 마셨다.
② 장갑차나 탱크 등은 소총이나 수류탄을 던져 봐야 끄덕도 하지 않는다.→소총으로 쏘거나 수류탄을 던져 봐야~
③ 칼과 복면을 한 강도→ 칼을 들고 복면을 한
④ 그는 어제 하루 동안 많은 운동과 업무를 처리했다. → 많은 운동을 하고 많은 업무를 처리했다.

(5) 조사와 서술어의 호응이 잘못된 비문

① 그는 초보치고 적응을 잘하지 못한다.→그는 초보치고 적응을 잘한다.
그는 초보라서 적응을 잘하지 못한다.
② 아무리 튼튼한 사람들도 감기에 걸려요.→사람이라도
③ 먹지를 않는다. → 먹지 않는다.
④ 한결이는 날마다 화초에게 물을 준다.→ 에
⑤ 이 세균 때문에 병의 걸린다.→병에
⑥ 여름은 바다로, 겨울은 산으로 가자.→ 에는

(6) 문장을 접속할 때의 부주의로 인한 비문

① 조응 규칙을 어긴 경우
・인간에게는 다른 동물과는 달리 성취 의욕, 즉 남들이 달성하기 어려운 과업을

자신이 이루었을 때 쾌감을 느끼는 특징이 있다. → ~자신이 이루어 보려고 하는 마음이 있고, 또 그것을 이루었을 때 쾌감을 느끼는 특징이 있다.

- 기재 사항의 정정 또는 금융기관의 수납인 및 취급자인이 없으면 무효입니다.
  → '정정'을 '정정이 있거나'로 고친다.
- 제품의 탈색, 변형 및 고장이 발생하는 경우에 교환이 됩니다.
  → 제품이 탈색 또는 변형되거나, 고장이 발생하는 경우에 교환이 됩니다.
- 미국, 일본 및 체르노빌에서 일어난 일련의 핵사고(체르노빌→러시아)
- 어머니는 불교를 믿지만 나는 교회를 믿는다.(교회→기독교)

② 공통되지 않는 요소를 생략할 경우

- 인간들은 한편으로는 자연에 순응하면서, 다른 한편으로는 (자연을) 이용하면서 살아왔다.
- 시험 발표 후 얼마 동안은 기쁨으로 무얼 할지도(몰랐고), 해야 할 일도 없었다.
- 이 과일은 맛도 영양도 아주 많다→ 맛도 좋고 영양도
- 나는 방과 집안, 그리고 나아가서는 부엌 설거지까지도 도맡아 해야 했다.→방과 집안의 청소
- 한번 오염된 환경이 다시 깨끗해지려면 많은 비용과 노력, 그리고 긴 시간이 든다.→비용과 노력이 들고, 긴 시간이 걸린다.

③ 두 절의 관계가 논리적 호응을 이루지 못하는 경우

- 누나는 피자를 좋아하고, 형은 모범생이다. →누나는 피자를 좋아하고, 형은 냉면을 좋아한다.
- 형은 공부를 잘하고, 동생은 머리가 나쁘다. →형은 공부를 잘 하고, 동생은 노래를 잘한다.
- 내가 목표하는 과에 가기 위해서라기보다 자칫하면 망각하기 쉬운 학생의 직분, 즉 열심히 학문의 진리를 탐구해야겠다.('위해서라기보다'와 비교되는 말이 없음.)
- 형은 테니스를 좋아했고, 누나의 취미는 탁구였다.→형은 테니스를 좋아했고, 누나는 탁구를 좋아했다.

④ 접속부사의 호응을 이루지 못하는 경우

- 우유에는 칼슘이 많다. <u>그런데</u> 멸치에는 칼슘이 많다. →그리고 멸치에도

· 선생님이 부르셔서 달려갔다. <u>그러나</u> 가다가 넘어졌다. →그런데
· 그는 국어, 영어, 수학을 잘한다. <u>그러므로</u> 체육도 잘한다.→게다가 체육마저

(7) 단어의 오용으로 인한 비문

① 오늘 소풍 가는 날인데 마침 비가 오니 낭패로구나.→공교롭게도
② 이론과 현실은 틀리다.→다르다.
③ 아직 포기하기에는 빠르다.→이르다
④ 정답이 뭔지 알아맞춰 보세요.→알아맞혀
⑤ 공부를 안 해서 시험을 많이 틀리고 공부가 떨어졌다.→시험문제를, 성적이

4) 시제의 오용에 의한 비문

① 초등학교 시절 그는 다른 아이들에 비해 두 살이나 적다. → 두 살이나 적었다.
② 영희와 내가 처음 만난 것은 우리가 대학교 삼 학년이 되는 해의 겨울이었다.
→ 되던
③ 어느 주택가 놀이터에 갔었을 적에 →갔을 적에
④ 나는 요즘 어린 시절의 동심을 잃어가는 것 같은 느낌으로 슬퍼지는 때가 있었다.
→ 있다.
⑤ 일을 모두 마치고 집에 도착하니, 열두 시가 넘는다.→넘었다.

5) 높임 표현의 호응이 잘못된 비문

① 할머니께서는 눈이 매우 좋다. → 좋으시다.
② 사장님의 축하 말씀이 계시겠습니다.→ 있으시겠습니다.
어머님이 살아계시나 돈은 안 계세요.→어머님이 살아계시나 돈은 없으세요.
③ 어머님, 제 말 좀 들어보세요. → 어머님, 제 말씀 좀 들어보세요.
※ '말씀' : '말씀'은 높임말도 되고 낮춤말도 됨.
④ 철수야, 선생님이 너 오시래. → 오라셔.
⑤ 할아버지께서 밥을 먹으신다. → 진지를 잡수신다.

6) 피동문과 사동문의 지나친 사용에 의한 비문

(1) 피동법의 오용

① 되어진다(이중피동) → 되다+-어지다 → 된다
② 보여진다(이중피동) → 보다+-어지다 → 보인다
③ 그럴 것으로 생각되어집니다 → 생각됩니다.
④ 청소년들에게 많이 읽혀지고 있는 책 → 읽히는 책
⑤ 대문이 열려지지 않아 출근하는 데 애를 먹었다 → 열리지

(2) 사동법의 오용

① 너 거짓말 (시키지/**하지**) 마.
② 직원을 (해고시켰다/**해고했다**).
③ 국회가 법안을 가결(시켰다/**했다**).
④ 우리 공장에서는 기계를 하루 종일 가동시키고 있습니다.→ 가동**하고** 있습니다.
(주어인 '우리 공장'이 기계를 가동한 것인데, 불필요하게 사동표현인 '가동시키다'를 써서 어색한 문장이 되었다.)

7) 관형화와 명사화 구성의 남용으로 인한 비문

① 관형화 구성의 남용으로 인한 비문
- 나의 살던 고향은 꽃 피는 산골 → 내가 살던 고향
- 초라한 쓸쓸한 그의 행색을 본 사람은 그에 대한 동정심을 금치 못했다.
  → 그의 초라하고 쓸쓸한 행색을 본 사람들은 그를 동정했다.
- 유구한 빛나는 전통문화를 단절시킬 가능성이 큰 융통성이 없는 문화 정책은 재고해야 한다.
  → 유구하고(유구히) 빛나는 전통문화를 단절시킬 가능성이 큰 문화정책은 재고되어야 한다.
- 단순한 디자인의 옷일수록 출연범위가 넓다. → 단순하게 디자인한 옷일수록

- 교사의 학생 체벌에 관한 사건이 몇 차례 있었다. → 교사가 학생을 체벌한 사건

② 명사화 구성의 남용으로 인한 비문

- 우리 사회의 외래어 남용 폐해가 심각하다. → 우리 사회에 외래어를 남용하는 폐해가 심각하다.
- 겨울에는 화재 예방 대책 마련에 철저를 기해야 한다. → 겨울에는 화재를 예방하는 대책 마련에
- 한식은 영양가가 풍부하다는 것과 약간 맵다는 것이 특징이라는 것이다. → 한식은 영양가가 풍부하고, 약간 매운 것이 특징이다.
- 우리 조상들은 꿀물을 먹는 지혜로움이 있었다 → 우리 조상들은 지혜롭게도 꿀물을 먹었다.
- 피곤함에도 불구하고 그는 여행길에 올랐다. → 피곤한데도 그는

8) 중의성에 의한 비문

① 아버지는 웃으면서 들어오는 아들에게 심부름을 시켰다. (웃은 주체가 누구인지 불분명하다. 문장부호를 사용하여 의미를 분명하게 해야 한다.)

아버지는, 웃으면서 들어오는 아들에게 심부름을 시켰다. (아들 ^_^)

아버지는 웃으면서, 들어오는 아들에게 심부름을 시켰다. (아버지 ^_^)

② 남편은 나보다 비디오를 더 좋아한다.

→ 남편 ♡ 비디오〉 나, 남편 ♡ 비디오〉 나 ♡ 비디오

(남편이 내가 비디오를 좋아하는 것보다 더 비디오를 좋아하는 것인지, 남편이 나를 좋아하는 것보다 비디오를 더 좋아하는 것인지 비교 대상이 모호하다.)

③ 우리 겨레의 역사에 길이 빛날 한글을 창제하신 세종대왕(길이 빛날 한글)

우리 겨레의 역사에 길이 빛날, 한글을 창제하신 세종대왕(길이 빛날 세종대왕)

9) 부정문의 중의성으로 인한 비문

① 나는 어제 택시를 타지 않았다.

→내가 어제 택시를 타지 않았다.

→나는 어제 택시를 타지 않고 오늘 탔다.
→나는 어제 택시를 타지 않고 버스를 탔다.
→나는 어제 택시를 타지 않고 잡기만 했다.

② 사람들이 다 오지 않았다.
('아무도 오지 않았다'의 뜻인지? '일부는 오고 일부는 안 왔다'는 뜻인지?)

10) 외래어 사용과 외국어 번역투로 인한 비문(우리말답지 않은 표현들)

세계화 시대를 맞아 번역서가 많아지다 보니 원래 우리말에는 없었던 생소한 어법이 많이 생겨났다. 서술어미를 표현하여 우리말답게 표현하지 않고 명사와 조사를 이용하여 영어식으로 서술한다. 조사도 우리말다운 조사가 아닌 영어 단어를 직역한 조사를 쓴다. 이를 번역투라고 한다. 하지만 번역투 문장은 장황하고 어색하며 의미 전달이 잘 안 된다. 우리말은 첨가어로서 용언을 활용할 수 있기 때문에 다양한 어미를 붙이기만 하면 얼마든지 의미를 바꿀 수 있는데 비해, 영어는 용언을 제대로 활용하지 못하기 때문에 명사와 전치사를 많이 이용하고 단어를 적절히 배합하여 뜻을 전달한다. 서술어가 발달한 우리말식 표현이 훨씬 더 쉽고 문체가 부드럽다. 다음은 영어나 일본어의 영향을 받은 예문들이다.

일본어나 영어의 영향을 받은 문장의 예

① 불조심을 하는 것은 아무리 강조해도 지나치지 않다.
② 청소년들은 자신이 좋아하는 연예인에 대하여 많은 관심을 기울인다.
③ 이 책은 최 박사에 의해 쓰여졌다. → 최 박사가 이 책을 썼다.
④ 그의 새 작품은 여러 가지 면에서 주목에 값한다. → 그의 작품은 주목할 만하다.
⑤ 보다 나은 미래를 위해 → 더 나은(*more~than*)
⑥ (물주구문) 이 영화는 엄청난 관객을 불러들였다 → 이 영화에 관객이 엄청나게 몰렸다.

⑦ 그 사람은 선각자에 다름 아니다. → 선각자나 다름없다. 선각자라 할 만하다.
⑧ 우리는 책을 통하여 많은 지식을 얻는다. → 책에서
⑨ 우리 집은 목동에 위치하고 있습니다. → 목동에 있습니다.
⑩ 지도자에게 요구되는 가장 큰 덕목은 정직이다.(*be required of* 의 직역)
⑪ 오늘 하지 않으면 안 되는 일이다. → 해야 할
⑫ 정류장이 아닌 곳에서는 하차할 수 없음을 양해해 주시기 바랍니다. → 하차할 수 없으니 양해해
⑬ 도로공사를 하고 있는 중이어서 불편이 이만저만이 아니다 → 하고 있어서
⑭ 선생님들과 함께 수련활동을 떠난 이들 학생들은 부모님들의 고마움을 생각하는 소중한 시간들을 보냈다. → 여기서 '들'은 불필요한 복수접미사
⑮ 사랑이란 무엇인가에 대해 정의하기는 어렵다. → 무엇인가를
⑯ 외국어를 공부함에 있어서 왕도란 없다. → 외국어를 공부하는 데
⑰ 컴퓨터로 인해/컴퓨터에 의해 → 컴퓨터 때문에*(by)*
⑱ 아버지로부터 재산을 물려받았다 → 아버지에게서(한테서)
⑲ 12월 10일부터 원서를 접수한다. → 12월 10일부터 15일까지 원서를 접수한다.
⑳ 2008학년도부터 적용이 되는 새 입시제도에서는 논술이 당락의 변수가 될 것으로 예상이 된다. → 예상된다.
㉑ 학교나 학원에선 벌써 글쓰기 논술 과목을 강화를 하고, 학부모들도 어떻게 대비를 해야 할지 걱정을 하고 있다. → 강화하고, 대비해야 할지, 걱정하고 있다.
㉒ 자기만이 최고라는 선민의식 내지 독선을 버려야 한다. → 선민의식이나 독선
㉓ 정답은 3번이 되겠습니다. → 3번입니다.
㉔ 그는 아버지의 말씀이라면 무조건적으로 따르고 있다. → 무조건
㉕ 모레 10시에 모임을 갖자 → 모이자.(*have*의 직역)
㉖ 시간상, 비용상 큰 차이가 없다 → 시간과 비용에 큰 차이가 없다.
㉗ 자신감이 성패여부를 결정하는 중요한 요소이다. → 성패를
㉘ 피곤함에도 불구하고 → 피곤한데도
㉙ 연구를 행하다 → 연구하다
㉚ 브라운톤에 포커스를 두다 → 갈색을 강조하다.

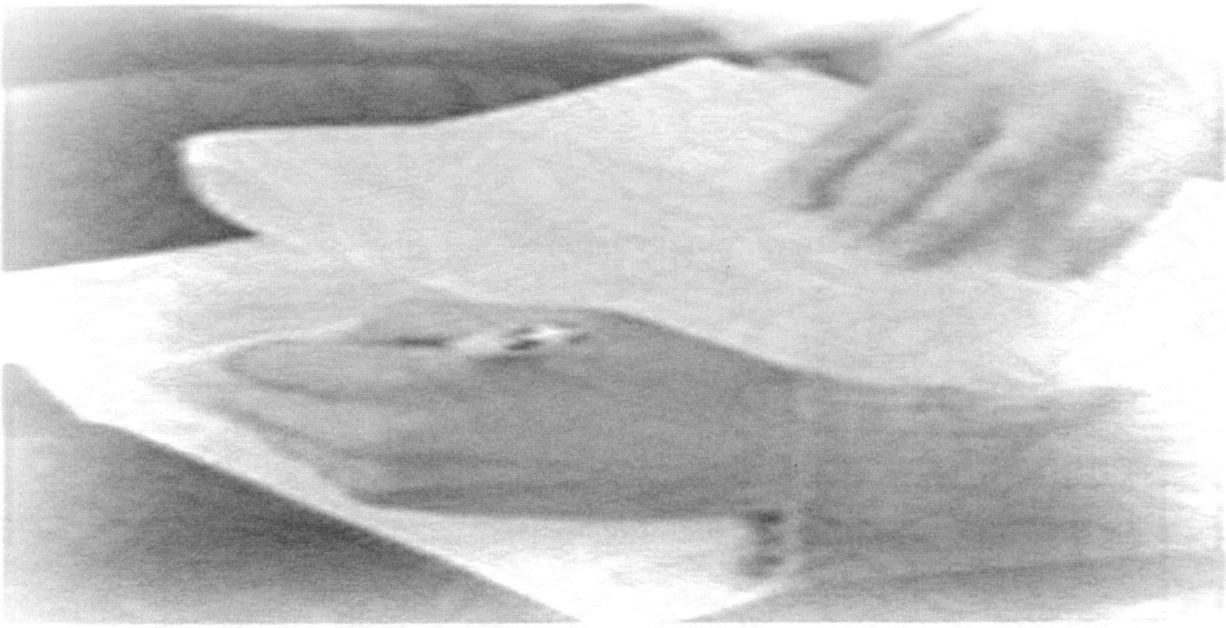

논술의 이해

제 4 장

1. 논리적인 글쓰기 지도
2. 논술의 단계-단계별 논리적 글쓰기의 실제
3. 단계별 논리적 글쓰기 지도의 실제
4. 유형별 논리적 글쓰기 지도의 실제

1. 논리적인 글쓰기 지도

1) 왜 독서 논술인가?

오늘날 어른들은 아이들이 살아가게 될 미래의 세상을 예측할 수 없게 되었다. 한 마디로 불확실성의 시대다. 산업사회에서 기술교육을 받고 성실하게 일하면 되는 가치에서 지식정보화사회로의 이양은 많은 변화를 낳게 되었다. 근대화 사회의 특징인 산업 · 집단 · 대량 · 측량 등에서 탈피한 현대는 감성과 이미지에 호소하고 인간을 중심으로 개인이 구성해 내는 것에 의미를 두기 시작했다. 이처럼 변화한 세상에서 우리는 아이들이 감당해야 할 변화가 무엇이든 간에 적극적으로 행동할 수 있는 사람이 되어 자신이 누구인지, 왜 이 자리에 존재하는지에 대한 의식을 분명히 가질 수 있도록 도와 주어야 한다. 그래서 다양한 책을 통해 간접적으로 삶을 알고 삶의 예행연습을 통해 적극적으로 대처하기를 바라는 것이다.

논술은 이런 부분과 연계해 어떤 문제를 따지고 가려서 자기 의견을 서술하는 글이다. 결국 논술은 문제의식을 가진 개인이 주위 환경과 교류하면서 살아가는 방식이다.

개인이 생각하는 것에 의미를 두는 것이 중요한 사회라면 삶의 본질적인 문제나 사회의 논란이 되는 문제에 대해 나는 어떻게 생각하는지 남들은 어떤 생각을 가지고 있는지 생각해 보는 것이다. 그리고 자기와 다른 사람의 생각을 듣고 내 의견을 말하고 생각해 보는 것이다. 따라서 논술의 기본 성격은 근거를 통해서 자신의 주장을 설득력 있게 표현하는 것에 있다. 왜냐하면 근거가 없고 주장과 의견만 있으면 남이 내 의견에 공감과 지지를 할 수 없다. 남 또한 논리적인 이유를 제시해야 내가 공감을 보낼 수 있는 것이다. 따라서 논술의 핵심은 근거 있는 주장을 내세우는 것이다. 구체적으로 말해서 자신의 주장을 제시하고 그 주장에 대한 근거를 댈 수 있어야 한다. 이러한 주장과 근거의 관계가 논리이다.

논술문 쓰기는 사회적인 문제 곧 인간이 모여 사는 데서 비롯되는 다양한 문제들에 관심을 갖게 하고 타인과 더불어 대화하고 그를 통해 함께 사는 지혜를 터득하게 할 수 있게 한다.

논술을 통해서 길러야 할 능력은 사리분별력, 시민으로서의 양식, 주관을 세워 평형 감각을 잃지 않을 수 있는 능력, 공동체 생활에 적극 참여할 수 있는 능력을 기르는 것이다. 그래야만 '인간은 사회적 동물이다'라는 대전제처럼 소통하며 같이 살아갈 수 있는 건강한 사회가 되는 것이다. 독서를 통해서는 다양한 삶의 방식에서 나오는 문제를 발견하고 논술에서는 이런 문제가 우리 사회에서는 어떻게 나타나고 있는지 왜 이런 현상이 생겼는지 어떻게 하는 것이 효율적이고 합리적인 것인지를 고민하는 것이다. 이런 사고과정을 위해서는 비판적 사고력과 창의적 사고력이 중요하다.

창의적 사고력은 일차적으로 우리의 직접경험에서 나온다. 간접경험은 풍부한 독서를 통해 이루어진다. 논술훈련과정에서 우리는 직접 경험을 반성적으로 주목하는 태도도 중요하지만 무엇보다도 독서를 통해 다양하고 풍부한 간접경험을 쌓는 것이 중요하다.

요즈음은 인터넷으로 정보를 다채롭게 얻을 수 있는데 왜 책을 읽어야 하나라고 생각할 수 있다. 다채로운 정보는 실제로는 모르는데 안다고 착각을 하게 한다. 인터넷에서는 무수한 정보가 떠다니지만 체계를 갖추어서 길게 이론을 논의하는 경우는 드물다. 인터넷은 대충 많이 훑어보듯이 주워 보기에 좋은 매체이다. 논리체계가 길게 이어지는 글은 모니터 화면으로 읽기가 힘들다. 책읽기가 인터넷시대에 필요한 이유는 체계가 잡힌 지적 세계를 이루기 위해서다. 교과서는 살과 피는 없고 뼈만 있어서 많은 지식의 핵심체계를 속도 있게 흡수할 수 있지만 사람이 사는 이야기가 없어서 감동이 없다. 어떤 주제에 대해 인간다운 공감을 느끼려면 교과서만 읽어서는 부족하다.

책을 읽으면서 가슴이 뜨거워지고 마음이 아프고 고민에 잠기는 체험이야말로 어느 새 세상논리에 물들어 버린 우리의 정신을 일깨워 우리의 사람다움을 되살리는 힘이다. 그래서 영상과 이미지에 익숙한 아이들에게 생각하고 쓰게 하는 방법을 고민하면서 독서를 이야기하는 것이다.

(1) 책의 종류에 따른 책읽기

1 감동을 주는 문학작품

문학은 감동을 주는 글이다. 문학 작품을 읽은 뒤에는 작가가 전하려는 참뜻을 생각해 볼 필요가 있다. 겉으로 드러난 의미 외에 숨겨진 의미를 발견해 내고 그

의미들이 나에게 어떤 의미가 있는지 생각해 본다.

② 논제를 다루는 인문 · 사회 과학책

인문 · 사회과학 책들은 논술문 형식으로 이루어진 경우가 많다. 논술문을 읽을 때는 글쓴이의 주장이 믿을 만한 근거와 자료를 갖추고 있는지, 논지 전개가 논리적이며 오류가 없는지, 필자의 주장은 어떤 가치와 의미가 있는지 살피며 읽어야 한다. 언어, 역사, 철학, 신학 윤리 예술 등이 포함된다.

③ 자연을 탐구하고 원리를 밝히는 자연 과학책

자연 과학책은 인간을 둘러싼 자연환경을 탐구하여 그 원리를 밝혀 내는 학문이다. 자연 과학은 거의 모든 것이 어떤 원리로 설명되므로 그 원리를 이해하는 것이 가장 중요하다.

④ 뉴스를 전달하는 신문 · 잡지

정보가 전하는 사실을 이해하거나 분석하면서 의견을 분류하고 자기의견을 덧붙인다.

(2) 5단계 독서법(SQ3R) : 지식을 체계화하고 오래 기억할 수 있는 방법 제시

1단계 : 훑어보기(*Survey*)

본격적인 읽기에 들어가기 전, 책의 제목과 삽화, 그림, 표 등을 살펴보면서 책의 주제를 추론해 보는 단계이다.

2단계 : 질문하기(*Question*)

훑어본 내용을 바탕으로 예측해 보기

- 이 책은 어떤 내용을 담고 있을까?
- 책 제목은 어떤 뜻을 내포하고 있을까?
- 글쓴이는 왜 이 책을 쓴 것일까?
- 이 책을 읽는 데 얼마나 시간이 걸릴까?
- 이 책의 결론은 어떻게 날까?

- 이 책의 주제는 무엇인가?

3단계 : 읽기(*Reading*)

읽기 단계, 글쓴이의 주장이 올바른지, 내 생각과는 어떻게 다른지 등을 생각하며 비판적으로 읽어야 한다. 겉으로 드러나 있는 것 외에 속에 숨은 의미를 파악하는 것도 중요하다.

4단계 : 되새기기(*Recite*)

책 내용을 되새김질하는 시간, 독서 노트를 만들어 책 제목과 요약문을 함께 기록해 두면 두고두고 쓸모가 있다.

5단계 : 검토하기(*Review*)

작성한 요약문이 올바른지, 책 읽기 전 제기한 질문에 대한 답을 정확하게 예측했는지 등을 다시 한번 살펴보는 단계이다. 책 내용을 완전히 이해했다는 생각이 들면, 간단한 비평도 해 본다.

2) 글쓰기란 무엇인가?

아이들은 글쓰기를 어려워한다. 대부분의 어른들도 글쓰기를 어렵게 생각한다. 어른들은 자신들도 잘 하지 못하면서 아이들에게 그것도 못하냐고 윽박지르기도 한다.

글쓰기는 왜 어려울까?

말하기는 반복되는 경험에 의해서 습득되지만 글쓰기는 글자(문자)를 별도로 익혀야만 하기 때문에 학습이 꼭 필요하다. 또한 글쓰기는 머리 속에 떠오른 생각을 펜을 가지고 종이 위에 옮기는 과정을 거쳐야만 한다. 그러므로 글쓰기는 기본적으로 학습을 통해 이루어지며 문자 습득에서부터 문장배열, 사고력 및 표현력 훈련 등 점진적이고 체계적인 교육과정이 필요하다. 그래서 말하기보다 상대적으로 어려울 수밖에 없다.

언어는 생활 속에서 발생하는 자신의 문제와 욕구 필요 등을 해결해 나간다는 과정 속에서 자연스럽게 배우는 것이다. 그러나 과연 지금의 글쓰기 교육이 아이들 자신의 문제나 요구를 해결하는 데 도움이 되는지를 따져 보아야 한다. 과연 글쓰기가 생활 속에서 얼마나 일상적으로 이루어지고 있는지, 아이들 사이에서 또 아이들과 어른들 사이에서 의사소통의 수단으로써 글쓰기가 사용되고 있는지에 대해 문제의식을 가져야 한다.

글쓰기 지도를 하기 위해 선생님이 준비해야 하는 가장 중요한 것 가운데 하나는 아이들의 생활 속에서 가장 필요하면서도 직접 영향을 미치는 동기와 상황을 만들어 주는 것이다.

아이들과 삶을 살아가는 과정에서 행복한 생활을 꾸려 가는 데 도움이 되는 글쓰기, 자신의 기쁨과 슬픔, 그리고 고민과 꿈을 풀어 가는 데 도움이 되는 글쓰기, 친구들과 우정을 나누고 자신이 지니고 있는 재능과 개성을 발휘하며 키워 가는 데 도움이 되는 글쓰기야말로 우리가 나아가야 할 글쓰기 교육의 방향이다.

(1) 논술문이란

어떤 대상 또는 주제에 대하여 합리적인 사고과정을 통해 이루어진 자기 나름의 견해나 주장을 체계적인 방식으로 서술한 글이다. 서술한 글로 의사소통을 원활하게 하기 위해서는 독해력과 표현력이 필요하다. 학문연구를 위한 합리적인 사고의 힘을 기르기 위해 논리력, 분석력, 창의력, 문제해결력이 필요하다. 합리적인 사고과정이란 '논리적 사고를 통해 이성적 판단을 이끌어 내는 정신작용이다.

* 논술(論述)
= 논증+서술(차례를 따라 풀어 쓰는 글
생각하는 논리 - 추론, 표현하는 논리 - 논증

* 논증(論證)
= 논리+증명(논거제시)
논리 - 이치, 곧 사물의 정당한 조리
사리의 옳고 그름에 대한 자신의 생각이나 주장을 체계적으로 말함

* 논술이란
1. 자신의 생각이나 주장을 쓴다.
2. 이치에 맞춰 체계적으로 쓴다.
3. 객관적으로 증명한다.
4. 차례를 따라 풀어 쓴다.

* 논술에 필요한 능력
1. 독해력, 표현력
2. 사고력 : 사유할 수 있는 정신능력, 논리력, 분석비판력
3. 문제해결 능력 – 판단력, 창의력

(2) 논리적 사고를 위한 방법

① 가슴으로 느끼고 마음으로 바라보라.
- 아이들의 질문을 막지마라.
- 아이들과 대화를 많이 해야 한다.
- 대답하기 곤란한 아이들의 질문에 대해 슬기롭게 대처해야 한다.

② 브레인스토밍으로 창의력을 길러라.
③ 상상력을 개발하라.
④ 삐딱한 시선으로 세상을 바라보라. – 비판적사고
⑤ 아전인수하지 말고 역지사지하기
⑥ 언제 어디서나 메모하기
⑦ 비교 대조하는 습관을 가져 보기
⑧ 관심 : 생각한다는 것은 실제로 바라본 것이든 머릿속에 떠오른 것이든 관계 없이 그것에 대해 어떤 질문을 던져 보고 그에 대한 답들을 제시해 보려고 노력하는 행위를 말한다.

* 생각하는 행위는 내 의식이 가미된 능동적인 행위이다.
* 논술공부 방법론이 '말(표현하는 논리 : *Talking of logic*)'에 치중되어 '추론하는 논리(생각하는 논리 : *Thinking of logic*)'를 소홀히 하는 경우 논술 공부의 근본 목적인 "종합적이고 추론적인 논리적 사고력의 함양"의 달성이 어렵게 된다.
* 논술고사에서 요구하는 글의 양식 자체가 국어교과는 물론, 우리 사회에도 없으므로 이러한 논술의 언어 양식의 측면에서 보면 가상의 언어 행위에 지나지 않고 실제 논술행위도 글쓰기로서의 논술보다는 사고행위로서의 논술로 흐를 가능성이 높다.
  논술은 의사소통의 중요한 양식이다. 바로 이런 소통 양식이 공동체의 문화를 형성하는 것이다. 이 점이 간과되면서 논술에서 글쓰기는 단락구성, 맞춤법, 원고지사용법 차원의 조건으로 격하되고 있는 형편이다. 따라서 교사들은 어린이들의 사고력증진에 많은 시간을 할애해야 한다.

(3) 논술의 5가지 성격

1 문제 발견을 위한 논술

문제 발견이란 설명, 해결, 개선, 입증, 분석, 선택 등이 필요한 일을 스스로 찾아내는 것을 말한다. 문제를 발견하려면 사실을 이해하는 능력, 상황이 어떠한지 살피는 관찰력, 그 관찰의 결과를 문제로 만들 수 있는 능력이 있어야 한다.

2 문제해결을 위한 능력

문제 상황에 대해 현실적이고 논리적인 판단을 내리는 성격을 갖는다. 판단은 현실성이 있어야 하고, 논리적으로 잘못된 것이 없어야 한다.

3 종합적 사고를 위한 논술

관련된 여러 사항 등을 연결지어 파악함으로써 합리적 사고를 하는 것, 원인과 결과, 동기와 수단, 주원인과 부수적 원인, 문제에 미치는 외적인 영향 등을 폭넓게 고려하고 판단해야 한다.

4 논리적 사고를 위한 논술

논리적 절차에 따라 문제의 해결 방법을 생각하는 성격을 띤다. 논지 전개의 객관성을 유지하기 위해서 필요하다.

5 글쓰기를 위한 논술

논술은 생각을 언어로 표현하는 작업이기도 하다. 화려한 문장을 쓰려는 노력보다 문제의 발견과 해결을 위한 지적인 활동이 더 중요하다.

(4) 논술의 구성요소

논술은 의견이 분분한 주제에 대해 동서고금은 물론 동시대를 살아가는 다른 사람의 생각을 공유하고, 내 생각을 논리적으로 설득하는 과정을 언어로 서술하는 일련의 과정이다.

논술은 우리들 삶에 직접적인 문제와 관련이 있기에 경험을 통해 문제를 발견하고 해결하는 과정을 훈련한다면 그리 어렵거나 힘든 일은 아니다.

1 추리

사실을 바탕으로 누구라도 그렇게 생각할 수 있을 만한 결론을 이끌어 내는 생각의 형식이 추리이다. 추리는 여러 사람에게 타당해야 한다.

2 논증

추리를 언어로 옮긴 것을 '논증', '추론'이라고 한다. 전제와 결론의 형식으로 구성된 문장들의 모임이다.

3 논리, 논리적

합당한 이치에 따라 생각하는 방법이며 결론과 전제 사이의 관계가 이치에 맞게 사고하는 방법이다.

4 논거

결론은 하나의 주장, 주장을 뒷받침하기 위해 제시된 전제들을 논거라 한다. 논거를 통해 전제와 결론이 만나기 때문에 논증적인 글인 것이다.

전제(논거)들에 의해 지지되는 결론(주장)이 논리적인 글쓰기의 가장 기본이다.

5 논지

단락의 중심 생각이다.

- 단락 문장들로 이루어진 생각의 덩어리
- 단락 간에는 유기성과 통일성이 있어야 한다.

6 논증의 형식

주장을 효과적으로 전달하기 위해 논증을 구성하는 형식

① **연역논리** : 규칙적으로 일어나는 사건들처럼 예외 없이 발생하는 상황을 하나의 전제로 삼아 출발한다.

- 보편적인 속성을 전제로 하는 논리 : 삼단논법
- 순환논리에 빠지는 오류

- 전제와 결론 사이의 관계가 타당하지 않음을 보여주는 것

② **귀납논리** : 통계적으로 보편적인 현상을 일반화할 경우 이를 귀납논리라 한다.
- 경험적 사례들을 통계적으로 보고 결론을 도출해 내는 논리
- 성급한 일반화의 오류

③ **유비논리** : 이미 알고 있는 것을 바탕으로 해서 다른 상황을 비유적으로 설명하는 논리, 설명을 위한 논리
- 종교나 예술영역 : 붓다의 유비논리는 어리석음을 깨우쳐 주기 위한 것
- 유비논리는 듣는 사람 스스로가 결정하거나 선택하게 하는 '암시'의 뜻을 가진다.

④ **변증논리** : 하나의 관념에 대하여 그것과 모순되는 관념이 생겨나 갈등을 일으키다가 그 두 가지를 종합하는 새로운 관념으로 발전해 가는 방법
- 변증논리는 대립과 갈등의 현상을 모순 관계로 표현하고, 그것이 지양적으로 종합되는 것을 표현해 줌으로써 발전에 변화 또는 비약적 변화가 나타났음을 보여 주어야 한다.

⑤ **실천논리** : 어떤 목적이 주어지면 그것을 달성할 수 있는 수단을 생각해 내는 것이 실천논리이다. 실천논리적 능력은 수단을 생각해 내는 능력, 더 좋은 수단을 발견하고, 고안해 내고 그것을 학습하여 실용화하는 능력이다.

⑥ **귀추논리** : 일상생활에서 귀추논리는 마음과 행동의 관계를 설명하고 이해하는데 적용되고 있다.
- 예) 사랑하는 마음이 있다는 것을 가정하는 것을 귀추논리(귀추적 가정). 귀추논리의 특성은 개체성의 차원에서 관찰된 사실에 근거하여 그것을 설명해 줄 수 있는 일반성의 차원에서 가정을 만들 때 여러 가지 가설이 세워질 수 있다는 것이다. 어느 것이 참 가설인가?

*논증의 방식보다는 논증의 타당성에 유의하라.
논증이 타당하려면 전제가 거짓이 아니라 참이라는 사실이 바탕이 되어야 한다.

(5) 논술과 사고

사고한다는 것, 생각한다는 것은 우리가 듣고 생각난 것에 대해 질문을 한다는 것이

다. 생각한다는 것은 듣거나 보는 행위 다음에 있다. 따라서 일상생활에서 의문나는 것, 궁금한 것에 관심을 가지기 시작하는 것은 학문의 시작이며 논술의 시작이 된다.

1 문제제기

'질문'이라는 단어를 어려운 말로 표현한 것일 뿐 묻는 행위와 다를 바 없다.

① **자기주장** : '자기주장'은 자기가 제기한 문제 '질문'에 대한 답이 되는 것이다(논증)

② **논거제시** : 자기주장이 옳다는 것을 입증하는 과정이 바로 '논거 제시'다. 논술에서 주장이 중요하다고 말하는 사람들이 있다. 하지만 주장이 중요할수록 그것을 뒷받침하는 논거가 중요하다. 전체의 내용은 간단히 말하면 문제제기, 주장과 논거, 결론이 있어야 한다.

문제제기	논제 : 문제에 대해 자기물음을 만든다.
주장과 근거	문제 제기 속에 자기 생각을 포함 : 근거 찾기
결 론	자기생각, 주장정리

2 논리의 정체

논리는 주장에 대해 근거를 이치에 맞게 표현하는 것을 말한다. 전제와 결론의 관계를 따지는 학문이다. '논리'라는 단어를 이치에 맞거나 사리에 합당할 때, 그리고 부당한 비약을 하지 않고 앞뒤의 모순이 없을 때 논리라는 말을 사용한다.

3 오류

오류란 '그릇되어 이치에 어긋나는 인식'을 말한다. 우리가 일상적으로 생각하고 말하는 가운데 많은 오류가 발생하는데, 이런 오류들은 언뜻 보기에는 그럴 듯하면서도 논리적으로는 타당하지 못한 경우가 대부분이다.

① **형식적 오류** : 삼단논법의 형식을 지키지 않아서 생기는 오류

② **비형식적 오류** : 감정호소의 오류, 부적합한 권위에의 오류, 인신공격의 오류, 군중심리에 호소하는 오류, 피장파장(역공격)의 오류, 원천봉쇄의 오류(우물에 독약 치는 오류), 성급한 일반화에 의한 오류, 잘못된 유추의 오류, 무지에의

오류, 우연(원칙, 혼동)의 오류, 의도확대의 오류, 흑백논리의 오류, 복합질문의 오류, 애매어의 오류, 강조의 오류.

4 비판적 사고

비판적 읽기 요소는 다음과 같다.

① 출처의 신뢰성을 평가하여 더 신뢰성 있는 자료 선택하기
- 누가 말했을까?
- 최상의 자료

② 사실과 의견 구분하기

③ 동일한 문제를 다양한 관점으로 바라보기
- 저자의 의견과 자신의 생각 비교하기
- 나의 의견 세우기
- 갈등 보고하기

④ 주장이나 진술에 개재된 편견 파악하기
- 광고(선전)의 기교 파악하기
- 과대선전, 과대광고 파악하기

⑤ 타당하고 충분한 근거(이유, 증거)를 들어 의견을 주장·평가하기

⑥ 설득하는 기교 파악하기
- 주장과 근거가 적절한가

⑦ 판단(평가)을 하기 전에 평가의 준거 마련하여 사용하기

⑧ 표현상의 특징과 그 적절성 판단하기
- 묘사인지, 설명인지, 기술인지

⑨ 단어의 함축적 의미 파악하기
- 외연적 의미, 내연적 의미 파악하기

⑩ 글의 전개 방식 파악하기
- 설명글 구조, 이야기글 구조, 3단 구성, 4단 구성, 5단 구성

2. 논술의 단계–단계별 논리적 글쓰기와 실제

논술의 단계라 함은 과정과 수준을 다 포함하는 것을 의미한다. 실제쓰기의 과정처럼 처음, 중간, 끝, 글의 절차상의 과정을 의미하기도 하고 글쓰기의 수준에서 논술의 위치를 의미하는 단계를 말하기도 한다. 엄밀히 보면 이 둘이 다른 듯 보이지만 글쓰기의 과정과 수준은 각각의 엄밀한 구분이 있기보다는 유기적으로 얽혀 있다고 봐야 한다. 이 장에서는 이 두 가지 관점을 고찰해 보고 단계별 논리적 글쓰기의 맥락을 이해하도록 한다.

1) 자신의 삶을 풀어놓는 단계

글쓰기를 할 때는 첫 번째로 자기가 겪은 일은 정직하게 쓰는 것이 기본이다. 자기가 겪은 일상의 일들을 자기가 하는 말로 정직하게 쓰는 것이 모든 글쓰기에서 가장 바탕이 되는 것은 초등학생이나 중고생이나 육칠십 나이가 된 노인이나 다 마찬가지이다. 뭔가 근사한 것, 보기 좋은 것을 찾고 말재주를 보이려고 하는 태도로 쓰게 되면 어른이고 아이고 아주 병든 글만 쓰게 되어, 글을 쓰는 자신은 물론이고 그 글을 읽는 모든 사람을 해치게 되는 것이다.

글은 자기가 겪은 일을 정직하게 쓰는 것이 기본이라 할 수 있지만 그렇게 정직하게 쓰기만 하면 다 되는 것이 아니고, 다시 또 남들이 읽을 만한 가치가 있는 글을 써야 한다. 가치가 있는 글을 쓰려면 가치가 있는 삶을 살아야 하고 가치가 있는 생각을 해야 한다. 글쓰기가 어렵다면 바로 이런 부분이 어려운 것이다.

요즈음은 무엇이든 넘치는 시대다. 정보가 넘치고 책이 넘치고. 우리가 자랄 때 모자라고 부족해서 못했던 아쉬움은 거의 찾을 수 없다. 아이들이 공부하는 데 필요한 참고자료도 컴퓨터에 앉아서 클릭만 하면 다 펼쳐진다. 책이나 참고서도 한두 가지가 아니다. 그런데도 요즈음 아이들에게는 학습능력이 떨어지고 사고력이나 통찰력이 부족하다는 말이 늘 따라 다닌다. 그래서 교육전문가들이 고민하면서 독서와 글쓰기를 대안으로 제시했다. 학습능력이 뛰어난 아이는 독서량도 많고 글을 잘 쓴다는 것이다. 실제로 글쓰기를 잘 하는 아이는 학습능력이 우수하고 문제해결력도 뛰어나다는 것이 입증되었다. 그래서 부모들은 글쓰기를 중요한 학습능력 신장도구로 생각한다.

자녀의 독서량은 많은데 글쓰기가 안 된다고 고민하며 부모가 상담을 요청하는 경우도 많다. 이것은 읽기능력보다 쓰기 능력이 더 어렵다는 의미이기도 하다.

우리는 글쓰기 교육의 중요성을 모두 공감한다. 그러나 아이들은 글쓰기를 어려워한다. 독서를 싫어하는 아이들을 설문조사해 보면 독후감 쓰기가 싫어서 책을 싫어한다고 대답을 한다.

우리는 글쓰기의 중요성만 강조했지 어떻게 쓸 것인지에 대한 고민을 많이 안 한 것으로 보인다.

글쓰기 지도를 위해 고려해야 할 사항 중 가장 중요한 것은 아이들의 생활 속 이야기를 정직하게 쓰도록 해야 한다는 것이다. 정직하게 자기 불만을 토로하는 아이들은 건강하다.

아이들 마음 속에 맺혀 있는 무거운 이야기를 글로 쓰도록 도와 주어야 한다. 아이의 생활이야기에 공감하고 지지를 보내면서 그럴 수 있다고 격려하면서 말하듯이 쓰도록 해야 한다.

아이들이 자기 이야기를 솔직하게 털어 놓지 못해 병들고 폭력을 쓰고 일탈을 생각하는 것이다. 학교이야기, 친구이야기, 선생님, 부모님, 학원, 공부, 형제 등 초등학생의 삶의 문제들을 정직하게 쓰도록 해야 하며 부모나 교사는 글을 읽고 판단이나 평가가 아닌 이해를 하며 의사소통을 해야 아이가 글에 대한 자신감을 갖게 된다. 〈학대받는 아이들〉(이호철/ 보리)에서 보면 정직하게 글을 쓴다는 것은 매우 어렵다.

잘 쓰라고 다그치지 말고 정직하게 쓴 글을 가치 있게 평가하고 그 속에 나타난 어른의 모습이 마음에 들지 않더라도 용기 있게 받아들이고 왜 그렇게 생각했는지 이야기 나눠야 한다. 그래야 자신이 쓴 글이 의미 있고 가치 있는 글이라 생각하며 글쓰기를 즐거워하게 된다.

아이들이 자기 일을 정직하게 표현하는 것이 글쓰기에 기본이다. 그래야만 살아가면서 정직하고 용기 있는 사람이 된다.

〈예시 1〉

원장 선생님

7세반

원장 선생님은 친구들한테 소리지른다.
엄마들한테는 소리를 안 지른다.
나는 원장선생님이 무섭다.
우리 사슴반 선생님이랑, 코끼리반 선생님이랑 기린반 선생님이랑 까치반 선생님이랑 오리반선생님이랑 참새반선생님도 모두 원장선생님한테 혼난다.

이 아이는 자기가 관찰한 원장 선생님의 모습을 그대로 썼다. 이 글 속의 원장 선생님이 특별해 보이지만 지극히 평범한 어른들의 모습이다. 이런 관찰을 하도록 어린이들에게 시간을 주게 되면 왜 그런가를 질문하게 된다. 그러면 그때가 바로 토론 토의의 시작이다. 엄마들은 원장 선생님과 생활할 일이 없는 것, 너희들과 선생님은 원장 선생님과 생활을 같이 하니까 의견이 맞지 않을 수도 있고 자기 기분이 나쁠 수도 있고 그럴 땐 어떻게 할까로 생각을 정리하게 해 본다.

두 번째로는 아이가 생활에서 겪은 일, 한 일, 본 일, 들은 일을 쓰게 하는 것이다. 아이들이 쓰는 글 중에서 가장 많이 쓰는 글은 서사문이다. 일기는 말할 것도 없고 수필, 기행문, 감상문, 기사문 등도 서사문이 글의 뿌리가 된다. '삐삐 롱스타킹'을 쓴 린드그렌은 기자들이 왜 요즘 어른들의 이혼이야기는 쓰지 않느냐고 질문했는데 "나는 이혼을 경험하지 못했기 때문에 잘 쓸 수 없다"라고 대답했다고 한다. 이 말은 자기가 경험한 일이 글쓰기의 기본임을 나타낸다. 서사문 쓰기의 기본 요령은 '누가, 언제, 어디서, 무엇을, 왜, 어찌하였다'는 여섯 가지가 분명하게 나타나도록 글을 쓰는 것이다. 가족과 여행을 쓰도록 다녀와서, 학교 견학을 다녀와서, 엄마한테 야단을 맞고 나서, 책을 읽고 난 느낌을 서사문형식으로 쓰도록 하면 좋다. 자기가 알고 있는 것, 본 것, 들은 것을 쓸 때 더 자세히 생동감 있게 쓸 거리가 많다.

〈예시 2〉

아기 돌보기는 힘들어

1학년

이모가 병원에 간다고 이모네 아기를 우리 집에 데리고 왔다.
용성이는 이모가 나가자마자 울었다.
"앙앙, 앙아, 잉잉 앙~~~"
울었다. 나는 너무 시끄러웠다. 그래서 마음 속으로 짜증이 났다.
엄마는 아기를 달래느라고 업어주고 장난감도 주고 그래도 계속 울었다.
그래서 엄마는 이모한테 전화해서 오라고 했다.
이모가 오자 아가는 울음을 뚝 그쳤다. 우리 가족이 열심히 봐 주었는데 계속 울어서 속상했고 아가한테는 엄마가 최고라는 것을 알았다.
힘든 하루였다.

이 아이는 엄마와 이모네 아기의 상황을 그대로 글로 썼다. 그러면서 아기와 엄마와의 관계에 대해 생각해 보게 된다. 이처럼 자기가 겪은 일을 쓰면 잘 쓸 수 있다.

학교에서 교과서로 배우는 글쓰기는 자기가 경험한 일보다는 어른들이 일방적으로 주고자 하는 내용들이 많아서 재미가 없고 어려운 것이다. 은유나 비유 같은 글쓰기 표현법은 서사문 쓰기를 통해서 자세히 생각하다 보면 적절한 비유의 대상이 나온다. 여름에 초록색 감을 본 아이는 가을에 빨갛게 익은 감을 보면서 "감이 햇볕에 데었나 봐."라고 표현할 수 있다.

세 번째는 아이들에게 생활을 관찰하고 이야기할 시간을 주어야 글쓰기가 재미있어진다. 아이들이 글쓰기를 어려워하는 가장 큰 이유는 무엇을 써야 할지 모르기 때문이다. 위에서 있었던 일을 쓰라고 했지만 있었던 일들 중에서 가장 기억에 남는 일을 써야 한다. 일상생활을 잘 관찰하고 읽으면 쓸 거리가 많아진다. 우리가 흔히 말하는 *EQ*는 남의 감정을 읽고 배려하는 능력인데 남의 감정을 읽고 행동하기 위해 관찰을 하면 대인관계나 의사소통이 원만하게 된다. 이런 일련의 과정을 글로 나타내게 해 본다. 학교에서 친구가 왜 기분이 나쁜지, 그렇다면 어떻게 말해야 하는지 이런 사고작용을 한 후 일기나 글을 통해 자기 생활을 들여다 보면 글쓰기가 자기 삶에 큰 역할을 한다는 것을 알게 된다. 있었던 일은 실감나게 더 잘 쓸 수 있다. 겪지 않은 일, 없었던 일을 상상해서 쓰는 것은 초등학교 어린이에게는 어려운 일이다. 초등학교 어린이 글쓰기는 창작이 아니라 생활이어야 한다.

〈예시 3〉

고 통

5학년 정성용

고통은 여러 가지가 있다. 너무 많아서 생각하기도 고통스럽다. 생각이 안 나서 고통스럽다. 문제 답을 몰라서 고통스럽다. 몸이 아파서 고통스럽다. 마음이 아파서 고통스럽다. 제일 고통스러운 것은 자기가 겨우겨우 젖 먹던 힘이 나 생각을 써서 쓴 글인데 다시 하라는 것이다.

이 아이가 이런 글을 표현하지 않았다면 무슨 생각을 하는지 알 수 없다. 그런 상태에서 부모가 계속 잘 하라고 다그치게 되면 다시는 글을 쓰고 싶지 않게 될 것이다. 글쓰기 지도는 작은 부분도 관찰해서 격려하는 것에서 시작하는 것이다. 아이는 잘 쓰기 위해 관찰해야 하고 부모나 교사는 아이를 이해하기 위해 관찰해야 한다.

네 번째로 글쓰기는 문제를 해결하는 능력이 되도록 도와야 한다. 친구와 다투고 난 뒤, 수학시험을 잘 못 봐서 우울할 때, 부모님께 야단맞고 난 뒤, 동생이 미울 때 등 아이들 삶에서 일어나는 모든 문제들을 글을 쓰면서 정화시켜 나가는 것이다. 속상하고 맺혀 있던 일들을 쓰면서 차분히 감정을 가라앉히고 생각을 하면 자신을 객관적으로 보는 눈이 생기고 남을 이해하는 시간이 된다.

이 아이는 이 문제로 하늘이 무너지고 땅이 꺼지는 슬픔을 느꼈을 것이다. 글을 쓰면서 조금 시원하다고 했다. 이 글쓰기를 통해 통로가 열린 셈이다. 글쓰기는 학습의 보조가 아니라 삶의 문제를 해결하는 방법이다.

마지막으로 글쓰기는 많은 배경지식을 가지고 있어야 한다. 얼마 전 서울시 교육청에서 발표한 '독서 메뉴얼'도 다양한 배경지식을 조성하기 위한 방법이다. 보고 들은 것 속에서 자기가 경험하지 않았지만 간접 경험한 내용도 글쓰기에 많은 영향을 준다. 책읽기, 영화보기, 신문읽기, 인터넷 정보를 통해 세상을 읽으면서 자기 생각과 느낌을 글로 표현하는 것도 중요하다. 이런 글들은 남에게 보이기 위해 쓰는 것이 아니라 우리의 기억능력은 한계가 있어서 오래 기억하지 못하니까 지금 기분을 메모하는 것이다. 오래 기억하기 위해 이런 모든 행동이 글쓰기 글감이며 중요한 글쓰기 표현 방법이다. 글쓰기는 어렵게 창작해야 하는 것이 아니라 자기 주변의 일들을 관찰하고 관심을 갖고 자기가 삶의 주인공이라고 생각하고 기록하는 일이라는 데서 출발해야 한다.

〈예시 4〉

고 민

6학년 이주호

나는 뚱뚱해서 놀림을 많이 받았다. 그래서 자꾸 괴롭고 스트레스가 생길 때가 있다. 하지만 친구의 말을 무시할 때면 친구와 싸울 때도 많다. 그래서 얼른 살을 빼고 그 놀림에서 벗어나고 싶다. 나는 왕따가 나쁘다고 생각한다. 그 사람에게 마음의 충격을 주기 때문이다. 5학년 때 많이 당했다. 돼지라고 놀림을 당했다. 나도 그때 마음의 상처를 입었다. 그때 죽고 싶었다. 우리나라에 왕따가 없었으면 좋겠다. 내 마음을 쓰니까 조금 편하고 시원하다.

교육은 인간행동의 이해가 전제되어야 한다. 교사나 부모는 10개를 가르칠 수 있지만 아이들은 하나도 배우지 않을 수 있다. 글쓰기 교육도 마찬가지이다. 너무 지나친 욕심으로 가르치려고 해서는 안 된다.

글쓰기는 생활이다. 글쓰기가 삶의 질 향상을 위한 그릇이 되어야 한다. 학습능력 신장을 위한 도구가 아니라 삶을 가꾸는 글쓰기를 통해 학습능력이 신장되어야 한다.

아이들이 삶을 살아가는 과정에서 자신의 기쁨과 슬픔 그리고 고민과 꿈을 풀어가는데 도움이 되는 글쓰기, 친구들과 우정을 나누고 자신이 지니고 있는 재능과 개성을 발휘하며 키워가는 데 도움이 되는 글쓰기야말로 우리가 나아가야 할 글쓰기 교육이다.

2) 추론하여 쓰는 단계

겪은 일을 서사문형식으로 쓰기가 익숙해지면 주어진 주제에 대해 내 생각과 다른 사람의 생각을 견주면서 '왜냐하면'과 '예를 들면'을 찾아 쓰는 연습을 한다.

위에 있는 아이들 글을 읽으면서 내가 한 경험이 아니더라도 공감할 수도 있고 자기 의견을 나타낼 수도 있다. 〈예시 1〉 글 속에서 원장 선생님 입장, 유치원 선생님 입장, 부모님 입장, 마지막으로 아이의 입장에서 생각해 보자. 많은 이야기들을 할 수 있을 것이다〈예시 2〉. 글 속에서 자기 생활에서 있었던 일을 통해 삶에서의 관계성에 대해 생각할 거리를 제공했고 자기가 열심히 한 일에도 인정을 못 받을 수도 있다는 것을 이해하게 될 수도 있다.

이 단계에서 글 속에 나타난 다양한 생각을 읽을 수 있고 다름을 인정할 수 있어야 한다.

- 선생님 입장

- 원장선생님 입장

- 부모님 입장

- 아이 입장

3) 논리적인 서술 단계

자기주장에 근거를 찾아 논리적인 글을 쓴다. 이 단계에서는 각각의 입장에서 정리된 생각으로 문제 거리를 찾아본다.

〈예시 1〉 어린이의 입장에서 보면 인간의 이중성에 대해 고민하면서 문제를 제기할 수도 있다. 예의인가? 이중성인가?

유아일수록 대화를 많이 하면서 친구들과 선생님들은 어떻게 생각하는지를 잘 들을 수 있도록 지도하는 것이 중요하다. 그래야만 자기 생각을 솔직히 쓸 수 있다.

3. 단계별 논리적 글쓰기 지도의 실제

1) 책을 읽고 쓴 글을 읽고 논제 연습하기

〈우리엄마〉

앤서니 브리운 글·그림 / 옮긴이 허은미 / 웅진주니어

우리 엄마는 참 멋져요.
우리 엄마는 굉장한 요리사이고, 놀라운 재주꾼이에요.
우리 엄마는 훌륭한 화가이고,
세상에서 가장 힘이 센 여자죠! 정말 멋진 우리엄마.
우리 엄마는 마법의 정원사.
무엇이든 자라게 할 수 있어요.
그리고 우리 엄마는 착한 요정.
내가 슬플 때면 나를 기쁘게 할 수 있죠.
우리 엄마는 천사처럼 노래할 수도 있고,
사자처럼 으르렁 소리칠 수도 있어요.
정말 멋진 우리엄마

우리 엄마는 나비처럼 아름답고,
안락의자처럼 편안해요
아기 고양이처럼 부드럽고
코뿔소처럼 튼튼해요
정말 멋진 우리 엄마
우리 엄마는 무용가가 되거나 우주비행사가 될 수도 있었어요.
어쩌면 영화배우나, 사장이 될 수도 있었고요. 하지만 우리 엄마가 되었죠.
우리 엄마는 슈퍼엄마! 나를 자주 웃게 해요. 아주 많이
나는 엄마를 사랑해요 그리고…….
엄마도 나를 사랑한답니다! (언제까지나 영원히)

〈우리 엄마〉라는 책을 읽고 자기 삶을 풀어놓은 단계의 글들을 보면 다음과 같다.

〈아이들이 쓴 글 1〉

우리 엄마

손진호 (3학년)

우리 엄마는 공포의 삼겹살이다. 잔소리 여왕, 때리기 천재이다. 엄마의 잔소리를 듣기만 하면 나는 고통스럽다. 매일 공부만 시키고 조금만 놀면 악을 질러 공포의 삼겹살이라고 말을 하는 거다. 그러나 어딘가 구석에는 엄마의 따뜻한 마음이 있을 거라고 믿는다.

〈아이들이 쓴 글 2〉

엄 마

이유진 (5학년)

엄마는 나의 보디가드
내가 언제 어디서
무엇을 하든 항상
나를 지켜 주니까

엄마는 나의 친구

나에게 고민이 있을 때
항상 나를 도와 주니까

엄마는 나의 돋보기
세상을 더 크고
더 자세히 알려주니까

엄마는 나의 거울
나와 닮았고 또
닮고 싶어서.

〈아이들이 쓴 글 3〉

엄마의 잔소리

김윤성(중학생)

수탉이 울기 전에도 엄마 잔소리가 먼저 들려온다.
세수를 하기 전에도 엄마 잔소리가 들려온다.
밥을 먹기 전에도 엄마 잔소리가 들려온다.
알람이 울리기 전에도 번개처럼 들려오는 엄마 잔소리

학교 가기 전에도 엄마의 잔소리가 들려온다.
정리하기 전에도 제일 먼저 엄마의 잔소리가 들려온다.
귀가 시끌시끌, 머릿속은 복잡복잡
엄마 마음 모르는 내 생각은 철면피
엄마 잔소리가 내 귀를, 내 마음을, 내 생각을 바꿔 놓고 간다.

〈40대 어른이 쓴 글 4〉

울 엄마(홍시)

나훈아 작사 / 작곡

생각이 난다. 홍시가 열리면 울 엄마가 생각이 난다.
자장가 대신 젖가슴을 내주던 울 엄마가 생각이 난다.
눈이 오면 눈 맞을세라 비가 오면 비 젖을세라 험한 세상

넘어질세라 사랑땜에 울먹일세라 그리워진다. 홍시가 열리면
울 엄마가 그리워진다. 눈에 넣어도 아프지도 않겠다던 울 엄마가 그리워진다.

회초리 치고 돌아 앉아 우시던 울 엄마가 생각이 난다.
바람 불면 감기들세라 안 먹어서 약해질세라 힘든 세상 뒤쳐질세라
사랑땜에 아파할세라 생각만 해도 눈물이 핑 도는 생각만 해도 가슴이 찡한
울 엄마가 그리워진다.

위의 글들은 〈우리 엄마〉를 읽고 자기 생각을 적은 글이다. 이 글을 읽으면 각자의 경험으로 자기생각을 쓴 것을 알 수 있다. 그러면 글 속에 나타난 엄마의 모습을 보고 각각의 엄마들은 왜 그런 모습으로 그려졌는지 추론해 본다. 그런 다음 논제를 생각해 보자.

▶ 논제 : 경험은 무엇인가를 논증할 수 있는가? (바칼로레아 논술시험 문제 : 2006)
▶ 결론 : 경험은 무엇인가를 논증할 수 있다.

위의 글들을 보면 자기 경험으로 대상을 인식하면서 표현했다. 엄마의 모습이 단계별로 다른 이유를 생각해 보면서 경험은 인식능력을 확장시킨다고 할 수 있다.

2) 일상생활 속에서 책과 연결하여 논제 연습하기

〈예시 1 – 일기문〉

오빠에게 미안해

2006년 9월 8일

오늘 나는 아침부터 도넛이 먹고 싶었다. 그래서 덩킹도넛에서 6조각 정도 되는 도넛을 사서 집으로 왔다. 다행히 오빠가 없었다. 그래서 나는 몰래 감춰 놓고 오빠꺼 내꺼를 정했다. 드디어 오빠가 오고 나는 내 맘대로 오빠에게 맛없어 보이는 도넛만 주었다. 그런데 오빠는 더 달라고 하는 말도 없이 고맙다는 말만 하고 씨~익 웃어 주었다. 난 오빠에게 욕심을 부린 내가 악마 같았다.

악마도 천사에게 미안할 때가 있다.

악마가 도넛을 사왔다.
천사가 오는데, 악마는
천사에게 주기 싫지만
예수님은 보고 계셔서
어쩔 수 없었다.

"자, 여기"
악마가 준 것은
맛없어 보이는 도넛

하지만 천사는 그 하나도
반으로 나눠서 악마에게
나누어 주며 고맙다며
씩 웃었다.

오늘만큼은 악마도
천사에게 미안하다.

이 글을 본 고등학생은 그 갈등모습을 보고 자기가 읽은 〈데미안〉과 〈지와 사랑〉이 생각난다고 했다. 그러면서 "각자 살고 있는 삶이 옳고 그르다고 판단할 수 있는가?" 라는 논제가 생각난다고 했다.

〈예시 2〉

옳고 그름이 없는 개인의 삶- 〈지와 사랑〉을 읽고

이우진

책을 읽으면서 골드문트의 삶이 우리들의 삶과 많이 닮아있다는 생각을 했다. 독후감을 쓰는 오늘 일요일에도 나는 골드문트와 비슷한 경험을 했다. 아침에 나는 읽지 못한 〈지와 사랑〉을 마저 읽는 것과 부활절 주일을 맞아 교회를 가는 것 사이에서 심한 갈등을 겪었다. 내가 갈등하는 두 일은 부활절 주일을 지켜서 하나님 앞에 나가는 것은 전체 인생에 있어서 중요했던 순간일 수도 있다. 하지만 학교 수행평가인 독후감 숙제를 하기 위해 책을 읽는 것 역시 인생에서 중요한 일이다. 항상 생각과 판단은 개인이 한다. 그것을 '옳다, 그르다.'라는 것은 타당하지 않다고 생각한다. 19C 헤르만 헤세는 자기 경험을 작품을 통해서 21세기의 오늘 나에게 사람은 똑같은 고민을 한다는 것을 일깨워 주었다.

다른 한편으로는 책을 읽으면서 고전소설인 〈구운몽〉이 떠올랐다. 왜냐하면 골드문트가 수도원에서 삶에 더 이상 의미가 없음을 느끼고 세속적이고 쾌락적인 삶을 찾아 떠나서 갈등을 겪고 결국은 자신이 돌아온 거리도 삶의 일부에 속하는 것이라고 생각하면서 인생무상을 느꼈다. 〈구운몽〉에서 성진이 불교수도자였는데 8선녀와 노는 장면과 골드문트가 여러 여자들과 쾌락을 즐기는 장면이 비슷하였다. 결국은 인간본질은 살아가는 방법에 대해서 많은 고민을 하는 것이다. 사람들이 살기 위해 생각하는 올바른 방법과 현실과의 거리는 인간들의 고민일 것이다. 많은 교육 이론가들이 좋은 교육이라고 방법을 만들어 내지만 현실의 우리들은 그것을 실천할 때 많은 힘이 든다. 이것처럼 나르치스와 골드문트 각각의 삶은 어느 쪽에서 바라보느냐에 따라서 옳을 수도 있고 옳지 않을 수도 있다는 생각을 하게 되었다. 책을 읽고 나서는 우리의 모습과 더 닮아있는 골드문트의 삶 역시 나쁘다고 말할 수많은 없었다. 이렇게 보면 모든 사람의 삶은 겉으로 보이는 것만으로 가볍고 무거움을 평가할 수 없다. 우리들이 함부로 나쁘다고 말하는 사형수나 죄인도 그들의 삶에서 순간의 선택이 그렇게 했을 수도 있다. 그러니까 일방적으로 정리할 수는 없는 일이다.

책을 읽으면서 시간이 아깝다고 생각했는데 책 속에서 만나는 골드문트가 나에게 많은 생각을 던져 주었고, 삶에 대해서 좀 더 신중하고 의미 있게 선택하는 방법을 제시해 준 느낌이다. 헤세가 경험을 이야기했다면 나도 일상의 경험을 통해 헤세처럼 모든 사람이 공감할 수 있는 삶의 통찰을 얻고 싶다. 책을 읽으라고 많은 어른들이 말하는데 책은 다른 예술장르와 달리 원전에서 느끼는 감동이 잘 전달된다. 미술이나 음악은 위작이나 가짜가 있지만 책은 언제 쓰여졌고 누가 만들었든지 간에 오늘날 우리들에게 많은 생각과 의미를 전달한다. 제대로 볼 수 있는 능력만 가지면 되는 것이다.

▶ 논제 연습 : 제시문을 읽고 여러 가지 생각을 한 뒤 논제를 생각해 보자.

〈제시문〉

우산에다 구멍을 뚫은 개코 원숭이

언제나처럼 개코 원숭이가 밀림에서 산책을 하고 있었어요. 도중에 한 친구를 만났는데 바로 긴팔원숭이였지요.

"개코야, 이렇게 화창한 날씨에 우산을 펴 들고 다니다니, 너 정말 우스워 보여!"

"그러게 말야, 나도 정말 신경 쓰여. 우산을 접으려고 하는데 잘 안 되네. 고장 난 모양이야. 하지만 난 갑자기 비 맞는 게 싫거든. 그래서 어쩔 수 없이 들고 다니는 거야. 그런데 네 말마따나 우산을 들고 다니다 보니 이 좋은 햇빛을 가리게 되고……."

긴팔아, 무슨 좋은 방법이 없을까?"

그러자 긴팔 원숭이가 말했어요

"간단한 해결책이 있어. 우산에 구멍을 몇 개 뚫어 놓으면 되잖아. 그러면 그 구멍으로 햇빛을 쐴 수 있을 거야."

"우와, 정말 좋은 생각이야! 긴팔아, 고마워!"

개코 원숭이는 곧장 집으로 달려갔어요. 가위로 우산을 여러 군데 도려냈지요. 그리고는 우산을 들고 다시 산책을 했답니다. 정말 우산 구멍으로 따뜻한 햇살이 쏟아져 들어왔어요.

개코원숭이는 기뻐서 어쩔 줄 몰랐어요.

"야, 기분 한번 상쾌하구나!"

그런데 갑자기 먹구름이 밀려오면서 햇살이 사라져 버렸어요. 빗방울이 뚝뚝 떨어지더니, 소나기가 퍼붓기 시작하는 거예요. 우산에 뚫린 구멍으로 빗줄기가 마구 쏟아져 내렸지요. 불쌍한 개코원숭이는 온몸이 금세 흠뻑 젖었답니다.

* 논제잡기 연습

3) 논제 설정과정의 의미

① 순수형 : 상소문, 대자보, 건의문, 언론매체에의 기고문 - 내재적 제약

② 참여형 : 상대적 제약, 상대방의 논지를 검토하고 자기 논제를 채택한 글쓰기

③ 응시형 : 외부적 제약형, 문제를 주고 비교 분석 해석 대안제시

4) 논술에 필요한 능력

① 독해력, 표현력 : 제시문을 읽고 이해할 수 있는 능력, 전달하고자 하는 내용을 정확하게 나타낼 수 있는 능력을 말한다.

② 사고력 : 사유할 수 있는 정신능력, 논리력, 분석력, 비판력 등이다.

③ 문제해결 능력 : 판단력, 창의력, 바람직한 어떤 상태를 달성 또는 유지하는 데 어떤 장애가 발생하여 그 장애를 해소하거나 제거하는 능력이 문제해결 능력이다.

④ 논제 설정 : 논술문의 전체적인 방향, 즉 논제의 형식과 내용들이 어떠해야 한다는 방향성을 설정하고 제시한다. 논제 설정에는 하나의 논술문에 하나의 논제만

이 존재하고 논제는 분명하고 명료해야 한다. 논제를 정의할 때는 공통된 또는 합의된 정의를 사용(객관화)하고 용어 자체의 의미가 명확하게 담기도록 정의해야 한다.

*** 논술의 3요소 : 논점, 논지, 논거**

단계별로 보자면 논점을 파악한 다음 논지를 세우고 논거를 제시하면 된다. 논점이란 논제 속에 담긴 핵심적 쟁점사항이다. 논점 파악은 논제의 정확한 파악과 같은 말이다. 복잡한 논제일수록 그 바탕에 깔려 있는 논점을 정확하게 찾아내야 한다. 논증의 평가는 논증의 증거들은 받아들일 만한가? 논증의 논거들이 논지를 지지하는가? 논거를 제시하는 데 고려되는 사항 가운데 중요한 것은 우리의 관찰이나 배경지식, 믿을 만한 지식을 가진 원천이다. 이러한 것들이 받아들일 만한 논거들인가?

5) 논술의 과정

논술은 단순한 배경 지식의 나열보다는 문제해결의 과정을 논리적으로 전개하는 능력의 평가에 주안점을 두고 있다.

① 제시된 문제를 이해하고 제재를 적절히 이용하여 주제의 일관성을 유지하고 있는가? (문제 파악 능력, 논지의 적절성, 논지의 일관성)

② 사고의 자유로운 전개와 깊이가 있는가? (사고의 깊이)

③ 타당한 논거를 제시해서 적절한 결론을 이끌어 내고 있는가? (논거의 적절성)

④ 한 편의 글로서 체계적 구성을 유지하고 있는가? (구성의 논리성)

⑤ 어문 규정에 맞는 문장으로 정확하게 표현하고 있는가? (표현의 적절성)

따라서 논술을 잘하기 위해서는 다음의 조건들을 따라야 한다.

(1) 논제를 정확하게 파악하라.

가장 기본적인 사항이다. 문제의 지문이 제시하고 있는 논제를 정확하게 파악해야 한다. 제시문이 주어져 있을 경우에는 제시문의 내용을 이해하는 것이 필요하다. 그리고 유의사항, 제시된 문제의 조건을 잘 파악해야 한다.

(2) 주장을 분명하게 제시하고 창의적이면서도 보편타당한 주장을 펼쳐라.

논술에서 말하는 창의성은 일반적으로 '논증'의 창의성을 말하지 '주장'의 창의성이 아니다. 관건은 그 주장을 뒷받침하는 논증의 과정이 얼마나 창조적인가 하는 데 있다. 이를 위해 적절한 예를 사용하면 좋다.

(3) 적절한 논거를 제시하라.

적절한 논거란 주장(주제)과 관련되는 것이어야 하고, 신뢰할 만한 것이어야 한다. 아무리 좋은 자료라도 주장과 관련이 적으면 논거로 삼아서는 안 된다. 논거가 정확하지 못하면 주장이 설득력이 없다. 주장을 위한 적절한 근거가 여러 측면에서 나올수록 설득력이 높아진다. 논제에 대한 배경지식이 많아야 다양한 논거를 들 수 있다.

(4) 논지의 일관성을 유지하라.

서론 · 본론 · 결론은 내용상으로 일관되게 연결되어야 할 뿐만 아니라, 분량도 적절히 안배되어야 한다. 특히 결론은 반드시 본론의 주장과 일치하여야 한다. 그리고 동일한 논의가 반복되지 않도록 유의해야 한다.

(5) 표현을 정확하게 하라.

맞춤법에 맞게 쓰며, 뜻을 정확하게 나타내야 하며, 간결하게 쓰는 것이 좋다.

논술은 다음과 같은 순서로 하는 것이 좋다.

[1] 논제를 파악한다.
- 논제는 논술에서 다뤄지는 문제, 즉 쟁점이 되고 있는 문제들이다.
- '개인의 이익이 우선되어야 하는가, 사회의 이익이 우선되어야 하는가?'
- '윤리는 절대적인가, 상대적인가?'
- '이상과 현실은 양립할 수 있는가?' 등 인간사회의 보편적이고 근원적인 문제들이다.

- 시사적인 내용이나 고전이 출제된다 하더라도 그 문제 뒤에는 이러한 근원적인 문제들이 깔려 있기 때문에 이것을 파악해야 한다,

[2] 논지를 설정하고 논거를 수집한다.

논제가 무엇인가를 파악하고 나면 어떤 대답을 할 것인가를 생각해야 한다. 이 대답이 논지가 되며, 이 논지는 글 전체를 관통하는 주제가 되어야 한다. 논지를 설정하기 위해서는 논제의 모든 측면을 고려할 수 있어야 한다. 논제에는 항상 그 논제를 둘러싸고 있는 맥락이 있으므로 그 맥락을 먼저 파악한 후 적절한 논증으로 옹호할 수 있는 자기 논지를 설정해야 한다.

〈논지 설정을 위한 구체적 지침〉

① 논제의 맥락을 파악한다.
② 논제에 대해 직관적으로 옳다고 여기는 것을 떠올린다.
③ 근거를 댈 수 있는가 생각해 본다.
④ 잘 아는 것이어야 한다.
⑤ 범위가 좁고 구체적이어야 한다.
⑥ 완전한 문장으로 작성한다.(의문문으로 하지 않는다)

[3] 논지와 논거를 결합한다.

논술의 핵심은 주장에 있는 것이 아니라 그것을 어떻게 정당화하느냐에 있다. 얼마나 적절한 논거로 설득력 있는 논증을 구사하느냐가 관건이다. 근거는 적절한 것이어야 한다. 상대방이 반박해 올 가능성을 염두에 두면서 근거를 제시해야 한다.

[4] 개요를 작성한다.

- 서론 · 본론 · 결론에서 할 이야기를 대략적으로 구성한다.
- 개요 작성의 대체적인 순서

① 논제를 파악한다.
② 문제의 요구 조건을 파악한다.(특히 '유의 사항'을 놓쳐서는 안 된다)
③ 논지(주제문)를 결정한다.

④ 이렇게 정리한 항목을 논리에 맞도록 순서를 정한다.

⑤ 화제개요와 문장개요를 작성한다.

⑥ 몇 단락으로 할 것인지를 결정한다.

⑦ 문제를 다시 읽고 논제와 일치하는지 확인한다.

⑧ 개요에 따라 원고지에 쓴다. 이 과정에서도 계속해서 개요를 읽어 줌으로써 쓰고 있는 내용이 개요를 벗어나지 않도록 한다.

5 개요에 따라서 살을 붙이는 형태로 쓰는 작업을 진행한다.

① **화제식 개요** : 핵심 어구만 적은 개요

② **문장식 개요** : 구체적 문장으로 표현하는 개요

③ **요점식 개요** : 우리나라 논술시험은 제시문을 읽고 글을 쓰는 시험이다. 따라서 제시문의 요점(주제)을 정리해야만 논점에서 일탈하지 않는다. 따라서 제시문의 소단락별 요점을 정리하고 전체 요지를 중심으로 구상한다. 요점 개요를 통해 논지를 요약해 내고 이를 바탕으로 자신의 생각을 정리하면서 구상하는 것이 요점 개요이다.

6 맞춤법과 띄어쓰기에 유의하면서 정성껏 쓴다.

① 한글맞춤법에 맞게 쓰고 원고지사용법에 유의한다.

② 논술문은 자기 생각이 기본이다. 국어정서법에 근거하여 글쓰기를 하면 자기 생각이 더 잘 전달된다.

③ 내용이 아무리 정교하고 일관성을 가져도 맞춤법이나 원고지사용법에 어긋나면 감점된다.

7 일단 틀이 완성되면 문제의 요지와 조건에 맞추어 썼는지 읽고 퇴고한다.

① 개요를 짜고 구상한 것을 바탕으로 글을 써 본다.

② 다 쓴 글은 논제에 유의하면서 다시 읽어 본다.

③ 퇴고할 때에는 글쓴이가 아니라 독자의 입장에서 읽어 보고 퇴고한다.

④ 의미가 모호하거나 애매한 부분, 전달이 안 되는 부분, 부정확한 부분은 고친다.

※ 단계별 쓰기

① **서론쓰기** : 서론은 전체 글이 다룰 문제를 제시하는 부분이다. 첫 머리를 어떻게

시작하느냐가 전체 글의 성패를 결정한다. 첫 머리에서 흥미를 끌 만한 소재를 사용하여 관심을 불러일으킨 뒤, 전체 글이 다룰 문제가 무엇인지를 밝히면 된다. 이때 주의할 것은 반드시 주어진 논제까지 접근해야 한다는 점이다. 첫머리에 든 화제가 논제로 연결되어야 논리적인 글이 되기 때문이다. 이렇게 하는 것이 어렵다면 논제를 바로 제시하면 된다.

- '~에 대해 살펴보자, ~을 검토해 보자' 등으로 문제제기를 하는 것은 바람직하지 않다.
- '호기심을 유발'해야 한다.
- '문제제기'가 되어야 한다.
- '동기와 목적'이 제시되어야 한다.
- 주제가 암시되어야 한다.

② **본론쓰기** : 본론은 글의 본격적인 논의가 시작되는 자리로 서론에서 제시한 과제를 구체적으로 해명하여 자신의 생각이나 주장이 정당함을 구체적인 근거를 들어 해명하는 단계이다.

*** 본론의 일반적 내용**

- 서론에서 제기한 문제를 논의하여 논지를 전개한다.
- 적절한 논거를 제시하여 자신의 주장에 대한 정당성을 확보한다.
- 자신과 대립되는 견해를 내세워 자신의 의견과의 차이를 부각시킨다.

*** 본론을 쓸 때 유의할 점**

- 각 단락마다 주장하는 소주제가 있어야 하며, 단락들 간의 연결이 논리적이어야 한다.
- 각 단락의 내용들이 서로 상충해서도 안 되고, 따로따로 놀아서도 안 된다.
- '첫째, 둘째'와 같은 형식은 글의 체계성을 높이기보다는 오히려 내용 사이의 논리적 유기성을 떨어뜨리기 쉬우므로 주의해야 한다.
- 제시문을 이용하거나 예시를 할 때 글의 분량을 고려하여 조절할 필요가 있다. 특히 제시문을 그대로 옮겨 쓰는 것은 삼가야 한다.

- 양시론이나 양비론을 가급적 피하라. 대립되는 두 견해에 대해 참 거짓 혹은 어떤 것이 옳으며 어떤 것이 그른지도 대답해야 하는 상황에서 둘 다 옳다고 하거나 반대로 둘 다 그르다고 대답함으로써 문제의 해결을 포기하는 결과를 낳는다.

③ 결론쓰기 : 결론은 본론의 내용과 긴밀한 관계를 맺고 있어야 한다. 결론은 서론에서 제기한 문제점을 본론의 논거를 토대로 자신의 견해를 확인해야 된다. 따라서 결론을 쓰기에 앞서 먼저 서론의 문제제기를 다시 한번 읽고, 본론에서 주장한 바를 정리하여 서론에서 제기한 문제에 대한 최종적인 답변을 해야 한다.

*** 결론에 들어갈 일반적인 내용**
- 쟁점에 대한 최종 판단을 내린다.
- 자기주장에 의의와 가치를 부여하기도 한다.
- 앞으로의 전망과 새로운 과제를 제시하기도 한다.

④ 문장 다듬기
- 주제 문장은 정확하게 진술되었는가?
- 주제 문장이 구체적인 내용으로 충분히 뒷받침되어 있는가?
- 단락간의 연결은 잘 되어 있는가?
- 문장들이 부드럽게 연결되어 있는가?
- 낱말의 선택은 효과적으로 되어 있는가?

*** 정확한 문장쓰기**
- 가급적 간결한 문장을 써라.
- 글의 내용을 쉽게 이해하도록 표현하라.
- 주어와 서술어를 호응시켜라.

※ 얼개 짜기

서 론	쟁점(논점) 문제 실태 문제 제기	
본 론	상대 논지 (상대 전제) 근거 (원인 분석) (대상 분석)	
	부당성 확인 (모순점 지적) 근거 (결과 분석) (의의 한계) 반박 전제	
	자기 논지 근거 전제 (대안 제시)	
결 론	결론 명제 (종합 대안)	

* **탐구하기 예)**

▶ 문제거리 : 왼손잡이에 대한 편견(~하고 있는 현실)

▶ 논술거리

- 역사적으로 오른손잡이에 비해 왼손잡이는 소수면서 소외집단
- 왼손을 쓰면 예의바르지 못하다는 왜곡된 가치
- 밥 먹는 손은 반드시 오른손이라는 사회적 통념
- 실제 생활에서 차별과 불이익
- 왼손잡이에 대한 금기로 인한 언어 폭력

▶ 문제 확인

(1) 가수 패닉의 '왼손잡이' 노래는 아래와 같다.

너라도 날보고 한번쯤 그냥 모른 척 해줄 순 없겠니.
하지만 세상이 뒤집어진다고 나 같은 아이 한둘이 어지럽힌다고
모두가 똑같은 손을 들어야 한다고 그런 눈으로 욕하지마, 난 아무것도
난 왼손잡이야

(2) 미국 캐나다 등은 왼손잡이가 전체 인구의 15% 이상인데 비해 왼손잡이를 터부시하고 상대적으로 통제가 심한 아시아권인 일본, 대만 등은 왼손잡이가 2~3%불과하다. 이는 대부분의 왼손잡이가 가정과 학교에서 교정을 거쳤기 때문이라고 한다.

(3) '왼손잡이 고쳐야 하나? 절대 *NO*'의 저자이기도 한 강미희 씨(그는 오른손잡이다.)가 경험을 바탕으로 쓴 〈왼손잡이 어린이에 대한 어머니와 교사의 인식〉이란 논문에서 "왼손을 쓰는 것을 금기하고 오른손을 쓰도록 훈련하는 과정에서 특히 어린이들에게는 우울증과 자신감 결여, 정체성에 대한 혼란을 불러 온다"라며 "그림 시간에도 그림을 그리지 않으려 한다든지 무슨 일이든 회피하려 하고 심한 경우 말을 더듬거나 정서불안을 겪기도 한다."라고 주장한다.

(4) '왼손의 힘'을 쓴 루시아 카파치오네 박사는 "개발되지 않고 잠재력이 숨어 있는 우뇌에 접근하기 위해서는 왼손의 숨어 있는 잠재력을 발견하는 것이 중요하다"라고 강조한다. 좌뇌는 논리와 분석력, 언어구사를 담당하는 데 반해 우뇌는 창조력, 예술성, 공간 인식능력 등을 높여 준다. 그런데 인간은 청동기 시대 이후 오른손을 중시하는 문화가 발전하면서 오른손과 연결된 좌뇌적인 사고에만 의존하게 되었다. 우뇌가 가지고 있는 능력을 활성화시키기 위해서는 왼손을 써야 한다는 것이 카파치오네 박사의 주장이다.

(5) 〈왼손과 오른손〉의 저자인 민속학자 주강현 씨는 "왼손은 지금까지 오른손 지배 문화 속에서 끊임없이 억압받고 통제되어 왔다"라며 "왼손, 왼쪽으로 대표되는 억압과 금기의 상징은 이단이나 주변, 터부, 왕따, 마이너리티, 소외, 비정상이라는 '다름'으로 우리 사회전반에 스며들었다"라고 강조한다.

(6) 역사적으로 레오나르도 다빈치, 괴테, 뉴턴, 아인슈타인, 니체, 슈바이처, 간디, 헨리포드, 처칠, 베이비 루스, 트루먼 대통령, 레이건 대통령, 클린턴 대통령, 빌게이츠 모두 왼손잡이이다. 특히 천재 화가이자 과학자였던 다빈치는 종이 한 귀퉁이에 낱말을 거꾸로 쓰는가 하면 왼손잡이 특유의 드로잉과 작품을 남긴 것으로 유명하다.

- ▶ 논제 : 밥 먹고 글쓰는 손은 오른손이어야 하는가?
- ▶ 논제분석 : 그렇다, 아니다로 자기 논제를 정하고 결론을 쓰고 자기주장의 반대인 경우는 추론해 본다.
- ▶ 결론명제 : 밥 먹고 글쓰는 손이 꼭 오른손이어야 하는 것은 아니다.

※ 탐구하기

▶ 문제 거리 :

▶ 논술 거리 :

▶ 문제 확인 :

▶ 논　　제 :

▸ 논제 분석 :
-
-
-
-
-

▸ 결론 명제 :

※ 글감 모으기 연습

	한 일	본 일	들은 일	생각한 일, 느낀 점
학교				
집				
학원				
그 외 (다니면서, 길가, 놀면서)				

4. 유형별 논리적 글쓰기 지도의 실제

1) 제시문의 유형

(1) 과거의 일과 현실의 일

아직도 많은 대학에서는 동서고금의 고전에서 제시문을 출제하고 있다. 그러나 그 내용은 현재와 단절된 과거만의 문제가 아니다. 현실에서도 항상 문제가 되고 있고 아마 인류가 존재할 때까지 계속될 내용인 것이다. 출제자들이 의도하는 것은 '동서고금의 이러한 문제가 오늘날에는 어떠한 형태로 나타나며 우리는 어떻게 대처해야 하나?'이다. 따라서 이러한 유형의 제시문은 제시문 자체로만 보지 말고 오늘날의 현실문제와 결부시켜 독해하는 것이 효과적이다.

(2) 대립되거나 연관된 관점 제시하는 유형

서로 대립된 관점, 연결될 수 있는 관점을 지닌 제시문들을 주고 수험생으로 하여금 한 편을 비판하거나 서로를 연결지으라는 유형이다. 이때에는 서로 대립각을 세우고 있는 두 관점의 차이점을 찾아 내거나 논리적 맥락에서 연결점이 무엇인가를 찾아 내는 데 독해의 초점을 맞추어야 한다.

(3) 보물찾기 유형

보물찾기 유형은 제시문 속에 들어 있는 상징의미를 찾는 유형이다. 대체로 문학과 관련된 제시문이 주어질 경우가 그렇다. 이러한 유형은 여러 개의 제시문 속에 들어 있는 다른 상징이 결국 하나의 상징으로 귀결되는 형식으로도 발전할 수 있다. 그것을 찾아 내고 평가하는 일은 꽤나 어려운 작업이다. 제시문의 정확한 독해 능력과 아울러 문학적 깊은 소양이 있어야만 이 문제를 해결할 수 있다. 여기에서는 반드시 논제와 연결하여 제시문을 독해함으로써 실마리를 푸는 방법이 좋다.

(4) 시각자료 분석을 요구하는 유형

그림 자료, 도표, 그래프를 제시하고 그 의미를 분석하라는 문제 유형이 있다. 영어 제시문을 출제하지 못하게 됨에 따라 이러한 경향이 더욱 확대될 것 같다. 시각자료를 바르게 보는 법을 평가하고자 하는 측면도 있을 것이고 다른 대학에 비해 참신하고 독창적인 시험이라는 인정도 받고 싶은 의도로 그렇게 출제할 수도 있다. 이 문제를 해결하는 방법은 함께 주어진 다른 텍스트 제시문, 혹은 다른 시각자료와 연결해서 해석해야 한다는 것이다. 이 자료들의 공통점과 차이점을 비교하고 수치의 높낮이를 비교함으로써 이 유형을 해결하면 된다.

2) 논술의 유형

논술 문제의 유형은 크게 통합 교과형, 일반 논술형, 자료 제시형, 요약형, 완성형으로 나눈다. 최근에는 하나의 유형만 주어지는 것이 아니라 이 유형과 저 유형을 혼합하여 출제하는 경향이 있다. 즉 하나의 시험에 요약형 문제 1～2개, 단순 논술형 문제 1개가 출제되는 형식이다. 혹은 하나의 시험에 자료제시형 문제 1개와 완성형 문제 1개, 요약형 문제 1개 등이다.

(1) 통합 교과형

서울대에서 실시하겠다고 주장함으로써 본고사부활 논란을 일으켰던 문제유형이다. 그러나 실은 이런 형태의 시험은 이미 몇 년 전부터 시행되고 있는 문제다. 단지 본고사 논란에 휩싸일 것을 두려워하는 대학 측에서 조심스럽게 시행했다. 서울대에서 공식적으로 이렇게 문제를 내겠다고 하니 아예 드러내 놓고 본고사를 치르겠다는 뜻으로 해석되어 문제가 불거진 듯 보이는 것이다. 통합교과형 논술이 인정되면 이제 드러내 놓고 문과 학생들에게 과학과 수학의 고난도 문제가 출제될 것으로 생각한다. 교과부에서 이에 대해 논술 가이드라인을 내놓았다.

(2) 일반 논술형

'～를 비교 분석하라', '～에 대한 의견을 써라', '～을 논술하라', '～을 설명하라',

'~을 비판하라' 등으로 출제되는 유형이다. 이 유형은 2가지로 나누어진다. 첫째, 자유 반응형은 논제만 제시할 뿐, 논술의 방식에는 간섭하지 않는 개방적 형태이다. 글쓴이의 능력을 마음껏 평가할 수 있다는 점에서 가장 이상적인 유형이라 할 수 있다. 그러나 객관적인 채점이 곤란해서 자칫하면 객관성과 공정성이 의심받게 되는 유형이다. 둘째, 제한 반응형은 논제에 대한 몇 가지 덫을 설치하고 수험생들이 요리조리 그 덫을 피해 가면서 목표에 도달할 수 있나 없나를 평가하는 유형이다. 제한 조건에 맞추어 각각 점수를 부여하는 객관적 근거를 마련해 놓았기 때문에 출제 빈도는 높지만, 덫을 피하다 보면 수험생들의 자유분방한 창조적 사고력을 제대로 발휘할 수 없다는 단점이 있다. 이런 유형의 논술에는 먼저 개요를 작성한 뒤에 그것에 따라 글을 전개해 나가는 것이 일반적인 해결 방법이다.

(3) 자료 제시형

① 자료를 제시하고 이를 발전시켜 나가라고 요구하는 유형(논지발전형)
② 자료를 제시하고 문제 상황을 발견하여 그 해결 방안을 묻는 유형(문제해결형)
③ 제시된 자료의 전체 또는 일부의 주장에 대해 반박하거나 비판하기(반론제기형)
④ 제시문들에 나타난 유사점과 차이점을 밝히고 변증법적으로 통합하기(통합형)
⑤ 주어진 자료를 정확히 해석하도록 하기(해석형)
⑥ 주어진 제시문을 요약하기(요약형)
⑦ 논점에 대해 옳고 그름을 판단하도록 하기(비판형)
⑧ 단계별로 질문 사항을 세분하여 묻는 유형(세분형)
⑨ 어떤 주장을 제시하고 그것에 대한 찬성과 반대 또는 제3의 의견 도출(찬반토론형)
⑩ 제시문에 나타난 대상의 특성이나 의의, 장단점을 진술하는 유형(분석형)

자료 제시형의 논술은 대체로 이러한 유형의 시험이 대부분이다. 제시되는 자료는 하나 또는 여러 개의 그림이 주어지거나 통계자료나 도표, 그림과 같은 시각자료가 주어지는 경우도 있다. 이러한 시각자료를 제시하는 이유는 텍스트를 읽고 분석하는 능력과는 별도로 아무런 언급이 없는 상태에서 주어진 상황자료를 수험생들이 읽어 낼 수 있는 능력이 필요하다. 그 후, 어떠한 의견을 개진하든 주어진 자료를 바탕으로 그렇게 주장하게 된 타당하고 논리적인 논거를 들어 자신의 주장을 펼친다.

(4) 완성형

흔히 완성형은 글의 일부분을 제시하고 글 전체의 흐름이나 어조, 태도에 맞게 나머지를 완성하게 하는 유형이다. 완성형은 수험생들이 과연 주어진 과제를 해결할 수 있는 능력이 있는가를 알아보기 위한 논술 유형이다. 어떠한 논술이든 가장 중요한 점은 주어진 과제에 대한 논리적 분석과 파악이다. 이것을 토대로 미완성의 퍼즐게임을 시작하는 것이다. 또 논술 시험시 조건이 주어지는 경우가 있을 수 있는데 이때에는 그 조건에 맞는 논거 · 근거 · 내용 · 사례 등을 이용하여 조건을 충족시켜야 한다.

(5) 요약형

요약이란 글을 정확하게 파악하고 분석하여 한 편의 글로 압축하는 것을 말한다. 요약은 글의 중요한 부분과 덜 중요한 부분을 가려 내고, 중심문장과 뒷받침 문장을 가려 내어 글쓴이의 의도에 가장 근접한 형태의 글로 재구성하는 과정이다. 또한 주장의 내용과 그것을 뒷받침하는 논거를 찾아 내는 과정이기도 하다. 논술시험의 상당 부분이 바로 요약형 문제이다. 요약형 시험은 글의 요점을 정확하게 파악할 수 있는 능력의 유무를 판단하는 좋은 평가방법이다. 요약할 때에는 제시문의 중간중간을 적당히 복사하여 그대로 이어 붙여서는 절대로 안 된다. 주어진 글을 완전히 소화한 후에 자기만의 언어로 재구성해야 한다.

3) 우리나라 논술시험과 바칼로레아

바칼로레아는 독특한 시험유형으로 유명한 프랑스의 대학입시 시험이다. 프랑스어, 철학, 역사, 지리, 외국어, 수학, 체육을 공통과목으로 계열별로 물리, 화학, 생물학 등의 과목이 추가되지만 이렇게 많은 시험과목의 대부분이 한 가지 주제에 대해 교과시간에 배운 지식을 활용해 자신의 견해를 표명하는 논술로 치러진다는 것이 바칼로레아의 큰 특징이다.

논술 유형을 대표하는 과목이라고 할 수 있는 철학의 경우, 4시간에 걸쳐 시험이 치러지는데 두 가지 시험유형 가운데 수험생이 하나를 선택할 수 있다. 첫 번째 유형은 하나의 주제에 대해 논술하는 것이고, 다른 하나는 주어진 유명한 텍스트에 대해 자신의 생각을 논평하는 것이다. 최근 몇 년 사이 논술 형식의 답안 작성이 교육 전문가들 사이에서 비판의 대상이 되기도 했지만 그 해 바칼로레아에 출제된 철학문제는 국민적 관심사가 되는 등 프랑스 인의 교양과 지성을 일깨우는 역할을 하고 있다.

우리나라 논술시험은 프랑스의 바칼로레아와 다르다. 프랑스의 경우 '예술 없이 아름다움에 대해 말할 수 있을까?'를 논하라는 식이다. 이에 반해 우리나라는 여러 개의 제시문을 제시하고 어떤 식으로 서술하라고 지정해 준다. 또한 프랑스의 바칼로레아는 공교육의 일부지만 우리나라 논술시험은 대학에서 학생을 뽑기 위한 수단에 지나지 않는다. 학교에서 거의 배우지 않은 것을 대학이 불쑥 낸다고 할 수 있다. 이런 상황에서 우리나라 논술시험은 읽기를 포함한 쓰기 시험이다.

제시문을 주고 제시문을 이해했는지를 측정함으로써 기본 점수를 주고 또한 수험생이 마음대로 쓰지 못하도록 주어진 자료를 가지고 요리하라고 하는 것이다. 그래서 주어진 제시문을 읽고 주어진 현상과 관점에서의 비판을 마친 후 자신의 대안을 제시하라는 일정한 패턴을 지니기도 한다.

4) 실제 제시문으로 글을 써 보기

(1) 제1회 경기도 논술능력평가(중학교) 문제지

〈답안 작성 시 유의사항〉
1. 시험 시간은 50분임
2. 논술문의 제목은 쓰지 말고, 제시문의 문장을 그대로 옮겨 쓰지 말 것
3. 답안은 검정색 펜으로 작성하고, 수정할 때에는 원고 교정부호를 사용할 것
4. 분량은 띄어쓰기를 포함하여, [논제 1]은 100자 이내, [논제 2]는 600자 내외(±50자)로 할 것

※ 다음 제시문을 읽고 논제에 답하시오.

〈제시문 1〉

넌 정말 예쁘다. 보고 있으면 절로 웃음이 돈다. 너의 활기와 탄력, 집중과 열정은 내게

세상에 생명을 받아 살게 된 걸 새삼 감사하게 만든다. 너에게 예쁘다고 말하는 건 이목구비의 크기나 높이 때문은 전혀 아니다. 잡티 없는 피부에 탄복하는 것도 아니다. 내가 매료되는 건 네 뺨의 홍조, 밝은 웃음소리, 흰자위의 순진무구한 투명함이다. 달릴 땐 이마 위에서 땀에 젖어 둥그렇게 구부러지는 머리카락, 정색할 때 돌연 또렷해지는 검은자위의 깊이, 웃을 때 햇빛을 반사하는 치열, 열중해서 책 읽는 순간 뺨 위로 드리워지는 속눈썹의 고요, 이런 게 네 아름다움의 세목이지 눈, 코, 입의 형태나 팔다리의 사이즈가 너의 미를 결정하는 게 아니라는 내 말에 귀 기울여다오.

물론 성형수술이나 다이어트가 꼭 필요한 사람도 있다는 걸 인정한다. 얼굴 생김에 불균형이 심하거나 흉할 만큼 살이 쪘다면 당연히 적극적인 자기관리를 해야겠지. 문제는 멀쩡하게 예쁜 얼굴과 날씬한 몸을 가지고서도 자꾸만 뭔가 부족하다는 결핍감과 콤플렉스를 버리지 못하는 강박 관념에 시달린다는 데 있다. 그 강박 관념을 끊임없이 부추기는 세력이 있다는 걸 엄마는 안다. 개인이 그 거대한 힘에 저항하기 힘들다는 것 또한 안다.

더욱이 최근 들어서는 우리나라 성형외과 의사 수가 늘고 미용 산업의 총 규모가 커지면서 은근히 유혹의 손길을 뻗치고, 온갖 미디어까지 나서서 눈만 뜨면 예뻐져서 날씬해지지 않으면 남보다 뒤떨어지거나 경쟁력이 없다고 외쳐대면 이런 현상을 은연중 부추기고 있다. 그것을 여리디여린 네 귀가 무슨 수로 당하랴. 급기야 우리는 상대의 외모만을 모든 평가의 기준으로 삼는 치졸한 짓을 저지른다. 친구를 만나면 젊어졌네, 살 빠졌네가 최고 덕담이 된다. 그러는 새 너도나도 예뻐지고 날씬해지는 일 외엔 별 관심도 흥미도 없는 허깨비가 돼 버리는 게 아닐지 겁이 난다. 〈생략〉

- 김서령, '충분히 아름다운 딸에게'에서-

〈제시문 2〉

우리가 살고 있는 이 세상에는 가치 있는 것들이 수없이 많은데, 가치에도 서열이 있다. 즉 더 중요하고 더 가치 있는 것이 있는가 하면, 덜 중요하고 덜 가치 있는 것이 있다. 인간은 진리나 도덕적인 삶, 내면의 아름다움 등의 가치를 추구하는 삶을 살 때에 진정한 행복을 얻을 수 있고, 나아가 자신이 속한 사회 발전에 보다 크게 기여할 수 있다고 본다.

-'중 3 도덕 교과서'에서-

*** 〈논제 1〉**

[제시문 1]에서 다루고 있는 사회현상의 원인을 찾아 100자 이내로 서술하시오.(20점)

* 〈논제 2〉

[제시문 2]를 바탕으로 [제시문 1]의 글쓴이가 지적한 사회현상에 대해 비판하는 견해를 600자 내외(± 50자)로 서술하시오.(80점)

(2) 2007학년도 중앙대학교 수시 1학기 논술문제지 (인문계)

※ 다음 글을 읽고 물음에 답하시오.(40점)

복지 국가는 국가 구성원들의 경제 · 사회적 안전과 평등의 증진을 최우선적으로 추구한다. 그러나 사람에 따라서 평등의 개념을 달리 사용하고 있고, 이에 따라 많은 논란이 있는 것이 사실이다. 실제로 사회복지 정책을 둘러싼 많은 논쟁들은 바로 이러한 평등의 개념에 대한 논란에서 비롯된다고 해도 과언이 아니다. 평등이 어떤 개념에 기초하느냐에 따라 사회복지 정책의 효과가 전혀 다르게 나타날 수 있기 때문이다.

사례 1) 자영업자인 A는 봉급 생활자인 B보다 소득 수준이 높다. 하지만 정부가 소득 파악을 제대로 못 하고 있어, A와 B는 동일한 세금을 내고 있다. 세금 부담에 있어서 A와 B 간의 불공평 정도를 완화하기 위해 A의 정확한 소득을 파악하기 위한 대책이 마련되어야 한다.

사례 2) C와 D는 모두 일정한 기술을 습득한 후에야 올라갈 수 있는 어떤 지위(status)를 얻고 싶어 한다. C는 경제적으로 어려운 형편상 그러한 기술을 습득하는 것이 어려운 반면, D는 상대적으로 쉽게 습득할 수 있는 위치에 있다면, C에게 재정적 후원을 통해 기술 습득의 기회를 제공해야 한다.

사례 3) E와 F는 모두 65세 이상의 노인이다. E는 젊은 시절 국민연금에 가입하여 월 소득의 일부를 보험료로 납부해서, 현재 상당 수준의 연금 혜택을 받고 있다. 그러나 F는 젊은 시절 생활이 어려웠던 관계로 보험료를 납부하지 못해서, 현재 아무런 연금 혜택도 받지 못하고 있다. F와 같은 사람의 적정한 노후 생활을 보장하기 위해서는, 일정 연령 이상의 모든 노인에게 이전의 소득 수준이나 보험료 납부 여부와 관계없이 정액(定額)의 연금을 지급하여야 한다.

〈문제 1〉 위의 제시문에 근거하여, 각각의 사례에 내포되어 있는 평등의 개념적 차이를 설명하고, 이 가운데 우리 사회가 가장 비중 있게 추구해야 할 것은 무엇인지 논술하시오. (40점) (답안지 16~18줄 사이로 작성할 것)

※ 다음 글을 읽고 물음에 답하시오. (60점)

아래 글 가)와 나)는 정약의 흠흠신서(欽欽新書)의 일부이고, 글 다)와 라)는 목민심서(牧民心書)의 일부이다.

가) 형부(刑部)는 서씨의 아내 유모(乳母) 허씨가 깔아 죽인 사건을 심리(審理)하여 교후(絞候)로 처단할 것을 물었다. 이는 곧 법률에 의하여 처리할 일이나 다만 깔아서 치사케 한 이유 외에 대를 이을 아들이 있고, 또 진정 부주의에 의하여 발생한 일이라면 선례(先例)에 의하여 심리할 때 관용할 여지가 있으나, 이 사건의 유아가 외아들로서 다른 아들이 없는 경우에는 미욱한 유모가 조심하여 기르지 아니하여 마침내 깔아 죽게 하였으니 매우 원통할 일이다. 고의로 죽게 하여 그 가정으로 하여금 금대(今代)가 끊어지게 하였다면 이 사실을 가려 결정하도록 아니할 수 없다.

〈다산 정약용의 견해〉 상고하여 보면 고의(故意)냐 아니냐를 가려 결정할 일이요, 독자(獨子)냐 아니냐를 물을 것은 없다. 아마도 잘못인 것 같다.

나) 고려(高麗)의 폐왕 우(廢王 禑)의 원년, 이보림(李寶林)이 경산부(京山府)의 수령으로 있을 때, 길에서 여자의 곡성(哭聲)을 듣고 "곡성이 슬프지 아니하니 반드시 부정이 있다."하고 데려다 신문하니 간부(奸夫)와 함께 남편을 모살(謀殺)한 자였다.

〈다산 정약용의 견해〉 상고하여 보면 이 조(條)는 내용이 있을 것이다. 신통(新通)하다 할 수 없으며 이와 같은 기록은 간략하여 알 수가 없다.

다) 무릇 소송을 제기하는 사람의 말이 비록 크게 놀랄 만한 일이라도 한쪽 편의 말만을 그대로 믿어서는 안 되는 것이다. 그 시비곡직(是非曲直)을 일체 논단하지 말고 다만 제결(題決)하기를 "양 당사자로 하여금 각기 전후(前後) 소장(訴狀)을 가지고 대질시켜 처리할 터이니 여기에 한 자(字)라도 더 첨가해서는 안 된다."고만 할 것이다.

라) 착각하여 그릇 판결하였다가 그 잘못을 이미 깨달으면 감히 과실을 얼버무리지 않는 것도 역시 군자의 행실인 것이다. (중략) 생각건대 다른 일은 잘못을 그대로 두어도 다만 자기 한 사람의 허물이 될 뿐이지만 옥사(獄事)는 잘못을 그대로 두면 남의 생명을 해치는 것이다. 반드시 하늘의 재앙이 있을 것이니 이런 일은 의당 특별히 살펴야 할 것이다.

〈문제 2〉 위에 제시된 다산 정약용의 저술에 비추어 볼 때, 합리적 의사결정을 위해 어떤 점을 고려해야 하는지 논술하시오. (30점) (답안지 14~16줄 사이로 작성할 것)

〈문제 3〉 한 인종주의자는 1991년 미국 플로리다 주에서 발표된 살인 범죄 통계인 〈표 1〉을 인용하면서 백인의 사형 선고율이 흑인에 비해 높다고 주장하였다.

<표 1>

선고 / 가해자	사형	기타	사형 선고율(%)
백인	53	430	11.0
흑인	15	176	7.9

이에 한 인권주의자는 위에 발표한 통계를 보완하여 〈표 2〉를 제시하였다.

<표 2>

피해자	가해자	사형	기타	사형선고율(%)
백인	백인	53	414	11.3
	흑인	11	37	22.9
흑인	백인	0	16	0.0
	흑인	4	139	2.8

다산 정약용이 제시한 관점을 적용하여 인종주의자의 주장을 반박하고, 인권주의자가 〈표 2〉를 통하여 주장하고자 하는 바가 무엇인지를 논술하시오. (30점)

(3) 논술쓰기 실제

연말연시가 되면 시중에서 '토정비결' 책은 언제나 인기가 있다. 도심 여러 곳에서는 사주카페 인터넷 · 점술 사이트 또한 만연해 있다. 선사시대부터 인간의 길흉화복을 알고자하는 점술은 첨단 인터넷과 IT사회에서도 여전히 인기다.

인간에게는 불안하고 불확실한 미래에 대해 알고 싶어하는 본능이 있다. 그러한 예지욕은 농경사회와 맞닿아지면서 더욱 발달하게 되었고, 인류생활의 발달이 곧 점복의 발달로 이어져 왔다.

우리나라는 선사이래로 농경사회였다. 예측할 수 없는 사계절의 변화는 점술과 연계해서 농점이나 동물점의 형태로 발전되어 농업에 도움을 주었다. 그리고 예전에 행했던 점술은 최첨단의 정보통신과 맥이 닿아 인터넷의 타로점이나 사주카페 등의 문화콘텐츠로 개발되어 경제적으로 연간 2조 원의 시장을 형성하고 있다.

이런 현상은 한국인의 여러 상황, 정치적 · 사회적 불안감 등 빠른 것을 좋아하는 한국인의 코드와 부합하여 부작용도 만들어지고 있다.

점술은 사람의 운명을 점의 결과에 맡겨 스스로 운명을 개척하려는 의지를 약화시키고 의타성을 조장하며, 자체가 수단이 되어 이타적인 생각이나 실천을 하지 않아 사람을 이기적으로 만든다. 미래를 알고 있기에 현실에 안주하려는 현실주의적 인생관을 만들며 역사나 사회의식과 멀게 해서 성숙한 시민을 만드는 데 걸림돌이 되기도 한다. 양심적인 문제는 관심 밖이 되고 권선징악의 관념도 사라지게 된다.

우리 사회에 만연된 점복신앙이 바람직한 인간의 문화로 자리잡기 위해서는 학교와 가정, 사회에서의 청소년 가치 확립이 중요하다.

청소년 자신들의 존재가 너무도 소중하다는 자존감을 높이고 스스로의 운명과 미래는 자신이 개척해 나가고 만들어야 한다는 긍정적이고 주도적인 가치관 확립에 도움을 주어야 한다.

한국사회는 정신과 상담을 기피하고 있다. 복잡한 사회에서 건강한 정신을 위해서 필요한 정신과치료보다는 점이나 미신에 의해 문제를 해결하려는 것도 이 시대에 점이 성행하는 이유다. 외국에서의 카운슬러의 역할이 우리나라에 도입이 되어, 전문적인 상담이 이루어지면 역술인을 찾아가 과도하게 지불하는 비용도 합리적으로 수정될 수도 있다.

또한 미래에 대한 막연한 궁금증이나 불안보다는 현실을 열심히 사는 것이 곧 미래를 탄탄하게 한다는 건강한 인식이 곳곳에 나타나면 좋겠다. 오늘은 과거의 바탕 위에 세워졌고 미래는 오늘을 바탕으로 세워진다.

(4) 논술 쓰기 예

예로부터 점이 성행하게 된 이유는 진실 탐구와 미래 예측 두 가지라고 한다. 진실이란 신의로 고대인들은 신의에 위배되는 행동을 하면 곧 신에게 벌을 받을 것으로 믿었다. 그래서 벌을 받지 않기 위해 먼저 신의를 정확히 파악해 신의에 따라 행동하려고 했다는 것이다. 즉 신의 뜻이란 어른들이 말씀하시는 순리대로 사는 것이 옳다는 말과 일맥상통하는 듯하다. 결국 내가 있을 곳은 어느 정도 정해져 있는데 욕심이 그곳까지 가는 길은 더 멀고 힘들게 한다는 말이다. 이렇게 생각하면 인간이 점에 의지하는 것은 반반이 되어야 공평하다는 생각이 든다.

10년 전 나는 대학을 졸업하고 취직 준비를 하면서 불안한 하루하루를 보내고 있었다. 가장 나를 불안하게 한 것은 나 자신이 무엇을 하고 싶어하는지 알지 못하는 데 있었다. 뚜렷한 목표 없이 하루하루를 보내고 있었다. 뚜렷한 목표 없이 하루하루를 흘려보내며 사귀는 남자 친구와 결혼이나 해 버릴까 하는 생각이 들었다. 그때 마침 승민이라는 친구를 알게 되었다. 승민이는 아버지가 정치인으로 참 점을 자주 보는 친구였다. 나도 모르게 같이 다니며 유명하다는 아저씨가 있다는 말에 자신에 대해 확신과 자신이 없던 나는 옳다구나 따라 가게 되었다.

"아저씨 저 취직될까요?"

"사귀는 사람과 결혼해도 될까요?"

지금 생각하면 참 한심한 질문이었지만 난 당시의 아저씨의 대답을 아직도 선명하게 기억하고 있다.

"여자가 밑지는 장사야. 이혼수가 있으니 결혼하고 좀 떨어져 살아. 아이는 내년에 낳고 그 후 7년 정도는 둘 사이에 좋은 일이 별로 없어."

그 후 나는 남자친구와 결혼을 했다. 우연인지 필연인지 아저씨의 말대로 그 다음해 아이도 낳았다. 그런데 그 후가 더 문제였다. 부부가 살면서 항상 좋을 수만은 없는 것이 당연한데 당시 친구들에 비해 좀 일찍 결혼한 나는 남편과 싸울 때마다 아저씨의 말이 생각났다.

'예전에 이혼수가 있다고 했는데 확 이혼해 버려! 결혼 후 좀 떨어져 지내라 했는데 매일 집에도 안 오는데 엄마 집에 가서 좀 놀다오지 뭐. 아이는 7년 동안 좋다는 일이 없으니까 낳지 말지 뭐. 지금 생각하면 내가 밑지는 장사였어.'

지금 생각하면 난 내 운명을 점의 결과에 맡겨서 스스로 노력해서 운명을 개척하려는 의지가 전혀 없었던 것이다. 부부 사이의 밑지는 장사가 어디 있으며 남편이 당시 수련의이다 보니 바빠서 떨어져 지내는 건 당연했으며 지금은 오히려 나에게 주어진 그 많은

> 시간에 나를 위해 할애했었다면 하는 생각이 든다. 또한 아이는 내가 자신이 없어 낳지 않은 것이었다. 그 후 8년이 흐른 후 그 점 본 아저씨에게 내 이야기를 해 드렸다. 나는 그때 아저씨의 대답을 또 잊을 수 없다. 좋은 자리에 철학관을 차리고 싶은데 입을 열기가 무섭다. 사람들이 내 말 한 마디에 너무 의지하기에 점이란 나쁜 일이 언제쯤 있을지도 모르니까 예방을 하라는 차원에서 보는 것이라는 말씀! 그 당시 나는 아저씨의 말씀을 내 마음 속에 담아 가지고 집에 가는 길에 많은 생각을 했다. 자신의 운명은 스스로 노력하며 만들어 가는 것이며 점은 앞으로 있을지도 모를 나쁜 일에 대한 단지 예방수단일 뿐이다.

오늘날 사회를 지식기반사회라고 합니다. 지식과 정보가 유용한 가치로 인정받고 있다는 뜻이죠. 지식과 정보가 넘쳐나고 있는데 우리는 역사를 더 열심히 읽자고 이야기합니다. 왜 그럴까요?

세상이 복잡해질수록 과거 사람들의 산 모습을 이해하면서 앞으로 어떻게 살아가는지에 대한 답을 얻을 수 있기 때문입니다. 이러한 답을 얻는 과정이 논술과정입니다.

책을 열심히 읽고 역사 속 사람들과 사건에 대한 이해를 하고 자신의 생각을 다른 사람이 알기 쉽도록 쓰면 됩니다.

이제부터 읽은 내용을 바탕으로 생각하는 연습을 해 봅니다.

1 논술문제

신석기 혁명에 대해 알아봅시다. 신석기 혁명이 인류역사에 끼친 영향과 문제점을 지적하고 자기 생각을 정리해 봅시다.

우선 자기 생각을 정리하기 위해서는 기본지식을 제대로 이해하는 힘이 필요합니다. 지식을 수용하는 단계가 없으면 이해는 없습니다. 신석기 시대를 제대로 이해하기 위해서는 구석기 시대와 비교 대조해 보면 더 명확히 이해할 수 있습니다.

> "구석기시대 사람들은 나무뿌리나 열매를 구해 먹었다. 힘이 약하고 도구가 빈약해서 맹수들이 고기를 잡고 나면 다른 짐승들(독수리나 하이에나)을 쫓아 버리고 남은 고기를 빼앗는 것이 이들의 사냥방식이었다. 신석기인들은 동굴에서 동굴로 떠도는 대신 비바람을 막아줄 건축물을 짓고 정착해 살았다. 사냥한 짐승을 바로 잡아 먹지 않고 울타리에 가두어 두면서 이들을 기를 수도 있다는 것도 알았다. 이처럼 사냥과 채집에서 농경과 목축으로 인류의 삶이 바뀐 것은 오랜 세월에 걸쳐 일어난 일이다. 이런 변화는 인류역사의 최초의 혁명이라고 부를 만큼 큰 의미가 있는 일이었다. 그래서 후대의 학자들은 이를 두고 '신석기 혁명'이라고 불렀다."

> "신석기혁명 : 영국의 고고학자 고든 차일드가 처음으로 사용한 말. 신석기 시대 사람들이 농사를 짓고 정착생활을 하면서 엄청난 변화가 일어나자 이를 '신석기 혁명'이라 불렀다."

위의 내용을 정리 요약해 보면 "구석기시대에는 수렵 채취를 통해 자연에서 얻기 위해 이동하는 생활을 했다면 신석기시대에는 농경 목축을 통해 정착생활을 했다는 것과 신석기시대 사람들은 그 변화를 인식하지 못했고 후대에 사람이 신석기 혁명이라 이름 붙인 것이다."라고 요약할 수 있습니다.

글을 제대로 쓰기 위해서는 요약하고 내용을 파악하는 능력이 중요합니다. 그래야만 글을 이해한 것이 됩니다. 그 이해를 바탕으로 생각을 확장해 나가야 합니다.

우리는 흔히 줄거리나 요약보다는 생각과 느낌만을 쓰라는 강요를 받는 경우가 있습니다. 제대로 된 글쓰기는 내용을 이해한 것을 바탕으로 자기 생각을 하는 것입니다. 이제부터는 내용을 이해하기 위해 책을 꼼꼼히 읽는 습관을 갖는 것이 중요하다는 것을 알았지요.

신석기 혁명이 무엇인지 알았으면 다음으로 신석기 혁명이 인류역사에 끼친 영향과 문제점에 대해 알아보아야 합니다.

> "구석기인들은 자연이 만들어준 천연건축물에 세 들어 살았다. 따뜻한 동굴이나 시원한 바위그늘이 그들의 집이고 안식처였다. 먹을 것을 찾아 떠돌아 다녔기 때문에 굳이 집을 지을 필요가 없었다. 이들은 무리를 이루어 돌아다니며 큰 짐승들을 사냥했다. 무리 가운데 경험이 많고 지혜로운 사람을 지도자로 뽑았다. 지도자는 큰 권력이나 재산을 가질 수 없었다. 이들은 비교적 평등한 생활을 했으며 생산물은 고르게 분배되었다."

> "신석기 시대에는 농사와 함께 사냥, 채집을 하고 도구를 이용해 농사만 지어도 식량이 넉넉했다. 그뿐인가. 식량을 남겨 창고에 쌓아 둘 정도가 되었다. 이제 남겨서 쌓아 두는 자와 그렇지 못한 자 사이에 틈이 벌어졌다. 가장 많이 남겨 둔 사람은 우두머리가 되었다."

위의 내용에서 신석기 혁명을 통해 남은 식량으로 평등이 무너졌다고 추론해 볼 수 있습니다. 구석기시대에는 비교적 평등한 생활을 했으며 생산물은 고르게 분배했는데 신석기시대에는 식량을 남겨서 많이 쌓아 두는 자가 우두머리 지배가 된 것입니다. 신석기 혁명이 인류사에 남을 큰 변화이면서 사람들이 식량을 걱정하지 않아도 되고 자연의 위험으로부터 보호되기도 했지만 다른 면으로는 인류사회의 불평등의 기원이 되기도 합니다. 인류의 기원을 공부하는 역사학자들도 과거를 정확히 아는 것이 아니라 알려고 노력하는 것입니다. 학자들은 많은 자기가 알아낸 것을 논증(주장에 대한 증거)를 찾아 내어 학문으로 만들어 가는 것입니다. 학문도 논리적인 과정에 의해 만들어집니다. 역사적 내용을 학자들처럼 여러 각도로 생각해 보면 생각의 깊이도 깊어지고 공부도 재미있어집니다.

> "신석기 혁명의 영향으로는 발달된 도구로 농사를 지으니 남는 곡물이 많아졌다. 남아도는 곡물 덕에 모든 사람이 농사를 짓지 않아도 되었다. 그 덕에 무기를 전문적으로 만드는 장인이나 싸움을 전문적으로 하는 전사 집단이 생겨났다. 이들 중 부유하고 용감한 사람이 우두머리가 되어 한 집단을 이끌었다. 그런 사람이 바로 군장이다."

위 내용에서 알 수 있듯이 일이 분화되었습니다. 식량이 풍부하니 모두 식량을 생산하는 일에 참여하지 않아도 되므로 다른 일을 찾아 나서게 된 것입니다.

우리가 역사를 공부할 때 신석기인들은 구석기시대 사람보다 우월하다고 생각합니다. 왜냐하면 후세에 사람이 더 진화되고 발달하여 똑똑하다고 생각하기 때문이지요. 신석기혁명에 대해 공부하다 보니 구석기시대와 신석기시대는 큰 변화가 있었지만 이런 변화를 다양하게 들여다 보면 신석기시대가 훨씬 넓고 복잡해졌다고 생각되어지지 않나요. 그렇다면 역사의 발전은 복잡해지는 것인가요? 구석기시대에 고르게 나누어 먹던 것에서 내 것 네 것으로 나누어 불평등이 생긴 것은 어떤 생각이 드나요.

이제부터 각자의 생각을 정리하면 됩니다. 구체적인 지식내용을 바탕으로 자기 생각을 정리하는 것이 논술공부의 핵입니다.

자기 생각을 쓸 때는 자신이 무슨 말을 하려는지 알고 쉽게 쓴 글이 제일 잘 쓴 글입니다. 이렇게 한편 한편 자기 글을 완성하다 보면 어느 새 사이에 생각의 폭과 표현이 넓어지는 것을 경험하게 됩니다. 논술공부는 모든 사람이 같은 곳을 보지 않고 다른 곳을 보면서 다른 생각을 들어보고 가장 의미 있는 문제해결을 하는 것입니다.

더 생각해 봅시다.

- 신석기 혁명에 대해 이해하고 자신의 생각을 정리해 봅시다.
- 인류의 역사에 큰 변화에 대해 혁명이란 말을 사용합니다.

- 인류역사에 영향을 미친 변화의 큰 틀을 조사해 봅시다.
- 역사를 읽다 보면, 산업혁명(근대화혁명), 정보혁명 등을 발견할 수 있습니다.
- 역사는 한순간에 완성된 것이 아니라 아주 오랜 세월 천천히 변화된 것입니다. 우리도 살아가면서 급하게 생각하기보다는 역사의 흐름처럼 천천히 느리게 변화하는 것을 배우고 역사의 주인공이 바로 나라는 인식을 해 봅시다.
- 오늘날도 급격한 사회변화로 많은 사람들이 혼란을 겪고 있습니다.
- 이 변화에 이름을 붙여 봅시다. 그리고 변화가 주는 영향과 문제점을 생각해 봅시다.
- 생각은 또 다른 생각을 낳습니다.

2 논술문제

신라의 신분제도인 골품제도를 알아봅시다. 골품제도가 그 당시 사회와 개인에 미쳤던 영향을 지적하고, 자기 생각을 서술해 봅시다.

> "신라 사회의 가장 큰 특징 중 하나가 바로 골품제이다. 골품제는 신라가 소국들을 정복한 후 지방 귀족들을 중앙 귀족으로 만드는 과정에서 생겨난 제도이다. 골품제는 크게 진골과 성골, 그리고 6두품으로 나뉘어 있었으며 골품에 따라 정치와 사회활동이 결정되었다. 성골은 부모가 모두 왕족, 진골은 어느 한쪽이 왕족이어야 한다. 초기에는 성골만이 왕위에 오를 수 있었다. 6두품은 아찬의 벼슬까지만 오를 수 있었다. 결혼도 같은 골품끼리 하는 것이 원칙이었다. 이런 예에서 벗어나면 많은 어려움이 따랐다."

책에 서술된 것처럼 골품제도는 신라가 소국들을 정복하면서 지방귀족들을 중앙귀족으로 만들 때 생겨난 제도입니다. 이 제도는 출신 성분에 따라 신분이 결정됩니다. 그 신분으로 정치와 사회활동이 결정됩니다. 김유신의 아버지 서현은 진흥왕의 조카인 만명을 좋아합니다. 만명이 서현을 따라 나서자 그녀의 아버지인 숙흘종은 딸이 신분이 낮은 서현과 결혼을 반대합니다. 신분이 결혼과 사회활동 정치활동을 결정하는 것입니다.

> "숙흘종은 만명을 별채에 가두고 사람을 시켜 지키게 했다. 그때 갑자기 벼락이 문간에 떨어졌다. 사람들이 놀라 어수선해지자 만명은 이틈에 창문으로 빠져나가 서현을 따라갔다. 서현의 할아버지 김구해는 금관가야의 마지막 왕이었다. 그는 신라에 항복할 때 진골 신분이 되었으며 김해지역을 식읍으로 받았다. 그러나 진골 신분이라 해도 왕족과는

차이가 컸다. 숙흘종은 딸이 신분이 낮은 서현과 결혼하는 것을 반대했다. 하지만 서현의 입장에서는 만명과의 결혼이 권력 핵심에 도달하는 가장 확실한 방법이었다. 서현과 결혼한 만명이 사내아이를 낳았는데, 이 아이가 바로 김유신이다. 유신은 진지왕의 후손으로 왕위쟁탈전에 실패한 김춘추와 가깝게 지냈다. 김유신은 누이 동생을 춘추에게 시집보내면서 좀 더 신라 왕족사회에 파고 들었다. 그리고 두 사람은 의기 투합하여 삼국통일을 이루었다."

김유신 장군의 부모님이 신라 왕족과 결혼하지 못했다면 권력핵심에 도달하지 못했을 거예요. 김유신처럼 결혼으로 신분상승을 꾀한 경우도 있지만 신라에서는 아무리 능력이 뛰어나도 신분제도 때문에 할 수 있는 일이 정해져 있는 거지요.

대표적인 인물은 장보고와 최치원이에요. 장보고는 어려서 당나라에 가 군인으로 이름을 떨쳤어요 신라를 위해 많은 일을 하고 해적을 소탕하고 흥덕왕에게 청해진 대사라는 벼슬을 얻지만 신라의 진골귀족들은 장보고를 눈엣가시처럼 생각했어요. 이런 상황이 신라의 무역활동을 위축시키게 되었지요.

최치원도 열두 살에 당나라로 유학가서 이름을 떨쳤어요. 신라로 돌아온 최치원은 진성여왕에게 '시무10조'를 올려 아찬까지 오르기는 했지만 진골들 앞에서는 당나라에서 배워 온 최신 학문도 아무 소용이 없었어요.

신라의 골품제도는 신분이라는 우물에 갇혀 아무것도 볼 수 없었어요. 나라와 백성을 위하여 올바른 일을 하려 해도 많은 방해가 되었어요. 결국 최치원은 정치를 그만두고 깊은 산 속으로 들어갔다고 해요. 걸출한 인물들은 신분제도의 틀에 갇혀서 능력을 발휘할 기회조차 얻을 수 없었어요.

왕권을 강화하고 사회질서를 위해 지배계층이 만들어낸 신분제도가 나라를 위태롭게 할 지경에 이른 것입니다. 진골이나 성골은 능력이 되지 않고 노력하지 않아도 권력의 핵심에 있다면 나라를 제대로 다스릴 수 없을 것입니다. 반대로 능력이 되지만 신분이 되지 않아 좌절하는 사람들 역시 나라로서는 큰 것을 잃은 것이 됩니다.

사람이 태어나면서 신분이 정해지고 운명이 결정되어진다면 노력하거나 열심히 살기보다는 무기력해질 수 있습니다.

장보고와 최치원은 최선을 다하는 삶을 살았지만 골품제도의 벽을 넘지 못하고 당나라에서 더 이름을 날렸습니다. 골품제도가 걸출한 인재들에게 기회를 주지 못한 점을 보면 사회가 위태로운 것은 당연하겠지요.

개인의 입장에서는 처음에는 열심히 노력하고 최선을 다해서 6두품에 이를 수 있지만 진골, 성골 앞에서는 좌절하게 되겠지요. 사회는 과거나 현재나 개인이 있어야 만들어지기 때문에 개인과 사회의 문제는 한 원 안에 있지요.

사회의 차원에서 극복할 수 없는 문제는 개인을 무기력하게 합니다. 훌륭한 개인의 성향을 다른 나라에서 알아보게 되면 그 또한 나라의 인재를 빼앗기는 것이 아닐까요?

역사책을 읽는 이유는 과거를 반성하면서 똑같은 잘못을 저지르지 않는 것이라 합니다. 여러분들도 신라의 골품제도가 그 시대에 어떤 영향을 주었는지 조목조목 생각해 보고 오늘날 우리 생활 속에는 이런 부분이 없는지 되짚어 보는 것도 중요한 공부입니다.

더 생각해 봅시다.

고구려의 명재상이었던 을파소는 고국천왕이 한 관리의 추천을 받아 전격 중용함으로 국상의 자리에 올랐습니다. 귀족들이 벌떼처럼 일어나 반대했음은 물론이겠지요. 하지만 왕은 뜻을 굽히지 않았다 합니다.

인재를 제대로 보는 사람이 추천하고, 왕은 바르다고 생각하는 소신을 굽히지 않고 을파소는 재상으로서 최선을 다했습니다. 농사꾼이었던 을파소는 백성들의 삶을 제대로 이해할 수 있었을 것이며, 왕과 합심해서 좋은 정치를 할 수 있었을 것입니다.

이처럼 신분이 중요한 것이 아니라 개인이 가진 능력이 사회를 더 바르고 살기 좋게 만들 수 있으며 개인이 경험한 것이 큰 재산이 될 수 있다는 생각을 할 수도 있습니다.

물론 반론을 제기할 수도 있고 골품제도의 좋은 점을 지적할 수도 있습니다. 논술이란 이렇게 다양한 관점에서 본 모든 것을 생각하고 이야기하면서 내가 타당하다고 생각하는 것을 다른 사람에게 전달해 보는 글쓰기입니다. 내 생각을 이야기했을 때 상대방이 잘 듣게 하려면 나도 남의 이야기를 잘 듣는 습관을 가져야 합니다. 상대방의 이야기를 잘 듣고 이해해야 내가 할 말이나 글을 제대로 말하고 쓸 수 있습니다.

3 논술문제

삼국은 모두 불교를 받아들이면서 중앙집권국가로 발전했습니다. 불교를 받아들이는 것이 왜 왕권강화에 영향을 주었는지 알아보고, 종교가 우리 삶에 미치는 영향에 대해 자신의 생각을 써 봅시다.

> "삼국은 모두 불교를 받아들이면서 중앙집권국가로 발전했다. 불교를 받아들이면서부터 사람들의 마음은 하나로 모이기 시작했다.
>
> 불교에는 자신이 현재 잘살거나 못사는 것은 전생에 어떻게 살았느냐에 따라 결정된다는 윤회설이 있다. 왕과 귀족들은 그런 교리가 마음에 들었다. 거기에 비해 일반 평민들은 훌륭한 가문에서 새로 태어나려는 마음으로 불교를 믿었다. 따라서 불교는 권력자나 평민 모두에게 희망을 주었던 셈이다.
>
> 불교가 빠른 속도로 퍼질 수 있었던 또 다른 이유도 있다. 불교가 대부분의 민간신앙을 배척하지 않고 어느 정도 인정해 주었기 때문이다. 불교는 나라의 종교로 자리잡으면서 왕실의 권위를 더욱 높여 주었다. 이제 왕의 권위는 부처님과 견주어지면서 어느 귀족도 더 이상 왕권에 도전할 수 없게 된 것이다."

고대국가들이 국가 성립초기에 불교를 공인하면서 왕권을 강화하여 갔습니다. 책 속에 나와 있는 내용처럼 귀족은 전생에 어떻게 살았느냐에 따라 현세가 정해졌다는 교리가 마음에 들었어요. 귀족이라면 지배계층으로 편안한 생활을 누렸겠지요. 지금은 전생으로 이루어졌다고 믿으니 당연한 것으로 생각했지요. 반대로 일반 평민들은 현세의 삶이 고단하고 힘들었겠지요. 그래서 윤회설을 믿는 불교를 받아들이게 되지요. 다시 태어날 때에는 훌륭한 가문에서 태어나기를 바라는 마음으로 믿었지요. 그러니까 불교는 귀족과 평민들 모두에게 희망을 주었던 셈이에요. 귀족과 평민을 각각 만족시키는 불교를 중심으로 사회를 안정시키면 왕의 말을 잘 듣겠지요. 그래서 왕권이 강하게 됩니다. 또 다른 이유는 불교가 민간신앙을 배척하지 않았던 거예요. 불교가 공인되기 이전에 백성들이 의지하고 믿던 민간신앙을 인정하면서 윤회설이 있어 다시 태어난다는 말은 백성에게 많은 힘이 되었을 것으로 보입니다. 왕의 권위를 자비하신 부처님과 견주면서 어느 귀족도 왕권에 도전할 수 없게 되었다고 합니다.

그렇다면 불교는 귀족과 평민에게 꿈과 희망을 주고, 왕에게는 권력에 도전할 수 없게 한 것입니다. 사람은 불완전하며 나약하기 때문에 종교에 의지하여 살아갑니다. 실제로 현실의 어려움을 종교로 극복하기도 합니다. 이런 유용한 불교의 힘도 있지만 왜곡되어 잘못 사용하면 큰 위험이 될 수 있습니다. 자기가 부처인 것처럼 행동하는 왕들이 나타나서 백성들에게 무조건 복종을 강요하기도 합니다. 백성들은 불교에 몰입하여 현재의 삶에 최선을 다하지 않을 수 있습니다. 우리가 아는 심청전에서 심청이 아버지의 눈을 뜨게 하려고 부처님께 공양미 삼백석을 바치지만 심봉사는 눈을 뜨지 못합니다. 이런 부분에서 여러분이 생각하고, 들어서 아는 것, 경험한 것 등을 종합해서 불교(종교)에 대해 자신의 생각을 서술해 보세요.

처음은 불교가 공인된 이유를 찾아 이해하고 중간부분에는 이해한 것을 바탕으로 자기 의견에 대해 증명하는 것을 서술하면 됩니다. 결국 주장에 대해 이유를 쓰라는 이야기입니다. 마지막에 처음과 중간에 있는 이야기를 통해 자기 생각을 정리하면 됩니다.

논술 공부는 기존의 지식이나 배경을 바탕으로 나는 어떻게 생각하느냐는 것을 남에게 전달하는 공부입니다. 어렵고 힘들기보다는 재미있는 공부라는 인식을 해 봅시다.

또한 주어진 논술문제에 자기의견을 달아보는 것도 중요하지만 책을 읽으며 논술문제를 만들어 가는 것은 더 중요한 공부가 됩니다. 논술 문제를 잘 만드는 것은 문제가 무엇인지 잘 보는 것입니다.

논술의 실제

제 5 장

1. 초등논술 어떻게 가르칠까?
2. 교과서와 연계한 논술교육
3. 유형별 논술의 실제
4. 학년별 논술지도의 실제

1. 초등 논술, 어떻게 가르칠까?

현재 교육계의 큰 화두 중 하나는 다름 아닌 '논술'이다. 대학 입학의 과정으로 통합 교과형 논술의 시행과 논술 고사의 비중이 확대됨에 따라 초등학교 때부터 논술을 가르쳐야 한다는 사회적 요구가 강해졌기 때문이다.

논술 열풍이 불기 전까지 초등학생들은 학교에서 내주는 숙제나 열심히 하고 일기나 독후감 정도만 잘 쓰면 별다른 걱정이 없었는데 이제는 초등학교 때부터 논술을 준비하지 않으면 늦는다는 생각에 논술 교육이 부담으로 자리잡고 있다. 또한 제7차 교육과정에서는 국어교육의 목표를 '창의적인 국어사용 능력 신장'으로 세워서 말하기 · 쓰기 교육의 중요성을 강조하고 있다. 쓰기의 한 종류인 논술은 대학 입시의 한 과정이 되면서 초등학생들에게도 매우 중요한 학습활동으로 자리잡게 되었고 쓰기 활동을 어려워하는 학생들에게는 몹시 두려운 공부가 되었다.

하지만 논술을 많이 접해 논술에 대해 알게 되면 논술에 대한 두려움에서도 벗어나 자신감을 가질 수 있다. 모든 학습 활동의 성취가 그러하지만 특히 논술 능력은 단기간에 완성되는 것이 아니며, 논술은 별도로 존재하는 교과과정이 아니라 교과과정을 충실히 공부하다 보면 자연스럽게 따라오는 성과물이다. 엄밀히 말하면 '논술에 대한 준비'라는 것은 따로 존재하지 않는다고도 할 수 있다.

대학에서 논술고사를 보는 이유는 수능 성적만으로는 좋은 학생을 선발해 내는 데 그 변별력이 없다는 판단 때문이다. 실제로 2005학년도 서울대 정시모집의 경우 대학 수학능력시험 성적과 내신으로 선발된 1단계 합격자의 26.9%의 순위가 논술과 구술면접이 적용된 2단계에서 뒤집혔다. 또 연세대의 2005학년도 정시모집에서는 전체 수험생의 14.9%가 논술성적으로 당락이 뒤바뀌었다.[1)]

이처럼 대학들은 갈수록 논술과 구술면접의 비중을 높여 학생들을 뽑으려 하는데, 이것은 대학들이 "논술 실력이 좋은 학생들이 공부도 잘할 것으로 판단"하고 있고 실제로도 여러 사례들이 그러한 판단을 뒷받침하고 있기 때문이다.

대학들이 논술고사를 통해 평가하려는 것은 학생의 지문에 대한 이해력과 문제를

---

1) 동아일보, 2005. 8. 27. 기사 참조.

어떻게 생각하고 해결방안을 어떤 방식으로 찾는가 하는 사고력, 그리고 그 사고를 논리 정연하게 글로 풀어가는 표현력이다. 다시 말해 이해력, 사고력, 표현력인데 이것은 초등교육 6년, 중등교육 6년 도합 12년 동안의 대한민국 교육의 목표와 다를 바 없다. 다만 그 시험의 형태가 낯선 것이라 당황스러운 것인데, 생소한 논술문제라 할지라도 기초만 충실하다면 유형에 대한 적응 훈련을 거쳐 곧 익숙해질 수 있다.

쉬운 예로 논술의 가장 기초가 되는 '자기 생각이 드러나게 말하기'는 이미 1학년 교과서에도 여러 번 걸쳐 다루고 있다.[2)]

이렇게 교과서를 중심으로 다루는, 어쩌면 사소해 보이는 이러한 활동들이 쌓이고 나면 3~4학년이 되어서 누적된 결과가 서서히 나타나게 된다. 교과서는 결코 쉽지 않다. 다만 실생활에서 자주 접하는 소재들을 등장시키고 아이들의 눈높이에 맞게 접근하고 있기 때문에 쉽게 느껴지는 것뿐이다. 따라서 교과서는 논술 교육의 가장 중심이며 기초가 된다. 교과서를 충실히 공부하면서 관련 교재들을 참고하면 논술에서 요구하는 이해력과 사고력, 표현력은 자연스럽게 길러진다. 이것이 '교과서 중심 학습법'이다. 다음은 '교과서 학습법'의 내용을 요약한 10계명이다.[3)]

① 교과 진도에 따라 책을 읽어라.
② 독해 능력은 독서록으로 키워라.
③ 독서 클럽을 만들어 책을 바꿔 읽고, 일주일에 한 번씩 토론하라.
④ 밥상머리 토론을 즐겨라.
⑤ 배운 것을 가족이나 친구들에게 설명하는 기회를 자주 만들어라.
⑥ 국어 교과서의 활동은 꼭 하고 넘어가라.
⑦ 노트 정리로 필력을 길러라.
⑧ 숙제는 문제해결의 열쇠, 피하거나 베끼지 말고 꼭 해가라.
⑨ 일기는 논술의 연습장으로 활용하라.
⑩ 수행평가와 글짓기대회는 논술고사를 본다는 생각으로 하라.

초등 논술은 '초등학생을 대상으로 지도하는 논리적인 표현하기'라고 정의할 수 있

---

2) 국어 1-1 말하기 · 듣기, p. 50-51. 내용을 보면 생각이 잘 드러나게 말하려면 어떻게 하여야 하는지 '송이네 가족 나들이'를 통해 다루고 있다.
3) 김강일, 김명옥, 〈교과서만 따라해도 초등논술 OK〉, 예담출판사, 2006. pp. 17-58.

다. 이는 논설문이나 주장하는 글 등처럼 생각을 표현하는 글뿐만 아니라 논쟁, 토의, 토론, 구술 등의 논리적인 말도 포함된다.

논술 능력은 다양한 학습을 통해서, 즉 읽기, 생각하기, 이야기 나누기, 표현 활동을 하면서 자연스럽게 학습되므로 독서가 바탕이 되는 논술, 사회인지적 상호작용으로서 이야기 나누기를 통한 논술, 즐거운 말하기, 재미있는 쓰기로서의 논술이 바람직하다.

현재 초등학교 논술교육은 대학 입시의 한 과정으로, '대학 입학 논술 고사'를 대비한 입문 단계라는 인식이 강하다. 그러나 초등학교에서의 논술이 대입 논술의 형태와 같을 수는 없다. 초등학교의 논술 교육은 어린이들의 발달 단계에 맞는 총체적 학습 활동을 통해서 이루어져야 한다.

논술 시대를 맞이하여 다양한 배경 지식과 읽기, 이야기 나누기를 바탕으로 한 창의적 사고를 논리적으로 전개할 수 있는 표현력을 기르며 자기 주도적 학습능력 및 평생 학습의 기틀을 다질 수 있도록 교육과정에 따른 학년별, 교과별 논술 지도 계획을 세워 체계적으로 논술 지도를 해야 한다. 이에 본고에서는 초등논술의 개념을 다시 한번 정립해 보고 교과서와 연계한 초등 논술교육의 방향과 실제적인 교육방법에 대해 논의하고자 한다.[4)]

2. 교과서와 연계한 논술교육

제7차 국어과 교육과정에서 논술과 관련된 내용은 다음과 같다.

표 1 1~6학년 쓰기 관련 교과서에 나타난 학습 목표

학년-학기	마당	차시	학습 목표
1-1	셋째 2소단원	1 2	까닭이 드러나게 문장을 만들어 봅시다. 까닭이 드러나게 내 생각을 글로 써 봅시다.
1-2	둘째	1	부모님께서 하신 일에 대하여 내 생각이 잘 드러나게 글을

4) 〈논술의 실제〉 부분은 객관적인 논술교육 현황 및 방법론 , 실제자료 제시를 위해 각 교육청 연수자료 및 논술지도 관련 서적, 신문기사를 참조하여 정리한 내용임.

학년-학기	마당	차시	학습 목표
	1소단원	2	써 봅시다. 친구가 한 일에 대하여 내 생각이 잘 드러나게 글을 써 봅시다.
2-1	넷째 1소단원	1, 2	읽을 사람을 생각하며 내 생각을 글로 써 봅시다.
	넷째 2소단원	1 2	내 생각이 분명하게 드러나는 글을 쓸 때에 주의할 점을 알아봅시다. 내 생각이 분명하게 드러나는 글을 써 봅시다.
2-2	셋째 1소단원	1 2	내 생각이 잘 드러나게 글을 쓸 때에 주의할 점을 알아봅시다. 내 생각이 잘 드러나게 짧은 글을 써 봅시다.
	셋째 2소단원	1 2	알맞은 까닭을 들어가며 친구에게 하고 싶은 말을 글로 써 봅시다. 알맞은 까닭을 들어가며 가족에게 하고 싶은 말을 글로 써 봅시다.
3-1	셋째 1소단원	1 2	원인과 결과가 드러나게 짧은글을 써 봅시다. 경험을 떠올려 원인과 결과가 드러나게 글을 써 봅시다.
3-2	셋째 1소단원	1, 2	알맞은 말을 사용하여 의견이 잘 드러나는 글을 쓸 때에 주의할 점을 알아봅시다.
	셋째 2소단원	1, 2	알맞은 말을 사용하여 내 의견이 잘 드러나는 편지를 써 봅시다.
4-1	첫째 1소단원	1 3	의견을 말하거나 글로 쓸 때에 유의할 점을 알아보자. 알맞은 이유를 들어가며 내 의견을 글로 써 보자.
	셋째 2소단원	1 2 3	문단의 중심 문장과 뒷받침 문장에 대하여 알아보자. 중심 문장과 뒷받침 문장이 자연스럽게 이어지도록 글로 써 보자. 중심 문장과 뒷받침 문장이 자연스럽게 이어지도록 글을 고쳐 써 보자.
4-2	첫째 1소단원	3	서로 다른 의견을 듣고, 내 의견을 글로 써 보자.
6-1	넷째 1소단원	2, 3	주장과 근거가 분명하게 드러나도록 글로 써 보자.
6-2	넷째 1소단원	1 2 3	문제와 해결의 짜임으로 글을 쓰는 방법에 대하여 알아보자. 문제에 대한 해결 방안을 써 보자. 문제의 원인과 해결 방안을 글로 써 보자.
	넷째 2소단원	1 2, 3	방송을 듣고, 문제와 해결의 짜임으로 글로 써 보자. 토의를 하고, 문제와 해결의 짜임으로 글로 써 보자.

이 외에도 1-1학기 국어 〈말하기 듣기〉 교과서 1단원은 "바른 자세로 들을 수 있다.", "자신 있게 말할 수 있다."는 두 가지 학습 목표를 가지고 있다. 공부에서 학습 목표는 매우 중요한데 대부분이 이 학습목표를 모른 채 지문을 읽고 문제부터 푼다. 결국은 학습 목표와 관계 없는 수업을 하는 셈인데 이는 목적지 없이 여행을 떠나는 것과 같다. 이 단원의 활동 중에 "친구에게 내 꿈을 말하여 봅시다" 라는 것이 있는데 여기에서는 '꿈'을 소재로 하고 있지만 정작 중요한 것은 꿈이 아니라 자신 있게 말하기이다. 따라서 소재는 '꿈', '선물', '방학' 등 다른 것들도 가능하다. 핵심은 학습 목표라는 것을 놓치지 말아야 한다. 이렇게 학습 목표를 달성해 가는 과정이 바로 논술 공부가 된다.

다음은 교육청 연수 자료의 일부이다.5)

1) 교과 시간을 활용한 초등 논술 지도의 방향

초등학교 전 과정의 교과서가 논술 준비의 가장 기본적인 교재가 될 수 있다. 여기서 중요한 점은 교과서를 가지고 학생들이 어떻게 공부해야 하는가, 그리고 교사들은 어떻게 가르쳐야 하는가이다. 배우고 가르치는 방법이 일방적인 주입·암기형이 아니라 쌍방향 소통형으로 변화해야 한다.

교사가 교과서에 나오는 환경 개발 부분을 가르치면서 학생들에게 환경 개발에 대한 의견을 묻고, 학생들은 다양한 찬반 의견을 생각해 봄으로써 나름의 판단 기준을 가질 수 있을 것이다. 특히 이 과정에서 교과서가 다루는 주제와 관련된 독서와 토론이 병행된다면 다양한 시각과 깊이 있는 사고력을 배양하는 데 큰 도움이 될 것이다. 논술의 핵심은 주장과 근거다. 토론은 논술의 뼈대가 되는 주장과 근거를 익히는 효과적인 훈련이다. 토론은 어떤 문제에 대하여 찬반의 의견이 분명한 사람들이 각자 자신의 주장을 논리적으로 내세워, 그것이 옳음을 입증하는 말하기다. 상대방의 의견을 존중하면서도 자신의 의견이 훨씬 가치 있음을 증명할 수 있어야 한다. 따라서 토론에서 자기가 말한 내용을 잘 정리하면 논술이 된다.

또한 교과서에 나오는 기본 개념이나 원리를 정확하게 이해하고 서술할 수 있는

---

5) 폴라리스의 자료찾기. http://cafe.naver.com/sgreen110의 여러 교육청 연수 자료 참조(각 유형별 예시 자료는 각 교육청 연수 자료에서 발췌한 것임)

능력을 기르는 데 학습의 중점을 둬야 한다. 국어와 사회 과목은 우선 새로운 용어들을 정리하여 그 의미를 명확히 이해하는 것이 중요하다. 자주 읽으면서 전체의 흐름을 잘 파악하고 사용된 용어들이 친숙한 느낌을 갖도록 지도한다.

과학 교과에 대한 학습에 대한 개념이나 원리를 잘 이해하면서 교과 내용과 관련된 과학 서적을 많이 읽는 것이 학습에 도움이 될 것이다. 경우에 따라 과학 잡지를 정기 구독하는 것도 논술에 큰 도움이 될 것이다.

교과서에서 배운 하나의 주제를 출발점으로 꼬리를 무는 질문을 던져 봄으로써 학생들의 사고의 폭과 깊이를 키워갈 수 있을 것이다. 버스나 지하철에서 경로석을 보았다면 왜 경로석이 필요한지, 현대에도 전통 윤리는 가치가 있는지 등 실생활에서 볼 수 있는 당연한 현상에 대해 항상 '왜'라고 스스로 질문을 하도록 하여 이러한 습관이 쌓여 사고력과 논리력이 신장될 수 있도록 한다.

(1) 논술 수업을 위한 교과별 내용 분석

아래 예시처럼 실제로 각 교과의 학습 내용을 분석해 보면, 많은 부분이 논술 능력과 관련이 있다는 점을 확신할 수 있다. 초등학교 국어과의 경우도, 총 56개의 단원이 논술 능력 신장과 직접적으로 관련이 있는 단원으로 분석된다. 따라서 각 교과의 정규 교육 활동을 충실히 운영하는 가운데에서 논술 지도가 이루어지도록 해야 한다.

<table>
<tr><th colspan="5">6학년 1학기 넷째 마당 - 의견을 모아서</th></tr>
<tr><th>소단원</th><th>차시</th><th>쪽수</th><th>주요 학습 내용 및 활동</th><th>비 고</th></tr>
<tr><td rowspan="4">1. 말과 글에 담긴 생각</td><td>1</td><td>92-95</td><td>· 알맞은 근거를 들어 내 주장 말하기</td><td></td></tr>
<tr><td>2
(본시)</td><td>96-99</td><td>· 주장과 근거가 분명하게 말하기</td><td>· 교재내용을 재구성함</td></tr>
<tr><td>3</td><td>99-101</td><td>· 주장과 근거가 분명하게 드러나는 글쓰기</td><td></td></tr>
<tr><td>4</td><td>114-115</td><td>· 주장과 근거가 분명하게 드러나는 글쓰기</td><td>되돌아보기
더 나아가기</td></tr>
<tr><td rowspan="4">2. 헤아리고 살피며</td><td>5</td><td>102-103</td><td>· 토의할 때 주의할 점 알아보기</td><td></td></tr>
<tr><td>6</td><td>104-107</td><td>· 토의 절차 알아보기</td><td></td></tr>
<tr><td>7</td><td>108-109</td><td>· 토의 절차에 따라 토의하기</td><td></td></tr>
<tr><td>8～9</td><td>110-113</td><td>· 토의 주제를 정하여 토의 절차에 따라 토의하기</td><td>되돌아보기
더 나아가기</td></tr>
</table>

(2) 교과별 논술 지도 발문

가. 국어과 발문

발문 유형	발문 모델
(1) 선수학습 내용 재생의 발문	· 지난 시간에는 무엇에 대해서 공부를 하였나요? · 지난 시간에는 글의 줄거리를 어떤 방법으로 간추렸나요? · 그러한 방법 외에 또 다른 방법은 없을까요?
(2) 경험을 재생시키는 발문	· 제목과 비슷한 글을 읽어본 일이 있으면 누가 발표해 볼까요? · 이러한 글을 어떤 유형의 글이라고 하나요? · 여러분들 중에 경주에 가 본(~을 해 본) 경험이 있는 사람이 있나요? · 가장 감명 깊게 느낀 점은 무엇이었나요?
(3) 학습 활동을 출발시키는 발문	· 어떤 이야기인가를 잘 생각하면서 연필로 읽어 봅시다. · 이 글은 어떤 방법으로 나누면 좋을까요? · 재미있게 표현한 곳을 찾아볼까요? · ○○가 아주 좋은 점을 말해준 것 같은데 여러분도 그렇게 생각해 보는 것이 어떨까요?
(4) 학습 활동을 심화시키는 발문	· 여러분은 주인공인 ○○를 어떤 사람이라고 생각하지요? · 왜 그와 같이 생각하나요? · 만일 주인공인 ○○가 그와 같은 일을 완성해 내지 못했다고 하면 여러분들은 주인공을 어떻게 생각했을까요? · 다시 한번 낭송해 보고 자기 글로 바꾸어 써 볼까요?

나. 도덕과 발문

발문 유형	발문 모델
(1) 덕목이나 도덕적 가치 개념을 추출하는 발문	· 이 글에서 ○○의 행동은 어떤 행동이라고 생각하는가? · 이 이야기는 무엇에 대한 이야기인가? · 모든 사람이 다 ○○와 같이 생각한다면 어떤 점에서 좋지 못한 결과가 생기겠는가? · 이 글을 읽고, 나는 어떤 사람이 되어야겠다고 생각되는가?
(2) 덕목이나 가치 개념의 뜻을 밝히는 발문	· 친절을 베푸는 행동과 남을 동정하는 행동은 같은 것인가? · 다르다면 어떤 점에서 다르겠는가? · 어제 이러이러한 일이 있었다고 하면, 그때 내가 어떤 행동을 취해야 친절한 행동이 되었다고 생각하는가?

발문 유형	발문 모델
(3) 기본 덕목의 일반적 성립 근거나 이유를 묻는 발문	· 이웃에게 친절하게 하는 일과 인류애와는 어떤 관계가 있는가? · 각자의 이익이나 욕심만 좇아서 행동한다면 이 사회는 어떻게 될까? · 다른 사람에게 친절히 대하는 것과 예절의 기본정신 또는 사람의 사회생활과는 어떤 관계가 있을까?
(4) 구체적인 판단의 근거나 이유를 묻는 발문	· ○○의 행동은 왜 나쁜가?(좋은가?) · 이 사람의 행동에서 우리가 배울 점은 무엇인가? 왜 그런가? · 너라면 그때 어떻게 하였겠는가? 그 이유는 무엇일까?
(5) 규범의 갈등을 확인하는 발문	· 이런 경우에 내가 이렇게 행동하는 것은 좋은 점도 있지만 나쁜 점도 있을지 모른다. 너도 그렇게 생각하는가? · 이 행동의 좋은 점은 무엇이고 나쁜 점은 무엇인가? · 이 이야기 속에서 ○○은 어떤 처지에 놓여 있는가? · ○○는 무엇을 망설이고(고민하고) 있는가?
(6) 학생들의 행위를 선택하도록 하는 발문	· 너라면 이 경우에 어떻게 하겠는가? · 할아버지에게 집을 찾아 주어야 할까? 아니면 학교로 가야 할까?
(7) 자신의 입장을 정당화하는 발문	· 너는 왜 그렇게 하는 것이 친절하다고 생각하는가? · 네 입장과 다른 사람의 입장을 비교할 때 어떤 이유 때문에 네 입장이 옳다고 할 수 있는가? · 더 좋은 방법은 없을까?

다. 사회과 발문

발문 유형	발문 모델
(1) 대비자료 활용을 통한 사고 촉진의 발문	· 교과서 ○쪽과 ○쪽의 그림을 비교해 보고 어떻게 달라졌는가 이야기해 볼까요? · 옛날 서울의 모습과 오늘날의 서울의 모습을 비교해 보고 어떻게 달라졌는가 그 모습을 이야기해 볼까요? · 예, 아주 잘 비교해서 이야기했어요.
(2) 조사 및 사례 발표를 통한 발문	· 교과서 ○쪽부터 ○쪽까지를 읽고, 각자 과제로 조사해 온 내용을 짝끼리 이야기를 나눈 후에 소집단별로 토의해 볼까요? · 이런 것을 조사하려면 어디에 가서 조사하는 것이 좋을까요? · 그림, 사진 등의 자료를 모으는 것도 매우 중요한 것이니까 모두 열심히 준비해 오세요.

발문 유형	발문 모델
(3) 자료, 해석력을 기르기 위한 발문	· 교과서 ○쪽의 그림을 보고, 여러분은 어떤 생각을 갖고 있는지 각자의 생각을 발표해 볼까요? · 우리들이 할 수 있는 봉사활동에 대해 알아보고, 경험했던 내용을 발표해 볼까요?
(4) 사고와 심화, 확충을 위한 발문	· 우리 고장(국가)를 위해 크게 일한 사람들의 이야기를 모아 이분들의 공통된 점을 찾아볼까요? · 이분들에게서 본받을 점은 무엇일까요?

라. 수학과 발문

발문 유형	발문 모델
(1) 과제의 확인을 위한 발문	· 집에서 공부한 것 중에서 의문난 점은 무엇이었나요? · ~에 대해서 더 알고 싶은 점은 없나요?
(2) 목표의 초점화를 위한 발문	· 지난 시간에는 무엇에 대해서 공부했나요? · 오늘은 무엇에 대해서 공부할까요? (오늘은 ~에 대해서 더 자세히 알아봅시다)
(3) 기초지식을 위한 발문	· 이 문제를 해결하기 위해서 먼저 알아야 할 것은 무엇인가요?
(4) 직관적 사고를 위한 발문	· 이 문제를 푸는 데 어떤 방법이 있을까요? · 이 문제를 풀면 답은 어떻게 될까요? · 틀려도 좋으니 이 문제를 풀 수 있는 방법을 여러 가지로 써 봅시다.
(5) 예상을 위한 발문	· ~란 것을 생각하여 이 문제를 풀 수 있는 방법을 말해 봅시다. · 왜 그렇게 생각했나요? · 같은 점과 다른 점은 무엇인가요?
(6) 분석력 및 추리력을 기르기 위한 발문	· 이러이러한 방법으로도 해 보고, 이러이러한 방법으로 해 보아서 답이 어떻게 되는가 알아봅시다.
(7) 논리적 사고를 위한 발문(검증력)	· 이 방법과 저 방법의 같은 점과 다른 점은 무엇인가요? · 이 문제의 풀이를 이렇게 생각한 이유는 무엇인가요? · 이 문제의 틀린 점은 무엇인가요?
(8) 종합을 위한 발문	· 이 문제를 푸는 방법을 정리하여 말해 볼까요? · 이 문제 풀이의 가장 쉬운 방법은 무엇인가요? · 오늘 배운 공식(성질, 법칙, 원리)을 말해 볼까요?
(9) 적용 및 발전을 위한 발문	· 오늘 배운 것(개념, 원리, 법칙, 성질, 공식 등)을 잘 생각해 보고 다음 문제를 풀어 봅시다. · 다음에 더 알아보고 싶은 문제는 무엇인가요?

마. 과학과 발문

발문 유형	발문 모델
(1) 전시학습 상기를 위한 발문	· 지난 시간에는 무엇에 대해서 공부했나요? · 그 결과는 어떠했나요? · 무엇을 알게 되었나요?
(2) 자료 제시를 위한 발문	· 책상 위에 놓인 자료를 자세히 관찰해 봅시다.
(3) 학습문제 확인을 위한 발문	· 이러한 자료를 가지고 이 시간에는 무엇에 대해서 공부할까요? · 주어진 자료를 자세히 관찰하고 학습할 문제를 발표해 봅시다.
(4) 관찰 및 실험방법 구상을 위한 발문	· 어떠한 방법으로 관찰(실험)할 것인지 소집단별로 구성하여 발표해 봅시다. · 관찰(실험) 순서를 생각하여 적어 보셔요. · 활동에 필요한 용구와 재료는 준비되었나요?
(5) 관찰 및 실험을 위한 발문	· 소집단별로 활동 분담을 정했으면 관찰(실험)하도록 합시다. · 관찰(실험) 결과를 자세히 기록합시다. · 소집단별로 관찰 내용을 발표해 봅시다.
(6) 적용 및 발전을 위한 발문	· 새로 발견된 사실은 무엇입니까? · 어째서 이런 현상(결과)이 일어났을까요? · 다음 시간에 공부할 문제는 무엇입니까?

2) 교과별 논술 수업 사례

가. 국어 수업을 이용해서 할 수 있는 논술 지도

♣ 학습 단원 : 1학년 1학기, 셋째 마당 '한 걸음 더'

♣ 학습 주제 : 내 의견이 잘 드러나게 글쓰기

♣ 학습 활동

어느 날 사촌동생 경호가 윤호네 집에 놀러 왔습니다. 윤호는 어릴 때부터 가지고 놀던 장난감이 많이 있습니다. 경호는 윤호의 장난감을 가지고 재미있게 놀다가 집에 갈 때가 되어 윤호에게 장난감을 달라고 조릅니다. 윤호는 어떻게 해야 할지 망설입니다.

활동 1 – 질문으로 문제 상황 살피기

활동 2 - 윤호와 경호의 의견 찾기

활동 3 - 논술 활동(메이킹북 활동과 접목), 주제는 학생이 선택해서 쓰도록 함

	주제
경호에게	가. 경호야! 이 장난감은 안 돼! -윤호가 되어 동생 경호를 설득하는 글쓰기 나. 경호야! 이 장난감 가져도 돼.
윤호 형에게	다. 윤호 형! 이 장난감 나 줘! -경호가 되어 윤호를 설득하는 글쓰기

♣ 학습 활동 평가

자신의 의견이 잘 드러나게 글을 썼는가?

자신의 의견에 대한 이유가 잘 드러나 있는가?

〈논술의 예 : 4학년〉

주제	심청이는 효녀인가?
입장 선택	찬성이나 반대의 입장을 선택하여 주제문을 적는다. 예) 심청이는 효녀이다.
1단계 이유와 설명	주어진 논제에 대한 입장 선택의 이유를 쓴다. 왜냐하면 심청이는 아버지의 눈을 뜨게 하기 위해 자신의 목숨도 버렸기 때문이다.(이유) 아버지의 소원은 눈을 뜨는 것인데 스님에게 삼백 석을 드리면 눈을 뜰 수 있다고 믿었다. 심청이는 삼백 석을 구하기 위해 자신의 목숨과 바꾼 것이다.(설명)
2단계 반대 측 생각 고려	심청이가 목숨을 버리면 심봉사의 슬픔이 크고 또 앞으로 심봉사를 돌볼 사람이 없으니 진정한 효도가 아니라고 할 수 있다.
3단계 반대 측 생각에 대한 답변	물론 자식이 죽은 것을 알면 슬픔이 크겠지만 아버지가 눈을 뜨면 평생을 행복하게 사실 수 있다는 생각을 했을 것이다. 또한 심청이는 눈을 뜨기 전까지 아버지를 위해 먹을 것과 입을 것을 준비해 두고 떠나는 효심을 보여 주었다.
4단계 최종 생각 정리	눈을 뜨고 싶어서 삼백 석 공양미를 약속한 아버지를 위해 자신의 목숨을 버리면서까지 아버지의 눈을 뜨게 하려는 심청이야말로 효녀임에 틀림이 없다.

3. 유형별 논술의 실제

논술의 유형은 논술 문제의 성격, 논술 문제의 논제 제시 방법, 제시문의 독해 성격에 따라 분류될 수 있지만 이 자료에서는 논술의 유형을 찬반논의형, 문제해결형, 독해형으로 구분하였다. 이는 현행 초등학교 국어과 교사용 지도서에 제시된 내용을 참고로 하여 앞에 제시된 각각의 분류 기준을 통합한 것이다.[6)]

1) 찬반논의형 논술

오늘날과 같이 복잡하고 혼란스러운 시대를 살아가는 사람들은 수없이 많은 문제들과 부딪치게 된다. 그리고 그때마다 바른 판단을 내릴 수 있어야 한다. 바른 판단을 내리기 위해서는 상황에 대한 진리를 파악하고 허위와 모순을 제거할 수 있는 논리적 사고력이 필요하다.

찬반논의형 논술은 같은 문제에 대해 상충되는 견해를 보여 준다. 이후 찬성이나 반대를 선택하는 유형과 문제에 대해 한 가지 견해를 제시하고 이에 대해 찬성 · 반대를 선택하거나 자기만의 새로운 견해를 제시한다.

(1) 제시하는 문제들의 유형

① 사실에 대한 참이나 거짓을 분명하게 검증하는 문제 유형

예) '귀신은 있는가?'

'우리나라에 야생 호랑이가 있는가?'

② 자기 나름대로 판단하고 결정하는 문제 유형

예) '초등학생이 휴대전화를 꼭 사용해야 할까?

선생님의 일기 검사, 글쓰기 교육인가? 인권 침해인가?

③ 현재 사회적인 이슈로 대두되고 있는 여러 가지 정책들의 효과성을 검증해 보게

---

6) 그러나 논술의 유형은 일정하게 정해진 것이 아니다. 얼마든지 논술 자료의 연구 · 개발에 의하여 새로운 유형이 생길 수 있다.

하는 문제(예 : 학교는 주 5일제 수업을 해야 한다. 초등학교 1~2학년도 영어를 정규 수업으로 실시해야 한다.)

과학적 논문을 제외하고는 대부분의 논술 문제 유형은 자기가 사건에 대하여 논리적이고 타당한 근거를 제시하면서 가치를 판단하는 문제 유형이다.

논술을 잘하기 위해서는 문제에서 제시하는 글을 정확하고 세밀하게 읽어야 한다. 글쓴이가 주장하는 것이 무엇이고, 주장에 대하여 어떤 근거를 제시하고 있으며, 그 근거가 논리적이고 타당한지를 꼼꼼하게 살펴보아야 한다. 그리고 상대방이 제시한 근거 중에서 비논리적이고 타당하지 못한 근거를 찾아야 한다.

특히 찬반논의형 논술은 상대에 대한 비판을 근거로 나의 주장을 하는 것이기 때문에 상대 주장과 근거에 대하여 비판적으로 접근하고 정확하게 꼼꼼히 따지면서 읽어야 한다.

제시문을 정확하게 이해한 다음에는 논술문을 쓰기 위하여 개요를 짜고 글을 써야 한다.

서론에서는 서로 대립되는 주제를 확인하고 자신의 입장을 제시한다. 본론에서는 상대 주장의 근거를 비판하고 이를 바탕으로 나의 주장에 대한 근거를 제시한다.

찬반 논의형 논술의 특징은 자기주장에 앞서 상대 주장에 대한 근거를 비판해야 한다는 점이다. 이때 비판을 위한 비판이 아니라 상대방이 제시한 근거 중에서 논리적이지 않고 타당성이 없는 근거를 찾아 내어 상대 주장이 잘못된 것임을 밝히는 것이다.

따라서 비판할 때는 이 근거가 왜 잘못된 것인지를 분명하게 밝혀 주어야 한다. 상대 근거에 대한 비판을 바탕으로 나의 주장에 대한 근거를 제시한다. 상대 근거에 대하여 자기가 비판한 내용을 극복할 수 있는 자기주장을 나타내고 이에 논리적이고 타당한 근거를 제시하는 것이다.

결론에서는 상대 근거들에 대하여 지적한 내용과 자기가 제시한 근거들을 간단하게 요약하고 다시 한번 자기주장을 강조하면서 끝을 낸다.

논술문이 완성되면 '고쳐쓰기' 과정을 실행한다. 작성한 논술문을 처음부터 끝까지 정확하게 읽어 본다. 자기 입장이 확실하게 나타났는지, 상대 근거를 비판할 때 논리적으로 정확하게 따져 가면서 비판하였는지, 무작정 잘못되었다고 주장하지 않았는지, 내가 제시한 근거가 논리적이고 타당한지, 맞춤법과 띄어쓰기는 제대로 되었는지, 전체 의미가 정확하게 전달되는지를 다시 한번 점검해 보고 잘못된 부분은 수정하도록

한다.[7]

(2) 찬반논의(토론)형 논술 지도의 목적

- 논술에 대한 흥미와 동기를 유발한다.
- 메인 아이디어(논지)와 이벤트 아이디어(논거)를 구조화한다.
- 사회적 쟁점에 대한 다양한 사고 능력을 기른다.
- 토론의 과정을 통하여 배경지식을 확장한다.
- 토론의 과정을 통하여 창의적 사고, 논리적 사고 능력을 기른다.
- 토론의 논지와 근거를 글쓰기로 표현하는 능력을 기른다.

(3) 찬반논의(토론)형 논술 지도의 필요성

① 학생들은 글쓰기를 싫어한다. 무작정 글을 쓰라는 글쓰기 시간에는 졸지만 토론 시간에는 졸고 있는 학생들이 거의 없다. 토론을 통한 글쓰기에 대한 흥미와 동기 유발이 필요하다.

② 논술은 손으로 하는 작업이 아니라 사고의 과정이다. 따라서 토론을 통한 다양한 사고능력을 기를 수 있는 자극과 훈련이 필요하다.

③ 논술은 상대방을 설득하는 글쓰기이다. 즉 논술은 개인적 글쓰기가 아니라 논리적이고 타당한 근거를 토대로 상대방을 설득하는 설득의 과정이다. 따라서 토론의 과정이 필요하다.

④ 논술은 기술적인 글쓰기나 철학박사가 쓰는 글이 아니다. 배경지식이 많다고 성공한 논술이라고 할 수 없다. 핵심은 배경지식과 삶에 대한 성찰과 깨달음이 바탕이 된 사고의 구조화이기 때문에 토론의 과정이 필요하다.

(4) 찬반 논의(토론)형 논술의 주제 선정 시 주의할 점

어떤 글쓰기나 마찬가지겠지만 특히 찬반 논의(토론)형 논술은 주제가 제대로 채택되지 않으면 토론과 논술 모두가 이루어지기 힘들다. 따라서 논술의 주제를 출제하는 교사는 논술에 적합한 주제를 선정하는 데 많은 노력을 기울여야 할 것이다. 다음과

7) 박종달, 선생님과 함께하는 초등논술, 서울신문, 2006. 3. 3 신문기사 참조.

같은 주제들에 주의하여 선정하면 될 것이다.

첫째, 너무 포괄적인 주제이다.

"~에 대해서 이야기해 보자."라는 식의 주제는 그 범위가 너무 넓어서 어디까지를 주제로 삼아야 할지가 너무 막연하다. 물론 포괄적인 주제를 다루어야 하는 경우도 있다. 하지만 그럴 경우에는 처음에는 구체적인 사례를 통해서 먼저 판단을 이야기하게 하고, 점차로 추상적이고 포괄적인 문제로 연결시킬 수 있도록 해야 한다.

둘째, 아이들 수준과 맞지 않는 주제이다.

아이들은 자신들이 전혀 모르거나, 또는 전혀 생각해 본 적이 없는 주제가 제기되면 할 말이 없어진다. 그래서 토론을 한다고 해놓고도 선생님 혼자서 강의하는 방식이 되어버릴 수 있는 것이다. 아이들이 판단할 수 있을 만한 것인지 먼저 생각해야 한다. 그리고 아이들의 사고 구조에 대해 잘 이해하지 않으면 안 된다.

셋째, 상식수준에서만 이야기되고 문제의식을 발전시키지 못하는 주제이다.

만약 환경문제에 대해 이야기를 한다고 하면 환경문제의 원인에 대해 나열식으로 이야기할 수 있을 것이고(아이들이 생각하는 수준에서), 환경문제의 대책으로도 정부에서 해야 할 일, 개인이 해야 할 일 등으로 지금까지 너무나 많이 이야기되어 왔던 그 내용들을 아이들도 이야기하게 될 것이다. 하지만 이렇게 상식적으로 이야기하는 것은 아이들의 지식을 넓혀줄 수는 있을지언정 문제의식을 발전시키지는 못한다. 논술의 주제는 항상 상식을 넘어서도록 해야 한다. 그러기 위해서 선생님들이 다양한 자료를 찾아보고, 스스로도 상식을 넘어서는 문제의식을 갖도록 노력해야 함은 물론이다.

넷째, 단답형으로 이야기하게 하는 주제이다.

아이들의 생각을 끄집어 내는 논술 주제여야지 나와 있는 내용을 갖고 단답형으로 말할 수 있게 만들면 안 되는 것이다.

(5) 찬반논의(토론)형 논술 지도 시 유의할 점

첫째, 학생들의 흥미를 유발한다.

아이들은 새로운 것에 관심이 많다. 아이들의 일상 문화 주변에서 얼마든지 새로운 것을 뽑아낼 수 있다. 통상 토론형 논술의 주제는 문제성 있는 현상에서부터 출발한다. 갈등을 불러일으키는 것, 사회적으로 논란이 되는 것, 아이들 사이에 불만이 있는 것, 호기심 등이 좋은 소재가 될 것이다. 그러나 구체적인 사실에서 출발한다 하더라도 그 다루는 주제는 보편적이어야 한다.

토론형 논술의 주제를 선정할 때도 아이들이 직접 논의하게 하면 좋다. 어떤 주제를 왜 다룰 것인가부터 토론하게 하면 이후 토론과 논술의 전개에 도움이 될 것이다. 설문조사 방법도 괜찮다. '내가 좋아하는 것 10가지', '현재 아이들의 주요 관심사항 10가지', '알고 싶은 것 10가지' 이런 식으로 아이들의 현재 선호도를 조사하면 그 속에서 적절한 주제를 찾을 수 있다.

둘째, 토론을 훈련시킨다.

토론은 훈련되어야 한다. 상대방의 말을 듣고, 자신의 머리로 정리하고, 반론을 생각하고, 자신의 논리를 정리하는 것이 차례로 훈련되어야 한다. 이러한 과정은 바로 사고력 신장 과정이다. 듣고, 정리하는 과정을 통해서 사고력이 신장되고 사고력의 신장은 다시 토론 능력의 신장으로 이어진다. 타고난 토론가는 없다. 이러한 훈련이 반복되었을 때 노련한 토론가로 성장할 수 있다.

셋째, 마음을 연다.

서로 얼굴을 맞대고 이야기를 한다는 것은 참여자 상호간에 어느 정도 친밀도가 있지 않으면 쉽지 않은 문제이다. 때문에 토론 참여자 사이에 어떤 발언이라도 용인해 줄 수 있는 분위기가 조성되려면 상호간에 마음이 열려 있어야 한다. 교실에서는 이러한 과정이 가볍게 이루어질 수 있지만 처음 만나는 학생이나 친하지 않은 학생들이 모인 곳에서는 반드시 마음을 열게 하는 과정이 필요하다. 본격 토론에 들어가기 전에 간단한 게임이나 자기 소개하기 등으로 분위기를 부드럽게 만들어야 한다.

넷째, 교사의 간섭을 최대한 자제한다.

토론의 시간은 늘 어설프게 마련이다. 그러나 어설픈 토론도 일종의 수업과정이다. 어설픈 과정을 거쳐야 원숙한 경지에 이른다. 이 과정을 견디지 못하는 교사가 있다. 학생들도 강의식 수업에 익숙해서 교사가 어떤 역할을 해 주지 않을까 기대한다. 그러나 토론은 학생 스스로 전개해 가야 한다. 시행착오 속에서 스스로 훈련된다. 교사가 간섭하기 시작하면 아이들은 교사의 눈치를 살피게 된다.

다섯째, 다양한 토론 방식을 제공한다.

대부분의 교사가 모둠별 토론 학습을 선호하는 편이다. 이는 가장 생산적인 토론 방식이라 할 수 있다. 그러나 그렇다고 해서 반드시 이 방법만을 사용할 필요는 없다. 때로는 2인 토론을 시키고 거기에 대한 판단을 전체 학생에게 맡길 수도 있고, 패널

형식을 취해서 토론을 전개할 수도 있다. 법정 영화처럼 두 사람의 토론자와 판결을 내리는 배심원, 청중으로 구별하여 진행할 수도 있다. 청중은 토론 진행 도중 제한된 횟수 내에서 도움을 주는 발언을 하게 할 수도 있다.

여섯째, 토론의 결과물을 통해 논술문을 작성하도록 한다.

토론은 말하기와 듣기의 과정이다. 토론을 할 때는 자기의 의견 제시도 잘 하고 근거도 잘 들었는데 정작 논술문을 작성하라면 막히는 학생들이 많다. 따라서 반드시 말하기 전에 미리 기록하여 정리하고, 들은 내용을 간단하게 메모하면서 듣도록 지도해야 한다. 그래야 논술문을 작성할 때 활용할 수가 있다. 토론의 최종 목표는 논술이라는 사실을 알고 토론에 임하도록 한다.

(6) 찬반논의(토론)형 논술의 개요 짜기

논쟁점에 대하여 논술하는 경우 다음과 같은 단계를 거쳐 글을 전개할 수 있도록 지도하는 것이 좋다.

제 목

Ⅰ. 서론 – 논쟁점 확인
- 자신의 입장 제시

Ⅱ. 본론 – 상대 주장의 근거 비판
① 상대 근거 비판 1
② 상대 근거 비판 2
- 자기 주장의 근거 제시
① 자기 근거 1 제시
② 자기 근거 2 제시

Ⅲ. 결론 – 요약 및 전망 (과제 · 결의 · 실천 촉구)

[출처 : 제7차 초등학교 교사용 지도서 〈국어 6-1〉 249쪽]

논술의 중심이 되는 부분인 Ⅱ단계에서는 근거 자료를 얼마나 확보하였느냐에 따라 상대 근거 비판이나 자기 근거 제시의 내용이 가감될 수 있으며 논쟁점에 대한 논술자의 시각과 의견 제시의 논리적 서술 방법에 따라 다음과 같은 유형의 개요도 나올 수 있다.

· 논쟁점의 찬반 중 어느 한쪽을 선택하지 않고 다른 대안을 제시하는 경우	· 정반합의 변증법적 논리에 의해 논술하는 경우
(제목) Ⅰ. 서론－논쟁점 확인 - 자신의 입장 제시 Ⅱ. 본론－A 주장(의견)의 근거 비판 ① A 근거 확인 ② A 근거 비판 - B 주장(의견) 근거 비판 ① B 근거 확인 ② B 근거 비판 - 제3 의견의 근거 제시 ① 제3 의견의 근거 1 제시 ② 제3 의견의 근거 2 제시 Ⅲ. 결론－요약 및 전망 (과제 · 결의 · 실천 촉구)	(제목) Ⅰ. 서론－논쟁점 확인 - 자신의 입장 제시 Ⅱ. 본론－일정한 주장의 근거 제시(정) ① 일반적인 근거 1 제시 ② 일반적인 근거 2 제시 - 상반된 주장의 근거 제시(반) ① 반대 근거 1 제시 ② 반대 근거 2 제시 - 두 주장의 종합(합) ① 종합된 제3 의견의 근거 1 제시 ② 종합된 제3 의견의 근거 2 제시 Ⅲ. 결론－요약 및 전망 (과제 · 결의 · 실천 촉구)

[출처 : 김세곤(서울신천초 교사)의 '논설문 쓰기의 분석적 평가 기준' 연수 자료]

(7) 찬반논의형 주제 예시자료 (여러 교육청 자료 및 신문자료 샘플)[8]

찬반예시문 초등학생의 휴대전화 사용

※ 다음의 주제에 대하여 물음에 답하여 봅시다.

▣ 주제 : 초등 학생의 휴대전화 사용은 바람직한가?

1. 위 주제에 대하여 나는 찬성의 입장인가, 반대의 입장인가?

    [   ]의 입장

2. 왜 그렇게 생각하였는지 까닭을 쓰시오.

---

8) http://cafe.naver.com/sgreen110의 여러 교육청 연수 자료 및 신문 등에서 발췌.

3. 위 주제에 대한 아래 예시글을 참고하여, 나의 생각을 글로 쓰시오.
(단, 다음의 유의할 점을 고려하여 설득하는 글을 쓰시오.)

〈유의할 점〉
1) 찬성/ 반대 등 자신의 입장을 분명하게 밝히시오.
2) 그러한 입장을 갖게 된 까닭을 두 가지 이상 쓰시오.
3) 자신의 생각에 반대하는 사람들을 설득할 수 있는 예를 들어 가면서 쓰시오.

〈예시글〉

초등 학생의 휴대전화 사용, 저는 이렇게 생각합니다!

5학년 김한별

요즘 초등 학생들 중에 휴대전화를 가지고 다니는 아이들이 점차 늘고 있다. 또 휴대전화가 없는 아이들은 휴대전화를 가지고 다니는 아이들을 부러워하는 경우가 많다. 하지만 무조건 휴대전화를 가지고 있다고 좋은 것은 아니다. 초등 학생이 휴대전화를 가지고 있음으로써 많은 피해가 생길 수 있다. 지금부터 그 피해에 대하여 알아보도록 하자.

첫째, 휴대전화로 인해 집중력이 떨어진다.

휴대전화가 생기면 누구나 기분이 좋을 것이다. 휴대전화가 생겼다는 것에 들떠서 친구들에게 자랑하고 휴대전화 생각에 집중력이 떨어질 수 있다. 휴대전화로 인해 주의가 산만해지기 때문이다. 어릴 때부터 집중력을 길러야 하는데 휴대전화가 생기면 아마 다른 일에 집중을 하지 못할 것이다.

둘째, 학습에 방해가 된다.

집중력이 떨어진다면 공부에 집중하지 못하여 학습에 방해가 되는 것은 당연한 일이다. 학교에서 휴대전화를 생각하거나 만지작거린다면 공부에 더욱 신경 쓸 겨를이 없다. 그리고 요즘에는 기술이 발달하여 휴대전화가 꼭 전화만 할 수 있는 것이 아니고, 인터넷도 할 수 있고 게임도 들어 있을 뿐만 아니라 최근에는 사진을 찍는 기능을 가진 휴대전화도 있다. 이로 인해 아이들의 흥미는 공부보다는 휴대전화로 쏠려 있다. 앞으로 휴대전화의 좋은 기능이 자꾸자꾸 생겨난다면, 휴대전화를 가지고 싶어하는 아이들이 많이 생겨서 초등 학생 대부분이 휴대전화를 가지고 있을지도 모른다. 그렇게 되면 아마 공부는 더욱 뒤쳐질 것이다.

셋째, 경제적 손실이 있다.

우리는 학원과 학교에 친구들이 많다. 그래서 친한 친구들과 전화나 문자 메시지를 많이 주고받을 수 있다. 친구들과 많은 통화, 긴 통화를 하면 할수록 돈이 많이 든다. 요즘은 많은 부모님들께서 맞벌이를 하여 살림이 넉넉한 집안이 많지만, 우리가 쓸데없이 전화를 낭비하면 부모님은 더 힘들어지실 것이다.

휴대전화로 인해 우리는 편리하고 행복하지만 좋은 것에 못지않게 좋지 않은 점도 많다. 우리가 미래에 어떤 사람이 될지, 어떻게 될지 생각하고, 정말 휴대전화를 가지고 싶다면 지금은 꾹 참고 커서 꿈을 이루게 되고, 필요할 때가 오면 그때 휴대전화를 사용하도록 하자.

찬반예시문 선물 주고받는 날

※ 다음 글을 읽고, 물음에 답하여 봅시다.

책상 위에 있는 빨간색 포장지를 보자 내 마음은 두근거리기 시작했다. 다른 남자아이들은 자기는 선물을 몇 개씩 받았다며 큰 소리로 자랑을 하며 다니고 있었다. 사실 나는 무슨 날이라고 하며 아이들이 선물을 주고받는 것이 이해가 되지 않는다. 그저 친구들끼리 즐겁게 생활하면서 친하게 지내면 되지, 굳이 특별한 날이라고 해서 특별한 선물을 주고받아야만 하는 걸까? 평소에도 다른 친구들에게 그런 행동들이 쓸데없는 일이라고 말하곤 했던 나인데…….

'도대체 누가 이런 걸 여기에 두었지?'

혹시나 하는 마음에 주변을 두리번거렸지만, 도무지 짐작이 가지 않았다.

'이걸 어떻게 해야 하나…….'

내 가슴은 더욱 큰 소리로 방망이질쳤다.

'그냥 평소 내 모습대로 주인을 찾아 돌려줄까?'

'아니야, 그래도 날 생각해서 준 선물인데 그냥 돌려주면 그 친구에게 상처가 될 수도 있어.'

나는 어떻게 해야 할지 몰라 고민에 빠졌다.

1. 내가 글 속의 '나'라면 위와 같은 상황에서 어떻게 하겠습니까?

2. 그렇게 하고자 하는 까닭은 무엇입니까?

찬반예시문 영철이의 고민

※ 다음에 나오는 영철이의 행동에 대하여 물음에 답하여 봅시다.

축구 시합을 하기로 했다. 영철이네 반 아이들은 축구 선수를 뽑았다. 선수가 아닌 아이들은 응원 연습을 한다고 야단이었다.

"영철아, 너만 믿는다."

영철이네 반 아이들은 반에서 축구를 제일 잘하는 영철이에게 잔뜩 기대를 걸고 있었다. 그런데 영철이는 속으로 고민이 되었다. 축구 시합을 하게 되면 학원에 가지 못하기 때문이다. 영철이는 학원에 다니기 싫지만 하루라도 빠지면 어머니께 혼이 난다.

'학원에 빠지지 않겠다고 어머니와 약속을 했는데…….'

영철이는 어떻게 할까 망설이다가 자기가 좋아하는 축구를 하기로 했다. 그러나 어머니께 혼날지도 모른다는 걱정 때문에 축구가 잘 되지 않았다. 그래서 겨우 1 대 1로 비기고 말았다.

"학원에서 오니?"

영철이가 오후 늦게 집에 들어오자 어머니께서 물어 보셨다.

"예……."

영철이는 얼떨결에 대답하고 자기 방에 들어갔다.

[출처 : '96, ㅇ출판 창의력 논술 대회]

1. 영철이의 고민은 무엇입니까?

2. 영철이는 어떤 선택을 하였습니까?

3. 영철이의 행동은 어떤 결과를 가져 왔습니까?

4. 영철이의 행동에 대한 나의 의견이나 주장을 쓰시오.(주의 : 영철이가 해야 할 행동에 대하여 쓰는 것이 아님)

제목 :

5. 나는 빼빼로데이, 밸런타인데이, 화이트데이, 블랙데이 등을 기념하여 어린이들끼리 선물을 주고받는 것에 대하여 어떻게 생각하는지, 구체적인 근거나 이유를 들어가면서 글을 쓰시오.

제목 :

찬반예시문 댐 건설에 대한 의견

논술유형	찬반논의형	관련교과	사회 5-1-3. 환경 보존과 국토 개발

※ 다음에 자료를 살펴보고, 물음에 답하여 봅시다.

<table>
<tr><td>강 유역 소개</td><td colspan="2">이 강은 주변이 산으로 둘러싸여 있다. 강 유역은 경치가 아름답고 야생 동물이 많이 살고 있어 많은 관광객들이 찾는 곳이다.</td></tr>
<tr><td rowspan="3">댐 건설에 대한 의견
</td><td>찬 성</td><td>반 대</td></tr>
<tr><td>▪ 물 부족 대비
· 오늘날 전세계 80개국, 인구의 40%가 식수와 산업 용수 부족을 겪고 있다.
· 국제 연합에서는 우리나라를 물 부족 국가로 분류하고 있다.</td><td>▪ 자연 환경과 비용의 고려
· 댐 건설로 자연 경관이 물에 잠긴다.
· 댐을 지으려면 어마어마한 비용과 오랜 공사 기간이 필요하다.</td></tr>
<tr><td>▪ 홍수 피해 예방
· 이 지역에는 홍수를 조절할 수 있는 댐이 없어 홍수로 인한 피해가 우려된다.</td><td>▪ 땅의 성질 부적합
· 댐 건설 지역의 토질이 단단하지 않아 댐이 세워질 경우 제 기능을 하기 어렵다.</td></tr>
</table>

1. 위 글에 소개된 강이 있는 곳에 내가 살고 있다면 여러분은 댐 건설에 대하여 찬성하겠습니까, 반대하겠습니까?

2. 댐 건설에 대해 찬성하거나 반대하는 이유를 적어 봅시다.

※ 국토 개발에 대한 자신의 입장을 밝히고, 타당한 근거를 들어 '국토 개발의 바람직한 방법'에 대하여 글을 써 봅시다(다음 형식에 맞추어 개요 짜기를 한 후에 글을 쓰도록 합시다).

논쟁점	국토 개발을 하는 것이 좋은가?
나의 주장	국토 개발을 하는 것이 좋다(찬성) / 나쁘다(반대)
찬성 쪽	근거 (국토 개발을 하면 좋은 점) · · · ·
반대 쪽	근거 (국토 개발로 인해 발생하는 문제점) · · · ·
찬반 의견 종합하여 제3의 의견 제시하기	국토 개발의 바람직한 방법 · · · ·
결론	

2) 문제해결형 논술

문제해결형 논술은 토의형이라고도 한다. 문제해결형 논술에는 제시된 자료나 문제 상황을 참고하여 주어진 문제를 해결하는 유형과 제시된 표, 그림, 동영상 등을 참고하여 문제를 해결하는 유형이 있다.

초등학교 논술은 교과 내용을 자기 것으로 충분히 익히는 과정에서 알게 된 것을 바탕으로 자신의 생각을 독창 · 논리적으로 펼치거나 다른 사람을 설득시키는 능력을 길러주는 것이다. 따라서 초등학교에서의 논술은 논술쓰기의 요령이나 형식적인 틀을 지나치게 강조하기보다는 생각하는 훈련, 사고하는 방법을 익히는 것이 더 중요하다.

제목	핸드폰을 유용하게 사용하겠어요
문제점 확인	어머니의 말씀(핸드폰으로 친구들끼리 문자 메시지만 주고받고 그것 때문에 공부할 때도 집중하지 못하는 아이들이 많다.)
본론 안내	핸드폰을 사야 하는 이유
주장	핸드폰을 사 주세요.
근거 1	핸드폰이 없으면 친구들과 어울리기가 어렵기 때문입니다.
근거 2	요즈음 공중전화가 많이 없어져서 급할 때 전화를 걸려면 많이 불편하기 때문입니다.
실천방안 1	핸드폰으로 게임을 하지 않겠습니다.
실천방안 2	핸드폰을 정액제로 사용하겠습니다.
결론	어머니께서 저를 믿고 도와 주세요.

(1) 논술은 문제를 해결하는 언어 전략

논술은 문제해결을 위한 언어적 전략이다. 즉 학생들은 실생활에서 어떤 문제에 부딪쳤을 때, 자신의 생활 경험이나 독서 체험을 배경지식으로 하여 다양한 사고 과정을 통해 그 문제를 해결해 나가게 된다. 이와 같이 제시된 자료나 문제 상황을 통하여 주어진 문제를 해결해 나가는 방법을 모색해 보고 자신의 생각을 논리적으로 정리하여 글을 쓰는 활동을 주 활동으로 하고 있는 것이 문제해결형 논술이라고 할 수 있다.

이때 문제해결 방법은 주어진 표나 그림, 동영상 등을 참고로 하여 생각해 볼 수 있으며 여러 사람과의 토의를 통해 더욱 합리적인 해결방안을 모색해 볼 수 있다.

문제해결형 논술에서 가장 먼저 생각해 보아야 할 것은 주어진 문제의 문제점이 무엇인지 정확하게 알아야 한다는 것이다. 그리고 문제점을 확인한 후에는 그 문제에서 해결해야 할 점을 찾아보고 그 문제에 대한 나의 견해와 그렇게 생각하는 근거를 2～3가지 생각해 보자. 그리고 마지막으로 나의 의견에 대해 구체적인 실천 방안을 제시하고 앞으로의 과제나 전망 등을 부언으로 하여 정리한다.

(2) 제시문의 문제점부터 파악해야

예를 들어 다음과 같은 문제가 주어질 수 있다.

(예시 문제)

영지는 집에 돌아오자마자 어머니께 투정을 부렸습니다.

"엄마, 저도 휴대전화 사 주세요. 다른 친구들은 모두 가지고 다닌단 말이에요."

그러자 어머니께서는 이렇게 말씀하셨습니다.

"다른 친구들이 가지고 다니기 때문에 너도 가지고 다녀야 한다는 생각은 옳지 않은 것 같구나. 기껏해야 친구들끼리 문자 메시지를 주고받고 핸드폰 때문에 공부할 때도 집중하지 못하는 아이들이 많다고들 하는데 말이다. 꼭 가져야 한다면 왜 그래야 하는지 분명한 이유를 말해 보렴."

영지는 어머니께 휴대전화를 사달라고 졸랐지만 막상 왜 그래야 하는지 이유를 말하려고 하니, 머릿속에서만 뱅뱅 맴돌 뿐 이야기를 잘 할 수 없었습니다.

이런 문제 상황이 주어진다면 먼저 영지가 해결해야 할 문제가 무엇인지 알아보고 내 의견과 그 의견을 뒷받침해 줄 알맞은 근거들을 생각해 보도록 하자. 그리고 나서 다음과 같이 글을 쓰기 위한 선행 작업으로 개요 짜기를 해 볼 수 있다.

(3) 문제해결형 논술의 유형

문제해결형 논술은 무엇을 묻는가에 따라 그 유형을 다음과 같이 세분화할 수 있다.

- 문제점을 파악하게 하는 형
- 문제의 원인을 분석하게 하는 형
- 문제 상황의 결과를 예측하게 하는 형
- 문제의 원인을 분석하여 해결책을 제시하게 하는 형
- 지향해야 할 목표나 실천 방안을 기술하도록 요구하는 형

(4) 문제해결형 논술에서 요구되는 능력들

비판적 안목을 바탕으로 논리성과 설득력을 갖추어야 한다는 점은 모든 유형의 논술들을 관통하는 핵심적 필요조건이라고 할 수 있을 것이다. 그리고 제시문을 정확하게 파악하기 위한 독해력도 필요하다. 그러나 그것만으로 충분하다고 말할 수는 없을 것이다. 그 외에 플러스 알파, 즉 독창적인 문제해결을 위해서는 창의성이 요구된다. 물론 어떤 유형의 논술에서도 창의성은 반드시 필요한 능력이다. 그러나 무엇보다도 문제해결형 논술에서는 새로운 해결책이나 대안을 제시해야 하므로, 창의적이고

독창적인 사고력이 절실히 요구된다고 하겠다.

또한 깊고 광범위한 배경지식이 있어야 할 것이다. 논술을 '통합형 교과'라고 부르는 이유는 각 과목에서 배운 내용을 현실상황에 적용하는 종합적 능력을 필요로 하기 때문일 것이다. 마지막으로, 단순한 지식의 나열이 아니라 '나'와 세계'의 관계에 대한 진지한 성찰과 건전한 가치관이 녹아 있어야 한다. 문제해결형 논술에서 다루어지는 많은 주제들은 우리의 삶을 더 바람직하게 만들기 위한 질문들이기 때문이다.

이를 종합 정리해 보면, 문제해결형 논술은 논리력, 설득력, 독해력, 독창성과 창의력, 풍부한 배경지식, 진지한 성찰과 건전한 가치관 등의 종합적 사고능력이 요구되는 글쓰기라고 할 수 있다.

(5) 문제해결형 논술의 일반적인 발문 형식

문제해결형 논술의 일반적인 발문 형식을 정리해 보면 다음과 같이 제시할 수 있다.

* ㉠ 오늘날-는 이러저러한 상황에 있다. ㉢ 다음 글을 읽고 ㉣-에 대하여 ~을 A하고 ~을 B하고 자신의 생각을 논술하시오.
* (다음 글에 의하면) ㉠ 오늘날-는 이러저러한 상황에 있다. 다음 글에서 ㉣ ○○○을 분석해 내고, A를 바탕으로 현대인이 처한 문제점 B를 해결할 수 있는 방안을 논술하시오.
* 다음 ㉡ 제시문에 드러난 ○○○이 무엇인지 밝히고, 이를 위하여 ㉣ ○○○이 나아가야 할 방향에 대하여 논술하시오.
* 다음 ㉡ 제시문에 드러난 ○○○이 무엇인지 밝히고, 그것이 ㉣ 현대사회에서 갖는 의의에 관해 자신의 견해를 논술하시오.

㉠의 문장은 해결하기를 요구하는 논제에 대한 논의가 왜 필요하며, 어떤 의의가 있는지를 간접적으로 밝히는 도입부에 해당된다. 이러한 배경 설명은 논제 제시에 꼭 필요한 부분이 아니므로 생략되는 경우도 있다. 그리고 ㉡처럼 아예 논술자로 하여금 밝혀 내도록 요구하는 경우도 있다. ㉢은 반드시 제시문을 분석적으로 읽으라고 요구하는 부분이다. 제시문의 내용과 성격에 따라 논제의 범위와 방향이 크게 달라질 수도 있다는 것을 유의해야 한다. ㉣은 해결하기를 요구하는 사항, 즉 논제다. 출제자의 의도를 정확히 파악하고 글을 쓰기 위해서 논제의 분석이 잘 이루어져야 할 것이다.

(6) 문제해결형 논술의 논제 분석

논제를 분석한다는 것은, 구체적으로 무엇 무엇을 어떻게 논술하라고 했는지, 즉 해결해야 할 요구 사항이 몇 가지이고 그 제한 조건은 무엇인지를 파악한다는 것을 의미한다.

또한 유의 사항이 있으면 세심히 살펴야 한다. 문제의 유의 사항 중에 논술 내용이나 형식을 어떻게 제한하고 있는지를 파악하는 것이 중요하다.

즉 논제 분석이란 유의 사항과 논제와 제시문의 관련 양상을 바탕으로 출제자가 무엇을 문제삼고 있는지, 그리고 그것이 어떤 맥락에서 문제화되는지를 파악하고, 무엇을 어떻게 논하라고 하는지의 가닥을 추려 내는 것이다.

(7) 문제해결형 논제에 있어서의 논증 과정

논증과정이란 문제해결의 인지 과정을 말한다. 현재 처해 있는 바람직하지 못한 상태로부터 의도하는 바람직한 목표 상태로 나아가기 위해서 현재의 문제 상태를 진술하고 원인을 분석하여 이러한 문제를 극복할 수 있는 바람직한 방향을 주장하는 것이다. 이러한 논술의 성패는 문제의 본질을 정확하게 파악하여 적절한 해결책을 찾는 데 있다 할 것이다.

따라서 문제의 본질과 동떨어진 자신의 의견만을 기술하는 것은 좋은 해결책이라고 보기 어렵다. 또한 추상적인 원론이나 당위적인 주장의 반복에 그치지 말고 구체적인 사례들을 제시할 수 있어야 할 것이다. 그리고 그렇게 제시한 해결 방안은 실현 가능한 것들이어야 한다.

(8) 문제해결형 논술의 개요 짜기

지금까지 논의한 문제해결형 논술을 위한 기본적인 틀을 일반화해 본다면 다음과 같다.

① 서론 : 문제제기 - 문제 상황 확인 및 논의의 방향 제시

⇩

② 본론 1 : 문제점 분석

⇩

③ 본론 2 : 해결방안 제시

⇩

④ 결론 : 요약 및 전망

제7차 교육과정 교사용 지도서(국어 6-1, 249쪽)에서도 문제해결형 논술의 개요를 아래와 같이 제시하고 있다.

제목

Ⅰ. 서론 - 문제점 확인
- 본론 안내

Ⅱ. 본론 - 주장과 주장을 내세운 근거
① 주장
② 근거 1
③ 근거 2
- 주장에 대한 구체적인 실천 방안
① 실천 방안 1
② 실천 방안 2

Ⅲ. 결론 - 요약 및 전망(과제 · 결의 · 실천 촉구)

(9) 문제해결형 논술의 예시자료

문제해결형 예시 ① 공기오염을 줄이는 방법

※ 다음 제시문과 자료를 보고 쓴 예시글을 참고로 하여 같은 주제에 대한 나의 생각을 정리하여 봅시다.

〈제시문〉
다음은 공기를 오염시키는 것들과 공기 오염 물질이 우리 몸에 들어오는 순서, 그리고 공기와 관련된 자료들입니다. 이 자료를 참고하여 공기 오염을 줄이는 방법에 대하여 알맞은 제목을 붙이고 주장하는 내 생각을 글로 쓰시오.

〈자료 1〉 공기를 오염시키는 것과 그 비율

공기 오염원	비율(%)
1. 교통기관	42
2. 가정, 공장 연료	21
3. 공장 생산 과정	14
4. 고체 폐기물	5
5. 기타	18

* 공기를 깨끗이 하기 위해 우리가 할 수 있는 일
· 자가용차의 이용을 최대한 줄인다.
· 화학 물질, 쓰레기 등을 함부로 태우지 않는다.
· 청소할 때에는 먼지를 되도록 일으키지 않도록 조심한다.
· 실내에서는 먼지가 나지 않도록 행동에 조심한다.

〈자료 2〉 공기 오염 물질이 우리 몸에 들어오는 순서

공기 중 오염 물질 → 직접 쌓임 → 사람
공기 중 오염 물질 → 쌓임 → 곡물 및 식품 → 섭취 → 사람
공기 중 오염 물질 → 쌓임 → 토양 → 곡물 및 식품 → 섭취 → 사람
공기 중 오염 물질 → 쌓임 → 토양 → 직접 방사선 → 사람
공기 중 오염 물질 → 쌓임 → 토양 → 동물 → 우유 · 육류 → 섭취 → 사람
공기 중 오염 물질 → 흡입 → 동물 → 우유 · 육류 → 섭취 → 사람
공기 중 오염 물질 → 직접 흡입 → 사람

〈관련 자료〉
· 지구는 생명의 유일한 터전이며, 공기 · 물 · 토양은 우리와 우리들의 후손이 영원히 살아가야 할 삶의 근원이 되는 환경이다.
· 서울의 경우 공기를 오염시키는 물질 중 71.6%가 자동차에서 나온다고 한다.
· 공기 오염은 폐질환, 천식 등 각종 호흡기 질환을 일으켜 사망의 원인이 된다.
[출처 : 서울특별시중부교육청 출제 문제]

〈예시글〉

파괴된 자연을 도 살리자

서울교동초등학교 5학년 장지연

우리는 자연에서 태어나 자연 속에서 살다가 자연으로 되돌아가게 된다. 이러한 자연은 우리에게 여러 가지 물건의 원료를 제공해 주거나 여러 가지 음식을 주는 등 많은 혜택을 주고 있다. 그런데 요즈음 우리는 생각 없이 물자를 쓰고 버린다. 이렇게 버려진 물자는 큰 낭비가 되기도 하지만 더욱 심각한 것은 그것으로 인하여 우리의 자연이 오염되고 파괴된다는 것이다.

우리는 모두 깨끗한 환경 속에서 즐겁고 보람된 삶을 누리고 싶어한다. 그러나 우리 자연은 크게 오염되어 지금은 위기 상황에 놓여 있다. 우리가 사는 단 하나 뿐인 지구의 자연이 파괴되면 그와 동시에 우리 생활의 터전은 사라지게 된다. 그러므로 우리는 파괴된 자연을 되살려 우리의 자연이 사라지지 않도록 해야 한다. 그러면 이런 소중한 자연을 앞으로 우리는 어떻게 가꾸어 나가야 하는지 알아보자.

첫째, 우리들은 물자를 절약해야겠다. 관계 기관의 발표에 의하면 우리나라 국민 한 사람이 1년에 쓰고 버리는 물자는 음식 쓰레기가 26kg으로, 돈으로 치면 약 22만 원어치이고, 종이는 나무 두 그루분, 각종 캔류가 101개, 플라스틱 제품이 55kg, 각종 병류가 334개이고, 또한 생활 쓰레기가 서울 4학년 학생의 평균 몸무게인 32kg의 23배인 약 736kg이나 된다고 한다. 우리 나라 인구가 총 4천만 명이라고 할 때, 국민 한 사람이 736kg을 버린다고 하면 막대한 양의 쓰레기가 자연을 오염시키게 된다. 그러므로 우리는 이런 쓰레기를 줄일 수 있게 하고, 그뿐만 아니라 모든 물자의 원료가 되는 자연을 보전할 수도 있도록 해야 한다.

둘째, 공장에서는 폐수를 흘려보내는 일을 줄여야 한다. 각 공장에서 흘려보낸 폐수는 지구의 강과 바다를 오염시킬 뿐만 아니라, 생태계까지 파괴시키게 된다. 신문이나 뉴스를 보면 폐수로 인한 강물 오염 때문에 물고기들이 떼죽음을 당하는 것을 볼 수 있다. 그러므로 공장에서는 정화 시설을 설치하여 깨끗한 물을 흘려보내도록 해야 한다.

셋째, 공장이나 자동차, 가정에서는 매연을 내뿜는 일을 줄여야 한다. 요즘에는 이 매연 때문에 나무들이 제대로 색깔을 나타내지 못하고 있다. 매연으로 인하여 칙칙하게 단풍이 든 것을 흔히 보게 된다. 또 온실 효과라는 것이 생겨 여름철은 무덥고, 겨울철에도 따뜻하게 된다는 것이다. 앞으로 이렇게 따뜻해지면 남극과 북극의 빙산이 녹아 버리는 위험한 사태가 발생할 수 있을 것이라고 한다.

넷째, 농약의 사용을 줄여야 한다. 이 농약으로 요사이 시골 논에서는 메뚜기 보기가 힘들어졌다고 한다. 그뿐만 아니라 벌, 나비를 보는 일도 드물어, 꽃을 피워 열매를 잘 맺지 못하여 인공 수정을 주로 한다고 한다. 또 농약은 사람 몸 속에 들어가면 생명을 위험하게 하며, 농토와 냇물도 오염시킨다고 한다.

다섯째, 스프레이의 사용을 줄여야 한다. 스프레이는 속의 내용물을 내뿜으면서 '프레온가스'라는 것이 방출되어 공기를 오염시키고 나아가 오존층에 구멍을 내어 자외선이 직접 내리쬐게 되어 암을 유발시키는 등 각종 질병을 생기게 하여 우리 몸을 해치게 된다.

우리는 지금까지 파괴된 자연을 어떻게 가꾸어 나가야 우리의 자연을 되살릴 수 있는지에 대하여 알아보았다. 우리들은 물자를 절약하고, 공장에서는 폐수를 흘러보내는 일을 줄여야 한다. 또 공장, 자동차, 가정에서는 매연을 내뿜는 일을 줄여야 하며, 농약의 사용을 줄여야 한다. 그리고 스프레이의 사용도 줄여야 한다.

우리는 삶의 터전인 지구의 자연을 우리들이 아끼고 사랑해야 한다. 우리의 자연을 오염시키고 해치면 우리가 살 수 없을 뿐만 아니라 우리의 후손까지도 살 수 없게 되며, 나아가 우리들의 마음과 행동도 거칠어지게 되어 자연을 더 망치고 점점 자연과 멀어지게 될 것이다. 우리의 지구는 지금 위기 상황에 놓여 있다. 그러나 지금이라도 늦지 않았다. 우리 모두가 파괴된 자연을 되살리려는 마음가짐으로 실천해 나아갈 때 우리의 자연은 반드시 지켜질 것이다. 또 아름다운 자연을 가꾸어 살기 좋은 금수강산으로 만들어 후손 만대까지 물려주어야 하겠다. 우리 모두 자연을 가꾸는 데 힘써 살기 좋은 금수강산을 만들자.

문제해결형 예시 ② 예솔이의 용돈 올리기

※ 다음 글을 읽고, 물음에 답하여 봅시다.

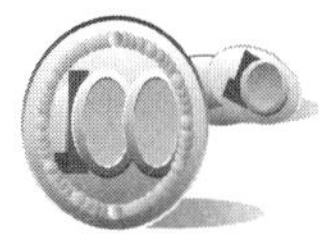

예솔이는 학교에서 돌아오자마자 엄마께 투정을 부렸습니다.

"엄마, 저도 용돈 좀 올려 주세요."

"네 용돈이 뭐가 적다고 그런 말이니?"

엄마는 예솔이를 나무라듯 말씀하셨습니다.

"엄마, 저도 이제 6학년이 되었잖아요. 나이도 한 살 더 먹고, 학년도 바뀌었으니 당연히 용돈을 올려 주셔야 하는 것 아니에요?"

"글쎄, 엄마는 그렇게 생각하지 않는다. 새 학년이 되거나 나이를 한 살 더 먹으면 꼭 용돈을 올려 주어야 하는 걸까? 정말 용돈을 올려 받고 싶다면, 네가 용돈을 더 받아야 할 분명한 이유를 말해 보렴."

예솔이는 엄마께 용돈을 올려 주어야 할 분명한 이유를 말하고자 했지만, 머릿속에서만 맴돌 뿐 잘 이야기하지 못하였습니다.

1. 예솔이가 해결해야 할 문제는 무엇입니까?

2. 학년이 바뀌고 나이를 먹었기 때문에 용돈을 올려 주어야 한다는 예솔이의 말에 대하여 어떻게 생각하는지, 나의 의견을 간단하게 쓰시오.

문제해결형 예시 ③ 아파트에서 애완견 기르기

※ 다음 그림을 보고, 물음에 답하여 봅시다.

1. 이 아파트에는 어떤 문제가 있습니까?

2. 아파트에서 애완견을 기르는 것에 대하여 어떻게 생각합니까? 나의 의견과 그 까닭을 간단하게 쓰시오.

3. '아파트에서는 절대 애완견을 기를 수 없다'고 말하는 이웃 사람들에게 애완견의 좋은 점을 알려주고, 아파트에서 애완견을 길러도 좋다는 허락을 받을 수 있도록 설득하는 글을 쓰시오.

제목 :

문제해결형 예시 ④ 나쁜 습관 고치기

※ 다음의 설문 조사 결과를 보고, 물음에 답하여 봅시다.

▷ 우리들이 고쳐야 할 나쁜 습관 ◁

사람 수	5 – 6명	3 – 4명	1 – 2명
내용	* 손톱 물어뜯기 * 휴지를 아무데나 버리는 것 * 욕하는 것 * 남의 흉을 보는 것 * 잘 삐치고 화내는 것 * 습관적으로 텔레비전 보는 것	* 머리카락 꼬는 것 * 밤중에 휘파람불기 * 컴퓨터게임 오래 하기 * 학교 다녀와서 가방 대충 팽개쳐 놓기 * 다리 흔들기 * 미간 찡그리기 * 할 일을 미루는 것	* 쓸데없는 물건 사기 * 심한 장난 * 늦게 일어나는 습관 * 수업 시간에 떠들기 * 화장실에 낙서하기 * 대화하면서 딴 생각하기 * 책상 위에 물건 마구 늘어놓기 * 덜렁덜렁 물건 놓고 다니기

1. 앞의 자료를 통해 알 수 있는 사실은 무엇입니까?

2. 비교적 많은 어린이들이 가지고 있는 나쁜 습관들에는 무엇이 있습니까? 그런 습관을 고치려면 어떻게 해야 할까요?

3. 우리 반 어린이들은 어떤 나쁜 습관을 가지고 있습니까? 조사해서 알아보기 쉽게 정리하여 쓰시오.

순서	내용	사람 수	순서	내용	사람 수
1			6		
2			7		
3			8		
4			9		
5			10		

4. 모둠 친구들과 3번에서 정리한 자료에 대하여, 또 나쁜 습관을 고치는 방법에 대하여도 의견을 나누어 봅시다. 그리고 여러 가지 방법들 중에서 내가 선택한 방법과 그 이유를 중심으로 나쁜 습관을 고치는 방법에 대하여 의견을 쓰시오.

문제해결형 예시 ⑤ 저 좀 도와 주세요

※ 다음 사진을 보고, 광고 문구를 완성해 봅시다.

쓰러질 듯
안 쓰러지는 쓰레기통을 보면서
그냥
지나친 게 왠지 모르게
죄책감이 느껴졌습니다.

____

____

____

____

1. 완성된 광고에서 얻을 수 있는 해결해야 할 문제점은 무엇입니까?

2. 친구들과 찾아낸 문제점들에 대하여 서로 의견을 나누어 봅시다. 그리고 각 문제들에 대한 가장 좋은 해결 방안을 찾아봅시다.

해결해야 할 문제	해결 방안 (내 생각, 친구의 생각)

3. 앞의 2번에서 가장 관심 있는 문제 하나를 선택하시오.

그리고 그 문제를 해결할 수 있는 여러 가지 방안에 대하여 다시 한번 자세하게 물음에 답하여 봅시다.

* 각각의 해결 방안들이 갖고 있는 단점이나 제한점은 무엇입니까?
* 가장 좋은 해결 방안은 무엇일까요?

⇒ 선택한 문제에 대한 해결 방안을 드러내어 글을 쓰시오.

제목 :

문제해결형 예시 ⑥ 어린이 교통안전

※ 다음 통계 자료를 보고, 물음에 답하여 봅시다.

우리나라의 교통사고 사망자 중 어린이가 차지하는 비중이 지속적으로 감소하고 있다고 하니 다행스런 일이다. 그런데 2001년 14세 이하 어린이 교통사고 사망자를 살펴보면 전체 사망자 8,097명 중 489명으로 6%를 차지하고 있으며, 그 중 7세 이하가 155명으로 총 어린이 사망자의 50%를 차지하고 있다.

2001년도 요일별 어린이 교통사고 현황을 살펴보면 다음과 같다.

<2001년 요일별 어린이 사망자>

구 분		계	구성비	일	월	화	수	목	금	토
계	사망	439	100	70	48	58	55	76	56	76
	부상	26,775	100	4,618	3,550	3,298	3,628	3,406	3,452	4,823

2001년 어린이 사망자(중학생 이하)를 요일별로 분석해 보면 평일에는 대개 균일한 분포를 보이나 토요일과 일요일의 경우 평균을 상회한 것으로 나타나고 있다.

이번에는 보행 어린이 교통사고 사상자 현황을 살펴보겠다. 2001년 보행 어린이(중학생 이하) 사망자의 분포를 보면, 총 사망자 307명 중 50%가 취학전 아동(0~7세)으로 가장 높고, 초등 학생(45%), 중학생(5%) 순으로 나타났다. 학년별로 살펴보면 학년이 낮을수록 사망자가 더욱 많은 것으로 나타났다.

<2001년 보행 어린이 사상자>

계		취학전 아동						초등 학생			
		소 계		미취원아		유치원아		소 계		1학년	
사망	부상	사망	부상	사망	부상	사망	부상	사망	부상	사망	부상
307	14,888	155	5,934	96	2,835	59	3,099	137	7,293	65	2,481

초등 학생										중학생	
2학년		3학년		4학년		5학년		6학년			
사망	부상	사망	부상	사망	부상	사망	부상	사망	부상	사망	부상
26	1,497	15	1,143	13	740	11	629	7	803	15	1,661

※ 주 : 어린이는 중학생 이하이고, 모든 당사자임

※ 자료 출처 : 도로 교통 안전 관리 공단

1. 2001년 어린이 사망자(중학생 이하)를 요일별로 분석한 표를 볼 때, 토요일과 일요일에 사망자가 많이 발생하는 까닭은 무엇일까요?

2. 어린이들이 보행 중에 교통사고를 당하는 까닭은 무엇일까요? 또 연령이 어릴수록 사망자가 많은 까닭은 무엇일까요?

3. 어린이 교통사고는 성인의 사고 유형과는 다른 특성이 있습니다. 어린이의 교통사고는 대체로 통행량이 많은 낮 시간에 주로 집 부근에서 발생하며, 보행자 사고가 대부분이고 성인에 비하여 치사율도 대단히 높습니다. 친구들과 어린이가 당하기 쉬운 교통사고 유형에 대하여 이야기를 나누어 봅시다.

(예)
1) 어린이 보행자 사고의 70% 정도는 도로에 갑자기 뛰어들기로 인하여 발생되고 있다. 특히 뛰어들기 사고는 주거 지역 내의 폭이 좁고 보도와 차도도 구분되지 않은 이면 도로에서 많이 발생하고, 어린이의 정서적 · 사회적 특성과도 관계가 있다.
2) 어린이들이 길거리나 주차한 차량 가까이서 놀다가 당하는 사고도 10% 이상을 차지한다.

4. 앞에서 제시한 통계 자료를 적절히 인용하여, 교통안전에 관한 나의 생각을 쓰시오.

제목 :

3) 독해형 논술

독해형 논술을 종합형이라고도 한다. 독해형 논술에는 주어진 지문을 토대로 논술자 스스로가 찾아낸 문제의식과 주제를 중심으로 논지를 전개하는 유형과 제시문을 분석적 이해력과 비판적 사고력을 동원하여 이해한 후 자신의 견해를 창의적·논리적으로 서술하는 유형이 있다. 이 독해형 논술에는 찬반논의형과 문제해결형의 유형이 동시에 들어 있는 경우도 있다.

또한 독해형 논술은 반드시 제시된 자료들을 보고, 해석하거나 추론하여 자신의 논지를 펼치는 문제 유형이기 때문에 자료 제시형(자료 추론형) 논술이라고도 할 수 있다. 여기에는 단일 자료 제시형과 복수 자료 제시형이 있다. 문제의 자료로 제시되는 것들을 보면, 문항자료로 평론, 신문, 작품, 논문 통계 자료와 도표(실험 또는 조사 결과의 도표) 등이, 시각자료로는 도판, 사진, 만화, 비디오테이프 등이, 청각자료로는 녹음테이프(강의 내용, 음악 등)가 제시되기도 한다.

(1) 독해형 논술의 유형

독해형 논술은 물음에 해당하는 지시문과 자료에 해당하는 제시문(기타 영상 자료, 광고문 등을 포함)의 관계에 따라 다음과 같이 세 가지 유형으로 구분할 수 있다.

완전 독해형	지시문은 제시문의 독해 방식과 쓰는 방향만 알려주어 제시문을 완벽하게 독해하여 스스로 주제를 찾아 내고 그에 따라 논술을 해야 하는 유형
부분 독해형	지시문을 통해 주제를 드러내고 있지만 완전하게 드러내지 않고 문제의식과 주제를 제시문에 부분적으로 드러내는 특성을 보이는 유형
논점 독해형	제시문에는 문제의식과 주제가 드러나 있고, 학생들은 지시문을 따라 생각하거나 글을 쓰면서 문제의식과 주제 및 그렇게 생각한 근거를 정리하는 유형

이 독해형은 문제해결형과 찬반 논의형을 포함하고 있어 종합형이라고도 하며 그 논점을 기준점이라고 한다. 즉 자신의 의견을 제시하기 위한 기준점을 제시하고 그에 따라 논술을 전개한다. 이러한 논술 전개 방식에 따라 다음과 같이 유형을 분류하기도

한다.

- 두 주장을 비교 · 대조하는 유형
- 주어진 예시글의 의미를 분석하고 그에 대한 자신의 의견을 제시하는 유형
- 인물의 행동이나 사건의 성격을 파악하고 긍정적인 면과 부정적인 면을 파악한 후에 자신의 의견(과제, 결의, 실천 촉구)을 촉구하는 유형
- 주어진 조건을 파악하고 그 조건의 해결 방안을 찾아 자신의 의견(과제, 결의, 실천 촉구)을 제시하는 유형

(2) 독해형 논술 지도 시 유의할 점

다른 유형의 논술 지도와 달리 독해형 논술은 다음 두 가지 기본 의식을 바탕으로 지도해야 한다.

- 글쓴이는 주어진 지문을 토대로 스스로가 찾아낸 문제의식과 주제를 중심으로 자신의 생각을 논리적으로 전개해야 한다.
- 글쓴이는 제시문을 분석적 이해력과 비판적 사고력을 동원하여 이해한 후 자신의 견해를 창의적 · 논리적으로 서술해야 한다.

(3) 독해형 논술 문제의 분석 방법

논술을 잘 하려면 먼저 논술 문제(=논제)를 정확하게 이해해야 한다. 독해형 논제는 보통 '지시문(발문) + 제시문(제시 지문) + 유의사항'으로 구성된다. 논제를 이해하는 것은 지시문만 가지고 되는 것이 아니라 지시문을 읽고 제시문을 통하여 그 의도를 확인하는 과정에서 종합적으로 이루어진다고 볼 수 있다. 따라서 논술 문제 유형을 지도함에 있어 지시문과 제시문을 어떤 관점에서 분석해야 하는가는 대단히 중요하므로 다음에서 두 가지 분석 방법을 살펴본다.

1 지시문을 정확히 분석

지시문에는 논술문의 내용과 형식이 들어 있다. 논술 답안은 결국 논제를 보고 쓰는 것이다. 지시문의 요구를 정확하게 파악하지 못하면 그 글은 이른 바 논지 일탈의

엉뚱한 것이 되고 만다.

지시문의 정확한 분석을 위해서 해야 할 일들은 다음과 같다.

- 쟁점 파악하기
- 제시문의 이용 방법 확인하기
- 가정, 전제 파악하기
- 요구사항 파악하기
- 유의사항 점검하기

[2] 제시문을 정확히 분석

제시문에는 쟁점이나 개념에 관한 설명, 그리고 문제의 실태 등이 들어 있다. 그것은 출제자의 의도를 반영한 것이며, 따라서 답안 작성의 중요한 자료가 된다. 제시문 분석의 열쇠는 지시문에 들어 있다. 우선 지시문의 요구를 면밀히 검토하여 이를 바탕으로 제시문을 분석해야 한다.

제시문의 정확한 분석을 위해서 해야 할 일들은 다음과 같다.

- 쟁점이나 그에 대한 입장 파악하기
- 개념과 용어에 대한 설명 이해하기
- 답안에 이용할 근거 파악하기

(4) 논술 문제 분석의 지도 방법

각 유형에 따라 지도 방법이 다르겠지만 전반적인 논술 문제를 해결하기 위한 지도 절차는 다음과 같다.

① 제시문을 읽고 내용을 어느 정도 이해하도록 한다.
② 지시문과 제시문에서 요구하는 주제를 분석하도록 한다.
③ 지시문의 핵심어를 찾아보도록 한다.
④ 지시문과 제시된 자료의 관련을 따져보게 한다.
⑤ 문제를 구체적으로 풀어 써 보도록 한다.
⑥ 다시 한 번 제시문(자료)을 읽도록 한다.
⑦ 착상을 적어 둘 수 있도록 한다.

⑧ 마인드맵이나 다발 짓기 등으로 도식화하여 보도록 한다.
⑨ 불필요한 것을 삭제하게 한다.
⑩ 쓸 내용들을 비평적으로 점검하게 한다.
⑪ 개요를 작성하게 한다.
⑫ 논술문을 쓰게 한다.

(5) 논술 문제 분석 지도 시 유의점

① 자료인 제시문을 정확히 읽고 지시문에서 어떤 것을 요구하는지를 간단히 정리해 보는 과정을 거치도록 안내한다.
② 학생들이 생각거리들을 쉽게, 단계적으로 접근할 수 있도록 교사의 발문을 구조화하여 지도할 수 있도록 한다.
③ 쓰기 과정의 사고 활동은 순차적인 것이 아니라 상호 역동적으로 이루어지므로 학생 개개인이 사고할 수 있는 시간을 충분히 주고 엄격한 쓰기 순서를 적용시킬 필요는 없다는 것을 인식해야 한다.
④ 교사의 시범을 통하여 쓰는 과정을 이해할 수 있도록 하고, 어려움을 느끼는 학생들은 주변의 생활 경험을 통해 문제를 접근할 수 있도록 실생활 자료들을 제공해 주어야 한다.

(6) 독해형 논술의 개요 짜기

기준점에 따라 논술하는 경우 다음과 같은 개요를 통하여 글을 전개할 수 있다.

〈비교 · 대조형〉	〈대사(예문)의 의미 분석형〉
(제목)	(제목)
Ⅰ. 서론 – 두 대상(두 주인공의 행동) 소개 : 기준점 - 본론 안내	Ⅰ. 서론 – 주어진 대사(예문) 소개 : 기준점 - 본론 안내
Ⅱ. 본론 – 두 대상(두 주인공의 행동)의 같은 점 ① 같은 점 1 ② 같은 점 2	Ⅱ. 본론 – 주어진 대사(예문)의 해설 ① 대사(예문) 1 해설 ② 대사(예문) 3 해설

<table>
<tr><td>- 두 대상(두 주인공의 행동)의 다른 점
① 다른 점 1
② 다른 점 2
- 자기 의견
Ⅲ. 결론 – 요약 및 전망
(과제 · 결의 · 실천 촉구)</td><td>- 주어진 대사(예문)의 자기 의견
① 대사(예문) 1에 대한 자기 의견
② 대사(예문) 2에 대한 자기 의견
Ⅲ. 결론 – 요약 및 전망
(과제 · 결의 · 실천촉구)</td></tr>
</table>

[출처 : 김세곤(서울신천초 교사)의 ‘논설문 쓰기의 분석적 평가 기준’ 연수 자료 참고]

<table>
<tr><td>**〈인물의 행동(성격) 파악형〉**

(제목)

Ⅰ. 서론 – 인물의 행동(성격) 파악 : 기준점
- 본론 안내
Ⅱ. 본론 – 행동(성격)의 긍정(부정)면 파악
① 긍정(부정)면 1 파악
② 긍정(부정)면 2 파악
- 행동(성격)의 부정(긍정)면 파악
① 부정(긍정)면 1 파악
② 부정(긍정)면 2 파악
Ⅲ. 결론 – 요약 및 전망
(과제 · 결의 · 실천 촉구)</td><td>**〈조건 해결형〉**

(제목)

Ⅰ. 서론 – 조건 확인 : 기준점
- 본론 안내
Ⅱ. 본론 – 주어진 조건 1 해결
① 조건 1의 의미
② 조건 1의 해결 방안
- 주어진 조건 2 해결
① 조건 2의 의미
② 조건 2의 해결 방안
Ⅲ. 결론 – 요약 및 전망
(과제 · 결의 · 실천촉구)</td></tr>
</table>

[출처 : 김세곤(서울신천초 교사)의 ‘논설문 쓰기의 분석적 평가 기준’ 연수 자료 참고]

(7) 독해형 논술의 예시자료

독해형 예시 ① 우리 것은 좋은 것이여!

※ 다음 내용을 읽고, 물음에 답하여 봅시다.

한국 하면 김치가 떠올라요

농수산물유통공사가 2003년 중국 현지 리서치 기관에 의뢰해 북경 · 상해 · 광주 · 대련 등 4개 도시의 대형 할인 매장과 백화점 방문객 614명을 대상으로 설문조사한 결과, 한국하면 가장 먼저 생각나는 것으로 30.5%(복수응답)가 김치를 꼽았다.

또한 한국 김치에 대한 인지도는 593명 중 63.5%가 알고 있다고 응답했다.

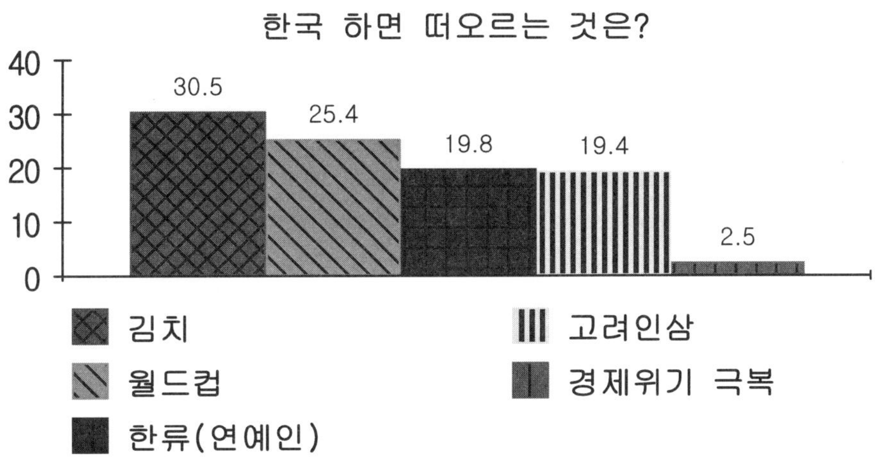

1. 중국 사람들의 한국에 대한 인지도가 어떠하다고 생각합니까? 위 그래프를 보고 답하여 봅시다.

2. 설문조사 내용 중에는 중국 소비자들이 가장 좋아하는 한국 식품에 대한 질문도 포함되어 있었는데, 역시 김치(28.8%)를 1위로 꼽았다고 합니다. 그리고 불고기는 25.0%가, 고려인삼은 13.0%, 장류 13.0%, 비빔밥 12.5%, 삼계탕 4.0% 등의 순으로 좋아했다고 합니다. 이러한 음식들이 외국인에게도 사랑받고 있는 이유는 무엇일까요? 근거를 제시하며 우리 음식의 우수성에 대하여 쓰시오.

제목 :

독해형 예시 ② 사람답게 살 권리

※ 다음은 보물 제527호 김홍도의 '벼 타작'이라는 풍속화입니다. 작품을 감상하고, 물음에 답하여 봅시다.

1. 무엇을 하는 장면입니까?

2. 어떤 사람들을 볼 수 있습니까?

3. 각 사람들의 옷차림이나 행색에서 드러나는 차이점이 무엇입니까?

[해설] 이 그림은 조선시대 지주의 땅에서 소작하는 농민들과 이들을 감독하는 마름을 주인공으로 삼아 그린 그림입니다. 마름이란 순우리말로 지주로부터 소작지의 관리를 위임받아 일하는 사람을 말합니다. 마름은 지주의 토지가 있는 곳에 상주하면서 추수기의 작황을 조사하고 직접 소작인들로부터 소작료를 징수하여 일괄 지주에게 상납하는 것을 주업으로 하였습니다. 소작인들은 알곡을 지주에게 바치고 나면 겨우 목숨을 연명할 수 있을 정도의 곡식밖에 가질 수 없었다고 합니다.

4. 신분 사회에서는 사람들이 인권을 존중받을 수 있었을까요? 오늘날과 같은 민주사회에서도 인권을 존중받지 못하는 사람들이 많이 있습니다. 어떤 사람들일지 다양한 경로로 조사하여 자료를 모아 봅시다.

- 모은 자료에는 어떤 것들이 있습니까?

5. 알게 된 내용을 근거로 인권 존중과 관련된 내 생각을 쓰시오.

제목 :

독해형 예시 ③ 캔은 죽어서 무엇을 남길까?

※ 다음에 주어진 자료를 읽고, 물음에 답하여 봅시다.

♣ 알루미늄 캔 1개로 TV 3시간 시청

목이 말라 슈퍼에 있는 냉장고를 열어 보면 가장 많이 볼 수 있는 것이 캔 음료입니다. 동전 몇 개를 지불하면 가볍고 간편한 캔 음료가 갈증을 해소해 줍니다. 그러나 내용물이 다 빠져 버린 빈 캔의 운명에 대하여서는 아무도 관심을 갖지 않습니다.
한 해 동안 사용되는 캔은 56억 6천만 개로 알루미늄캔이 11억 8천만 개, 철캔이 48억 개 정도입니다. 특히 알루미늄캔은 합금 재료 함량이 높아 재활용 가치가 아주 높은데, 처음 알루미늄을 얻는 데 필요한 에너지의 1/26만 있으면 알루미늄 재활용이 가능합니다. 알루미늄캔 1개를 재활용하면 TV를 3시간가량 볼 수 있는 에너지가 절약된다고 하니 다른 어떤 것보다 절약 효과가 크다고 할 수 있습니다. 또 알루미늄캔 1개가 땅 속에 묻힌 후 분해되는 데에는 500년이 걸린다고 하니, 버려진 캔 하나라도 무심히 보아 넘길 수 있을까요?

1. 이 자료가 우리에게 깨우쳐 주는 것은 무엇입니까?

1) ______________________________

2) ______________________________

2. 내 결심이나 다른 사람에게 하고 싶은 말을 간단하게 쓰시오.

3. 앞의 2번에서 쓴 나의 결심이나 다른 사람에게 하고 싶은 말이 잘 드러나게 쓰시오.

제목 :

____

____

____

독해형 예시 ④ 소프트웨어의 불법 복제 2

※ 불법 복제에 대하여 생각하며, 다음 신문 기사를 읽어 봅시다.

[클린넷] ⑩ 저작권이 뭔데요?
소프트웨어 불법 복제는 '도둑질'

만약 내가 쓴 일기나 숙제를 누군가 그대로 베껴 쓰면 어떤 기분일까. 또는 우리 가족이 정성껏 키운 강아지를 옆집에서 훔쳐 가 앞마당에 버젓이 풀어놓았다면? 최근 사이버 세상에선 이러한 '도둑질'이 아무 일도 아닌 듯 벌어지고 있다. 인터넷의 어두운 그림자로 떠오르고 있는 '불법 복제(複製)' 및 '저작권(著作權) 침해'가 바로 그것이다.

요 몇 년 사이 초고속 인터넷 망이 대중화되면서 정보가 오가는 속도는 눈부시게 빨라졌다. 용량이 작은 문서나 사진 자료는 물론, 고용량의 소프트웨어나 영화 동영상까지 단번에 내 PC에 복사·저장할 수 있게 된 것이다. 바야흐로 '복제 만능의 시대'다.

물론 권리가 늘어나면 이에 따른 책임도 반드시 뒤따르게 마련. 인터넷은 현대인에게 '복제 능력'을 선물하는 동시에 '저작권'을 지킬 의무 또한 부여하고 있다. 저작권이란 만든 사람이 그 창작 대상에 대하여 갖는 독점적 권리. 글이나 사진·그림은 물론, 컴퓨터 프로그램·웹사이트 디자인에 이르기까지 창의적 요소가 스며든 곳이면 어디든 적용된다.

그러나 '저작권'에 대한 국내 네티즌들의 인식은 심각하게 낮은 수준이다. 한국 소프트웨어저작권협회(SPC)에 따르면, 지난해 국내서 적발된 소프트웨어 불법 복제 건수는 1303건, 피해 액수만도 139억 원에 이른다. SPC 조사 결과 국내 PC에 깔려 있는 프로그램 중 40% 이상이 돈을 내지 않고 몰래 설치해 사용 중인 것으로 밝혀졌다.

특히 국산 문서 작성 프로그램인 '한글97'의 경우 설치된 3,552개 중 절반이 넘는 1,842개가 불법 복제된 것으로 드러나기도 했다. SPC 관계자는 "예전엔 CD가 주요 유통 수단이었지만, 지금은 전문 '와레즈' 사이트나 파일 공유 프로그램(P2P) 등을 통해 온라인상에서 곧바로 불법 유통이 이뤄지고 있다"고 말했다.

몇 해 전만 해도 좋아하는 음악을 듣기 위해선 돈을 주고 음반을 사거나 라디오에 그 노래가 나올 때까지 기다려야 했다. 하지만 지금은 저학년 어린이들도 간단한 검색만으로 MP3 음악 파일을 쉽게 찾아 낸다. 이 때문에 막대한 피해를 입게 된 음반 업계는 MP3

다운로드 사이트를 대상으로 법정 소송을 벌이기도 했다. 피해가 크긴 영상 업계나 게임 업계도 마찬가지다. 굳이 극장을 찾지 않아도 인터넷에서 DivX 동영상 파일만 다운로드하면, 아직 개봉도 안 된 영화를 고화질로 감상할 수 있게 됐기 때문이다. PC 게임업계 역시 각종 와레즈에서 공짜로 정품을 제공하는 바람에 확 줄어든 수익 앞에 울상이 된 지 오래다.

더욱 심각한 건 이처럼 '불법'이 판치는 상황에서 어린이들도 예외가 아니란 사실이다. 지난해 발표된 서울교육대학교의 한 논문에 따르면, 서울 지역 초등학생 1,135명 가운데 34.9%가 "소프트웨어 불법 복제를 할 수 있다면 해도 상관없다"라고 응답했다. 어린이 셋 중 하나는 '다른 사람의 노력을 도둑질하는 것'에 별 문제의식을 느끼지 못하고 있단 얘기가 된다.

[출처 : 소년조선일보 http : //kid.chosun.com]

1. 위의 신문 기사에서 제시한 불법 복제 사례에는 무엇 무엇이 있습니까?

2. 불법 복제의 문제점은 무엇입니까?

3. 위의 신문 기사를 보고, 불법 복제에 대한 내 생각을 정리하여 쓰시오.

독해형 예시 ⑤	3단계 창의성 논술 [독해형]	6학년 반 번
	성실한 생활	이름

※ 다음 글을 읽고, 물음에 답하시오.

노자 큰 나무는 가느다란 가지에서 시작되고, 10층의 탑도 작은 벽돌을 하나씩 쌓아올리는 데에서 시작된다. 마지막에 이르기까지 처음과 마찬가지로 정성을 기울이면 어떤 일도 해낼 수 있다.

공자 일생의 계획은 어릴 때에 있고, 일 년의 계획은 봄에 있으며, 하루의 계획은 새벽에 있다. 어려서 배우지 않으면 늙어서 아는 것이 없고, 봄에 밭 갈지 않으면 가을에 바랄 것이 없으며, 새벽에 일어나지 않으면 그날의 할 일이 없다.

괴테 근면의 세 개의 큰 악, 태만과 부도덕, 그리고 가난을 제거한다.

프랭클린 백 권의 책에 쓰인 말보다 한 가지 성실한 마음이 더 크게 사람을 움직인다.

〈관련 교과 : 도덕 6학년 1학기 1. 성실한 생활〉

1. 위 글들 속에 담겨 있는 공통적인 의미는 무엇인가?

2. 위 글들 중 마음에 드는 글 2가지를 선택하고 그 이유를 적어 보시오.

3. 사람들에게 성실한 생활을 권장하는 글을 쓰기 위한 개요표를 작성해 봅시다.

제목 :

I. 1. 문제점 확인

2. 본론 안내

II. 1. 주어진 예문 해설

① 명언 1의 해설

② 명언 2의 해설

2. 주어진 예문의 자기 의견

① 명언 1에 대한 자기 의견

② 명언 2에 대한 자기 의견

III. 요약 및 전망 (과제 · 결의 · 실천 촉구)

4. 위에서 개요표를 작성한 것을 바탕으로 성실한 생활의 중요성을 주제로 글을 써 봅시다.

4. 학년별 논술지도의 실제[9)]

1) 저학년 논술지도

1·2학년

- 주어진 낱말을 활용하여 짧은글을 짓는다.
- 용언의 기본형, 문장의 종류, 어휘의 개념을 안다.
- 낱말과 낱말 사이의 유의 관계, 반의 관계, 하의 관계를 안다.
- 자신의 생각을 문장으로 정확하게 표현한다.
- 문장에서 꾸며 주는 말의 기능을 안다.
- 여러 가지 목적에 맞는 글을 쓴다.

초등학교 저학년에서의 논술지도는 조심스러운 접근이 필요하다. 왜냐하면 초등학교 저학년의 사고 단계는 추상·논리적 사고와 거리가 멀어 자칫 무리한 논술능력을 요구하다 보면 아동의 흥미를 떨어뜨릴 수 있기 때문이다. 그러나 논술의 기초 기능인 논술태도는 어릴 때일수록 쉽게 형성되며 어려서 형성된 논술태도가 논술능력에 미치는 영향이 크다는 것을 고려할 때 저학년에서의 논술지도 또한 놓쳐서는 안 될 것이다. 이에 저학년 아동에게 알맞은 논술의 기초 기능은 무엇이며 어떠한 활동을 통해 기를 수 있는지 살펴보고자 한다.

초등학교 저학년에서의 논술지도는 사고력 향상에 초점을 두어야 한다. 사고력은 그 종류가 다양하나 이 시기에 발달시켜야 할 사고력으로는 '상상력을 바탕으로 한 내 생각'에 주안점을 둔다. 논술이 자신의 생각을 논리적으로 펼 수 있는 고등정신 기능이라는 관점에서 볼 때, '자신의 생각 세우기'는 논리적으로 펼치는 활동 이전에 미리 정립되어야 할 것이다. 따라서 다음과 같은 활동을 통해 아동들이 다양한 상황에서 상상력을 바탕으로 한 자기 생각을 세울 수 있는 경험을 제공해 주는 것이 좋다. (여행, 독서 등)

초등학교 저학년의 경우 상상력은 풍부하나 자신의 생각을 논리적으로 정리하고 종합·비판하는 사고력은 부족한 시기이다. 따라서 저학년에서는 논술의 기본인 이유

---

9) 서울신문 연재 〈선생님과 함께하는 논술〉 내용 참조.

나 근거를 들어 말하고 쓰는 활동에서 기초를 닦고, 그 이유나 근거가 되는 배경지식을 상상의 세계까지 넓혀 다양한 생각을 표현할 수 있도록 도와 주는 활동이 필요하다. 이에 그 구체적인 지도 방안을 밝히면 아래와 같다.

(1) 똑소리 나는 발표 태도 기르기

학습에 즐겁게 참여하고 논리적인 사고 형성을 위해 상황에 따른 말하기의 기능을 습득하도록 한다. 1단계로 시작하여 점차 3단계로 발전시키는데, 이를 위해서는 형제들을 함께 활동에 참여시키는 것이 좋고 형제가 없다면 친구들을 모아 이야기하는 기회를 제공하는 것이 좋다.

이때 부모님도 존대어를 사용하여 진지한 대화가 이루어지도록 한다.

(2) 책 읽고 인물이 한 일에 대한 내 생각 쓰기

1 까닭을 들어 생각하고 말하기

단계	이렇게 질문하세요	이렇게 대답해 보세요
1단계	~에 대해 말해 봅시다.	저는 ~에 대해 ~라고 생각합니다.
2단계	그러니까 생각하는 까닭은 무엇입니까?	왜냐하면 ~이기 때문입니다.
3단계	나와 생각이 다른 사람의 의견을 듣고 생각한 점은 무엇입니까?	저는 ~의 ~라는 의견이 참 좋다고 생각합니다. 왜냐하면 ~이기 때문입니다.

2 재미있게 상상하여 내 생각을 말하기

단계	이렇게 질문하세요	이렇게 대답해 보세요
1단계	내가 ~의 입장이 되어 내 생각을 말하여 봅시다.	제가 ~이었다면 저는~했을 것입니다.
2단계	그렇게 생각하는 까닭은 무엇입니까?	왜냐하면 ~이기 때문입니다.
3단계	나와 생각이 다른 사람의 의견을 듣고 생각한 점은 무엇입니까?	저는 ~의 ~라는 의견이 참 좋다고 생각합니다. 왜냐하면 ~이기 때문입니다.

예를 들어 권정생님의 〈강아지 똥〉이란 책을 읽고 다음과 같은 내용으로 글을 써 보게 한다.

- 참새와 흙덩이의 말을 듣고 강아지똥의 마음은 어떠했을까?
- 강아지똥이 민들레를 위해 한 일에 대해 어떤 생각이 들었는지 자세히 써 보자.
- 내가 강아지똥이었다면 어떻게 행동했을까?

(3) 동화를 소재로 한 논술형 문제

실제로 요즈음 저학년 학생들의 동화를 학습제재로 한 학습 내용을 살펴보면 종전과는 달리 동화를 단순히 이해하고 분석하기보다는 동화 속의 인물이 되어 인물이 한 일에 대해 내 생각을 말하거나 글로 써 보는 활동, 나라면 어떻게 했을지 상상해 이야기의 일부분을 바꾸어 보는 활동들이 이루어지고 있다.

이에 오늘은 이러한 동화를 평가제재로 하여 2학년에서 제시될 만한 논술형 평가 문제를 예시로 들고, 출제 의도나 논술의 주안점, 가정에서 대비할 수 있는 방법 등에 대하여 간략하게 소개해 보려고 한다.

2학년 2학기 말하기 영역의 둘째 마당 학습제재 중 '꽃씨와 소년'을 듣고, '이야기에 나오는 인물이 한 일에 대한 내 생각을 쓰시오.'라는 논술형 문제를 제시할 수 있다. 이해를 돕기 위해 이야기의 줄거리를 소개하면, 사람들이 정직하게 사는 나라를 만들고 싶은 임금님이 백성들에게 꽃을 피울 수 없는 볶은 꽃씨를 나누어 주고 이 꽃씨로 꽃을 잘 피우는 사람에게는 상을 주고 꽃을 피우지 못하는 사람에게는 벌을 주겠다고 말한다. 그 꽃씨가 볶은 꽃씨인 줄 모르는 백성들은 벌을 받지 않으려고 모두 꽃집에서 꽃을 사다가 심는다. 그러나 임금님을 속일 수는 없다고 생각한 한 소년만이 벌을 받을 줄을 알면서도 꽃을 피우지 못한 화분을 내 놓게 된다.

(4) 인물의 행동에 대한 의견 정리

이렇게 이 이야기는 벌을 피하기 위해 거짓을 꾸며 내는 인물과 정직하게 대처하는 인물의 대비를 그려낸 것이다. 따라서 인물이 한 일에 대한 내 생각을 쓸 때는 비판적인 관점에서 상반된 두 인물이 한 일을 비교해 내 생각이 분명하게 드러나도록 쓸 수 있는지가 평가의 주안점이 된다.

그렇다고 해서 반드시 정직한 소년이 옳고, 거짓을 행한 백성들은 나쁘다는 관점만을 정답으로 요구하지는 않는다. 극단적으로 '벌을 받을 줄 알면서도 꽃이 피지 않은 화분을 내놓은 소년은 어리석다고 생각한다. 가끔은 꾀를 내어 어려운 문제를 해결하는 지혜도 필요하다고 생각하기 때문이다.'라고 썼더라도 어린이의 생각이 분명하고 그 생각에 대한 이유나 근거가 타당하면 그 논리에 대한 도덕성과 상관없이 어린이의 수준에서 수용해 줄 필요도 있다고 본다.

2) 중학년 논술지도

3학년

- 지식이나 경험을 효과적으로 활용하여 글을 쓰는 방법에 대하여 안다.
- 문장 부호의 종류와 쓰임을 알고 바르게 사용한다.
- 원인과 결과가 드러나게 내용을 조직하여 글을 쓴다.
- 이어 주는 말의 기능을 알고, 내용의 연결 관계를 파악한다.
- 공통점과 차이점이 드러나게 글을 쓴다.
- 알맞은 낱말을 선택하여 글을 쓴다.
- 쓰기에 대한 긍정적인 태도를 지닌다.

4학년

- 알맞은 이유를 들어가며 내 의견을 글로 쓴다.
- 중심 문장과 뒷받침 문장이 자연스럽게 이어지도록 글을 쓴다.
- 자신을 잘 드러낼 수 있는 말을 찾아 소개하는 글을 쓴다.
- 글을 읽고, 글쓴이의 주장을 찾고 내 생각을 말하여 본다.
- 글감, 주제, 목적 등을 고려하여 알맞은 제목을 붙인다.
- 문단을 짜임새 있게 쓴다.
- 교정 부호를 사용하여 잘못된 부분을 고쳐 쓴다.

초등학교 중학년은 논리적 사고력이 발달하기 시작하는 시기이다. 자기중심성에서 벗어나기 시작하며 사고를 하는 데 모순이 적어지고 일반화할 수 있는 능력을 갖추기 시작한다. 그러므로 중학년에서는 자신의 생각이나 주장을 타당한 근거를 바탕으로 표현할 수 있도록 지도하는 것이 필요하다. 구체적인 지도 방안을 살펴보면 다음과 같다.

(1) 사물이나 사건에 대하여 의견 말하기

비판적 분석 및 설득 능력의 향상을 위하여, 어떤 사물이나 사건에 대하여 이유를 들어가며 자신의 생각을 능동적이고 효과적으로 표현하도록 한다.

[1] 이유를 들어가며 말하기

자기의 의견을 표현할 때 의견을 뒷받침할 수 있는 이유를 말하도록 한다. 예를 들면, 이번 주말에 우리 가족이 여행을 떠나려고 할 때 어느 곳으로 가야 하는지, 그리고 그 곳으로 가야 하는 이유를 말해 본다.

[2] 다른 사람과 자신의 생각 비교하여 말하기

다른 사람의 의견과 근거를 잘 듣고 근거가 타당한지 생각해 본다. 내 의견에 대한 다른 의견의 공통점과 차이점을 생각해 보고, 다른 사람을 설득할 수 있는 더 좋은 이유를 생각해서 제시하도록 한다.

<개요쓰기의 예>

제 목	우정의 우체통
문제점	우리 반에서 다툼이 많이 일어남
의 견	우리 반의 다툼의 문제는 우정의 우체통을 설치하고 편지를 써서 해결했으면 좋겠다.
근 거	편지를 주고받음으로 친구를 이해하는 마음이 생김
	말로 표현하기 힘든 마음을 글로 전달할 수 있음

(2) 같은 책을 읽고 대화하기

부모님과 같은 책을 읽고 책의 내용에 대하여 이야기한다. 책 내용에 대한 단편적인 물음에서 전체적인 이해, 그리고 자기 의견의 표현 과정으로 발전시키면서 대화를 진행하는 것이 좋다. 일방적으로 부모님이 어린이에게만 묻기보다는 같이 묻고 서로의 입장에서 대화하고 토론하는 것이 좋다.

예를 들면 황선미님의 〈과수원을 점령하라〉라는 책을 읽고 다음과 같은 질문을 할 수 있다.

- 구청장 아저씨는 오리들에게 상으로 무엇을 해 주었나요?
- 글쓴이는 왜 제목을 '과수원을 점령하라'라고 지었을까요?
- 내가 왕버드나무의 영혼인 나무귀신이라면 이사를 갈 것인지, 아니면 이사를 가지 않고 그대로 있을 것인지 말해 봅시다.

(3) 논리적 표현력 기르기

논술을 하기 위해서는 자신의 주장을 논리적으로 표현할 수 있는 문장력, 즉 표현력이 있어야 한다. 논리적 표현력을 기르기 위해서는 글을 쓰기 전에 개요를 작성하여 글의 전체적인 구성이 체계적으로 되도록 한다. 개요쓰기는 자기의 의견과 근거를 다시 한번 살펴볼 수 있는 기회를 제공한다. 자기의 의견을 주제에 맞게 알맞은 이유를 들어가며 주장했는지를 살펴보고 설득력을 높이기 위해 수정할 수도 있다. 그러므로 글을 쓰기 전 개요를 작성하는 습관을 갖는 것은 내 의견과 근거를 다른 사람에게 더욱 효과적으로 전달할 수 있는 좋은 방법이다.

논술쓰기 능력은 하루아침에 이루어지는 것은 아니다. 꾸준한 글쓰기 활동을 통해서 향상되는데 일기쓰기는 좋은 방법 중 하나이다. 한 가지 주제를 정하고 그 주제에 대한 자기의 의견과 이유를 적는 습관은 자기도 모르게 어휘를 풍부하게 구사할 수 있는 능력을 기르며 같은 생각이라도 내용을 효과적으로 표현할 수 있다.

(4) '문제해결형 논술'의 첫걸음

3학년 2학기 셋째마당 2단원 '이렇게 해 봐요.'에 나오는 학습제재를 바탕으로 출제될 만한 논술형 평가 문제를 예로 들어 문제의 출제 의도나 논술의 주안점, 가정에서 대비할 수 있는 방법 등을 알아보자.

쓰기 영역의 학습제재 중, 지수라는 어린이가 만화영화에 싸우는 장면이 많이 나오는 것에 대해 걱정하고 있는 내용을 예문으로 제시하고 '이 만화를 보고 지수의 걱정을 어떻게 해결하면 좋을지 내 의견을 써 보세요.'라는 문제를 제시할 수 있다. 이 문제는 문제 상황의 결과를 예측하고 그 해결책을 생각해 논리적으로 제시하는 데 주안점을 두고 있는 문제다. 따라서 '어린이들이 싸우는 장면이 많이 나오는 만화를 많이 보면 어떻게 될지' 결과를 예측해 보고, 그렇게 되지 않도록 하기 위해서는 어떻게 해야 하는지 해결방안을 생각해 글을 쓰도록 한다. 이때 중학년 논술은 저학년과는 달리, 제시되는 근거가 더 정확한 정보를 바탕으로 한 객관적인 자료나 구체적인 예여야 한다. 또 원인과 결과, 해결 방안을 제시할 때 문단의 구조가 주제문과 그것을 뒷받침하는 문장으로 긴밀하게 연결되어야 한다.

예컨대 '어린이들은 본대로 행동한다는 말이 있다. 그런데 요즈음 어린이들의 만화를 보면 싸우는 장면이 너무 많이 나온다. 따라서 어린이들이 이런 만화를 계속 본다면 폭력적인 어린이들이 늘어나게 될 것이다. 그렇다고 해서 만화영화를 없앨 수는 없다. 왜냐하면 많은 어린이들이 만화영화를 좋아하기 때문이다.

그러므로 만화영화의 내용을 어린이들에게 도움이 될 만한 좋은 내용으로 바꾸는 것이 바람직한 해결방안이라고 생각한다. 즉 어린이들의 학교생활이나 가정생활을 다룬 만화나 상상의 세계를 펼치는 데 도움이 되는 내용의 만화를 만들었으면 좋겠다.' 등의 답안을 만들 수 있다.

(5) 한 권을 읽더라도 정독하는 습관

이런 일련의 논술과정에서 필요한 것은 종합력, 비판력, 추리력, 판단력 등의 논리적인 사고력과 문장을 짜임새 있게 구술하는 문장 구성 능력이다. 중학년은 어휘력이 풍부해지고 책을 읽으면서 책의 내용에 대해 평가 및 감상, 속독, 정독 등을 할 수 있으며, 독서의 즐거움도 느끼게 돼, 독서 습관을 위해 그 어느 때보다 중요한 시기라고 할 수 있다. 그런데 이 시기의 독서에서 중요한 것은 책을 빨리 많이 읽는 것보다, 한 권을 읽더라도 천천히 정독하는 습관을 기르는 것이다. 책을 빨리 읽는 대부분의 어린이들은 책의 내용만 파악하는 데 그치기 쉽고, 책을 읽으며 상상 · 추리, 또는 기발한 생각을 해 보거나, 인물의 행동에 대해 비판해 분석하는 등의 차원 높은 사고과정을 놓치게 되기 때문이다.

따라서 평소에 가정에서 책을 읽을 때 논리적인 사고력을 키워나갈 수 있도록 정독하는 습관을 갖고 '그래서, 그리고, 그러므로, 따라서, 또' 등의 이어주는 말을 알맞게 넣어 생각을 짜임새 있게 표현해 보도록 한다면 문제해결형 논술 평가 문제를 준비하는 데 큰 도움이 될 것이다.

자신의 생각을 설득력 있게 정리해 표현해야 하는 논술형 평가에서는 배경지식이 많을수록 유리하다. 때문에 중학년 수준에 맞는 고사성어나 속담 및 격언 · 명언, 새롭게 알게 된 낱말의 뜻을 매일 한두 개씩 기억하기 위한 방법을 계획해 꾸준히 실천하고, 교과서에 등장하는 이야기의 원전을 구해 읽을 필요가 있다. 또한 현장 체험 학습과 인터넷 자료 검색 등을 통해 직 · 간접 경험을 확대하는 등 평소 주의깊은 관심과 노력을 기울여야 한다.

또한 4학년 1학기 셋째마당에서 학습하게 되는 '문장부호의 종류와 쓰임', '국어사전 찾는 방법' 등도 정확하고 바른 표현과 능숙한 언어 구사력을 위해 꼭 알아야 할 학습 내용이다. 따라서 학교 공부로만 그치지 말고, 따로 시간을 내 틈틈이 반복 적용해 보고 연습하는 노력 역시 필요하다.

(6) 정확한 내용 이해가 먼저

그러면 3학년 학생들에게 제시될 만한 논술 · 서술형 평가 문제를 실제 예시와 함께 살펴보면서 학습목표와의 관련성과 평가유형에 따른 주안점, 배경지식의 필요성 등에 대하여 알아보자.

3학년 2학기 읽기 영역의 둘째마당 학습내용 중 '개구리 바위'는 금강산 구룡연 골짜기에 있는 개구리 바위 전설에 대한 이야기이다.

우선 이 이야기를 통해 학교에서는 ① 일의 원인과 결과 알아보기, ② 일이 일어난 차례를 살펴보며 이야기의 흐름을 알아보기, ③ 이어질 이야기를 상상하기 등의 활동을 하게 되는데, 이를 자세히 살피면 어떤 내용이 평가될 것인지를 예상할 수 있게 된다.

'우물 안에 사는 개구리들이 우물 바깥을 궁금하게 생각하게 된 까닭을 쓰시오.' 라든가 '까마귀의 말을 듣고 개구리들은 어떻게 하였는지 쓰시오.' 또는 '맏형 개구리가 바위가 된 까닭은 무엇인지 쓰시오.'라는 문항이 서술형으로 출제될 수 있다. 이에 대한 답은 '까마귀가 날아와서 세상 이야기를 들려주었기 때문이다.' '맏형 개구리를 대표로 뽑아 금강산을 둘러보도록 하였다.' '금강산의 아름다움에 흠뻑 빠져 돌아갈 줄 모르고 서 있다가 굳었기 때문이다.'와 같이 어느 정도 정형화되어 있기 때문에 글의 내용을 정확히 이해하면 쉽게 답을 구할 수 있다. 주어진 글을 천천히 '정독'해야 하는 필요성이 여기에 있다.

(7) 창의적 · 논리적 표현 위해 배경지식 필수

하지만 학습 목표의 하나로 제시된 '이어질 이야기 상상하기'의 성취 수준을 평가하기 위해 '맏형 개구리를 기다리던 동생 개구리들은 어떻게 되었을지 이어질 이야기를 상상하여 쓰시오.'라는 논술형 문제가 출제되면 여기에서 학생들은 다양하고 창의적인 생각들로 답을 표현해야 한다. 이때 중요한 평가 기준은 전체 이야기의 흐름 속에 얼마나 나름대로의 논리적인 이유나 근거를 바탕으로 창의적인 생각을 정리해 표현했느냐가 될 수 있겠다.

이와 함께 사전에 금강산 구룡폭포를 실제로 여행하고 왔거나 인터넷 자료 검색 등을 통해 다양한 배경지식(예를 들면, 금강산에 얽힌 다른 이야기와 사람이나 동물이 돌이 된 이야기, '우물 안 개구리'라는 속담의 뜻 알기 등)을 갖추고 있다면, 이야기의 전체 내용을 이해하고 자신의 생각을 조리 있게 정리하여 표현하는 데 더 많은 도움이 될 것이 분명하다.

3) 고학년 논술지도

학년	내용
5학년	■ 주장을 뒷받침하는 이유나 근거를 들어 주장하는 글을 쓴다. ■ 의견이나 주장을 효과적으로 표현한다. ■ 원고지 사용법에 맞게 글을 쓴다. ■ 하나의 문제에 대한 찬성과 반대 의견을 듣고, 의견의 차이가 잘 드러나게 내용을 조직하여 글을 쓴다. ■ 토론 주제를 정하고, 주장을 뒷받침하는 근거를 들어가며 토론한다. ■ 의견을 뒷받침하는 방법을 알고, 글을 쓴다. ■ 사실과 의견을 구별하여 글을 읽고, 사실과 의견에 대한 내 생각을 정리한다.
6학년	■ 문제와 해결의 짜임으로 글을 쓰는 방법에 대하여 안다. ■ 문제의 원인과 해결 방안을 글로 쓴다. ■ 타당하고 설득력 있는 근거를 제시하며 의견을 제시한다. ■ 문제와 해결의 짜임으로 내용을 전개하여 글을 쓴다. ■ 속담이나 격언, 다른 사람의 말 등을 적절히 인용하면서 말한다. ■ 주장에 대한 근거의 적절성을 판단하며 글을 쓴다. ■ 주장을 뒷받침하기에 알맞은 근거를 제시하며 글을 쓴다. ■ 문장과 문장 사이의 연결 관계를 안다. ■ 알맞은 근거를 들어 주장을 분명하게 글로 쓴다. ■ 방송을 듣거나 토의를 하고, 문제와 해결의 짜임을 알아 그 짜임으로 글을 쓴다.

고학년이 되면서 어린이들은 자신의 주관이 분명해지고 종합적이며 비판적인 사고력도 형성된다. 그리고 언어구사력도 많이 향상되어 글을 쓸 때 자신의 느낌과 생각을 비유적인 표현이나 인상적인 표현을 활용하여 실감나게 쓸 수 있게 된다. 아울러 6학년이 되면 자신의 정체성에 대해서도 생각해 볼 수 있고 여러 사람의 삶을 비교해 보면서 자신의 삶의 가치관이나 진로에 대해 깊이 있는 사고를 할 수 있게 된다.

(1) 비판적 독해로 쓰기 능력 향상

따라서 이 시기에는 다양한 삶을 소재로 한 책을 많이 읽도록 하고 책 속 인물의 다양한 삶에 대한 비판적인 생각과 느낌을 논리적으로 말하거나 쓰도록 함으로써 삶에 대한 올바른 가치관이 형성되도록 조력하는 것도 중요하다. 그러기 위해서는 책을 읽고 내용을 바르게 이해하고 그 책에서 제시되고 있는 주제나 문제의식을 발견하고 그 논점에 대해 자신의 생각을 논리적으로 말하거나 쓸 수 있는 종합적이고 비판적인 독해 능력이 필요하다.

이러한 독해 능력에 많은 도움이 되는 것이 바로 독해형 논술이다. 독해형 논술은 문제해결형과 찬반 논의형을 포함하고 있어 종합형이라고도 하며 그 논점을 기준점이라고 한다. 즉 자신의 의견을 제시하기 위한 기준점을 제시하고 그에 따라 논술을 전개한다.

이러한 독해형에는 첫째, 지시문은 제시문의 독해 방식과 쓰는 방향만 알려주어 제시문을 완벽하게 독해하여 스스로 주제를 찾아 내고 그에 따라 논술하도록 하는 완전 독해형과 둘째, 지시문을 통해 주제를 드러내고 있지만 완전하게 드러내지 않고 문제의식과 주제를 제시문에 부분적으로 드러내는 특성을 보이는 부분 독해형, 셋째, 제시문에 문제의식과 주제가 드러나 있고, 어린이들은 지시문을 따라 생각하거나 글을 쓰면서 문제의식과 주제 및 그렇게 생각한 근거를 정리하게 되는 논점 독해형이 있다. 이 중 완전 독해형과 부분 독해형은 초등학교 어린이에게는 어려운 관계로 오늘은 초등학교 고학년 어린이들이 가장 접근하기 쉬운 형태의 논술인 논점 독해형 논술을 중심으로 하여 고학년 논술지도 방법에 대해 설명해 보고자 한다.

(2) 문제의식 · 주제를 중심으로 논리적 전개

6학년 읽기 교과서에 나오는 학습제재 중 논점 독해형이 가능한 자료들을 살펴보면 '가마솥'이나 '개똥이 이야기', '방구 아저씨', '곰보돌과 기왓장 벽걸이', '득수의 첫인상', '연어의 꿈' 등을 들 수 있다. 즉 이 글들은 인물들의 다양한 삶이 제시되면서 그 삶 속에서 제시되는 문제의식과 주제를 중심으로 하여 여러 가지 관점에서 자신의 생각과 그렇게 생각하는 근거를 정리하여 말하고 쓰도록 하는 좋은 제재가 될 수 있다.

한 예로 '연어의 꿈'은 은빛연어가 물수리, 상어로부터 생명의 위협을 받으면서도 바다에서 강까지 오는 동안 만나게 되는 눈 맑은 연어와 초록 강으로부터 희망이나 삶의 이유에 대한 이야기를 들으면서 자신의 삶의 이유가 무엇인지 생각해 보는 이야기다. 여기서 제시되는 문제의식은 삶의 이유가 될 것이다. 이에 친구들과 함께 '연어의 꿈'을 듣고, 희망이나 우리 삶의 이유에 대하여 글로 써 보도록 할 수 있다.

여기서 중요한 것은 첫째, 글을 쓸 때 '연어의 꿈'을 토대로 스스로가 찾아낸 문제의식과 주제를 중심으로 자신의 생각을 논리적으로 전개해야 한다. 둘째, 주어진 문제에 대하여 눈 맑은 연어와 초록 강이 말하는 삶의 이유를 분석 또는 비판해 보고 이러한 분석적 이해력과 비판적 사고력을 동원하여 이해한 것을 바탕으로 하여 자신의 견해를 창의적, 논리적으로 서술해야 한다는 것이다. 사람마다 자라온 환경과 가치관, 희망 등이 다르므로 삶의 이유도 다를 수 있다. '연어의 꿈'에 나오는 인물들의 독특한 삶의 이유에 대해 분석하고 비판해 보면서 다른 사람과 다른 자신만의 독특한 삶의 이유를 그렇게 생각하는 근거를 들어 논리적으로 쓰도록 하는 것이다. 물론 이와 같은 논점 독해 능력은 하루아침에 이루어질 수는 없다. 평소에 가정에서도 부모님과 함께 드라마나 신문기사 등에 제시된 여러 가지 주제에 대해 종합적인 사고와 비판적인 사고를 바탕으로 하여 이야기를 나누어 보는 시간을 가져 본다면 많은 도움이 되리라고 생각된다.

(3) 고학년 논술형 평가 준비

창의적 인간의 육성'이라는 7차 교육과정의 정신을 구현하는 데 논술 교육이 중요한 역할을 한다. 논술이 단순한 글쓰기가 아닌 개인의 사전 지식과 다양한 정보가 총동원되는 총체적 산물이라는 점에서다.

6학년 학생들에게 제시될 만한 평가 문제를 예시로 출제 의도나 논술의 주안점, 가정에서 대비할 수 있는 방법 등에 대해 소개하고자 한다.

6학년 1학기 말하기 · 듣기 · 쓰기 영역의 넷째마당 학습제재 중 '책을 빌려 주세요'는 초등학생 수지가 교장선생님께 요구사항을 담아 쓴 편지글이다. 이 글을 읽고 '글에 담긴 수지의 주장을 쓰시오.'라고 출제하면 서술형 평가가 된다. 이때 정답을 찾기 위해서는 주어진 글을 중심 문장과 뒷받침 문장으로 구분하여 본다. 그러면 '도서실 이용 시간을 좀 더 늘리고 책을 집으로 빌려 갈 수 있도록 해 달라는 것'이라는 수지의 주장을 찾을 수 있다.

그러나 '수지가 주장을 뒷받침하기 위해 제시하고 있는 근거가 적절한지 자신의 생각을 글로 쓰시오.'라고 출제된다면 논술형 문제가 된다. 논술형 문제에서는 정형화된 정답은 없지만 다음의 요소를 갖추어 글을 써야 한다.

첫째, 자신의 주장이 담겨야 한다. 예를 들어 '수지의 근거는 적절하다/ 수지의 근거는 적절하지 않다' 등 자신의 생각이 정확히 나타나 있어야 한다.

둘째, 주장에 대한 타당한 근거가 제시되어야 한다. '수지의 근거는 적절하다. 수업이 늦게 끝나는 6학년이 4시 30분까지 운영하는 도서실을 제대로 이용하기는 어렵기 때문이다.'라든가 또는 '수지의 근거는 적절하지 않다. 왜냐하면 요즈음 각 가정마다 컴퓨터도 많고 집에도 책이 있고 다른 도서실도 있는데 굳이 학교 도서실을 이용해야 할 필요는 없기 때문이다.'와 같이 근거를 들 수 있다. 이때 무엇보다 중요한 것은 그 이유나 근거가 타당한 논리성을 갖고 있어야 한다는 것이다.

그렇다면 어떤 근거가 타당한 근거인지 알아 둘 필요가 있다. 타당한 근거는 믿을 수 있는 자료, 누구나 인정하는 진리, 여러 사람의 의견을 종합한 설문 결과, 통계자료나 도표 등을 예로 들 수 있다.

그런데 이렇게 타당한 근거를 들어 자신의 주장을 글로 표현하기란 쉽지 않다. 가정에서 논술 평가에 대비하기 위한 방안을 제시해 보면, 먼저 가족회의를 권장하고 싶다. '방학 중 여행지의 결정'이나 '아동의 진로 결정'과 같은 대소사를 결정할 때, 온 가족이 모여 함께 의논하는 경험은 아동으로 하여금 입장에 따라 다양한 의사가 있을 수 있음을 깨닫게 하고 합리적인 의사결정의 체험을 가능하게 한다.

이때 자신의 주장만 내세울 것이 아니라 그에 대한 타당한 근거를 이야기할 수 있도록 부모의 대화기술이 필요하다. "왜 그렇게 생각하지?", "음, 좋은 생각인데, 그 이유는 뭐지?"와 같이 자연스런 대화 속에서 자신의 주장을 바르게 세우는 능력이 길러지기 때문이다.

또한 독서 노트의 활용을 권장한다. 책이나 신문, 잡지 등에서 좋은 글귀나 새롭게 알게 된 흥미로운 자료, 도표나 그래프 등을 영역별로(예를 들어 환경, 인권, 건강, 진로 등) 평소 정리해 두는 습관을 기른다면 타당한 근거를 세우는 데 많은 도움이 된다. 논술 능력은 하루아침에 이루어지는 것이 아니라는 평범한 진리를 새기고 정보수집을 게을리하지 않아야 비로소 논술형 평가에 대한 두려움에서 자유로울 수 있을 것이다.

초등학교 고학년은 아동 발달 단계상 형식적 조작기에 해당되는 시기로 추상적 · 논리적 사고가 가능하며 자신의 주관이 뚜렷해진다. 따라서 지금까지 습득된 다양한 지식과 정보를 바탕으로 자신의 생각을 논리적으로 정리하고 종합 · 비판할 수 있는 고등사고 능력을 길러 주어야 할 때다. 이를 위해 논술의 기초 기능을 습득하고 자신의 생각을 바로 세우며 주장을 펴는 데 타당한 근거를 들 수 있도록 다양한 경험을 제공해야 한다.

6학년 2학기 '말하기 · 듣기 · 쓰기' 영역의 넷째마당 학습제재 중 '토의를 하고 문제와 해결의 짜임으로 글을 써 보자'는 텔레비전 시청의 좋은 점과 나쁜 점을 생각하여 토의하고 글로 표현하는 활동이다. 텔레비전 시청의 좋은 점으로는 '다양한 지식이나 정보를 쉽게 얻을 수 있다', '상상력이 풍부해진다', '여가 시간을 즐길 수 있다'와 같은 사실을 생각할 수 있다. 또한 텔레비전 시청의 나쁜 점으로 '성인 프로그램이나 상업성 광고로 어린이의 정서를 해칠 수 있다', '운동 부족으로 비만을 초래할 수 있다', '가족간의 대화 시간이 줄어든다' 등을 들 수 있다. 텔레비전의 장단점을 묻는 평가 문항이라면 서술형 평가에 해당된다. 이에 대한 대비방안으로 평소 생활 주변에서 다양한 논제를 정하여 그에 대한 문제점 등을 생각해 보는 경험이 필요하다.

'텔레비전을 유익하게 시청하기 위한 방안을 글로 쓰시오'라는 논술형 문제를 해결하려면 먼저 자신의 생각을 바로 세우는 것이 필요하다. 예를 들어 '텔레비전의 장단점을 바로 알아 유익하게 활용해야 한다'와 같이 자신의 입장을 명확히 한다. 그리고 그에 대한 해결 방안을 '텔레비전 시청시간이나 프로그램을 조절한다', '가족이 함께 텔레비전을 시청한다'처럼 구체적으로 제시한다. 이렇게 주장과 실천 방안이 결정되면 글의 개요를 짜보도록 한다.

예를 들어 서론 부분에서 '텔레비전 시청의 장단점'을 제시하고 '요즘 초등학생들의 텔레비전 시청 시간에 대한 현황'을 제시함으로써 문제를 제기한다. 본론에서 나의 주장과 그에 따른 실천 방안을 제시한다. 그리고 마지막 결론에서 주장을 다시 한번 확인하고 실천을 결의하거나 촉구한다. 그런데 글을 완성하고 난 후 고쳐 쓰기의 과정이 꼭 필요하다. 이때 생각해 보아야 할 것은 '주장이 주제에 알맞은가?', '근거는 타당한가?', '문단 구성이 바른가?', '맞춤법이나 어법에 맞게 썼나?' 등을 살펴보아야 한다. 이러한 서술형 · 논술형 평가에 대비하기 위해서 가정에서 가장 중시해야 할 것은 독서이다. 꾸준한 독서를 통해 '어휘력'이 길러지고 글의 뜻을 정확하게 파악하는 '독해력'이 논술의 기초 능력이기 때문이다.

우리 주변에는 학년 수준에 맞는 필독도서가 많이 소개되어 있다. 이를 기준으로 아동의 흥미를 고려하여 학부모와 아동이 서점을 직접 찾아가서 책을 선택하는 것을 권하고 싶다. 그리고 책을 읽고 난 후에 짧은 메모라도 남기는 습관을 들여야 한다.

그리고 신문이나 뉴스를 통해 시사성을 기르도록 한다. 신문자료를 스크랩하는 활동은 초등학교 고학년에서 고등학생에 이르기까지 강조되어야 할 사항이다. 사회 변화와 흐름에 민감한 사람이 되려면 일단 많이 알고 있어야 하고 알기 위해서는 정보를 접하고 그에 대한 나의 생각을 한 줄이라도 적어 두는 습관이 필요하기 때문이다. '아는 만큼 보인다'라는 옛 말씀을 가슴에 새기고 노력을 기울여야 비로소 서술형 · 논술형 평가에 대한 두려움이 사라질 것이다.

그림책 읽기지도

제 6 장

1. 그림책(Picture Book)이란?
2. 그림책의 구성
3. 그림책의 중요성 (마쯔이 다다시)
4. 좋은 그림책의 선택기준
5. 그림책의 종류
6. 그림책의 연구접근법
7. 그림책의 접근방법
8. 그림책 지도의 실제

1. 그림책(*Picture Book*)이란?

① 큘리난(*Cullinan*, 1992)은 그림책은 작가와 화가와 편집자가 공동으로 만들어 낸 '이야기가 담겨진 그림이 있는 책'이라고 정의했다. 글과 그림이 어느 부분의 내용을 반복적으로 설명하는 것이 아니라, 전체 이미지의 완성을 위해 글과 그림이 각각 서로 다른 매체로서 표현을 하여 독특한 이야기 세계를 만들어 낸다는 뜻이다.

② 그림책은 그림이 글과 동등하게 이야기를 표현하고, 때로는 그림만으로도 이야기 세계를 만들어 내는 시각적 언어를 충분히 활용한 의사소통의 매체라고 할 수 있다.

③ 그림책은 글과 그림이 동일하게 이야기를 표현하고 때로는 그림만으로 이야기를 구성하는 시각적 언어를 충분히 활용한 의사소통의 매체이다(이경화 외, 2001).

④ 그림책은 그림 하나만으로도 독자적으로 이야기를 만들어 낼 수 있다.

⑤ 그림책은 삽화가 들어간 책과는 달리 글과 그림의 비중이 같거나 그림의 비중이 글보다 훨씬 높은 책을 가리킨다.

⑥ 작가 유리 슐레비츠(*Uri Schulevitz*)는 그림책의 글과 그림의 관계에 대해 "그림책에서 글은 그림을 반복하지 않으며, 그림도 글을 반복하지 않는다. 글과 그림은 대위적 관계로 서로를 보완하고 완성한다."라고 정의하였다(현은자 외, 2004).

⑦ 타운젠트(*Townsend*)는 보통 삽화라고 부르는 책의 그림과 그림책의 그림은 전혀 다르며, 그림책에서는 그림이 적어도 글과 동등한 역할 혹은 주연을 맡는다고 하였다.

⑧ 그림책에서 그림은 형, 색, 크기 등과 같은 시각적 이미지로 글보다 더 많은 것을 함축하고 전달한다.

2. 그림책의 구성

1) 구성

그림책은 글과 그림으로 구성된다.

2) 글과 그림의 관계

① 문장이 아주 조금 있거나 전혀 없이 순전히 그림으로만 된 책
② 그림과 문장이 동일 비율로 구성된 그림책
③ 문장이 그림보다 더 길게 구성된 그림책

3. 그림책의 중요성 (마쯔이 다다시)

① 그림책은 유아에게 상상력을 풍부하게 한다. 체험이 풍부하면 상상력도 풍부해지며 그림책은 유아에게 체험을 풍부하게 하는 기회를 주어 상상력을 보충하고 풍부하게 하는 역할을 한다.
② 그림책은 유아에게 즐거움을 준다. 그림책은 '이롭다'든가 '유효한' 것이 아니며, 어른에게 있어서 독서의 즐거움이 있듯이 유아에게도 독서는 즐거움이다.
③ 그림책은 유아에게 감동하는 마음을 기른다. 그림책을 읽어 주는 사람의 마음이 그림과 문장을 포함하는 언어의 세계를 통해서 어린의 마음에 전달된다.
④ 소리 내어 읽어 주고*(reading aloud)* 이야기해 주는 그림책 체험은 다른 사람의 말에 귀 기울여 듣는 힘을 자연스럽게 길러 준다.
⑤ 그림책의 문장, 삽화의 한 부분, 그림책에서 느낄 수 있는 놀라움, 기쁨, 슬픔,

두려움, 공감 등이 유아의 마음 속에 남아 여러 가지 체험과 사색을 통해 발전하고 성장을 돕는다.

* 읽어 주기*(Reading Aloud)* : 글을 읽어서 들려주는 것이다. 동화구연에서의 읽어 주기는 읽기의 일종이면서 말하기를 지향하는 것이다. 글을 읽어줄 때 목소리 연기를 하여 말하기처럼 하는 것이다. 대부분의 논의들에서 읽어 주기를 그림책이나 그림이 없는 동화책을 표정과 음성적 변화를 사용하여 생동감 있게 읽어 주는 개념으로 정의하고 있다. 이야기해 주기와 마찬가지로 읽어 주기도 등장 인물의 성격에 따른 목소리 설정, 이야기 전개에 따른 얼굴 표정과 약간의 몸짓, 또한 각 단어의 의미나 문맥의 상황을 살리기 위한 목소리의 변화는 매우 효과적이다.
* 이야기해 주기*(Storytelling)* : 동화의 내용을 읽어 주는 것이 아니라, 암기하고 있는 내용 혹은 내용을 암기해서 자기 스타일의 말로 전달하는 것이다. 책을 보지 않고 등장 인물의 성격에 따라 목소리를 설정하고, 각 단어의 의미나 문맥의 상황을 살리기 위해 목소리 연기를 하면서 이야기 전개에 따른 얼굴 표정과 약간의 몸짓을 곁들여 이야기를 전해 주는 것이다. 목소리, 얼굴 표정 등은 이야기해 주기의 기본이 된다.

4. 좋은 그림책의 선택기준

① 그림책은 그림과 관련된 것으로, 그림이 다양하고 매력적이어야 한다. 또한 그림*(Picture)* 그 자체가 책의 내용, 주제, 세부적인 것을 이야기해 주어 내용의 자세한 부분까지 나타내어야 한다.

② 언어와 관련된 것으로 좋은 책은 책 속에 풍부한 언어, 존재감이 있는 언어, 읽는 사람이나 듣는 사람이 마음으로부터 공감할 수 있는 언어가 담겨 있어야 한다. 존재감이 있는 언어는 아동의 수준과 발달에 적합하여 유아가 책을 보면서 상상력을 펼치는 데 힘이 될 수 있다.

③ 좋은 그림책이란 아동의 발달과 수준에 적합한 내용을 담고 있어 아동의 관심을

충분히 끌어들일 수 있어야 하며, 윤리적이고 교육적인 것이어야 한다. 즉 아동을 위한 좋은 그림책이란 이야기의 세계가 문학적 · 예술적 · 교육적 요소들이 적절히 농축되어 통일과 조화를 이루면서 펼쳐지는 책이다(노명완 외, 1995).

5. 그림책의 종류

1) 주제나 내용 분류

① 가족(부모, 형제, 조부모)
② 성장(독립심, 우정, 학교 생활 등)
③ 정보(가정과 사회, 운송수단, 식물과 정원, 애완동물, 지구와 우주 등)
④ 기호(상상력, 미스터리와 모험 등)
⑤ 특별한 시간들(주말과 계절, 음악과 노래, 활동 등)

2) 러셀(*Russell*)

알파벳 북, 수세기 책, 개념 책, 민속 문학, 마더구스, 시, 공상 이야기, 사실적 픽션, 전기, 정보서, 그림 이야기책

3) 현은자, 김세희

① 판타지 그림책 : 초현실적인 인물이나 사건, 물건이 등장하는 판타지를 내용으로 하는 그림책
② 사실주의 그림책 : 생활에서 일어날 수 있는 이야기를 내용으로 하는 그림책
③ 옛이야기 그림책 : 신화, 전설, 우화, 민담을 재화하고 그림을 담아 만든 그림책
④ 정보 그림책 : 정보전달을 목적으로 하는 그림책
⑤ 운문 그림책 : 전래동요, 시와 같은 운문을 글감으로 하여 그림을 담아 만든

그림책

⑥ 영아 그림책 : 0세~2세까지의 영아를 대상으로 한 그림책

⑦ 성경 그림책 : 성경 이야기를 내용이나 소재로 하는 그림책

⑧ 알파벳 그림책 : 알파벳의 순서가 내용의 틀이 되는 그림책

6. 그림책의 연구접근법

1) 아동문학으로 접근하기

그림책에 대한 전통적인 접근법으로 그림책을 아동문학의 한 장르로서 다루는 것

2) 교수–학습 매체로서 접근하기

어린이의 학습을 도와 주는 매체의 기능을 가지고 있으므로 많은 연구들이 이러한 측면에 관심을 기울인다.

3) 시각 예술로서 접근하기

그림책의 시각적인 요소에 초점을 맞추는 것이다.

4) 도서로서 접근하기

그림책이 '책'으로서 다른 사물과 구별되는 또 다른 특징은 만들어지는 과정에서 나름의 형식과 디자인을 갖추고 있다는 것이다.

5) 고유한 예술 형식으로서 접근하기

새로운 형태의 소위 '진정한 그림책'은 이제까지의 글 중심이나 시각매체 중심의 도서로 여겨지기를 거부한다. 왜냐하면 그림책에서는 글과 그림, 두 가지 다른 언어가 유기적으로 결합하면서 새로운 의사소통의 방식을 창출해 내기 때문이다.

7. 그림책의 접근방법

스테위그(*Stewig*)는 유아가 그림의 의미를 잘 읽어 내도록 하기 위해 성인이 해야 할 태도를 다음과 같이 제시하였다.

① 그림책의 그림을 보고 성인과 유아가 토론을 하는 것이다. 이러한 과정을 통해 유아는 미처 보지 못한 부분까지 볼 수 있게 되고 이해하지 못한 의미도 깨닫게 된다.

② 그림책을 자주 접할 수 있도록 환경을 구성해 주는 것이다.

③ 그림책을 읽을 때 그림을 보도록 격려하는 것이다.

④ 그림책의 그림에 나타난 미술요소에 대해 알려주고 유아에게 그림책의 요소에 대해 설명해 보도록 하는 것이다.

⑤ 그림 속의 상징을 알려주는 것이다.

⑥ 다른 그림책과 비교해 보는 것이다.

⑦ 작가에 대한 정보를 알려주고 같은 작가의 다른 작품을 비교해 보는 것이다.

⑧ 그림책의 그림에 대해 비평해 보는 것이다. '이 그림을 좋아하는지, 싫어하는지, 왜 그런지'에 대해 묻고 여러 번 반복해서 보는 것이다.

⑨ 그림책의 주제, 스타일, 또는 다른 이유로 이 그림책이 나에게 중요한가 생각해 보게 하는 것이다. 즉 우리의 삶과 연결해 보는 것이다.

8. 그림책 지도의 실제

1) 그림책의 글*(Story)*과 그림*(Picture)*의 관계 분석

① 좋은 그림책의 시각적인 형태 경험은 무의식 중에 유아에게 미적으로 받아들여지며 이러한 경험이 자주 일어나면 그것은 심미안*(Aesthetic-Appreciation)*을 형성시켜 준다.

② 그림책의 그림을 단순히 글의 내용을 이해하도록 돕는 보조 자료로 볼 것이 아니라 그림 그 자체로서의 가치를 인정하고 중요시해야 한다.

③ 그림책은 문학적 요소와 예술적 요소가 결합되어 독특한 예술 형태를 만들어 낸다.

④ 문학적 요소는 주제*(Thema)*, 플롯*(Plot)*, 등장인물, 문체(언어 표현력), 배경 등이고, 예술적 요소는 선, 공간, 형태, 색, 구도와 조망, 원근법 등을 말한다(김숙영, 2003).

⑤ 그림책 안에서 글과 그림은 글이 말해 주는 이야기, 그림이 내포된 이야기, 글과 그림이 함께 만들어 내는 제3의 이야기를 만들어 낼 수 있다.

* 그림 읽기*(Picture Reading)* : 그림책의 그림을 읽는다는 것은 글의 의미를 읽는 것과 같은 맥락으로 그림의 의미를 주목하여 읽는 방법이다.

2) 그림책의 그림 읽기*(Picture Reading)*를 통한 수업 방법

① 모리스 샌닥의 〈괴물들이 사는 나라〉는 모리스 샌닥의 3부작(〈괴물들이 사는 나라〉, 〈깊은 밤 부엌에서〉, 〈저 너머 밖에서는〉) 중에 하나이며, 1964년에 미국의 최고의 그림책 작가에게 주는 상인 칼데콧 상을 받은 작품이다. 모리스 샌닥은 그림책에 대한 강한 신념과 어린이 세계에 대한 확실한 주관을 가지고 어린이의 눈높이에 맞추어 어린이들과 함께 보고 느끼고 경험한 것을 정확한 그림으로 표현해 내는 작가이다. 모리스 샌닥은 어린이를 관찰하는 데 그치지 않고, 자기 안에 살고 있는 어린이를 발견해 내는 데 뛰어난 재능을 가진 일러스트레이터이다(김애용, 2000).

〈괴물들이 사는 나라〉는 현실과 환상의 세계를 그림의 크기 변화로 구성하였으며, 괴물들의 얼굴 모습과 손과 발을 통해 감정의 변화를 읽을 수 있게 표현하였다. 그림 속에 나타난 특별한 상징적 이야기를 아이들과 함께 찾아본다. 이야기 앞부분에서 벽에 걸린 괴물 그림은 뒤에 나타날 괴물들의 모습을 미리 암시하며, 맥스가 방으로 쫓겨난 후 침대 기둥 4개가 나무로 변하고 깔개의 표면이 살아있는 진짜 잔디로 자라는 그림이나, 맥스의 방에서 자란 나무들이 괴물들이 사는 나라에 있는 나무들과 똑같은 점, 나무가 자라나고 항해를 떠나게 되는 장면은 맥스의 상상이 형상화되는 과정의 표현으로 일상으로부터 놀이 공간, 즉 환상의 세계로 문을 열고 다가가는 과정을 시각적으로 그려내고 있다는 점에 대해 이야기 나눈다. 그림 읽기*(Picture Reading)*를 통해 글에 없는 여러 가지 이야기를 상상할 수 있도록 교사가 질문을 한다.

② 레오리오니의 〈프레드릭〉은 1968년 칼데콧 아너상을 수상한 작품이다. 책을 읽기 전에 '개미와 베짱이' 이야기를 떠올리게 한다. 책을 읽고 난 후에 프레드릭과 함께 지낸 작은 들쥐들과 개미의 행동을 비교해 보는 시간을 갖는다. 〈프레드릭〉의 그림은 전통적인 회화 기법을 탈피한 콜라주라는 기법을 이용하였고, 다양한 재료를 이용하여 그림을 그렸다. 마지막 독후활동으로 '내가 만약 프레드릭이라면 한 겨울에 무엇을 모았을지' 생각해 본 후에 콜라주 기법으로 표현해 보는 시간을 갖는다.

*** 콜라주로 표현한 아이들의 작품**

〈학생 1〉
두 눈을 감아봐!
두 눈을 뜨면 멋진 음식이 있어.
음식을 아껴 먹어야해!
그리고 배탈나지마!

〈학생 2〉
눈을 감아 보면
보물이 쏟아져,
우린 그럼 부자가 되는 거야.

③ 〈잃어버린 강아지〉는 아이들이 그림을 그릴 때 친숙하게 사용하는 색연필을 재료로 그린 그림이다. 그림 전체의 질감은 유화로 그린 느낌을 주고, 인물의 표정과 배경 묘사에 사용된 '빛'을 표현한 부분이나 구도 표현은 색연필로 그렸다는 느낌을 전혀 주지 않는다. 어떤 재료로 그린 것 같은지, 그 느낌이 어떤지에 대해 이야기 나누어 본다. 또 주인공 신디와 함께 사는 사람들과 호스피스 병동에 있는 사람들을 그림 작가는 어떻게 그렸는지 비교해 보는 시간을 갖도록 한다. 마지막 독후활동으로는 주인공에게 편지쓰기를 한다.

*** 주인공에게 편지쓰기**

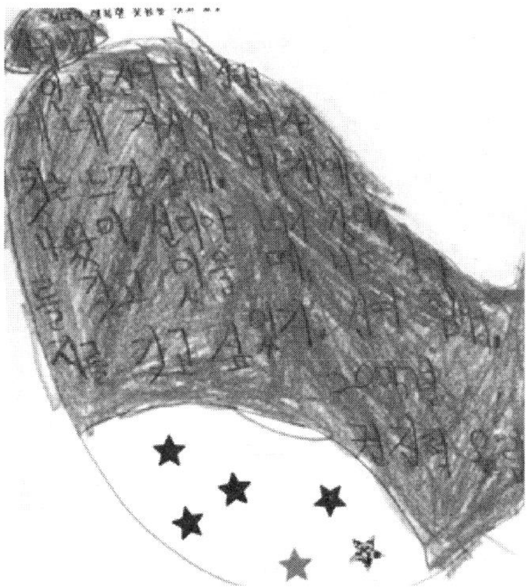

〈학생 1〉
신디에게
안녕?
신디야 나 동진인데,
나 자신이 강아지를 찾는 느낌 같아.
네 책에 나왔어.
신디야, 네가 강아지를 갖고 있을 때,
나도 강아지를 갖고 싶었지.
신디, 힘내.

2005년
권진혁 올림

④ 이영경의 〈아씨방 일곱 동무〉는 작자미상의 조선시대 규방가사 〈규중칠우쟁론기〉를 재해석한 그림책이다. 한국적인 전통과 색채, 조상들의 생활 모습을 느낄 수 있는 작품이다. 등장인물이나 배경으로 그려 넣은 물건들은 선을 강조한 한국화 기법

으로 평면적 형태를 사실적으로 표현하여 조선시대 풍속화를 보는 느낌을 준다. 주인공인 빨강 두건 아씨와 일곱 동무(자, 바늘, 실, 가위, 인두, 다리미, 골무)의 옷과 배경을 통해 우리 나라의 전통적인 색채를 느낄 수 있고, 주인공 '아씨'가 꿈을 꾸는 장면에서는 흑백색으로 표현되어 색을 통한 상황 변화를 느낄 수 있다. 그림 속 주인공인 '아씨'는 계속 잠만 자고 있어 고정적인 모습처럼 보이지만 잠자면서 변화하는 아씨의 얼굴 표정을 만화영화의 한 장면을 만들 듯 책장을 겹치면서 자세히 보면 그림의 또 다른 재미를 찾을 수 있다. 또한 사람으로 의인화된 일곱 동무의 그림은 서로 잘났다고 뽐내고 다투는 움직임이나 표정들이 활동적이며 글 속에 담겨 있지 않은 인물들의 대사를 만들어 내게 한다. 관련 활동으로는 그림책을 넘기며 등장 인물의 상황과 표정을 보며, 역할극으로 꾸며 실감나게 읽기를 하고, 빨강 두건 아씨와 일곱 동무가 정겹게 바느질을 하는 마지막 장면에 '말주머니'를 만들어 보는 활동을 한다. 그림을 보고 '말주머니'를 만드는 활동은 아이들로 하여금 그림을 더욱 자세히 보게 하며, 그림에 그려진 인물의 표정에서 상황을 고려하여 인물의 심리와 그림의 의미를 재구성하게 한다.

⑤ 앤서니 브라운의 〈고릴라〉는 1983년 영국에서 최고의 그림책에게 주는 상인 케이트 그린어웨이 상(*Kate Greenaway Medal*)을 수상한 작품이다. 고릴라를 좋아하는 주인공 한나는 생일날 아빠와 함께 동물원에 가서 진짜 고릴라를 보고 싶어한다. 하지만 아빠는 항상 회사일로 너무 바쁘시다. 그런 아빠를 바라보는 한나의 심리가 그림을 통해 더욱 부각되고 있다. 아빠가 생일 선물로 준 고릴라 인형은 외로운 한나를 위해 진짜 고릴라의 모습으로 등장하여 동물원에서 고릴라를 보여주고, 극장에서 영화도 보고, 함께 춤도 추고 맛있는 간식도 나누어 먹는다. 한나는 이런 판타지의 경험을 통해 어두웠던 표정이 밝고 행복한 표정으로 변한다. 아빠와 한나의 단절된 상황은 처음 아빠의 표정과 시선, 블루 빛 차가운 배경과 옷 색깔에서 느낄 수 있으며, 마지막 장면에서 딸의 마음을 헤아려 주는 장면에서는 따뜻한 빨간색 스웨터를 통해 시각적으로 느낄 수 있다. 한나와 아빠의 관계 속에 숨겨진 내면 심리가 배경과 인물의 표정 묘사를 통해 더욱 실감나게 느낄 수 있고, 그림에서 느낄 수 있는 재미는 곳곳에 숨겨진 고릴라의 모습을 찾아보면 한층 더 부각될 수 있다. 독후활동에서는 그림 속에서 한나의 내면 심리를 읽어 내는 발문을 통해 한나의 마음 변화를 읽어 내게 하고, 아빠에게 편지를 쓰는 활용을 한다.

⑥ 제인 욜런이 글을 쓰고 존 쇤헤르가 그림을 그린 〈부엉이와 보름달〉은 1988년 칼데콧 수상작이다. 미국의 시인으로 유명한 제인 욜런의 글은 매 장마다 한 편의 시를 읽는 기분이 들고, 존 쇤헤르의 그림은 다양한 구도와 시점을 이용해 한 편의 짧은 단편 영화를 보는 느낌을 준다. 주인공 '나'는 아버지와 겨울밤 부엉이를 보러 숲으로 간다. 추위와 무서움을 참으며 한 번도 소리쳐 부엉이를 부르지 않는다. 부엉이 구경을 나가면 조용히 해야 한다는 약속을 지키기 위해 침묵한다. 어른이 되는 통과의례 과정으로 아빠는 아들에게 겨울밤 부엉이를 보게 했고, 부엉이가 나타나기를 바라는 기다림과 그 기다림 속에서 소망을 이루는 법을 알아간다. 끝까지 나타나지 않을 수도 있는 부엉이는 '나'의 간절한 소망을 알아차린 듯 저 멀리서 등장한다. 부엉이의 등장 장면은 모두 4장면으로 저 멀리서, 좀더 가까이 뒷모습으로, '나'를 응시하는 눈빛으로 서로 교감하는 장면으로, '나'의 소망을 담아 저 멀리로 다시 날아가는 장면으로 묘사된다. 그림책 전체를 관통하는 침묵 속 기다림은 그림을 통해 더욱 실감나게 느껴진다. 마무리 독후활동에서는 '내'가 부엉이를 기다릴 때의 마음, 부엉이를 만났을 때의 마음, 부엉이와 헤어졌을 때의 마음을 일인 팬터마임으로 표현해 보고, 부엉이에게 전하는 나의 소원을 말주머니에 써 보는 활동을 한다.

*** 부엉이를 만났을 때, 나는 어떤 생각을 했을까요?** (아이들이 부엉이를 바라보며 쓴 글)

〈학생 1〉
나 : 만나서 반가워! 너는 어디서 사니?
부엉이 : 나는 나무에서 살아!
나 : 너의 날개가 연같아!
다음에 내가 어른이 되면 또 만나자.
부엉이 : 그래 또 만나자!

〈학생 2〉
부엉아, 안녕?
부엉아 너 되게 무섭다.
괜찮아. 나는 밤에만 다녀
밤에는 무서운 동물들도 있지만.
아니야, 나와 주어서 고마워.
참, 너무 무서운 게 아니라 정말 귀엽당~

⑦ 데이비드 와이즈너의 〈이상한 화요일〉은 1992년 칼데콧 수상작품이다. 〈이상한 화요일〉은 '화요일 저녁, 8시쯤, 밤 11시 21분, 새벽 4시 38분, 다음 주 화요일, 저녁 7시 58분'이라는 시간 제시가 이 책 전체의 글이다. 즉 글 없는 그림책으로 글보다 그림이 차지하는 부분이 훨씬 많은 책이다. 화요일 저녁부터 다음 날 새벽까지 주인공

인 개구리들이 어떤 일을 하는지 그림에 의해서 이야기가 전개된다. 마지막 다음 주 화요일 저녁에는 개구리가 아닌 돼지가 황홀한 표정으로 제시되며 이야기는 끝이 난다. 글 없는 그림책을 통해 아이들이 그림책의 그림 읽기*(Picture Reading)*를 통해 그림 속에 내재된 상징적 이야기를 얼마만큼 읽어 내는지 알아보기 위해 그림을 보며 이야기 꾸미기 활동을 한다. 아이들이 돌아가며 이야기를 꾸며 보고, 마음에 드는 장면을 골라 글을 써서 마무리하는 활동을 한다.

NIE 독서논술지도

제 7 장

1. 신문의 이해
2. *NIE*의 이해

1. 신문의 이해

1) 신문의 개념

신문이란 대중매체의 일종으로, 신문사가 매일 발생하는 뉴스나 정보, 지식, 논평, 오락, 광고 등을 문자와 그래픽, 사진 등으로 편집해서 독자들에게 정기적으로 제공하는 인쇄물을 일컫는다. 한국신문협회는 "넓은 의미로는 '신문지를 매체로 하는 언론'을 말하고, 좁은 의미로는 전달매체의 하나인 '신문지'를 의미한다."라고 정의하고 있다. 국어사전에서는 "새로운 사건이나 화제 등을 신속하게 보도 · 해설 · 비평하여 매일 매일 또는 일정 기간을 두고 전달하는 정기간행물"로 정의하고 있다. 또한 「정기간행물의 등록 등에 관한 법률」에서는 "정치 · 경제 · 사회 · 문화 · 시사 등에 관한 보도 · 논평 및 여론 등을 전파하기 위하여 매일 또는 일정 기간을 두고 발행하는 간행물"로 신문의 정의를 내리고 있다.

'신문(新聞)'을 문자적으로 정의하면 '새로운 소식(新)을 듣는다(聞)'는 뜻이다. 영어인 '뉴스페이퍼*(newspaper)*'도 '새로운 소식*(news)*을 종이*(paper)*에 옮겨 전한다'는 의미의 합성어로 볼 수 있다. 하지만 21세기 들어 인터넷 전자신문들이 생겨났기 때문에 매체를 포함시키는 정의가 새롭게 내려져야 할 듯하다.

신문은 세상을 보는 창이요, 세상의 축소판이며, 사회의 거울이며, 필요한 정보를 전달해 주는 메신저요, 다양한 지식을 전해 주는 백과사전이자, 과거와 현재와 미래가 담긴 살아있는 역사책이자, 제2의 최신 통합 교과서이자, 매일매일의 학습지라 할 수 있다. 나아가 신문은 본질적으로 의사소통의 장, 사회의 신경계, 언어질서의 관리자, 민주화의 견인차, 국가 운영의 평가자 및 감시자 역할을 한다.

2) 신문의 기능

(1) 보도기능

정치, 경제, 교육, 사회, 국제문제 등 우리 주변에서 매일 발생하는 모든 분야의 사건 · 사고 정보를 객관적으로 있는 그대로 알려 주는 것으로 가장 중요하고 본질적인 기능이다. 독자는 신문기사를 바탕으로 여러 현상을 접수하고 판단하며 행동의 근거로 삼는다.

순기능 : 정보 제공, 사회 규범 강화, 사회 안정에 기여, 위험에 대한 경고, 평등감 조성, 윤리화, 역사적 자료기능

역기능 : 정보의 범람으로 인한 사회적 무관심, 해설 없는 보도로 인한 사회혼란, 의도적인 왜곡, 과장 보도로 인한 사회혼란 야기

(2) 여론형성 및 계도기능

신문은 의식적이든 무의식적이든 지면에 보도된 사실이나 사안에 대한 입장 · 견해 · 태도를 표명해서 독자가 스스로 판단할 수 있도록 도움을 준다. 대개 사설, 칼럼, 논평, 시사만평 등이 이 기능을 수행한다.

순기능 : 사회일탈 방지, 비판, 사회의 바람직한 변화와 개혁 유도, 갈등 해소 및 통합, 여론 수렴, 사회의 나아갈 방향 제시, 건전한 여론창출, 정권의 정통성 강화

역기능 : 사회변화 더딤, 신문사가 원하는 방향으로 여론 형성, 획일화 조장, 특정정치집단과 유착, 신문사의 이해관계에 얽매인 일방적인 주장으로 변질되면 공정성을 잃게 되고 선전선동의 도구로 악용됨, 개인의 비판능력이 무디게 되어 군중심리나 감정에 이끌리게 됨

(3) 오락기능

소설, 만화, 연예, 스포츠기사, 피처기사(*feature*, 읽을거리) 등 다양한 방법으로 독자가 즐거워할 수 있는 가벼운 읽을거리를 제공한다.

순기능 : 여가선용, 긴장해소, 문화접변, 전통문화를 포함한 사회적 유산을 전승함, 문화 성장 및 발전 촉진

역기능 : 대중취향 저속화 가능성, 상업적 선정적 오락 추구, 선정적인 보도로 인한 독자의 이성적 판단 마비, 사회의 건전한 풍속을 해침

(4) 광고기능

신문사가 광고주들에게 지면을 제공하여, 생산자가 독자에게 상품과 시장 정보 등을 제공한다. 근본적인 목적은 상품 선전이다. 때로 기사의 일부로 여겨지기도 한다. 요즘엔 광고가 경제적 동향과 소비패턴뿐 아니라 시대적 특성과 문화적 경향을 반영하기도 한다.

순기능 : 새 상품 소개, 구매에 필요한 정보제공, 생산자와 소비자를 연결하여 소비자의 소비활동을 안내하고 수요를 창출해서 경제를 활성화하고 산업발전에 기여함, 신문사의 재원 마련함(신문 총수입의 4분의 3이 광고 수입), 독자가 저렴한 가격에 신문을 볼 수 있음

역기능 : 광고주 눈치를 보게 되어 주요 광고주의 비리를 쉽게 다루지 못함, 왜곡된 소비조장

3) 신문의 종류

분류기준	분류	설명
규모와 배포범위	전국지	전국적으로 배포됨
	지역지	지역주민을 대상으로 함, 시 · 군 · 구 단위의 향토지
	광역지	광역이나 도 단위에 배포됨
발행횟수	일간지	매일 발행함, 발행시간에 따라 조간과 석간으로 나뉨
	격일간지	이틀에 한 번 발행
	주간지	1주일에 한 번 발행
	격주간지	2주일에 한 번 발행
	일요지	일요일마다 발행
	순간지	열흘에 한 번 발행
	월간지	매월 한 번 발행
목적	기관지	특정정당이나 종교단체, 노동조합, 정부기관, 기업체, 학교, 단체 등에서 구성원들에게 정보를 제공하거나 대외적으로 선전하기 위해 무료로 발행
	상업지	판매 목적이 영리 추구, 신문구독료나 광고 수입으로 운영됨
내용	종합지	일반 독자를 대상으로 다양한 내용들을 모두 다루는 일반적인 신문
	전문지	경제, 스포츠, 전자, 오락, 서평 등의 특정 전문분야의 내용을 소개함
수금	무가지	광고수입으로만 운영, 대개 생활정보지
	유가지	광고수입과 판매대금으로 운영
사용언어	모국어지	
	외국어지	영문지, 중문지, 일문지 등
특수	여성 신문	
	어린이 신문	
	학생신문	
	업계지	
해외	교포지	
등록	지하신문	관계기관에 등록 안 하고 발행

기존 신문과의 관계	대안신문	기존 신문에 대항하기 위해 만든 신문
인터넷전자신문	대안신문	오마이뉴스, 푸레시안, 이데일리, 머니투데이 등
내면적 특성	엘리트지	여론을 이끌고, 지식인과 정치, 사회, 경제 지도자들에게 막강한 영향을 미치는 것. 판매부수, 규모, 경제적 안정과 무관하다. 단순한 사건 보도보다는 아이디어, 이슈, 해설에 치중하며 솔직하고 비판정신이 강하다.
	대중지	구독자 층이 노동자 층이나 중하위 층, 연예인들이나 왕족, 스포츠 선수 등 지명도가 높은 인사들의 스캔들을 담는다. 다양한 정치적 성향의 독자를 만족시켜야 하고, 보수적인 중산층의 입맛에 맞추기 위해 정치적 쟁점에서 보수적이기 쉽다.

4) 신문의 구성요소

사회가 발달하고 복잡해질수록 우리들은 많은 양의 정보와 소식이 필요하게 된다. 20년 전에는 8면이던 지면이 요즘은 보통 38면, 섹션지까지 포함하면 60~70면까지 늘어난 것도 독자들이 요구하는 다양한 정보를 제공하기 위해서이다. 주말이나 여름에는 32면으로 감면되는 경향이 있지만 통상적으로 평일 신문의 분량은 대략 A4지 190~250쪽에 해당된다고 한다. 웬만한 단행본과 맞먹는 분량이다. TV나 다른 매체들보다 하루 평균 2~3배 가까이 많은 양의 기사를 싣기 때문에 심층보도가 가능하다. 신문 사이즈는 39×54이다.

독자는 신문을 통해 사회현상을 이해하고 자신의 견해를 갖게 되며 읽는 과정에서 정보를 선별하여 선택적으로 활용하는 능력을 갖춘다. 신문의 구성요소의 차이점과 특성을 알면 더 효과적으로 신문을 활용할 수 있다.

(1) 기사

기사는 주제별로 정치, 경제, 사회, 문화, 국제, 스포츠 등으로 나눈다. 뉴스 기사는 뉴스매체가 취재관행에 의해 뉴스가치나 보도 원칙에 맞도록 우리 주위에서 일어나는 사건이나 현상을 재구성한 이야기이다. 뉴스 가치란 어떤 사건이 뉴스로서 지니는 여러 가지 속성을 말하는데 수많은 사건 중에서 뉴스를 골라 내는 기준이 된다. 그러니까 선별된 사실들이며 반드시 진실과 일치하는 것은 아니다.

뉴스는 시간적으로 최근에 일어나야 하고(시의성), 독자들이 지리적으로나 심리적으로 가깝다고 느껴야 하고(근접성), 평범한 사람보다 유명한 사람에 관한 것이어야 하고(신기성), 재미있어야 하고(흥미성), 유용해야 하며 조화보다는 갈등을 지향한다. 기사는 균형과 공정성, 객관성을 유지하면서 간결하게 작성해야 한다. 보도기사는 사실과 의견을 뚜렷이 구분하며 대부분 역피라미드형 기사작성법을 따라 작성된다.

6하 원칙에 입각해 객관적으로 사실만을 간결하게 보도하는 '뉴스 기사(*straight reporting*)' 및 뉴스 기사와 관련하여 사건이나 사고의 현상의 배경과 원인, 전후 인과 관계, 전망이나 뒷이야기, 때로는 미래에 대한 예측과 전망 등을 기술하는 '해설 기사(*interpretative reporting*)', 특정 사건에 대해 다각적인 분석과 의견을 포함하는 '기획 기사(*depth reporting*)' 등이 면별로 배치된다. 해설기사는 정보와 상황에 대한 분석을 토대로 한 객관적인 판단 위주로 구성되며, 의견기사는 주관적인 판단이 내용에 포함된다.

'피처(*features*) 기사'는 스트레이트 뉴스를 제외한 모든 기사를 말한다. 보도기사처럼 사실을 토대로 작성하지만 단순한 사실 전달에 목적을 두지 않고 의견 기사와 달리 설득이 아니라 보도와 오락을 목적으로 한다. 피처 기사는 사실의 기록이지만 줄거리 구조라든지 독자들의 흥미를 유발하는 독특한 문장 작법 등에서 서사적인 단편소설을 닮았다. 뉴스 피처, 프로필 기사, 미담 기사 등이 이에 속한다.

해설 기사와 미담류, 인터뷰 기사 등은 선으로 처리된 사각형 안에 기사가 담기도록 편집해 '박스(*box*) 기사'라고 한다. 스트레이트 기사보다 문체가 덜 딱딱하다. 해설 기사는 스트레이트 기사에 대한 관련 기사로 전문가의 의견을 넣어 주장을 펼 수 있다.

어떠한 주제에 대해 자신의 주장과 의견을 다루는 '오피니언(*opinion*) 기사'도 있는데, 사설이나 칼럼이 이에 해당한다. '사설(*editorial*)'은 개인이 아닌 신문사의 생각이나 주장으로 여론형성에 가장 큰 영향력을 미친다. 필력을 인정받은 논설위원들이 무기명으로, 각 분야별로 신문사의 입장을 대변하여 쓴다. '데스크칼럼', '아침논단', '시론', '유레카', '아침햇발', '외부기고', '분수대', '노트북을 열며', '기자수첩', '취재일기', '한겨레 시평' 등이 '칼럼(*column*)'에 해당한다. 기자가 뉴스를 스트레이트 기사로 전달한 뒤 취재과정에서 느낀 바와 주관적 견해를 담아 내기도 한다. 칼럼은 개인의 의견과 주장이 생생히 드러난다. 논설은 조직 내부의 의견조율을 거쳐 익명으로 작성하며 다소 딱딱하고 지루하나 칼럼은 집필자 개인이 보고, 행하고, 생각하고, 느낀 점을 쓰기 때문에 사설보다 더 흥미롭고 부드럽다. 그러면서도 전문가로서의 예리한 지적, 해설, 예견, 총체적 분석 등이 담겨 있다. 사설, 칼럼은 필자나 신문사의 주장을 담고 여론을 유도하는 '논평기사'이다.

책, 음악, 영화, 만화, 연극, 게임 등도 중요한 취재영역이 되는데 주로 서평, 영화비평, 문화비평 등 '비평 기사'의 형식을 띤다. 비평 기사는 스트레이트 기사와 달리 보도와 평가라는 두 가지 요소를 포함하고 있으며, 기자의 평가를 곁들인다.

국제면에 많이 나오는 '가십*(gossip)*'은 독자의 관심을 끌 만한 얘기를 다루는 기사를 말한다. '르포*(reportage)* 기사'는 기자가 현장을 독자에게 생중계하는 형태의 기사로 기자가 직접 보고 느낀 것을 쓴다. 기사는 결론이 먼저 나오는 역피라미드 형식으로 쓰이며 리드 기사에 전체적 사건의 개요가 들어 있다.

'사진 기사'는 한 장의 사진에 사진설명인 캡션*(caption)*이 붙어 있는 것을 이른다. 자연재해, 전쟁 등에 대한 보도는 기사보다 사진이 더 효과적이다. 보도, 얼굴, 합성사진 등이 있다. 광고도 기사다. 지면을 가장 많이 차지하는 구성요소이다. 전면, 별단, 안내, 돌출, 기획광고 등이 있다. 그 외에도 만화, 독자투고 등이 있다.

(2) 사진, 그래픽

사진도 신문의 내용 구성에서 중요한 부분이다. 사진은 신문편집의 중요한 업무이자 신문의 상품 가치를 좌우하는 기준이 되기도 한다. 사진은 현장성이 강하고 생동감이 있다. 종류는 사건 사고 현장보도, 일반뉴스, 특집, 스포츠, 인물, 다큐멘터리, 천체과학, 정치, 행사, 공연, 화보, 동물, 요리, 패션사진 등이 있다. 신문에서 다루어지는 사진은 기사의 설명과 함께 실리는 사진기사와 일반보도 기사와 관련해서 사진설명*(caption)*과 함께 실리는 사진이 있다. 캡션은 대개 1~3문장, 50~150자로 짧게 쓴다.

90년대 중반부터 신문은 다양한 그래픽 기술을 동원해 정보전달 방식을 시각화하였다. 신문에서 사용하는 그래픽 종류로는 그래프, 지도, 차트(표), 다이어그램, 레터링(글자 디자인), 일러스트(삽화), 합성사진 등이다. 통계수치나 위치, 장소 등을 알리는 기사만 보면 이해하기 어렵다. 이럴 경우 표나 그래프를 이용하여 시각적으로 전달한다. 그래프는 주로 많고 적음이나 변화, 순서 등을 비교할 때 쓰고, 표는 일이나 수치를 순서대로 정리하거나 비교할 때 쓰인다. 그래프는 형태별로 막대, 점, 선, 원, 지도 그래프 등이 있다. 표는 순위, 분류, 비교, 평가, 일정 등을 나타내는 데 쓰며 안내도도 있다.

(3) 만화

만화는 시사문제를 스토리화해서 다루는 시사만화(보통 4컷)와 특정한 주제를 한 컷으로 압축해서 풍자하는 회평(카툰)이 있다. 현 사회의 사건이나 상황을 압축하고 있어 시대정신을 반영한다. 작가의 생각이나 주장을 의도적으로 단순화하고 풍자적으로 표현해 독자의 공감을 얻어낸다. 만화·만평은 '촌철살인의 미학'이라고 일컬어진다.

(4) 광고

광고주가 신문의 일정지면을 사서 상품이나 서비스, 자사 이미지 등을 선전하는 것을 말한다. 광고는 신문사 수입의 중요한 한 부분이며, 동시에 상품의 정보를 독자들에게 전달하는 기능도 가지고 있다. 광고는 형태별로 전시광고와 안내광고, 돌출광고, 기획광고로 나누어진다.

5) 신문의 짜임새

호수, 판수(윤전기에 건 횟수), 제호(신문 이름), 돌출광고, 발행일자, 제목(표제), 사진과 사진설명, 섹션안내, 띠 안내, 사고(社告), 광고 등이다.

6) 신문의 제작과정

오전 9시, 출입처(사회부 기자는 정부부처, 정치부 기자는 각 정당과 청와대)에서 현장 근무 취재하는 기자가 기사 온라인 발송(한 기자가 2~3꼭지 쓰므로 하루 600건 정도의 기사가 들어온다.)한다.

① 데스크(기사 출고 권한이 있는 부장·차장)가 검토, 지면계획 구상

② 오전 10 : 20 편집국장 주재 데스크진 회의, 부장들이 미리 중요도 순으로 등급을 정해 온 기사를 돌아가며 보고한다. 각 면 편집기자, 에디터, 교열, 변호사 등 총 30여 명 정도가 참석한다. 실을 만한 기사, 톱기사(1면 톱 경쟁률 약 600 : 1) 등을 토론하고, 취사선택하며(*gale keeping* 과정), 편집국장은 부장들에게 지면계획 검토, 주요면 기사 결정, 보완 취재 지시를 내린다.

③ 부장과 협의한 일선기자들 보강취재, 마감시간(4~5시)까지 완성 기사를 소속부서로 보낸다(기자가 가장 바쁜 시간).

④ 오후 2시 편집국장이 부장단 회의 주재, 추가 기사 보고받고 주요면 기사를 확정한다.

⑤ 지면제작이 본격화된다. 편집국장에게 지시를 받은 부장이 해당지면의 머리기사, 중간 등의 등급을 매기고 점검한다.

⑥ 제목 안 단 상태로 교열부에서 데스킹한다. 교열 마친 기사 '출고' 아이콘을 클릭하여 편집부로 전송한다.

⑦ 편집부에서 모니터로 보면서 제목 달고 기사와 사진 배치 등으로 전체 지면 모양내기를 한다.

⑧ 5시 기사 마감, 편집부장이 제목 검토, 편집자가 교열부로 전송한다.

⑨ 조판, 교열 마치고 전송된 기사와 제목, 사진, 그래픽 자료를 조판기에서 불러내 신문 지면 형태로 배치하는 작업, 이 과정에서 긴 기사는 잘려 나간다.

⑩ 5시 반 편집부장 및 편집국장이 제목 및 점검, 강판 지시한다.

⑪ 6시 지면 강판이 끝나고 필름 형태로 윤전부에 넘어간다.
6시 30분 윤전부에서 인쇄된 신문이 편집국으로 올라온다.

⑫ 부장단 회의가 다시 열리고 30분 뒤 타사의 신문이 배달된다.

⑬ 편집국장(마지막 수문장, 최고의 파워)은 타 신문과 비교해 추가할 것 추가하고 뺄 것은 빼도록 부장들에게 지시한다. 최종 오탈자 점검, 7시 반 초판제작을 끝낸다.

⑭ 야간제작은 3시까지 야근, 밤에 새 소식 나오면 기사, 사진, 판 등을 바꾼다.

7) 신문판수의 의미

판수는 인쇄시기를 알려 준다. 인쇄 도중에 갑자기 중요한 사건이 생길 경우나 기사를 고쳐야 할 때 인쇄하는 판을 바꾸는데, 이때 판을 바꿔 구별한다. 판수란 신문 필름을 윤전기에 거는 횟수를 말하며, 보통 4번 정도 판갈이를 한다. 초판은 5판 또는 10판, 최종판은 40~42판(지방), 43판(수도권), 또는 50판(관례적인 과장이다. 대개 윤전기를 4번 정도 돌린다.)이다.

8) 신문의 역사

초창기의 신문은 근대사회가 형성되던 격변기와 때를 같이 하여 탄생하고 성장했다는 점에서 정치적 성격을 강하게 띠고 있다. 근대 초기 사회에는 귀족들이나 관리들뿐 아니라 상인, 기업가 등 산업혁명으로 경제력을 갖춘 신흥시민계급인 대중이 등장하여 신문의 독자층을 형성하였다.

시민혁명을 통해 중세사회를 무너뜨리고 새로운 민주주의를 건설하는 데 신문은 큰 역할을 했고, 시민 혁명의 성공으로 신문들은 언론 자유를 법적으로 보장받았다. 근대 초기의 신문들은 새로운 사회 체제 건설의 방향과 관련하여 발행인들의 정치적 견해와 입장을 자유롭게 적극적으로 표현한다는 점에서 정치적이며, 언론을 정치적 · 이념적 활동의 수단으로 사용한다는 점에서 '정론지(政論紙)'로 부른다. 정론지란 주로 정치적인 기사나 사설, 논평 따위를 다루는 신문을 일컫는데, 그 시대의 신문은 숫자도 적었고, 판매부수도 적었고, 주로 엘리트층만이 구독했기에 내용들도 주로 경제, 정치적 논쟁, 연설문, 주의회 소식, 공식적인 공지사항 등이었다.

도시화와 산업화에 따라 신문의 잠재적인 독자층 기반이 대폭 확대되자 그들의 요구에 부응하는 새로운 신문이 등장하게 되었다. 이제는 정치보다는 경제 요인이 신문에 더 많은 영향을 주게 되었다. 정치적 성향과는 관계 없는 광범위한 계층에게 상품을 팔고자 하는 광고주들을 끌어들임으로써 구독료 대신 광고 수입 위주로 신문을 운영하게 되는 변화가 왔다. 뉴스 개념 역시 빠르고 현장성이 강하며 독자들의 생활에 가까운 것을 강조하는 쪽으로 바뀌었다.

대중지들이 독자층의 확대와 광고수입 확충에 노력하면서 신문의 내용도 딱딱한 정치기사에서 생활주변에서 일어나는 가볍고 흥미 있는 일상적인 기사들을 사진과 그림, 소제목 등을 사용하여 독자들이 흥미를 가지고 부담 없이 읽을 수 있도록 구성하기 시작했다. 이를 '뉴 저널리즘(*new journalism*)'이라고 한다. 사회적 캠페인을 전개하고 현상이나 퀴즈물을 내는 등 다양한 방법으로 독자들을 끌어들이는 데 진력하던 신문운영 방식은 신문들 간의 치열한 경쟁을 필연적으로 유발하여 마침내 섹스, 폭력, 진기한 이야기, 미담 기사 등 선정적이고 자극적 소재의 기사를 실어 대중의 흥미를 끌려는 '옐로 저널리즘'으로까지 치닫게 되었다.

*'yellow journalism'*은 당시 신문에 *'yellow kid'* 라는 만화를 인기리에 연재하였는데 그 캐릭터에서 따온 이름이다. 비록 기사가 저급하지만 적극적인 취재와 편집으로 신문에 활기와 생동감을 불어넣기도 하였다. 공격적인 취재와 탐사보도 기법은 빈민층을 옹호하고 비리를 파헤치는 등의 긍정적인 면도 발전시켰다. 편집에서 큰 제목을 다는 것, 사진과 그래픽, 컬러 인쇄를 중시하는 것은 이후 신문편집 방식에 큰 영향을 주었다.

대중지가 성공할 수 있었던 배경은 당시 값싸게 빠른 시간에 대량으로 신문을 찍어낼 수 있는 인쇄기가 개발되었고, 대중적 수용자층이 확보되어 있었고, 글을 읽을 수 있는 독자층이 형성되어 있었기 때문이다. 교통통신의 발달로 우편제도가 형성되어 신문배달도 체계화되었다. 하지만 오래 가지 않아 대중지는 하강곡선을 그리게 된다. 30년대의 경제공황, 라디오의 등장, 2차 대전 후의 텔레비전의 등장에 따라 방송과 차별화의 필요를 느낀 신문들이 대중지의 색채를 벗어나 전문화를 모색하기 시작하였다. 방송에 속보성에서 뒤지던 신문들은 사실 위주의 보도에서 해설보도라는 새로운 보도양식을 개발해내 사건의 의미를 왜라는 관점에서 보도하는 등 신문이 다양화되고 전문화되기 시작했다. 60년대에는 탐사 저널리즘 등 기존의 신문보도 양식에 대한 대안을 모색하는 다양한 사조들이 나왔다.

(1) 로마

신문의 원시적 형태로는 기원전 로마 시대에 등장한 관보인 '악타 푸브리카*(Acta Publica)*'를 꼽는다. 시저가 시민들에게 전달할 내용을 석고판에 문자로 써서 공공장소에 내건 것을 가리킨다. 이후에는 원로원의 결정사항, 포고문 등을 담은 '악타 세나투스*(Acta Senatus)*'와, 검투경기, 주술, 공직인사, 저명인사의 경조사 등을 알리는 '악타 디우르나*(Acta Diurna)*'로 이어지면서 근대적 신문형태에 가까워져 갔다.

(2) 독일

1447년 독일의 구텐베르크가 서양 최초로 인쇄술을 발명하면서부터 신문이 본격적으로 발전하였다. 1609년 독일에서는 '렐라치온*(Relation)*'이라는 최초의 주간신문이 등장했다. 우편제도의 발달에 힘입어 1660년에 세계최초의 일간지인 '라이프치거 자이퉁겐*(Leipziger Zeitungen)*'이 창간되었다.

1883년 대중신문인 '베를리너 로칼안차이거'가 창간되고, 1946년 '디벨트*(Die Welt)*가 창간되었다. 지면이 세련돼 읽기 쉽고 영·미형의 객관 보도주의를 지킴으로써 다른 독일 국내의 타 신문보다도 뉴스와 의견 구분이 분명히 지켜진다. 1949년에는 정론지인 '푸랑크푸르터 알게마이네 자이퉁'이 재창간되었다.

(3) 영국

1702년에 영국 최초의 일간지 '데일리 쿠란트'가 발행되었다. 1785년에 창간되어 선정적 보도에 치중하였던 '더 타임스*(The Times)*는 20세기 들어 정론지로서의 명성을 회복하였다. '더 타임스'는 '런던 타임스'라고도 하며, 1914년 최초의 증기 인쇄기를 도입해 경영의 기초를 굳혔고, 크림 전쟁 때는 수많은 폭로기사를 써서 정권을 교체시킬 만큼 힘을 발휘했다.

(4) 미국

1783년에는 미국 최초의 일간지인 '펜실베니아 이브닝 포스트'가 나왔다. 1833년에는 *penny paper*로 불리는 '뉴욕 선'지를 *Benjamin H. Day*가 창간하여 본격적인 대중지 시대가 열렸다. 그 이후 '뉴욕월드', '뉴욕저널' 등 대중성이 높은 황색저널리즘을 선보였으나 언론의 권위가 추락하고 독자의 지탄을 받자 이에 대한 반작용이 일어 1851년 '뉴욕타임스', 1877년 '워싱턴포스트'지 등의 권위 있는 정론지가 발행되었다. '뉴욕타임스'의 정치와 국제문제에 관한 기사는 정평이 나 있다. 350여 명의 기자들이 활동하며, 지금까지 110여 차례의 퓰리처상을 받았다. '워싱턴 포스트'는 보수적인 신문으로 건전하고 독립적인 논설과 철저하고 정확한 보도기사로 유력지가 되었다. 워터게이트 사건 보도로 1973년 퓰리처상을 받았다.

(5) 프랑스

1777년에는 프랑스 최초의 일간지인 '주르날 드 파리'가 창간되었다. 1944년 '르몽드*(Le Monde)*지가 정론지로 창간되어 지식인들을 독자로 끌어들였다. 타블로이드판 석간지이며 광고, 레저 난 외에는 사진을 싣지 않는 독특한 편집방식을 취한다.

(6) 일본

1871년에 일본 최초의 일간지인 '요코하마 마이니치'신문이 창간되었다. 1879년에는 자유주의적이고 진보적인 '아사히 신문'이 창간되었다.

(7) 중국

동양에서는 중국의 주대(周代)에 관리들이 각 지방의 풍습과 민정을 조사해서 궁궐에 보고한 '국책춘추'를 신문의 출발점으로 보고 있다. 후당(後唐)의 현종시대에는 지방의 제후들이 수도에 '저(邸)'라는 연락사무소를 두고 조정의 주요결정 사항들을 전하게 했는데, 이 소식지를 '저보'라고 하였다. 이는 후에 '조보(朝報)'로 발전했으며 5일 간격으로 발행되어 세계 최초의 정기 간행물로 평가받고 있다.

중국에서는 중국공산당 중앙위원회의 기관지인 '인민일보'가 1948년에 창간되어 정치성을 띤 기사나 당 지도자들의 연설 등을 주로 실었다. 정부, 공산당 중앙당의 의견을 반영해 영향력이 크다.

(8) 우리나라

우리나라 최초의 근대 신문은 1883년 정부 기구인 박문국에서 발행한 관보 '한성순보'를 꼽는다. 개화파가 국민들에게 선진문물을 소개하려는 목적으로 발행했으나 갑신정변의 실패로 14개월 만에 폐간되었다.

한국최초의 민간 신문은 1896년 4월 7일에 서재필이 발행한 '독립신문'이다. 그것을 기념하고자 4월 7일은 '신문의 날'로 지킨다. 민중계몽과 자주독립사상 고취를 강조했으며 한글과 영문으로 편제되어 발행되었다. 한자 없이 순한글을 사용하고 띄어쓰기를 실시하여 가독성을 높여 격일간으로 주3회 나왔다.

일제의 회유책인 문화정치 표방에 따라 1920. 3. 5에 조선일보가 창간되었으나 1940년 일제에 강제폐간 당하기도 하였다.

1920. 4. 1에 동아일보가 창간되었으며 1993년에 석간에서 조간으로 전환하였다. 1998년에 가로짜기 편집으로 바뀌었다.

1960년 4 · 19혁명 이후 신문발행이 허가제에서 등록제로 바뀜에 따라 41종의 신문이 124종으로 늘어났으나 1961년 5 · 16쿠데타 이후 군사정부가 신문 활동을 제한함으로 인해 위축되었다. 박정희 대통령 서거 후 다시 쏟아져 나왔으나 1980년에 등장한 신군부의 언론사 통폐합 조치와 언론인 대량 해직 사태로 다시 또 크게 위축되었으며, 1987년 6 · 29선언 이후 정기간행물의 발행이 자유롭게 허용되고 있다.

1965. 9. 22에 중앙일보가 창간되었으며, 이듬해에 컬러신문을 발행하였다. 1995년부터 조간으로 바뀌고, 가로쓰기 편집으로 바뀌었다.

1988. 5. 15에는 국민주 형식의 한겨레신문이 창간되었다.

한국언론재단의 조사에 의하면 2007년 4월을 기준으로 일반 일간신문이 161개, 경제전문지 스포츠지 등 특수 일간 신문이 34개, 외국어 일간신문이 8개에 이르는 것으로 집계되었다. 문화관광부 통계에 따르면 인터넷 신문은 2007년 4월 현재 715개에 달한다.

1970년대에 신문사의 인쇄방식이 컴퓨터 시스템(*CTS*)으로 교체되었고, 80년대 들어 가로짜기 편집이 시작되었다. 90년대 중반 이후에는 주요 일간지들이 온라인 신문을 만들었고 오마이뉴스 같은 독립 온라인 신문도 등장해 대안언론으로서의 역할을 하기 시작했다.

9) 통신사(뉴스 도매상)

연합뉴스 : 1980년 언론 강제 통폐합 조치에 따라 동양통신, 합동통신이 통합되어 연합뉴스로 되었다.

내신 : 중앙지, 지방지, 방송의 수요를 충족시키는 역외 뉴스 공급 기능 수행, 독자적인 인공위성 회로와 로이터 국제 회선망을 통해 국내뉴스를 해외 각국 통신사로 보낸다.

외신 : 서방통신사는 다음과 같다.

AP(*Associated Press*) – 미국 연합통신사로 세계 최대의 미국 통신사

UPI(*United Press International*) – 국제합동통신

AFP(*Agence France Presse*) – 프랑스 통신사

로이터(*Reuters news agency*) – 영국 통신사

신화사(중국 국영통신사), 이타르타스(러시아 통신사)

10) 신문 읽기

신문은 다양한 시사상식과 시사문제를 학습하기 위한 가장 효과적인 매체이다. 시사(時事)란 '그 당시 일어난 일', '그때 그때의 세상의 정세나 사건의 정황'을 말한다. 매일같이 매체를 통해 쏟아져 나오는 수없이 많은 뉴스들이 모두 시사에 해당한다. 신문을 읽는다는 것은 기존의 경험과 지식에 새로운 정보를 더하여 알게 된 것을 새로운 관점에서 이해하고 그것을 체계적으로 정리하는 과정이라고 할 수 있다. 신문을 읽는 과정에서 우리는 실생활에 필요한 신정보를 수집하며, 남의 의견도 돌아보며, 다른 기사와의 연관·응용 등을 통하여 생각을 연결하고, 사회에 끼칠 영향을 생각하며, 문제해결 방법을 모색하고, 자신의 견해를 세울 수 있게 된다.

논술에 필수적인 비판적·창의적 사고력은 직간접 경험에서 나온다. 자신의 주장을 정당화하려면 충분한 이유와 근거를 대야 하는데 이때 뒷받침하기 위해 필요한 것이 직간접 경험이다. 창의적 발상의 소스(*resource*)를 습득하려면 우선 독서로 자원을 만들고, 타인과의 경험 공유(토론)를 통해 자신의 생각을 확대심화하며, 나아가 그것을 논리적으로 정리하여 표현할 수 있어야 한다.

지금은 영상 시대라 이미지가 지배하는 듯하지만 문자 텍스트를 접할 때 인간은 깊이 사고하게 되어 있다. 이미지는 빨리 수용되고 지나가기 때문에 수용자에게 비판력과 상상력을 발휘할 시간을 충분히 허락하지 않는다. 사고력을 향상시키려면 영상보다 문자를 가까이 해야 한다.

신문은 유용한 정보와 아울러 다양한 인간사와 토론거리들을 제공해 주고, 설득적이고 비판적인 논조의 글이 많이 나오기 때문에 논술을 공부하기에 활용가치가 높은 도구이다. 지식, 교양, 인격, 리더십, 사고력과 학습능력 향상, 국제 감각 등 학생들이 갖춰야 할 자질들을 신문을 매개로 하여 얻을 수 있다. 신문의 각 지면에 등장하는 사람들에게서 도전과 자극을 받으며, 때로는 반면 교사로, 혹은 자신의 역할모델과 코치로 삼을 수 있다. 매일 6~7개의 신문을 읽는다는 미래학자 앨빈 토플러는 미래를 예측하는 자신의 통찰력을 신문에서 얻는다고 말한 바 있다.

신문은 우리 사회의 온갖 문제를 그대로 드러내 주지만 신문을 읽으며 이 사회가 더 아름다운 곳이 되려면 어떻게 되어야 할지를 함께 고민할 때 학생들은 바람직한 민주사회의 일원으로 성장해 나가게 될 것이다. 논술 하면 대입만 염두에 두기 쉬운데 논술의 궁극적인 목적은 학생들에게 삶의 분명한 목적과 태도를 갖게 하고, 그들이 사회의 일원으로서 더욱 인간답게, 더욱 행복하게 살아가도록 돕는 것이다.

(1) 무엇을 읽을까 – 구성 요소와 형식에 따라

신문기사는 독자들에게 기사 내용의 윤곽과 방향을 제시해 주는 시작 부분과, 시작 부분의 내용을 부연하여 설명하고 자료를 보강하며 실례를 제시해 주는 내용 부분으로 나뉘어져 있다.

제목은 표제*(headline)*라고도 한다. 신문기사의 제목은 책의 제목과 같은 역할을 한다. 제목은 기사의 내용을 리듬 있게 함축한 기사로 볼 수 있다. 제목달기는 기사를 쓴 기자가 아닌 편집데스크의 몫이다. 신문사의 의도와 함께 편집기자의 표현력, 창의적인 조어력과 순발력, 지식, 시사상식 등이 녹아 있다.

제목은 뉴스 가치를 등급화하여 대변하며, 지면을 조화롭게 꾸며 준다. 제목은 독자로 하여금 신문 읽는 동기를 유발하고 기사의 가독여부를 결정하는 가늠자가 된다. 제목은 기사의 방향과 내용을 미리 설명해 주는 표지판 역할을 함으로써 제목만 보고도 기사의 내용을 짐작할 수 있게 해 주어 신문 읽는 시간을 줄여 준다. 중요한 기사일수록 왼쪽 상단을 차지하고 제목의 글자가 굵고 크고 길다. 편집자는 제목의 글자 크기가 본문의 몇 배인지, 글자의 모양이 명조인지 고딕인지로 전달의도를 부각시킨다. 기사가 길면 기사문의 중간에 작은 글자로 중간제목을 넣는다. 제목은 문법적으로 오류가 없어야 하며, 동사를 사용하고, 기사 내용의 핵심을 담아 기사 내용 전체를 포괄하고, 단순하되 정보가 담겨 있고, 짧고 강하며, 조사 등이 생략되어 있고, 약어 등을 사용한다. 1904년 대한매일신보에서 처음으로 신문기사에 제목을 달았다. 머리기사 형태의 큰 제목은 해방 이후에 달기 시작했다.

리드*(lead)*는 기사의 첫 문장으로, 전체 기사의 내용을 요약한 부분이다. 리드에는 기사의 흐름이나 중요도, 요지 등이 집약되어 기사의 내용을 이끌어 독자가 본문을 읽게 만든다. 리드에 주요 정보를 압축해 배치하는 형태의 글은 신문기사의 특성이다.

본문*(body, main text)*은 기사에서 제목과 리드를 제외한 나머지 부분을 이른다. 본문은 여러 개의 문장으로 구성되는데, 리드 내용을 뒷받침하는 설명과 부차적 설명, 배경 등 구체적인 사실들을 제시한다.

보도 기사(뉴스 기사)는 사건이나 사고를 사실적이고 객관적으로 기술한 기사를 말한다. 즉 기자가 사건 · 사고를 객관적인 입장에서 보고 들은 대로 충실하게 전달하는 기사이다. 주로 시사성이 큰 내용을 다루기 때문에 신속성과 정확성이 생명이다. 따라서 사건이나 사고의 핵심만을 요약하여 독자의 알고자 하는 욕구를 최대한 충족시킨다. 보도 기사가 육하원칙에 의한 글을 강조하는 이유이다.

해설 기사는 사건이나 사고, 인물에 대한 독자의 이해를 돕고 독자들의 안목과 견식을 높여 주는 기사이다. 사건을 차례대로 설명하고 원인, 동기, 의미, 배경을 분석하며 앞으로 어떻게 전개될지 객관적으로 전망하는 내용을 싣는다. 관련 기사와 함께 읽는 것이 좋다.

기획 기사는 독자에게 읽을거리를 제공함으로써 흥미와 관심을 끌고 정보를 제공하기 위해 작성하는 기사이다. 시간을 다투는 보도 기사와 달리 심층적이고 분석적이다. 사회적 · 정치적 · 경제적 · 문화적 문제를 포함하여 심층 취재가 필요한 복잡한 사안에 대해 취재팀을 구성하여 다각적인 취재를 하고 연속적으로 보도함으로써 일련의 사건 · 사고가 지닌 사회적 의미를 부각시킨다.

특히 기획 기사나 특집 기사는 사회에서 일어나고 있는 이슈에 대해 그러한 사건이 일어난 원인과 배경, 과거와 현재의 비슷한 사례, 외국의 경우, 영향과 결과, 문제점과 해결책까지를 종합적으로 진단하고 제시한다.

인터뷰 기사는 취재를 목적으로 만난 대상자의 얘기를 적은 기사이다. 인터뷰하는 기자와 대상자가 대화하는 형식의 일문일답형과, 인터뷰 대상자의 말만 인용, 기자의 질문 내용은 기사에 드러나지 않으면서 인용하는 말과 말 사이를 상황 설명으로 연결해 가는 설명형, 문답과 설명을 혼합한 혼합형이 있다.

시각적 정보를 제공하는 사진은 신문의 내용 구성에서 중요한 부분이다. 사진이 기사를 보완해 주는 역할을 하는 게 아니라 오히려 한 장의 좋은 사진이 글로 쓴 기사를 압도하기도 한다. 한 장의 사진은 백 마디 기사보다 더 사실적으로 뉴스의 현장을 사실적으로 설명해 주는 메시지 자체이다. 정보 가치와 현장감을 최우선으로 고려하는 사진과 6하 원칙에 의한 사진 설명은 그날의 이슈를 대변한다.

광고는 상품 홍보를 위해 만들어지지만 사회의 트렌드와 문화를 민감하게 반영하고 사회에 미치는 영향이 크다. 광고는 일차적으로 신상품에 대한 정보를 제공하며, 신문광고는 공공재 성격이 강하다. 신문광고는 독자들에게 뉴스 정보 이상의 중요한 역할을 한다. 만약 광고가 없으면 새로 나온 게임 프로그램이나 신상품, 바겐세일 정보가 궁금하면 기업체와 백화점 등에 일일이 물어 봐야 한다. 책이나 영화 공연 정보도 알기 어렵다. 구인 구직자들에겐 광고만큼 절실한 게 없다.

광고의 종류는 공익광고나 정부의 정책 광고, 법정 공고, 결산 공고, 주총 공고, 성명서, 사과문, 부고, 기업체 구인, 회사의 제품광고, 부동산, 여행사, 단체 및 기관에서 특정 사실이나 입장을 알리는 광고 등 다양하다. 요즘 기업들은 직접적인 제품광고보다는 지구환경, 가족사랑, 인터넷 문화, 청소년, 국민 보건 등의 사회적 의제를 시리즈물로 담아내는 기업 이미지 광고를 하기도 한다. 궁금증을 유발하여 효과를 극대화하는 티저광고도 있다.

신문 광고는 큰 문자로 짧고 정확하고 간결하고 강력하게 표현된 제목 부분인 헤드카피, 보완설명 부분인 서브 헤드라인, 도입→중간→결말의 구성을 지니는 광고본문인 보디카피, 주제의 연속성을 확보하기 위한 슬로건, 그림이나 사진 부분인 일러스트레이션, 로고와 심벌 등으로 구성되어 있다.

광고 중에는 실제 제품과 서비스 내용보다 부풀려진 것도 있고, 선정적인 광고도 많이 등장해 사회의 품위와 취향을 저하시키기도 한다. 뉴스기사와 광고가 교묘하게 혼재되어 있어 독자들이 광고를 기사인 줄 알고 읽기도 한다. 그러므로 광고는 비판적 시각으로 보아야 한다. 허위나 과장이 없는지, 상품광고라면 다른 제품과 비교해 어떤 장단점이 있는지, 기업의 사회적인 책임인 사회 경제적 복지에 상반되지 않는지 살펴야 한다.

(2) 무엇을 읽을까 – 지면의 내용에 따라

신문은 우리가 접할 수 있는 매체 중 가장 광범위한 영역을 다룬다. 크게 구분되는 섹션 중 종합면에는 대개 주요 보도 기사와 그에 따른 해설 기사가 실리며 그러한 기사는 사설이나 만화, 만평의 주제가 되므로 함께 읽는 것이 좋다. 정치면에는 정치적인 사건이나 쟁점, 흐름, 정책, 정국 전망 등 정치 관련 기사가 실린다. 사회면에는 우리 사회에서 일어나는 다양한 사건과 사회 현상이 보도된다. 국제면에는 세계 각국에 관련된 정치, 경제, 사회, 문화, 스포츠 등 모든 분야의 기사가 실린다. 문화 예술면은 각종 공연이나 전시, 세계적 문화를 소개하는 기사가 실린다. 경제면은 다양한 경제 현상과 경제 문제를 다룬다. 스포츠 면은 각종 스포츠 경기 결과 보도 기사, 경기 안내, 선수 관련 기사가 실린다. 과학 환경면은 과학·환경 관련 지식이나 정보를 제공한다. 오피니언 면은 보도 기사에 대해 신문사나 기자의 해석과 주관적 의견을 덧붙이는 형태의 기사문을 싣는다. 독자의 견해도 실린다. 이 외에도 건강, 여성, 여행, 레저, 골프, 머니테크, 가족, 부동산, 교육 등 수시로 바뀌는 비고정지면도 많다.

(3) 어떻게 읽을까

신문은 글을 읽을 수 있는 기회를 제공한다. 일단 내용을 정확히 읽고 사실과 의견을 파악해야 그 다음 단계인 토론과 논술이 가능해진다. 음식도 종류에 따라 먹는 방법이나 도구가 다르듯이, 신문을 읽을 때는 신문매체의 특성을 고려하면서 읽어야 한다.

먼저 책의 목차를 먼저 훑어보듯이 기사 제목이나 사진을 전체적으로 훑어본다. 신문은 전체를 한눈에 볼 수 있는 일관성(一貫性)을 갖고 있어 그날 신문이 다루고 있는 이슈를 알 수 있다.

각 섹션별로 흥미 있는 자료나 필요한 정보를 먼저 뽑아 읽기도 한다. 때로는 어떤 질문이나 사건, 이슈를 정해 놓고 그에 대한 답을 찾아 내거나 관련 기사를 찾아 읽는다.

하루치 신문에는 보통 기사가 200~220개 정도 실린다. 이러한 양의 기사를 모두 읽기란 쉽지 않다. 정보가 너무 많으면 부담스러워서 읽기를 포기하게 된다. 목적에 따라 자신에게 필요한 정보를 담은 기사를 골라서 자세히 읽는다.

신문은 신문사의 입장이나 편집자의 의도에 따라 각기 다른 시각에서 기사를 내보낼 수 있다. 한 가지 사안을 바라보는 다각적인 시각을 이해하고 편견을 갖지 않도록 하기 위해 한 가지 주제에 대해 입장을 달리하는 두 가지 이상의 신문을 비교하며 읽는 게 좋다.

또 비판적으로 읽어야 한다. 신문사의 입장을 대변하는 신문사의 주장을 맹목적으로 받아들이지 말고, 사실인가 의견인가? 추론에 오류는 없는가? 논거가 타당한가? 과장이나 편견은 없는가? 다양한 관점에서 보고 있는가? 통계치나 정보원의 출처는 믿을 만한가? 라는 질문을 하면서 따지며 읽어야 한다. 그래야 그 정보의 정확성, 주장의 타당성을 비판할 수 있기 때문이다.

사진도 기자의 의도가 다분히 담길 수 있으므로 비판적으로 읽어야 한다.

특히 광고기사는 '물질주의, 과소비심리, 계층 간 위화감을 조장한다', '소비자를 세뇌시킨다', '허위, 과장 광고로 기만적인 정보를 제공한다', '부적절한 언어를 사용하여 유행시킨다', '청소년들의 모방심리와 쾌락 지향적인 생활방식을 자극한다' 등의 비판이 있으므로 비판적 읽기가 더욱 필요하다.

'사설(社說)'이란 '신문사의 입장을 대변하는 설(說)'이므로 신문의 심장이다. 1면 다음으로 신문사에서 중요시한다. 외형적으로 뉴스와 구분해서 사설란을 따로 두는 것은 객관 보도의 원칙이 정착하면서 의견이나 주장을 사실과 엄격하게 구분하는 경향에 비롯했다. 객관적으로 검증된 시사적 사실을 담고 있으나 사설은 어떤 특정한 사안에 대한 신문사의 입장이나 편집자의 의도가 그대로 반영되므로 한 신문의 사설만 읽다 보면 편견과 왜곡으로 흐르기 쉽다. 그러므로 같은 사안을 다룬 서로 다른 신문의 사설을 비교하며 비판적으로 읽을 필요가 있다. 50년대에는 신문의 1면을 차지하고 60년대엔 2~3면에 등장하던 사설이 뒤쪽 오피니언 면으로 옮겨 간 이유는 사설이 한 신문사의 의견일 뿐이라는 객관적 시각이 확산되었기 때문이다. 보도기사와 의견기사를 구분하려는 것이 근본취지라 할 수 있다.

사설은 짧은 분량 안에 신문사의 주장을 강하게 담다 보니 경우에 따라 과격해지기도 한다. 신문사의 입장을 대변하기 때문에 익명으로 쓰인다. 이처럼 사주의 입장과 신문사의 시각이 반영된 신문사설이 아직은 사회를 보는 시각이 성숙되지 않은 청소년들에게는 편향된 관점을 갖게 할 수도 있으므로, 사실에 대한 올바른 이해를 통해 자신의 논리를 형성하고, 기자의 시각과 편집자의 의도를 파악하는 것이 필요하다.

칼럼은 의견기사의 한 형태인데 내외부 필진이 필자의 이름을 분명하게 밝히고 쓴다. 예화나 비유가 들어가 문체가 좀 부드러우며, 사설에 비해 집필기간이 충분하고, 개인의 의견과 주장을 분명히 담을 수 있다는 점에서 차이가 있다. 필자의 주장과 그에 대한 근거를 찾아 타당성을 비판해 보고, 이면적인 의도를 파악하면서 읽는다.

신문은 여러 독자 계층을 대상으로 하여 발행되기 때문에 중학생 정도면 독해가 가능한 단어를 사용한다고 한다. 시사용어는 기사 하단에 따로 나오기도 한다. 어려운 한자어, 생소한 외래어, 전문용어들은 사전을 찾아 뜻을 익히면서 읽도록 한다.

신문기사는 6하 원칙을 따라 읽고, 명시적으로 밝혀지지 않았다 할지라도, 사건의 원인과 결과를 찾아가면서 읽어야 한다. 그리고 항상 '왜?'라고 질문하면서 읽어야 한다. 글쓰기 6하 원칙에서도 '왜'는 모든 일상 정보를 다 얻고 난 다음에 한 단계를 더 추구하는 가장 마지막 물음이다. '왜'라는 질문은 바깥에 드러난 현상 속의 이유, 숨겨진 본질, 감추어진 배경, 안 보이는 내면을 묻기 때문이다. 왜 이 기사가 중요하게, 혹은 덜 중요하게 다루어졌을까? 정치권력이나 재벌기업의 압력을 받아서 왜곡되거나 과장되거나 축소된 기사는 아닌가? 사익 때문에 광고주의 눈치를 보느라고 이런 주장을 하는 것인가? 신문사가 자신들의 잘못된 편집방향을 여론화하려는 의도인가? 어느 계층의 의사를 대변하고자 하는 것인가? 어떤 프레임에 의해 써진 기사인가? 등을 추론하면서 읽는다.

미숙한 독자는 신문사 편집국의 편집부가 무엇을 하는 곳인지조차 잘 모르고, 신문 보는 행위를 단순히 기사 읽기로만 여기고, 기사 내용을 고정불변의 객관적 사실로 생각하고, 무의식 중에 그 지면을 구성한 편집자의 가치판단을 수동적으로 수용하게 된다. 반면 능숙한 독자는 신문 편집자에 의해 편집되어 있는 글 그대로를 받아들이지 않고 스스로 편집자가 되어서 신문사의 숨겨진 편집의도를 읽어 내고 능동적으로 지면을 재구성하면서 읽는다.

2. *NIE*의 이해

1) *NIE*의 개념

*NIE*란 *'Newspaper In Education'*의 머리글자로 만든 말이며, '신문을 교재 또는 보조 교재로 활용하여 지적 성장을 도모하고 학습 효과를 높이기 위한 교육'을 의미한다.

신문을 가르치려면 취재부터 기사작성, 편집, 조판, 인쇄, 가정배달에 이르기까지 제작과정과 신문의 구성요소인 기사, 사진, 시사만화, 광고 등을 이해하도록 도와야 한다.

신문을 활용해 가르치는 방법으로는 지적 정보를 학습하기 위해 신문의 구성요소별 내용을 활용하는 방법, 다양하고 효율적인 의사표현을 위해 신문의 구성요소별 형식이나 특성을 활용하는 방법, 정보의 수용과 전파 태도 등을 배우기 위해 공정성 · 객관성 등 저널리즘의 정신과 비판적 기능을 활용하는 방법 등이 있다.

신문 매체의 특성으로는 속보성, 상세성, 선별성, 기록성, 다양성, 정기성 등을 들 수 있다. 이러한 매체의 특성을 고려하면서 신문을 교육적으로 활용할 수 있는 방안을 살펴보자. 교육대상의 수준이나 목적에 따라 다르지만 *NIE*의 중심은 기사내용 활용이다. *NIE*는 정보 찾기, 이해하기, 비판하기, 창조하기 등 네 가지가 주요활동이다.

2) *NIE*의 시작

신문활용교육은 미국에서 가장 먼저 시작되었다. 1795년 6월 8일자 *Portland Eastern Herald*에서 "신문은 학교에서 사용할 수 있는 가장 값싸고도 정보가 풍부한 교재로서 학생들의 독해력과 지식을 높이는 데 유용하다."라고 신문의 교육적 효과에 주목한 평가를 한 이후, 1932년 '*New York Times*'가 신문 활용을 촉진할 목적으로 정기적으로 신문을 교실에 배포하고 교육 프로그램을 개발하여 제공함으로 시작되었다. 1955년에는 아이오와(*Iowa*)주 데모인 시(市) 지방신문인 "*Desmoines Register*지(紙)"에서 중고교생을 대상으로 '문자 접촉 빈도 조사'를 했는데, 학생들의 30~40%의 학생이 "교실 밖에서는 전혀 책을 읽고 있지 않는다"라는 충격적인 결과가 나왔다. 이에 레지스터지는 청소년 문자 기피 현상을 우려할 사회적인 문제로 인식하고 미국 교육협회와 공동으로 *NIC*(*Newspaper In Classroom*) 운동을 펼쳤는데, 1958년에 미국신문발행인협회(*ANPA*)가 *NIC*프로그램을 국가적으로 지원하기 위한 책임을 떠맡게 됨에 따라 이 교육에 참여하는 신문의 수가 급증하였고, 교사들은 신문 및 다양한 교육보조 자료를 무료로 제공받아 *NIC*가 더욱 활성화되었다. 캐나다에서 *NIE*라는 새 명칭을 붙여 주었는데, 신문활용 방법이 교실뿐 아니라 병원, 교도소, 기업체 등의 기관에서도 폭넓게 이뤄지고 있었기 때문이다. 미국신문발행인협회(*ANPA*)도 1976년부터 이 명칭을 그대로 사용하면서 이 교육은 전미규모로 확대되었다.

한국에서는 1994년 5월 한국신문편집인협회가 교육부 장관 앞으로 서한을 보내 청소년과 어린아이가 어린 시절부터 신문을 읽고 배우며 자연스럽게 언론의식, 민주의식, 시민의식을 깨닫게 해야 올바른 현대인으로 자라날 것이라고 지적하고, 학교교육에 *NIE*를 도입할 것을 건의하면서 본격 논의되기 시작했다. 협회는 이 운동을 효과적으로 전개하기 위해 언론계와 교육계가 협력하는 방안을 국가시책으로 추진할 것과 그 구체적인 방안으로 신문알기 교육, 신문제작실습, 시사토론 훈련, 신문을 통한 전인교육, 민주교육, 사회교육, 역사교육 등을 제안했다.

같은 해 처음으로 한국언론연구원이 고등학교 교사를 대상으로 *NIE*연수를 하면서 주목을 받았으며, 1995년에는 중앙일보가 종합일간지로는 맨 먼저 *NIE*를 도입하고 관련지면을 발행하여 각 학교와 가정에 보급해 오고 있다. 열린교육의 주요 프로그램으로 전국의 초 · 중 · 고교에서 활용하고 있으며, 현재 중앙일보, 조선일보, 소년한국일보, 소년조선일보, 경향신문, 매일경제, 국민일보, 매일신문 등 10여 개 신문사가 관련지면을 발행하여 직 · 간접으로 *NIE*를 실천하고 있다. 최근에는 한국신문협회가 *NIE*의 확산에 큰 관심을 갖고 관련 사업을 진행하고 있어 *NIE*는 우리나라 교육과정에도 공식 권장되는 중요한 수업방법의 하나로 자리잡고 있다.

3) *NIE*의 목적

세계 *NIE*의 큰 줄기는 두 종류의 문맹퇴치를 위한 교육적 목적을 가지고 있다. 아프리카 지역의 나라들처럼 절대문맹을 깨치거나 우리나라처럼 문자는 알지만 독해력과 글쓰기 능력이 떨어지는 '신문맹'을 면하게 하는 것이다. 학생은 신문을 통해 사회적 관심과 정보를 보는 안목을 키운다.

*NIE*의 목적은 신문에 실린 정보를 활용해 교육효과를 높임으로써 건강한 사고능력과 교양을 갖춘 민주시민을 양성하는 데 있다. 신문을 접하면서 사회에 관심을 갖고 사회이슈를 자기 문제로 생각할 수 있게 되며, 다양한 의견이 존재한다는 사실과 가치의 다양성을 인식할 수 있다. 그 많은 정보 중에서 자기에게 필요한 정보를 선택할 수 있고, 사실과 진실을 분간할 수 있게 하며, 어떤 사안에 대해서 자신의 견해를 세우고 의견과 판단을 확고히 해나가는 가운데 궁극적으로 학생들이 민주사회에서 자신의 운명을 스스로 결정하고 이끌어갈 수 있는 시민이 되도록 도와 준다.

수년마다 한 번씩 개정되는 교과서와 달리 신문에는 날마다 새롭고 교육적 가치가 있는 정보들이 풍부하다. 따라서 신문으로 교과서를 보완해 가르치자는 게 *NIE*의 정신이다. 특히 신문 제작 과정을 공부함으로써 정보가 전달과정에서 어떻게 왜곡될 수 있고, 독자가 정보들을 어떻게 취사선택해야 하는지를 알 수 있게 해 준다. *NIE*는 정제된 정보의 보고인 신문을 활용하되, 정보를 비판적으로 받아들여 지적인 자양분으로 삼고 이를 다시 재창조해 다른 사람에게 전달하는 능력을 키워 준다.

4) *NIE*의 필요성

신세대는 정보를 주로 활자가 아닌 영상매체를 통해 습득하는 *N*세대로, 즉각적인 반응에 익숙하며 깊이 생각하는 것과 읽고 쓰는 것을 싫어해서 문식성이 떨어진다. 그 결과 인터넷을 떠도는 지식은 넓지만 신세대가 웹서핑으로 건져 올리는 지식의 수준이나 사고의 깊이는 팬케이크처럼 얇을 수밖에 없으며, 자연히 텍스트의 활용능력도 떨어진다. 하지만 모든 학문의 기초는 문자를 읽고 쓰는 데서 출발한다. 신문기사 가운데 학생들이 관심과 흥미를 가진 분야의 글을 소재로 하여 신문활용 교육을 실시하면 영상세대를 인쇄매체로 유도할 수 있을 것이다. 영상세대는 읽는 것뿐만 아니라 쓰는 것도 어려워하는데, 신문을 활용한 논술교육은 글쓰기 능력도 아울러 향상시켜 줄 것이다.

요즘은 교육과정이 수시개정체제로 변해 필요에 따라 내용이 조금씩 수정되기는 하지만, 교육과정이 개편되기까지 교과서의 체계는 변하지 않으며, 새로운 정보를 그때 그때 반영하기가 어렵다. 새로운 정보의 양이 급증하는 정보화 시대에 걸맞은 교수-학습 방법으로서 시사성 있는 신문을 이용하여 교육한다면 그러한 점을 보완할 수 있을 것이다. 급변하는 지식사회일수록 정보가 중요한 자산이자 능력이 되기 때문에 신문을 보조교재로 활용하여 학습하는 것은 학생들에게 매우 유용한 일이 될 것이다. 신문은 시사적인 다양한 정보를 제공해 줌으로써 독자로 하여금 사회문제에 관심을 갖게 하고, 사회문제를 도덕적으로 판단하게 하며, 행동의지를 갖게 해 주므로 학습효과뿐만 아니라 다양한 인성교육의 효과도 얻을 수 있다.

또한 신문의 지면은 매우 다양하기 때문에 어떤 주제에 대해 모든 영역에서 접근할 수 있어 주제중심의 통합교육으로 매우 적절한 교재가 될 수 있을 것이다.

*NIE*는 활동의 선택권을 학습자에게 준다. 관심 있는 주제 및 주제에 따른 자료를 자기가 선택하고, 스크랩하는 과정에서, 어떻게 분류할 것인가, 어떤 방향으로 나아갈 것인가를 스스로 깨닫기도 하고 시행착오도 거치면서 결국은 자기 주도적인 학습능력을 키워 가는 것이다. 남이 주입해준 단편적인 지식은 수동적으로 받아들이게 되어 금방 잊게 마련이다. 수동적인 지식습득 자세에 길든 학생들이 관심 있는 주제를 선정하고, 직접적인 체험 활동을 하여 이를 분석, 종합, 발표하도록 함으로써 자기주도적인 학습능력과 고등사고 능력을 기를 수 있다는 데 *NIE*의 의의가 있다.

21세기 정보화 시대를 살아가는 학생들에게는 홍수같이 쏟아지는 수많은 정보들을 자신의 필요에 따라 선택하고 가공하여 유용한 정보로 만들 수 있는 종합적이고 창의적인 능력이 요구된다. 따라서 학생들에게 어릴 때부터 합리적으로 사고하고 자율적으로 학습할 수 있는 힘을 길러 주는 것은 미래 정보화 사회에 능동적으로 대처할 수 있는 기초능력을 배양해 주는 일이라고 할 수 있다.

또한 글로벌 시대를 살아가는 학생들이 신문에 실리는 각종 세계 뉴스를 접하면서 우리나라만이 아닌 이웃나라, 나아가 지구촌 사회를 이해하게 되므로 개인주의적인 사고에서 벗어나 세계의 모습을 알고, 세계 시민으로서 세계인과 경쟁을 하면서도 다양한 사람들과 더불어 살아가는 지혜를 터득하게 된다.

5) *NIE*의 효과

신문활용교육으로 기대되는 효과는 인지적 효과(기억, 이해, 적용, 분석, 종합, 평가 능력)와 정의적 효과(가치의 수용, 이해, 인정, 형성, 적용)의 영역에서 긍정적이다. 기타 효과의 경우 정치, 경제 등 사회 전반에 관한 관심 증대가 가장 크고, 정보 검색, 읽기, 논리적 사고력, 의사결정 능력, 창의력, 쓰기 영역 등에서도 효과가 큰 것으로 나타났다(2004, 전국 초 · 중 · 고 교사 2,245명을 대상으로 한 중앙일보 설문조사 결과).

(1) 미국 《팬터그래프》지

① 민주사회에서 자신의 운명을 결정하고 가늠할 수 있는 민주시민의 양성
② 신문읽기 능력을 키워줌으로써 학생들의 비판적 사고의 능력을 강화시킴
③ 과목이나 주제중심으로 작문, 역사, 수학, 시사, 소비 문제, 생태학 등 여러 분야의 내용들을 효과적이며 흥미 있게 가르쳐 주는 교수 도구를 제공
④ 현대 생활에 필요한 정보나 오락 기능 등을 제공함으로써 학생들의 개인적 성장을 도모

(2) 영국 신문협회

① 다양하고 현실적이며 비용이 적게 드는 보조적인 교육 자료
② 일상적인 접촉으로 역사적 기록과 정보를 쉽게 이해하는 데 도움을 준다.

③ 적극적인 독서를 통해 실용적인 단어와 문장력의 증대를 돕는다.
④ 학생들의 개인적 · 사회적 교육을 추진
⑤ 다양한 미디어 중의 하나인 신문에 대한 이해 촉진
⑥ 신문의 제작 과정에 대한 이해를 높임
⑦ 실질적인 청중을 대상으로 목적 있는 글쓰기 기회를 제공

그 외에도 국내외 *NIE* 효과 측정 조사결과를 보면 *NIE*는 다음과 같은 효과가 있는 것으로 밝혀졌다.

· 현대생활에 필요한 능력을 터득시키고 학생들의 인격을 키운다.
· 언어능력이 향상되고 학생들의 비평능력 개발을 돕는다.
· 신문을 비평적으로 읽기 위한 욕구와 능력을 향상시킨다.
· 공공의 문제에 대한 관심을 학생들에게 심어 주고 성인매체로 여겨진 신문을 읽음으로써 자부심을 느끼게 한다.
· 학생들의 개인적 · 사회적 교육을 뒷받침한다.
· 다양한 사실과 가치를 인식할 수 있게 한다.
· 주체성을 제고시키며, 정보 처리 능력을 향상시키고 미래의 바람직한 독자로 자리매김할 수 있게 한다.
· 학생들에게 새로운 것에 대한 탐구심을 자극하고 학습에 대한 흥미와 동기를 유발한다.
· 다양한 문제 상황과 사례를 담아 교과서의 이론이나 개념을 이해하도록 도와주고, 실제 문제 상황에 직면했을 때 그것들을 적용하여 문제를 해결할 수 있는 능력을 길러 줄 수 있다.
· 다양한 신문의 자료들을 분류하고 일반화하는 능력을 길러 주고, 학생 스스로 새로운 지식과 아이디어를 개발해낼 수 있는 창의적 사고력을 길러 줄 수 있다.
· 신문마다 똑같은 사건에 대해 다른 표제를 달고 다르게 보는 것에 대하여 비교평가해 보도록 함으로써 학생들에게 논리적 사고력과 비판적 사고력, 가치판단능력을 길러 줄 수 있다.
· 우리 사회에서 절실히 요구되는 민주시민의 자질과 공동체 의식을 심어 줄 수 있다.
· 학습 활동과 사회생활에서 일반적으로 요구되는 발표력과 리더십, 의사결정 능력

을 길러 주는 데에도 도움이 된다.

6) *NIE*의 장단점(일본신문협회 보고서)

(1) 장점

① 누구나, 언제, 어디서나 쉽게 구할 수 있으며, 최신 데이터 정보를 얻을 수 있다.
② 실제로 있는 일과 있었던 일을 과제로 삼을 수 있다.
③ 현실에서 사회적으로 이슈화된 것을 다룰 수 있다.
④ 한 신문 안에 폭넓고 다양한 정보가 담겨 있어 여러 형태로 활용할 수 있다.
⑤ 여러 사람들의 실제 발언, 다른 의견, 다양한 사고방식을 알 수 있다.
⑥ 시간의 경과를 따라가면서 조사할 수 있다.
⑦ 사설과 칼럼, 독자 투고 등을 통해 다양한 의견과 사고방식을 접할 수 있다.
⑧ 다른 신문과 비교 검토가 가능하다.
⑨ 사진이나 만화, 도표, 그래프, 그래픽, 그림, 삽화 등을 다면적으로 사용할 수 있다.
⑩ 개인의 취향에 따라 스크랩하고 보존할 수 있다. 파일로 보관할 수도 있으며 인터넷을 이용하여 여러 신문을 동시에 볼 수 있고 비교하여 한 사실에 대한 다양한 시각을 알 수 있다.
⑪ 교사 자신이 새로운 사실을 알거나 깨닫거나 감동을 받을 수 있다

(2) 단점

① 활자가 작다.
② 아직 학습하지 않은 한자가 사용되고 있다.
③ 문장이 어렵다.
④ 국어 교과서와는 다른 표기법으로 쓰인 곳이 있다.
⑤ 초등학교 아동의 학습에 적합한 기사가 적다.
⑥ 제목이 자극적이며 선정적이거나 지나치게 말장난을 한 기사가 있다.
⑦ 사회의 어두운 면과 부정적인 면만 다뤄지는 경향이 있다.

⑧ 사건의 결과와 현상만 부각되고 교육적 관점이나 인권과 프라이버시에 대한 배려가 부족한 기사가 있다.
⑨ 신문사나 기자의 편견이 개입되어 교재의 공정 중립성이라는 면에서 의문스런 기사가 있다.
⑩ 일반 종합지를 구독하지 않는 가정도 있다.
⑪ 교과서를 가르치는 일만으로도 너무 바빠서 신문을 교재로 활용할 시간적 여유가 없다.
⑫ 언제 어떤 기사가 나올지 예측할 수 없으므로 지도 계획 가운데 책정하기 어렵다.
⑬ 교사에게 신문을 교재화하는 역량과 시간적 여유가 필요하다.

신문은 속보성이나 현장감에서 TV에 떨어지고, 신문이 오로지 교육을 위해 만들어지는 매체가 아니라는 점에서 한계점도 있으나 심층보도, 스크랩 등 신문매체만이 지닐 수 있는 특성이 있고, 신문활용교육의 가치가 분명하며 이미 역사적으로 수행되어 왔다는 점에서 이를 고찰하고 잘 활용할 필요가 있다.

7) 유아 *NIE*

유아교육은 유아기 어린이를 대상으로 하는 교육이다. 요즘에는 출생부터 초등학교 저학년까지를 포함하여 유아라 한다.

유아교육의 목적은 유아의 신체 · 정서 · 사회성 · 언어 · 인지 발달을 도모하는 교육환경을 제공해 줌으로써 전인적으로 성장할 수 있도록 도와 주는 데 있다. 유아의 *NIE*활동을 효율적으로 지도하려면 먼저 유아기 발달에 대한 이해가 선행되어야 한다.

유아기는 신체적 발달 속도가 매우 빠르기 때문에 그와 함께 활동영역이 확대되고 행동이 활발하고 왕성하므로 게임과 놀이를 통한 몸놀림이 큰 신체활동을 하게 하는 게 좋다. 유아기는 지적 발달이 이루어지는 시기이고 상상력과 창의력이 풍부한 때이므로 교사는 유아들이 놀이, 이야기하기, 만들기, 표현하기 등을 통해 마음껏 상상력과 창의력을 발휘할 수 있도록 격려해 주어야 한다.

이 시기에는 언어 표현 능력이 놀라울 정도로 발전하게 된다. 많은 학자들에 따르면 2~6세의 유아에게는 이해와 표현을 포함한 말하기 능력이 주요과업이다. 4세까지는 모국어 문법의 기초를 터득하며, 6세까지는 어휘력이 보통 2500단어 정도로 늘어난다고 본다. 유아들은 남들 앞에서 말하기를 좋아하므로 유아들에게 자유롭게 자기의 생각, 감정, 경험 등을 말로 표현할 수 있는 기회를 만들어 주는 것이 좋다. 이와 함께 유아들에게 남의 이야기를 잘 경청하는 태도를 가르쳐 주는 것도 필요하다.

(1) 유아 *NIE* 의 필요성

유아에게도 *NIE* 수업이 유용하다. 신문은 문자 이외에도 그림, 사진, 만화 등의 다양한 표현형식을 갖추고 있으므로 한글을 모르는 유아들도 신문의 사진과 그림만을 통해서도 사람들의 살아가는 모습과 여러 가지 사회 현상을 알 수 있고, 거기에서 필요한 만큼의 정보를 습득할 수 있으며, 의사전달 방식을 익혀 나간다.

신문은 생활을 전하는 매체로 유치원 교육과정의 학습주제와 밀접한 기사 · 사진 · 그림 등을 많이 싣고 있어 이를 활용해 *NIE*수업을 진행할 수 있다. 특히 신문의 지면은 종합면, 사회면, 정치면, 경제면, 문화면, 교육, 레저, 스포츠 등 영역이 다양하기 때문에 어떤 한 주제에 대해 모든 영역에서 접근할 수 있는 주제중심의 통합교육을 할 수가 있다.

유아들이 다룰 수 있는 주제는 '로봇, 공룡, 꽃, 인형, 자동차, 명절, 옷, 김치, 각종 음식, 각종 과일, 패스트푸드, 각종 동물, 각종 탈것, 각종 도구, 각종 스포츠, 주유소, 사계절, 결혼, 병원, 우체국, 도서관, 소금, 물, 바다, 산, 우산, 신문, 책, 소리, 과자, 컴퓨터, *TV*, 박물관, 우리 몸, 게임, 물, 지구, 우주, 집, 친구, 선생님, 가족, 아빠, 엄마, 세계 여러 나라, 인종, 춤, 물고기, 직업, 선물, 용돈, 장난감 ' 등등 유아의 삶과 관련이 있는 것이 다 주제가 될 수 있다.

유치원에서 신문을 부분적으로 교육에 활용하려면 우선 교육과정을 분석해 교육목적과 목표를 고려해서 유아의 실생활과 관련 있고 흥미를 가질 수 있는 방법을 구체적으로 생각해야 한다. 유아의 반응을 유도해 내기 위해 시사문제를 아이들의 삶과 관련짓는 것이 중요하다. 아이들의 경험과 관련된 질문을 해야 유아도 관심을 보이며 참여하게 된다. 신문에서 유아의 수준에 맞고 유아의 생활과 관련되어 흥미를 보일 만한 부분을 가지고 함께 *NIE* 활동을 하다 보면 유아의 창의적인 사고력이 발달된다. 여러 가지 사진이나 그림, 짤막한 표제 등은 아이들의 시사적인 감각과 상상력을 자극하는 데 좋은 자료이며, 사회적인 문제들을 담고 있는 기사들은 아이들의 창의적인 문제해결력을 키우는 데 좋은 자료이다. 특히 광고에 쓰이는 사진이나 그림, 카피

등은 사람들의 이목을 끌어야 하는 광고만의 세계에서 볼 수 있는 창의성의 결정체라고 할 수 있다. 민감성이 발달하고 아직 고정 관념에 사로잡히지 않아 유연한 사고를 할 수 있는 유아기에 창의성을 키워 주어야 한다. 이런 활동들은 유아의 통합적인 발달에 도움을 준다.

초등학교에서도 교과과정에서 '잡지나 어린이 신문 등에서 주제에 알맞은 내용을 선정하여 말한다', '가족신문에 실릴 만한 내용을 글로 쓴다', '그림이나 사진, 표 등을 넣어 자신이 쓴 안내장이나 신문기사를 보기 좋게 편집한다', '우리나라의 자연재해지도나 신문기사를 보고 자연재해의 종류, 주요발생지역, 발생시기, 피해를 파악한다', '신문기사 등의 자료를 모아 북한 어린이들의 생활에 대하여 알아보자', '신문 자료를 이용하여 불공정 경쟁 사례를 찾아 그 폐해가 무엇인지를 분석하고……' 등 학년별 과목별로 부분적이나마 신문활용교육을 다루고 있기 때문에 초등학교와의 연계교육 차원에서도 유아 *NIE*는 필요하다.

(2) 유아 *NIE*의 유의점

어린이는 어른용 신문의 글자 크기가 작고 밀도가 빽빽하기 때문에 복잡하고 어렵다고 느낀다. 유아의 경우 문자를 모르거나, 알아도 다양한 영역의 글을 받아들이기 어려운 수준이므로 찾고 이해하는 정도에서 학습활동이 이뤄질 수밖에 없다. 그래서 *NIE* 활동을 시작할 때는 어린이들에게 부담이 되지 않도록 신문을 장난감처럼 놀이로 접근하는 것부터 시작한다. 나아가 신문에는 유아가 필요로 하는 것도 많이 있다는 생각을 심어 주고 교사가 제시한 조건에 맞는 물건이나 사람 등을 신문에서 찾는 활동부터 시작하는 게 좋다. 유아에게는 글자가 많은 기사보다는 사진이나 광고, 삽입 광고지 등을 활용하는 것이 더 효과적이다. 신문을 이용하여 놀고 만들고 오리고 찢고 붙이고 그리고 색칠하고 꾸미고 모으는 가운데 자연스럽게 신문과 친숙해지면서 자연스럽게 평생을 두고 신문을 보고, 읽고, 정보를 찾아 활용할 수 있게 될 것이다.

유아의 *NIE* 활동은 교사나 부모님이 도와 주고 활동을 함께 해 주어야 한다. 어른 중심의 신문내용이 유아들에게 의미 있는 내용이 되기 위해서는 교육과정의 생활주제와 맞는 교육적인 기사나 그림, 사진 등을 선택해 유아의 이해 수준에 맞추어 내용에 어긋나지 않도록 기사를 개작하거나 짧은 동화로 만들어 주어야 한다. 글자가 작으면 확대복사를 해서 사용하고, 어려운 말이 나오면 교사가 설명을 해 주도록 한다. 어떤 자료들은 찾으려면 쉽게 눈에 띄지 않는 자료도 있는 만큼, 교사나 부모가 미리 스크랩해 놓았다가 제시해 주면 좋다. 교사는 유아들이 신문으로 공부하는 것이 즐겁고 유익하다는 인식을 주도록 해야 한다.

*NIE*는 저학년부터 꾸준히 수행하여 차츰 내공을 쌓을 수 있도록 프로그램을 만드는 것이 중요하다. 교사는 활동지를 고안하여 적절히 활용하도록 한다.

NIE 활동은 경우에 따라서는 공동작업을 하는 것이 좋다. 자기 생각에 빠져 있는 것보다 외부의 자극을 받고 선의의 경쟁도 하는 것이 창의성 계발에 효과적이며, 다른 사람의 생각을 받아들이는 과정에서 사고의 폭도 넓어지고 협동심도 기를 수 있다. 또 만들어진 작품은 잘 모아 놓으면 어린이의 지적인 성장과정을 한눈에 알아볼 수 있게 되며 학습능력을 종합적으로 평가할 수 있는 자료가 될 것이다.

NIE 활동의 교육적 효과는 단시일 내에 드러나지 않는다. 처음부터 큰 욕심을 부리지 말고 인내심을 갖고 꾸준히 지도하면 반드시 좋은 효과를 얻을 수 있다. 아이들은 자기가 하는 일에 다른 사람이 관심을 가지고 보아주면 그것만으로 무척 신나 한다. 가능한 한 칭찬을 아끼지 말고 해야 한다. 교사는 정해진 답을 요구하지 말고 미흡해도 어린이 스스로 *NIE* 활용자료를 만들어 보게 하여 성취감을 갖게 해 주고, 어린이가 좀 더 나은 아이디어를 생각해 내고 창의적인 작품을 만들 수 있도록 유도해야 한다.

유아는 쓰기의 부담을 갖지 않도록 먼저 자신의 생각을 말하는 것부터 시작해야 한다. 문자해독 능력이 없는 유아도 추론이 가능하다. 자신의 판단을 가지고 추론하여 의견을 표명하는 것은 일단 논술의 기초적 형태라 할 수 있고, 일상생활 가운데서 유형무형의 논술을 실행하는 것이 된다. 두 가지의 사물을 비교하여 공통점과 차이점을 안다든지, 어떤 사건의 원인과 결과의 관계를 인식한다든지, 사회적으로 유익한지 해로운지를 판단한다든지, 주장에 대해 이유를 댈 수 있다든지, 전후순서를 안다든지, 사건의 전과 후에는 무슨 일이 벌어졌는지 벌어질지를 추측해 본다든지, 순서설명을 할 수 있다든지 하는 것들은 다 논리적인 사고이기 때문에 그런 연습을 반복해서 하다 보면 결국 유아논술도 가능하게 된다.

(3) 유아 *NIE* 에서 다루는 영역

1 신문살피기

신문전체를 살피면서 어떤 내용이 담겼는지 알아본다. 신문과 친해지는 활동이다.

스케치북에 표를 만들고 스크랩한 기사나 사진을 붙인 뒤 그 내용에 관한 어린이의 생각을 적도록(말하도록) 한다. 스크랩 대상은 오늘의 날씨, 운동선수 사진, 광고 중에서나 또는 가족에게 필요한 물건과 값, 해외토픽, 먹고 싶은 음식, 가보고 싶은 곳, 가족이 함께 볼 수 있는 방송 프로그램, 보고 싶은 영화와 상영 극장 및 상영 시간 등 유아가 관심을 갖고 흥미를 갖는 부분이다.

2 정서영역

감정에 따라 사람은 다양한 표정을 하게 된다. 신문에는 사람의 감정 상태를 나타내는 사진이 많이 실린다. 그 표정을 보고 사람의 감정을 익히고, 감정 상태를 다양한 형용사로 표현하게 할 수 있다. 표정을 다양한 의태어나 의성어로 나타내게 할 수도 있다. 음식맛에 따라서도 사람의 표정이 달라질 수 있다. 좋아하는 음식을 찾게 하고 그 음식을 먹었을 때의 기분이나 표정을 나타내게 할 수도 있다.

기준을 제시하고 일정 기간 동안 신문에 나온 사람 가운데 조건을 만족시키는 얼굴을 찾아 분류시킨다. 조건은 갈수록 구체적으로 단계를 높여 제시하는 것이 좋다. 문자를 아는 경우 사진에 나온 인물의 표정을 살핀 뒤 관련 기사를 읽고 왜 그런 표정을 지었는지 이유를 요약하도록 해도 된다. 표정을 살피며 처한 상황을 추론시킬 수도 있다. 기사를 읽은 뒤의 느낌을 얼굴 표정으로 나타내게 할 수도 있다. 날씨와 사람의 감정을 연결시켜 날씨 기호로 나타내 보는 활동도 가능하다.

3 인성영역

신문은 어른들을 위한 것이지만 아이들을 위한 자료도 풍부하다. 특히 인성교육을 할 만한 자료가 많이 들어 있다. 작금의 사회면에 실리는 온갖 흉악한 범죄들은 어떻게 보면 인성교육의 부재에서 비롯된 것이다. 인성교육의 필요성은 아무리 강조해도 부족하다. 인성(人性)이란 '환경에 대하여 나름으로 반응하는 일관적인 행동의 구조와 역동의 특성'을 말한다. 인성의 덕목 및 인성교육의 지도요소는 개인적으로는 생명존중, 자주, 성실, 절제, 실천의지, 사회적으로는 예절, 효도, 우정, 봉사, 경애, 화목, 공공질서, 협동, 공익, 공정, 용기, 민주적 판단, 국가적으로는 국가애, 인류애 등을 들 수 있다.

넓은 의미의 인성교육은 인간의 모든 바람직한 특성을 골고루 개발하는 것을 목표로 하는 전인교육이다. 인성교육은 모든 사회조직에서 지 · 정 · 의를 조화롭게 발달시키는 심성교육, 건전하고 올바른 가치판단 능력을 갖춰 인간다운 삶을 누릴 수 있도록 해 주는 가치교육, 공동생활의 기본원칙과 원리를 알고 도덕적 행위를 실천할 수 있도록 하는 도덕교육 등 세 가지로 구성된다.

유아의 경우 인성교육으로서 공동체 의식 배양, 기본 생활 습관 형성, 기초 도덕교육 등이 적절하다. 아이들은 자기중심적이기 때문에 사회생활을 하려면 다른 사람의 감정도 중요하게 생각하고 배려해야 한다는 사실을 가르쳐 주어야 한다.

신문은 각계각층의 다양한 사람들과 수많은 사건들을 다룬다. 신문에 실린 봉사활동 기사, 선행이나 감동적인 미담 기사를 통해서는 그것을 본받게 하고, 사회적인 문제가 될 수 있는 기사를 통해서는 무엇이 문제이며, 원인과 해결 방법은 무엇인가를 생각해 보도록 한다. 또한 어떤 한 가지 사건에 얽힌 여러 사람들의 입장에서 봄으로써 그들의 처지를 이해하게 되고, 그럴 때 자기 자신의 마음이 어떠했는가를 느껴보게 함으로써 타인을 배려하는 마음을 가질 수 있다.

어린이들은 신문활용교육을 통해 사회현상을 바르게 파악하고 이웃·나라·세계를 더 생각할 줄 아는 건전한 가치관과 바람직한 인성을 효과적으로 함양할 수 있다.

4 창의성 영역

창의성(創意性)이란 비교적 새로우면서도 기발하고 유용한 아이디어를 창출하려는 성향을 말한다. 흔히 사고의 +, −, ×, ÷ 등으로 표현되는데 기존의 아이디어에 다른 무엇과 결합하기, 확대 및 축소하여 수정하기, 목적에 맞게 조절하기, 용도 바꾸기, 다른 것으로 대치하기, 제거하기, 압축시키기, 재배치하기 등의 사고방식을 일컫는다. 더 큰 것, 더 작은 것, 더 편리한 것, 더 빠른 것, 더 나은 것, 더 적절한 것, 더 참신한 것 등 그러면서도 가능한 대안을 생성해 내는 사고과정이다. 유아의 경우는 이해하는 능력보다는 창조하는 지능이 더 뛰어나다고 한다.

창의적 사고를 증진시키기 위한 방안으로는 짧은 시간 내에 특정한 주제에 대해 생각나는 아이디어를 많이 산출하는 브레인스토밍을 들 수 있다. 특별한 물품이나 상황에 대한 특징을 목록으로 만들어 각각의 특징에서 새로운 아이디어를 만들어 내는 속성연결법, 둘 이상의 아무 관련 없는 것을 강제로 결합시켜 새로운 아이디어를 창출하는 강제결합법, 어떤 사물이나 사태가 어떻게 되었으면 좋겠다고 생각되는 내용을 구체적으로 열거하고 문제를 선택하여 해결하는 희망사항 열거법 등이 이에 속한다.

또 에드워드 드 보노의 *PMI*기법도 활용된다. P(*Plus*)는 좋은 점, M(*Minus*)은 나쁜 점, I(*Interest*)는 아이디어에 관해 발견한 흥미를 나타낸다.

창의성의 요인으로는 미국의 심리학자 길포드가 문제의 감수성, 사고의 유창성, 유연성, 독창성, 정교성 등 5가지를 들었다. 신문수업을 할 때 민감성은 정서법에 어긋나는 부분 찾기, 숨은 그림 찾기, 교통사고 사진에서 사고 원인 찾기, 스포츠 반칙 장면 찾기, 이상한 사진 찾기, 공통점과 차이점 찾기 등을 통해 증진될 수 있다. 유창성은 기사나 사진을 보고 연상되는 말 생각하기, 해결방안 찾기, 사진 보고 질문 만들기, 게임 만들기, 대화 내용 상상하기 등을 통해 계발될 수 있다. 융통성은 사진의 인물 보고 색다른 질문하기, 속성에 따른 다른 용도 찾기, 친숙한 주변 사물의 특성을 파악하여 광고에 활용하기, 패러디하기, 입장 바꿔 기사 쓰기 등으로 길러진다. 독창성은 사진 강제결합해서 이야기 꾸미기, 자신만의 해결책 찾기, 여행계획 세우기, 4컷 만화 완성하기, 상품광고 만들기, 광고보고 더 편리한 제품 구상하기, 마스코트 제작하기 등을 통해 길러진다. 정교성은 사건 사고 장면의 사진이나 기사를 읽고 원인과 결과 찾기, 주장과 근거 찾기, 3행시 짓기 등을 통해 향상된다.

5 논리영역

논리는 논의나 추리 따위를 끌고 나가는 조리다. 논리력을 키우는 교육의 시작은 언어이다. 자신의 의사를 말로 충분히 표현할 수 있는 5세 이후부터 논리교육을 시작할 수 있다고 한다.

자신만의 생각이나 관점이 나타난 주관적 판단, 개인적 관점을 떠나 제3자의 입장에서 사물을 보는 객관적 판단, 어떤 대상의 일반적이고 본질적인 특징을 반영한 개념, 개념의 겉모습인 외연, 속모습이자 특성인 내포, 구분하기, 두 개념 중 다른 개념을 포섭하는 상위개념, 다른 개념에 포섭되는 하위개념, 두 단어가 서로 대립되는 의미를 가지는 반의관계, 중간개념이 없는 모순관계, 중간개념이 있는 반대관계, 서열화, 추리하기, 차이점 비교하기 등이 논리영역에 해당한다.

6 언어영역

유아 *NIE*에서 가장 큰 교육적 효과를 기대할 수 있는 것이 바로 언어영역이다. 3세가 되면 문자교육을 시작할 수 있다. 새로운 정보에 대한 흡수 능력이 뛰어나고 문자를 이해하며 읽을 수 있는 언어능력이 잠재된 때이다.

유아에게 *NIE*를 적용할 경우 어휘 수만 늘어나는 데 그치는 것이 아니다. 기사를 듣거나 읽고 분석하며, 자신의 의견을 발표하는 가운데 비판력과 글쓰기 기초인 지식의 축적이 이루어진다.

신문을 활용해 언어영역을 지도할 경우 문자를 모르는 유아에게 글자놀이를 하는 방법과 신문을 읽어 주고 그림일기로 표현하게 하는 방법도 있을 수 있다. 신문을 활용해 문자교육을 하는 이유는 도식화된 책보다 신문내용이 친근감이 있고 생활에 관련된 기사가 많아 효율적으로 학습할 수 있기 때문이다.

7 수리 탐구영역

유아는 3세가 되면 수 세기를 시작할 수 있다고 한다. 일 대 일 대응과 도형, 순서대로 숫자 늘어놓기 등은 3세 이전에 가능하지만 본격적인 수 익히기 활동은 3세 이상부터 가능하다. 신문에 나오는 그림과 숫자를 이용해 재미있는 수 익히기를 할 수 있다.

(4) 주제중심 유아통합 논술

신문을 활용해 다양한 주제에 접근하면 어린이들의 사회화나 지적 역량을 넓혀 나가는 데 다른 교재보다 훨씬 민감하게 받아들이는 효과를 얻을 수 있다. 계절, 그 중에서도 '여름'을 주제로 학습하려면 여름과 관련하여 생각나는 게 무엇인지 브레인스토밍을 한다. 여름 의류, 여름 음식, 여름행사(방학, 휴가) 등으로 묶어서 그에 해당되는 기사와 사진을 소주제별로 나눠 찾아 붙인다. 문자를 모르는 경우에는 사진이나 그림만 분류해서 붙여도 훌륭하다.

언어와 관련지어서는 여름과 관련된 단어잇기를 할 수도 있고, 그 단어를 조합해 짧은 글짓기를 하거나 관련 단어의 머리글자로 삼행시나 사행시 등을 지을 수 있다. 여름과 관련된 동시를 읽어 주고 느낌을 표현하게 해도 된다. 여름 이야기가 나오는 다른 책들을 읽거나 들려줄 수도 있다. 여름에 가장 하고 싶은 일은 무엇인지 물어도 좋다. 신문에서 여름철에 하는 행사를 찾아볼 수도 있다. 여름에 속한 절기를 알아보고 민속을 얘기해도 된다. 여름에 휴가를 계곡으로 갈지 바다로 갈지 가족 간에 의견이 반반으로 나뉜 가상 상황을 주고 어떻게 해결하면 좋을지 논리적으로 상대방을 설득하는 토론(가족역할극)을 해 보게 하는 것도 논리적인 말하기 훈련이 되어 문제해결 능력을 키워 준다. 여행계획을 세워 보는 것도 좋다.

자연과학과 관련된 학습으로 여름의 식물을 보러 자연학습을 나갈 수도 있다. 가지나 감자, 고구마 등 여름 채소를 보아도 좋고, 참외, 수박, 포도 등의 제철 과일을 보는 것도 좋겠다. 모기나 파리, 매미 등 여름 곤충의 한살이에 대해서도 알아볼 수 있다.

신문의 일기예보란에서 여름 날씨 기사를 찾아 여름 날씨의 특징을 나타내 보게 할 수도 있다. 환경, 과학과 관련하여서는 태풍, 비, 장마, 홍수, 천둥, 번개, 무지개 등 여름에 일어나는 자연재해나 기상 현상 등에 대해서도 알려 줄 수 있다.

음악 관련 학습으로는 여름노래 부르기 시합을 해도 좋다. 여름과 관련된 음악을 들으면서 율동을 할 수도 있다. 여름의 느낌을 노래로 부르게 해도 좋다.

미술 관련 학습으로는 여름의 느낌을 다양한 색으로 나타내는 그림을 그릴 수도 있고, 여름에 피는 해바라기 꽃을 만든다든가 그린다든가 공작물, 종이접기 등을 할 수도 있다. 관련 사진을 오려 붙이고 여름을 주제로 하는 마인드 맵 형식의 *NIE*활동을 할 수도 있다.

체육과 관련하여서는 여름에 시원한 물놀이, 휴가 가서 경험한 것 등을 느낌을 신체로 표현할 수도 있다.

음식과 관련지어서는 냉면, 삼계탕 등 여름에 더위를 이기기 위해 먹으면 좋은 음식이나 여름에 나는 제철과일과 채소 이름, 어류 이름 등을 알아맞힐 수도 있다.

이 주제활동은 계절이 생활에 비치는 여러 영향을 깨닫고 자연의 변화에 대해 민감해질 수 있는 감수성과 융통성 등 창의성을 키워줄 수 있다. 이런 식으로 생활과 밀접한 여러 가지 주제에 통합적으로 접근이 가능하다. 신문을 활용해 다양한 주제에 접근하면 어린이들의 사회화나 지적 역량을 넓혀 나가는 데 다른 교재보다 훨씬 민감하게 받아들이는 효과를 얻을 수 있다.

여름이라는 하나의 주제를 가지고 수업을 진행할 수도 있지만 일기예보란 등 신문의 면을 하나 선택해서도 통합적인 활동을 할 수가 있다. 우리나라 독자들이 종합면 다음으로 관심을 보이는 면이 일기예보가 나오는 사회면이라고 한다. 그래서 신문의 첫 장 왼쪽 꼭대기에는 일기예보가 간략하게 따로 나오기도 한다.

사회면에 나오는 일기예보란을 오리면 우리나라 지도가 나오고, 기호도 나온다. 온도도 나오고, 세계의 날씨도 나오고, 날씨 관련 칼럼도 나오고 가끔은 날씨와 관련된 시도 나온다. 지도를 확대해서 준 다음에 점선을 따라 오리고 퍼즐 맞추기를 하면 자연스럽게 충청도, 경상도, 서울, 광주 등의 지명을 익힐 수 있다. 이는 초등학교 3학년에 나오기 시작하는 지도보기의 시초이기도 하다. 지리사회 과목과 연결되는 부분이다. 우리나라(세계)에서 가장 더운(추운) 지방은 어디인지도 가르쳐 줄 수 있다. 날씨 따라 각 지역의 특산물이 달라지는 것도 재미있는 일화를 곁들여 가르쳐 줄 수 있다. 김치만 해도 지역별로 종류와 소의 재료, 간의 정도, 저장방식 등이 다르고 바닷물의 온도에 따라 어족들도 달라지지 않는가?

국어와 관련지어서는 날씨의 종류, 날씨 관련 속담 등을 아는 대로 말해 보게 할 수 있고, 자신의 기분을 날씨 기호로 나타내게 하고 그 이유를 말해 보게 할 수도 있다. 다양한 날씨를 문학적으로 표현한 문장으로 써 보게 할 수도 있다. 날씨 이야기가 나오는 시나 동화를 말해 보게 할 수도 있다. 날씨에 따라 영향을 받게 되는 직업의 종류를 말해 보게 할 수도 있다. 일기예보가 틀려서 휴일에 놀러갔다가 비를 맞거나 황사 때문에 낭패를 당한 경험도 있을 수 있다. 그러한 일기예보에 따른 경험을 글로 써 보게 할 수도 있다. 기상캐스터가 되어 일기예보를 해 보게 할 수도 있다.

수학과 관련하여서는 가장 높은 온도를 알아맞히기, 가장 낮은 온도를 알아맞히기, 둘의 온도차를 알기, 작은 수에서 큰 수로 차례대로 나열해 보기 등을 할 수 있다. 해가 뜨는 시각과 지는 시각을 보고 낮과 밤을 이해하고, 시계판에 낮의 길이와 밤의 길이를 표시하게 할 수도 있다. 전국의 날씨를 그래프로 그려보기나 각 도시의 최저온도와 최고온도 사이의 차를 계산하여 일교차 표 만들기나 동서 지역과 남북 지역의 기온차 알아보기 등을 할 수도 있다.

미술과 관련하여서는 날씨 이야기를 읽고 느낀 대로 그려보기도 한다. 날씨 기호를 종류별로 따라 그려보게 할 수도 있다.

음악과 관련하여서는 다양한 날씨와 관련된 노래를 불러 볼 수도 있다.

과학과 관련지어서는 날씨는 왜 변하는지, 바람, 태풍, 황사, 가뭄, 장마 등은 왜 생기는지 각종 기상현상의 원인에 대해 가르쳐 줄 수 있다. 일기예보는 어디서 어떻게 하는지, 어떻게 날씨를 미리 알 수 있는지, 기상청이 하는 일은 무엇인지에 대해서도 가르쳐 줄 수 있다. 우리는 일기예보로 아는데 옛날 사람은 날씨를 어떻게 미리 알았는지에 대해서도 가르쳐 줄 수 있다. 해시계, 첨성대 같은 과학기술 문화유적에 대해서도 공부할 수도 있다.

날씨 따라 어떤 질병이 잘 생기는지도 공부할 수 있고, 태풍과 홍수나 산사태로 인해 수재민이 발생했을 경우 이웃을 돕는 아름다운 마음에 대해서도 가르쳐 줄 수 있다. 날씨와 온도에 따라 장사가 잘 되어서 기분이 좋은 사람과 장사가 잘 안 되어 기분이 나빠지는 사람이 누구인지, 온도에 따라 어떤 물건들이 더 잘 팔리게 되는지도 알아맞힐 수 있다. 날씨가 춥고 더움에 따라 사람들이 먹는 음식이 어떻게 달라지는지, 더위와 추위를 이기기 위해 사람들은 무엇을 먹었는지, 사는 집의 구조는 어떻게 달라지는지, 더위와 추위를 피해 어떤 형태로 집을 지었는지, 농작물의 종류는 어떻게 바뀌는지, 날씨가 인간의 삶에 미치는 각종 영향들을 공부할 수 있다. 날씨는 인간의 의식주뿐 아니라 지도까지 바꾼다. 과거에는 날씨 때문에 곡물이 잘 생산되지 않으면 부족이 더 좋은 땅을 찾아 이동하는 가운데 전쟁이 일어나기도 하였다.

이렇게 일기예보 하나만 가지고도 국어, 미술, 수학, 사회, 과학, 음악, 경제 등의 다양한 과목을 무리 없이 통합적으로 끝낼 수 있으며 그러고 나서도 아이는 힘들게 공부했다는 생각을 못하고 즐거워한다.

(5) 지면 구성 요소별 유아 *NIE* 지도 프로그램

1 기사를 활용한 유아논술

제목 큰 소리로 읽어보기, 기사제목의 큰 글자 따라 쓰기, 가장 (긴/짧은) 제목 찾기, 제목 보고 본문에 무슨 내용이 나올지 알아맞혀 보기, 제목에서 네 글자, 세 글자, 두 글자, 한 글자로 된 단어를 찾아 차례대로 쌓아 단어피라미드 만들기, 제목만 보고 가장 기분 좋은 기사 찾기, 제목만 보고 엄마(아빠, 선생님)가 보면 좋을 기사 찾기, 나에게 가장 중요하다고 여겨지는 기사를 찾아 그날의 톱기사와 비교해 보기, 생략된 제목을 완전한 문장으로 바꾸기, 제목 중에 한 문장을 찾아 현재와 과거와 미래로 시제를 바꿔보기, 기사제목이나 광고 문장의 종결어미를 바꿔 평서형, 의문형, 청유형, 명령형, 감탄형 등 여러 유형의 문장의 형태를 익히기, 신문의 큰 활자에서 자음자와 모음자를 색연필로 다르게 표시하기

어디서 숨 쉬는 게 좋을까(끊어 읽어야 하는 부분 찾기), 신문에서 'ㅂ, ㅃ, ㅍ' 소리가 들어 있는 낱말을 찾고 친구와 정확히 발음하기, 'ㄱ, ㄲ, ㅋ'소리가 들어가는 낱말을 찾고 정확하게 발음하기, 'ㄷ, ㄸ, ㅌ'소리가 들어있는 낱말을 찾아서 발음해 보기, 'ㅈ, ㅉ, ㅊ' 소리가 들어 있는 낱말을 찾아 정확한 발음으로 읽기, 'ㅑ, ㅕ, ㅛ, ㅠ'소리가 들어가는 낱말을 찾아서 읽기, 문장부호 익히기, 문장부호를 찾아서 문장부호에 어울리게 글을 읽기, 낱말(문장)을 의성어, 의태어로 표현하기, 흉내내는 말 찾기, 의성어 의태어를 넣고 짧은 글짓기하기, 신문 기사에 등장하는 비유를 찾아 비유법 배우기, 기사와 관련된 속담 공부하기, 기사의 내용을 읽어 주고 세부사항을 기억하는지 시사퀴즈내기, 신문의 기사 중 6하 원칙 요소들을 찾아 발표하기, 앞말 이어가기, 가운데말 이어가기, 세 글자말 두 글자말 이어가기

자기의 이름(가족, 동물, 자동차, 과일, 음식 이름 등) 찾아 오리기, 가장 (뚱뚱한/홀쭉한, 큰/작은, 납작한) 글자 찾기, 특정한 모양 (네모, 세모, 동그라미)의 글자 찾기, 다양한 글자체 비교하기, 특정한 자음이나 모음이 들어간 글자를 찾아보기, 자음과 모음의 소리를 구별해 읽고 자음과 모음을 합성해 글자 만들기, 받침이 없는 글자를 찾기, 교사가 제시한 특정한 글자를 찾아 읽고 오려 붙이기, 한 단어를 선택해 각 글자로 시작되는 단어들 알아보기, 순우리말이나 한자, 영어 등의 외래어를 찾아

동그라미 표시하거나 종류별로 오려붙이기, 외국 글자 마을 만들기, 외래어를 우리말로 바꿔보기, 끝말잇기 글자 찾기

가장 (큰/작은) 숫자 찾기, 신문에 난 사람 10명 찾기, 나라(도시) 5개 찾기, 자기 집 전화번호 숫자 찾아 오려붙이기, 1부터 10까지 차례로 찾아 오려붙이기, 신문지 페이지 수 세어보기, 신문에서 가장 큰 숫자와 작은 숫자 오려붙이기-나이, 생일, 가족 수 등, 계속해서 같은 모양의 숫자를 찾아 오려붙이기, 숫자 읽기-숫자와 연관된 물건 찾기-끝자리에서 3개마다 점찍기

기사의 뒷이야기 상상하기, 기사를 읽고 간단하게 간추려 중요한 내용을 친구에게 말하기, 기사의 주인공을 나(가족, 친구)로 입장 바꿔보기, 기사에 등장한 인물을 재판하기, 사건의 원인과 결과 알기, 다음 행동 예측하기, 스포츠 기사 읽고 중계하기, 신간 어린이 책 안내 기사 읽고 책 소개하기, 기사를 마인드맵으로 만들기, 인터뷰 기사 읽고 인물의 업적에 대해 알기, 기사를 그림으로 나타내기, 미담 사례를 읽고 느낌이나 생각을 이야기하기

몸과 관련된 단어(건강, 키, 옷, 구두, 손 등)나 날씨, 스포츠 등의 주제어를 주고 그와 관련된 그림이나 단어 찾기

일일기자가 되어 유명한 사람을 가상 인터뷰해 보기, 역할극하기, 인물 소개하기, 기사를 보도하는 앵커놀이하기

2 사진을 활용한 유아논술

신문 표정과 같은 표정 따라 해 보기, 다양한 사람의 감정과 표정 익히기, 감정을 나타내는 형용사 알기, 상황 따라 어떤 표정을 지어야 하는지 알기, 표정을 음식맛과 연결시키기, 가장 기쁜 표정과 슬픈 표정 찾아보기, 말이 없는 사진 속의 사람의 표정을 보고 그 사람의 감정을 추측해서 말풍선 달기, 사진에 나온 인물의 표정을 살핀 뒤 그런 표정을 지은 이유를 말해 보기, 사진 속 인물의 표정을 살피게 한 뒤 그 사람의 감정과 처한 상황을 추론하기, 기뻐하는 사람의 사진을 보고 축하해 주기, 슬퍼하는 사람의 사진을 보고 위로의 말 전하기

사진 속 모습을 관찰해 다양한 소리나 몸짓을 흉내내며 감정이나 의사표현 방법 익히기, 성난 시위대가 '우르르' 몰려가는 모습, 상을 타서 '벙실벙실' 웃는 모습, 화가 나서 '고래고래' 소리를 지르는 모습 등 사진을 보고 다양한 의성어나 의태어를 말하기, 사진에 꽃이 핀 장면이나 잎이 무성한 장면, 단풍이 든 장면, 낙엽이 떨어지는 장면, 열매맺은 장면 등을 다양한 의성어나 의태어로 표현하기

사진 보고 느낀 점 말하기, 인물 사진 보고 똑같은 동작해 보기, 세계적인 인물 사진 보고 이름 알아맞히기, 사진을 붙이고 연상되는 말 써 넣기, 상상의 전화기를 들고 신문에 난 사람과 통화하기, 상황이 전혀 다른 몇 장의 사진을 오려붙여 놓고 강제 결합시켜 서로 관련성이 있는 것처럼 한 편의 이야기를 꾸미기, 6하 원칙에 맞게 사진을 설명하게 하기, 사진에 말풍선 달기, 편리하지만 위험한 물건 찾고 설명하기, 소리 나는 물건 찾아 소리 써 보기

교사가 제시하는 기준을 만족시키는 사람 찾기(안경 쓴 사람, 치마 입은 사람, 넥타이 맨 사람, 모자 쓴 사람……), 잘 한 사람 찾아 칭찬하기

그림 카드 만들기, 예쁜 사진이나 그림을 찾아 선생님께 드릴 카드 만들기, 물건들 오려서 내 방 예쁘게 꾸미기, 우주 꾸미기, 사진들 오려서 크리스마스 트리 꾸미기

전신사진 보고 각 부분의 명칭과 기능 알기, 남자와 여자 구분하기, 같은 점과 다른 점 찾기, 부분과 전체 알기, 무엇으로 만들어졌나 알기, 사진을 찾아 그 안에 들어있는 것의 이름을 말할 수 있는 대로 모두 말해 보기(사물과 사람의 부분 명칭들을 포함해서), 사진 합성하여 인물(동물, 물건) 사진 꾸미기, 반대 개념 알기(크고 작고, 많고 적고, 위, 아래, 좌우, 남자와 여자……), 가족 사진 만들어 가족 소개하기

숫자만큼 찾기, 수 분류하기(○○보다 큰 수, 작은 수), 똑같이 놓아보기(바둑판), 숫자 따라가며 색칠하기(바둑판), 사진 속 사람의 수 세기, 원하는 수만큼 묶기, 분류하기(물건, 사람, 글씨……), 덧셈, 뺄셈, 순열 가르치기

가족(우리 집)에게 필요한 물건 찾기, 우리나라를 나타내는 것 찾아 오려붙이기, 우리나라 사람과 다른 나라 사람 찾기(동양인과 서양인), 신문에 등장하는 각 나라의 국기 알아보기, 사건이 발생한 나라의 위치 알아보기, 각 나라를 상징하는 것 알아보기, 여행갈 때 필요한 물건 찾아 가방 속에 넣기, 숨은 그림 찾기, 시골(도시, 산, 바다)에서 나는 것 찾기

봄(사계절)이 오면 달라지는 것은? 관련사진 찾아 붙이고 글로 표현하기, 꽃, 농산물, 과일, 옷차림, 난방용품, 냉방용품 등 사계절이 반영된 사진을 보고 계절 알아맞히기, 계절, 절기, 명절 관련 사진으로 관련 상식 알기, 음식과 관련된 사진을 찾아 붙이기

좋아하는 스포츠 선수 오려붙이고 선수 흉내내기, 그 경기의 내용, 경기언어, 규칙 등을 알아보기, 운동선수 복장에 따라 어떤 종목인지 알아맞히기, 운동경기 사진을 찾아 모두 오리고 그 밑에 경기의 이름과 경기에 필요한 선수들의 수를 쓰고 가장 경기 인원수가 많은 운동 경기에 동그라미 하기, 스포츠 선수나 인기 연예인, 정치인, 외국인 등 인물의 이름을 다섯 고개, 스무 고개 등으로 정답의 힌트를 주어가면서 알아맞히기

본받고 싶은 사람이나 닮지 말아야 할 사람, 꼭 알아둬야 할 사람 정하기, 그 사람이 왜 신문에 났을까 추론해 보기, (소방대원, 경찰, 군인 등) 제복을 입은 사진 보고 다양한 직업군 알아맞히기, 장래 되고 싶은 사람을 신문에서 찾아 오려붙이고 그 이유를 말하기

운세표-동물 사진 오려붙이고 울음소리 흉내내고 써 보기, 그 동물의 특성(모습, 성격)에 대해 알아보고 써 보기, 그 동물이 등장하는 동화 알아맞히기, 가족들 띠 알기, 다리가 두 개(네 개)인 것, 이름이 한 글자인 것, 두 글자인 것, 세 글자인 것, 가축, 육식 동물, 초식동물, 상상의 동물과 현실의 동물 등으로 구분하기, 동물들의 사진을 오려붙이고 동물의 소리와 모양을 흉내내기

각종 교통수단을 찾게 하고 육상, 해상, 지상 교통수단 등으로 기준을 제시해 분류시키기, 가장 빠른

교통수단 찾기, 교통수단의 세부 종류, 각 교통수단의 차이점과 이용방법을 알아보기, 교통요금의 차이와 그 이유 알기, 옛날의 교통수단과 비교하기, 미래에 나올 만한 교통수단 상상하기, 교통수단을 이용할 때 지켜야 할 규칙, 고통사고의 위험, 노약자에게 자리 양보하는 예절 가르치기

신문사진의 배경을 보고 어느 장소인지를 알아맞히기, 학교, 국회, 법원, 사무실, 식당, 극장, 횡단보도, 전철 안 등 다양한 장소에서 어떤 일을 하는지 배우기, 공공장소에서의 꼴불견 알기, 반드시 지켜야 할 공중도덕에 대해 알기, 신문에서 인사하는 장면이나 인사말 찾기, 신문에 실린 여러 사람의 사진을 놓고 인사말 만들기

자신이 좋아하는 것 찾기, 좋아하는 그림이나 사진을 오려붙이고 좋아하는 이유 쓰기, 선물하고 싶은 물건 찾기, 구할 때 얼마가 들지 합산하기, 얼마의 돈이 있다고 가정하게 하고, 광고사진에서 자신이 사고 싶은 것을 고르게 하고, 자신이 원하더라도 모두 가질 수 없고 원하는 것을 다 가지려면 돈이 있어야 한다는 경제관념 익혀 주기

사진을 보고 그때의 상황을 설명하게 하기, 한 장의 사진을 보고 상황을 설명하게 한 뒤, 현재의 앞뒤 상황을 추론하게 하기, 상황 설명이 끝나면 발표했던 내용을 사진의 앞뒤에 글로 적게 하거나 그림으로 표현하게 하기, 여러 장의 사진을 놓고 비교하거나 장면이 비슷한 사진을 놓고 비교해 가며 공통점과 차이점을 찾게 하기, 사진을 따라 똑같이 혹은 더 확대해서 그리기, 잘라진 부분 상상하여 그려 넣기, 물건의 반쪽을 오려내고 대칭되는 나머지 부분을 완성시키기

눈이 하는 일 찾기(입, 코, 귀, 손, 발이 하는 일……), 인체 상반신만 주고 하반신 그리기, 인체의 특징과 각 부분의 명칭과 기능을 알게 하기, 또 사람의 머리카락을 제외한 몸만 오린 다음 그 사람의 헤어스타일이나 의상을 다양한 색상과 모양으로 디자인해 보게 하기, 한복 입히기, 외국인 찾아보기

물건의 이름을 바꾸어 짓고 그 이유 말하기, 생물과 무생물의 개념 잡아주기, 무생물을 생물로 바꿔서 사물을 의인화하여 생각하게 하고 대화 나누기, 사물 고유의 용도 알기, 겉 표면이 거친 물건과 매끄러운 물체의 사진을 찾아 붙이기, 단단한 것과 물렁한(무른) 물체의 사진을 찾아 붙이기
해외에서 일어난 일 세계지도 놓고 위치 알기, 신문의 사진 뒤에 하드 페이퍼를 대고 조각수를 정해 선을 긋고 조각을 낸 다음 이를 짜 맞추게 하는 퍼즐게임하기, 친구와 짝을 이뤄 신문에 나온 그림을 오려 숨기고 다섯 가지 문제를 내고 맞히는 게임하기, 특정한 모양(동그라미, 세모, 타원형 등) 의 그림 오려붙이기, 모자이크하기

3 광고를 활용한 유아논술

신문 광고 가운데 오리고 자기(가족) 이름 넣어 광고하기, 자신의 의식주에 필요한 것을 신문에서 찾기, 가족에게 필요한 물건 찾기, 내가 지금 갖고 싶은 물건을 있는 대로 찾아 오려붙이기, 친구에게 선물해 주고 싶은 것 2가지를 오려붙이고 이유 쓰기, 엄마가 입으시면 예쁘겠다고 생각되는 옷을 오려붙이기, 아빠가 사용하는 물건을 2개 찾아 오려붙이기, 명절이나 생신 등 기념일에 부모님께 드릴 선물 찾아 오려붙이기

신문에서 우리 집에 있는 물건 찾기, 청소할 때 필요한 물건 찾기, 장난감 광고 모으기, 냉장고 속에 들어가는 것 찾기, 빨간(파란/노란……)옷을 입은 사람을 찾아 동그라미하기, 광고에 나오는 물건이 만들어지는 생산의 전 과정 알기, 공동으로 사용하는 물건 찾기

공익광고－헌혈, 홍수구제, 산불방지, 공공예절, 자원절약 등 생활 속에서 꼭 지켜야 할 것 등을 가르치기

자기가 좋아하는 물건의 광고를 그려보기, 광고로 다른 광고 만들기, 여러 장의 광고를 모아놓고 그 가운데 어떤 광고가 가장 마음에 드는지, 훌륭하다고 느껴지는지도 말해 보기, 내가 가장 좋아하는 TV 프로그램 광고 찾기, 우리 가족이 다같이 재미있게 보는 프로그램 찾기, 우리 집(거실, 현관, 부엌, 공부방……)에 필요한 물건 찾기, 광고에 나온 각종 도구나 기계 등 물건 사용법과 용도 알기

4 만화를 활용한 유아논술

만화 확대해서 읽기, 만화 실감나게 읽기, 만화의 그림 색칠하기, 만화 따라 그리기, 역할을 분담해서 말주머니 내용대로 대화해 보기, 말 주머니를 비우고 새로 채워 넣기, 네 컷 만화를 잘라 흩어 놓고 순서를 바로잡고 이야기를 순서대로 만들어 보기, 이어질 부분 상상해 보기, 만화 컷을 무작위로 선택해 이야기를 꾸며 보게 한다든지, 만화의 주인공이 나라면 하고 생각해 보기, 만화를 보고 이야기를 꾸며 말로 하기, 만화의 인물을 오려서 나무젓가락에 오려붙이고 역할극하기, 만화 제목 지어보기, 등장인물 이름 새로 지어주기

8) 초등 *NIE*

(1) 지면 구성요소별 초등 *NIE* 지도 프로그램

1 기사를 활용한 초등논술

기사의 제목만 보고 내용 짐작하기, 신문기사를 읽고 그 기사에 대한 제목을 다시 달고 그 제목을 붙인 이유를 말하기, 제목과 기사 내용 짝짓기, 생략된 문구나 약어를 완전한 형태의 문장으로 바꾸기, 제목에서 비유법 찾기, 우리말 제목으로 바꾸기, 재미있게 표현된 부분 찾기, 신문에서 다양한 문장 종류 찾아 붙이기, 활자체에 따른 기사의 차이점 찾기, 현재와 과거와 미래로 제목의 시제를 바꿔보기, 제목의 종결어미를 바꿔 평서형, 의문형, 청유형, 명령형, 감탄형 등 여러 유형의 문장의 형태를 익히기, 기사에서 수사법의 종류와 그 예 찾기

기사를 읽고 어려운 낱말 사전에서 찾아 어휘력 기르기, 그 낱말들을 분류하거나 몇 개를 골라 짧은 글짓기, 친구가 한 낱말(두세 낱말)을 골라 주면 그 낱말이 들어가게 짧은 글짓기, 단일어, 파생어, 합성어 찾기, 신조어, 축약어 찾아 무슨 말인지 알기, 전문용어 알기, 시사용어 알기, 시사용어 사전 만들기, 다양한 낱말을 신문에서 오리고 그 중의 여러 낱말을 뽑아서 그 낱말이 적당한 위치에 들어가게 쓰기, 흉내내는 말을 찾고 그 말을 넣어 짧은 글짓기, 큰 글자 어휘를 오려서 간격을 두고 붙인 다음

글자 사이에 적절한 말을 끼워 문장으로 발표해 보기, 마음에 드는 큰 단어를 선택해 세로로 붙인 후 그 음절로 시작되는 문장 만들기, 십자말 풀이식으로 퍼즐 만들기, 기사에서 외래어, 외국어 찾고 우리말로 바꾸기, 신문에서 북한의 용어를 찾고 우리말과 어떻게 다른지 알기, 시제 바꾸기, 기사를 보고 반복되는 말 찾기, 기사에 중복된 단어나 어미 바꿔 쓰기, 신문의 기사를 읽고 알맞은 속담이나 격언, 한자성어를 이용해 설명하기

신문에 쓰인 된소리(거센소리)들을 찾아보고 그 모양이 어떻게 다른지 알아보기, 신문에서 겹받침'ㄺ, ㄻ'이 들어 있는 낱말을 찾고 읽기, 겹받침 낱말을 찾아서 붙이고 정확하게 읽고 옆 사람과 확인하기, 겹받침 'ㄼ, ㄽ, ㄿ'이 들어간 낱말을 찾아서 정확히 발음하기

오늘의 뉴스, 이 달의 뉴스, 올해의 뉴스 정하기, 1면 톱 바꾸기, 어린이 신문에 실린 기사 중에서 흥미를 끌 만한 기사를 선택해 뉴스로 전하기, 가장 기분 좋은(기분 나쁜, 부끄러운, 자랑스러운) 기사 찾기, 미담 사례를 읽고 인물이 한 일에 대한 나의 생각이나 느낌 이야기하기, 내(엄마, 아빠, 선생님)에게 가장 중요한 기사 찾기, 칭찬(축하 메시지 쓰기), 기사 속 등장인물에게 편지쓰기, 기사에 등장하는 인물 입장에서 글쓰기, 신문에 실린 인물 중에서 본받고 싶은 사람 찾기, 신문에 실리게 된 이유 찾기, 관점 바꿔 기사 쓰기, 기사의 주인공 입장 바꿔 쓰기

선거기사 읽고 용어의 의미 알기, 선거의 목적 알기, 선거의 절차와 방법 알기, 연설하면서 선거유세해 보기, 지도자의 덕목 알기, 민주주의 정치 제도 알기

과학기사 읽고 복제, 생명윤리, 존엄사, 동물실험, 핵실험 등에 대해 알기, 과학기사 읽고 KWL차트 "알고 있는 점(know), 알고 싶은 점(want to know), 배운 점(learned)"정리하기, 과학 기사를 읽고 내가 알게 된 사실 10가지 이상 정리하기

문화기사 읽고 문화행사 초대장 만들기, 지방의 문화를 알리는 팸플릿 만들기, 영화와 연극, 오페라, 무용극 등 예술 공연 행사의 차이점 알기, 문화행사 에티켓 알기

식생활 기사 읽고 음식 이름과 음식 재료와 조리방법 알기, 각 지방의 특산 음식 알기, 데이문화와 기념음식 알기, 유래 알기, 음식맛 알기, 음식맛으로 표현한 속담 알기, 명절음식 알기

도서정보 기사 읽고 나서 읽고 싶은 책 고르기, 선물하고 싶은 책 고르기, 분류기호 알기, 요약 읽고 책 내용 추론하기, 책 내용 바꾸기

경제 기사 읽고 용어의 의미 알기, 경제 기사 그래프로 만들기, 경제 통계 그래프를 읽고 기사로 바꾸기

추모 기사 읽고 추모 글쓰기, 고인의 일생을 연대기표로 만들기, 고인의 업적 기리기, 고인의 라이프 사이클 그리기, 사건 사고 희생자 추모의 글(조문) 쓰기, 어려움에 처한 기사를 읽고 주인공에게 위로하는 말하기, 초상화를 그리고 그린 그림을 보면서 위인의 업적을 이야기하고 감동받은 부분에 대해 이야기하기

설명형 인터뷰 기사를 일문일답형 인터뷰 기사로 바꾸기, 기사를 인터뷰 형식으로 바꾸기, 가상 인터뷰 하기

비교하며 읽기, 추리하기, 기사 비평하기, 기사 읽고 1분 논평하기, 찬반토론 기사 읽고 내 생각 쓰기, 오피니언 면에서 공감하는 글을 옹호하기, 마음에 들지 않는 글을 반박하기, 기사 내용을 주제로 토론 주제를 정해 토론하기, 기사의 내용을 파악하고 시사퀴즈를 출제해 맞히는 게임하기, 사설이나 기사를 오려붙이고 세 부분으로 나눠 중심내용을 요약하고 문제를 만들기, 사건의 정황이 자세히 나타난 기사를 골라 지나간 일이나 현재의 상황 중 한 부분을 지우고 추론하여 지워진 부분 상상하여 기사 완성하기, 칼럼의 서론(본론/결론) 지우고 써 보기, 신문의 기사를 읽고 듣는 경우와 모르는 상태에서 듣는 경우를 비교해 보기, 기사 속에서 6하 원칙 찾아 정리하기, 기사 속에서 중심문장과 뒷받침 문장 찾기, 일이 일어난 차례 알기, 두 글에서 공통점과 차이점이 구별되도록 그림으로 나타내고 구성하기, 기사의 내용을 원인과 결과가 드러나게 전하기, 찬성하는 입장, 반대하는 입장의 주장과 이유 알아보기, 사실과 의견 찾기, 기사 늘리거나 줄이기, 후속 기사 쓰기, 사실 전달 기사(스트레이트 기사)로 옮겨 쓰기

기사 내용을 시나 시조로 개작하기, 신문에 실린 시를 낭송하기, 신문에 실린 시를 듣고 떠오르는 장면 말하기, 신문에 있는 줄글을 운율을 넣어 시로 표현하기, 신문자료로 시화 만들기, 신문에 실린 동시를 내 경험에 맞추어 바꾸어 쓰기

앵커놀이하기, 모의재판하기, 사건의 범인에게 판결문 써 보기, 패러디하기, 기사를 시나리오로 바꾸기, 신문에서 비교하고 싶은 기사를 오려붙이고 공통점과 차이점이 드러나게 설명하는 글쓰기, 기사를 마인드맵으로 정리하기, 신문을 이용해 포스터, 초대장 꾸미기, 신문기사와 나의 경험과 비교해 말하기, 20년 후 인물동정란에 실릴 자신의 기사 써 보기, 독자투고 쓰기, 독자투고를 보고 서로 다른 입장의 사람에게 글쓰기, 우리 학교의 소식을 써서 신문사에 보내기

2 사진을 활용한 초등논술

얼굴 표정 찾기, 사람의 감정 익히기, 의성어, 의태어 흉내내기로 감정이나 의사 표현 방법 익히기

사진을 보고 흉내내는 말을 넣어 이야기 꾸미기, 신문의 그림이나 사진을 오려붙이고 호응관계를 적절하게 사용하여 짧은 글짓기, 신문의 그림을 오려 어울리는 속담 만들기, 신문의 사진이나 그림을 오려붙이고 알맞은 속담이나 격언, 고사성어를 이용해 설명하기, 신문에 있는 그림을 2~3개 오려붙이고 이어주는 말을 넣어 설명하기, 연관되는 그림을 오려붙이고 끝부분을 이야기로 꾸미기, 상황이 다른 몇 장의 사진을 놓고 강제결합시켜 이야기 꾸미기, 두 개의 그림을 골라 붙이고 공통점과 차이점 찾기, 그림이나 글, 사진을 오려붙이고 이야기를 시간의 흐름의 바뀜으로 또는 장소의 바뀜으로 이야기를 바꿔 꾸미기, 인물의 그림이나 사진을 오려서 새로운 이야기 꾸며 보기, 신문 사진이나 그림을 보고 기사의 내용을 전해 주기, 그와 비슷한 경험이 있으면 말해 주기, 신문의 그림을 하나 오려붙이고 실감나게 꾸며 이야기하기, 사진을 보고 연상되는 것 많이 말하기, 각자 마음에 드는 사진을 고르게 하고 한 사람씩 돌아가면서 연결되는 이야기로 꾸미기, 사진을 여러 장 이용해 만화로 꾸미기

말주머니 만들기, 육하원칙에 맞게 사진 설명 달기, 사진 제목 달기, 사진 보고 상황 설명하기, 사진 여러 장 놓고 공통점과 차이점 찾기, 비교되는 사진 찾아 비교하는 글쓰기, 신문에 나와 있는 그림이나

사진을 오려 기준에 따라 나누고 설명하는 글쓰기(음료수, 책, 장난감, 인물표정 등), 사진을 설명하는 글이나 기행 기사문을 골라 글 속에서 설명하는 문장과 묘사하는 문장을 찾아 표시하기, 그림이나 사진을 보고 묘사 글쓰기, 신문에서 비교하고 싶은 그림을 오려붙이고 공통점과 차이점이 드러나게 설명하는 글쓰기

사진 중에서 어른들을 찾아 높임말로 대화글 만들기, 유명 인물 이름, 국적, 하는 일 알아맞히기, 사진 속 사람의 수 세기, 직업의 다양성을 알게 하고 직업의 흥미 높여주기, 생물과 무생물 찾기, 계절의 변화 찾고 일기와 생활의 관계 익히기, 교통수단 찾기, 장소 찾기

기사와 어울리지 않은 사진 찾기, 포토제닉상 선정하기, 완급, 상반, 한 장의 사진을 놓고 전후 상황 추론하기, 화보집 만들기, 신문의 사진이나 그림을 이용하여 편지지를 만들고 그림편지 쓰기, 사건의 정황이 잘 나타난 사진이나 기사를 골라 그 사건을 볼 수 있는 서로 다른 관점을 찾아보기, 각각의 입장이 되어 그 기사를 다시 써 보거나 사건의 주인공이 되어 그날 일기 형식으로 써 보기, 사진을 활용해 그림일기 쓰기

신문에서 가장 관심 있는 사진을 골라 내가 그 대상이 되었다고 가정하고 그 입장에서 사람들에게 보내는 글을 써 보기(나는 물/돈/가방/과일/나무/물고기……), 신문에서 여러 사람이 모여 있는 사진이나 여러 가지 물건들이 함께 있는 사진을 골라 그 중 한 가지를 선택하게 하고 스무 고개로 맞히기, 물건 사진을 보고 만약 이것이 없다면 무슨 일이 생길지 말해 보기, 사진 속의 물건을 다른 용도로 사용할 수 있는 방법을 말하기, 물건 반쪽 오려내고 나머지 부분 완성하기로 사물에 대한 이해력 배양과 대칭의 개념 인식하기, 조각 퍼즐 만들기, 사진 따라 그리기, 캐리커처 따라 그리기

3 광고를 활용한 초등논술

일상생활에 필요한 물건 찾기, 같은 품목의 다른 광고 찾아 가격 비교하기를 통해 상품 정보 비교, 판단력 기르기, 누구를 대상으로 하는 광고인지 알기, 카피와 광고사진 보고 내용 풀어쓰기, 영화광고 보고 내용 상상해 줄거리 쓰기, 광고와 기사 구분하기

광고 속에서 이어주는 말 찾기, 광고 내용 요약하기, 광고 패러디하기, 광고문구 중 단어나 문장 전체를 다른 것으로 바꿔 쓰기, 신문에 광고문구 하나를 선택하여 그 문장에 이어지는 재미있는 문장을 다른 광고 문구에서 찾아내기, 의약품 광고 알기 쉽게 설명문 쓰기, 신문에 있는 그림이나 사진을 오려붙이고 효과적으로 홍보하는 광고문 쓰기

제품 보고 생산 과정 알기, 나의 구매 동기 파악하기, 소비자의 권리와 책임 알기, 오늘의 광고 대상 선정하기, 기사 내용 보고 상업광고 만들기, 광고를 합성하여 다른 광고로 재구성하기, 신문에 한 가지 물건 광고가 나왔을 때 그 물건에 대한 기능과 원리를 바꾸어 여러 가지 응용된 아이디어 만들기, 책광고 만들기,

신문광고에서 잘된 점, 잘못된 점 찾기, 내가 마음에 드는 광고하는 문구를 골라서 왜 공감하는지를

말하기, 허위, 과장, 불공정 광고 고르기, 여성을 상품화하거나 비하하는 광고 찾기, 유사광고 비교하기, 광고문을 보고 과장된 문구나 진실된 문구 찾기, 좋은 광고 나쁜 광고 구분하기

나의 발명품의 광고 문안 만들기, 신문에서 나를 나타내는 글이나 그림을 오려붙이고 자기 소개하기, 신문의 그림이나 사진을 이용해 나를 알리는 광고문 만들기, 광고문구 이용해 자기광고 만들어 소개하기, 자기소개서 쓰기

운세표 보고 동물 이름 한자로 쓰기, 십간 십이지에 대해 알기, 해당동물의 특성 알기, 가족의 띠와 성격과 생김새를 동물과 비교하기

여행광고 보고 합리적인 여행계획 세우기, 여행 후기 작성하기, 전국, 세계 관광명소 알기, 신문에 실려 있는 여행지 소개를 보고 가상의 여행도를 꾸며 기행문 쓰기

10년 후에 가장 인기 있을 상품 광고하기, 광고 문안 일부 지우고 완성해 보기, 신문의 다양한 사진이나 문구를 이용해 우리 학교를 알리는 광고 만들기, 신문광고를 보고 꾸며주는 말을 찾아본 뒤 직접 꾸며 주는 말을 넣어 짧은 글짓기, TV프로그램 보고 분석 기사 쓰기, 사진 또는 문구만을 스크랩하고 각각 광고하는 상품 유추하기, 광고재구성하기

기사내용을 공익광고로 표현하기, 주제 주고 공익광고 제작하기(헌혈, 홍수구제, 산불방지, 공공예절, 자원절약 등 생활 속에서 꼭 지켜야 할 것을 광고로 만들기)

④ 만화를 활용한 초등논술

만화 따라 그리기, 기사를 만화로 표현하기, 시사만화를 기사로 옮기기, 신문에 있는 만화 글을 줄글로 만들기, 신문 만화관련 기사 찾아 상호관련성 알기, 만화에 등장하는 인물이나 사건 아는 대로 말하기, 만화를 읽고 주인공들의 성격 이야기하기, 만화가의 의도 이해하기, 만화의 중간이나 끝 부분 다시 그리기, 말주머니 비우고 다시 넣기, 말주머니 속 말만 남기고 전부 다시 그리기, 만화를 읽고 주인공의 말이나 행동에 대한 내 느낌 말하기, 말주머니 말을 이야기 글로 풀어 쓰기, 만화로 이야기 꾸미기, 만화의 주인공을 현실로 끌어내 나와 함께 일처리하기, 기사 내용을 표와 그래프로 시각적으로 표현하기, 그래프 눈금 변경하기, 변형된 그래프 실제 비율로 그리기, 내용 표현에 적합한 그래프 고르기, 신문 속의 작은 그림이나 컷을 이용해 이야기 꾸미기, 만평이 전달하고자 하는 핵심 알기, 만평 보고 느낀 점 쓰기, 만화의 순서를 바꾸어 새로운 만화로 만들기, 다른 안목(관점)으로 그리기, 만화의 대화를 역할을 나눠 실감나게 읽기, 만평에 해당하는 기사 찾기, 신문의 만화에 나오는 인물을 가지고 이야기 꾸며보기

(2) 신문을 활용한 유 · 초등 논술교육의 실제

초등논술에서 가장 중요한 것은 학습 내용 속에 가득 차 있는 질문거리들을 학생들 스스로 하나라도 떠올려내고 궁금증을 갖도록 유도하는 것이다. 그러기 위해서는 교

사 스스로 비판적인 사고방식으로 다양한 질문과 의문을 떠올려야 한다. 학문(學問)의 뜻은 '배우고 묻는 것'을 의미한다. 묻는 것은 답을 나오게 만들고 귀를 기울이게 하고 마음문을 열게 만들며, 생각을 자극하여 다양한 사고의 기회를 주고, 입을 열게 하여 대화의 방향을 만들어 낸다. 가장 훌륭한 교사는 정답을 가르쳐 주는 교사가 아니라 적절한 질문을 던져 학생들로 하여금 사고하게 하는 교사이다. 교사가 어떤 질문을 던지느냐에 따라 학습자의 사고과정과 반응이 결정되며, 사고를 요하는 교사의 수준 높은 질문이 아동의 사고력을 향상시킨다. 사고력은 누구나 옳다고 믿는 것에 의문을 던지거나, 당연하다고 생각했던 것들의 이유를 생각해 보거나, 생각지 못했던 문제의 정당성을 생각해 보거나, 가장 중요한 것의 가치판단을 내리거나, 대상을 비교하면서 차이점을 생각해 보거나, 일의 원인과 결과를 추론하는 과정 중에서 종합적으로 길러지는 학습능력이다. 읽을 때 질문을 생성해 가면서 읽으면 그냥 아무 생각 없이 읽는 것보다 훨씬 더 주목해서 읽게 된다. 창의적 사고를 길러 주는 방법도 '더 나은(편리한, 적합한, 작은, 쉬운……) 대안은 무엇인가?'라고 부단히 질문하는 것이다.

아동도 질문을 잘 생성할 수 있다. 교사의 질문에 아동이 대답을 하게 하는 것도 중요하지만 그보다 더 중요한 것은 아동 스스로 질문을 만들어 보게 하는 것이다. 주어진 질문에 답하기는 이미 정해진 방향에 따라 사고하기이다. 따라서 주어진 질문이 아무리 깊은 사고를 요구한다 하더라도 피동적인 사고가 된다. 그러나 질문을 만드는 것은 사고의 내용과 방향을 스스로 정하는 것이기 때문에 능동적인 사고가 된다.

교사의 질문은 아동이 대답할 수 있는 구체적이고도 쉬운 질문이어야 한다. 질문이 너무 포괄적이거나 어려우면 배경지식이 부족한 어린이들은 답변하기에 어려움을 느낀다. 아동의 생활과 관련된 내용을 찾아 교사와 학생 모두가 적극적으로 질문을 제시하고 대답할 때 활기찬 토의가 될 수 있다.

개인보다는 팀 수업이 좋은데 그 이유는 혼자 생각할 경우 주관적인 오류에 빠질 확률이 많지만 여럿이 토론을 하다 보면 지식을 서로 비교하고 다양한 생각을 해 볼 수 있게 되기 때문이다. 사람마다 가치관과 경험이 다르기 때문에 문제의 해결책도 다양하게 제시될 수 있고, 한 사람일 때는 간과되었던 부분을 누군가 강하게 주장해 줄 수도 있다. 비고츠키는 자기보다 더 나은 또래(혹은 교사나 어른)들과의 상호작용과 사회문화적 맥락을 통해 아동의 언어와 고등사고가 발달한다고 보았다.

먼저 신문의 기사, 만화, 사진 가운데 가치를 함양할 수 있는 적절한 것을 선택해

지문으로 제시하고, 아이의 생각을 확장시킬 수 있는 질문을 만들어야 한다. 질문을 생성할 때는 다음과 같은 몇 가지의 유형으로 할 수 있다.

1 질문 만들기

사실적 읽기란 글에 드러난 내용을 자구(字句) 그대로 이해하는 능력을 말한다. 문학은 플롯을 따라 사건전개에 유의해서 읽고, 비문학은 문단 단위로 독해한다. 이때 단어의 의미, 단어 간의 관계, 중심 내용과 이를 뒷받침하는 내용을 파악하고, 연결어미와 접속부사에 유의하여 글 구조를 파악하면서 읽으면 이해가 빠르다. 다 읽고나서는 한 문장으로 내용을 정리하는 훈련을 하면 독해력이 향상된다.

사실적 읽기를 잘 했는지를 확인하려면 사실적 질문을 해야 한다. 사실적 질문은 글에 명시된 내용을 묻는다. 독자에게 정보를 회상하고 인정하도록 요구하는 좁고 폐쇄된 질문이다. 흔히 누가, 무엇을, 어디서, 어떻게, 왜로 시작된다. 기억한 내용물과 사실 및 공식의 단순한 재생이라고 정의되고 있다.

추론적 읽기는 글을 읽고 그 내용을 구성하는 과정에서, 표현된 내용을 근거로 하여 표현되지 않고 글 속에 숨어 있는 배경, 상태, 상황 등을 논리나 상상을 통해 미루어 짐작하며 읽는 것을 말한다.

글쓴이는 글을 쓸 때 많은 정보들을 생략하거나 함축적으로 표현한다. 추론적 읽기는 글에 나타나 있지 않은 내용을 미루어 아는 것뿐만 아니라, 함축적, 비유적 표현에 내포된 의미를 이해하거나, 그 글이 쓰인 상황이나 배경, 심리 등을 파악해 내는 활동이다.

추론적 읽기 능력을 확인하기 위한 추론적 질문은 명시되어 있지 않은 내용에 대한 추론이나 앞으로 전개될 내용, 혹은 결론을 도출해 내는 능력을 요구하는 질문을 말한다.

'비판*(critic)*이란 모든 사람이 불완전하므로 그의 견해와 말과 글이 불완전할 수 있다는 것을 전제로 하는 것이다. 긍정적인 의미로는 '판단 대상에 대해 평가, 검토하여 존재의 의미와 가치성, 타당성과 정당성, 논리성의 여부를 밝히는 일', 부정적인 의미로는 '의심, 거부, 트집잡기와 약점을 들추어 내기를 좋아하고 선악과 시비를 가리는데 있어서 다분히 회의적이고 비난적인 성격과 불건전하고 편견과 독단적인 태도를 지닌 행위'를 의미한다.

최고수준의 읽기 과정에 해당하는 비판적 읽기를 잘 하려면 필자의 주장에 무조건

동조하지 말고, 건전한 의심을 품고, 자기의 체험과 지식을 동원하여 글의 내용과 구조, 필자의 가치관이나 태도 등을 자신의 생각과 비교하며 읽어야 한다. 여기서 비판한다는 것은 긍정적인 자세로 어떤 기준을 설정하여 글의 내용과 형식을 평가 검토하는 것을 말한다.

비판적 읽기 능력을 향상시켜 주는 비판적 질문은 학생에게 내적 · 외적 원천의 기준에 따라 판단하게 하고 가치를 평가하게 하며 선택하게 하는 개방된 질문이다. 학생은 의견을 말하며 판단하고 평정하며 선택을 한다. 사실문제보다는 가치의 문제를 다룬다.

적용적 질문은 주제나 구성에 대한 정의적 반응이나 인물이나 사건에 대한 공감, 복잡한 상황에서 유사 형태를 찾아 내거나 배경지식을 활용하도록 하는 질문을 말한다. 적용적 질문을 하기 위해서는 대안을 제시하거나 관점을 전환하고 시야나 지평을 확장하는 등의 발상 전환적 사고가 요구된다.

적용적 질문은 대안적 사고력을 요구하는 확산적 질문으로, 창의적 질문과도 연계되어 있다. 다른 상황에 적용한다는 것은 그 의미를 분명히 알고 이를 응용할 수 있는 능력을 키우는 과정이다. 독자의 배경지식이나 주어진 자료에 대한 추론을 통해 획득한 지식을 그 맥락을 벗어난 다른 상황에 대입하여 의미, 표현 효과, 효용성 등의 변화 여부를 확인하는 과정을 말한다.

창의적 읽기는 제시된 글을 이해하고 이를 주어진 상황과 조건에 맞게 변형하거나 새롭게 표현하는 고차적인 읽기 활동으로 읽기의 최종단계이다. 창의적 읽기는 원작의 내용, 장르, 시대, 내용, 결말, 주인공 등을 바꾸어 표현하거나 원작에는 없는 새로운 내용을 생성하기, 관련된 것 추출해 내기 등의 활동이 포함된다.

창의적 사고력을 키워줄 수 있는 창의적 질문은 시대적 배경을 고대에서 현대로 시대 바꾸기, 내용 바꾸기(패러디), 결말 바꾸기, 주인공 바꾸기(다른 성별이나 다른 캐릭터로), 장르 바꾸어 표현하기(수필↔시↔소설↔만화↔신문기사↔인터뷰↔연극↔영화↔그림↔음악), 시점 바꾸기, 표정으로 나타내기, 새로운 내용 생성하기(뒷이야기 이어쓰기, 다른 인물 삽입하기), 관련된 것 추출해 내기, 가정하기, 다른 상황과 비교하기, 종합하기 등의 활동을 할 수 있다.

다음은 질문의 형태를 관련 신문의 면별 구성 요소 자료의 형태에 따라 유형화한 것이다.

2 질문만들기의 실제

① 사실보도기사

번호	질문의 화형	종류	질문의 목적과 효과
1	무엇에 대해 이야기하고 있습니까?	사실	문제 확인하기
2	여러분은 ~에 대해서 뭐라고 알고 있나요?	사실	배경지식 측정
3	~라는 말은 무엇을 의미할까요? ~라는 말은 어떤 의미를 내포하고 있을까요?	사실 추론	개념정의 내리기 비유 알기, 이해
4	이 사실에서 우리는 무엇을 알 수 있습니까? 이로 볼 때 ~은 대체로 어떻다고 말할 수 있습니까?	사실	사건의 의미 찾기, 일반화하기
5	이 문제에 대해 어떻게 생각합니까? 위의 상황(문제)에 대해 찬성합니까? 반대합니까?	비판	토의방향 확립, 의사 결정하기
6	그렇게 생각하는 이유를 얘기해 보세요.	추론	판단에 대한 이유 제시하기
7	왜 위의 문제가 발생했을까요?	추론	문제의 발생 원인 분석
8	그 사람은 왜 그렇게 했을까요?	추론	문제행동의 특성 파악하기
9	만약 ~했더라면 어떤 결과가 나왔을까요?	적용	가정하여 다른 결과를 예측하게 함
10	그 사람의 행동은 옳은가요? 그른가요?	비판	행동에 대한 가치판단 내리기
11	모든 사람이 그와 같이 행동하면 어떤 결과가 발생할까요?	추론 적용	행동의 직접적인 결과 예측하기 행동이 보편화될 때의 결과 예측하기
12	이 문제를 해결하려면 어떻게 하면 좋을까요?	비판	합리적인 해결 방안 모색
13	그와 같은 해결방안을 선택해서 실행에 옮길 경우 법에 위배되지는 않을까요?	비판	사회의 법 규범 저촉 여부 판단하기
14	그와 같은 해결방안을 선택해서 실행할 경우 다른 사람의 권리를 침해할 가능성은 없을까요?	비판	타인의 권리 침해 소지 여부 판단하기
15	내가 그 사람이라면 어떻게 했을까요?	적용	감정이입하기, 역지사지로 역할 바꾸어 생각해 보기
16	나는 ~해 본 적이 있나요? 이 사람과 나는 무엇이 같고 무엇이 다른가요?	적용	자기에게 적용하기
17	그런 행동을 한 사람의 느낌은 어떨까요? 그런 행동의 피해자의 심정은 어떨까요? 그런 행동을 본 자신의 느낌은 어떤가요?	추론 적용	행동에 따른 자신과 타인의 감정 인식하기 감성지능 향상 훈련
18	위의 사례와 비슷한 사례를 주변에서 찾아 이야기해 보세요. 혹은 신문이나 뉴스에 보도된 것을 본 적이 있으면 이야기해 보세요.	적용	유사한 사례 제시하기, 유사사례에서 공통점 찾기

19	위의 부도덕한 사례와 정반대되는 미담 사례를 여러분의 생활 주변이나 신문 또는 뉴스에서 찾아 말해 보세요. 선행과 반대되는 패륜범죄 사례를 찾아보세요.	적용	반대 사례 제시하기 반대사례에 대한 가치 판단하기 반대사례에서 공통점과 차이점 찾기
20	이 기사문의 제목을 내가 다시 붙여 본다면?	적용	창의적 능력
21	이 기사문 전체를 한 문장으로 요약해 본다면?	사실	독해 능력
22	이 글을 읽고 나는 어떤 사람이 되고 싶다고 생각했나요?	적용	도덕적 가치 함양
23	이 기사의 뒷이야기는 어떻게 전개될까요?	창의	창의적 표현능력
24	위에서 논의된 것과 읽기 자료를 참조하여 자신의 의견을 논술한 다음 친구들과 평가해 보세요.	비판	자신의 견해 논술하기

〈보도기사문 질문 만들기 실습〉

2008년 03월 07일 중앙일보 [16면]

뉴욕시 '성적 포상' "성적 올랐니, 돈 · 휴대폰 받으렴"

시험 성적이 올라간 학생에게 현금 · 휴대전화를 상으로 주는 뉴욕시의 성적포상제도가 논란이다. 짭짤한 효과를 거두고 있지만, 일부 교사와 학부모들은 "성적포상제가 공부 자체에 흥미를 갖게 하는 게 아니라 돈으로 학생들을 현혹하는 것"이라고 비판하고 있다. 그러나 조엘 클라인 뉴욕시 교육감은 "학생들에게 학습동기를 부여하는 것이 얼마나 어려운지 모르고 하는 소리"라고 일축했다.

뉴욕 타임스(NYT)는 5일 뉴욕시가 지난해 9월부터 58개 공립학교, 5237명의 학생들에게 50만 달러(약 4억8000만원)를 줬다고 보도했다. 뉴욕주 평가시험에서 성적을 올린 초등학생은 한 해 최고 50달러를 받는다. 성적향상에 기여한 교사와 교장에게도 3000달러까지 포상한다. 맨해튼 남동부의 188초등학교가 이 제도의 덕을 본 대표적인 사례다. 과거 이 학교는 주 교육부로부터 '낙제' 판정을 받았다. 그러던 것이 지난해는 뉴욕시 평가에서 '우수'를 기록했다. 뉴욕시는 지난달 공립중학교 3곳과 차터스쿨(정부 위탁의 준공립학교) 4곳을 대상으로 A학점을 받은 학생 2500명에게 삼성 휴대전화를 상으로 주는 사업을 시작했다. 지난해는 25개 공립고교와 6개 사립고교 학생들을 대상으로 대학과정 선이수(AP) 시험에 합격하면 최고 1000달러를 부상으로 주는 제도를 도입했다.

〈사실적 질문〉

어디에서 시행하는 제도인가? 구체적인 상의 내용은 무엇인가? 누가 혜택을 보는가?

〈추론적 질문〉

왜 하려는 것일까? 이 제도를 실시하면 뭐가 좋은가? 시험의 대가로 돈을 받으면 공부를 더 열심히 하게 될까? 면역이 생겨 점점 더 많은 상금을 요구하게 되지 않을까? 이 제도를 찬성(반대)하는 사람은 왜 찬성(반대)할까? 인센티브제는 어떤 경제원리일까?

〈비판적 질문〉

즉각적 보상이 학생에게 좋을까? 이 같은 제도가 과연 학생들에게 바람직할까? 모든 학생에게 다 효과적일까? 부작용은 없을까? 다른 문제가 생기지는 않을까? 아마 부자 학생들은 관심을 보이지 않을지도 모른다. 또 아예 포기하는 학생들도 있을 것이다. 경쟁으로 치닫는 사회에서 낙오자를 위한 방안도 동등하게 마련되었는가? 공부의 목적은 매우 중요하다. 내재적 동인이 아닌 외재적 동인에 의해, 즉 내적 성취감과 만족감이나 기쁨보다 돈이나 상품을 목적으로 공부나 독서를 하면 어떤 문제점이 생길까? 비용은 어떻게 충당하나? 우리 학교의 제도와는 어떻게 다른가?

〈적용적 질문〉

시험을 잘 봐서 돈이나 선물을 받아본 적이 있나? 그때 기분이 어땠는가? 미리 내건 상금이나 상품을 받기 위해 공부해 본 적이 있나? 그로 인해 평소보다 더 공부를 열심히 잘 하게 되었는가? 내가 다니는 학교에서 이와 같은 제도를 시행한다고 가정해 보자. 어떤 현상이 빚어질까? 이렇게 보상을 받던 학생이 나중에 사회에 나와서 즉각적 보상을 받지 못할 때는 어떻게 될까? 이 외에도 보상이 효율성을 높인 다른 사례를 알고 있는가?

② 주장글

번호	질문의 화형	종류	질문의 목적과 효과
1	무슨 문제에 대하여 얘기하고 있나요? 핵심어를 찾아보고 개념정의를 해 보세요.	사실	논쟁점 확인하기
2	글쓴이의 주장은 무엇인가요? 이 글의 결론은 무엇인가요? 무엇을 보고 결론인 줄 알았나요?	사실	주장 확인하기
3	필자가 자기의 주장을 설득시키기 위해 내세운 근거는 무엇인가요? 글쓴이는 어떤 이유에서 그런 주장을 하고 있나요?	추론	주장의 근거 파악하기
4	그 근거들이 주장을 지지하는 데 적절하다고 생각하나요? 근거가 주장을 뒷받침하는 데 관련성과 타당성이 있습니까?	비판	근거의 타당성 검토하기
5	글쓴이가 제시한 근거를 받아들일 수 있나요? 글쓴이의 주장과 내 견해가 다른 부분이 있나요?	비판	글쓴이의 가치관 수용여부
6	또 다른 중요한 원인처럼 보이는 것이 있나요?	추론	다른 근거 제시하기
7	받아들일 수 없다면 글쓴이의 주장을 반박해 보세요.	비판	반대 근거 제시하기
8	글쓴이가 제시한 문제해결 방안이 합리적이라고 생각하나요? 문제해결을 위한 방안을 실천에 옮길 경우 문제는 없을까요? 발생할 결과에 대해서 필자가 충분히 예측하고 있나요?	비판	문제해결 방안이 합리적인지를 검토

9	글쓴이의 주장이 논리적으로 타당한가요?	비판	논리적인 오류 파악
10	글쓴이의 편견은 없나요? ~는 추론에 오류가 있지 않습니까?	비판	논리적인 오류 파악
11	같은 사안인데 두 사람의 의견은 왜 다른가요? 두 사람의 주장이 어떻게 다른지 말할 수 있습니까? ~라는 의견이 가지고 있는 기본 가정은 무엇입니까?	비판	가치갈등 파악, 가치 존중하기, 논쟁점의 원인 파악, (용어의 의미차이인가 /사실에 대한 인식차이인가/가치관의 차이인가)
12	내 의견을 말해 보세요.	적용	자신의 의사결정하기, 가치판단하기, 가치 선택하기
13	내 의견의 근거를 말해 보세요. ~라는 주장을 뒷받침할 수 있는 근거나 증거를 댈 수 있습니까?	적용	가치판단의 근거 세우기

〈주장글 질문 만들기 실습〉

2007년 07월 10일 중앙일보 [29면]

"초등생 시험 스트레스 너무 심해요"

이나은 학생기자(성남 당촌초 4)

초등학생들이 시험 스트레스에 심하게 시달리고 있다. 초등학생인데도 기말고사라 오전 6시에 일어나 새벽 1시까지 공부해 너무 피곤하다는 친구들, 밤늦게까지 전과목 학원 순례하는 친구들, 하루에 동영상 강의 6개나 듣고 문제 6단원 이상 푼다는 친구들까지 아이들의 하소연이 우리 학교에 가득하다.

이런 소동은 1년에 네 번, 3주 정도씩이다. 매학기 중간·기말고사가 있기 때문이다. 그러니까 12개월 중 3개월은 초등학생의 스트레스가 하늘을 찌른다.

중·고등학생들은 좋은 고등학교·대학교에 가기 위한 내신 점수 때문에 더하다. 일년 내내 시험 기간이기 때문에 평소에도 6시간 이상 자지 못한다고 한다.

중간·기말고사는 물론 꼭 필요하다. 그러나 시험을 자주 보는 것이 학생들 실력 향상에 가장 효율적인 방법은 아니다. 설사 효과가 100%라 해도 50% 정도는 빈혈로 쓰러지는 학생 등 엄청난 시험 스트레스에 깎여 내려간다. 차라리 '시험'이라는 학생들의 머리 위에 놓인 무겁디무거운 쇳덩이를 조금 덜어 주는 것이 더 효율적일지 모른다. 부모님들께 빌지만 이제 학생들의 시험 스트레스를 조금만 덜어 주자.

학생들이 잘되기 바라는 마음은 알지만 스트레스에 눌려 사는 학생보다 그렇지 않은 사람이 나중에 더 직장생활을 잘할 것이다. 시험 스트레스를 10~20%만 깎아 주면 효율성은 여러 가지 장점으로 인해 크게 올라가리라. 나는 굳게 믿는다.

〈사실적 질문〉
초등생 시험은 몇 차례 보는가? 아이들의 하소연의 내용은 무엇인가? 이 학생이 주장하는 바가 무엇인가? 한 문장으로 말해 보라. 그렇게 주장하는 근거가 무엇인가? 요약해서 말하라.

〈추론적 질문〉
스트레스는 불필요하고 나쁜 것인가? 스트레스를 주는 대상은 교육부와 부모님인가? 승부욕이 강한 자신의 성향이나 공부는 안 하고 시험은 잘 보고 싶다는 강박관념 때문에 혹은 벼락치기 공부 습관, 즉 평소 대비하지 않은 게으름 때문은 아닌가? 학생의 주장대로 시험을 줄여 주면 과연 효율성이 올라갈까? 스트레스를 줄이는 방안이 그것밖에 없겠는가?

〈비판적 질문〉
시험을 줄여 달라면서 왜 부모님께 요청을 하나? 시험 횟수는 교육부가 줄이는 것 아닌가? 본론을 보면 한 문단에 두 가지의 내용이 들어가 있다. 문단 형식에 맞게 글을 썼는가? 스트레스를 줄이는 방안에 대해 학생 본인, 가정에서 학부모, 학교에서 교사, 나라에서 교육부가 할 수 있는 것을 다각도로 제시하였는가? 시험을 줄이면 실력이 더 향상되고 직장생활을 더 잘할 것이라고 주장하는 것은 어떤 근거에서 하는 것이며 과연 타당한가? 오히려 스트레스를 받으면서라도 지금 더 많이 공부를 해서 실력을 쌓아야 나중에 직장생활할 때 문제해결 능력이 더 생겨 직장생활을 더 효율적으로 하지 않겠는가? 10~20%를 깎아 달라는 말은 시험 횟수를 3번으로 줄이자는 말인가? 모호한 표현은 아닌가? 효율성은 무슨 효율성을 말하는가? '효율성이 여러 가지 장점으로 인해 올라가리라'고 했는데 여기서 여러 가지 장점이란 구체적으로 무엇을 말하는가? 그 내용이 구체적으로 밝혀지지 않았다.

〈적용적 질문〉
만약 시험이 줄어들면 나는 공부를 지금보다 더 열심히 하게 될까? 우리 학교에서 시험을 줄이면 어떤 현상이 생길까? 현재 미국도 프랑스도 경쟁체계로 가고, 일본에서도 10년간 폐지했던 일제고사를 보고, 우리나라도 학력고사를 보는데 학생의 주장처럼 시험을 줄이자는 것은 세계적인 시대의 흐름에 역행하는 것은 아닐까?

③ 시사만평, 만화, 사진, 그림

번호	질문의 화형	종류	질문의 효과
1	무엇에 대해 이야기하고 있습니까? 무엇을 문제삼고 있습니까?	사실	이슈 파악하기
2	원인은 무엇입니까?	추론	원인 분석
3	만화 속의 사람(사물, 동물)은 누구입니까?	사실	자료 관찰, 사실
4	그는 무엇을 하고 있습니까?	사실	사실 확인
5	그는 왜 그것을 하고 있습니까?	추론	추론적 능력
6	배경은 어떤 의미를 지니고 있습니까?	추론	추론적 능력
7	그 사람(사물, 동물)과 배경과의 관계는 무엇입니까?	추론	추론적 능력
8	그 사람(사물, 동물)은 누구를 대표하거나 상징합니까?	추론	추론적 능력
9	이 만평은 무엇을 비판하고 있나요?	추론	필자의도 추론

10	왜 그렇게 생각하십니까?	추론	추론적 능력
11	저자의 주장을 뒷받침하는 사실 근거는 무엇입니까?	사실	근거 파악
12	주장을 뒷받침하기 위해 암암리에 전제하고 있는 원리 근거는 무엇입니까?	추론	추론적 능력
13	그 근거들이 타당성이 있나요?	비판	논리력, 비판력
14	여러분이 이 만평을 재구성한다면 어떻게 하겠습니까?	적용	비판력, 창의력
15	다른 사람(반대편)의 관점으로 만평을 다시 그려 보세요.	적용	창의력
16	결국 이 만화가 말하고자 하는 주제(필자의도, 중심내용)는?	추론	필자 의도 해석
17	중심내용이 여러분의 생각과 일치하나요? 상이한가요?	비판	비판력
18	일치한다면 혹은 상이하다면 그 이유를 말해 보세요.	비판	비판력
19	만화가는 어떤 가치관을 가진 사람 같은가요?	비판	비판력
20	만화가는 어떤 입장을 대변하고 있나요?	비판	비판력
21	의도적으로 축소되거나 강조 확대된 부분이 있나요?	비판	비판력
22	이 만화를 선생님이(어른이, 아이가) 본다면 뭐라고 할까요?	적용	역할에 따른 수용성
23	이 만화를 내가 다시 그린다면 어떻게 그릴 것 같은가요?	적용	창의력
24	만화의 내용을 글로 옮겨 쓰고, 그 차이점을 말해 본다면?	비판	적용력, 비판력
25	만화의 제목을 적당히 달아 보세요.	적용	창의력
26	기사를 4컷 만화로 바꿔 보세요.	적용	창의력
27	이 사진에서 무슨 일이 벌어지고 있나요?	사실	사실 관찰
28	이 사진이 나타내고자 하는 것은?	사실	사실 파악, 의미 해석
29	사진은 기사문 내용과 어울리나요?	비판	비판력
30	내가 사진 기자라면 어떤 사진을 넣을 것 같은가요?	적용	창의력
31	이 사진이 어떤 효과를 준다고 생각하나요?	비판	비판력, 추론능력
32	이와 비슷한 일을 주변에서 본 적이 있나요?	적용	관련사례 제시 창의적 능력
33	사진을 보고 이야기를 다시 꾸며 본다면?	적용	상상력, 창의력
34	사진을 보고 기사문으로 써 본다면?	적용	창의력
35	사진의 제목을 내가 달아 본다면?	적용	창의력
36	이 사진은 연출사진일까요?	추론	추론능력
37	사진에서 사진작가의 어떤 의도가 느껴지나요?	추론	관찰, 추론능력
38	이 사진이 어떤 계층의 입장을 대변하는 것처럼 느껴지나요?	추론	추론능력
39	이 사진이 갖고 올 사회적 영향은 어떤 것일까요?	추론	추론능력
40	사진을 보고 의문나는 점이 있나요?	비판	분석력
41	이 사람의 표정은 어떤가요? 무엇을 알 수 있나요?	추론	관찰, 추론능력
42	지금 이 사람의 기분이 어떤 것 같은가요?	추론	추론능력
43	이 사진에서 가장 중요하다고 생각되는 것은 무엇인가요?	추론	주제 파악
44	이 다음에는 무슨 일이 있을 것 같은가요?	추론	상상력, 창의력

45	이 그림은 무엇을 표현하고자 한 것일까요?	추론	작가의도 파악
46	여기는 어디 같은가요? 이야기로 꾸며 보세요.	추론 창의	상상력, 창의력
47	이 그림의 느낌은 어떠한가요? 어떤 정서를 느꼈나요? 어떤 감동이나 생각의 변화를 느꼈나요?	적용	감상적 능력
48	누구의 그림인가요?	사실	배경지식
49	그림의 제목은 무엇인가요?	사실	배경지식
50	내가 제목을 다시 단다면 어떻게 달고 싶나요?	창의	창의력
51	이 그림 중 바꾸고 싶은 부분이 있나요?	적용	창의력
52	이 그림은 사실적인가요? 아니라면 화가가 왜 이렇게 그렸을까요?	추론	미술사조 배경지식
53	그림 속의 두 사람은 지금 무슨 이야기를 나누고 있을까요? 말풍선 달아 보세요.	추론	상상력, 창의력

〈사진을 활용한 질문 만들기 예시〉

남미 페루와 브라질의 접경지역에서 지금까지 알려지지 않은 원시부족이 발견됐다고 30일 AP통신 등 외신들이 보도했다. 원시부족 보호 단체인 '서바이벌 인터내셔널'은 이달 초 브라질 아크레주 산악 지역에 사는 원시부족을 발견했다. 사진은 몸에 붉은 칠을 한 부족원들이 촬영자가 탄 비행기를 향해 창과 화살 등을 들고 위협하고 있는 모습이다. [아크레(브라질) AP=연합뉴스]

사진 출처 : 2008. 5. 31. 중앙일보

〈초등학교 2-3학년 아동들이 생성한 질문〉
왜 몸에 빨간칠과 검은칠을 했을까, 색깔 차이는 무엇을 의미하나? 누가 높은 사람일까? 지금도 원시인이 사나? 산 속에서 불편하지 않을까? 왜 문명사회로 이동하지 않고 산 속에서 사나? 두렵지 않을까? 비행기를 보고 어떤 생각을 했을까? 화살로 비행기를 몰아낼 수 있다고 생각했을까? 뭘 먹고 사나? 뭐하고 놀까? 하루의 삶은? 다 같이 먹고자나? 가족끼리 사나? 아이큐는 얼마일까? 우리보다 낮을까? 무슨 말을 하고 살까? 옷은 왜 안 입나? 결혼식은 어떻게 할까? 몇 살 때 결혼할까? 학교도 없는데 공부는 어떻게 하나? 장애인은 없을까? 눈이 안 보이면 어떻게 살까? 소년들도 사냥을 할까? 신을 믿을까? 시장도 있을까? 죽으면 어떻게 할까? 장례식은 어떻게 치를까? 아기는 많이 태어날까? 나이를 알까? 이들이 사람을 먹을까? 다들 힘이 센지 궁금하다. 사냥만 할까, 가축도 키울까? 병이 나면 어떻게 하나? 의학은 얼마나 발달했을까? 수명은 어느 정도일까? 이 부족만의 특별한 것은 무엇이 있을까?

〈교사가 생성한 질문〉
사진의 상황을 설명해 보세요. 뭐하고 있나요? 왜 창을 겨눌까요? 사진 설명대로 이들은 정말로 한 번도 비행기를 본 적이 없을까? 사진과 사진설명이 사실로 맞는 것일까? 문명사회와 한번도 접촉한 적이 없을까? 지금 문명세계와 단절된 원시부족이 세계에 약 몇 개쯤 될까? 문명세계에 노출된다면 이들의 삶은 어떻게 변할까? 더 행복해질까? 이 사람들은 어떤 말을 하고 살까? 어떤 집단질서 체제를 갖고 살까? 문명인들의 물건을 갖다 주면 이 부족 사람들의 생활은 어떻게 변할까? 문명인으로서 지금 이들에게 한 가지의 선물을 주고 싶다면 무엇을 왜 주고 싶은가? 지금 우리가 사는 사회와 이들의 생활양식은 무엇이 같고 무엇이 다를까? 원시부족 보호단체라면 보호를 하려고 할 텐데 진정으로 보호하려면 어떻게 해야 할까? 보호해 주는 것이 좋은가? 더 나쁜가? 보호하면 미래에 원시부족들이 늘어날까?

원시인들은 왜 동굴의 벽에 동물들의 그림을 그렸을까?
살아가면서 가장 필요한 말이 무엇일까를 생각해 보고 나만의 원시어를 만들어 보세요. 여러분이 원시인이라면 사냥과 요리, 농사일 등에 어떤 도구를 만들어 사용할 것 같은지 상상해서 그려보고 도구 이름과 생김새, 용도와 제작법, 사용법 등을 설명해 보세요. 여러분이 원시인이 되어 하루를 보냈다고 생각하고 그날의 일기를 써 보세요. (지위와 나이와 성별을 정한 후 쓸 것)

(3) 신문을 활용한 시사토론 수업

① 체벌

체벌과 관련된 고발기사를 읽고 '교사가 나쁘다'든지 '학생이 맞을 짓을 했다' 등 단순한 흑백도구로 가르면 곤란하다. 인권이나 의사소통, 학생의 입장, 교사의 입장, 학부모의 입장 등 여러 시각에서 해석해 보는 일이 중요하다.

중앙일보 2008년 01월 30일 [12면]

어린이집 '알몸 벌세우기' 파문

서울시 구립 어린이집 교사가 영하의 날씨에 발가벗은 네 살짜리 여아를 어린이집 밖에 세워둬 파문이 일고 있다.
서울 용산구청은 29일 이태원동 구립 B어린이집 이모(25 · 여) 교사를 아동학대 혐의로 경찰에 고발했다. 또 어린이집 박 모(71) 원장과 이 씨에 대한 보육교사 자격 취소를 여성가족부에 의뢰했다.
용산구청에 따르면 이 교사는 25일 자신이 돌보던 박 모(4)양을 발가벗긴 채 어린이집 2층 비상구 밖에 몇 분간 세워뒀다. 이날 서울 기온은 최고 영하 1.8도, 최저 영하 9.6도였다.
이 교사는 "친구를 괴롭히던 박 양을 여러 번 제지하자 박 양이 분을 못 이겨 윗옷을 벗었다. 순간적으로 나도 화가 나 아랫도리를 잡아 내렸다"고 말했다. 그는 이어 "'너, 그러면 못난이 어린이집에 보낸다'며 비상구 문을 열자 박 양이 밖으로 나갔고 1~2분 뒤 안으로 들어오게 했다"고 주장했다.
그러나 이 교사는 경찰 조사에서는 박 양의 윗옷도 자신이 벗겼다고 진술했다. 이런 상황을 제보한 이웃의 외국인 K씨도 "아이가 10~15분 문 밖에 서 있었고 비명도 질렀다"고 진술했다. 서울시와 용산구청의 조사 결과 이 씨는 지난달 말 이모(4)군에게도 똑같은 '알몸 체벌'을 가한 것으로 드러났다. 이씨는 4년제 대학 유아교육과를 졸업한 보육교사 1급 자격증 소지자로 지난해 3월부터 B어린이집에서 근무하고 있다.
박 양의 어머니 함 모(32)씨는 "어떻게 여자 아이를 발가벗겨 밖에 내놓을 수 있느냐. 커서도 수치심을 가질까 봐 걱정"이라면서도 "아이의 상처를 안아 줘야지 처벌이 능사가 아니다"며 이 교사에 대한 선처를 부탁했다.
경찰 관계자는 "아동복지법 위반 혐의를 두고 이 씨와 원장에 대한 조사에 들어갔다. 체벌이 상습적으로 이뤄졌는지 등에 따라 구속 여부를 결정할 것"이라고 밝혔다.

〈사실적 질문〉
무엇이 문제가 되고 있나요? 체벌이란 무엇인가요? 고대로부터 지금까지 체벌에 대한 학자들의 견해는 어떤 것이 있을까요?

〈추론적 질문〉
알몸체벌에 대해 어떻게 생각합니까? 과연 이 어린이는 벌을 받으면서 잘못을 뉘우쳤을까요? 체벌 교사는 어떤 성격의 사람인 것 같은가요? 아이들은 몸도 마음도 아직 성숙하지 못해서 잘못을 많이 할 수 있는데 체벌이 최선의 방법일까요? 인간은 원래 악해서 매를 들지 않으면 교육이 안 되는 것일까요? 체벌을 자주 받고 자라는 아이들은 어떤 특성을 보일까요? 체벌이 과거부터 있어온 이유는 무엇일까요?

〈비판적 질문〉
이 교사가 어린이집의 교사로서의 자격이 있다고 생각하나요? 교사를 재판해 보세요. 찬성논거(체벌의 교육적 효과)와 반대논거(체벌의 부작용)를 정리해 보세요.(혹은 찬반토론) 체벌을 허용할 경우 그

한계와 기준을 어떻게 정해야 한다고 보나요? 현재 학교 교육의 현실을 감안할 때, 교육을 목적으로 한 모든 체벌을 정당화할 수 있을까요? 체벌을 제한하는 것은 교권침해에 해당할까요? 체벌을 금지시키면 교권이 약화될까요? 학생의 인권보호와 교사의 교권보호 중 무엇이 중요하다고 생각하나요? 체벌을 허용하는 게 좋을까요? 완전히 금지하는 게 좋을까요? 대체수단을 갖는 게 좋을까요? 체벌을 한다면 어느 선까지 해야 할까요? 체벌과 폭력의 차이점은? 둘은 어느 정도 상관관계가 있을까요? 인간과 동물은 길들이는 방법에 있어서 어떤 차이가 있을까요? 체벌은 어떤 전제하에서 이루어지는가?

〈적용적 질문〉
여러분이 이 아이였다면 그때의 감정이 어땠을까? 매를 들어 교육에 성공한 사례나 매 안 들고 교육에 성공한 사례를 아는 대로 들어 보세요. 가정에서의 체벌과 유치원이나 학교에서의 체벌은 다른가요? 체벌을 금지하기 위해서는 어떤 정책이 필요할까요? 가장 바람직한 선생님은 어떤 선생님일까요?

2 남교사 할당제

2008. 3. 27. 조선일보

남자교사 할당제 재추진

서울지역 교사 · 학부모 10명 중 8~9명은 여교사 신규 임용비율을 제한하고 인위적으로 남교사 비율을 늘리는 '교원 양성 균형 임용안'에 찬성하는 것으로 나타났다.
초 · 중학교에서 여교사 비율이 갈수록 높아지는 가운데 서울시교육청은 작년부터 신규 임용 시 남자 교사의 최소 선발 비율을 30% 안에서 16개 시 · 도 교육감이 자율적으로 정할 수 있게 하는 방안을 추진해 왔다. 이 과정에서 교육청은 작년 10월 서울교대에 '남교사 할당제'에 대한 여론을 조사하는 정책 연구를 맡겼었다.
서울시내 교사 · 학부모 · 학생 총 3,000여 명을 상대로 한 조사결과 교사(1056명)와 학부모(1056명) 중 각각 89.5%, 87.1%가 '남녀 교사의 비율이 균형 있게 유지되는 것이 바람직하다'고 답했다. 또한 교사의 73.9%와 학부모의 80.6%가 '남교사 할당제' 도입에 찬성했다.
학생들의 의견도 비슷했다. 초등학교 5~6학년과 중 · 고등학생 1~2학년 1056명 중 63.5%가 '학교에 남녀 선생님 수가 비슷하기를 바란다'고 대답했다.
설문에 답한 3000여 명은 남녀 반반씩으로 구성됐다.
시교육청 교원정책과 조학규 과장은 "서울뿐 아니라 경기, 충남, 경남지역도 비슷한 결과가 나왔다"며 "학교 현장을 가장 잘 알고 있는 교사들 사이에 찬성 비율이 높은 것은 의미가 있다"고 설명했다.
실제로 설문결과 교사의 61%가 교내 폭력 · 왕따 · 안전사고 등 학생 생활지도에 있어 남교사가 지도하는 것이 더 효율적이라고 답했다. '여교사가 지나치게 많은 교육 환경에서는 남학생들이 여성화되는 경향이 있다', '여교사가 대부분인 학교에서 운동회 · 체험학습 등을 진행하기 어려움이 있다'고 답한 교사의 비율도 각각 63%와 68%가 넘었다.

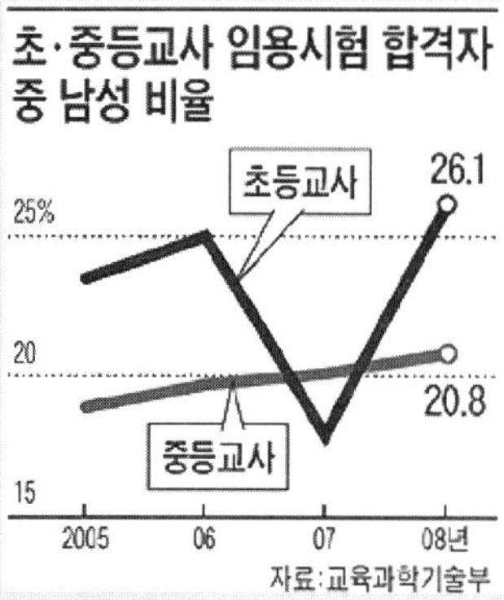

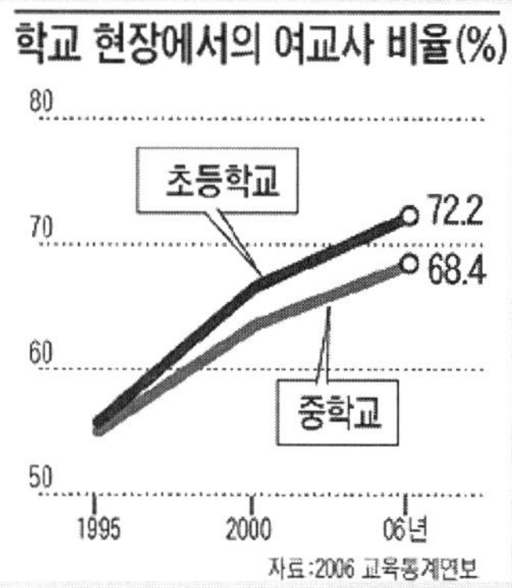

학교 현장에서 '여초(女超)'현상은 점차 심해지는 추세다. 교육통계연보에 따르면 우리나라 초등학교 여교사 비율은 1995년 55.8%에서 2000년 66.6%, 2006년 72.2%로 해마다 증가하고 있다. 1995년 25.3%에 불과하던 고등학교 여교사 비율도 2000년에는 34.5%, 2006년 47.7%로 뛰어올랐다.

2008학년도 초 · 중등교사 임용시험 결과를 보면 전체 합격자 중 남성의 비율은 전국적으로 26%(초등), 20.8%(중등)에 그친다. 서울의 경우 타 시 · 도보다 여초(女超)현상이 심해 초 · 중등 신규 임용 교사 중 13.7%, 15%가 남성이다.

시교육청측은 "공무원 시험처럼 합격자 중 특정 성별이 70%를 넘지 못하도록 하는 '양성평등제'를 교원 임용고시에도 도입하자는 것"이라고 했다.

그러나 한국여성개발원 김남희 연구원은 "여교사가 많은 환경에서 성 역할 교육이 제대로 이뤄지지 않는다는 주장은 근거가 희박하다"며 "교직 여성화 경향은 다른 OECD 국가에서도 관찰되는 보편적인 현상"이라고 밝혔다.

실제로 2006년 OECD 국가들의 여교사 비율은 초 · 중 · 고가 각각 78.3%, 64.8%, 51.9%로 이는 같은 해 우리나라의 72.2%, 68.4%, 47.7%와 비슷하거나 오히려 높다.

교육청은 "다중지능이론에 기초해 인지적 · 정서적 영역에서 남녀 교사 간에 유의미한 차이가 있는지 확인하는 연구를 진행한 후 이를 교육과학기술부에 제출할 계획"이라고 밝혔다.

〈사실적 질문〉

무엇이 문제가 되어 의견이 대립되고 있습니까? '남교사할당제'란 무엇을 말하나요? 기사문을 읽고 새롭게 알게 된 내용이 있습니까? 그래프를 말로 풀어 읽어 보세요. 외국은 어떤가요?

〈추론적 질문〉

왜 유치원이나 초등학교, 중학교에는 여자선생님이 많을까요? 왜 이런 제도를 만들려고 할까요? 누가 왜 반대하고, 누가 왜 찬성할까요?

〈비판적 질문〉

학생입장에서 볼 때 여자 선생님과 남자 선생님은 어떤 차이점이 있나요? 각각의 장단점을 말해 보세요. 학교에 다니면서 '특별히 이런 때는 남자선생님이라면 더 좋았을 텐데……'라고 생각한 적이 있나요? 여러분 자신에게는 선생님이 남자인지 여자인지가 중요하게 생각됩니까? 아니면 선생님은 실력 있고, 내게 잘 대해 주면 남자선생님이든 여자선생님이든 상관없다고 생각하나요? 이 제도를 실시하면 어떤 점이 좋아지고, 어떤 점이 나빠질까요? 대학입시에서 가장 중요한 것은 공정한 경쟁인데, 교대에 진학하려는 여학생의 입장에서 볼 때 실력이 아닌 성별이 학교입학의 당락을 결정하는 것이 타당한가요? 찬반 견해에 따른 근거들을 정리해 봅시다.

〈적용적 질문〉
학부모님들은 무엇을 원할까요? 학교를 운영하는 입장에서는 무엇을 원할까요? 여러분은 무엇을 원합니까? 찬반으로 나누어 토론해 봅시다.

3 초등생 찬반토론의 논제 예시

토론의 조건은 논쟁적 이슈여야 한다는 것이다. 모두가 동의한 화제여야 하고, 개선의 필요성과 대안 제시를 할 수 있는 것이 좋다. 아이는 대체로 자기중심적이고 한 가지밖에 생각하지 못한다. 교사가 아이의 반대 입장에서 질문하고 반대 측 입장도 나름대로 정당한 이유가 있음을 생각하게 하는 훈련을 하다 보면 사건과 사물의 양면성도 생각할 수 있고, 역지사지의 마음도 기르게 되며, 다양한 입장을 헤아려 한 가지 사안에 대해서도 여러 관점에서 생각할 수 있는 힘이 길러질 수 있다. 토론을 한 후에는 토론일기를 써서 토론한 것을 글로 옮겨 정리하면 좋을 것이다.

아직은 우리 사회에 토론문화가 정착되지 않아 토론이 좀 어려울 수가 있는데, 사안에 대한 찬성측과 반대측의 논거를 대략 알아두고 토론을 시작하는 것이 좋다. 다음에 제시한 상황에 따른 논박기술을 익히면 토론할 때 도움을 받을 수 있을 것이다.

〈토론할 때 상황에 따른 논박기술〉

① 상대방이 반대 사실을 내세울 때는 사실의 정확성과 권위를 확보한다.
② 상대방이 부분적인 사실에 매달릴 때는 전체의 중요성을 부각시킨다.
③ 상대방이 비유를 많이 사용할 때는 걸맞지 않은 비유를 지적한다.
④ 상대방이 지나치게 현학적이거나 불필요한 지식을 뽐낼 때는 실제 경험 여부를 확인한다.
⑤ 상대방이 숫자를 내세울 때는 숫자가 나온 근거를 추궁한다.
⑥ 상대방이 속담과 격언을 인용할 때는 반대의 속담과 격언으로 응수한다.
⑦ 상대방이 법칙으로 밀어붙일 때는 반대사례를 찾아내 반증한다.
⑧ 서로에게 유익하다고 강요할 때는 대의명분을 내세워 거절한다.

〈토론주제 예시〉

이성짝이 좋은가 동성짝이 좋은가? 일회용품을 사용해도 좋은가? 초등학생에게도 어학연수가 필요한가? 조기영어 열풍 어떻게 생각하나? 영어로 하는 수업 어떻게 생각하나? 맛있는 패스트푸드를 먹어야 하나, 먹지 말아야 하나? 초등학생에게 다이어트는 필요한가? 우리의 반장 선거제는 어떻게 개선하면 좋을까? 의자 배치 기준은 무엇이 되어야 할까?(키 순서, 앉은 키 순서, 오는 대로, 앉고 싶은 자리 등등), 컴퓨터 게임의 장단점은? 컴퓨터 게임은 통제를 해야 하나? 규범에 맞지 않는 인터넷 통신언어의 사용 이대로 좋은가? 극렬시위문화 어떻게 생각하나? 댓글문화 어떻게 생각하나? 친구 초대하는 생일잔치 어떻게 생각하나? 맞벌이에 대한 나의 생각은? 주5일 수업제를 하는 것이 좋은가? 보존과 개발, 어느 것을 선택할 것인가? 밸런타인 데이, 화이트 데이 등 각종 데이를 기념하는 것이 좋은가? 노약자석 비워 두기 어떻게 생각하나? 왕따 문제 어떻게 해결하나? 봉사활동 제도가 필요할까? 초등생 이성교제 필요한가? 체벌은 필요한가? 영상물 관람 나이 제한은 필요한가? 용돈을 한 달 치씩 한꺼번에 받는 게 좋을까? 학벌은 중요한가? 물건을 잃어버렸을 때 소지품 검사하는 것 어떻게 생각하나? 초등생의 학력평가 꼭 필요한가? 만화책은 초등학생에게 유익한가? TV안 보기 운동에 찬성하나 반대하나? 회장이 되면 한턱을 내야 하나? 초등학생이 학교에 돈을 가지고 와도 되는가? 초등학교의 한자 교육이 바람직한가? 인터넷은 공부에 도움을 주는가? 인간의 욕망은 나쁜 것인가? 사람은 자신의 죽음을 선택할 수 있는가? -자살이나 안락사, 여자화장실이 남자화장실보다 넓어야 하는 이유는? 초등학교 여학생의 화장, 장신구 착용 등 외모가꾸기에 대해 어떻게 생각하나? 동물학대 및 동물실험에 대해 어떻게 생각하나? 사극에서 가상의 인물을 만드는 것은 정당한가? 해외수학 여행 국내보다 좋은가? 어린이가 연예인을 좋아해 팬클럽을 결성하고, 나아가 연예인이 되려고 하는 것을 어떻게 생각하나? 초등생의 문구사 외상에 대해 어떻게 생각하나? 초등생의 입학연령을 6살로 낮추는 것을 어떻게 생각하나? 학교 급식 찬성인가 반대인가? 모둠원 한 명의 잘못, 모두가 책임져야 하나? 로봇이 사람의 일을 돕고 공장에서 일하게 되면 사람은? 장애인 통합 교육 성공할 수 있을까? 외국어 간판 사용 찬성인가 반대인가? 벌점제도 실시해야 할까? 우주개발을 해야 할까? 하얀 거짓말은 해도 되나? 학교 운동장 개방해야 되나? 학원에 다니는 것이 좋을까 나쁠까? 민주사회에서 표현의 자유를 제한해야 하나? 독도문제 일본에 어떻게 대응하는 게 좋을까? 초등생이 학교에 휴대폰을 가져오는 것을 금지해야 하나?

(4) 신문일기 쓰기

글쓰기 지도를 하기 위해 엄마나 교사가 준비해야 하는 가장 중요한 것 가운데 하나는 아이들의 생활 속에서 가장 필요하면서도 글쓰기에 직접 영향을 미치는 동기와 상황을 만들어 주는 것이다. 매일 동기부여를 할 만큼의 일을 만들기는 현실적으로 어려우니만큼 신문을 읽고 거기서 아이와 대화거리를 찾아 내고 함께 토론하고 쓸거리를 장만해 주자.

아이들은 직간접 경험이 부족하기 때문에 글 쓸 거리를 찾아 내는 데 어려움을 겪는다. 읽기를 통해 간접경험을 얻은 아이는 쓸거리가 풍부해지고 쓰는 방법을 다른 이의 글을 통해 터득하게 되므로 신문읽기와 쓰기를 병행하면 더욱 효과적이다. 신문을 활용한 글쓰기가 좋은 이유는 먼저 무엇을 어떻게 쓸까를 고민하는 학생들에게 그 문제를 어느 정도 해결해 주기 때문이다. 세계에서 일어난 특별한 일들이 다 모인 신문에서 한 가지 글감을 선택하여 쓰기란 그리 어렵지 않은 일이다. 하루 200꼭지 이상의 기사와 100컷 이상의 사진이 실리는 신문에서 자신의 관심분야나 눈길을 끄는 것을 선택해 그 기사에 언급된 내용을 토대로 하여 글을 쓰게 되면 내용만 간추려 적어도 몇 줄을 쓸 수 있기 때문에 일단 일기 한 바닥을 써야 한다는 부담이 줄어든다. 처음에 기사를 거의 그대로 옮겨 쓴다 한들 그래도 유익하다. 점차 자신의 말로 바꿔가면서 자신의 생각을 적게 될 수 있을 것이다.

어린이들이 알기는 아는데 표현을 못하는 이유는 어휘력이나 배경지식, 표현력 등이 부족하기 때문이다. 또 생각이 많은데 어떤 것부터 써야 할지 모르는 것은 중요도를 평정할 줄 모르고, 순서를 정해 짜임새 있는 구조를 짤 줄 모르기 때문이며, 문단 전개방식을 모르기 때문이다. 신문에는 모형이 될 만한 좋은 글이 많이 나오기 때문에 다른 이의 글을 읽으면서 문장 배열과 글 전체에 어떤 질서, 즉 구조가 존재한다는 사실을 알아내고, 글쓰기의 요령을 터득해서 쓸 수 있게 된다.

신문일기를 쓸 때는 기사나 사진, 만화, 광고 중 관심을 끄는 것을 하나만 선택하여 공책 왼쪽 면에 붙이고 오른쪽 면 위쪽에 날짜와 신문 이름, 기사 제목을 써 넣는다. 맨 먼저 그 기사에서 어려운 낱말을 찾는다. 독해의 기초인 어휘문제가 해결되면 기사를 이해했다고 보고, 다음으로는 선택한 기사의 내용을 한 문장으로 요약·정리한다. 스트레이트 기사는 보통 6하 원칙을 찾아서 요약하면 된다. 기사에서 6하 원칙을 찾아 쓰기만 해도 한 편의 훌륭한 일기가 될 수 있다. 특히 문단별 요약을 하면 제시문 독해와 요약 능력을 기를 수 있다. 요약이야말로 최고수준의 독해라 할 수 있다. 그 다음에 생각을 확장시키려면 가족이나 친구들의 의견을 받거나 토론하고 혹은 혼자서 질문을 생성해 본다. 답까지 생각하면 더 좋겠지만 질문만 생성해도 좋다.

칼럼이나 사설은 주장과 그렇게 주장하는 이유 찾기만 해도 좋다. 찬반으로 입장이 나뉘어 게재되는 칼럼은 균형잡힌 사고를 할 수 있게 도와 준다. 양측의 주장과 그에 따른 근거만 찾아 적어도 훌륭한 글이 된다. 이런 글을 읽다 보면 찬반 외에 제3의 대안을 생각할 수 있게 된다. 그 다음에는 그에 대한 자신의 생각을 기사 요약문 아래에 써 넣는다.

좀 성장한 아이라면 내 생각 쓰기에서 나아가 그 주장이 타당한지, 오류는 없는지, 자신의 견해는 그와 같은지 다른지, 필자의 주장에 대해 옹호나 비판을 해 보는 것도 좋다. 신문에는 글 모형으로 삼을 만한 좋은 글이 들어 있다. 신문을 읽으면서 글을 쓴 사람은 서두를 어떤 방식으로 시작했으며, 어떤 방식으로 글을 전개했는지 살피는 것도 글쓰기에 도움이 된다. 그런 글의 형태를 모방해서 다른 주제로 글을 써 볼 수도 있다.

또 신문에는 상품이나 식품소개를 하는 설명문이 많이 나온다. 그것을 읽고 나서 그것을 남에게 소개하는 글을 써 보게 할 수도 있겠다. 인터뷰 글을 읽고 설명형 인터뷰 기사는 일문일답형으로 바꿔 본다든가 일문일답형을 해설형으로, 해설형은 해설과 일문일답이 섞인 혼합형으로 바꿔 써 볼 수 있다. 부음기사는 한편의 위인전을 읽는 효과를 볼 수 있다. 읽고 나서는 그의 생애의 업적을 정리하고 다른 이에게 소개하는 형식으로 글을 쓰는 것도 좋은 글쓰기 연습이 된다. 인터뷰나 부음기사는 그 인물과 자신의 삶을 비교해 보기 때문에 좋은 인성교육의 자료가 될 수 있다.

어린이라 해도 신문기사를 가지고 토론하면 사회에 대한 관심과 사회 현상에 대한 자신의 생각이나 의견을 가질 수 있다. 비판적 사고력과 논술 실력을 기를 수 있고, 매일매일 읽기와 작문을 생활화하고, 스스로 질문을 생성해서 한 가지 사안에 대해 다양한 관점에서 비판적으로 생각하게 하고, 그것을 분량 있게 글로 표현해 내는 능력을 키우는 데에는 신문일기 이상의 효과적인 기제가 없다. 찬반양론의 기사문을 읽고 쓸 때는 주장일기를 쓸 수도 있다. 주장글의 형태는 다른 강의에서 다루고 있으므로 여기서는 일기 쓰는 방법만 다루겠다.

날씨는 맑음, 흐림, 갬, 비, 눈 등의 명사형으로 적는 것보다 아침부터 일기를 쓸 때까지의 일기변화를 간단하게라도 문장으로 나타내게 한다. 날씨를 자세히 쓰게 하는 일은 무엇이든 자세히 살피고 생각하는 힘을 길러 준다. 날씨 하나만 갖고도 일기를 쓸 수 있다.

제목은 글의 얼굴이다. 제목을 먼저 정하고 써도 되고 다 쓴 후 정해도 된다. 제목은 내용과 일관되게 정하고, 내용을 함축하는 것으로 정한다. 신선하고 인상적인 것으로 읽는 이의 눈길을 끌 수 있게 정하고, 제목의 형태는 중심소재나 주제를 나타내는 단어나 구, 문장으로 정한다.

예 : 햇볕 쨍쨍, 바람 쌀랑/아침에는 추웠으나 낮에는 안 추웠다. / 하늘이 맑았고 굉장히 더웠다./ 아침에는 춥고, 낮에는 더워서 땀이 나 겉옷을 벗었다./ 아침에는 흐렸고 낮에는 비가 조금 왔다. 비가 올 때는 바람도 조금 불었다. 그러다가 오후에는 활짝 개었다. 날씨가 꼭 내 여자 친구같이 변덕스럽다. 바닷물 같은 하늘, 오들오들 떤 날. 처음으로 내복 입은 날, 지긋지긋 장마, 코스모스 한들한들, 반팔 입은 날, 내복 입을 만큼 추운 날, 황사 때문에 마스크 쓴 날, 오싹오싹, 비가 주룩주룩, 가을바람이 솔솔, 해님이 땡땡이 친 날, 해님이 꽁꽁 숨은 날, 빗방울이 송알송알, 털모자 쓴 날, 자꾸만 졸리는 봄날, 새싹이 파릇파릇, 찬물로 샤워 짝짝 한 날, 눈이 와서 미끌미끌 차가 엉금엉금, 얼음 언 날. 휘와 쨍 합체한 날. 봄바람에 나뭇잎이 살랑살랑, 나뭇잎이 노랑 옷으로 갈아입은 날, 양떼구름이 몽글몽글

본문은 먼저 글감을 선정한 후 브레인스토밍으로 생각을 확장시킨 후, 전체적으로 간단한 얼개를 짜고 쓰면 쓰기가 쉽다. 생각도 별로 하지 않고 무조건 연필부터 잡고 쓰기 시작하면 도중에 막혀 시간이 더 걸리고 글에 안정감과 체계가 없다.

일기는 두루뭉술하게 쓰지 말고 구체적으로 써야 한다. 날씨, 때와 장소, 있었던 일을 정확하게 기록하는 습관을 기른다. 다 들어가게 할 수는 없겠지만 6하 원칙이 어느 정도 들어가게 쓴다. 이해가 힘든 곳은 그림을 삽화하여 이해를 돕우는 것도 좋다. 그날 있었던 일을 본인은 잘 알지만 독자는 모른다. 글은 언제나 독자를 의식하고 써야 한다. 일기의 독자는 선생님이나 훗날의 나 자신이다. 선생님이 글을 읽고 궁금한 것이 하나도 없도록, 자신이 나중에 읽더라도 그 장면이 선명하게 그림처럼 떠오를 수 있게 자세히 쓴다. 아무것도 모르는 제3자인 독자에게 그날 있었던 일을 소개한다는 느낌으로 쓰면 좀 더 자세하게 쓸 수 있을 것이다. 결과만 쓰지 말고 과정을 상세하게 쓰는 훈련을 해야 한다. 상황을 다시 한번 자세히 떠올려 보지 않고 그저 나열해 놓으면 단순한 사건의 기록에 머물 수 있고, 문장이 모래알처럼 응집성이 없게 된다.

'오늘, 나는' 식의 불필요한 말은 뺀다. 그날 경험(읽은 신문)한 사건의 나열로 그치지 않고 그 사건에 대한 자신의 감정을 기록하는 게 좋다. 저학년은 대체로 일기의 끝에 '참 재미있었다', '참 즐거웠다', '피곤했다,' '다시는 그러지 않겠다' 등의 상투적인 어휘로 마치는데, 감정은 반드시 그 이유와 함께 쓰도록 하고, 형용사로만 나타낼 것이 아니라 비유를 들어 "마치 ~가 ~할 때처럼 ~했다"의 형태로 나타내면 좋고, 동일한 서술어가 반복되지 않도록 다른 단어를 사용하는 것이 좋다. 줄글로만 쓰지 말고 따옴표를 이용해서 대화글로 쓰면 표현이 더 생생하다.

1인칭을 벗어나 자기 이름을 주인공으로 하여 3인칭으로 써 보면 자기를 객관적으로 볼 수 있다. 과거형이 아닌 현재형으로 써 보면 그 일이 지금 일어나고 있는 것처럼 느껴진다. 중계일기, 체험일기, 가상일기, 독서일기, 주장일기, 마인드맵 일기 등 다양한 형태로 쓴다.

신문일기는 관심이 있는 기사나 사진을 오려붙인 후, 그것을 선택한 이유도 쓰고, 거기에 등장하는 사건을 6하원칙에 입각해 간략히 쓰고, 자신의 삶과 관련지어 그 사건에 대한 자신의 생각을 쓰면 된다. 다음은 *NIE*작품 및 신문일기 사례이다.

〈신문일기 사례〉

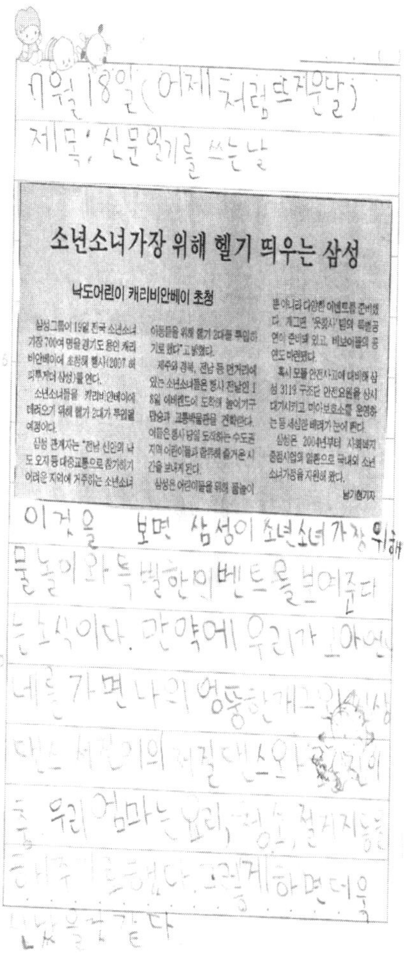
7월 18일(어제처럼 뜨거운 날)
제목: 신문일기를 쓰는 날

소년소녀가장 위해 헬기 띄우는 삼성

낙도어린이 캐리비안베이 초청

이것을 보면 삼성이 소년소녀가장 위해 물놀이와 특별한 이벤트를 보여준다는 소식이다. 만약에 우리가 고아언니네를 가면 나의 엉뚱한 개그와 진상댄스 서진이의 저질댄스와 황진이의 춤. 우리 엄마는 요리, 청소, 설거지 등을 해주기로 했다. 그렇게 하면 더욱 신났을 것 같다

2007년 7월 18일

제목 : 소년 소녀 가장 위해 헬기 띄우는 삼성

초등학교 1학년 최윤서

〈일기내용〉
이것을 보면 삼성이 소년소녀 가장을 위해 물놀이와 특별한 이벤트를 보여준다는 소식이다. 만약에 우리가 고아 언니네를 가면 나의 엉뚱한 개그와 진상댄스, 서진이의 저질댄스와 황진이의 춤, 우리 엄마는 요리, 청소, 설거지 등을 해 주기로 하였다. 그렇게 하면 더욱 신났을 것 같다.

〈평가〉
초등학교 1학년 학생이 신문일기를 처음으로 쓴 것이다. 삼성이 전국 소년소녀 가장 700명을 용인의 캐리안 베이에 초청하여 물놀이, 웃찾사 특별공연, 비보이 공연 등을 했다는 기사를 보고 이렇게 신문일기를 썼다. 글감을 구하기 어려울 때 아이가 신문을 통해 쉽게 글쓰기의 소스를 얻을 수 있다는 것을 알 수 있다. 기사의 내용을 자신의 삶과 연결시키기도 한다. 시제가 일치하지 않고 비문이 보이지만 잘 쓴 글이다. 삼성에 대한 자신의 평가가 한 마디 들어갔으면 더 좋았을 것이다. 삼성은 이렇게 소년소녀 가장을 돕는데 나는 혹은 우리 가족은 그들을 위해 무엇을 도와줄 수 있을까를 아이와 토론하고 글을 쓰면 이렇게 한편의 근사한 일기가 나올 수 있다. 신문기사 한 장을 오려 놓고 일기를 쓰기 위해 엄마와 딸이 다정하게 토론하는 모습이 눈에 선하다.

2007년 7월 19일

제목 : 어떤 대통령이 좋을까

초등학교 1학년 최윤서

〈일기내용〉

이것은 대통령 후보가 악수하는 장면이다. 왼쪽은 이명박 후보이고 오른쪽은 박근혜라는 후보다. 같은 장소에서 만나서 약간 기뻐하는 듯하다. 그래서 악수하는 것 같다. 뉴스에 나올 때 인터뷰 할 때 자신감 있게 하는 대통령이 좋다고 생각한다.

〈평가〉

신문일기를 두 번째 쓴 것이다. 이명박과 박근혜가 악수하는 장면의 사진 한 장을 놓고 엄마와 "어떤 대통령이 좋을까" 하는 주제로 이야기를 나누었는데 1학년 어린 아이지만 무려 20가지 가깝게 생각을 말하였다고 한다. 지면 관계로 자기의 생각을 글로는 다 표현하지 못했다. 학교에 일기를 제출했더니 담임선생님이 신문 사진 같은 것 붙이지 말라고 하셔서 어쩔 수 없이 신문 사진을 붙이지 못한 채 글만 썼는데 그날 이후로 매일 한 바닥을 빼곡히 채워 글의 분량이 두 배로 늘어났다. 신문일기의 효과를 확인할 수 있는 부분이다.

*출처 : '한국언론 뉴스허브' 뉴시스통신사

2008년 3월 19일

제목 : 해리왕자

초등학교 2학년

〈일기내용〉

안녕하세요? 전 한국에 있는 권채은이예요. 아프가니스탄 전쟁터에서 두 달 반이나 싸우셨져? 저라면 안 갔을 거예요. 해리왕자님은 정말 용감해요. 해리왕자님은 자랑스러워요. 해리왕자님(같은) 높은 사람이 앞장을 서면 백성들이 종경할 거에요. 냉중에는 멋진 왕이 될 거에요.

안녕하세요? 전 한국에 있는 권하은이에요. 영어로 안 써서 못 알아보면 어쩌나요? 아프가니스탄 전쟁터에서 두 달 반이나 싸웠다는 소식을 신문을 보고 알았어요. 우리 나라 왕은 전쟁 나면 도망치는데, 해리왕자님은 참 용감하시군요. 나중엔 용감한 왕이 될 거여요.

2008년 3월 19일

제목 : 해리왕자

초등학교 3학년

여기는 아프가니스탄입니다. 영국에 해리왕자가 아프간에서 10주째 군복무를 하고 있습니다. 해리왕자의 행적이 알려지지 않도록 몰래 갔는데 미국 인터넷 방송에서 보도하는 바람에 알려져서 곧 귀국할 예정입니다. 왕자지만 보통 군인들과 함께 위험을 무릅쓰고 싸웠습니다. 해리왕자는 지금 어쩔 수 없이 돌아가지만 곧 전쟁터로 다시 오겠다고 하였습니다. 이상 KBS특파원 김하람 기자였습니다.

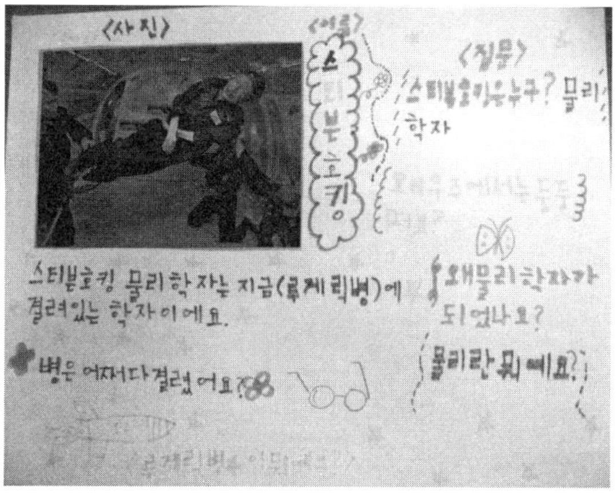

<사진으로 질문 만들어 보기>

초등학교 3학년 황선민

스티븐 호킹은 누구?
왜 우주에서는 둥둥 뜨나요?
왜 물리학자가 되었나요?
물리란 뭐예요?
병은 어쩌다 걸렸어요?
루게릭병이 뭐예요?

<엄마에게 어버이날 드리고 싶은 선물
오려붙이고 편지쓰기 일기>

초등학교 3학년 황선민

선물바구니
이유 :
돈도 없고 하니까 작은 꽃바구니라도 드리고 싶어서.
마음의 선물

어머니
하나님의 축복받고 오래오래 사세요.
이 다음에 커서 멋진 옷 사 드릴게요.

〈광고 재구성하기, 초등학교 6학년, 권예현〉

〈자동차 장단점 비교하기, 초등학교 3학년, 황선민〉

자폐학생 체벌 선생님 이해해 줬으면

12일자 A10면 '수업 방해하는 자폐 초등학생 때린 교사, 학부모 합의로 휴직'을 읽었다. 나 역시 서울 온수초등학교 6학년에 재학 중인 발달장애 2급인 아들을 두고 있다. 아이를 특수학교에 보내지 않고 일반 학교에 입학시킨 데는

나름대로 이유가 있다. 아이는 언어장애에 심한 행동장애까지 있었지만 상당한 지능을 갖고 있어 정상적인 아이들의 행동과 언어를 보고 들으며 학교생활을 하는 것이 더 효과적인 교육일 거라고 믿었기 때문이다.

돌이켜보면 그 선택은 정말 잘한 결정이었다. 그러나 생각지도 않은 고통과 어려움이 따랐다.

제일 힘들었던 일은 다른 아이들에게 주는 피해였다. 그래서 특수학교로 전학 갈까를 몇 번 고려한 적이 있었다. 선생님의 고통도 내가 겪은 고통과 크게 다르지 않았을 것이다. 어쩌면 선생님의 고충이 더 클 수도 있다. 선생님은 한 아이를 위해서 다른 아이들이 겪어야 하는 피해를 외면할 수 없었을 테니 말이다.

기사를 보면 선생님이 회초리로 종아리와 발바닥을 때렸다고 했는데 그 정도의 체벌이라면 최소한 감정적으로 아이를 상대한 것은 아니라는 생각이 든다. 선생님에게 매를 맞고 온 아이를 보면 이유를 불문하고 기분이 언짢아지는 부모의 마음도 모르는 바는 아니다. 부족한 아이를 키워야 하는 부모의 입장은 더더욱 그렇다. 그러나 선생님이 진심으로 사과를 한다면 그것을 받아들여 마무리 지어야 한다. 강력한 처벌을 요구하는 것은 바람직한 일이 아니다. 선생님의 고충을 조금이라도 헤아렸다면 말이다.

박은교·부동산 중개업·서울구로구

〈기사를 만화로 표현하기, 초등학교 6학년, 이하연〉

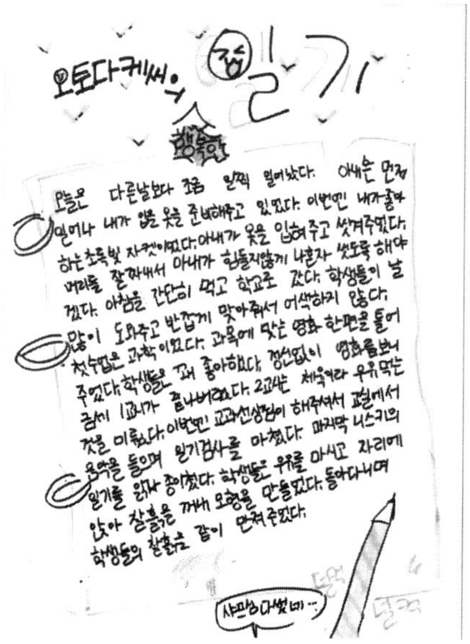

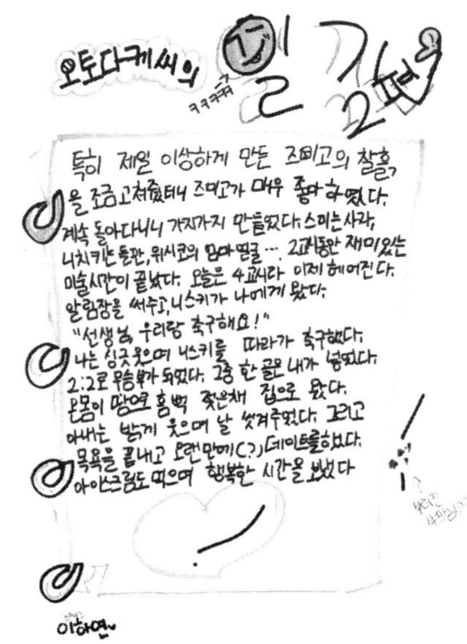

〈초등학교 교사가 된 오도타케 히로타다의 기사를 읽고 그의 하루를 쓴 가상일기, 초등학교 6학년, 이하연〉

nie 신지샘논술교실	신문일기	날짜 : 이름 :

사 설

반민주적 기자실 통폐합 즉각 철회하라

㉮ 정부의 기자실 통폐합 방침이 전국민적인 저항에 부닥쳤다. 한나라당은 6월 임시국회에서 기자실 통폐합을 저지하고 이를 주도한 국정홍보처를 폐지하는 법안을 통과시키기로 했다. 법조계에선 헌법소원을 낼 예정이다. 시민·언론단체는 물론 공무원들까지 반대한다. 실로 오랜만에 여야, 좌우, 진보와 보수가 한목소리를 내고 있다.

㉯ 이번 조치의 반민주성이나 위헌성을 다시 언급할 생각은 없다. 그러나 한 가지는 분명히 하고자 한다. 노무현 대통령의 비뚤어진 언론관처럼 기자실은 기자들이 죽치고 앉아 담합이나 하는 장소가 아니다. 권력을 감시·견제하려고 국민이 위임한 임무를 수행하는 데 필요한 최소한의 공간이다. 국민에게 국정을 알려야 하는 정부가 필요로 하는 공간이기도 하다.

㉰ 그런 만큼 이번 조치로 기자들의 취재와 송고가 불편해지면 국민의 알 권리는 훼손되며, 나라 곳은 엉망이 돼갈 것이다. 아무리 선진 민주사회라도 '엠바고'나 '오프 더 레코드'라는 게 있다. 공익이나 국익을 위해 보도를 자제하는 관행이다. 기자실이 없어지면 이것도 불가능해진다. 국익은 뒷전이고 검증 안된 폭로 경쟁이 판을 칠 것이다. 수사기관과 언론이 협조해야 할 유괴 사건의 경우 엠바고가 지켜지지 않으면 피해자의 생명이 위험해진다. 민감한 외교적 사안에서 상호 이해를 전제로 한 배경 설명도 사라질 판이다. 심지어 대통령의 동선(動線)이 여과 없이 공개돼 경호에 치명적인 상황이 발생할 수도 있다.

㉱ 노 대통령은 1987년 6월 민주항쟁 당시 시위 경력을 자랑스레 생각한다. 6월항쟁의 도화선은 박종철군 고문치사 사건이다. 하지만 이 사건은 경찰의 브리핑으로 공개된 게 아니다. 기자의 치열한 취재 결과였다. 이런 기자들의 눈과 귀를 가려 국민의 알 권리를 뺏으려는 정권은 감히 '민주'라는 말을 입에 올릴 자격이 없다.

㉲ 노 대통령도 이번 일이 불러온 파장을 똑똑히 보고 들었을 것이다. 국민의 뜻을 거역해 역사의 죄인으로 남지 않으려면 기자실 통폐합 조치는 즉각 철회돼야 한다. 그게 진정한 용기다.

날짜 : 2007. 5. 24.
출처 : 중앙일보

〈이슈와 주장과 근거 찾기〉

1. 이슈가 무엇인가?
기자실 통폐합

2. 주장이 무엇인가?
기자실 통폐합 조치는 즉각 철회돼야 한다.

3. 그렇게 주장하는 근거는 무엇인가?
① 기자실은 권력을 견제하라고 국민이 위임한 임무를 수행하는 데 필요한 공간이며, 정부도 국정을 알리려면 필요하기 때문
② 국민의 알 권리가 훼손되며 나라꼴이 엉망이 된다.
③ 엠바고, 오프더 레코드가 불가능해진다. 유괴사건이 나면 피해자가 위험해진다.
④ 국익은 뒷전이고 검증 안 된 폭로경쟁이 판칠 것이다.
⑤ 민감한 외교적 사안에서 배경설명이 사라진다.
⑥ 대통령의 경호에 치명적이다.
⑦ 박종철군 고문치사 사건 같은 것의 진모를 알 수 없다.

〈한 컷 만화로 표현하기〉

4. 필자의 주장이 타당한가? 논리적 오류는 없는가?

5. 필자의 주장에 대해 옹호나 반박의 형태로 논거를 들어 자신의 견해를 펼치기.

〈기사를 만평으로 표현한 신문일기, 교사 전신지〉

독서지도와 아동심리발달

제 8 장

1. 프로이트의 이론과 문학
2. 에릭슨의 이론과 문학
3. 발달단계별 언어와 문학
4. 아동기의 이해와 문학
5. 아동기의 특징과 문학
6. 독서지도와 아동발달
7. 미디어 독서지도

누구나 문학작품을 접했을 때 자신이 아는 대로 해석하고, 아는 대로 가르치며, 아는 범위 안에서 창작을 한다. 그 중에서도 차세대문학 작품은 대상 독자가 일차적으로 어린이이기 때문에 아동발달 단계나 아동심리를 모르면 문학에 대한 교육은 물론 창작까지 모두 실패로 돌아갈 수밖에 없다.

본시 인간은 그 일면이 외부세계, 즉 행동의 세계로 이루어진 동시에 일부는 내면세계, 즉 심리의식의 세계로 이루어져 있다. 문학이 인간을 주요한 대상으로 하는 한 작가세계의 절반을 그 방면으로 돌리는 것은 당연한 일이다. 따라서 문학작품에서도 행동세계의 문학이라든가 심리세계의 문학이라든가 하는 것이 따로 분리되어 있지 않으며, 행동을 주로 묘사한 작품도 어느 정도의 심리나 의식을 추구하는 작품에도 어떤 의미의 행동이 묘사된다고 해야 할 것이다. 그러나 과거와 현대의 작품을 모두 살펴서 그 두 세계의 구별을 하면서 작품의 성격을 체계적으로 나누어 보면, 거기에는 분명히 주된 특징을 행동묘사에 둔 것과, 심리추구에 둔 작품으로 나누어진다.

심리학은 분명히 창작과정을 설명할 수도 있고 작품의 탄생에 관한 연구도 할 수 있다. 그러나 그 작품에 예술적 가치가 나타나지 않는 한 심리학은 필요하지 않다고 보는 것이 심리비평가들의 견해다.

결국 문학이 인간의 심리적 내면세계를 그린다고 하여도 심리학은 문학작품을 연구하는데 절대적 표준이 될 수는 없고, 겨우 문학 연구의 보조학문이 될 뿐이라는 것이다. 마치 문학과 사회가 깊은 관련이 있다고 해서 문학을 전적으로 사회현상으로 풀이할 수 없는 것과 마찬가지다. 따라서 시인이나 작가의 내면세계 심리와 의식의 내부를 진지하게 표현하되 어디까지나 예술화·작품화의 과정을 거쳐야 하고 독자들도 심리적인 작품을 읽고 연구하되 이것을 무슨 심리학적 사례로 생각할 것이 아니라, 문학작품으로서 받아들여야 한다고 말할 수 있다. 특별히 차세대 문학은 일차적 대상 독자가 어린이들이기 때문에 어린이의 발달단계나 심리를 깊이 알아야 작품을 이해할 수 있고, 더 나아가서 차세대문학 작품다운 작품을 창작할 수 있다고 본다. 항간에 아동심리를 전혀 모르는 상태에서 차세대문학 작품을 평가하고, 작품을 창작하는 경우를 볼 수 있는데 대단히 위험하고 무모한 짓이라고 생각한다. 차세대 문학작품 가운데 수준 이하의 작품이 많다고 지적받는 가장 큰 원인은 아동문학가 스스로 아동발달이나 아동심리를 모르는 상태에서 작품을 쓰기 때문이다.

1. 프로이트의 이론과 문학

프로이트는 개별적 아동을 직접적으로 관찰한 일은 없으나 환자와 자신의 어렸을 때 경험한 회상을 바탕으로 그의 심리성적 이론을 구성하였다. 프로이트에 의하면 아동은 한정된 양의 리비도(*libido*)를 가지고 태어난다는 것이다. 성적 에너지인 리비도는 신체적 즐거움을 경험하는 능력으로 그것의 집중 부위에 따라 발달단계가 구분된다. 즉 리비도가 구강에 부착되면 구강기, 항문에 부착되면 항문기, 그리고 생식기에 부착되면 남근기가 도래한다. 프로이트가 제시한 성적 발달의 단계를 제시하면 다음과 같다.

1) 구강기 (*oral stage*, 0~1세)

리비도가 집중하는 부위가 구강(입, 혀, 입술)이다. 영아는 구강을 통하여 젖을 빨므로 성적 욕구를 충족시킨다. 만약 구강욕구가 적절하게 충족되지 않는다면, 아동기 동안 엄지손가락 빨기, 손톱 물어뜯기, 연필씹기와 같은 행동이 나타나고 성장한 이후 과식이나 흡연 같은 습관이 형성된다.

2) 항문기 (*anal stage*, 1~3세)

대소변 훈련의 시기로서 리비도가 항문 주위에 집중한다. 아동은 배설물을 보유하고 방출하는 것으로 쾌감을 느낀다. 만약 부모가 충분히 준비되기 이전에 아동을 훈련하거나 지나치게 느슨한 상태로 훈련하면 극단적인 질서의식과 청결 혹은 더러움과 무질서의 형태로 항문통제에 대한 갈등이 나타난다.

3) 남근기 (*phallic stage*, 3~6세)

리비도가 성부위에 집중되며 성기의 자극으로부터 쾌감을 느낀다. 이 나이의 유아들은 인간의 탄생에 대한 관심을 나타내고 이성의 성기에 대해서도 강한 호기심을 보인다. 그러나 여아에게는 남아와 같은 성기가 없기 때문에 남근선망*(penis envy)*을 경험한다. 남아는 자신의 성기를 자랑스러워하나 아버지가 자신의 성기를 거세할지도 모른다는 거세불안*(castration anxiety)*에 빠진다. 남근기의 특징적인 현상으로 남아는 엄마를 사랑하는 오이디푸스 콤플렉스*(Oedipus complex)*를, 그리고 여아는 아빠를 사랑하는 엘렉트라 콤플렉스*(Electra complex)*를 경험하나 점차 동성의 부모를 동일시함으로써 해결된다.

4) 잠복기*(latent period)*

리비도가 무의식 속에 잠복하므로 아동은 성적 욕구를 일시적으로 잊어버리고 그 사회가 요구하는 기본기술을 획득하기 위하여 노력한다. 아동은 가족 이외의 성인들로부터 그리고 동성의 또래들과의 놀이로부터 새로운 사회적 가치를 획득한다.

5) 생식기*(genital period)*

신체적인 성숙이 이루어짐에 따라 진정한 의미에서 성욕이 나타나고 리비도는 이성에게로 향한다. 이전단계에서의 발달이 성공적으로 이루어졌다면 결혼, 성숙한 성욕, 그리고 자녀의 출산과 양육이 모두 가능하다.

프로이트에 의하면, 리비도가 부착된 부위로부터 아동이 적절한 양의 신체적 즐거움을 얻을 수 있을 때 단계에서 단계로의 성공적 이동이 가능하고 적응적 성격이 형성될 수 있다. 그러므로 부모는 아동이 경험하는 신체적 즐거움을 과도하게 좌절시켜서도 안 되고, 지나치게 허용해서도 안 된다. 프로이트는 남근기가 끝날 무렵까지 아동성격의 대부분이 형성된다고 믿었다.

2. 에릭슨의 이론과 문학

프로이트가 인간의 인성발달에 초점을 둔 반면에 에릭슨은 인간이 사회 속에서 타인과 사회적 관계를 맺어 가는 데 초점을 맞추어 인간의 발달을 전 생애적 발달로 보고, 각 단계마다 아동이 사회에 적용할 수 있는 방법을 설명해 주고 있다. 즉 자아의 발달에 따른 건전한 정체감 형성을 강조하면서, 인간의 발달이란 각 단계별로 극복해야 할 심리 사회적 발달위기는 신체적 성장이나 문화적 영향에 기인하지만 아동은 전적으로 환경의 영향에 의해 좌우되지는 않는다는 것이다.

1) 신뢰감 대 불신감 단계(출생~1세)

신뢰감은 건강한 성격의 가장 기본적인 요소로서 유아는 엄마와의 신체적 · 심리적 상호작용을 통해 사회적 관계가 발달하게 된다. 어머니는 이 시기에 가장 중요한 인물인데, 어머니로부터 따뜻하고 애정적인 보살핌을 받게 되면 아동은 세상이 살기 좋은 곳이라는 확신감과 신뢰감을 획득한다. 불신은 위안을 얻기 위해 영아가 너무 오래 기다려야 하거나 거칠게 다루어질 때 형성된다. 일단 신뢰감이 형성되면 비록 어머니가 때때로 곁에 없다 하더라도 누군가가 자신을 돌보아 주리라는 믿음을 갖게 되어 아동은 어머니와의 신뢰감을 통해 사회적 신뢰감도 형성할 수 있다.

2) 자율성 대 수치와 의심 단계(2~3세)

이 단계의 아동들은 자신들의 행동의 주체가 자기 자신이라는 것을 서서히 깨닫게 되어 '나', '내꺼', '내가 할거야', '안 해' 등의 말을 하며 자기주장을 나타낸다. 새로운 정신적 기술과 운동기술을 사용하여 아동은 스스로 선택하고 결정하기를 원한다. 자율성은 부모가 합리적인 정도의 자유로운 선택을 허용하고 강요하거나 창피를 주지 않을 때 길러진다. 이 시기에 부모가 아이를 너무 과잉보호하게 되면, 아이는 스스로 환경에 대처할 능력을 상실해 자신의 능력에 회의감을 갖게 된다. 특히 대소변 훈련은 아동으로 하여금 자신의 행위에 대한 독립심을 키워 줌으로써 아동의 자율성 발달에 기초가 된다. 그러나 엄격한 배변훈련은 부모의 기대에 적절한 행동을 보여주지 못하여 사랑, 노력, 시간, 돈에 있어 인색하고 소심해지거나 수치감이나 회의감을 발달시키게 된다.

3) 주도성 대 죄책감 단계(4~5세)

이 단계는 언어를 획득하고 개념들을 이해하게 되며 신체적 움직임이 많아지면서 더욱 많은 것을 행할 수 있으며, 자신의 활동에 대한 목표와 계획을 세우는 주도성이 발달하게 된다. 이 시기는 인지기능이 발달함으로써 호기심이 가장 많은 때다. 또한 이 시기는 동성부모를 동일시함으로써 갈등을 해소하면서 자신의 행동을 주도적으로 수행할 방안을 발견하게 된다. 이 갈등을 해결하는 과정에서 상상으로 이성부모에 대한 소유욕을 갖게 되는데, 이 갈등이 잘 해결되지 않으면 이성부모에 대한 성충동으로 인해 생긴 두려움 때문에 죄의식을 가질 수 있다. 가상놀이를 통하여 아동은 그들의 소망을 표현한다. 어떤 일을 솔선해서 수행하는 선도성은 부모가 아동의 의도와 방향감각을 지원할 때 발달한다. 부모가 너무 많은 자기 통제를 요구하면 과통제에 따른 죄책감을 유발한다.

4) 근면성 대 열등감 단계(6~11세)

이 시기는 아동이 가정이라는 좁은 울타리를 벗어나 집 밖에서 새로운 영향력을 받아 아동의 세계가 확대된다. 아동은 학교에서 타인과 함께 일하고 협동하는 능력을 발달시킨다. 열등감은 가정이나 학교에서 혹은 또래와의 부정적인 경험이 무능력감을 초래하면서 발달하는데, 학교에서 주어진 학습을 수행하면서 타인으로부터 인정을 받고 과제완수로부터 오는 즐거움을 느낀다면 아동은 건전한 근면성을 개발하는 반면, 계속적인 실수를 하게 되거나 성취할 기회를 주지 않으면 자신감과 근면성이 개발되지 않고 열등감을 느낀다. 이 시기의 아동은 읽기, 쓰기, 셈하기 등의 인지기능을 학교에서 배우게 된다. 이 단계에 아동의 잠재적 능력이 개발되어 키워지지 않는다면 아동의 능력은 영원히 잠재될 수 있고, 근면성은 이후의 학교생활이나 학업성취의 기초가 된다.

3. 발달단계별 언어와 문학

아동문학 교육이나 창작에서 가장 중요한 부분의 하나는 언어발달에 대한 파악이다.

과거에는 언어교육의 초점을 줄 문법체계의 발달이나 습득어휘 등에 대한 것이었으나, 최근에는 의사소통 능력의 성장에 초점을 두고 있다.

1) 미 소

갓난아이가 미소를 짓는 장면을 생각해 보자. 자신의 아이가 미소를 지으면 어머니 역시 함께 미소를 지으며 반응적으로 아이를 대한다. 갓난아이의 미소는 어머니와의 상호작용을 유도하는 계기를 제공한다. 이럴 경우, 어머니는 미소에서 그치지 않고 "이것 좀 봐, 애가 웃었어요."라거나, "맘마 줄까?"라는 등의 반응을 보이며, 아이에게 대화를 하기 시작한다. 이것은 대화에 수반되는 제스처나 웃음과 같은 비언어적 행동들이 상대방의 반응을 유도하는 사회적 상호작용의 의미를 아주 어려서부터 경험하게 되는 예이다.

2) 옹알이

옹알이를 예로 들어 보자. 생후 3~4개월경부터 나타나 생후 8개월경에 가장 활발한 옹알이는 주로 자음과 모음을 반복적으로 연결하여 '음마' 혹은 '다다'와 같은 소리를 내는 양상을 말하는데, 흔히 부모들은 옹알이를 영아가 한 단어로 말을 한 것으로 착각하기도 한다. 아직 의미를 담은 단어는 아니나 영아가 이같이 의미 없는 소리를 내더라도 성인은 이에 아주 민감하게 반응하고 똑같은 형태로 따라 하게 된다. 성인이 영아의 옹알이를 모방하면 다시 영아가 성인의 반응을 따라 옹알이를 함으로써 옹알이는 일반적인 대화의 패턴을 보이기도 한다.

3) 한 단어 시기

영아기에는 한 단어로 의사소통에 불편이 없이 성인과 상호작용하는 것을 볼 수 있다. '맘마'하며 밥을 달라고 매달리기도 하고, 다 먹은 밥그릇을 내밀며 '맘마'할 때는 밥을 다 먹었다는 뜻이거나 더 달라는 뜻이기도 하다.

넬슨(*Nelson*)의 연구에 의하면, 18개월에서 2세 사이의 영아의 초기 50 단어는 주로 양말이나 열쇠, 신발과 같은 명사로, 이는 영아의 주변 환경에서 흔히 볼 수 있는 것들이며, 영아에 의해 움직여지고 다루어질 수 있는 것이었다. 즉 영아는 자신의 행동이 취해질 수 있는 사물을 대상으로, 감각적이고 물리적인 활동에 기초하여 한 단어를 습득함을 알 수 있다. 넬슨*(Nelson)*의 다른 연구에서는 일상적이고 반복적인 생활의 경험이 더 폭넓은 개념적 발달 과정의 일부로, 초기 언어 습득에 중요하게 작용하는 것으로 조사되었다. 즉 일상생활에서의 사건이나 일화들이 재현되거나 기억되거나 분석되기 위해서는 유아의 행동, 경험, 인지적 능력들이 대화자를 만드는 데 기여한다고 본다.

4) 한 단어 이후 단계

정상적으로 모든 유아들은 18~24개월에 두 개의 단어를 결합한다. '엄마', '물', '아빠, 쉬'와 같은 문장이 전형적인 두 단어 문장이다. 모든 2세 유아들은 다음 표와 같이 동일한 생각을 표현하기 위해 2어문을 사용한다.

어문의 기능

문장의 기능	한 국 어	영 어
1. 장소와 이름을 명명하기	저기 멍멍이	there doggy
2. 요구하기	까까 줘	give candy
3. 부정하기	배 안고파	not hungry
4. 소유를 나타내기	내 옷	my dress
5. 수식하거나 한정하기	큰 배	big boat
6. 질문하기	어디 가	where go

(1) 전보문식 언어

두 단어 문장 속에는 관사, 전치사, 조동사와 같은 기능 단어들이 모두 생략되기 때문에 전보문과 같다고 해서 전보문식 언어*(telegraphic speech)*라고 불리기도 한다. 두 단어 문장은 비문법적이기는 하지만, 문장을 만드는 아동 자신이 체계적인 규칙을 반영한다.

두 단어 문장을 말하기 시작한 약 2개월 후부터 세 단어를 연결한 문장을 말할 수 있으나 두 단어 문장 다음에는 세 단어 단계가 아닌 복수 단어 단계가 온다. 생후 30개월경에는 3~5개 단어로 구성되는 전보문식 문장이 사용된다.

(2) 문법규칙의 습득

2세부터 5세까지 유아들은 매우 복잡하고 성인 같은 문장을 말하기 시작한다. 전보문식 문장에서 자주 생략되었던 관사나 전치사 같은 기능 단어들이 덧붙여지기 시작하고, 성인언어의 규칙이 점점 더 많이 활용되기 시작한다.

브라운은 *MLU*를 사용하여 언어발달의 5단계를 확인하였다. *MLU*(Mean Length of Utterance)란 아동이 사용한 전체 형태소의 개수를 문장수로 나누어 줌으로써 계사된다. 형태소는 의미를 전달하는 최소단위로서 기본단어와 접두사, 접미사를 포함하며 음소와 함께 단어를 구성하는 중요한 요소이다, '엄마 맴매', '언니 어부바'는 형태소 네 개와 두 개의 문장으로 구성되기 때문에 *MLU*는 2가 된다. 브라운이 제시한 언어발달 단계는 다음 표와 같다.

브라운의 언어발달 5단계

단계 1	단계 2	단계 3	단계 4, 5
• 두 단어 문장 • 전보문식 문장	• 세 단어문장의 시작 • 어형변화와 과잉 규칙화의 시작	• why의문문 • 완전한 부정문의 이해 • 수동태의 사용	• 종속절 • 접속사 및 전치사를 갖는 복문의 사용

5) 아동중기의 언어발달

초등학교 아동들은 더 정확하게 발음할 수 있고 어휘는 계속해서 빠르게 확장되며 더 길고 더 복잡한 문장을 만들 수 있게 된다. 수동형의 문장이나 '~한다면'과 같은 조건문장을 이해하고 생성하는 복잡한 구문론적 법칙을 획득한다. 이러한 문법 구사력은 청년기까지 계속해서 발달한다.

의미론적 지식의 확장으로 어휘가 급속히 증가한다. 6세 아동은 약 8,000~14,000개의 단어를 이해하며 계속해서 하루에 15개의 단어의 비율로 어휘가 확장된다. 연령증가와 함께 모호한 말이나 문장의 의미를 더 잘 추론할 수 있다.

4. 아동기의 이해와 문학

넓은 의미에서 아동기란 출생으로부터 청년기에 이르기 직전의 시기까지를 말하는데, 유(乳)아기, 유(幼)아기 및 협의의 아동기로 나눈다. 협의의 아동기는 연령적으로 6~14세로 초등학교 재학 시기에 해당되므로 학동기라고도 한다. 6~8세의 시기는 유아기적인 미분화성이 보이므로 협의의 아동기를 다시 세분하여 아동 전기와 아동 후기로 구별할 수 있다.

아동에 관한 연구는 출생하기 이전까지 거슬러 올라가서 미지의 세계인 수정의 순간부터 시작된다고 학자들은 주장하고 있다. 예를 들어 유전적 소양의 함양에 대하여 연구하고자 할 때는 부모는 물론 조부모나 그 이전의 조상들에 관한 역사까지도 거슬러 올라가며, 환경의 영향을 연구하려면 수정의 순간부터 모든 환경을 고려해야 한다는 것이다. 일단 출생한 후부터는 생의 초기 몇 시간, 며칠까지도 중요시되며, 갓 태어난 신생아는 자신의 신체적 체계와 감각적 능력을 이용하여 장차 자기 나름대로 구성해 나갈 세상에 적응하게 된다는 게 심리학자들의 주장이다. 이처럼 심리학자들은 발달에 대해 한두 가지 요인에 그 원인을 돌리기보다 유전과 환경의 상호작용으로 보고 있다.

본고에서는 주로 문학적 환경이 아동들에게 어떤 영향을 미치는가에 중점을 두어 이야기하고자 한다. 연구에 따르면 태아기 때 이미 소리나 진동과 같은 감각적 자극에 반응할 수 있고 태내 학습의 증거를 보여주고 있다는 것이다. 예를 들어 어떤 여성은 음악회에 갔을 때 청중의 박수 소리만 나면 자신이 고통스러울 만큼 심하게 태아가 움직이기 때문에 음악회에 가기를 그만 두어야 했으며, 임신된 지 13주된 태아가 어머니 복부 근처에서 울린 종소리에 대해 경련성의 동작으로 반응을 보였다는 보고도 있다. 또 다른 실험에서는 태아가 음색에 따라 다르게 반응한다는 것을 발견하였는데, 임신 말기의 마지막 2개월 반 동안에 매주 다양한 음색의 소리를 임산부 가까이에서 들려주었는데, 태아는 예민한 몸동작과 증가된 심장 박동으로 여러 음색에 대해 다르게 반응했다는 것이다. 임산부가 틈나는 대로 아름다운 음악을 듣거나, 좋은 책을 읽는 것은 태아에게 의미 있는 환경을 제공하는 방법이 될 수도 있다.

듣기 기능은 신생아 때 더욱 발달하게 되는데, 1980년도에 실시한 연구에서는 3일이 채 안된 신생아들도 어머니의 목소리를 타인의 목소리와 구분할 수 있음을 보여주었다. 이 실험에서 아기가 젖꼭지를 빨면 녹음기 속에서 어머니의 목소리로 녹음된 재미있는 이야기가 흘러나오도록 하고, 또 다른 경우는 어머니가 아닌 다른 여자의 목소리가 나오도록 하였는데, 녹음기에서 어머니의 목소리가 들렸을 때 약 24% 가량 더 많이 젖꼭지를 빨았다는 것이다. 습관화를 위한 한 실험에서도 1개월 된 아기가 '바'와 '파'와 같이 서로 비슷한 음을 구별해 낼 수 있었음을 발표한 바 있는데, 이는 영아도 소리의 차이를 구분할 수 있음을 증명한 경우다. 헝가리의 한 연구에서도 아기가 태어나는 순간부터 서로 많은 말을 주고받아야 한다는 결과가 나온 바 있다. 이스라엘 사람들 역시 아기가 태어나면서부터 어머니의 하루 일과 가운데 가장 중요한 일 하나가 아기의 침대 곁에서 구약 이야기를 들려주는 일이라고 한다.

그 동안 생후 일주일부터 3세까지의 영아는 실제보다 훨씬 과소평가되어 왔다. 신체적 · 인지적 · 정서적인 모든 요소에 있어서 기본 발달단계에 있는 이 시기야말로 생의 가장 결정적인 단계로서 극적인 변화가 일어나는 때다. 특히 기적과도 같이 언어를 이용하여 의사소통을 한다는 측면에서 매우 중요한 의미를 지니는 때라고 할 수 있다. 베네딕트는 1975년에 아동의 초기 언어발달에 대한 영향에 대해서 연구한 일이 있는데 그에 의하면, 아주 어린 아동들에게는 길이가 짧은 문장, 더 적은 수의 단어, 더 간단한 문법, 더 천천히 그리고 반복적인 단어를 사용을 했을 때 언어학습에 도움이 된다는 것이다. 또 다른 연구에 의하면 아기는 어머니가 자기에게 말을 걸고 있을 때 말을 더 많이 하는 경향이 있으며, 아기는 또한 어머니가 방에 있을 때보다 어머니가 방에서 나갔을 때 더 많은 소리를 내고, 무생물에 대하여 더 많이 말을 건넨다고 보고한 바 있다.

아동은 유아기 동안에 대단한 변화를 가져오게 된다. 많은 아동이 이미 유아원이나 유치원에 다니기는 해도 3세에서 6세까지의 이 시기를 취학전 시기라고 부른다.

3~4세 때는 3~4 단어로 된 문장을 사용할 수 있으며, 어휘량은 약 900~1200 단어 정도에 이르는데, 동물이나 신체의 부위, 자기에게 중요한 사람 등과 같이 친숙한 것에 대해서는 이름을 부르기도 하고, 과거시제를 사용할 줄 알며, '나, 너, 나를' 따위의 표현을 정확하게 구사할 수 있다는 것이다. 4~5세 때에는 4~5 단어로 된 문장을

구사할 수 있으며, '위, 아래, 앞, 뒤, 안'과 같은 위치에 대한 말을 사용할 줄 알며, 명사보다는 동사를 많이 사용하고, 약 1500~2000 단어 정도의 어휘를 이해하고 구사할 수 있다는 것이다. 5~6세 때에는 6~8 단어로 구성된 문장을 사용하기 시작하며, 간단한 단어의 의미를 정의할 수도 있고, 반대말 · 접속사 · 전치사 · 관사를 사용하며, 비교적 문법에 맞게 구사할 줄도 아는데, 이때는 어휘구사 범위도 2000~2500 단어에 이른다는 것이다. 6~7세가 되면 복합어, 합성어도 사용하게 되고, 문법적으로도 정확히 구사할 줄 알며, 사용 어휘수도 3000~4000 단어에 이르게 된다는 연구 결과가 나온 바 있다.

흔히 6~12세는 아동기 · 학령기라고 하는데, 피아제의 구체적 조작기에 해당되는 때다. 구체적 조작시기의 아동은 조작을 수행하기 위하여 상징을 사용하며, 분류, 서열화, 수 다루기, 보존에 더욱 능숙해지고 자기중심적 사고도 감소되는 때다. 이때는 주로 학교에서 생활하는 시간이 많으므로 학교에서의 경험이 아동의 근본적 태도에 크게 영향을 끼친다.

5. 아동기의 특징과 문학

아동기의 특징을 이해하는 일은 아동문학을 가르치고 창작하는 사람들이 필수적으로 거쳐야 하는 통과의례라 해도 지나치지 않으리만큼 중요한 부분인데 이 시기에 나타나는 일반적인 특징을 대략 다음과 같이 요약해 볼 수 있다.

첫째, 인간의 상징적인 기능*(symbolic function)*은 2세 무렵에 활발히 나타나기 시작하면서 계속 넓고 깊게 퍼져간다. 이것은 곧 인간은 자기의 생활에 주제를 부여한다는 것을 의미한다. 헤이스는 갓 낳은 원숭이와 자기 딸을 3년간 같이 기르면서 그 성장 · 발달을 비교하였다. 그의 연구에 따르면 3세가 되자 원숭이와 자기의 딸 사이에는 너무나 근본적인 차이가 있어 더 이상 서로 비교하는 것은 무의미하다고 하였다. 그것은 딸은 자기의 경험을 말로써 표현하고 거기에 어떤 주제를 부여하나 원숭이는 전혀 그 능력을 보이지 못하였다고 적고 있다.

철학 · 문학 · 수학 · 과학 · 역사 · 심리학 · 지리 · 물리 등으로 열려지는 이 무한한 상징적 세계는 바로 약 2세 때 말을 시작하면서 그 아이에게 서서히 열려지며 따라서 이 상징적 세계의 길목에 흥부놀부전도 있고, 심청전도 있고, 소공녀도 있고, 성경도 있고, 영웅전도 있게 된다.

둘째, 인간 실존의 제반 문제는 그 원형 상태(*archetype*)로 어린 아이들의 성장 과정에서 나타나며, 그 과정을 통하여 아이들은 여러 형태의 어른이 된다는 것이다. 한 어린 아이의 행동을 묘사할 때 우리는 아마 쉽게 24가지 동사를 쓸 수 있을 것이다. 울고, 심술부리고, 웃고, 걷어차고, 찡찡거리고, 조르고, 발버둥질치고, 입이 쑥 나오고, 말 않고, 때리고, 밀고, 매달리고, 방정 떨고, 조잘거리고, 흐느끼고, 울먹이고, 자버리고, 응석 부리고, 노래 부르고, 문 닫고 혼자 있고, 아양 떨고, 말대꾸하고, 소리 지르고, 찢는 등 상황이 다르기는 하나 모든 아이들에게 쉽게 볼 수 있는 행동이다. 어린아이의 24가지 행동적 특징은 아동문학을 창작하는 데 아주 유익한 자료가 될 것이다.

이것이 후에 성인으로서 경험하는 고독, 슬픔, 우울, 절망, 적개심, 죄악감, 수치감, 애원, 의존, 독립, 섭리, 신, 죽음 등 고차원의 감정과 철학으로 발전하고 불후의 문학 작품을 빚어내게 되는 것이다.

셋째, 이 성장 과정이 제대로 이루어지려면 일반적으로 강한 동일시 현상이 있지 않으면 엉뚱한 결과가 생긴다. 이 동일시 현상이 부모에 대한 동일시뿐 아니라 TV · 만화 · 동화 · 우화 · 소설 등에 나오는 인물에 대한 동일시에서 적응 방법을 배우고 자기 생활에 자기 나름의 의미를 찾아가게 된다.

넷째, 자기 생활에 의미를 찾는다는 것은 어려운 일이며 삶의 의미마저 잃고 노력조차 하지 않은 예가 많은 것으로 보아 단순한 나이와 관계가 없음을 말해 준다. 아이들의 마음이 자기들의 마음과 똑같고 자기들이 생각하는 대로 되리라 생각하는 것이다.

다섯째, 이 심리적 성격에 영향을 주는 것은 두 가지인데 하나는 부모이고 다른 하나는 문화적 유산이다. 따라서 문화적 가치가 언제 어떻게 제시되느냐가 중요한 것이다. 가장 좋은 방법 중에 하나는 책을 통한 것이라고 할 수 있다. 학교는 읽기 · 쓰기 셈하기를 가르쳤고 이제 어린이는 제 나름대로 유산을 접하게 되는 것이다.

어떤 읽을거리든 아이들을 위한 것이라면 우선 호기심을 불러일으키고, 그들의 상상력을 자극시켜야 하고, 여러 가지 미묘한 정서를 명료화하고, 지적 발달을 돕고, 아이들이 처해 있는 심리적 고통을 잘 쓰다듬어 주며, 성장 불안(*growth anxiety*)과 희망에 곡조를 잘 맞추고, 그러면서 해결책을 제시해 주는 그런 것이라야 할 것이다. 성격의 여러 측면을 골고루 건드리면서 어린이가 비굴감을 느껴서는 안 되고, 고통을 건드리면서 동시에 자기 자신과 미래에 자신을 갖게 하는 것이어야 한다.

한편 설리반(*Sullivan, 1892~1949*)은 성장의 사회적 측면에 대해 깊이 있게 연구한 이론가인데, 어릴 때의 대인관계 욕구의 해결이 청년기의 자아 정체감과 자기존중감 형성에도 중요한 역할을 한다고 하였다. 즉 유아기나 아동기 때 대인관계에 실패하면 이후의 대인관계에서 불안을 갖게 되는데, 그것은 곧 자아 정체감의 발달을 저해하는 요인이 된다. 반면에 만족스러운 대인관계로 인해 갖게 되는 안정감은 발달에 따른 대인관계의 변화를 더 잘 수용하게 하는 요소로 작용하여 청년기 자아 정체감 발달을 순조롭게 하며 이후의 대인관계 발달에도 긍정적인 영향을 미친다는 것이다.

참고로 설리반의 발달시기에 따른 대인관계 욕구를 도표화하면 아래와 같다. 아동문학을 이해하고 창작하는 데 좋은 자료가 되리라 생각한다.

*Sullivan*의 발달 시기에 따른 대안관계 욕구들

발달 시기	연 령	대인관계 욕구
유아기	출생에서 2~3세까지	사람들과 접촉 요구 양육자로부터 사랑받고 싶은 요구
아동기	6~7세까지	아동의 놀이에 성인이 참여해 주기를 원함
소년/소녀기 *(juvenile era)*	8~10세까지	또래놀이 친구를 얻고자 하는 욕구 또래집단에 수용되고자 하는 욕구
전청년기 *(pre adolesence)*	12~14세까지	친밀감과 동성 단짝 관계에서 교감 확인 욕구
청년 초기 *(early adolescence)*	17~18세까지	성적 접촉 욕구 이성 친구와의 친밀감 욕구
청년 후기 *(late adolescence)*	성인기까지	성인사회에의 통합 욕구

6. 독서지도와 아동발달

독서지도와 문학체험에 대한 문제는 어린이가 문자를 해득할 수 있느냐 없느냐에 따라 방향을 결정해야 될 것 같다. 문자를 해득하지 못한 상황에서는 부모나 교사의

힘을 빌거나 TV · 라디오 등의 매체를 통해 문학을 체험해야 되는 한계성을 지니지만, 문자를 해득한 어린이는 누구의 도움이 없이도 스스로 문학을 체험할 수 있다는 차이가 있기 때문이다.

어린이들의 흥미의 대상도 어린이들이 성장하면서 점차 변화되기 때문에 그에 맞도록 문학을 체험시키는 일은 매우 중요하다. 생각보다 많은 부모나 교사들이 어린이들에게 그들의 흥미와는 관계가 먼 문학을 주고 있다는 사실을 간과해서는 안 된다.

일본의 사카모도는 어린이들의 흥미와 관련하여 독서의 흥미 발달 단계를 다음과 같이 제시하고 있다.

① **자장 이야기기** (4세 무렵까지) : 자기를 중심으로 하는 주변의 사람과 사물의 명칭 · 성질 · 관계 등을 이야기에 의해 재확인하는 단계이다. 생활의 기본적인 습관과 자립이 이야기에 의해 주어진다.

② **옛 이야기기** (4~6세 무렵까지) : 신변의 생활 소재로 이것을 상상에 의하여 재구성한 이야기에 흥미를 갖는다. 자기중심적 사고가 발달하고 소박한 선 · 악에 대한 판단이 싹튼다.

③ **우화기** (6~8세 무렵까지) : 옛 이야기기의 패턴은 계속되나 실제생활이 사회적으로 확대되기 때문에 새로운 생활 장면에서의 행동의 규범에 관심을 가지는 단계이다. 따라서 왕성하게 가치의 판단을 구하며 도덕적 판단을 포함하는 이야기를 좋아한다. 글을 읽기 시작하나 그림의 보조적 역할이 필요한 단계이다.

④ **동화기** (8~10세 무렵까지) : 자기중심적 심성에서 벗어나기 시작하여 동화에 의한 현실의 재구성을 즐긴다. 그러나 자기생활의 단순한 재확인에 그치는 것이 아니라, 오히려 타인의 경험을 통하여 새로운 현실을 배우려 한다. 그래서 생활공간의 확대로 자주적인 태도와 가치적용을 증대시켜 간다.

⑤ **소설기** (10~12세 무렵까지) : 논리적인 사고력이 발달하며, 새로운 행동의 영역을 적극적으로 개발하여 가려는 단계이다. 행동의 장벽을 극복하는 모험을 즐기며 사회적인 자각이 성숙하면서 인간관계의 갈등에 관심을 갖는다. 판타지의 시기에서 과학적인 사고의 시기로 변모되는 과정으로 소설기라고도 한다.

⑥ **전기기** (12~15세 무렵까지) : 역경에 도전하여 그것을 극복해 나가는 인물 중심의 이야기에 공감한다. 즉 현실의 생활 속에서도 어떤 문제나 상황에 대해 때때로 반항하면서 그것을 타개해 나가는 방법을 모색하는 단계이다.

사카모도의 이와 같은 견해는 물론 오늘날 현실과는 차이가 있다. 교육환경이 당시와는 매우 달라졌기 때문에 사카모도의 이론을 그대로 수용한다는 것은 오히려 문제가 생길 수도 있다. 다만 단계별로 변화되는 과정을 참고할 뿐이지 해당되는 나이에 오늘날의 어린이를 맞춰 지도하는 것은 무의미하다.

테르만(*Terman*)과 리마(*Lima*)의 '어린이들의 독서에 대한 흥미 연구'는 사카모도의 독서흥미 발달단계에 비해 훨씬 최근의 것으로, 독서지도에 있어서 두 연구를 적절히 참고하는 것이 좋을 것 같다.

① 5세 이전 : 동요, 짧고 간단한 옛날이야기(동화), 의인화된 동물이야기를 좋아한다.

② 6~7세 : 자연에 관한 이야기에 높은 관심을 갖는다. 동화를 즐긴다. 삽화가 많이 들어간 책을 좋아한다.

③ 8세 : 실제생활의 이야기에 관심을 갖는다. 소년 소녀 모두 흥미에 변화를 보이기 시작한다. 어린이들은 그들 자신에 관한 이야기에 더 많은 관심을 갖는다.

④ 10세 : 여행에 관한 책, 다른 나라 이야기, 신화, 전설 등을 좋아한다. 간단한 전기문에 흥미를 느끼기 시작한다.

⑤ 11세 : 소년은 모험과 미스터리의 요소를 가진 이야기를 좋아하게 되고, 소녀들은 가정과 학교생활 이야기에 관심을 갖는다.

⑥ 12세 : 영웅숭배의 연령으로 소년들은 전기, 역사, 모험을 즐긴다. 소녀들은 가정과 학교생활 이야기를 좋아하지만, 성인을 위한 소설작품에도 흥미를 갖기 시작한다.

⑦ 13세 : 소년의 흥미는 변화한다기보다 강화된다. 특히 목표를 달성하는 위험한 모험이야기에 관심이 높다. 소녀는 성인소설, 고전, 시를 좋아한다.

⑧ 14~16세 : 흥미는 소년과 소녀 사이에 더욱 차이가 드러난다. 소년들은 논픽션을 좋아한다. 소녀들은 감각적인 소설을 좋아한다. 성인 독서의 성격과 태도가 이때 형성된다.

특히 유념해야 될 일은 육체적으로는 계속해서 성장되고 있는데 독서 단계는 아직도 그림책이나 만화책 단계에 머무는 경우가 없도록 발달단계에 따라 관심 있는 지도가 필요하다. 그뿐만 아니라 아동문학가들은 창작을 하기 전에 어린이가 성장하면서 흥미의 대상이 어떻게 변화되어 가는가에 더욱 민감해야 한다.

1) 책과 어린이

어린이를 위해 쓴 책이 모두 문학일 수는 없다. 그리고 어른들의 테마를 줄여서 쓴 것이 아동문학이라는 생각을 갖는 것은 더욱 잘못이다. 앞에서 언급했듯이 어린이들이 신체의 성장과 마찬가지로 독서에도 단계를 거치게 마련이다. 어떤 어린이는 옛 이야기를 읽는 단계에서 바이킹(중세 초기 노르만의 해적, 민족 이동에 따라 침략을 하여 식민했다)의 사실을 쓴 책으로 옮아가고, 더욱 자라면 화성에 흥미를 기울이게 될지도 모른다.

그러나 옛 이야기로 배양된 그 어린이의 상상력은 성장을 쉬지 않을 것이다. 그리고 바이킹 얘기를 읽고, 먼 과거에서 현대까지의 인간이 여행을 해온 기나긴 길, 즉 역사가 마음 속에 남을 것이다. 그 어린이는 또 이 지구 이외의 다른 세계에 대해서 놀라기도 하고, 추측을 통하여 우주에 대한 신비감을 가지게 될 것이다. 그리고 그 어린이가 즐거움을 가지고 읽은 것은 모두 앞으로의 독서의 기초가 되고, 배경이 되어, 마음 속으로 좀 더 읽고 싶다는 욕망과 읽지 않고서는 못 배길 절박감을 불러일으킬 것이다. 한 권이라도 어떤 훌륭한 책이 어린이의 마음에 주는 심한 충격은 바로 하나의 열매이며 확실한 하나의 경험이다. 어렸을 때 〈보물섬〉이라든가 그 밖의 좋은 책을 읽는다는 것은 어른이 되어서도 독서를 계속하게 하는 바탕을 마련해 주는 것이다.

2) 좋은 책

그렇다면 어린이들에게 어떤 책을 주어야 좋을까 하는 문제에 당면하게 된다. 물론 좋은 책을 주어야 한다. 프랑스의 문학사가 폴 아자르(*Paul Hazard*)는 좋은 책의 선택 기준을 다음과 같이 제시하고 있다.

첫째, 예술의 본질에 충실한 책이라야 한다. 직관에 호소하여 직접적으로 물건을 느낄 수 있는 힘을 어린이들에게 베풀어 주는 책, 곧 어린이들도 읽고 이내 이해할 수 있는 간소한 미를 지니고 있는 책, 그것을 읽은 어린이들이 깊은 감동으로 몸도 마음도 적셔져서 일생 동안 그 생각을 마음에 간직할 수 있는 책, 그런 책이다.

둘째, 어린이들이 즐겨 머리에 그리는 것을 그대로 내보여 주는 책이라야 한다.

셋째, 감상이 아니라 감수성을 민감하게 하는 책, 인간다운 고귀한 감정을 어린이의 마음에도 불어넣는 책, 동물의 생명도 식물의 생명도, 삼라만상의 생명도 모두 소중히 하려고 하는 마음을 그들에게 주는 책을 말한다.

넷째, 놀이가 소중하고 중요한 것이라는 사실을 인정하는 책, 지성과 이성을 단련한다는 것은, 그것이 반드시 이내 이익을 낳거나 실제 생활에 필요하거나 하는 것을 목적으로 하는 것이 아니라 또한 목적으로 할 수도 없다는 것을 분별한 책이라야 한다.

다섯째, 지식을 주는 책이라야 한다. 어린 영혼의 싹을 짓눌러버리는 기억과 암기를 위주로 하는 책이 아니라, 영혼 안에 지식의 씨를 뿌리고 그것을 원기 왕성하게 기르려고 하는, 그런 책이어야 한다.

여섯째, 인간의 심정에 관한 인식을 어린이들에게 주는 책이라야 한다. 다시 말하면 높은 도덕성을 지닌 책을 일컫는다. 언제까지나 변하지 않는 진리, 인간의 영혼을 생생하게 하고, 분발하게 하는 진리를 풍족히 간직하고 있는 책이라야 한다.

물론 이와 같은 조건을 다 갖춘 책이란 극히 드물다. 그만큼 어린이를 위한 양서의 조건이 훨씬 엄격할 수밖에 없다. 그러나 잔재주를 부려 이야기를 솜씨 있게 만들어 내고, 어린이에게 소화가 되지 않는 가짜 읽을거리를 주어서 어린 영혼을 짓누르거나, 뛰어난 도덕가인 척하는 얼굴로 교훈이나 지식 따위를 헐값으로 팔거나, 급기야는 단점이나 결점을 장점이나 미점으로 느끼게 하여 어린이들을 그릇되게 하는 짓만은 도저히 용납할 수 없는 일이라고 아자르는 적고 있다.

3) 작품의 선택

문학작품을 읽어 준다거나 어린이 스스로 읽어 보도록 할 경우에는 특히 다음 몇 가지에 유념할 필요가 있다.

첫째, 어린이의 수준에 맞는 책이나 작품을 선택해야 한다. 아무리 좋은 책이라도 지나치게 수준이 낮은 만화나 그림책만 선택할 수는 없다.

둘째, 재미있는 것을 골라야 한다. 우선 어린이들이 듣고 싶어하는 이야기, 읽고 싶어하는 책을 선택해야 한다. 이야기가 재미 없으면 어린이들은 그 내용에 감명을 받지 못할 뿐 아니라 마침내 문학을 멀리하는 결과를 초래하게 된다. 그래서 자란 뒤에도 영영 독서를 싫어하게 된다.

셋째, 목적과 필요에 의해 선택해야 한다. 아무런 목적의식도 없이 닥치는 대로 문학 경험을 주는 것은 대단히 위험한 방법이다. 뚜렷한 목적의식 아래 거기에 합당한 작품을 선택하는 지혜가 필요하다.

마지막으로, 같은 종류나 비슷한 내용의 책이 많이 있을 경우에는 많은 사람들에게 널리 알려진 정평 있는 책, 가급적 그 방면의 전문가나 권위 있는 자가 지은 책, 알기 쉽게 잘 꾸며져 있고 인쇄 · 제본이 잘된 책이나 작품을 선정하는 것이 가장 바람직하다.

4) 독서위생 및 책 다루기

어린이들이 문자를 해득하지 못한 상황에서도 책을 접하게 된다. 그림책의 경우는 의외로 일찍 어린이에게 주어진다. 그러나 대부분의 부모들은 독서위생이나 책 다루는 법에 대하여 무관심하다. 이 분야에 대한 지도는 어린이들에게 훌륭한 문학경험을 주는 것 이상으로 중요하다. 먼저 독서위생에 대한 지도의 예를 몇 가지 제시한다.

① 책과 눈의 거리는 약 30㎝ 정도가 알맞다. 어렸을 때부터 책을 볼 때 이 거리를 지키도록 항상 지도를 게을리해서는 안 된다.
② 책장을 넘길 때 손가락에 침을 발라서 넘기지 않도록 한다. 손가락에 침을 바를 때 손가락 자체와 책에 묻어 있는 수많은 대장균이 입 안으로 들어가 병을 옮기게 된다는 점을 강조해 두어야 한다.
③ 책을 볼 때는 항상 바른 자세로 앉아서 보도록 해야 한다. 누워서 책을 본다거나 엎드려서 보는 일이 없도록 하고, 음식을 먹으면서 책을 보지 않도록 해야 한다. 책 보는 자세가 바르지 못하면 주의가 산만해져서 집중력도 없어질 뿐 아니라 몸의 균형이 비정상적인 상태로 성장하게 된다. 책상 앞에 바르게 앉아 책을 보는 습관을 철저히 길러 줘야 한다.
④ 어두운 곳이나 흔들리는 차 안에서 책을 보는 것은 삼가도록 한다. 이는 시력과 밀접한 관계에 있기 때문에 특히 조심해야 한다.

그리고 책을 다룰 때는 어떻게 해야 될 것인가에 대하여 평상시에 꾸준히 지도해야 한다. 흔히 어린이들은 책 다루는 법을 모르거나 무관심 상태에 있으므로 책을 함부로 대하는 경우가 있다. 특히 다 읽은 책은 아무 곳에 버려두거나 함부로 다루는 경향이 없도록 오래된 책일수록 귀중하다는 점을 지도하여야 한다. 책을 다루는 데 주의해야 할 점을 몇 가지 제시해 보면 다음과 같다.

① 햇빛에 닿지 않도록 보관해야 한다. 이는 햇빛에 오래 두면 퇴색할 염려가 있기 때문이다.
② 난롯불 가까이 책을 놓고 읽지 않아야 한다. 책의 모양이 보기 싫게 변형되기 쉽기 때문이다.
③ 습기가 많은 곳에 책을 두지 말아야 한다. 곰팡이가 끼거나 습기가 배게 되면 책장이 쉽게 찢어지고 글자까지도 읽을 수 없게 된다.
④ 책장을 접어 두거나 연필로 낙서하지 않도록 하고, 음식물이 떨어지지 않도록 조심해야 한다. 책장을 넘길 때는 앞에서 언급되었듯이 절대로 손가락에 침을 묻혀서 넘기지 말아야 한다.
⑤ 낱장을 잡고 책을 들거나 책을 집어던지는 일 등을 삼가도록 지도해야 한다.

책이란 정말 소중한 것이라는 생각을 어려서부터 갖도록 세심한 지도를 해줘야 한다.

5) 독서 흥미유발 방법

우리 집 아이는 도무지 책을 읽지 않는다는 말을 많이 듣는다. 책을 읽지 않는다는 말은 곧 독서에 흥미를 갖지 못한다는 얘기와 동일하다. 유아기나 아동기를 막론하고 모든 어린이들에게 좋은 문학 경험을 주어야 한다고 전제할 때 이 문제 역시 대단히 중요하다고 본다.

유태인 어머니의 하루 생활 가운데 가장 중요한 것의 하나는 아기가 잠들기 전에 침대 곁에서 무궁무진한 구약 이야기를 들려주는 일이라고 한다. 그들은 아주 어렸을 때부터 어머니에게 재미있는 이야기를 듣는 가운데 훌륭한 문학 경험을 쌓게 되고 그럼으로써 자연히 독서 의욕을 갖게 되는 것이다. 이른바 베드사이드 스토리*(Bedside story)*에서부터 인생이 시작된다고 할 수 있다. '옛날 얘기를 좋아하면 가난하게 산다'고 이야기 들려주는 것을 회피해 오던 우리나라의 어른들과는 비교가 안 된다. 옛날

이야기를 듣고 싶어서 목말라하던 어린이들에 비해 어른들은 흡족할 만한 이야기거리가 없었기 때문에 그와 같은 현상이 벌어졌으리라는 추측이 간다.

우선 문자해독 이전의 어린이들에게는 어려서부터 귀로 듣는 독서가 많아야 한다. 초등학교 1학년까지는 틈나는 대로 재미있는 이야기를 많이 들려주어야 한다.

다음으로 어른들 스스로가 부지런히 독서하는 시범을 보여주어야 한다. 부모나 교사가 즐겨 독서하는 모습을 보여 줄 때 어린이들은 자연스럽게 열심히 독서를 하고자 하는 의욕을 갖게 된다. 일본의 주부들은 시장 보러 갈 때 시장바구니 안에 그들이 읽던 책을 넣어 가지고 간다. 물건 값을 계산하거나 포장하는 짧은 시간 동안이지만 시장바구니에서 책을 꺼내 읽는다. 현대사회는 하루가 무섭게 급변한다. 급변하는 시대에 대처하기 위해서는 독서를 하지 않으면 안 된다. 영영 시대에 뒤떨어진 인생을 살지 않기 위해서는 어른이나 어린이나 쉬지 말고 독서를 해야 한다.

어린이들은 어른의 흉내에 민감하다. 부모나 교사가 열심히 독서하는 것을 보게 되면 어린이들은 곧바로 책보는 흉내를 내게 된다. 아버지의 흉내를 내며 공부를 하는 동안에 세계 최고의 권력을 쥐기에 이른 사람이 있다. 유태인으로서 처음으로 미국 국무장관의 지위에 올랐던 헨리 키신저는 그의 자서전에서 어렸을 때 매주 아버지와 함께 공부하였다고 썼다. 그의 아버지 루이는 과거 독일의 모 고등학교 교사를 했던 사람인데 식구들이 살았던 방 다섯의 아파트는 책으로 꽉 메워져 있었다고 한다. 어려서부터 아버지를 따라 열심히 독서한 보람이 마침내 키신저를 훌륭한 외교관으로 만들었던 것이다.

시기적으로 보아 대개 초등학교 2학년부터는 문자를 해득했다고 인정하여, 어린이 스스로 책을 가까이 하는 습관을 길러 주는 일이 무엇보다 중요하다. 그러나 이때부터 대부분의 어른들은 어린이의 성적을 올리기 위해 교과 학습에 얽매이도록 강요하여 결국 어린이는 정서발달과 지식발달간의 괴리현상을 가져와 인간성을 상실한 무서운 아이들로 자라게 된다. 또 *TV*의 만화영화로 인하여 어린이들은 점차 독서로부터 멀어져가고 있음을 간과해서는 안 된다. 명작 동화를 *TV*에서 만화로 보여주니까 구태여 오랜 시간을 빼앗겨 가며 책을 읽을 필요가 없다는 심리가 어린이들에게 적용되면서부터 독서와 멀리하게 되고, *TV* 아니면 만화 가게로 달려가는 좋지 못한 습관이 생길 우려가 있다.

이렇게 *TV*나 만화를 즐기다 보면 심각한 것보다는 가벼운 것을, 정서적인 것보다는 자극적인 것을, 진실한 것보다는 허황한 것을 받아들이려는 성향으로 발전한다고 한다. 이른바 *TV*의 빠르게 흘러가는 영상을 보며 어린이는 이를 직감적 · 수동적으로 받아들이기 때문에 무슨 일에든 깊이 생각하고 모든 일에 신중한 인간이 되도록 지도되어야 한다. 그리고 문자를 해득하게 되면 적극적인 독서 지도가 필요한데 어린이들로 하여금 자연스럽게 책을 가까이 하도록 여건을 조성해 주어야 한다.

책을 가까이 할 수 있도록 유도하는 방법을 몇 가지만 제시하여 보면 다음과 같다.

(1) 부모나 교사가 재미있는 책을 읽어 듣는 사람에게 감동을 주는 방법

부모나 교사가 재미있는 책을 읽어 주어서 듣는 사람에게 감동을 주는 경우인데 흥미진진하게 읽어 주다가 가장 클라이맥스*(climax)* 부분에 가서 낭독을 멈추고 "나머지는 너희들이 읽어 봐라." 하며 나머지 이야기를 어린이 스스로가 찾아서 읽도록 유도하는 방법이다. 대부분의 어린이는 이야기가 클라이맥스에서 중단되고 나면, 다음 이야기가 궁금하여 열심히 책을 찾아 읽기 시작한다.

(2) 노래에 맞춰 책 내용을 알아보는 방법

노래에 맞춰 책 내용을 알아보는 놀이이다. 예를 들면 어린이들을 두 팀으로 나누어 한 팀이 책 내용의 어느 문제를 노래로 물으면 다른 한 팀이 그에 대한 대답을 곡에 맞춰 노래로 부르는 게임이다.

〈보기 1〉

* 노래 곡에 맞춰 작품 내용을 묻고 대답하는 방법

* 피노키오 내용을 중심으로 〈산토끼〉곡에 맞춰 노래로 묻고 대답하기

· 엄마 : 피노키오 피노키오 왜 코가 커졌나?

· 어린이 : 나는 나는 알아요. 거짓말 때문이죠.

〈보기 2〉

* 안데르센을 읽고 작가가 어느 나라 사람인가를 곡에 맞춰 묻고 대답하기

· 엄마 : 안데르센 안데르센 어느 나라 사람인가?

· 어린이 : 나는 나는 알아요. 덴마크 사람이죠.

(3) 퀴즈를 통해서 독서에 흥미를 갖도록 하는 방법

작품 속의 주인공을 스무고개 형식으로 진행하면서 알아맞히는 게임으로, 문제를 제시할 때 주의할 점은 처음에는 넓고 포괄적인 문제로 시작하여 점차 구체적이고도 힌트가 들어 있는 문제로 진행하는 것이 좋다. 문제는 반드시 체계성에 의해 주어지지 않으면 안 된다. 이때 부저를 미리 준비해 놓았다가 찬스가 오면 부저를 울리게 하고 답을 말하도록 하면 어린이의 흥미를 배가시킬 수 있다.

〈보기 3〉

* 문제지를 미리 카드로 만들어 어려운 문제부터 번호를 매겨 놓는다.

* 사회자는 먼저 "나는 누구일까요?"라는 멘트를 주고 시작한다.

- 나는 '위인전'에 실려 있습니다.
- 나는 미국 오하이주에서 태어났습니다.
- 사람들은 나를 '99%의 노력가'라고 칭찬합니다.
- 축음기 · 전등 · 전차 등 1000여 가지의 발명품이 있습니다.

답 : 토마스 에디슨

(4) 책 빼앗아 읽기를 통해 주의집중하면서 독서하는 방법

책 빼앗아 읽기를 통하여 주의 집중하면서 독서하는 습관을 갖게 한다. 이 활동으로 발음을 정확하게 내는 일, 정독하는 습관을 기르는 일 등의 효과를 기대할 수 있으며, 대화체 낭독 기술이 향상된다.

(5) 독서 감상화를 그려보는 방법

읽은 작품의 내용 가운데 재미있거나 인상적인 내용을 그림으로 표현해 봄으로써 독서에 흥미를 갖게 하는 방법이다. 책을 읽은 다음의 미술시간이나 여가시간에 그림을 그린 후에 다음과 같은 활동을 해 본다.

- 짝끼리 바꿔 보고 이야기 나누기
- 분단끼리 바꿔 보기

・독서발표회에서 이야기하기
・그림의 아래 부분의 여백이나 뒷면에 설명을 적어 게시하기

(6) 독서 벽신문 만드는 방법

독서한 후에 그 내용을 중심으로 독서 벽신문을 만들어 보는 방법인데, 이 활동은 차기 독서 동기유발과 독서내용의 심화활동으로 매우 중요하다. 이 활동을 통해서 같은 조끼리의 친목은 물론이고 협동심을 길러 준다.

・제목 정하기 : 같은 조의 친구들과 상의해서 정한다.
・꼭 적어야 할 사항 : 만든 날짜, 호수, 만든 곳, 만든 사람들, 가훈(급훈)
・신문 크기 : 전지의 1/2 크기가 좋다.
・글씨와 그림 : 제목과 내용은 사인펜 굵기의 글자로 쓰는 것이 좋다. 삽화는 크레파스나 색종이를 오려붙여 입체감이 나게 구성한다.
・활용방법 : 교실이나 복도에 게시하여 다른 어린이들도 많이 볼 수 있게 하고, 서로 잘된 부분에 대하여 이야기를 나눈다.

(7) 독서 우편엽서 교환하는 방법

우편엽서 크기의 독서 우편엽서를 준비하여 앞면에는 받는 이와 보내는 이의 이름을 적고, 뒷면에는 각자 읽은 책의 제목, 지은이, 줄거리, 느낀 점 등을 예쁘게 적는다.

・받을 사람에게 독서 우편엽서를 전한다.
・직접 전해도 좋고, 편지함을 준비하여 그 곳에 넣어서 찾아가도록 하는 방법도 좋다.
・독서 우편엽서를 많이 모은 사람에게 상을 준다.

그 밖에 어린이 상호간에 읽은 책의 내용을 중심으로 편지 주고받기 운동을 전개하여 독서의 폭을 확대해 가도록 유도하는 일이라든가, 가정 독서일을 1주일에 하루 이틀 정하여 한 번은 독서를 하고 다음은 읽었던 책에 대하여 가족이 함께 의견 교환을 함으로써 독서 분위기를 조성해 주는 것도 좋은 방법이다. 특히 아버지와 동참할

수 있는 독서일이 되도록 하는 것이 중요하다.

어렸을 때부터 독서를 통하여 다양한 문학 체험을 하며 자란 어린이가 학교 성적도 우수할 뿐 아니라 인격도 바람직하게 성장한 예는 얼마든지 있다. 그러나 유치원에서부터 지나치게 지식 중심 교육을 강요당한 어린이는 점차 학교에 싫증을 느끼고 성적도 떨어지며 비인간화되는 사례가 많다고 한다. 어른들은 독서를 통하여 문학 경험을 많이 갖는 어린이가 최후의 승리자가 된다는 점을 명심해야 한다. 또 가정이나 유치원, 학교 교실 등 어린이 눈에 잘 띄는 곳에 '책 든 손 귀하고, 책 보는 눈 빛난다.'라는 독서 표어 하나쯤 붙여 놓는 성의를 어른들이 보여줄 필요가 있다.

7. 미디어 독서지도

1) 텔레비전 지도

사람들은 현대사회를 세계화 시대 · 정보화 시대 · 매스 미디어의 시대라고 일컫는다. 얼마 전까지만 해도 세계라는 개념이 상당히 광범위한 측면에서 이해되어 왔으나 2000년대의 세계는 이웃처럼 친근하고 축소된 개념으로 파악하려는 경향이다. 이와 같은 현상은 두말할 나위 없이 최첨단 정보기술에 기인한 것으로, 특히 매스 미디어의 급속한 성장은 인류의 의식세계 내지 생활 패턴까지 바꾸어 놓는 엄청난 결과를 초래한 게 사실이다. 우리나라의 경우, 1970년대를 기점으로 도시는 물론 농어촌의 가정마다 텔레비전 보급이 활발해지면서 정치, 경제, 사회, 문화, 교육 등에 관한 국민들의 의식이 크게 변화되기 시작했음은 주지하는 바와 같다. 그러나 텔레비전이 어린이에게 미치는 영향을 교육적인 차원에서 냉정하게 조명해 볼 때, 장점보다는 예상 외의 문제점이 더 많이 발견됨을 간과해서는 안 된다.

(1) 동일시 현상과 텔레비전

어린이는 그들이 자라온 문화의 가치 · 태도 · 특성을 흡수하는 경향이 있다. 정신분석학에서는 어린이의 이와 같은 특성을 동일시(*identification*)라는 말로 정의하고 있는데, 카간(*Kagan*)에 따르면 어린이는 모델의 바람직한 특성을 소유하기 위해 모델의 행동과 태도를 채택한다는 사회학습이론으로 동일시를 설명하면서 다음의 서로 관련된 네 가지의 과정이 동일시를 하게 만들며, 또한 동일시를 강화한다고 밝히고 있다.

첫째, 어린이는 자기가 신체적·심리적 특성을 모델과 공유하고 있다고 믿는다.

둘째, 어린이는 모델이 느끼는 감정과 유사한 감정을 경험한다.

셋째, 어린이는 모델을 닮기를 원한다.

넷째, 어린이는 모델처럼 행동한다.

여기서 모델은 일차적으로 부모이며, 교사, 이웃, 친구, 텔레비전이나 그림 속의 인물, 또는 책이나 영화의 주인공이 될 수 있다. 프로이트(*Freud*)는 동일시를 어린이가 이성부모의 사랑을 얻기 위한 동성부모와의 경쟁에서 자기의 무력함을 깨닫게 된 결과로부터 얻은 부산물이며, 이것은 오이디푸스와 엘렉트라 콤플렉스를 통해 발달한다고 보는데, 프로이트나 에릭슨(*Erikson*), 카간은 동일시를 유아기의 결정적인 발달로 간주하고 있는 점에서 의견을 일치시키고 있다.

오늘의 어린이들은 텔레비전과 함께 자란다고 해도 지나치지 않으리만큼 많은 시간을 텔레비전 시청에 소모한다. 취학 이전의 어린이, 형제나 친구가 없는 어린이, 맞벌이 부부의 자녀, 고립된 공간에서 사는 도시의 어린이일수록 텔레비전 시청 시간이 더 많다고 한다. 미국의 한 연구조사에서는 6세의 어린이가 초등학교에 입학하기 전까지 3,000 ~4,000시간을 텔레비전 시청에 소모하고, 고등학교를 졸업할 때까지 약 15,000 시간을 시청한다는 통계를 발표한 바 있다. 이는 초등학교에서 대학까지의 총 수업 시간인 10,800시간보다 훨씬 많은 시간으로, 텔레비전이 어린이에게 얼마나 많은 영향을 끼치고 있는가에 대한 문제를 깊이 생각하도록 우리에게 경종을 울린다.

학교 수업 시간보다 텔레비전 시청 시간이 훨씬 더 많다는 말은 한 마디로 자녀를 기르고 있는 부모나 교사들에게 대단히 충격적이다. 어린이들이 동일시하고자 하는 일차적인 대상이 부모라고 밝힌 바 있으나, 부모보다도 많은 시간을 텔레비전과 함께 생활하는 다수의 어린이에게는 일차적 동일시의 모델이 텔레비전 속의 인물로 전환될 가능성이 많기 때문이다.

그러나 부모와 교사의 관심이 있는 한 이 문제가 아주 절망적인 것만은 아니다. 어떤 부모는 자녀들에게 친사회적 행동(*prosocial behavior*)을 갖게 하는 지도 방법으로 텔레비전을 이용하였는데, 협동과 나눠 주기, 타인에 대한 이해 등을 보여주는 내용의 이른바 친사회적인 행위를 나타내는 텔레비전 프로그램을 시청하도록 권장하고 공격적인 만화영화는 덜 보도록 하였더니, 어린이를 더 동정적이고 관대하며, 남을 돕고 싶어하도록 격려할 수 있었다는 뮈센*(Mussen)*과 아이젠버그*(Eisenberg)*의 연구는 텔레비전의 프로그램 선택이나 시청 시간을 통제하는 등 부모의 관심 여하에 따라서 텔레비전 시청이 유익할 수 있다는 점을 시사하고 있다.

그리고 다른 연구에서도 미디어의 환경이 학습 환경이나 문화적 환경, 심리적 환경, 정서적 환경, 생활환경 등에 밀접한 관련과 영향을 준다고 밝힌 경우가 있다. 그러나 대부분의 연구 결과는 부모의 이와 같은 관심이 지속적으로 실행되기 어렵기 때문에 어린이에게 텔레비전 시청을 금지하는 편이 훨씬 효과적이라는 부정적인 견해를 제시하고 있어 부모들을 긴장시키고 있다.

(2) 성격형성과 텔레비전

유태인들은 가족끼리의 대화가 단절될 것을 염려하여 식당에 텔레비전을 설치하지 않을 뿐 아니라, 식사 시간에는 절대로 텔레비전을 시청하지 않는다고 한다. 현대인들이 안고 있는 갈등이나 소외의식, 이기주의와 불신풍조 등은 상호간의 대화 부족에 가장 큰 원인이 있다. 텔레비전에 빼앗기고 있는 가족끼리의 대화 시간을 이제 다시 찾지 않으면 안 되는 시점에 와 있다. 물질만능에 젖은 현대인들이 소외감과 고독을 극복하지 못하고 매스 미디어에 얽매어 키에르케고르의 말처럼 죽음에 이르는 병을 자초하고 있음은 참으로 안타까운 일이 아닐 수 없다.

오늘날 많은 부모들이 자녀교육에 텔레비전을 무의식적으로 이용하고 있는 것이 큰 문제점으로 지적되고 있다. 자녀가 심심해할 때 시간을 보내기 위한 수단으로 이용하거나 지쳐 있는 자녀에게 피로를 풀기 위한 수단으로 이용하고, 말을 듣지 않을 때 좋아하는 프로그램을 못 보게 하여 벌칙의 수단으로 텔레비전을 이용하는 사례는 우리 주변에서 흔히 접할 수 있는 일로, 이를 방치했을 경우, 어린이의 성격 형성에 좋지 않은 영향을 주게 된다. 마리 윈*(Marie Winn)*은 그의 저서 ≪*TV* 없는 주, *The "NO TV WEEK" Guide*≫를 통해 텔레비전이 어린이와 가족생활에 미치는 중요한 부정적 영향 여덟 가지를 제시하고 있는데 요약하면 다음과 같다.

첫째, 텔레비전은 좀더 건전한 활동을 할 수 있는 시간을 빼앗는다. 텔레비전을 보면서 지내는 시간은 책을 읽고, 놀이를 하고, 얘기를 하면서 보내는 시간이 아니기 때문이다.

둘째, 텔레비전은 가족활동을 방해한다. 텔레비전의 수동적 즐거움에 빠지면 이야기를 한다거나 게임을 하는 등의 가족활동을 하려 하지 않는다.

셋째, 텔레비전은 어린이를 깨우치는 데 별 도움이 못된다. 부모들은 어린이가 그저 조용히 문젯거리를 일으키지 않고 시간을 보내게 하려고 텔레비전을 이용하므로 그만큼 자녀의 사회화에 손을 덜 쓰는 셈이다.

넷째, 텔레비전이 놀이를 대신한다. 어린이가 놀이 기술을 막 습득하려는 시기에 부모들은 텔레비전을, 자녀를 돌보아 주는 도구로 이용하기 시작한다.

다섯째, 텔레비전은 자원이 빈약한 어린이로 만든다. 텔레비전을 많이 보면서 자란 어린이는 여가 시간을 잘 보낼 수 있게 해 주는 다양한 기능을 습득할 기회를 덜 갖는다.

여섯째, 텔레비전은 어린이의 신체 건강에 부정적인 영향을 미친다. 얼마 전 한 연구는 비만증이 텔레비전 시청 시간과 비례한다고 보고한 바 있다. 텔레비전을 오래 보는 아동 집단이 그렇지 않은 집단에 비해 비만이나 과체중이 훨씬 더 많았다고 한다.

일곱째, 텔레비전은 어린이의 학업 성적에 부정적인 영향을 미친다. 텔레비전 시청을 많이 한 어린이들이 적게 한 어린이에 비해 숙제하는 시간을 빼앗김은 물론, 읽기 및 전체적인 학업 성적에서 더 낮은 점수를 받았다는 연구 결과가 이를 뒷받침하고 있다.

여덟째, 텔레비전 시청은 심각한 중독성을 불러일으킬 수 있다. 많은 사람들이 텔레비전을 내버리지 못하고, 켜지 않고 못 배기는 것은 텔레비전에 이미 중독이 되었기 때문이다. 텔레비전을 보느라 다른 사람과 얘기하고 함께 일하고, 함께 배우고, 또 지역사회 일에 참여하는 그런 기회가 단절된다.

우리나라의 경우만 하더라도 이미 많은 어린이들이 텔레비전 중독증에 걸려 있다. 예를 들어 만화영화 프로가 방영되는 시간에는 대부분의 어린이들이 하던 일을 중단하고 텔레비전 앞에 앉는다. 부모들도 어린이 프로니까 안심해도 된다는 이유로 이를 방치하여 어린이는 자연스럽게 텔레비전의 마력 속으로 빨려들어가게 된다. 텔레비전을 켜면 명작동화가 생동감 있게 모든 것을 보여주기 때문에 어린이들은 구태여 오랜 시간을 소비하여 명작동화 책을 읽을 필요가 없다는 생각을 한다. 또한 매코비 교수는 중류 가정의 경우, 부모와 자녀 간에 잘 어울리지 못하는 환경의 어린이가 텔레비전에 매달려 어떤 프로그램이건 즐겨 보는 시간이 많다고 주장하는데, 역시 주목할 일이다. 텔레비전 시청과 가정환경과 성격 형성 사이에는 서로 밀접한 함수관계가 작용한다는 사실을 알 수 있다. 텔레비전 중독증에 걸린 어린이는 대체로 다음과 같은 성격 변화를 가져 올 수 있다.

첫째, 빠르게 흘러가는 영상을 보면서 심각한 것보다는 경박한 것을, 사치스런 배경이나 생활환경을 보면서 진실한 것보다는 허황된 것을, 정화되지 않은 무협영화를 보면서 정서적인 것보다는 자극적인 것을 선호하는 성격으로 변화되기 쉽다.

둘째, 텔레비전 프로그램에서는 일반적으로 남성이 공격적이고 건설적인 반면에, 여성들은 의존적이고 수동적인 존재로 그려지고 있어 시대에 뒤떨어진 전통적 성역할 태도를 발달시키게 된다(*Frueh & McG-hee*, 1975).

셋째, 어린이들은 텔레비전을 통하여 다른 사람에게 일어났던 무서운 일들을 보거나 듣게 되고, 두려운 것들이 많다는 것을 알게 되면서 공포심을 갖게 한다. 물론 나이가 들면서 공포심이 줄어들고, 공포의 종류도 달라지게 된다. 학교에 다니는 연령의 요즘 어린이들은 공포의 대상이 전쟁과 공산주의자들에 대한 것으로 바뀌었다고 지적한 보고서도 있다(*Croake*, 1973).

넷째, 부모들이 텔레비전 시청에 대해 감독하지 않은 가정의 어린이일수록 공격적인 성격으로 바뀌기 쉽다. 텔레비전 폭력 프로그램 시청은 어린이들의 행동을 더욱 공격적으로 만든다. 한 연구에서는 1년 동안 유아원의 놀이 시간에 141명의 3, 4세 어린이를 관찰한 결과 어린이를 가장 공격적으로 만드는 프로그램은 탐정영화였고, 여아들에게는 소리를 지르고 뛰고 하는 열광적인 상황의 코미디와 게임이라고 보고한 바 있다(*Singer & Singer*, 1979; *Locke*, 1979).

다섯째, 텔레비전의 무절제한 시청은 정서적으로 줏대 없는 조숙한 어린이를 만든다. 어른들이 보는 프로그램을 절제 없이 보고 자란 어린이는 텔레비전 속의 인물과 동일시하려는 경향이 강하기 때문에 그 인물들의 행동이나 모습까지 비판력 없이 흉내를 낸다. 따라서 텔레비전을 많이 본 어린이일수록 점차 어린이다움을 잃게 된다. 요즘 어린이들에게서 지나치게 어른스러운 몸차림이나 어울리지 않는 행동을 발견할 수 있는 것은 바로 이 때문이다. 특히 텔레비전만 켜면 쉽게 접할 수 있는 유행가에 밀려 어린이들이 불러야 할 동요가 안타깝게도 점차 사라지고 있음은 매우 유감스럽다.

여섯째, 흥미 위주의 단순한 쾌락성의 추구로 어린이들에게 상상력이나 사고력을 메마르게 하여 단순한 성격을 형성케 한다.

일곱째, 외국에서 제작된 만화영화를 시청하는 경우, 우리의 생활습관과 맞지 않는 생소한 부분들이 많아 소외감을 갖게 될 뿐 아니라, 지나치게 사치스럽거나 잔인한 장면을 아무 비판력 없이 수용함으로써 비현실적이고 비인간적인 면을 드러내게 되어 어린이들에게 열등의식을 갖게 한다.

끝으로, 문자 해독 이전에 텔레비전을 많이 보면, 따분하고 고생스러운 독서보다 텔레비전을 보는 일이 훨씬 쉽다는 것을 느껴 학교 가서도 독서를 멀리하게 되고, 마침내 어렵거나 힘든 일은 처음부터 포기해 버리는 성격으로 변하게 된다.

(3) 텔레비전 시청의 절제

앞에서 이미 지적하였듯이 어린이들이 텔레비전을 지나치게 많이 시청하면 부작용이 생긴다는 것을 알면서도 대부분의 부모는 텔레비전을 치우지 못한다. 그러나 텔레비전 때문에 자녀가 바람직한 길로 가지 못하고 있다면 과감히 텔레비전을 안 보도록 하는 게 현명하다. 마리 윈은 미국의 어린이와 부모를 상대로 텔레비전 안 보기 운동을 전개한 후 그들의 변화된 생활 사례를 분석한 일이 있는데, 이를 요약하면 다음과 같다.

첫째, 새로운 활동을 할 수 있는 기회가 많아졌다. 텔레비전을 안 보는 대신 많은 책을 읽었고, 취미생활을 즐겼고, 친구와 어울렸고, 집안일을 돕는 등 활동 범위가 훨씬 넓어졌다. – (학생)

둘째, 학교생활이 몰라보게 좋아졌다. 학교에서 어린이들이 덜 피곤해하였고, 쉬는 시간에 공격적인 면이 줄어들었으며, 이야기를 듣는 자세가 좋아졌다. 자기 가족이 했던 많은 활동에 관한 얘기를 나누었고 함께 읽을 책도 가져왔다. 시험 성적도 굉장히 좋게 나왔다. – (교사)

셋째, 자부심과 성취감을 갖게 되었다. 텔레비전 안 보기 운동에 참가하여 텔레비전 없이 지내고, 새로운 것을 시도하기 위해 있는 힘을 다하면서 가족 모두 자부심을 갖게 되었다. – (부모)

넷째, 가족 간에 서로 친밀해졌다. 가족끼리 많은 시간을 갖게 되어 서로 더 깊이 이해할 수 있었고 아울러 친근감도 더 느꼈다. – (학생 · 부모)

다섯째, 책을 더 많이 읽게 되었다. 텔레비전을 볼 수 없기 때문에 예전에 지겨운

것으로 제쳐 놓았던 모든 책을 다 읽었으며, 그 책의 내용이 얼마나 좋은지 알게 되었다. －(학생)

여섯째, 다른 일을 위하여 더 많은 시간을 보냈다. 편지 쓰고, 밖에 나가서 놀고, 책 읽고, 좋아하는 과목을 공부하고, 학교 도서관에 진열해 놓은 샘플도 만들었다. －(학생)

일곱째, 텔레비전을 보지 않을 때 아이가 얼마나 창조적인지를 보면서 놀랐다. 아이들이 얼마나 자원이 풍부한지를 발견하였으며, 또한 아이들을 바쁘게 하는 일이 어렵지 않다는 것을 알았다. －(부모)

텔레비전의 지나친 시청은 성장기 어린이의 인격 형성에 지대한 영향을 끼친다. 어린이에게 일찍부터 텔레비전을 안 보도록 습관화시키는 것이 좋다고 대다수의 전문가들은 주장하고 있다.

또 많은 학생과 부모가 텔레비전 안 보기 운동을 시작하면서 생활이 몰라보게 좋아졌다고 증언하고 있다. 매스 미디어의 홍수 속에서 살고 있는 신세대 부모는 텔레비전의 프로가 좋으니 나쁘니 따지는 일보다 자녀가 텔레비전 중독증에 걸리지 않도록 철저한 관심을 기울이는 것이 더 중요함을 명심해야 한다. 영국의 정신 의학자 윈니코트가 '자녀 양육상 어려움을 겪지만 동시에 심각한 심리적 손상을 초래하지 않도록 부모의 소임을 잘하는 어머니'가 바로 충족된 어머니라고 했듯이, 매스 미디어의 범람으로 어린이의 가치관이 흔들리고 있는 이 시점에서, 텔레비전 때문에 자녀들이 심각한 심리적 상처를 받지 않도록 최선을 다하는 부모가 가장 충족된 부모라고 말할 수 있다.

2) 사이버문학의 독서지도

오늘날 어린이나 청소년들은 과학기술이 급속하게 발전하는 사회에 살고 있다. 이러한 변화가 실제로 너무 크기 때문에 21세기의 혁명으로 불려질 수 있다. 20세기에 미국인들은 전례가 없는 과학적 진보를 목격해 왔는데, 전기, 라디오, *TV*, 자동차, 비행기, 핵에너지, 로켓, 컴퓨터, 위성통신의 개발이 바로 그것이다.

이러한 여러 가지 변화 중에서 컴퓨터의 도입만큼 지대한 영향을 준 것은 없다. 최초의 컴퓨터는 오늘날의 개인용 컴퓨터 *PC* 보다 막강하지 못하면서도 그 가격은 수백만 달러를 능가했다. 최초의 *PC*는 1980년에 도입되었다. 그 이후로 컴퓨터의 사용은 급증하여 많은 사람들이 직업상 컴퓨터를 사용하고 있으며, 최근 대부분의 학생이 집에서나 학교에서 컴퓨터를 사용하고 있다. 미국의 통계국에 의하면 1996년에 유아원과 유치원 어린이의 약 27%가 수업에 컴퓨터를 사용하고 있다는 통계가 나온 바 있는데, 놀랍게도 우리나라의 경우 놀라울 정도로 많은 유치원 어린이들이 컴퓨터를 일상생활 속에 끌어들이고 있어 이에 대한 교육이 시급하게 되었다.

개인용 컴퓨터는 언어, 수학, 음악을 표현하기 위해 그리고 이야기나 동시와 노래 등을 창작하기 위해 쓰이는 상징들을 사용하는 기계이다. 컴퓨터는 시청각적인 자료로서의 가치뿐만 아니라 유아들의 인식발전을 위한 기재이며 유아로 하여금 반응(*react*)하게 하기보다는 행동(*act*)하도록 촉진하며 문제해결에 포함된 지적 과정을 좀더 인식하도록 돕는다(*Collin & White*, 1984)는 것이다.

교실에서는 컴퓨터가 발성과 읽기를 가르치는 것에서부터 화학수업에 사용된 액체의 온도와 농도를 분석하여 과학의 원리를 알아내는 것까지 다양한 목적으로 사용된다. 학생들은 컴퓨터가 무엇을 할 수 있을까 몹시 궁금해 하고 있다. 세계가 사실상 학생들 바로 가까이에 있다(*Carlson*, 1996).

(1) 컴퓨터 교육에 대한 관점

어린이들에게 컴퓨터 교육을 하는 것이 좋은가에 대한 찬반 논쟁은 그 대상이 발달상으로 전조작기에 해당하는 유아이기 때문에 야기되고 있다. 현재 우리나라의 경우만 하더라도 컴퓨터가 일상생활의 일부가 되어 가고 있으며, 정보화 시대에 유아기부터 컴퓨터 교육을 시켜야 한다는 의견이 제기되고 있다.

여러 학자들이 유아들의 컴퓨터 교육에 대한 긍정적 관점과 부정적 관점을 다음과 같이 제시하고 있어 주목되고 있다.

1 긍정적 관점

① 유아들로 하여금 컴퓨터 공포로부터 자유롭게 한다.

② 컴퓨터 기술을 습득하는 데 유익하며 좋은 시작을 하게 한다.

③ 어린이들의 사고과정을 의식적으로 유도함으로써 좀 더 효과적으로 학습하도록 도와 주며, 추상적인 것을 구체적이고 개인적인 것으로 바꾸어 준다.

④ 문제해결력을 증진시킬 수 있다.
⑤ 개인적인 호기심을 개발할 기회를 제공하며 과학에 대한 태도를 증진하고 개선시킨다.
⑥ 컴퓨터의 사용은 아동으로 하여금 정확성을 경험하게 하며, 분석하는 능력을 개발하는 기회를 준다.
⑦ 컴퓨터를 시작하고 멈추는 경험은 시간개념을 발달시켜 준다. 공간개념도 학습하고 또래와의 협동적인 학습도 하도록 한다.
⑧ 학습부진아나 주의산만한 어린이에게 컴퓨터 프로그램을 통해서 주의집중력을 갖도록 한다.

[2] 부정적 관점
① 현재 어린이들이 사용할 수 있는 소프트웨어는 거의 연습지와 같은 경우가 많고 이것은 비교육적이며, 지루하고 경비가 많이 든다.
② 컴퓨터는 어린이들에게 사회적인 고립감을 유도하여 유아가 컴퓨터에 몰두하며 혼자하기 쉽다. 즉 사회적 기술을 발달시키는 결정적인 시기에 유아들의 사회성을 저해시킨다.
③ 어린이 혼자 컴퓨터를 사용할 수 없다.

그리고 인터넷을 통해 무절제하게 제공되는 부적절한 요소 때문에 부정적 견해를 주장하는 경우도 많다고 본다.

많은 부모들이 인터넷으로 이용할 수 있는 자료들이 엄청나게 많다는 것을 모르고 있다. 다양한 성행위가 포함된 자위행위에 관한 사진과 비디오 같은 음란물이 있다. 폰섹스와 윤락 등을 알선하는 곳에 관한 광고와 아울러 성 도구와 의상에 관한 카탈로그도 보게 된다. 인터넷에서는 모든 것이 이용 가능하면서 접근 통제가 불가능하기 때문에, 청소년들과 어린이들이 다른 곳에서보다는 인터넷을 통해 이러한 음란물들에 더 쉽게 접근할 수 있다.

폭력적이고 파괴적인 자료도 인터넷에 들어 있다. 폭탄, 지뢰 및 기타 파괴 장치 제로를 위한 비법도 제공된다. 한 예로, 1995년 미국 오클라호마시에서 사용된 폭탄과 유사한 폭탄 제조법을 인터넷상에서 찾아낸 한 청소년이 그 폭탄이 제대로 작동하는지 시험해 보려고 철물점에서 관련 재료들을 구입하기도 하였다. 인터넷은 약물과 그 사용 도구에 관한 정보도 제공한다. 과격하고 진보적인 운동가들도 인터넷상에 해당 자료들을 올린다. 이런 자료들은 신나치 집단이나 군대 조직에서 나올 수도 있고, 갱 집단에 관한 정보도 있다. 인터넷 사용자들은 마녀와 악마 의식을 가르치는 사교집단에 관한 정보를 접할 수도 있다.

인터넷 때문에 어른들은 아이들을 위해 기도할 필요가 생겼다. 어린 소년들과 소녀들을 유혹하는 아동 포르노작가들이 많다. 부모와 법률가들은 아이들을 이런 음란물에 노출되지 않도록 보호하는 법을 통과시키려 하고 있다(*Carlson*, 1996). 1996년 2월에 통신규제법이 통과되었으나 곧이어 일부 시민단체에서 그 법이 미국의 헌법에 위배된다고 제안하였다.

지나친 컴퓨터 사용은 청소년과 아동에게 다른 영향도 끼친다. 많은 청소년들이 게임을 하거나 인터넷을 통해 다양한 종류의 자료를 검색하느라 하루에 몇 시간씩을 컴퓨터와 보낸다. 실제로 요즈음 많은 부모들은 자신들이 TV를 보는데 보냈던 시간보다 더 많은 시간을 자녀들이 컴퓨터와 함께 보낸다고 불평하고 있다. 일부 컴퓨터 중독자들은 혼자서 산다. 가족뿐만 아니라 다른 사람들과의 대화도 줄어든다. 인터넷이 자신의 새로운 공동체로, 그리고 가상의 전자마을이 자신의 고향이 되기 시작했다. 얼굴과 얼굴을 맞대던 일차적 관계는 이제 컴퓨터를 매개로 한 관계로 대체되고 있다(*Pipher*, 1996).

컴퓨터 혁명의 또다른 흥미로운 결과는 아동과 부모간의 기술문명의 세대차이다. 많은 부모들은 컴퓨터를 잘 알지 못할 뿐더러 두려워하기까지 한다. 컴퓨터 지식에 대한 부모들의 더딘 적응은 기술문명의 차이를 넓혀 놓았다. 점점 더 많은 성인들이 컴퓨터 기술을 받아들이고 있지만, 이것은 컴퓨터에 대한 두려움을 극복하는 시작에 불과하다.

(2) 사이버문학의 특성

21세기의 디지털시대에 들어서면서 우리 차세대문학은 바야흐로 본격적인 통신문학시대가 열렸다. 사이버문학은 컴퓨터로 쓴 글을 인터넷을 통해 소통하는 것으로, 일부에서는 '통신문학', '멀티미디어 문학', '컴퓨터 문학', '*PC*통신 문학', '하이퍼미디어 문학' 등의 용어를 주장하면서 문학의 범주를 어디까지로 볼 것인지 각자의 기준을 내세우며 사이버문학의 정의를 내리고 있다. 사이버 문학이라는 표현에서, '사이버'는

'사이버네틱스'의 줄임말로 가상의 공간을 가리키기 위해 미국의 소설가가 처음 사용한 '사이버 스페이스'란 말에서 유래한 것이라고 한다. 그런데 사이버문학은 문학의 소통에 인터넷이 이용됨으로써 지금까지의 문학과 많은 차이점을 드러내고 있다. 왜냐하면 개방성, 동시성, 대중성, 신속성 등 인터넷의 활용으로 인해 나타나는 독특한 특성으로 인해 내용과 형식이 달라지고 있기 때문이다. 사이버문학이 이슈로 대두되는 것은, 그냥 책의 글자를 인터넷상에서 볼 수 있다는 사실 그 이상이다. 대표적인 사이버문학으로는 인터넷 소설이 주류를 이루고 있으며 문학의 틀을 벗어난 것이라는 지적을 받을 수 있는, 만화와 시를 결합한 '파페포포 시리즈'와 '포엠툰' 같은 것들 또한 등장하고 있다. 사이버문학은 크게 세 가지 특성을 가지고 있는데, 차세대문학을 이해하고 지도하는 데 대단히 중요한 관건이 된다고 본다.

① 사이버문학이 인터넷 용어 등 기존 문학에 비해 자유로운 언어를 사용하고 있다는 점이다. 인터넷을 주로 이용하는 층은 10~20대라고 할 수 있는데 이들은 이모티콘, 줄임말과 같은 인터넷 용어를 즐겨 사용하고 있다. 따라서 이들이 만들어 가는 사이버문학 역시 인터넷 용어를 사용할 수밖에 없다는 것이다.

> 벌컥!!!!!!!!!!ㅇ-ㅇ……ㅇ_ㅇ……
> "아…… 안뇽……꼬마야……"
> (중략)
> "응·-·말해 봐. 너도 멍구네 번호 갈차주까? ·ㅇ·멍구·ㅇ·멍구·ㅇ·"
> (중략)
> "아뇨아뇨 〉_〈 정말 괜찮아요 〉_〈 정말이에요 〉_〈"
> "고개좀 들어 보라니까요!?"
> "아니라니까요! 왜그르세요 ㅜ·ㅜ"
> 개미떼 중 하나와 내가 실갱이를 하는 사이..버스는 우리집 앞에 다다라 있었다 .-_-
> 비러머글 개미놈 -_-아. 〉_〈 내가 지금 무슨 말을 〉_〈이런 〉_〈 이런 〉_〈
>
> – 귀여니 작 〈늑대의 유혹〉 일부

위의 글은 인터넷 소설로 많은 독자들의 인기를 끌고 있는 한 작품이다. 소설 자체가 대화 중심이며 등장인물의 감정을 주로 이모티콘을 이용하여 표현하는 것을 볼 수 있다. 기분이 좋다는 것을 표현할 때는 ·—· ,*·.* 등으로 표현하고, 슬픈 감정을 표현하고자 할 때는 ㅜ.ㅜ, ㅠ.ㅠ 과 같은 식으로 나타낸다. 이모티콘을 사용하는 것은 동질의 인터넷 문화를 공유하고 있는 독자에게는 친밀감과 소속감을 부여하지만, 인터넷 문화를 공유하지 못하는 경우의 독자에게는 정반대가 될 수 있다. 또한 '안뇽, 갈차주까, 아뇨, 왜그르세요'와 같은 줄임말, 변형된 말 또한 인터넷상에서의 언어 파괴를 그대로 실었다는 점에서 문제가 될 수 있다. 위의 예는 작가가 10대이기 때문에 이러한 특성이 더욱 두드러지는 작품이라 하더라도, 일반적으로 사이버문학은 기존의 문학에 비해 자유로운 언어사용이 이루어지고 있다는 것을 볼 수 있다. 이처럼 쉽고 간단한 언어사용으로 소설의 장면 장면이 뮤직 비디오 화면처럼 다가오게 되는데, 이는 클릭에 길들여진 청소년들의 구미에 딱 맞아떨어지는 것이라고 할 수 있다. 그렇기 때문에 사이버문학은 점점 더 10~20대의 요구에 부합하는 요소를 강조할 수밖에 없는 것이다.

② 수정이 용이하고 독자들로부터 작품방향을 지적받는 등 반응을 즉각적으로 청취할 수 있다는 점이다. 기존의 문학은 작가가 작품을 100% 완성하여 출판하는 방식이기 때문에 중간에 내용을 수정하거나 독자의 반응을 보고 출판 결정을 하는 일이 있을 수 없다. 출판한 뒤 독자들의 평가를 기다리는 것이다. 하지만 사이버문학의 경우는 다르다. 몇몇 인기작가의 글은 독자들의 조회 횟수가 수천 회에 달하고 있기 때문에, 이런 인기작품의 작가들은 인터넷 통신을 통해 독자들의 호응 정도를 파악하여 이에 맞추어 독자들의 요구 사항을 수용하고, 독자들의 평가에 의해 출판을 결정짓는다. 통신 공간에서 소통되는 문학이다 보니 작가와 독자가 즉시에 만나게 되고 서로 직접적 영향을 미치게 된다는 것이다. 우리가 익히 알고 있는 '피드백 효과'가 즉각 나타난다. 따라서 작가와 독자들의 합의에 의한 창작이 쉽게 이루어지며, 작가와 독자의 구별도 모호해지고, 또한 릴레이 소설과 공동 창작과 같은 독특한 창작법이 발달할 수 있게 되는 것이다. 이는 기존의 문학과 사이버문학을 구별하는 확실한 특징이라고 할 수 있다.

③ 기존 문학에 비해 제약이 없다는 특징이 있다. 사이버문학은 가상공간에서 불특정 다수가 익명으로 만들어 내는 것이어서 누구나 참여할 수 있기 때문이다. 이는 사이버문학의 긍정적 요소이기도 하지만, 사이버문학을 비판하는 사람들이 내세우는 부정적 측면의 근거가 되는 특성이라고 할 수 있다. 일반 문학의 경우, 경제성과 같은 현실적인 문제를 고려해야 하기 때문에 출판사의 제재가 따르게 마련이다. 또한 사회적인 파장 등을 생각해야 하므로 함부로 이루어지지 않는다. 하지만 사이버문학은 창작을 하는 데 일정 수준의 자본을 요구하는

것도 아니고, 작품의 수준을 고려하지 않아도 공공의 공간에 내놓는다는 첫 번째 관문 자체가 없다. 또한 가상의 공간에서 익명으로 이루어지기 때문에 도덕성이 떨어지는 것은 어쩔 수 없는 결과라고 할 수 있다. 그뿐만 아니라, 컴퓨터를 이용한 글쓰기를 하므로 컴퓨터를 이용해 남의 작품을 복사하기도 쉽고 그것을 수정해서 자신의 글로 만드는 데 용이하다. 그렇게 되면 저작권을 갖는 작가의 개념이 사라질 수 있는 문제점이 있다. 물론 제약이 없다는 특성을 살려 "포엠툰"과 같이 만화와 시의 결합이라는 다양한 장르를 개척할 수 있는 장점도 있지만, 부정적 측면 또한 무시할 수 없다.

(3) 사이버문학의 문제와 대안

평범한 여고생의 소설이 통신 공간을 통해 베스트셀러로 떠올랐고 영화로까지 만들어져 사이버문학은 우리의 일상생활과 깊은 연관이 있다고 할 수 있다. 이는 일반문학이 아닌 사이버문학이기 때문에 가능한 경우이다. 그렇다면 통신문학은 과연 우리 생활에 긍정적인 영향만을 미칠까? 안타깝게도 사이버문학은 우리의 삶에 긍정적 영향과 부정적 영향을 모두 남기고 있다.

먼저 긍정적 측면이다. 사이버문학은 앞에서도 언급했지만, 자유로운 언어 사용이 특징이기 때문에 기존의 문학 작품보다 비교적 이해하기 쉽게 쓰여 있다. 창작의 주체가 되는 연령층이 어리다는 것도 이유가 된다. 따라서 쉽게 글을 접할 수 있다는 장점이 있다. 무겁지 않고 사람들에게 재미거리를 제공하는 흥미위주의 글이기 때문에 누구든지 쉽게 쓰고, 쉽게 읽을 수 있다. 이는 '책을 읽는다' 혹은 '책을 쓴다'라는 말을 떠올리면 거부감부터 드는 사람들에게 글과 친숙할 수 있는 기회를 제공한다는 점에서 높이 평가할 수 있다. 실제로 통신 문학이 발달하면서 글을 쓰는 사람이 늘어나는 추세이고, 소위 '뜬' 사례도 있다. 송경아 씨나 김영하 씨처럼 사이버문학을 발판으로 하여 기존의 문단으로 올라선 경우가 바로 그 예이다. 가상의 공간에서 이루어지는 통신문학은 기존 문단이 알아주지 않는 무수한 아마추어 시인과 소설가들의 망명국가였고, 침체될 수 있는 창작 활동을 활성화하는 데 큰 도움이 된다고 볼 수 있다. 또한 일반적인 문학에 비해 제약이 없으므로 다양한 분야의 다양한 사람들이 창작활동을 하게 한다는 장점이 있다. 사이버문학이 발달하기 전에는 "창작은 작가의 몫"이라는 의식을 가지는 사람들이 대부분이었지만, 현재는 이러한 고정관념에서 벗어나 "창작은 누구나 할 수 있는"것이라는 쪽으로 기울고 있다. 다양한 사람들이 만들어 내는 창작물은 몇몇의 전문가들이 만들어 내는 창작물보다 훨씬 창의적이고 신선할 수 있다. 다양한 장르를 개척할 수 있는 여지가 주어지는 것이다. 판타지와 앞서 언급한 '파페포포 시리즈'와 '포엠툰'과 같은 작품들이 바로 이에 해당된다고 볼 수 있다. 실제로 〈드래곤 라자〉라는 판타지는 국어 교과서에까지 실릴 예정이라고 하니 사이버문학이 우리 생활에 많은 긍정적 역할을 하고 있다고 볼 수 있을 것이다.

반면 부정적 측면 또한 크다고 할 수 있는데, 한 예로 2004년 조선일보 신춘문예의 단편소설과 시 예심을 한 심사위원들의 평은 충격적이다. 심사위원들에 의하면 '몇몇 우수한 작품을 제외하고는 전반적으로 원고 수준이 하향 평준화됐다'며 '오문이나 구성력 부재 등 글쓰기의 기본이 안 된 데다, 자잘한 일상이나 가족 이야기에 관한 글이 대다수였으며 뚜렷한 주제 의식은 찾아보기 힘들었다.'고 지적했다.……(중략)…… 단편소설 예심위원들은 '530편의 응모작 중 본심으로 올린 10편의 예심 통과작을 고르기 힘들 정도로 작품 수준이 눈에 띄게 저하됐다'고 지적하면서 그 이유로 사이버 공간을 무대로 한 글쓰기의 영향이 신춘문예 응모작에도 그대로 드러난 것으로 분석했다.

사이버 공간은 흔히 거의 무한대로 글쓰기 공간 확대 전 연령층으로의 필자 증가 등 긍정적인 측면도 지적된다. 하지만 신춘문예를 분석한 결과, 사이버 공간 글쓰기의 폐해가 오프라인에서도 그대로 드러났다는 지적이다. 심사위원들은 주어와 술어가 대응되지 않는 오문이나 비문 문장을 완성시키지 않는 '문장 분지르기, 만화처럼 쓸데없는 의성어 의태어 남발, 말줄임표의 남발, 발음 나는 대로 쓰기' 등을 들었다. 한 작품의 도입부는 인터넷 채팅에서 흔히 만날 수 있는 글쓰기의 전형을 보여주고 있는데, 본격적인 작품을 쓰기 위해 공을 들인다기보다는 자신의 이야기를 친구를 앞에 두고 담담하게 풀어나가는 '자족적 글쓰기'의 모습(문학평론가 김미현)이며, 언어와 감정의 절제를 특징으로 하는 단편소설 특유의 문법은 찾아볼 수 없다는 지적도 나왔다. 소설가 박상우 씨는 '일정한 주제를 잡고 집요하게 천착해 들어가는 구성력은 명작이나 고전 등 독서를 통해 습득된다.'며 '이런 작품을 찾아볼 수 없는 것은 작가 수업의 필수 코스인 고전 읽기를 등한시한 데서 연유한 것으로 보인다.'고 말했다.

심사위원들은 말초신경을 자극하는 감각적 표현 증가 사유의 깊이 대신 말재주에 중점, 성(性)에 관한 소재 증가 등도 사이버 시대의 시 쓰기 특징으로 들었다. 한 심사위원은 '최근 몇 년 사이 산문풍의 시가 늘어난 것도 인터넷 시대 글쓰기의 영향으로 보인다.'며 '그러다 보니 압축, 절제미나 언어의 경제적 운용 같은 시창작의 ABC조차 찾기 힘든 응모작이 많았다'고 말했다(조선일보, 2003년 12월 19일자).

위의 신문기사를 통해 알 수 있듯이, 사이버문학은 전반적인 문학의 질적 하락을 가져온다는 문제가 있다. 인터넷 소설은 어느 정도의 실력을 공인받은 작가가 쓰는 소설이 아니라, 아마추어 작가들이나 취미로 소설을 연재하는 사람들의 경우가 대부분이다. 따라서 평균적으로 볼 때, 인터넷 소설의 문학성이 다소 떨어지는 것은 불가피하다고 볼 수 있다. 하지만 여기서 문제시 되는 것은, 사이버문학의 질적 하락이 아니라 통신 공간 속에서의 문학이 아닌 다른 문학에까지 그 영향이 미친다는 데 있다.

또 하나 사이버문학의 문제점은 한글을 파괴한다는 점이다. 이것은 비단 사이버문학만이 그 원인이 된다고는 할 수 없으나, 큰 요인이 되고 있다고 볼 수 있다. 인터넷의 보급으로 지금은 어른, 아이 할 것 없이 인터넷을 사용하고 있다. 점차 그 연령대가 낮아지고 있어 초등학교 저학년 학생들도 인터넷을 무리 없이 이용하고 있다. 사이버문학은 아직 한글에 대한 기초가 잡히지 않은 어린 학생들의 한글에 대한 가치관과 기초 지식을 파괴한다는 점에서 문제가 되고 있다. 인터넷 소설을 보면, '많이', '먹었다' 같이 겹받침이나 쌍시옷이 들어가는 단어는 컴퓨터 자판으로 입력시키는 데 불편하기 때문에 흔히 '많이'는 '마뉘'로, '먹었다'는 '먹엇다'로 표기하는 경우가 있다. 통신언어와 일반언어의 사용을 구별하는 성인과 달리 어린 학생들은 통신언어와 일반언어를 구별조차 하지 못하고 있다. 나중에는 세대 간 대화를 위해서는 통역이 필요하게 될 지경에 이를 수도 있는 것이다. 실제로 초등학교 선생님들의 이야기를 들어 보면, 예전에 비해 한글 표기 수준이 현저히 떨어지고 있다고 한다.

마지막으로 인터넷 소설의 내용과 문체가 청소년에게 부정적 영향을 끼친다는 점을 들 수 있다. 청소년들은 인스턴트 문화와 클릭에 익숙해진 세대들이다. 이들은 오락거리조차 상당한 시간의 무게와 지속성을 거부한다. 요새 피시방과 보드 게임방이 늘어나는 것을 보면 짐작할 수 있는 사실이다. 이것들은 배울 필요가 없다. 배운다 하더라도 잠시면 되기 때문에 요즘과 같은 스피드 시대에 어울리는 것들이다. 기존의 문학작품을 즐기기 위해서는 적어도 앞부분 30% 정도는 인내심을 가지고 읽어 나가야 한다. 세계적인 고전들을 읽는 방법 역시 그 깊은 뜻을 이해할 수 있을 때까지 읽고 또 읽어야 한다. 그래야 작가가 이끄는 세계 속에 몰입할 수 있고, 상상의 세계에 들어가 풍성한 즐거움을 누릴 수 있는 것이다. 하지만 이런 것들은 스피드에 물든 청소년들의 구미에 맞는 것들이 아니다. 사이버문학 역시 스피드를 좋아하는 청소년을 만드는

데 일조하고 있다고 볼 수 있다. 책 대신 컴퓨터에 익숙해져 버린 요즘 세대들은 긴 글을 읽기 귀찮아하고 그림이 없으면 몇 장 넘기다 포기하고 가 버리는 모습을 쉽게 볼 수 있는데, 인터넷 소설은 이들의 구미에 맞춰서 내용을 텅텅 비운다. 또한 인터넷 소설은 등장인물의 감정을 표현하는 데 긴 문장을 쓴다거나 문학적인 표현을 이용하지 않는다. ··, ㅜㅜ 과 같은 이모티콘으로 곧바로 끝내 버린다. 심층적 서사 구조도 없으며 작가의 세계에 몰입하기 위해 첫 부분을 인내심을 갖고 읽어 나갈 필요도 없다. 가벼움, 단순, 신속, 재미…… 이와 같은 단어로 표현할 수 있는 사이버 문학은 알맹이는 빠지고 껍데기만 남아 있는 것은 아닐까? 결론적으로 청소년들은 질이 낮은 소설을 접할 기회가 많고 그것으로 인해 부정적 영향을 받아들일 수 있다는 것이다.

그렇다면 이상에서 지적된 사이버문학의 문제점을 어떻게 개선해 나갈 것인지 그 대책을 시급히 마련해야 한다. 우선 가장 먼저 개선되어야 할 점은 사이버문학의 질적 제고이다. 작가들은 단순히 흥미만을 추구할 것이 아니라, 작품성 있는 통신문학을 만들어 가기 위해 앞장서야 할 것이다. 독자들 또한 마찬가지다. 생각하기 싫어하는 사람은 발전이 없다는 말이 있다. 가볍고 단순하고 재미있는 것만을 좇을 것이 아니라, 정신의 깊이를 더할 수 있는 부분에 집중해야 할 것이다. 질 높은 통신문학을 만들기 위해서는 작가, 혹은 독자 한 사람만 바뀐다고 해결될 수 있는 문제가 아니다. 양자의 꾸준한 노력이 있을 때 성과가 있는 것이다.

문학다운 문학, 소설다운 소설로 거듭나려면 일부 층에서는 쉽다고 환호받고, 어떤 층에서는 곱지 않은 시선으로 비판하게 해서는 안 될 것이다. 그리고 적어도 사이버문학에서만큼은 통신용어나 이모티콘의 사용을 자제해야 할 것이다. 빠른 감정표현과 시간 절약이라는 측면에서 본다면 경제적인 이모티콘과 줄임말은 채팅과 같은 부분에서는 인정될지 몰라도 문학에서는 부정적 요소이다. 아름다운 표현과 깊이 있는 은유에서 느낄 수 있는 문학적 재미를 사이버문학에서도 느낄 수 있어야 할 것이다. 결론적으로 사이버문학은 어디까지나 문학작품이 갖추어야 할 조건들을 제대로 갖추어야 비로소 문학으로서의 역할을 할 수 있다고 하겠다. 독자들의 구미나 기호에 맞추기 위해 흥미중심, 편의중심의 글을 쓸 것이 아니라, 예술성에 기준을 두고 문학작품다운 작품을 써나가는데 혼신의 노력을 기울여야 할 것이다. 문학은 단순히 읽을거리로 끝나는 것이 아니기 때문이다.

아울러 어렸을 때부터 컴퓨터에 대한 교육이 올바르게 이루어지도록 부모나 교사가 지도하지 않으면 안 된다. 클레맨트(*Clements*, 1985)는 어린이를 대상으로 한 컴퓨터에 관한 교수원리를 다음과 같이 10가지로 제시하고 있는데, 컴퓨터 지도에 많은 도움이 될 것이다.

① 컴퓨터를 사용해야 할 상황과 사용해서는 안 될 상황이 있다. 예를 들어 어린이의 긍정적인 자아개념의 성장을 촉진할 경우나 어린이로부터 다른 중요한 경험을 박탈하지 않고 학습에 공헌할 경우다. 컴퓨터는 시간 채우기 위해서 사용되어서는 안 된다.
② 개인적으로 중요하고 의미있는 경험들이 컴퓨터의 사용보다 우선되어야 한다.
③ 교육과정의 결정에 있어서 어린이의 선호가 유일한 기초가 되어서는 안 된다.
④ 어린이의 발달은 안내의 지침서가 되어야 한다.
⑤ 다양하게 컴퓨터를 적용해 보는 경험을 해야 한다.
⑥ 컴퓨터 활동은 교육과정 속에 통합되어야 한다.
⑦ 어린이의 지적, 사회적, 정서적, 창의적인 성장을 촉진시켜 줄 수 있는 방식으로 컴퓨터를 의미 있게 사용할 수 있어야 한다.
⑧ 모든 컴퓨터의 실제 경험은 전반적인 교육프로그램에 조화를 이루는 것이어야 한다.
⑨ 컴퓨터를 통한 학습은 교육목표를 달성하기 위한 수단이어야지 목적이어서는 안 된다.
⑩ 교사는 컴퓨터를 성공적으로 사용하기 위한 중요한 요인이다.

다시 강조하지만, 유아들의 컴퓨터 활동은 유아교육과정과 다른 발달영역을 통합 및 연계하여 지도하지 않으면 안 된다. 요즘 만 3세~7세의 어린이를 대상으로 하는 컴퓨터 놀잇감으로 *PICO* 스토리웨어가 많이 활용되고 있다. 컴퓨터 기능은 가지고 있으나 키보드가 없어 유아들이 초기 컴퓨터 경험을 하는 데 적합하며, 유아들이 직접 조작하고 관찰하고 탐색이 가능한 하드웨어이다. 그리고 *CDI(Compact Disc Interactive)*가 역시 유아들을 대상으로 1980년 네덜란드에서 처음 개발되고, 미국 필립스사에서 하드웨어를 만들어 판매되고 있는데 유아들이 보고 듣도록 고안된 점이 색다르다.

어렸을 때부터 컴퓨터에 대한 교육을 올바르게 한다면 앞에서 지적한 인터넷으로 인한 부작용도 발생하지 않을 것이며, 현재 사이버문학이 안고 있는 여러 가지 문제점도 올바르게 정착되어 갈 것이다.

독서치료

제 9 장

1. 독서치료의 정의
2. 독서치료의 이론적 기초
3. 독서치료의 유형
4. 독서치료의 목적과 가치
5. 독서치료의 실제

1. 독서치료의 정의[1)]

‘독서치료(*Bilbliontherapy*)’란 말의 어원은 ‘*biblion*(책, 문학)’과 ‘*therapeia*(도움이 되다, 의학적으로 돕다, 병을 고쳐주다)’라는 그리스어 단어에서 유래되었다. 독서치료는 문학을 사용하여 정신 건강을 증진시키는 것으로 단순하게 정의를 내린다면 ‘책을 읽음으로써 치료가 되고 도움을 받는다’는 것이다.

독서치료에 대한 여러 학자의 정의 중 *Lake*(1985)는 독서치료 활동 종류와 참여한 어린이의 특성에 따라 발달적(*developmental*)독서치료[2)]와 임상적(*clinical*) 독서치료[3)]로 구분하였다. 발달적 독서치료란 어린이가 정상적인 일상의 과업에 대처할 수 있도록 하기 위하여 문학 작품을 활용하는 것이라고 하였다. 따라서 읽기 자료와 토론 활동을 통해 일반적인 인성 발달을 강조하게 된다(김현희 외, 2003 : 28–29). 이러한 과정을 통해 독서치료 참여자는 자신의 문제에 대한 이해를 넓히고 자존감을 증진시키는 경험을 가질 수 있다.

여러 가지 정의들을 종합하여 볼 때 일반적으로 독서치료는 다양한 문학작품을 매개로 하여 토론, 글쓰기, 그림 그리기 등의 여러 가지 방법의 상호작용을 통해서 참여자의 당면한 문제들을 해결하는 데 도움을 주는 것으로 해석할 수 있다. 여기에서의 문학 작품은 글뿐만 아니라 영상 매체, 노랫말, 자신의 일기 등 다매체적인 텍스트를 포함하는 광의의 개념이다.

---

1) 독서치료의 실제를 제외한 독서치료의 정의 및 내용은 ≪독서치료 (김현희 외, 학지사, 2003)≫에서 참고하였다.

2) 발달적 독서치료는 독서 지도나 독서 교육과는 다른 의미를 가지고 있으며 읽기 부진아나 읽기 장애아가 대상이 되는 독서 클리닉과도 엄밀한 의미에서 다르다. 독서치료가 다른 심리치료와 다른 점은 문학을 도구로 사용한다는 점이다. 근본적으로 문학을 사용하여 정신 건강을 증진시키며 (*Hynes & Hynes-Berry*, 1994), 문학이 치료적인 특성을 가졌다는 기본 가정에서 출발한다고 볼 수 있다 (*Gornicki*, 1981). 그렇기에 정서의 문제에 좀 더 깊은 관심을 기울인다. 김현희 외(2003 : 3-20) 참조.

3) 임상적 독서치료는 정서적으로나 행동 면에서 심하게 문제를 겪고 있는 사람들을 도와 주는 개입의 형태로 특별한 문제에 초점을 두게 된다. 그러므로 정신 건강 전문가의 참여가 필요하다. 그렇기 때문에 발달적 독서치료와 비교하여, 치료자의 역할과 기능이 다르며 참여자의 특성의 차이와 목적이 차이가 있다. 김현희 외(2003 : 18-88) 참조.

2. 독서치료의 이론적 기초

1) 심리학적 이론

정신분석 이론은 인간 행동이 무의식을 비롯해 유년기, 리비도(libido)의 발달 양태, 죽음 본능, 역동적 정신 구조 등 초기 어린 시절의 경험에 의해 결정된다고 본다. 이러한 이론은 동일시, 전이, 카타르시스와 같은 개념의 근거를 제시한다. 문학을 통하여 독자는 억압된 정서를 해방시키는 과정, 즉 정화작용인 카타르시스를 경험하게 된다. 또한 책 속의 등장 인물에 대해 공감하면서 전이를 경험하게 된다. 그러한 과정을 통해 참여자는 자신이 가지고 있는 문제를 돌아보게 되고 독자의 무의식적인 내부의 상태가 등장 인물에 투영되어 자신에 대한 통찰에 이르게 한다.

사회학습 이론은 어린이는 타인의 행동을 관찰하고 모방함으로써 새로운 행동을 획득하게 되고 발달하게 된다고 가정한다. 어린이는 성인의 생각과 행동을 모방하거나 또래집단에서 서로 영향을 주고받으며 새로운 심리적 특성을 획득한다. 독자는 좋은 문학 작품 속의 등장인물의 행동이나 사건을 보며 관찰하고 모델링을 할 수 있다. 이 과정을 통해 독자는 문학 작품을 읽고 난 후 좀더 반성적인 사고를 수반한 성숙한 나로 변화하여 현실로 회귀하게 된다.

게쉬탈트 이론은 사람이 성숙하려면 자신의 생활방식을 찾고 개인적인 책임을 받아들여야 한다고 가정한다. 이 이론은 치료자가 내담자에게 '지금-여기'에서 알고 있는 것들을 충분히 경험할 수 있도록 도와 주어야 한다고 주장한다. 갈등을 말로만 하지 않고 직접 경험하도록 하는 것이 중요한 문제이다. 그럼으로써 자신의 인식 수준을 넓히고 결국 자신의 몰랐던 부분을 통합하게 된다. 문학 작품의 등장인물이 나오는 역할극을 하게 되면 자신의 문제를 더 많이 인식하게 되어 심리적인 통합과 올바른 자아인식을 하게 된다.

2) 독자반응이론-*Rosenblatt*의 상호교류이론

독자반응이론에서 독자는 텍스트의 의미를 그대로 수용하는 존재가 아닌 자신의 내면과 대화를 통해 적극적으로 의미를 재구성하는 능동적인 구성자로 본다.

Rosenblatt(1983)는 그의 저서 ≪탐구로서의 문학*(Literature As Exploration)*≫에서 각 독자는 저마다 다른 경험, 가치와 신념 상황과 목적을 가지고 문학 작품을 접하기 때문에 문학 작품에 대한 이해는 다를 수밖에 없다고 했다. 즉 의미는 문학 작품 자체에 있는 것이라기보다 오히려 독자와 텍스트의 상호 거래 속에 존재한다고 하였다. 또 *Harding*(1968)은 문학의 반응은 수동적인 것이 아니고 능동적인 활동이며, 그것은 겉으로 표현하는 반응뿐 아니라 마음에 저절로 녹아 들어가는 내부의 반응을 가지고 있다고 했다. 이러한 독자반응이론은 텍스트에 대한 독자의 개인적 반응을 개인의 삶과 연관시키고 오직 하나의 해석이 아닌 개인의 삶에 기초한 다양한 해석을 인정한다(*Iser*, 1978).

이러한 과정에서 텍스트는 작가의 것이 아닌 독자의 것이 되며, 텍스트와 더불어 독자의 사고를 중요한 해석의 차원으로 이해한다(*Hirvela*, 1996). 또한 개별적인 반응을 존중함으로써 개인의 경험이나 사고로 텍스트에 접근한다. 그래서 독자반응이론은 독자의 발달적 관점이나 심리 작용에도 관심을 기울인다. 그렇기 때문에 텍스트에 정서적으로 빠져들 것을 강조하여 인간이 개인적 감정과 정서를 가지고 있는 유기체적인 존재임을 강조한다(경규진, 1993). 텍스트의 올바른 해석*(correct interpretation)*보다는 성숙한 반응*(mature response)*을 생산하는 데 궁극적인 목적이 있다. 따라서 수업 방식은 학생 중심으로 이루어지고 학생 스스로 의미를 탐구할 수 있는 환경을 조성하는 것이 중요하다.

3. 독서치료의 유형

독서치료의 대상은 일반적으로 독서치료 활동에 참여한 어린이의 특성에 따라 발달적 독서치료와 임상적 독서치료로 구분한다. 발달적 독서치료는 특별한 문제가 없더라도 어린이가 더 건강한 정신으로 일상의 문제를 해결할 수 있도록 문학작품을 활용하는 것이다. 따라서 읽기 자료와 토론 활동이 일반적인 인성 발달을 강조하게 된다. 그러나 임상적 독서치료는 정서적으로나 행동면에서 심하게 문제를 겪고 있는 사람들을 도와 주는 개입의 형태로서 특별한 문제에 초점을 두게 된다.

반응적 독서치료는 최소한의 상호작용이 있는 독서치료로 어린이에게 독서자료에 대한 과제를 주고 그 과제에 대하여 치료자가 긍정적인 반응을 주는 정도이다. 상호적 독서치료는 그 과정 중에 참여자가 개개인이 문학 작품을 읽는 것을 그다지 강조하지는 않는다. 그 대신 치료자는 참여자가 문학작품을 읽은 후 상호작용을 잘하도록 안내하며, 성장과 치료를 위한 촉매로서 문학 작품을 활용하고 작품을 읽은 후 반응을 창의적으로 쓰게 한다.

독서치료 상황이 치료자와 참여자 사이에 일 대 일로 이루어지는지, 아니면 일 대 집단으로 이루어지는지에 따라 그 유형이 나누어질 수 있다. 집단으로 이루어지는 독서치료는 비슷한 정도와 유형의 문제를 가지고 있는 사람들이 모여서 시나 동화 등의 인쇄된 글 혹은 시청각 자료를 읽거나 들은 후에 토론이나 글쓰기 등의 활동을 한다. 실제로 어린 유아나 어린이, 그리고 방어가 많은 참여자들은 일 대 일로 했을 때 상호작용의 양이 적다. 특히 유아의 경우 4~5명의 작은 집단이 모여서 이야기를 나눌 때 상호작용을 훨씬 많이 한다는 연구 결과(김양선, 1996)는 소집단으로 이루어지는 독서치료의 효과를 입증하고 있다.

4. 독서치료의 목적과 가치

*Doll*과 *Doll*(1997)은 독서 치료의 목적을 독자 개인의 통찰과 자기 이해를 증진시키고, 정서적인 카타르시스를 경험하도록 하며, 매일의 문제해결을 돕고, 다른 사람과의 상호 작용 방식들을 변화하기 위한 것이라고 정의하였다. 또한 타인과의 효율적이고 만족스러운 관계로 증진시키고 일반적이지 않는 특별한 문제에 봉착했을 때 정보를 줄 수 있으며, 책을 읽는 동안 즐거움을 느낄 수 있다고 하였다. *Hynes*와 *Hynes-Berry*(1994)는 독서 치료의 상호작용을 강조하면서 크게 4가지 목표를 제시하였다. 참여자가 독서 자료와 자신의 삶에 대하여 반응하는 능력을 향상시키며, 자신에 대한 이해를 증가시키고, 자신의 개인적인 대인 관계를 명료화해 주고, 현실을 보는 견해를 넓혀 준다는 것이다(김현희 외, 2003 : 31-45에서 재인용).

또한 *Pardeck*(1991)은 책이 전하는 긍정적이고 생산적인 사고를 독자에게 가르치고, 관심사에 대해 자유롭게 표현해 볼 수 있으며, 자신의 태도나 행동을 분석해 볼 수 있는 데 의의를 두었다. 그리고 독서를 통해 문제해결에 대한 대안을 탐색해 보고, 사회의 가치 적응을 도울 수 있으며, 자신이 가진 문제가 다른 사람에게도 비슷하게 존재한다는 것을 알 수 있는 기회를 제공해 준다고 하였다(김유희, 2002에서 재인용).

여러 가지 의견을 종합할 때 독서치료의 목적과 가치는 다음과 같다.

① 독서치료의 가장 일반적인 목적은 책을 읽는 어린이 개인에 대한 통찰과 자기 이해를 증진시키고자 하는 것이다.
: 단순한 반응에서 자아를 확인하기, 과거를 회상함으로써 자아를 확인하기, 자신의 의견을 표현함으로써 자아를 확인하기

② 반응 능력을 향상시켜 독서자료나 일상적인 삶에 대해 느끼는 심상, 개념, 정서 반응을 촉진하고 풍부하게 한다.
: 생각하도록 자극하고 상상력을 자극하기, 미를 자유롭게 표현하는 특성 경험하기, 주의를 집중할 초점 제공하기, 감정을 인식하고 이해하기

③ 개인의 통찰을 증진시키고자 하는 목표와 관련이 있는 것으로, 정서적인 카타르시스를 경험하기 위한 것이다.
: 극중 인물이나 사건에 공감하기, 감정이입하기, 등장인물과 동일시하기

④ 현실을 보는 견해를 넓혀 매일매일의 문제해결을 도와 주기 위한 것이다.
: 구체적인 이미지나 정보와 적절하게 관련시키기, 사회 · 심리 · 정서적인 현실들과 관련시키기

⑤ 다른 사람에게 하는 행동이나 타인과 상호작용하는 방식들을 변화시키기 위한 것이다.

⑥ 보편적인 감정에 대한 인식을 발달시키기, 타인에 대한 인식을 발달시키기, 타인의 감정에 대한 이해를 발달시키기 위한 것이다.

5. 독서치료의 실제

독서치료에 들어가기 전에 선행되어야 할 문제는 어린이가 어떤 문제를 가지고

있는지 파악하는 일이다. 가족이나 가까운 주변 사람들의 의견을 들을 수도 있고 어린이의 행동이나 말을 통해 파악할 수도 있다. 혹은 어린이 자신이 직접 이야기하게 할 수도 있다. 언어 사용이 능숙하지 않거나 자신이 가진 문제가 무엇인지 알지 못하는 어린이의 경우, 자신이 가진 문제가 무엇인지 알지만 드러내길 꺼리는 어린이의 경우 그림검사(HTP와 KFD)를 통해 아이가 가진 문제점을 추측할 수도 있다. 그림검사는 무의식의 자아와 가족 환경을 추측할 수 있게 한다.

1) 사전 검사 및 심층 상담[4)]

최초로 상담한 어머니의 고민은 큰아이가 어머니와의 대화에 부정적이고, 항상 적대적이어서 대화를 이끌어 갈 수가 없다는 것이었다. 예를 들면 아동은 엄마에게 혼났거나 본인의 맘에 안 들었을 경우 책상 위의 낙서장에 어머니에 대한 험한 말을 써 놓는다든지 공격적인 그림을 그려 놓는다. 아이가 유일하게 대화의 창구로 생각하는 사람은 담임 교사인 것으로 보였다. 일기장에다가 항상 엄마에 대한 불만이나, 알리고 싶지 않은 가족 내의 부정적인 이야기들을 적나라하게 적어 놓아서 민망할 정도이며 담임 교사가 아이의 일기장에 '제발 엄마랑 싸우지 마세요'라고 적을 정도였다.[5)]

아이의 일기장에는 '자살하고 싶다'라는 글귀라든지 어머니에 대한 부정적인 반응들이 곳곳에 적혀 있었다. 어머니는 담임을 찾아뵙기도 민망하고 아이를 혼내거나 대화를 시도하면 원하는 대화가 되지 않는 점이 고민이었다.[6)]

이러한 심층 상담을 바탕으로 어머니가 인식한 아동의 문제는 다음 3가지로 요약될 수 있다.

---

4) 사전 검사 및 심층 상담의 내용과 실제 수업 활동의 학생 작품은 〈발달적 독서지도를 통한 독서지도 연구-부모와 갈등을 겪는 아동의 정서 반응을 중심으로-〉(신운선, 2004, 경기대학교 국제문화대학원 석사학위 논문)에서 발췌하였다.

5) 예를 들면 동생의 물건은 공유하면서 자신의 물건에 대해서는 매우 민감하게 집착한다. 어느 날은 비오는 날 우산을 쓰고 갔는데 자신의 우산이 찢어져서 집에 올 때는 동생에게 찢어진 우산을 쓰고 가라 하고 본인이 동생 우산을 뺏어서 쓰고 왔다고 한다. 그런데 그 사실을 일기장에 그대로 적으면서 동생에게 미안한 마음을 표현한 것이 아니라 찢어진 우산을 가지고 가게 한 엄마에 대한 미움과 재수 없음에 대해 썼다.

6) 어머니는 '큰아이와 이야기하는 것이 무섭고…… 나도 대화하기 싫어요…… 짜증나지요……뭐……' 라는 표현을 했다. 어머니는 아이가 지나치게 이기적이고 어머니에 대해 부정적으로 생각하고 대화가 안 되니 독서 활동을 통해 아동이 정서적으로 올바르게 성장할 수 있도록 도와달라고 했다.

① 어머니에 대해 무조건 부정적이고 공격적이다.
② 가족 관계에 있어서 이기적이다.
③ 학교 담임 선생님에 대해 과도한 노출(욕구 불만을 분출)을 하며, 애정적인 반응을 기대하고 있다.

이러한 어머니와의 상담 내용을 바탕으로 자연스러운 분위기에서 검사를 하려고 동생도 함께 그림을 그리고 문장 완성 검사를 하였는데 그림상에 나타나는 부모에 대한 부정적인 반응은 작은 아이에게도 심각하게 나타났다.

독서 능력 검사에서 미정이는 낮은 수준의 독서 능력이 나타났고 희정이의 경우는 보통 수준으로 나타났다. 하지만 독서 능력보다는 어머니와의 대화가 잘 안 된다는 점이 더 큰 문제라고 판단되어 어머니와의 관계 개선을 위해 주제 중심의 독서 수업에 들어가기로 하였다.7)

[그림 1]은 미정이의 집 그림과 가족 그림이다. 2층집을 그렸는데 높게 그린 창문과 지면이 없는 것이 특징적이다. 그림보다도 주의 깊게 봐야 할 것은 그림에 대한 설명으로 '누가 사는 집인지 모른다'며 집 분위기에 대해서는 '썰렁하다'며 '나중에 이사를 가면 다른 사람 집이 된다'라고 해 준 부분이다. 아동이 자신의 집에 대해서 애착이나 온정적인 분위기를 형성하고 있는 것이 아니라 부정적이며 미래에 대해서도 부정적으로 반응을 하고 있다는 점이 주목된다.

[그림 1] **미정이의 집 그림과 가족 그림**

7) 특히 미정이의 경우는 독서 능력 검사에서 중하위 수준으로 나와 일정 부분의 정서적인 발달 부분의 수업이 진행된 후에는 독서 능력 향상이 주 목적이 되는 프로그램이 필요할 것이라는 생각이 들었다. 정의적 영역 중에서도 다른 부분들(이기심, 자존감, 사회성 등)에 대해서도 조정이 필요하다고 판단된다.

가족 그림에서는 가족 모두가 뒷모습을 보이며 텔레비전을 시청하고 있는 모습을 그렸다. 자신의 그림을 보니 어떤 기분이 드는가 하는 질문에 대하여 '이상하다'라며 고치고 싶은 부분에 대해서는 '엄마의 발'이라고 했고 앞으로 이 가족은 어떻게 될 거 같은지에 대해서는 '모른다'라고 대답을 했다. 그린 순서로는 'TV, 나, 언니, 엄마, 아빠' 순이었다. 이런 가족화는 주로 가족 간의 소통이 이루어지지 않고 불화가 많은 가정일 가능성을 나타낸다. 엄마의 발을 여러 번 고쳐 그리다가 결국에는 다시 고치고 싶은 부분도 엄마의 발이라고 대답한 것으로 보아서 엄마는 염려를 안 했지만 작은 아이의 경우도 엄마에 대해 양가 감정을 지니고 있는 듯하다.

사람 그림으로는 이웃집의 언니를 지나치게 작은 모습으로 그렸고 나무 그림은 지나치게 긴 기둥에 지면과 뿌리가 없게 그렸다. 전반적으로 미정이의 그림은 가족 간에 특별히 가깝게 느끼는 대상이 없으며, 가족 간의 온정적인 상호작용도 부족해 보인다. 그림을 통해서 보면 미정이의 가정은 상호작용이 일어나지 않는 불화가 많은 가정일 가능성이 있으며, 미정이는 부모 모두에게 불안정하고 갈등적이며 자기 자신에 대해 불안정감과 자신 없는 태도를 가지고 있음을 짐작할 수 있다. 자신의 가정에 대해 차갑고 부정적이며, 미래에 대해서도 희망적이기보다는 부정적이며 무기력한 반응을 보이고 있다.

미정이는 문장 완성 검사지를 전혀 작성하지 못했으며, 빗속 그림에서는 우비를 입은 채 많은 비를 맞고 서 있는 모습을 그렸다. 우비를 입기는 했어도 많은 비의 양이라든가 무표정한 얼굴 등에서 과도한 스트레스를 방어하지 못할 가능성을 보여 준다.

동물 그림 검사에서 미정이는 아빠를 '호랑이'라고 대답했다가 '무지 덩치 큰 호랑이'라고 정정하여 대답했다. 그리고는 바로 '양의 탈을 쓴 호랑이'라고 대답했다. 그렇게 생각하는 이유로는 '무서워서'라고 대답했다. 엄마에 대해서는 '사슴'이라고 했는데 이유가 '사슴뿔로 공격하면 무서워서'였다. 일반적인 사슴에 대한 이미지와는 다르게 무서운 뿔로 공격하는 이미지로 엄마를 대답한 것이 특이했다. 언니(희정)에 대해서는 '토끼'라고 대답했는데 그 이유로는 '엄마랑 나랑 이야기하면 금방 달려와서 뭐라고 욕했냐고 하면서 남의 말을 잘 엿들어서'라고 대답했다. 자기 자신에 대해서는 대답하지 못했다. 동물 그림 검사에서 볼 수 있듯이 부모를 무서운 존재로 인식하고 있으며 아버지나 어머니 모두에게서 온정적인 분위기를 느끼지 못하는 상태임을 알 수 있다.

희정이의 *HTP* 그림과 *KFD* 그림은 미정이의 그림과는 사뭇 대조적이면서도 공통적인 부분도 많다. 희정이는 집 그림에서 2층 집의 창문이 많은 집과 굴뚝, 화단 등을 그려주었는데 과도하게 자신을 개방하면서 타인에게 인정받고 자신을 보여주고 싶어 하는 소망이 드러난다. 질문에 대한 답으로도 집 분위기는 환하고 밝으며 집은 대대손손 물려받는다고 하여 어머니의 상담과는 다르게 오히려 긍정적인 부분들이 많이 보였다. 특이한 대답은 사는 사람에 대해 자신의 가족 말고도 사촌들과 친구의 이름을 적은 것이 특이했다. 가족보다는 사촌이나 친구에게 더 애정을 느끼고 있음을 알 수 있다.

가족 그림에서는 온 가족이 빨래를 나누어 하는 그림을 그렸는데 아버지는 가장 먼 거리에서 빨래를 너는 모습으로, 본인은 제일 좌측에서 빨래를 밟는 모습으로, 엄마는 윗부분에서 서 있는 모습으로 동생은 가운데에 세제를 넣는 모습으로 그렸다. 질문에 대해서 '이렇게 되었으면 좋겠다'라는 대답이나 '부자가 되고 행복해진다'라는 대답을 보았을 때 가정 내의 불화와 불안감이 행복과 사랑으로 바뀌기를 소망하는 마음을 담고 있는 것으로 보인다. 그리고 그린 순서는 '동생, 나, 아빠, 엄마'였다. 아버지에 대한 정서적 거리감이 보이며 미정이와는 다르게 자신의 소망을 과도하게 표현하고 있다.

나무 그림은 유난히 윗부분에 위치하고, 나이테를 많이 그렸다. 목이 없이 곁눈질을 하고 있는 사람 그림 등, 전체적인 그림에서 드러나는 것은 자신에 대해 좌절감이나 불안정감이나 내면에 적대감이나 공격성이 내재되어 있고 성장 과정에서 자아의 상처를 지니고 있을 가능성이 있다. 전체적으로 억압적 분노감과 부모에 대한 부정적 태도가 있을 가능성이 엿보인다.

빗속 그림에서는 매우 작은 찌그러진 우산과 군데군데 물 웅덩이를 그렸으며 빗방울을 주먹만 하게 그린 것이 특징이었다. 이는 희정이가 자신의 환경에 대해 대처 능력이 부족하여 스트레스를 많이 받고 있는 것으로 해석이 된다. 문장 완성 검사에서도 '어머니는 무섭다'라고 진술했으며, 공통적으로 '할 수 있다면 날고 싶다', '내가 만일 날 수 있다면'이라고 진술한 것으로 보아 자신의 환경에서 벗어나고 싶은 욕구가 있을 가능성이 많다.

동물 그림 검사에서 아빠는 '무서운 사자'라고 대답했고, 그 이유로 '매일 잡아먹으려고 해서 무서워서'라고 대답했다. 엄마에 대해서는 '암사자'라고 대답했으며 그 이유로는 역시 '아빠 옆에서 맞장구를 치면서 날 괴롭히고 무섭게 해서'였다. 동생(미정)에 대해서는 '쥐'라고 대답했으며 그 이유로는 '내가 쓰는 물건을 감쪽같이 가져다가 쓰기 때문'이라고 대답했다. 자기 자신에 대해서는 대답을 못했다.8)

두 자매는 아버지에 대해서도 부정적인 감정을 모두 가지고 있었으며, 엄마에 대해서도 본 연구자가 예상했던 것보다 더 부정적인 반응을 보였다.9)

사전 검사 결과 아이들만 프로그램에 참가시키는 것이 아니라 부모들의 태도를 교정하는 일도 필요하다고 판단되었다. '태도의 변화까지 보일 수 있는 정서 발달'까지 접근을 하려면, 즉 최소한 어떠한 변화를 이끌어 내려면 아동뿐만 아니라 가족 모두의 문제를 다루어야 하기 때문이다. 그렇기에 일반적인 독서 수업의 형태와는 다르게, 수업 주제의 특성상 어머니와의 대화를 수업의 중요한 요인으로 간주했으며, 기본적인 수업 모형은 [그림 2]와 같다.

또한 초기 상담 및 진단 결과 어머니가 인식한 희정이의 문제는 본 연구자에겐 다음과 같은 연구 문제로 인식된다.

- 독서 수업에서 드러나는 아동의 정서 반응을 어떻게 해석하는가?
- 특히 부적 정서 반응의 원인은 무엇인가?
- 부적 정서 반응을 긍정적인 효과로 바꿀 수 있는 독서 지도의 교육적인 방법은 무엇이며 부모에 대한 부정적인 반응을 독서 지도를 통해 어떻게 효과적으로 도울 수 있는가?

기본적인 정서는 필시 유전적인 요인 중의 하나임이 분명하지만 특정한 정서의 대부분은 조건화된 반응, 모방, 다른 사람의 동일시 등과 같이 심리기제를 통해 학습될 수 있다. 이러한 해석은 환경에 대한 우리의 인식 및 신념, 기대 등과 같은 인지적 요소에 의해 영향받는다.

8) 지희의 경우 아빠는 '아기 호랑이'로 대답했으며, 그 이유가 '모습은 무섭게 생겼지만 속은 하나도 안 무서워서'였고, 엄마는 '고양이'라고 하면서 '때로는 친구 같은데 화가 나면 무섭기 때문이다'라고 이유를 이야기해 주었다. 지희의 대답은 미정이나 희정이의 대답과는 비교가 된다.

9) 검사할 때 분위기는 매우 즐거운 분위기에서 놀다가 이루어졌다. 본 연구자의 집에 놀러오게 한 후 놀다가 '다같이 그림을 그려보자'라고 해서 자연스럽게 그림을 그리도록 했다. 기본적으로 독서 능력 검사 외에 *HTP* 검사와 *KFD* 검사만을 하려고 했으나 엄마가 걱정하지 않았던 작은 아이에게서도 부정적인 면이 많이 나타나서 빗속 그림 검사와 문장 완성 검사, 동물 그림 검사를 추가로 실시하게 되었다.

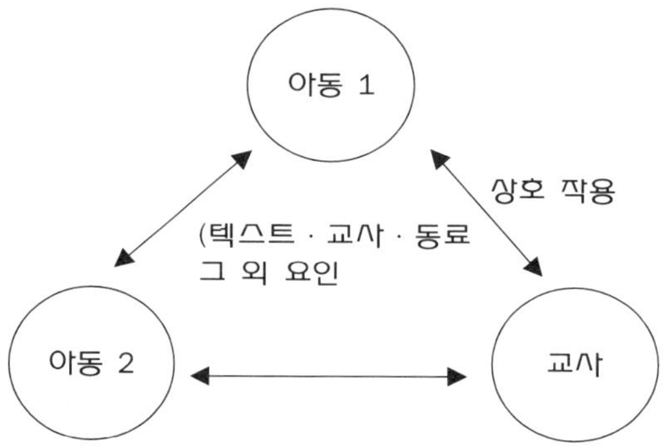

〈일반적인 독서 수업 모형〉

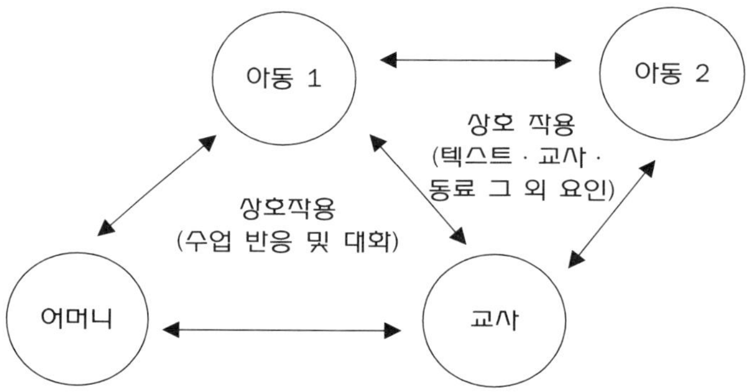

〈본 수업의 수업 모형〉

[그림 2] **일반적인 수업 모형과 본 수업의 수업 모형 비교**

아동기의 정서적 부적응을 제거하고 효과적인 정서 반응을 유도하기 위해서는 개인의 정서 반응 경향을 이해하고 아동의 환경과 발달 과정에 따라 조정해 주어야 한다. 개인의 정서적 갈등은 그 근본적인 원인에 대해 스스로 통찰하고 이해함으로써 해결할 수 있고 그것이 기질적인 측면에서 비롯된 것이라면 교육적으로 접근하기 어려운 면도 있겠지만 갈등의 내용에 따라 독서 활동을 통한 해결이 효과를 발휘할 수 있다.

2) 수업설계 개관

전체 수업의 큰 줄기는 3단계(초기–중기–후기)로 나누어 계획을 하였고 세부적으로 5단계(나를 표현하기–우리 집은?–우리 집과는 다른 관점에서 생각해 보기–다시 우리 집으로–그리고 다시 나)로 나누어 수업 진행을 계획하였으나 경우에 따라서는 각 단계가 섞이기도 하였다. 실제 수업 진행 과정에서는 각 단계 설정에 큰 의미를 두지 않았고 매 차시 아동의 표현 방법이나 생활에서의 변화에 더 큰 의미를 두게 되었다. 따라서 본 논문에서는 최초의 계획서가 아닌 실제로 들어갔던 수업의 프로그램만 제시하고자 한다.[10)]

표 1 실제 수업 프로그램

수업날짜	주요 목표 및 활동 내용	텍스트	텍스트 내용
5. 22 (1차시)	진단 도구와 심층 상담을 통해 수업의 방향 및 프로그램 구성을 계획한다.	독서 수준 능력 검사(한우리 제공), *HTP*·*KFD* 검사, 문장 완성 검사, 빗속 그림 검사, 동물 그림 검사	사전 검사 및 심층 상담
5. 26 (2차시)	부모와의 갈등 상황을 노출하고, 텍스트의 주인공을 통해 대리 만족과 문제해결력을 기르게 한다. 갈등 노출과 카타르시스를 통해 정서를 순화시키는 것에 초점을 두어 수업을 진행한다.	마법의 설탕 두 조각 (미하엘 엔더 글/진드라 케펙 그림/유혜자 옮김/소년한길 펴냄/86쪽)	자신의 요구를 들어주지 않는 부모를 원망하며 요정을 찾아 나선 렝켄은 요정에게 마법의 설탕 두 조각을 얻어 부모와의 갈등을 풀어 보려고 한다. 부모와 갈등을 겪는 어린이들에게 공감과 후련함을 동시에 느끼게 해 주는 동화이다.
5. 30 (3차시)	생활 속에 일어난 일을 중심으로 시를 써 봄으로써 자신의 생활 속 문제점이나 긍정적인 경험들을 표현한다. 화가 났을 때의 정서와 어머니에 대한 정	새끼 토끼/ 개미야, 미안하다 (김녹촌 옮기고 엮음/온누리 펴냄/198쪽)	일본 어린이 1, 2학년이 지은 시를 엮은 책으로 어른이 쓴 동시보다 어린이들이 공감할 수 있는 시가 많다. 이 시집에서는 '화가 난다'와 '꽃과 어머니', '목

10) 교육이 실체적인 활동이라고 했을 때 아동의 발달 과정에 관심을 갖고 개인차에 따른 진단적 독서 지도를 하는 것은 가장 중요한 일이다. 또한 수업에서 일어날 수 있는 반응에 민감하게 대처하며 적절하게 수업을 조정하는 것은 좀 더 바람직한 교육이 될 것이다. 이러한 관점에서 다음의 논의는 유용하다. "학생들의 개인차를 무시하고 모든 학생들에게 일률적인 독서 프로그램을 따르는 것은 독서 지도 교사의 전문성을 인정하지 않는 행위이며 독서 능력은 어떤 절차만 따라가면 누구든지 할 수 있는 기술적인 기능으로 생각하는 것과 같다. 전문가로서의 독서 지도 교사라면 독서 과정에 대한 전반적인 이해를 기반으로 하면서, 독자에 대한 심리 평가 원리, 독서력 평가 원리, 독서력 평가 도구의 개발과 시행, 독서 자료에 대한 이해와 비판적인 안목, 교수-학습 원리와 지도 방법, 교수 과정과 교수 설계 능력, 나아가서 부모나 관련되는 다른 교과 교사 혹은 행정가 등을 필수적으로 갖추고 있어야 한다". 정옥년(2002), 〈교수 설계 과정을 적용한 진단적 독서 지도 모형〉, 가톨릭대학교.

수업날짜	주요 목표 및 활동 내용	텍스트	텍스트 내용
	서를 중심으로 표현하고 화를 내고 난 뒤에 오는 결과 인식을 통해 분노 반응을 이해하게 한다.		욕'을 사용했다.
6. 5 (4차시)	가족 갈등이 표출되는 부부 싸움을 중심으로 아동의 정서를 읽고, 슬픔의 감정을 표현하며 자신의 감정을 조절하기 위한 방법을 생각하게 한다. 부모의 결혼을 주제로 시 쓰기와 역할극을 통해 부모님의 긍정적인 경험을 공감하게 한다.	새끼 토끼/ 개미야 미안하다 (김녹촌 옮기고 엮음/온누리 펴냄/198쪽) 조수미의 '나 가거든' 뮤직 비디오	이웃나라 일본 3, 4학년이 지은 시를 엮은 책이다. 작품마다 어린이들의 느낌과 생각이 생생하게 느껴지는 시집이다. 이 시집에서는 '어머니는 멋진 간호원', '부부싸움'이란 시를 사용했다.
6. 12 (5차시)	부모님을 위한 축하 카드 만들기와 부모님께 드리고 싶은 선물 그려보기를 통해 부모님에 대한 자신의 감정을 표현한다.	오늘은 무슨 날? (테이지세타 글/하야시 아키코 그림/ 한림펴냄/30쪽)	부모님의 결혼 기념일을 축하하기 위해 주인공은 편지를 쓴다. 재미있는 방법으로 편지를 전하는 모습에서 부모의 마음을 기쁘게 해 주는 마음 자세와 부모와 자식간의 따뜻한 사랑을 느낄 수 있다.
6. 19 (6차시)	자신의 존재에 대한 특별함을 인식시키며, 자신에 대한 부적 정서를 해소시키고 자존감을 심어 준다. 자기 자신에 대한 주제로 광고 만들기를 통해 자존감을 회복하고 긍정적인 사고로 전환시킨다.	너는 특별하단다 *(You are special)* (맥스 루케이도의 유명 수상작/(주)인피니스/ 28분)	어린이 베스트셀러 책을 3-D 애니메이션으로 제작한 이 작품은 주인공 펀치넬로가 다른 사람들의 평가나 시선과는 상관없이, 자신이 왜 세상에 단 하나뿐인 특별한 존재인지를 발견해가는 아름다운 과정이 재미있고 따뜻하게 그려져 있다.
6. 26 (7차시)	현실에서의 갈등 상황을 조절하고 해결하는 방법을 찾아본다. 생활문 쓰기를 통해 실제 생활에서 일어나는 일을 인식하고, 더 나은 방향으로의 문제 상황 해결 방법을 찾아본다.	나는 집을 나가버릴 테야(외국 사실 동화 모음/원유미 그림/엄혜숙 옮김/ 푸른나무 펴냄/166쪽)	열여섯 편의 외국 사실 동화 모음집이다. 가족 사랑, 우정, 자연에 대해 다시 생각해 보게 하는 책이다. 이 책에서 수업에 사용한 이야기는 '일이 꼬이던 날'이다.
7. 3 (8차시)	동화를 통해 가족의 사랑에 대해 생각해 보고 책 속 주인공이	잔소리 해방의 날 (안네마리 노르덴	주인공 푸셀은 부모님의 간섭에서 벗어나고 싶은 마음에 딱

수업날짜	주요 목표 및 활동 내용	텍스트	텍스트 내용
	되어 자신이 이루고 싶은 소망을 이야기한다.	글/안네케 핀케넬레 그림/경기대 아동, 청소년문학연구실 옮김/온누리 펴냄/92쪽)	하루의 '잔소리 해방의 날'을 정한다. 어른들의 보살핌보다는 인정받기를 원하는 어린이들의 심리가 잘 나타났다.
7. 10 (9차시)	가족 갈등을 겪고 있는 주인공을 통해 나의 경우와 비교하여 공감하고, 갈등 상황을 극복할 수 있는 적절한 방법들을 생각해 본다.	일기 감추는 날 (황선미 글/소윤경 그림/웅진닷컴/111쪽)	일기를 쓰며 답답한 마음을 달래고 싶은 동민이는 자신의 일기가 선생님과 엄마에게 보여진다는 사실이 싫기만 하다. 가족 내 갈등을 알리고 싶지 않는 아동의 심리가 잘 드러난 동화이다.
7. 17 (10차시)	다른 관점에서 가족의 문제를 생각해 봄으로써 사고력을 확장시키고, 주인공에게 편지 쓰기와 주인공이 되어 자기 자신에게 답장 쓰기를 통해 다양한 관점에서 생각할 수 있게 한다.	사랑의 위탁모/ 행복한 아이들 (SBS에서 일요일 저녁 6시부터 8시까지 하는 '일요일이 좋다'의 한코너, 윤주영/현암사 펴냄/143쪽)	입양이 되기 전 입양을 기다리는 아이들을 돌보는 위탁모의 이야기이다. 윤주영의 다큐멘터리 사진집이다. 11년 동안 미혼모와 입양아, 입양가족 이야기를 담은 포토다큐멘터리이다.
7. 25 (11차시)	자신의 행동을 변화시키기 위한 방법을 앎으로써 다른 사람의 관계에서도 행동을 변화시키는 방법을 알게 한다.	침 튀기지 마세요 (박문희, 이오덕 엮음/고슴도치 펴냄/72쪽)	시를 쓰기 위해 작문된 시가 아닌 아이들이 평소에 하는 말을 부모님이나 선생님이 기록하고 그것을 아이들이 옮겨 쓰고 그림을 그려 넣은 책이다. 보통의 동시들보다 더욱 생동감 있게 아이들의 세계를 표현하고 있다.
8. 2 (12차시)	엄마 여우의 마음을 공감하며, 아기 여우가 되어 엄마 여우를 위로한다. 현실에서 나의 엄마가 힘들어 할 때를 생각해 보고 엄마의 심정을 표현하고 공감해 본다.	여우의 전화 박스 (도다가즈요 글/다카즈가즈미 그림/햇살과 나무꾼 옮김/크레용 하우스 펴냄/88쪽)	소중한 아기 여우를 잃은 엄마 여우의 사랑을 그린 작품이다. 아름다운 환상의 세계가 진한 감동을 불러일으킨다.
8. 15 (13차시)	자연에서 놀 수 있는 방법들을 이용하여 자연과 함께 논다.	야외 수업	자연에서 놀기(산과 나무를 중심으로)

수업날짜	주요 목표 및 활동 내용	텍스트	텍스트 내용
8. 29 (14차시)	가족이 떨어져 있다는 것이 서로에게 얼마나 상처가 되고 있는지, 그리고 가족이 함께 있는 것이 얼마나 소중한 것인지를 느끼며, 나의 가족의 소중함을 생각한다.	당나귀 실베스터와 요술 조약돌 (윌리엄 스타이그 지음/이상경 옮김/다산기획/55쪽)	요술 조약돌이라는 아이들에게 흥미로운 소재를 통하여 가족의 소중함에 대해 생각해 볼 수 있는 기회를 주는 동화이다.
9. 12 (15차시)	동화 속 엄마와 아이들의 심정을 생각해 보고, 자신의 경험을 이야기한다. 동화 속 인물이 되어서 일기 쓰기를 통해 화를 냈던 엄마의 마음을 이해한다.	엄마가 사라졌어요 (이정희 글/문학동네 펴냄/32쪽)	엄마를 따라 은행에 간 남매가 엄마를 잃어버려 생기는 이야기이다. 누구나 한 번 쯤 경험했을 이야기로 아이들의 심리를 재미있는 그림과 함께 잘 묘사해 놓았다.
9. 19 (16차시)	형제애와 가족애의 소중함을 생각한다. 갈등을 이겨나가며 성장해 가는 주인공을 통해 자신의 모습을 돌아본다.	브라더 베어 *(Brother Bear)* (월트디즈니/가족, 애니메이션, 판타지, 모험/85분)	대자연과 더불어 살아가는 인간의 성장기를 다룬 영화로 철학적이고 감동을 주는 애니메이션이다.
9. 29 (17차시)	상 때문에 겪었던 고민이나 사건을 이야기해 보며, 주인공과 비교해 본다. 주인공이나 엄마가 성장해 나갈 수 있었던 것은 부적절한 경험이 있었기에 가능했음을 인식하고 자신의 갈등에 대해 긍정적으로 반응하도록 격려한다. 상장 만들기를 통해 부모에게 긍정적인 반응을 유도한다.	그림 도둑 준모 (오승희 글/ 최정인 그림/낮은산 펴냄)	평범한 아이 준모가 난생 처음 받은 상을 둘러싼 복잡한 사건들이 그려진 책이다. 이러한 사건을 통해 준모와 어머니가 함께 조금씩 성숙해지게 되는 동화로 학교에서 상받는 것에 대해 스트레스를 받고 있는 아동의 심리를 재미있게 그렸다.
10. 10 (18차시)	프로그램을 통해 서로에게 배운 점을 이야기하며 평가한다. 우리 가족의 신문을 만든다.	수업 마무리	그동안 수업 자료 정리 및 가족 신문 만들기

〈표 1〉에 제시한 수업 프로그램의 내용은 주요 초점을 중심으로 기술했으며, 실제 수업에서는 텍스트에 대한 이해와 문제해결력을 기르기 위한 발문 등이 다양하게 사용되었다. 또한 여러 가지 활동을 통해 아동이 수업에 흥미를 가지고 참여할 수 있게 하였고, 교사의 공감적이고 수용적인 태도도 중요하게 인식하였다. 아동이 스스

로 느끼는 갈등을 적절하게 해결할 수 있도록 도와 주기 위해 본 연구자가 사용한 질문 유형은 다음과 같다.

- (텍스트의 인물이나 사건은) 왜 그랬을까? (동기나 행동을 생각하게 함)
- 결과는 어떠했고, 다른 해결 방법은 없었을까? (결과를 생각하게 함)
- 나라면 어떻게 했을까? (타인의 정서 이해, 감정 이입)
- 나에게도 비슷한 경험이 있나? (타인에 대한 공감 증진)
- 나는 어떻게 해결했나? (나의 문제 해결 점검)
- 나의 결과는 어떠했고, 더 나은 해결 방법은 없었을까? (바람직한 반응 유도)

수업의 효과를 위해서 아동의 인지적인 이해가 필수적으로 따라야 한다고 보고 위과 같은 발문 유형을 매 차시에 반복적으로 했다. 위과 같은 질문은 텍스트에 따라 주인공이나 주요 사건에 대한 아동의 이해를 돕는 질문들과 더 나아가 아동의 경험이나 사고의 확장을 돕는 발문들이다. 이러한 질문은 아동에게 텍스트의 내용이나 일상사에 대한 정서 반응을 촉진하고, 자기 자신에 대한 이해를 증진시킴으로써 타인에 대한 이해와 감정에 대한 이해를 도와 자신을 재조정할 수 있는 기회를 주는 데 목적이 있다.

자신의 정서를 조절하고 적절한 반응을 유도하기 위해서는 정서를 표출하게 하는 것도 중요하지만, 인지적인 방법으로 지적인 통찰을 줌으로써 아동이 몰입한 생각의 틀을 벗어나게 해 주는 것 또한 중요하다.

3) 수업 차시별 분석 및 해석

희정이와 미정이는 독서 수업을 처음 받아보는 아동들이었고, 부모에 대한 부정적인 감정이 많이 있는 상태였기에 연구자는 교훈을 주거나 글의 내용을 이해시키기 위한 질문으로 수업이 진행되지 않도록 주의를 기울였다. 자연스럽고 편안한 가운데서 마음을 터놓고 자신의 감정을 조절하고 표현할 수 있도록 했다.

세부적인 수업의 내용은 모두 인용하지 못하지만 각 차시별 시간 순서에 따라 일부분을 발췌하여 수업 진행의 핵심을 정리할 것이며 아동의 표현 방식에 따라 본 수업의 문제가 어떻게 나타나는지 논의할 것이다. 발췌한 부분은 주로 아동이 부모에 대한 심리적인 정서가 드러난 부분을 위주로 발췌하였다. 또한 아이들이 쓴 글이나 수업 중의 대화 내용은 문맥이 안 맞거나 잘못된 철자라 해도 그대로 기술하였음을 밝혀 둔다.

(1) 2차시-정서의 표출, 이기심과 카타르시스

1차시의 사전 검사 후에 아이들에 대한 여러 가지 소견을 어머니와 주고받았다. 아동이 아빠에 대해 무서워한다는 사실을 인정하면서도, 자신(엄마)에 대해 무서워한다는 데 대해서는 의아해했다. 아이 엄마의 의견으로는 혼내더라도 자주 놀아주는데 대화가 잘 안 되고 아이의 부정적인 반응이 심해서 갈등이 있다고만 생각했지 자신을 무서워한다는 데까지는 생각이 미치지 못한 모양이었다.

지난 시간에 읽으라고 준 〈마법의 설탕 두 조각〉은 아이들이 모두 재미있게 읽었으며, 특히 큰아이(희정)는 엄마도 읽어 보라고 적극적으로 권했다고 한다. 그 책 속에 나오는 엄마의 모습이 자신의 엄마랑 닮았다고 해서 '엄마가 이렇게 못생겼니?'하고 물어 보니까 아이는 '꼭 그렇게까지 못생기지는 않았지만, 비슷한 거 같아'라며 책이 너무 '통쾌하다'라고 반응을 나타냈다며, 어떤 내용인지 궁금해 했다.

첫 시간에 수업한 〈마법의 설탕 두 조각〉은 부모와 갈등을 겪는 어린이들에게 공감과 후련함을 동시에 느끼게 해 주는 동화인데, 이 수업에서 희정이의 반응은 마지막의 화해 장면에는 공감을 표하지 않았지만 렝켄이 부모님을 골탕먹이는 장면에 대해서는 매우 흥분된 반응을 보였다.

수업 중 질문에서 이야기하는 희정이의 대답을 보면 부모님을 위해 설탕을 먹지 않고 마법사에게 설탕을 되돌려주는 이유가 '자기 자신에게 피해가 오지 않게 하기 위해서'이다. 부모님에 대한 불만과 고마웠던 점을 이야기할 때도 희정이와 미정이의 불만은 매우 많았으며, 그러한 것을 표현하는 데 주저함이 없었다.

지희는 듣기 싫은 말이 있더라도 그것이 자신을 위해 하는 말이라는 것을 인식하고 굳이 듣기 싫은 말은 없다고 하였고, 부모님이 집에 늦게 들어오는 것 정도를 불만사항으로 이야기하였다. 희정이나 미정이는 불만족스러운 점에 대해서 끊임없이 이야기하였다. 수업 활동 끝에 풍선에 스트레스를 적어 날려 버리기 위해 각자 자신이 직접 풍선을 고르고 불만을 적었는데 희정이와 미정이는 불만의 수가 너무 많아서

풍선 하나에 3가지씩을 적었고 지희는 한 풍선에 한 가지를 적었다,

풍선을 터뜨리는 방법에 대해 서로 의논한 결과 엉덩이로 깔고 앉은 후 터뜨리기로 했다. 풍선을 터뜨리기 전에 '엄마, 다음부터는 소리지르지 마세요!' 등 불만 내용을 크게 외치고 풍선을 터뜨렸다. 처음에는 풍선 터뜨리는 것이 무서워서 겁을 내더니 하나가 터지자 그 다음부터는 서로 하려고 하였다.[11] 수업을 마무리하며 다음 수업일까지 부모님께 칭찬 한 가지씩 하기와 내가 부모님께 서운하게 한 말 한 가지씩 적어오기를 숙제로 내 주었다.

이 숙제는 아이들과 부모님들에게 평소 서로가 칭찬하는 데 인색했음을 환기시켜 주고자 하는 의도가 있었고, 이 숙제를 통해 아이들의 가정적인 문제나 환경이 어떠한지 알아보기 위해 화냈던 말에 대해 적어오도록 하였다. 물론 칭찬의 말은 꼭 해야 하지만 서운하게 한 말이 없으면 안 적어도 된다는 단서를 달았다.[12]

수업은 엄마가 없는 상태에서 진행이 되었기에 수업 후 수업 내용과 아이들의 반응에 대해 이야기 나누었다. 아이들은 엄마가 데리러 오자마자 '오늘 스트레스를 해소했다'며 즐거워했다. 엄마에게 아이들이 듣기 싫어하는 말과 사랑을 느낄 때 듣고 싶은 말 등의 수업 내용에 대해 이야기를 나누었다. 내가 렝켄이라면 절대로 마법의 설탕을 먹지 않겠다는 큰아이의 반응에 어머니는 그럴 것이라는 반응이었다. 어머니나 아이나 서로에 대해 일정 부분은 불신하고 있는 상태였다.

평소에 엄마에게 적대적인 심리가 수업 곳곳에서도 드러났는데 책을 읽고 통쾌하다고 느낀 부분이라든지 불만이나 바라는 점을 이야기할 때 특히 엄마에 대한 불신과 원망이 커보였다. 또한 책의 내용이 결국은 가족끼리의 화해와 이해를 그린 것인데 반해 희정이는 렝켄이 부모님을 작아지게 만들고 렝켄 마음대로 생활하는 부분에만 집착하여 책을 이해했다. 그리고 그러한 부분을 통하여 자신의 감정을 이입시켜 통쾌해하고 즐거워했다.

희정이의 정서가 렝켄과 같은 상황을 간절히 바라며 현실에서는 이루어질 수 없는

---

11) 터진 풍선에 작아진 글씨들을 보고는 시인이 쓴 글씨처럼 되었다고 좋아했다. 희정이와 미정이는 상대적으로 불만이 많아서 많은 개수의 풍선을 터뜨렸는데 터진 풍선의 글씨는 집에 가져간다고 자기 것을 챙겼다.

12) '엄마, 너무 예뻐!', '엄마, 날씬해 보인다' 등의 칭찬에 엄마는 '정말 그렇게 보이니?'라는 반응을 보였다면서 아동들은 칭찬했을 때 자신이 느끼는 기분과, 상대의 반응에 대해 재미있어하였다. 그때 자신이 느꼈던 정서 경험과 긍정적인 반응은 아동들에게 좀 더 건강하게 생활해 나가는 데 활력이 될 것이다.

상황에 대한 통쾌함과 자기 자신의 전지전능함을 렝켄의 이야기를 통해 대리만족했다고 볼 수 있다. 또한 불만을 적으며 풍선을 터뜨리는 활동에 대해 정서의 해소감을 맛보는 듯했다. 수업 중에 가장 재미있었던 부분에 대해 희정이는 '불만을 적은 때'였고 미정이와 지희는 '풍선 터뜨릴 때'였다.

공개적으로 정당하게 부모님에 대해서 경고를 하고 소리지를 기회가 없었을 것이기에 자신의 감정을 내보이며 그러한 감정들이 본 연구자에게 공감을 얻고 정당성을 얻은 것에 대해 즐거워하고 자부심을 느끼는 듯했다. 그렇기에 부모님에 대한 칭찬의 말을 아끼던 희정이나 미정이 모두 마지막으로 부모님에게 드릴 칭찬 꽃다발을 만드는 작업은 모두가 흔쾌히 즐겁게 하였다.

어머니와의 대화에서는 아이들이 털어놓았던 불만들에 대해 이야기를 나누었는데, 평소 공부 못한다는 말이나 글씨 못 쓴다는 말은 자주 한다고 인정하면서도, 엄마 스스로 아이들에게 짜증 섞이고 화내는 말을 자주 한다는 인식은 못한 듯했다. 그리고 엄마가 억지로 강요하는 부분을 아이들이 공통적으로 토로하였기에 그 부분에 대해서도 좀 느슨하게 아이들을 놓아 둘 것을 권유했다.

지희의 수업 반응과 희정이나 미정이의 수업 반응은 여러 가지 면에서 비교가 되었는데 아이들은 서로의 대답에 의외라는 듯이 즐거워했으며 불만을 적거나 이야기하는 부분에서도 스스럼없이 신이 난 듯 이야기하였다. 서로의 반응이 상반된 부분도 많았지만 아이들은 서로의 의견을 신기해하면서도 이해하는 분위기였다. 아마도 그 동안 부모에게 무의식 중이라도 억압되어 있던 불만이 이 수업을 통해 공통적으로 이야기되고, 공감을 얻어 그런가 보다.

(2) 3차시–엄마에 대한 불신

엄마에게 아이들이 수업을 기대하고 있다는 이야기를 들었다. 며칠 동안 별 탈은 없었지만 동생과 심하게 싸워서 얼굴에 상처가 난 모양이었다. 그리고 텔레비전에서 시위하는 것을 보았는지 툭하면 '～하라! ～하라!' 하면서 일기장에 적어 놓는다고 한다. 예를 들면 '엄마는 잠만 자지 말고 밥을 달라! 밥을 달라!' 등이다. 아이들이 해 온 숙제에서 내가 화낸 말에 '왜 밥 안 줘?' 라든지 '또 라면이야?' 등의 문구들을 보면서 어머니 자신은 인식하지 못하지만 양육 태도에 문제가 있다고 판단된다.

무관심하거나 자녀를 무시하여 방임하는 양육 형태나, 지나치게 통제하는 권위주의적인 부모의 양육 형태가 아동의 정서 발달에 부정적인 영향을 미친다는 보고(송명자, 2003: 437)는 부모의 적절한 통제와 애정이 있는 양육이 얼마나 중요한 발달 요소인지를 알려 준다.

부부 갈등은 아동의 공격성에 상당한 영향을 미친다는 여러 연구들에서 볼 수 있듯이 희정이나 미정이에게도 그러한 요인들이 일정 부분 작용했을 것이라고 추측된다. 이들은 또래에 비해 공격적인 성향도 강해 보이는데 문제는 그것이 밖(가정 외에서)에서 나타난다기보다 가정 내에서 더 빈번하게 나타나고 특히 엄마에게 자주 나타난다는 것이다. 이는 자녀가 어머니의 지위를 낮게 지각하거나 친밀하게 생각하여 자신의 영향력을 행사하기가 상대적으로 더욱 쉽다고 지각하여 자신의 의견을 굽히지 않고 부정적으로 대처하려는 경우로 해석된다. 희정이의 경우 실제로 학교 생활은 매우 조용하게 하는 편이며 지난 학기의 경우 상도 종종 받아 왔다고 한다. 학교 선생님이 보는 희정이는 내성적이며 조용한 모범생이다.[13] 희정이의 정서는 자기 대상(*self object*)[14]의 좌절감에서 오는 분노감이 가정에서는 표출이 되지만 학교에서는 순응적이며 내적으로 자신감이 없게(*vertical split*) 나타난다.

> **화가 난다**
>
> 이희정
>
> 집에서
> 동생과 한바탕 싸웠다.
> 동생과 나에게 상처가 났다.
> 그래서 엄마가 와서
> "동생을 왜 때리고 난리야"
> 하고 동생에게 약 바르며 말했다.
> 동생도 나를 때렸는데
> 나도 상처가 났는데……
> 나는 화가 났다.
> "엄마, 나도 약 발라 주세요."

왼쪽의 시는 일본 어린이의 시를 패러디하여 희정이가 쓴 시이다. 희정이는 미정이와의 싸움을 표현하였다. 희정이는 엄마가 자신만 야단친 것에 대해, 그리고 동생이 잘못한 것에 대해 억울해 했다. 화가 났을 때 대처하는 적절한 방법을 찾던 연구자에게 희정이는 '엄마는 우리한테 화풀이하는데 왜 우리는 못해요?'라는 반응이었다. 긍정적인 방향의

13) '학교 생활에 모범적이며 조용한 성품으로 자신의 할 일을 잘 합니다'라고 지난 학기 성적표에 선생님의 평가가 기술되어 있다.

14) *Kohut*의 자기 심리학의 주요 개념이다. 자기 대상(*self object*)은 다른 사람들을 반사하고 이상화하며 근사성을 갖기를 요구하는 자기의 필요에 반응하여 그 역할을 실행하는 다른 사람(기능)을 통칭한다. 즉 개체는 자신의 경험을 반영해 주고 또한 동일시할 수 있는 사람이 있을 때만 자기 자신을 응집력 있는 단위로 체험할 수 있는데 이러한 대상을 자기 대상이라고 한다.

해결책에 희정이는 동의를 하지 않았기에 화가 났을 때 어떻게 하는 것이 좋은지에 대해서는 뚜렷한 결말을 내지는 못하였다. 단지 화가 났을 때 다른 사람에게 화풀이를 한다거나 하는 행동은 남에게 피해를 주는 행동이므로 좋지 않다는 것에 대한 의견만 일치를 보았다. 희정이도 부모가 자신에게 화풀이하면 기분이 나빠진다는 것에만 수긍을 했다. 희정이가 느끼는 피해 의식은 엄마에게 과도한 애정을 바라는 마음에서 비롯된 것으로 볼 수 있을 것이다.

아이들이 흔히 보는 부부 싸움은 아이들이 끼어들 수도 없는 어른의 세계이면서도 무차별적인 피해와 두려움을 느끼게 하는 요소이다. '부부 싸움'이라는 일본 어린이의 시를 감상한 소감을 이야기하면서 아이들은 침울해지기도 하고 진지해지기도 했다. 이 수업에서 지희가 이야기를 많이 하였는데 최근 부모님의 싸움에서 심한 정서적 타격을 입은 듯했다. 그러한 감정들이 아직도 해소되지 못하고 있다가 수업을 통하여 이야기가 나온 듯하다[15].

아동이 느끼는 공포감은 청년기가 되면서 지적 능력과 신체적 성숙, 경험 등을 통해 자의식이 발달하면서 공포를 처리하고 통제하는 힘이 증가되지만, 불안은 대상이 없이 막연하며, 비합리적이어서 정상적인 생활 적응을 방해하며 활동에 장애를 가져오기도 한다. 적절한 불안은 부적응 행동에 대한 흥미와 주의를 일으켜 능률을 증가시키지만 강력한 정서는 오히려 능률이 떨어지는 경향이 있다고 하였다(*Cronbach*, 1958). 그렇기에 아동이 느끼는 불안한 심리가 지속적일수록 정서 부적응 상태가 되기 쉬워 생활에 지장을 초래할 수 있다.

아이들은 부부 싸움을 목격했을 때 느끼는 공포심과 불안감을 드러내 놓고 이야기하고 해결책을 궁리하는 과정에서 정서의 안정감과 안도감을 느꼈는지 처음 자신의 경험을 이야기할 때보다 나중에 시에 대해 느낌을 이야기할 때 좀 더 차분하고 진지한 어조로 이야기하였다.

[그림 3]은 일본 어린이 시를 패러디한 희정이와 지희의 작품이다. 지희의 시와 희정이, 미정이의 시는 여러 가지로 비교가 되었다. 희정이나 미정이의 시는 자신보다 비교 대상을 선택하는 엄마의 모습으로 그리고 있는 점이 지희의 시와 비교가 된다. 지희는 언니를 의식하면서도 부모에 대해 따뜻한 지지를 받고 있음을 의심하지 않고, 자신의 내적 긴장 상태도 긍정적으로 반응한 데 비해 희정이나 미정이의 경우는 엄마에게 자신이 거부당하고 있는 존재로 인식하여 표현하였다.

15) 부부 싸움을 목격했을 시 아동의 반응은 '눈물이 나요', '무섭고 잠도 안 오고 이혼할까 봐 겁나요', '그냥 방에 있어요', '정말 슬퍼요' 등이었다.

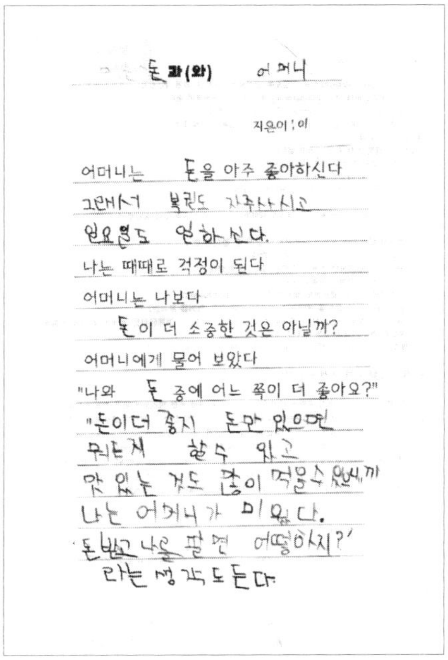
돈 과(와) 어머니
지은이:이
어머니는 돈을 아주 좋아하신다
그래서 복권도 자주 사시고
일요일도 일하신다.
나는 때때로 걱정이 된다
어머니는 나보다
돈이 더 소중한 것은 아닐까?
어머니에게 물어 보았다
"나와 돈 중에 어느 쪽이 더 좋아요?"
"돈이 더 좋지 돈만 있으면
뭐든지 할 수 있고
맛있는 것도 많이 먹을수 있으니까
나는 어머니가 미웠다.
'돈 받고 나를 팔면 어떡하지?'
라는 생각도 든다

돈과 어머니

이희정

어머니는 돈을 아주 좋아하신다.
그래서 복권도 자주 사시고
일요일도 일하신다.
나는 때때로 걱정이 된다.
어머니는 나보다
돈 쪽이 더 소중한 것은 아닐까?
어머니에게 물어 보았다.
"나와 돈 중에 어느 쪽이 더 좋아요?"
"당연히 돈이 좋지! 돈만 있으면 뭐든지 할 수 있고
맛있는 것도 많이 먹을 수 있으니까"
나는 어머니가 미웠다.
'돈 받고 나를 팔면 어떡하지?'
라는 생각도 든다.

ⓐ 희정의 시

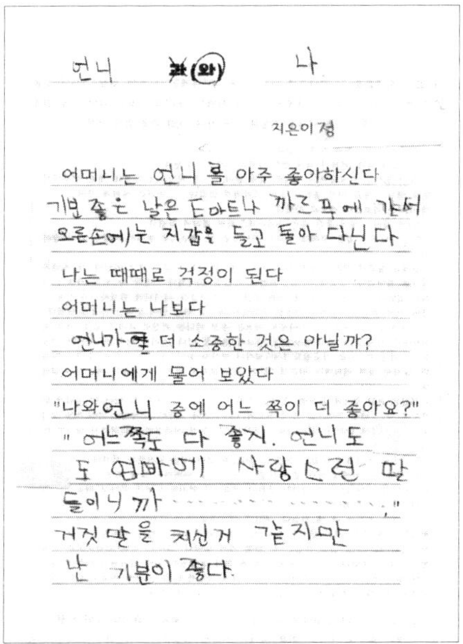
언니 과(와) 나
지은이:정
어머니는 언니를 아주 좋아하신다
기분 좋은 날은 E마트나 까르푸에 가서
오른손에는 지갑을 들고 돌아 다닌다
나는 때때로 걱정이 된다
어머니는 나보다
언니가 더 소중한 것은 아닐까?
어머니에게 물어 보았다
"나와 언니 중에 어느 쪽이 더 좋아요?"
"어느 쪽도 다 좋지. 언니도
도 엄마의 사랑스런 딸
들이니까.........."
거짓말을 치신거 같지만
난 기분이 좋다.

언니와 나

정지희

어머니는 언니를 아주 좋아하신다.
기분 좋은 날은 이마트나 까르푸에 가서
오른 손에는 지갑을 들고 돌아 다닌다.
나는 때때로 걱정이 된다.
어머니는 나보다
언니쪽이 더 소중한 것은 아닐까?
어머니에게 물어 보았다.
"나와 언니 중에 어느 쪽이 더 좋아요?"
"어느 쪽도 다 좋지. 언니도 지희도 엄마의
사랑스런 딸들이니까"
거짓말을 치시는 것 같지만
난 기분이 좋다.

ⓑ 지희의 시

[그림 3] **희정이와 지희의 시**

희정이나 미정이는 엄마에 대한 신뢰감이나 자신에 대한 믿음이 부족할 가능성이 크다. 부모의 신뢰가 학습 효율을 높이며 부모를 신뢰하는 아동은 자기 통제력이 높다는 선행 연구의 결과는[16]는 부모와 아동 간의 신뢰가 아동의 성장 과정에 중요한 영향을 미치고 있음을 보여 준다. 시에 나타난 엄마에 대한 불신감은 엄마(부모)의 태도나 양육 방식, 혹은 가족 구성원의 갈등이 영향을 미쳤을 것이다.

> 따라서 우리는 아이의 모든 것에 기뻐하는 어머니의 반응이…… 적절한 시기에 자체성애 단계에서 자기애로, 즉 달리 말해, 파편화된 자기가(자기핵의 단계) 응집적 자기로 발달하도록 지원해 준다고 결론 내릴 수 있다(앨런 시걸, 2002 : 144).

부모의 돌봄이 완벽할 수는 없기에 자녀를 항상 행복하게 만들 수는 없을 것이다. 하지만 공감적인 어머니(양육자)와의 관계가 아동의 정서 발달에 얼마나 중요한지를 이야기하는 *Kohut*의 말은 미완의 정서 상태에 머물러 있는 아동기에, 내적 감각에 적절하게 반응해 주는 경험이 아동의 긍정적인 자아상과 심리 형성에 많은 영향을 준다는 것을 시사한다.

언어 사용이 능숙한 아동은 격려를 받으면 그들이 생활하면서 중요했던 사건들을 중심으로 자신을 노출한다. 그러한 노출이 독서 활동을 통해 자기 노출의 거부감을 감소시키며 교사와 상호작용하는 데 도움을 준다.[17] 아이들은 시에서 표현된 내용의

---

16) 서울대 교육학과 신종호 교수는 최근 서울대 재학생 120명을 대상으로 '공부를 잘하게 된 원인'에 대해 심층 조사한 결과, 가족 요인(부모 신뢰, 형제 관계), 학교 요인(교사, 친구, 학교 분위기), 목표 의식 및 경쟁 의식, 노력, 계획 및 실천 의지 등이 작용했다. 가장 큰 요인으로 꼽은 것은 가정에서는 부모의 신뢰(58%), 가족 분위기와 형제(각 19%)였으며, 학교에서는 교사(33%), 학교 분위기(27%)를 꼽았다. 이 결과는 부모의 요인도 중요하지만 학교에서 교사의 역할도 중요하게 인식함을 알려주는 결과이다. 동아일보, 2004년 7월 9일 신문기사.
'동기(*Motivated Mind*)'는 어린이를 대상으로 한 다양한 실험을 통해 동기의 효과를 입증한 수작이다. *EBS* 제작진은 만 4, 5세 어린이 30명을 대상으로 과자를 나누어준 뒤 '안 먹고 기다리면 한 개 더 주겠다' 약속한 뒤 얼마나 기다리는지 실험했다. 실험 결과 부모가 평소에 약속을 잘 지켜 신뢰를 준 아이가 먹지 않고 기다리는 경우가 많았다. 즉 부모에 대한 신뢰가 높은 아이일수록 자기 통제 능력도 높다는 것이다. *EBS* 방송, 2004년 9월 27일 밤 11시 50분 방송분.

17) *Jourard*(1964)는 "자기를 노출하는 것은 정신 건강에 필수 조건"이라고 주장하면서 하고 싶은 말을 그대로 털어놓지 못하고 적당히 꾸며서 말하게 되면 표현의 욕구가 저지되는 것은 물론 감정 억압이라는 현상을 초래한다고 하였다. 즉 자기 노출이 비록 언어적 수준에서 발산되는 일시적인 효과라 하더라도 심리적 정화 작용을 가능케 하며 정신 건강에 도움이 된다는 것이다. 이러한 자기 노출이 어릴 때부터 확대되어 나간다면 긍정적인 효과를 이룰 수 있다"고 말한다(박수정, 2001에서 재인용).

심각성에도 불구하고 자신의 이야기를 드러내 놓고 고백함으로써 카타르시스를 느끼는지 매우 즐거워했고, 친구들의 작품을 보면서 웃음을 멈추지 못했다.

오늘 수업에 대한 반응으로, 지희는 '재미있어요. 희정이 시가 제일 웃겨요'라고 대답을 했고 희정이는 '통쾌하고 시 쓰기가 쉬워요'라고 반응했으며 미정이는 '재미있어요, 웃겨요'라고 대답했다. 희정이는 지난 수업에 이어서 '통쾌하다'라는 표현을 반복적으로 썼다. 부모에게서 받은 억압이나 분노가 수업을 통해 표현됨으로써 후련함을 느끼는 듯했다. 또한 아이들 스스로 자신의 작품(시)에 대해서도 만족해하며 패러디를 이용한 시 쓰기 수업에서 시 쓰는 것이 무척 쉽다는 반응이었다.

수업 후 어머니와의 대화에서 엄마가 아이들 편이라는 인식을 심어 줄 수 있도록 아이들을 대해 주는 것이 필요하다는 권면을 하였다. 엄마의 진술에 따르면 집에서 '시장에다가 희정이 팔면 얼마나 받을까?'라는 대화를 한다고 한다. 그리고 실제로 '돈이 제일 좋다'라는 이야기를 많이 한다고 했다. 설령 엄마는 장난으로 한 말이라도 아이들은 무의식 중에 상처를 받는다. 엄마는 옳은 것이 무엇인지는 알고 있지만 실생활 속에서 감정의 조절을 힘들어하는 듯했다.

(3) 5차시-부모에 대한 양가 감정

〈오늘은 무슨 날?〉은 엄마, 아빠를 위해 결혼 기념일 선물을 준비한 주인공이 단서만 남겨 놓고 보물을 찾듯 선물을 준비한 이야기가 재치있게 그려지고 있다.

> 엄마 과학 나라 안에 보세요 ① → 마루 같은 베란다에 있는 항아리 안을 보세요 ② → 아마 재밌으실 거예요, 그렇죠? 쇼파 매트 사이에 끼워 넣을게요 ③ → 빠졌나요? 이제 우리방 커튼을 쳐보세요 ④ → 사진이 많은 앨범집에 끼워넣을 거예요(초록색) ⑤ → 랑랑 18세 노래 아시죠? 그 노래를 피아로로 쳐보세요 ⑥ → 해해해~아마도 랑랑 18세 노래 못치실 거예요. 빨래통 밑을 보세요 ⑦ (지희가 만든 7장의 보물찾기 쪽지 내용)[18]

지희가 만든 보물 찾기의 쪽지 맨 앞 글자를 이어서 읽어 보면 '엄마 아빠 사랑해'라는 문장이 완성이 된다. 희정이나 미정이도 같은 패턴으로 쪽지를 만들었는데 집에서

---

18) 수업 후 지희는 집에 가자마자 직접 엄마에게 줄 선물을 마련하고 보물 찾기를 했다고 한다. 선물은 변비약을 준비해서 엄마가 나중에 찾아보시고 한바탕 웃음이 끊이지 않았다며 본 연구자에게 전화가 왔다.

실제로 해 보지는 않았지만 만드는 과정에서 자신의 집 내부 구조를 생각해 가면서 마치 본인 자신이 탐정이라도 된 듯 즐겁게 만들었다.

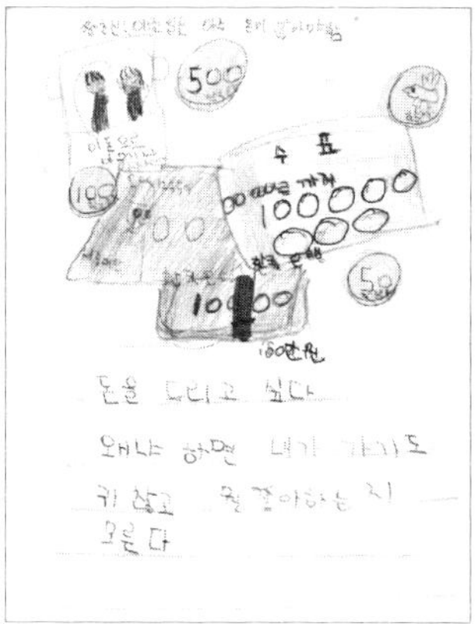

ⓐ 희정

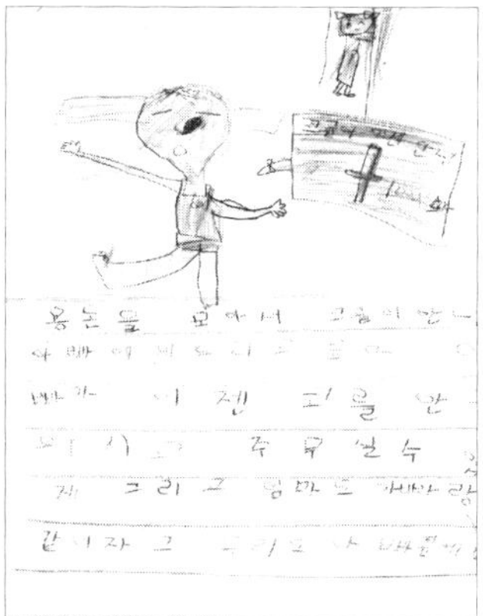

ⓑ 미정

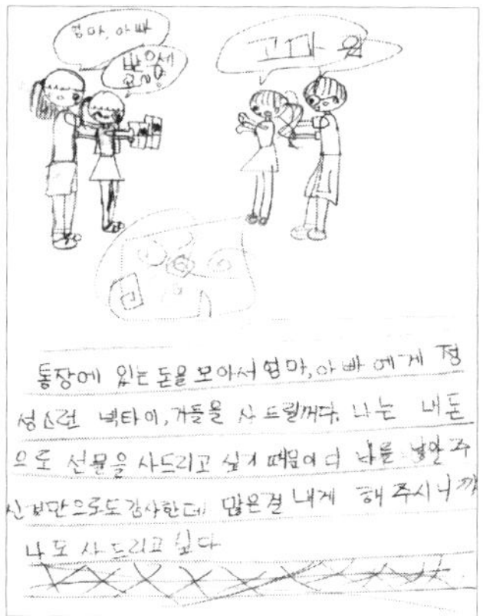

ⓒ 지희

[그림 4] **부모님께 드리고 싶은 선물 그림과 설명- 희정, 미정, 지희**

[그림 4]에서 희정이의 선물을 보면 아주 많은 돈이다. 그런데 설명을 눈여겨 보아야 하는데 희정이는 '내가 가기도 귀찮고 (부모님이)뭘 좋아하는지도 모른다'라고 적고 있다. 이것은 지희가 적은 '통장에 돈을 모아 엄마, 아빠께 정성스런 넥타이, 거들을 사드릴꺼다. 나는 내 돈으로 선물을 사드리고 싶기 때문이다. 나를 낳아 주신 것만으로도 감사한데 많은 걸 내게 해 주시니까 나도 사드리고 싶다'와는 비교가 된다. 미정이는 '용돈을 모아 아빠의 코골이 약'을 사드리고 싶은 이유가 '엄마도 아빠랑 같이 자고 우리도 아빠 옆에서 잘 수 있다'는 이유였다. 미정이의 그림에는 가족 모두가 함께 자는 화목한 가정을 바라는 소망이 드러난다.

아동의 그림에 주목할 점은 아동은 자기 자신의 내부에서 그림을 그릴 확률이 높으며 아동이 그림이나 주제와 관련하여 느끼는 감정, 욕망, 생각, 탐구 등을 숨기거나 속이지 않고 직설적으로 그리기 때문이다(전영신, 2003: 62). 희정이는 돈(부자)에 대한 자신의 강한 소망을 드러내지만 부모님에게 정성들여 무엇인가 해 드리고, 자신의 마음을 여는 데에 소극적으로 보인다. 부모에 대한 부정적인 정서와 긍정적인 정서가 서로 대립되어 있어서 부모에게 애정 표현을 하는 것조차 거부하는 것으로 보인다.

인간은 개인이 가지고 있는 욕구를 충족하지 못할 때 발생하는 긴장을 해소하려고 하는 여러 가지 비합리적인 반응을 나타내는데 도피하거나 합리화하거나 자신의 가치가 떨어지는 것을 막기 위해 화를 내는 공격 태도를 보이기도 한다. 희정이는 자신이 가지고 있는 부모에 대한 정서의 부적절성 때문에 부모님에 대한 애정 표현을 회피함으로써 긴장을 경감시키고 자존심을 유지하려는 반응을 보이고 있다.

(4) 7차시-자기애와 공격성의 표출

아이들이 그림을 그리고 싶어 해서 예정된 교재로 수업을 진행하기 전에 각자의 가족을 어항 속에 그림으로 표현하는 활동을 했다. 아동은 말보다 그림과 같은 활동에서 더 솔직하게 자신이나 자기 환경을 표현하기에 무의식적으로 가지고 있는 감정이 나 자신의 환경을 나타낼 수가 있다. 아동들은 흔히 자신의 생활과 가장 가깝고 중요하게 여기는 부분을 말하고 그린다.

[그림 5] **어항 속 가족-희정**

또한 아동은 새롭고 익숙지 않은 경험을 어른보다 자주 하는 경우가 많은데 이 경우에 이런 경험을 그린다는 것은 자기 경험을 기록하는 것일 뿐만 아니라 이 경험을 이해하는 토대를 구성하는 것이라고 볼 수 있다. 이런 의미에서 미술 표현은 '새로운 학습의 발판*(springboard for learnings)*'이다*(McFee, J. K. and R. M.Degge*, 1980: 31). 그림은 상징적 의사소통*(symbolic communication)*의 한 수단이라고 보았을 때, 아동의 그림은 문제점, 감정, 갈등을 전달하는 데 도움을 준다.

어항은 본 연구자가 기본적으로 그려주었으며 나머지 부분은 아이들이 직접 그림을 그리고 꾸몄다. 이 그림은 처음에 실시한 가족화 그림과 비슷한 해석으로 쓰일 수가 있는데 아동이 자신의 가족에 대해 느끼고 있는 것이 무의식 중에 표현될 수 있기에 초기의 검사와 다른 양상이 보이기를 기대하며 본 수업에 들어가기 전에 그리도록 하였다.

희정이는 어항 속의 가족 그림은 '동생 → 나 → 아빠 → 엄마'의 순서로 그려 처음의 가족화 그림 순서와 동일했다. 희정이는 아빠 물고기의 등에는 칼자국을 그렸는데 그것이 무엇이니 ? 라는 본 연구자의 질문에 '상어이기 때문에 몸에 상처가 많이 난 것'이라고 대답했다. 유독히 자신만 꽃무늬의 예쁜 물고기로 그렸다. 엄마 물고기는 본 연구자가 "왜 엄마 물고기가 없니 ? "라고 몇 번을 질문을 한 후에야 그려 넣었다. 어디에다 그릴지 무척이나 망설였고 '그릴 자리가 없네…… 어디다 그리지 ? ', '엄말 어떻게 그려주지…… ? '라는 혼잣말을 하며 제일 늦게 그렸다. 엄마 물고기의 등에는 털 같은 것을 그렸는데, 그게 뭐야? 라는 본 연구자의 질문에 '등에 가시가 박혔어요' 라고 대답했다. 그러더니 '고슴도치 같다. 복어 같기도 하고……'라며 자신의 그림에 대해 평을 했다. 희정이의 그림은 입술을 빨갛게 강조한 점도 눈에 띄었다. 평소 어머니의 잔소리에 대해 부정적인 감정이 입술의 강조로 표현되었음을 추측할 수 있다.

물고기의 방향도 모두 한 방향을 응시하고 있는데, 가족화*(KFD)*와 마찬가지로 희정이가 지각하는 가족의 이미지는 온정적이거나 상호 교류가 활발히 일어나는 가정이 아닌 상호 교류가 별로 없는 화목하지 못한 가정의 모습일 수 있다.

특히 아버지나 어머니에 대한 물고기의 표현을 '상처 난' 것과 '가시 박힌'으로 표현한 점과, 어머니의 물고기를 그리는 데 한참을 주저한 후 그린 점들로 비추어 부모 모두에게 부정적 감정을 느끼고 있지만 어머니에 대한 갈등이 더 많음을 나타낸다고 볼 수 있다.

아이들은 즉흥적으로 그린 가족 그림에 모두 재미있었다는 반응이었다. 구체적으로 표현하는 것보다 상징적으로 표현하는 그림이나 시 활동에서 아이들은 더 흥미를 느끼고 재미있어한다. 상징이 많은 텍스트는 그만큼 독자에게 생각할 여지를 많이 주기에 자신의 경험이나 사고에 비추어 다양한 해석이나 반응이 나올 수 있다. 특히 정서적으로 상처가 많은 아동의 경우 상징이 많은 텍스트를 통해 아동 자신의 모습을 통과할 수 있게 하는 좋은 자료가 될 수 있다.

이 날의 그림은 즉흥적으로 그렸다. 그림 내용이 처음 검사 시와 비슷하게 표현된 점과 오히려 가족 구성원에 대해 느끼는 감정을 상징적으로 나타냈다는 점에서 본 연구자는 수업 방향을 다시 한번 점검할 수 있었다.

> "엄마 그림을 그리거나 사진에다 대고 막 때리거나 볼펜으로 막 찍거나 괴롭혀요"
> "뭐 어때요, 직접 사람에다가 하는 것도 아니고 사진에다 하는 건데……"

위의 대답은 16편의 외국 사실 동화 모음집인 〈나는 집을 나가 버릴 테야〉 중

〈일이 꼬이던 날〉의 수업 중에 '텍스트의 주인공이 나라면 어머니와의 갈등 상황에서 어떻게 하면 나의 마음을 전달할 수 있을까'라는 질문에 대한 미정이의 대답이다. 미정이가 지나치게 공격적인 반응을 보여 본 연구자가 다른 방법을 유도하는 대화를 이끌었음에도 불구하고 미정이는 끝까지 자신의 의견에 대해 정당성을 주장했다. 희정이는 미정이의 이러한 대답에 대해 같이 동조를 하였다.

공격성*(aggression)*은 정서 반응 중 분노가 표출하는 것으로, *Freud*가 타나토스를 가정한 데서 볼 수 있듯이 어떤 학자들은 인간의 본성에 근원을 두기도 하고, 욕구좌절이나 개인차의 발달에 의미를 두기도 한다. 희정이나 미정이의 경우는 아동의 심리 중에 부모에 대한 강한 분노감을 지니고 있는 것으로 보이며, 그리고 그러한 분노감을 긍정적이고 적절한 방법으로 해결하는 것이 아니라 매우 공격적인 방법으로 표출하고 있음이 드러난다. 양육 태도의 유형 중 방임이 아동의 공격성에 가장 큰 영향을 미치며 가정 내 갈등 및 언어적 학대는 공격적이고 충동적인 성격 형성에 영향을 미친다는 보고에서(이주옥, 1993; 박미경, 2000; 김민정, 2001) 알 수 있듯이 희정이의 공격성은 가정 내 문제에서 상당 부분 영향받았을 것이다.[19)]

이러한 분노의 정서는 카타르시스*(catharsis)*를 통해 해소된다는 정신분석학자들의 의견도 있지만 근래에는 인지적인 방법이 아동이 느끼는 분노의 정서를 좀 더 긍정적으로 표현하는 데 효과가 있는 것으로 학자들의 의견이 모아지고 있다(*Geen*, 1983; *Parks & Slaby*, 1983; *Vasta et al.*, 1992). 그렇기에 아동의 정서 발달을 위한 지적 통찰은 간과할 수 없는 부분이다. 자신의 정서를 조절하고 적절한 반응을 유도하기 위해서는 정서를 표출하는 것도 중요하지만, 인지적인 방법으로 지적인 통찰을 줌으로써 아동의 몰입된 생각의 틀을 벗어나게 해 주는 게 매우 중요하다.

(5) 8차시-과시적인 자기애의 표출

희정이는 줄거리라든지, 주인공에 대한 성격 분석 등에는 문제가 없어 보였지만 자기 자신에게 적용하는 문제에 있어서는 항상 거부적이고 자신을 중심으로 해석하였

---

19) 공격 행동은 본능적, 생리적 요인으로 *Freud*는 보았으나 *Bandura*는 학습된 행동으로 보았다. 즉 사회 학습 과정에 의해 공격 행동에 대한 강화와 모방 학습을 통해 습득되고 증가한다는 것이다. 모방 학습은 부모의 행동 및 대중 매체의 영향에 대해서도 일어난다(한국심리학회, 2004: 302-307). *Kohut*은 성성과 공격성을 타고난 것으로 보지 않고, 자기 대상의 실패에서 오는 자기애성 분노에 의한 것으로 보았다(앨런 시걸, 2002 참조).

다. 또한 극단적이고 공격적인 반응들이 많이 나왔는데 예를 들면 갈등 상황의 문제 해결에서 '집을 나가버린다'라든지 '공격적인 그림을 그려서 괴롭힌다'라든지 '말을 안 한다' 등의 반응들이 그렇다. 또한 자신의 잘못은 인정하지 않고 모든 불만의 원인을 엄마에게 돌렸다.

> 발달 과정에서, 정신이 자신을 방해하는 것으로부터 스스로를 보호하기 위해 사용하는 기제 중의 하나가 유쾌한 자기애적 상태 안에 머무르려는 것이다. 이때 모든 불유쾌한 것은 그 원인이 외부로 돌려지며 유쾌한 것은 어떤 것이든 그 원인이 자기에게로 돌려진다(앨런 시걸, 2002: 63).

*Freud*는 이것을 '순수한 쾌락 자아'라고 불렀으나 *Kohut*은 '자기애적 자기 구성물'로 불렀다. 이러한 자기애를 *Kohut*은 길들여야 할 공격적인 세력이라기보다는 상처 입은 자아가 외부적 근원에서 위안을 얻음으로써 회복에 도달하고자 하는 시도로 보았다. 또한 긍정적인 경험과 부정적인 경험이 균형을 이룰 때 건강한 성격 형성이 이루어진다는 *Erikson*의 관점은 교육자의 입장에서 부정적인 면들도 낙관적으로 해석할 수 있음을 보여 준다. *Erikson*이 제시한 발달 시기와 각 시기에 달성해야 할 과제에 대한 설명 중에 초기에 아동이 겪는 경험의 중요성을 강조한 점과 인간은 생득적 경향을 가지고 있어서 내재적 욕구가 아동이 성장함에 따라 달라질 수 있다는 관점(*Hopkins, J. Roy*, 2000: 234-237)은 교육 과정을 설계하는 데도 적용된다. 그래서 *Erikson*의 이론은 정신분석학적이라기보다는 인본주의적으로 평가된다.

희정이는 표현은 지나치게 한쪽으로 치우치는 경향이 있으나, 수업에 매우 능동적으로 참여해 주고 자기 자신에 대한 표현 방법이 누구보다도 솔직하게 해 준다는 점에서 교육적으로 가능성이 매우 풍부한 아동이다.

*Kohut*에 의하면 유아는 자신이 대단한 존재이며 그런 자신의 존재를 다른 사람들에게 과시하고, 관심과 사랑과 인정을 받고자 하는 자기애적 욕구를 가지는데 이 때 아이의 과대주의가 부모에 의해 용납되어 수용되고, 부모가 공감과 반영을 잘 해 주고 호의적으로 대하면 아이는 과대주의 욕구가 충족되는 경험으로 서서히 과시적 요구와 과대적 환상을 철회하고 자기 현실의 한계를 인정하게 된다. 이러한 경험들은 자존감이 가져다 주는 즐거움으로 대치되면서 성격의 구조로 통합되지만 그것에서 좌절을 겪으면 과대적 자기는 충분한 응집력을 지니지 못한 채 타인의 인정과 칭찬에 민감해

지거나 과시주의적 자기애를 나타내기도 한다.

희정이의 독후 활동 중에 그러한 점이 많이 발견되었다. 아마도 어머니와의 대화가 잘 안 되는 점은 서로에 대해 이해하지 못하고 서로의 욕구를 잘 몰라서일 수 있다. 또한 엄마가 느끼는 희정이의 이기심은 과시주의적 자기애의 다른 표현일 수 있다.

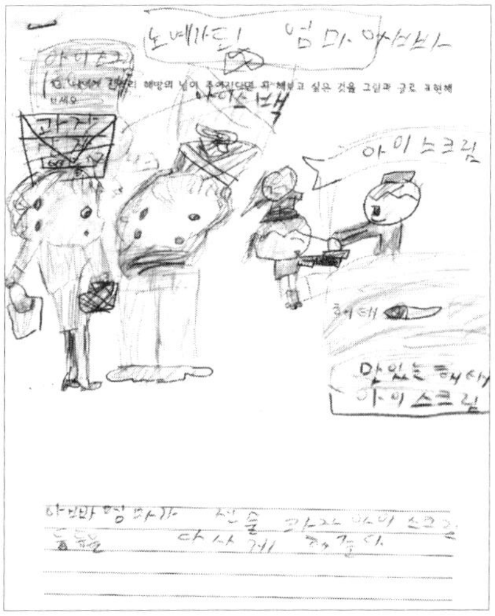

ⓐ 미정이

ⓑ 지희

[그림 6] **미정이와 지희의 그림**

[그림 6]은 어른들의 보살핌보다는 인정받기를 원하는 어린이들의 심리가 잘 나타나 있다. 〈잔소리 해방의 날〉이라는 책의 수업 중에 나에게도 잔소리 해방의 날이 주어진다면 해 보고 싶은 것에 대해 글과 그림으로 표현한 활동이다. 미정이의 그림 제목은 '노예가 된 엄마, 아빠'이다. 엄마와 아빠는 과자며 선물을 잔뜩 짊어지고 땀을 뻘뻘 흘리며 미정이의 뒤에 따라 다니고 있다. 부연 설명을 '엄마와 아빠는 짐꾼이라 자신의 부하가 되어서 심부름을 하는 중'이라고 하였다. 자신이 평소에 마음대로 사고 싶은 것에 대한 욕구이기도 하지만, 평소에 부모에게 받은 억압이나 통제가 반사적으로 부모를 자신의 부하로 만들어 보고 싶은 욕구로 나타났음을 추측게 한다. 지희의 그림 제목은 '내 마음대로 하는 생활'로 평소 좋아하는 아이스크림과 바나나 우유를 잔뜩 사고, 생일 파티를 하며, 친구와 하룻밤 같이 자는 것에 대한 소망이 담겨 있다. 지희의 4번째 하고 싶은 일인 명품 쇼핑은 미정이의 그림을 본 후 나중에 힌트를

얻어서 추가로 그린 그림부분이다.[20)]

이 수업에서 지희는 희정이나 미정이에 비해 현실적으로 실현 가능한 소망을 보여 주고 있는데 그것은 대부분의 활동에서도 비슷하게 나타났다. 지희의 이러한 점은 현실에 대한 인식이 안정적이며 희정이에 비해 균형적으로 발달했다고 볼 수 있다.

그에 비해 희정이는 지희에 비해 공상적이고 비현실적인 내용의 방안들을 거침없이 이야기한다. 아동들은 현실 불가능한 이야기나 실현 불가능한 이야기들도 가능한 것처럼 인식하거나, 이야기하는데 그러한 상징적인 언어들을(행동을 포함한) 교사나 주변의 어른(성장을 돕는)이 잘 읽어 주고 반응을 해 준다면 아동의 발달에 큰 도움이 될 것이다. 무조건 '안 돼'라든지 '넌 잘못되었어'라는 식의 반응은 아동에게 좌절감과 상처를 주게 되고, 그러한 억제는 아동에게 부정적인 영향을 줄 확률이 크다.

희정이의 그림 제목은 '한 여름에 눈'이다. 희정이는 그림에 대해서 '여름에 내가 눈구름이 되어서 눈을 뿌려 준다. 그래서 사람들이 놀라는 모습을 보고 싶다'라고 설명하고는 동생에게는 보호막을 씌워 더위 먹게 하고 눈을 만지지 못하게 한다고 부연 설명을 해 놓았다. 희정이는 '한 여름에 눈'이라는 자신의 소망을 그리면서 혼잣말을 이렇게 중얼거렸다.

> '이 구름은 조금 후에 다른 구름을 잡아먹어서 전 세계에 눈을 뿌릴 생각이야. 난 전생에는 부자였구, 나중에는 구름이였구, 지금은 희정이야.'

희정이의 과대자기애적[21)]인 면은 희정이를 매우 독창적이고 상상력이 풍부한 아이로 만듦과 동시에 어머니에게는 어머니가 감당하기 힘들만큼 어머니의 역할을 지나치게 높게 상정한 고집불통의 아이가 되었다. 희정이의 그림이나 설명은 희정이가 높게 상정한 자신의 이상과 포부와 자기 자신에 대한 과시가 들어 있다. 희정이가 상상하는 공간은 희정이의 상처입은 마음이 회복되고 힘있게 될 때까지 희정이에게 주어진

---

20) 그룹 수업일 경우 아동은 상호작용을 일으켜 서로 호환이 일어난다. 긍정적인 면과 부정적인 면 모두 영향을 받고 모방할 가능성이 크기에 교사에게 중재자의 역할을 요구할 때도 있다. 지희의 경우 희정이가 부모에 대해 부정적으로 이야기할 적마다 우스워하고 자신이 가지고 있던 부적절한 감정들을 드러내는 데 격려하는 매개체가 되었다. 하지만 나중에 진지하게 말하기를 희정이의 그러한 부분들이 썩 좋아 보이지는 않았고, 불쌍하다라는 반응을 보이며 희정이 엄마에 대한 의구심을 나타냈다.

21) *Kohut*은 "과대 자기(*Grandiose self*)를 붕괴된 일차적인 자기애의 행복한 상태를 회복하려는 두 개의 본래적인 시도 중의 하나로 보았다. 과시주의, 자기 확장, 전능감으로 특정지어지며 이러한 무의식적 형태가 정상적 발달 과정을 변화시키고, 최종적으로는 포부의 축을 세우는 에너지를 제공한다"고 하였다. 앨런 시걸(2002)의 책 참조.

피난처요 가면일 수 있다. 어머니에게 느끼는 정서적 부적절성을 자신만의 공상으로 보상받을 수 있다.

불안하고 불완전한 정서는 스스로 완전성을 획득하기 위해 더 큰 소망을 갖는다. 희정이가 가지고 있을 상처들이 과시적이고 자기애적인 면으로 많이 나타나지만, 이 모든 것은 발달의 과정이고 성장의 과정일 것이다. 이러한 점을 성격적인 문제로 보기보다는 과시주의가 향상된 자존감의 경험이라는 관점에서 교육에 활용된다면 긍정적인 효과를 거둘 수 있을 것이다.

[그림 7] **희정이의 그림**

(6) 10차시-이상적인 엄마

'사랑의 위탁모'를 보고 수업을 했다.[22] 이 프로그램 외에 수업 중에 〈행복한 아이들〉이란 사진집을 감상하였다. 주제의 무거움에 비해 두 텍스트 모두 접근하기가 용이하며 흥미롭다는 점에서 거부감 없이 주제에 접근할 수 있다는 장점이 있다.

10차시의 주요 활동은 〈행복한 아이들〉에 나오는 한 아이의 입장이 되어서 자기 자신에게 편지를 쓰고 그에 대한 답장 쓰기이다. 희정이의 편지 중에 수현이가 되어 본인에게 쓴 편지의 추신에 '너두 잘해, (부모가 너를) 버리기 전에'라는 글귀는 희정이가 느끼는 위기감과 오이디푸스 콤플렉스의 과정에서 만들어 낸 환상성을 추측게 한다.

희정이의 답장에서도 보면 '그리고 (내가 부모님께) 사랑받는다고 했지? 난 (너보다 더) 엄마한테 짜증이 날 때가 더 많아. 그래서 나도 마음은 버려진 것 같아. 그러니 너무 부러워하지는 마(너무 바라면 목 빠져)'라는 문장은 희정이의 어머니에 대한 생각이 어떠한지 적나라하게 드러나고 있다. '나는 마음은 버려진 거 같아'라는 표현은 자신은 가정 속에 있지만 충족되지 못하는 갈등 상황을 표출하고 있다.

---

22) *SBS*, 일요일 저녁 6시부터 8시까지 하는 '일요일이 좋다.'의 한 코너로 신동엽의 '사랑의 위탁모'는 입양이 되기 전 입양을 기다리는 아이들을 돌보는 위탁모의 이야기가 연예인을 사회자로 진행돼 눈물과 웃음을 주는 코너이다. 연예인들이 출현을 하여 입양아의 문제를 다루고 있는 이 프로그램은 '가족'의 개념을 많이 생각하게 해 준다. 프로그램 한 장면, 〈행복한 아이들〉의 사진 한 장 속에 따듯한 애정과 눈물이 녹아 있어 아이들은 어느 미혼모의 편지를 읽어줄 때는 눈물을 글썽이기도 했다.

보통의 아이들은 자신보다 더 나쁜 환경의 아이들을 보거나 이야기를 들으면 그래도 자신의 위치에 안도하고 다시 한번 위로를 받고 자신의 처지를 감사하는 마음을 가지고 표현을 하는데 희정이의 표현은 다른 아이들과는 사뭇 다른 표현이었다. 자신이 부모와 함께 있어도 자신이 바라는 적절한 애정이나 환경을 제공받지 못한다는 생각에 불만이 많아 보였다. 수업 후 어머니와의 대화에서 본 연구자는 희정이의 표현에 대해 이야기를 하였다. 어머니의 반응은 그 정도로 생각하는 것에 대해 이해를 못 하겠다는 것이었으며, 지난 주에 있었던 이야기를 해 주었다.

지난 주 가족과 함께 갯벌에 갔었는데 돌아오는 길에 재미있었느냐는 질문에 희정이는 제일 좋았던 점이 조개를 잡은 것도, 수영을 한 것도, 맛있는 것을 먹었던 것도 아니고, 갯벌에서 나와 엄마가 목욕시켜준 것이라고 대답했다고 한다. 또한 '엄마는 왜 취미 생활도 안 해?'라는 희정이의 질문에 엄마는 도전받는다는 생각이 들어 매우 마음이 상해 있었다.

건강한 부모는 아이의 활력과 자기 주장성을 즐긴다. 그래서 자기애적 균형을 성취한 부모는 자녀의 자기 주장성에 도전받는다고 느끼지 않는다. 그러나 그렇지 못한 부모의 경우 자녀의 사랑과 경쟁을 위협적으로 경험한다. 그렇기 때문에 자녀에게 온전하게 반응할 수 없으며, 이러한 양육자의 성격이 아동의 심리 구조를 형성하는 데 중요한 요인이 된다(앨런 시걸, 2002: 215-219).

[그림 8]은 희정이의 수업과 어머니와의 대화에서 본 연구자가 지각한 갈등 요소를 도표화한 것이다. 어머니 자신은 인식하지 못하였지만 본 연구자가 어머니와의 대화를 통해 갈등의 요소나 패턴, 성격 등이 희정이와 매우 유사하다는 것을 깨달았다. 외부의 반응이나 관계에 부정적이고 공격적으로 대한다든지 지나치게 자기 중심적인 생각이 상대에게 이기심으로 느껴질 수 있게 하는 점, 공동의 자리에서는 소심하며 애정적인 욕구와 경제적인 욕구가 매우 강하게 나타나는 점이 그러했다.

*Bandura*의 사회학습이론에 의하면 성격 기능의 많은 측면들은 타인과의 상호 작용을 포함하기 때문에, 적절한 성격 이론은 그 속에서 행동이 원래 획득되고 또 유지되는 사회적 맥락을 고려해야 하며, 직접 경험으로 학습되는 모든 현상들이 행동 관찰에 의해 대리로 발생할 수 있다고 본다. 즉 모델의 행동의 관찰을 통해 학습된다(한국심리학회, 2004: 456-464).

부모의 양육 방식이나 성격 특성이 건강하든 건강하지 않든 아동에게 심리적 환경에 주된 영향을 미치고 특정한 심리적 자기를 형성하는 데 일정 부분 책임이 있을 것이다.

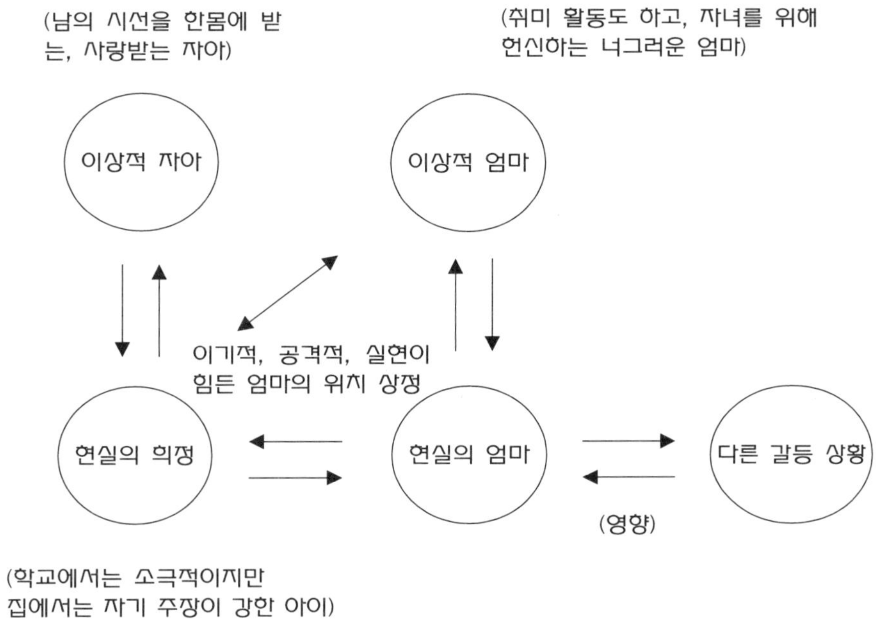

[그림 8] **희정이가 느끼는 갈등 요소 및 관계**

(7) 12차시-독해를 방해하는 강한 경험

〈여우의 전화 박스〉는 환상적인 이야기가 슬프고도 아름답게 전해지는 동화이다. 미정이나 지희, 희정이는 본 연구자가 엄마 여우의 입장이 되어 이야기를 재구성하여 들려줄 때 굉장히 몰입하여 이야기에 빠져들었으며 눈물까지 글썽였다. 그런데 텍스트의 기본적인 내용 이해 여부를 묻는 발문에 희정이는 자신의 경험과 책 속 내용을 혼재하여 대답하였다. 아기 여우가 엄마 여우의 꼬리를 뛰어넘을 때마다 기뻐하며 칭찬해 주는 엄마 여우의 행동에 대해 '잘 모르겠다'고 대답을 머뭇거리더니, 조금 후 '그냥 맞장구를 쳐 주려고'라고 대답을 하였다. 희정이는 자신의 경험에 비추어 엄마 여우의 사랑을 선뜻 인정해 주기 싫었던 것으로 간주된다. 초기 발문들에는 자신의 경험과 책 속 내용을 분리시키지 못하다가, 내용 파악을 위한 발문들이나 추론적 이해를 요구하는 발문들에는 정확하게 대답을 하였기 때문이다. 처음 엄마 여우와 아기 여우의 사랑을 인정하지 못하더니 그 다음의 질문들에서 엄마 여우와 아기 여우의 사랑을 모두 인정하였다.

희정이는 자신의 존재를 엄마에게 손톱만큼 소중하다고 대답을 하고서는 그 대답을 강조하려고 종이에다가 손톱을 그려 놓고 아주 작은 초생달 모양만큼의 손톱만 까맣게 칠하면서 그 정도만큼이라고 재차 강조했다. 미정이의 대답도 지희의 대답과는 비교가 되게 부모의 애정에 대한 신뢰감이 없어 보인다. 미정이 또한 자신의 대답을 강조하려는 듯 종이에다가 자신이 소중하게 느껴졌을 때가 '없다'라고 아주 크게 적었다.

텍스트의 내용을 사실적으로 이해하지 못하는 경우 독해력이 향상되지 않으므로 자신이 이해한 내용의 근거를 글에서 찾는 것은 독서 수업의 중요한 부분이다. 책 내용에 근거를 두지 않고, 자기 자신의 경험이나 인간 관계 등을 근거로 하여 해석하는 학습자의 경우 책 속에서 근거를 찾아 이해하는 연습은 매우 중요하다. 그러나 아동이 그렇게 생각한 근거를 생각해 봄으로써 아동 발달의 올바른 방향이나 문제점을 찾아내는 것 또한 중요한 문제일 것이다.

희정이는 책 속의 내용이 독해가 안 되었다기보다는 자신의 경험이 독해에 강한 영향을 미친 듯하다. 아동의 정서 발달이 학습적인 효과를 포함한 여러 가지의 발달에 영향을 미침을 고려할 때, 발달기의 중요한 시기인 아동의 목소리에 귀 기울이며 아동의 표현을 읽어 주는 것은 무엇보다 중요하다. 희정이의 경우 독후 활동에서는 텍스트에 대해 온전히 이해하고 있는 모습이 보인다.

결국 희정이는 텍스트에 대해 올바르게 인식하고 있지만 자신이 경험하고 느끼는 정서와 일치하지 않기 때문에 무의식 중에 자신의 정서가 먼저 드러났다고 볼 수 있다. 올바른 독해를 위해 책 속에서 근거를 찾는 일이 중요하듯이, 아동의 반응을 해석하고 도와 주기 위해 근거를 찾는 일 또한 교사의 중요한 일일 것이다.

(8) 15차시-긍정적인 경험의 회상, 자기 노출의 완화

'두 갈래 길이 있었는데 하나는 어두웠구 하난 밝았는데 나는 어두운 길로 가다가 길을 잃어서 파출소에 갔어요. 전에 엄마랑 지나다니면서 보았어서. 기분은 조금 무서웠는데…… 엄마가 혼내지는 않고 웃으면서…… 아저씨가 금방 전화해서 왔나 봐요'(희정의 진술)

'홍제역에서 언니랑 길을 가다가 잃어버렸는데 나는 그 자리에 있자고 해서 언니랑 어쩌지 못하고 있었는데 엄마가 쪼금 후에 오더니 따라오지 못하냐고 막 혼냈어요. 한 눈 파니까 혼냈나. 근데 엄마가 막 화내서 더 막 울었어요. 근데 더 기가 막힌 건 나중에도 툭하면 잃어버려요. 길가다가' (지희의 진술)

〈엄마가 사라졌어요〉란 그림 동화[23]를 읽고 수업을 하였다. 부모들은 대개 번잡한 거리에서, 혹은 시장에서 아이를 한두 번씩은 놓쳐서 애태운 적이 있을 것이다. 이 책은 아이를 잃어버린 엄마의 표정이나 아이를 찾고 난후 허탈하고 맥 빠지고 안도감이 느껴지는 엄마의 표정을 실감나게 표현한 책이다.

이 책을 읽고 자신의 경험을 이야기했는데, 부모를 잃어버린 경험이 한 번 이상씩은 다 가지고 있었다. 지희는 그때 엄마가 화낸 것에 대해 섭섭한 마음을 아직도 가지고 있었다. 지희가 쓴 동화 속 엄마의 일기를 보면 수업 과정에서 엄마의 마음을 이해한 듯 보인다. 지희는 그 당시 엄마가 혼낸 이유가 '한눈팔아서'라고 대답을 했는데, 수업 후 어머니의 입장에서 글을 쓰면서 '난 보자마자 안심이 돼서 화를 낸 것인데 아이들은 나 혼자 가 놓고 화를 낸다고 생각을 한 것 같다'란 표현으로 그때 자신이 느꼈던 어머니에 대한 이해가 조정되었다. 희정이는 그림 속에는 나와 있지 않은 상황(커피를 뽑으러 갔다든지 남편에게 전화까지 했다든지)까지 상상하여 일기를 써 주었다.

희정이는 이날 자신의 과거 경험을 이야기하며 그때 엄마가 자신에게 보여주었던 웃음을 기억해 내고는 표정이 아주 좋아졌다. 희정이는 지희의 엄마가 자신의 엄마보다도 항상 자녀에게 잘하는 부러운 엄마였는데, 지희보다 자신에게도 더 좋은 기억들이 있다는 것에 대해 안도했다. 희정이의 글에는 희정이의 경험이 반영되어 일기 속 엄마는 아이들을 혼내지 않았다.

수업 후 희정이 어머니와 전화 통화를 하면서 희정이가 처음보다 많이 부드러워져서 가끔은 어른같이 느껴질 때도 있다는 말을 들었다. 그러고는 수업을 한 후 희정이가 일기를 자주 안 쓴다는 이야기도 하면서 일기 좀 쓰라고 권해 줄 것을 요청했다. 그 전까지 희정이는 일기를 하루도 빼지 않고 썼던 아이였는데 지금은 일주일에 두세 번 정도만 쓴다. 어머니는 비록 그 일기의 내용이 선생님에게 보이기 싫고 창피한 내용일지라도, '제발 엄마 흉보지 말고 다른 걸 쓸 수 없니?' 라는 잔소리를 하게 되더라도 희정이가 매일 일기를 꼬박꼬박 쓰는 것을 내심 기특하게 여기고 있었다.

희정이가 하루도 거르지 않고 일기를 쓰며 선생님의 검사에 매우 민감하다는 것을

23) 그림책은 간결하면서도 인간의 가장 깊은 내면을 울리는 형태로 표현하는 장르이다. 나이와 세대를 초월하여 남녀 노소 누구나 즐길 수 있는 장르의 책이다. 그림의 세계를 즐길 뿐만 아니라 짧은 스토리 속에 응축되어 있는 작가의 메시지를 전해 듣는 신비로움까지 있다(가와이 하야오・마츠이 다다시・야나기다 구니오, 2003: 220-221). 〈엄마가 사라졌어요〉는 평범한 일상에서 일어날 수 있는 이야기를 그림 속 인물들의 표정에 더 많은 이야기로 실어 놓아서 극중 인물들의 감정을 추측할 수 있게 한다.

감안한다면 희정이는 부모 외에 담임 교사에게 자기대상욕구[24]를 강하게 나타내고 있다고 추측할 수 있다. 희정이에게 일기 쓰기는 다른 또래의 아동에 비해 특별한 의미였을 것이다. 그 동안 일기 쓰기를 통하여 선생님과 어머니에게 자신의 존재를 알리고 인정받고 관심받기를 원했고 선생님의 댓글에 확인받는 기쁨을 누렸다. 그런데 독서 수업이 희정이에게는 자신의 존재를 인정받고 자신의 이야기를 할 수 있는 거울[25]과 창문[26]같은 존재가 되고 있었던 것은 아닐까? 그래서 일기 쓰기가 전처럼 절실하게 느껴지지 않을 수도 있지 않을까?

9월 12일 수요일 날씨 : 시원하기도 하고 덥기도 함

제목: 아이들이 없어진 날

은행에서 아이들이 없어졌다. 정신없이 나왔는데 애들이 없어져서 깜짝 놀랬다.
이 사람 저 사람한테 다 물어 봤는데 다 못 봤다고 했다. 그때 옆집 아줌마에게 전화가 와서 아이들을 찾았다. 기특하게도 지네끼리 왔다고 한다.
난 보자마자 안심이 되서 화를낸 것인데, 아이들은 나 혼자 가놓고 화를 냈다고 생각한 것 같다(지희 글).

[그림 9] **지희가 동화 속 엄마가 되어 쓴 일기**

---

24) 자기대상욕구(*Selfobject need*) : 유아기의 경험에서 유래하는 핵심적인 심리 경험들로서, 인생 전반을 통해서 다양한 형태로 지속된다. 이상화하려는 욕구, 긍정적이고 가치로운 존재로 인정받고 싶은 욕구, 다른 사람들과 공통점과 유사점을 느끼고 싶은 욕구들을 포함하고 있다. 이런 욕구들은 *Kohut*이 기술하는 자기애적 형태들의 일부이다(앨런 시걸, 2002: 326).

25) '거울'이란 작품이 독자 자신의 삶을 좀 더 명확하게 볼 수 있도록 도와 주는 구실을 한다는 은유의 말이다.

26) 문학 작품이 이웃의 다양한 삶을 관조하는 안목을 갖게 해 준다는 뜻의 메타포이다. 텍스트를 심미적으로 읽음으로써 자신의 삶을 의미롭게 재구성하고, 인간의 보편적인 삶을 좀 더 잘 이해하는 통찰력과 같은 힘을 얻어낼 수 있다는 것이다(*Galda*, 1984).

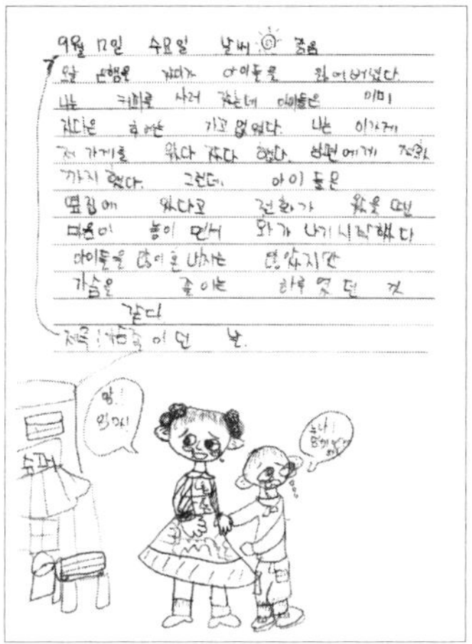

[그림 10] **희정이가 동화 속 엄마가 되어 쓴 일기**

9월 12일 수요일 날씨 : 맑음
제목: 가슴 졸이던 날
오늘 은행에 갔다가 아이들을 잃어버렸다. 나는 커피를 사러갔는데 아이들은 이미 갔다 온 후에는 가고 없었다. 나는 이 가게 저 가게를 왔다 갔다 했다. 남편에게 전화까지 했다. 그런데 아이들은 옆집에 있다고 전화가 왔을 땐 마음이 놓이면서 화가나기 시작했다. 아이들을 많이 혼내지는 않았지만 가슴을 졸이던 하루였던 것 같다(희정이 글).

*Kohut*은 이상화된 부모원상이 좌절된 경험을 가진 아동들은 흔히 다른 대상에게서 그것을 원하거나 과시주의적인 자기애를 표출하기도 한다고 주장했는데 희정이의 경우가 그러하다. 희정이의 엄마에게는 얼마 전 인터넷 기사로 읽은 연구 결과[27]를 인용하여 매일 일기를 쓰지 않는 것에 대해 염려하지 말라는 당부를 했다.[28]

(9) 17차시-생활상의 변화

〈그림 도둑 준모〉를 읽고 수업을 하였다. 희정이나 미정이, 지희의 수업 분위기는

27) 뉴사이언스닷컴(www.newscience.com)의 2004년 9월 8일자 보도에 의하면 일기 쓰기가 건강에 해롭다는 결과가 나왔다. 글래스고칼레도니안 대학의 엘라인 던컨 등이 지난 수요일 영국 심리학회에서 발표한 바에 따르면 일기를 정기적으로 쓰는 사람이 그렇지 않은 사람보다 소화 불량에 시달리고 비생산적이며 상처받기 쉽고 불안이 강하다는 사실을 밝혔다. 150명의 심리학과 학생들을 대상으로 진행된 이번 연구 결과에 대해 일기 쓰기 행위를 '트라우마'라고 불리는 충격적인 기억을 반복하게 만들기 때문일 거라고 분석했다. 즉 자신의 어두운 기억을 반복적으로 끄집어내고 또 그런 내용이 담긴 자신의 글을 거듭 읽기 때문에, 나쁜 기억으로부터 벗어나지 못한다는 것이다.

28) 연구자의 이야기를 들은 엄마는 실제로 희정이가 머리가 아프다거나, 자신이 원하는 대로 안 될 경우 불안해하고 조급증을 낸다며, 혹시 매일 일기 쓰라고 강요해서 성격이 더 예민해진 것은 아닌가 염려를 했다. 위의 연구는 일기를 매일 쓰는 사람과 그렇지 않은 사람의 성격적인 특성이 고려되었는지, 그러한 점이 고려되지 않았다면 어떤 영향을 미쳤을 가능성을 배제된 연구이기에 결과는 더 많은 논의가 필요하겠지만 흔히 알고 있는 상식적인 면을 뒤집어 놓은 연구라는 점에서 매우 흥미 있는 연구 결과이다.

처음보다 독해력을 묻거나 읽기, 듣기, 쓰기, 말하기의 균형잡힌 발달을 위한 활동들의 양이 서서히 많아졌다.

희정이는 여전히 부모와 관련된 활동이나 발문이 나오면 자신의 경험에 비추어 해석하는 경향이 남아 있기는 했으나 점차 그러한 부분은 바른 독해 후에 자기 자신에게 적용하는 과정에서 이루어졌다. 처음에는 독해 부분에서조차 자신의 경험에 비추어 해석했던 것에 비하면 희정이의 수업 태도는 매우 성숙된 것이었다.

희정이는 점차 자신의 이야기 속에만 빠져서 이야기하거나 반응하기보다는 객관화시키고 한 번 더 생각해 보고 표현하는 것이 보였다. 물론 엄마가 잔소리꾼이고 불만투성이인 것이 변하지는 않았지만 표정은 훨씬 밝아지고, 엄마의 말도 가끔은 인정을 해 주었다.

이 책을 읽고 처음 읽은 소감을 묻는 질문에 희정이의 대답은 '너무 위험한 생각이야'였다. 이 책에서 준모는 상을 받고 싶어하지만 상을 못 받는 아이고, 상을 받아오기를 바라는 대부분의 엄마처럼 상 받아오기를 소망하는 엄마이다. 정확히 말하면 말로는 괜찮다고 하지만 '상'에 대해 스트레스를 받는 엄마이다. 하지만 하나의 사건으로 인해 엄마와 준모가 함께 성장을 하게 된다는 내용의 동화이다.[29] 이 수업의 독후 활동으로 부모님에게 주고 싶은 상장 만들기를 하였다. 상장은 두 가지로 만들었는데 칭찬하는 상과 더 노력해야 되는 상을 만들었다.

지희의 엄마는 지희가 부모에 대해 자신의 감정을 표현하는 것이 대차졌다면서 아이들 앞에서 잘못도 못하겠다는 말을 전했다. 예를 들면 남편과 서로 감정이 안 좋아서 뚱하게 있었더니 지희가 엄마에게 '엄마는 왜 아빠가 왔는데도 신경도 안 쓰고 상관도 안 해?'라고 물어서 순간 당황했다며, 지희가 부모 문제나 가정 문제에 적극적으로 개입하는 것을 느낀다고 했다.

또한 희정이가 준비한 엄마의 생일 축하 이야기[30]를 들어 보면, 희정이가 자신의

---

29) 텍스트의 인물들이 성장해 나갈 수 있었던 것은 부적절한 경험(다른 사람의 작품으로 상을 받게 되는 경험)이 있었기 때문에 가능했음을 이야기하며, 자신이 느끼는 갈등 요소들을 긍정적으로 반응하도록 격려했다.

30) 이 날은 희정이의 엄마가 희정이가 준 생일 축하 편지를 들고 와서 자랑을 했는데 지난 주 생일날 희정이는 세 달치 용돈을 모아 18,000원이나 하는 참존 마사지 크림을 사서 포장까지 해서 선물을 준비했다고 한다. 아빠는 생일이고 뭐고 준비도 없이 들어왔는데 희정이가 아빠를 졸라서 돈가스집엘 가서 저녁을 사주게 하고 자신은 선물을 주었다고 한다. 희정이의 엄마는 희정이의 그러한 행동에 놀라워하는 눈치였다. 돈이 아까워서 군것질도 안하는 성격에다가 아빠를 무서워하는데 아빠를 졸라서 외식을 제안하는 모습에 놀랐다고 한다. 편지 좀 보자는 말에 '근데 희정이가

부모에게 긍정적인 방향으로 자신의 의견을 나타내고 부모 사이의 갈등에 중재자의 역할도 하기 시작한 것으로 보인다. 그것이 매순간 지속될 수는 없겠지만, 이러한 긍정적인 정서 체험과 태도 변화에서 겪는 경험들은 희정이에게 좀 더 건강하고 적절한 자기애적 욕구를 충족시켜 주고 자신의 정서를 슬기롭게 교정해 가면서 주변 세계를 통합할 수 있는 자아로 성장해 나가는 데 활력이 될 것이다.

4) 수업 효과의 평가

수업을 진행하면서 처음에 둔 목적이 수정되기도 하고 수업 내용이 바뀌기도 하였지만 커다란 줄기는 독서 수업을 통해 부모와의 갈등이 어떻게 표현되는지를 중심으로 아동의 정서 발달을 돕는 것에 두었다.

본 수업을 진행하면서 아동이 보여준 주된 정서 반응은 과시적인 자기애와 공격 성향이었다. 그리고 그러한 반응들이 독서 수업을 통해 좀 더 긍정적인 성숙으로 지지되도록 했다. 그러한 교육적 효과를 위해 본 연구자가 고려한 점은 첫째 인지적인 방법, 둘째 교사의 공감적이고 수용적인 태도, 셋째 다양한 독후 활동을 통한 정서 표현, 넷째 어머니와의 대화로 요약할 수 있을 것이다.

본 수업에서 아동이 수업 과정에서 보여준 토론 활동과 독후 활동, 그리고 어머니와의 대화를 중심으로 효과를 살펴보면 크게 여섯 가지로 나눌 수 있다.

표 2 본 수업의 효과

효과	주요 활동	희정이의 주요 반응
① 카타르시스를 통한 정서 순화	토론, 역할극, 그림, 글쓰기의 표현 활동 등	자신과 비슷한 상황의 텍스트를 읽고, '통쾌하다'의 반복적인 표현과 행동(2, 3, 5, 8차시 등). 역할극이나 풍선 터뜨리기 등의 활동에서 보여준 '통쾌하다, 신난다, 즐겁다' 등의 표현(2, 3, 4, 5, 8, 14차시 등). 텍스트의 감정이입이 되면서 느끼는 슬픔(눈물)의 감정(3, 12차시 등), 자신의 갈등을 노출하면서 느끼는 정서의 해소감 등.
② 표현의 즐거움	토론, 역할극, 그림, 글쓰기의 표현 활동 등	희정이는 학교 생활에서도 소극적이고 자신감이 없는 학생이었기에 앞에 나서서 발표하거나 공개적으로 칭찬받는 데에 매우 경험이 적은 아동이었다. 하지만 본 수업에서 희정이

내용보다도 꾸미는 데만 신경을 많이 써서……'라며 말 끝을 흐리면서도 편지를 보여 주셨다(부록 9 참조).

효과	주요 활동	희정이의 주요 반응
		의 글이나 그림들은 다른 아동들에게도 인기가 있었으며, 교사의 격려에 자신을 표현하는 데에 매우 즐거워했다. 그리하여 매 차시 자신의 작품을 발표하고 감정을 드러내는 것을 즐거워했으며 수업의 중반 이후에는 자발적으로 수업의 활동에 자신의 의견을 주장하고 어머니를 수업에 적극적으로 동참시키기도 하였다.
③ 독해 능력의 향상	효과적인 질문[31], 토론 등	초기 수업에서 텍스트의 이해를 돕는 질문에조차 자신의 강한 경험이 지나치게 개입을 하여 텍스트에서 원하는 올바른 독해를 하지 못했다. 중반 이후(14차시)부터는 그러한 경향이 자기 적용에 있어서만 간헐적으로 나타났다. 인지적인 방법 및 수업이 주는 효과가 인지적인 이해뿐 아니라 정서의 안정감을 주어 독해 능력을 향상시켰다고 추론할 수 있다.
④ 상호작용의 효과	토론, 자신의 작품을 발표하면서 이루어지는 상호작용 등	희정이와는 다른 관점, 다른 경험을 가진 지희의 의견은 희정이에게 좀 더 넓은 사고를 할 수 있도록 하였다. 지희의 긍정적인 반응들은 희정이의 부정적인 반응들을 한번쯤 되돌아보게 하고, 자신의 감정을 완화시키는 역할을 했다. 상대적으로 희정이의 부정적인 반응들이 지희에게서는 자신의 부정적인 경험들이나 아물지 않은 상처를 거리낌없이 드러내 놓을 수 있게 격려하는 매개가 되었다.
⑤ 타인에 대한 이해	효과적인 질문, 토론, 다양한 활동 등	다양한 텍스트의 경험과 여러 가지의 활동은 희정이에게 타인에 대한 이해를 높였다. 초기 자기 중심적 사고에서 텍스트를 해석했다면 중반 이후 좀 더 객관적이고 폭넓은 사고를 보여 주었다. 특히 갈등의 중심에 있던 어머니에 대한 이해는 희정이의 행동이나 말을 통해서 의미있는 태도의 변화를 보였다.
⑥ 태도의 변화	어머니의 진술, 교사의 관찰 등	희정이는 전보다 성격이 밝아지고, 결벽증처럼 매일 쓰던 일기도 일주일에 두세 번으로 줄어들었다. 또한 생일날 용돈을 모아 선물을 한다든지, 소풍을 가서 선물(2천원짜리 장난감 반지)을 사온다든지 하는 행동은 어머니에게 근래에 보인 직접적인 표현이며 처음으로 나타난 행동들이다. 담임선생님에 대한 불만 표시도 줄어들었다. 엄마에게 비비는 행동이나 살갑게 대하는 말들이 늘어났고 전에는 항상 무서워하던 아버지에 대해 자신의 의견도 종종 주장하게 되었다.

31) 여기에서의 '효과적인 질문'은 인지적인 방법에서 사용한 질문 이외에 사고를 촉진시키고 확장시키는 질문들로 추론 및 독해 능력을 돕기 위한 질문 등을 포함한다.

이러한 효과는 서로 상호 보완적이고 의존적인 관계로 나타났지만 편의상 분류를 하였다. 이러한 효과들은 수업의 뒤로 갈수록 빈도수가 높게 나타나고 명료화되었지만 각각의 효과들은 수업의 앞뒤에 혼재하여 나타나기도 했다. 그렇기 때문에 편의상 분류한 수업의 효과는 본 연구자에게 좀 더 명료하게 보인 효과들을 중심으로 기술했으며 수업 내용과 독후 활동 그리고 본 연구자의 관찰과 어머니의 진술에 기초하였다.

카타르시스는 등장 인물들의 성격이나 상황에 자신의 의견이나 감정을 표현함으로써 강한 정서적 해소감을 맛볼 수 있게 하며, 독서 활동을 통한 카타르시스의 경험은 심리적인 저항감이 적어 자연스럽게 감정 이입이 되어 정서 순화의 효과를 얻을 수 있다. 이러한 점들은 표현의 즐거움과 함께 정서의 순기능을 담당하여 정서 발달에 도움을 준다. 또한 아동으로 하여금 자기 노출을 하게 함으로써 부모와의 관계에서 지각하는 정도를 확인하고 부모 갈등에 대해 깊은 수준으로 노출하는 작업이 일시적으로는 부모의 스트레스를 증가시켰지만 장기적으로는 회복되는 효과를 거두었다고 볼 수 있다.[32)]

본 연구자가 본 수업의 효과에서 가장 의미 있게 본 것은 독해 능력의 향상, 상호 작용의 효과, 태도의 변화이다. 독서지도를 하면서 독해 능력의 향상은 가장 기본적인 수업의 목적이 될 수 있다. 본 수업에서는 그러한 목적이 최우선이 되지는 않았지만 자신의 정서를 이해하고, 타인의 정서를 이해시키기 위해 인지적인 방법을 중요하게 사용한 것은 독해 능력의 향상에도 도움을 주었다. 그것은 인지적인 방법 외에 수업에서 얻은 정서의 안정감이 인지적인 이해를 돕는다는 추론을 가능하게 한다.

아동은 지속적인 토론과 등장 인물의 행동이나 상황 등을 깨달음으로써 자신의 문제나 해결 방법을 스스로 깨달을 수 있고 이를 통해 통찰력을 얻을 수 있다. 이러한 인지적인 이해를 돕는 방법은 텍스트나 아동 자신의 문제 상황을 동기나 결과를 사고하게 하여 갈등 상황을 객관화하고, 자신의 생각에만 몰입되어 있는 생각의 틀을 벗어나 타인의 정서를 이해할 수 있도록 도울 수 있다. 인지적인 이해를 돕기 위한 토론과 적절한 발문 외에, 아동이 느끼는 분노를 공감으로 대치하거나 공감을 증진시키는 공감 훈련도 긍정적인 영향을 미친 것으로 보인다. 갈등 아동이 초기에 보여준 텍스트의 상황에서조차 자신의 경험을 대입시켜 해석하던 것에서 좀 더 텍스트와 자신의

---

32) 박수정(2001)에서는 자기 노출(*Self-disclosure*)이 부적 정서인 우울과 불안의 정도를 줄이며, 일시적으로는 초등학생 자녀와 부모와의 갈등을 증가시켰으나 시간이 지남에 따라 갈등이 회복되는 효과를 거두었다고 진술하고 있어 본 논문의 결과와도 일치한다.

문제를 분리하여 생각할 수 있게 되었으며 텍스트의 주인공이나, 주변 인물의 정서, 자신의 어머니에 대한 감정을 일정 부분 이해할 수 있게 되었다.

상호작용의 효과는 텍스트가 주는 상호작용의 효과보다도 그룹 수업 구성원 간의 상호작용에 더 큰 의미를 두고자 한다. 처음 지희를 수업 구성원에 넣었을 때는 수업 분위기의 활력을 주고 자칫 수업 진행이 미진할 경우를 생각하여 수업을 이끌어 갈 수 있도록 배려를 한 것이었다. 그러나 초기 수업에서부터 본 연구자의 판단은 잘못되었음이 드러났다. 즉 세 아동은 서로가 동등하게 수업의 일정 부분을 이끌어 갔으며, 일정 부분은 갈등 아동의 반응이 워낙 강하였기에 다른 아동(지희)은 참관자의 입장이 되기도 하였다. 지희의 수업에 대한 태도 변화도 의미 있게 나타났는데 자신도 모르고 지났던 부정적인 감정의 경험들이나 생각들을 표현하였다. 부모와 갈등 상태에 있는 아동이 표출해 내는 부정적인 감정들이 다른 구성원에게 무의식 중에 숨겨져 있던 부정적 정서들을 들추어 내는 효과를 나타낸 것으로 보인다. 그리고 그것들은 수업을 통하여 재인식되고 감정이 재조정되어 협력자로 상정했던 다른 아동에게도 결과적으로는 긍정적인 효과를 보였다고 볼 수 있다.

부모와 갈등 상태에 있는 아동은 수업에 참가한 다른 구성원(지희)과의 상호작용에서 자신의 정서를 좀 더 넓게 반응하고 감정을 완화시키는 데 도움을 받았다. 지희는 기본적으로 부모에 대한 적개심이나 공격적인 부분들은 희정이에 비해 덜한 아동이었으며, 부모에 대한 신뢰감과 애정이 긍정적으로 표현되는 아동이었다. 또한 독서 능력도 상대적으로 갈등 아동에 비해 뛰어났기에 수업을 능동적으로 이끌어 갈 수 있는 아동이었다. 그러한 부분들이 부모와 갈등 상태에 있는 아동에게 긍정적으로 작용하여 텍스트에 대한 이해나 타인의 정서에 공감하고 반응하는 데 도움을 주었다.

어찌보면 본 수업의 최종적인 목적이 될 수 있었던 태도의 변화는 어머니의 진술로 대변할 수 있다. 어머니가 느끼는 아동의 문제는 이기적이고 자기중심적이며 어머니에게 도전적인 공격성이었다. 그러한 부분들은 생활에서 희정이의 태도 변화를 통해 조금씩 달라지고 있음을 알 수 있게 해 준다. 전에는 어머니에 대한 애정 욕구나 불만들을 책상에 공격적인 그림이나 낙서로 표현을 한다든지 일기장에 선생님에게 이르는 방식의 태도를 취했다면, 수업을 진행하는 과정에서 희정이의 태도는 어머니에게 자신의 감정을 대변할 수 있는 책을 권한다든지, 직접적으로 몸으로 비빈다든지, 선물을 준다든지, 말로써 직접적인 표현을 하는 방식으로 바뀌었다. 그러한 행동들은 어머니로 하여금 희정이가 성격이 밝아졌고 좀 더 부드러워졌다는 인식을 하게 하였다. 실질적인 가족 갈등의 중심에 있는 아버지에 대해서도 희정이는 갈등 요소를 피하는 것이 아니라, 아버지에 대해 자신의 의견을 자주 피력하고 어머니와의 관계에서도 좀 더 적극적인 태도를 취하게 되었다.

이러한 변화들은 어머니와의 대화를 수업의 중요한 요인으로 간주한 것에서도 영향을 미쳤을 것으로 추측된다. 실제로 어머니는 본 수업을 통해 자신의 자녀에 대해 몰랐던 많은 부분들을 깨닫게 되었고, 더 나아가 자신에 대해서도 자각하게 되었다. 그러한 부분들은 남편과의 갈등을 중심으로 귀결되며, 결국엔 자기 자신의 정체성 문제로 인식하게 되었다. 한편 그러한 모든 영향들이 자녀에게 미칠 수 있음을 깨달은 계기가 되었다. 어머니는 처음 상담시 자녀의 성격에 문제가 있음을 심각하게 고민하였으나, 수업 종결 시에는 자기 자신에게서 더 큰 문제를 발견하였다. 그리고 그러한 문제 인식은 자녀에 대한 양육태도나 이해를 조금씩 변화시켰다고 볼 수 있다.

참 고 문 헌

강봉규 · 신현숙 · 장선철, 교사를 위한 아동발달, 태영출판사, 2006.
강윤호, 언어, 배영사, 1981.
강인언 · 김영숙, 유아문학교육, 양서원, 1988.
고영희 역, 당신의 양쪽 뇌를 사용하라, 양서원, 1997.
김강일 · 김명옥, 교과서만 따라 해도 초등논술 OK, 예담friend, 2006.
김경원 · 김철호, 초등학생을 위한 글쓰기 가이드 북, 열린박물관, 2006.
김근화, 광고 텍스트 읽기 · 쓰기 교수－학습 방법 연구, 춘천교육대학교 교육대학원 초등국어교육전공 석사논문, 2005.
김민주, 어린이의 상한 마음을 돌보기 위한 독서자료, 도서출판 한울, 2004.
김선겸, 초등학교 국어과에서의 정보 리터러시 교육에 대한 연구, 전주 교육대학교 교육대학원 초등교육전공 석사논문, 2006.
김세희 외, 아동문학의 전달매체, 양서원, 1999.
_________, 유아문학교육, 양서원, 2001.
김영만, 매체를 활용한 읽기 쓰기 교육 방안 연구-신문 사설,칼럼을 중심으로, 고려대학교 대학원 박사학위논문, 2005.
김영일, 시작법, 창작기술론, 보진재, 1970.
김외진, 발문유형이 수업효과에 미치는 영향, 한국교원대학교 석사학위논문, 1996
김요섭 편집, 창작기술론, 보진재, 1970.
______, 현대 일본 유아문학론, 보진재, 1974.
김용수, 드라마 분석 방법론, 집문당, 2004.
김용옥, 논술과 철학강의, 통나무, 2006.
김인애, 한국전래동화의 연구, 중앙대학교 대학원 석사학위논문, 1985.
김재은, 유아발달심리, 창지사.
김정애, 동화 읽기 교수 · 학습에서 정의적 영역의 효과적인 발문 연구, 부산교육대학교 교육대학원 석사학위논문, 2004
김지도, 초등학교 독서교육, 교학사, 1999.
김지영, 그림책의 그림읽기 수업을 통한 시각문식성 향상에 관한 연구, 경기대 국제문화대학원 석사학위논문, 2005.
김학선, 한국창작동화 · 아동소설연구, 단국대대학원 석사학위논문, 1985.
김현희 외, 독서치료의 실제, 학지사.
_________, 유아문학교육, 학지사, 2003.

김효남, 면담을 통한 초등학교 학생용 과학도서 분석, 청림과학교육연구원논총 제 12권 1호, 한국 교원 대학교 과학교육연구소.
김 훈, 논리는 나의 힘, 세종서적, 2003.
김희진, 영아를 위한 프로그램의 이론과 실제, 창지사, 2004.
고창운, 한글맞춤법의 해설과 이해, 경진문화사, 2006.
교육인적자원부, 고등학교 국어 교과서, 2002.
__________, 고등학교 문법 교과서, 2001.
김 선, 맞춤법 띄어쓰기 원고지사용법, 예문당, 2003.
김기혁 외 3인, 국어의 문법과 맞춤법, 경진문화사, 2001.
김정태, 현행 한글맞춤법의 이해와 실제, 충남대학교 출판부, 2005.
나와하데키, 요약기술, 김영사.
남미영, 엄마가 어떻게 독서지도를 할까, 대교출판, 2002.
독서지도교사 교육 프로그램 개발연구위원회, 학교 독서 교육 진흥을 위한 독서지도교사 교육 프로그램 개발 연구, 고려대학교.
독서교육학회, 21세기 사회와 독서지도, 박이정, 2003.
마쓰이 다다시, 이상금 옮김, 어린이와 그림책, 샘터, 2003.
문교부, 언어 발달 영역, 행동과학연구소.
문학과 문학교육연구소, 문학독서교육 어떻게 할 것인가, 푸른사상사, 2005.
민병욱, 교육연극의 이론과 실제, 연극과 인간
박인환, 간추린 우리말 바로쓰기, 지식산업사, 2006.
박남숙 외, 유아문학의 전달매체, 양서원, 2002.
박두진 엮음, 한국전래동요독본, 을유문화사, 1963.
박민철, 토론학습을 통한 고등학교 국어 교수-학습 능력 신장방안, 연세대학교 석사논문, 2002.
박병회, 최근 두뇌연구 결과와 영 · 유아교육, 한국유아교육학회 논단, 2000.
박석재, 삼박자를 모두 갖춘 어린이 과학도서, 서평문화 42, 2001.
박영민 · 김명순 · 한철우, 문학 중심 독서 지도, 대한교과서, 2003.
박종구, 동화의 이론과 실제, 신망애, 1974.
박종덕, 국어 논술교육론, 박이정, 2005
박진욱 · 김동기, 평범한 글쓰기, 우리교육.
박춘식, 아동문학의 이론과 실제, 학문사, 1987.
______, 아동언어교육, 학문사, 1986.
박태견, 나는 비빔밥 인간을 만들고 싶다, 뷰스, 2005.
박학천 외, 바칼로레아 논술혁명 초 · 중 · 고급, 학천미디어, 2007.
_________, 국어논술, 학천미디어, 2006.
박홍자 · 김연진 · 권세경, 영유아언어교육, 태영출판사, 2006.
방송통신대, 교수이론, (주)예지각, 1999.
__________, 언어와 교육, (주)예지각, 1999.
배상복, 문장기술, 랜덤하우스 중앙, 2004.
______, 엄마와 함께하는 논술, 랜덤하우스중앙, 2006.

변홍규, 질문 제시의 기법, 교육과학사, 1994.
서봉연 · 이순형, 발달심리학, 중앙적성출판사, 1983.
서울교육, 서울시 교육연구정보원, 2006, 가을 통권184호.
서울신문, 선생님과 함께하는 초등논술, 2005, 12, 9-2006, 3, 31 연재 기사.
석용원, 아동문학 원론(증보판), 학연사, 1992.
______, 유아동화의 구연교육, 장학출판사, 1981.
성정일, 어린이 글쓰기 지도, 시서례, 2004.
성태모, 신문을 활용한 통합교육의 길라잡이, 도서출판 벧엘, 2003.
세종리더십 개발원, 새로운 토의 토론 기법, 2007.
손동인, 전래동화의 교훈, 한국전래동화집, 창작과 비평사, 1980.
송명자, 발달심리, 학지사, 2003.
신민섭 외, 그림을 통한 아동의 진단과 이해 : HTP와 KFD를 중심으로, 2004.
신병철, 논술의 법칙, 살림, 2005.
신운선, 발달적 독서지도를 위한 독서수업 연구―부모와 갈등을 겪는 아동의 정서 반응을 중심으로, 경기대학교 석사학위논문, 2004.
신현숙, 독서교육, 홍진 P&M, 2005.
여세주 외, 글쓰기의 논리, 다홀 미디어, 2003.
오영희 · 하순련, 유아와 함께 하는 프로젝트 접근방법의 이론과 실제, 양서원, 2001.
우한용 외, 신문의 언어문화와 미디어 교육, 서울대학교 출판부, 2003.
유경미, NIE를 활용한 창의적 글쓰기 지도 방법 연구, 서울교육대학교 교육대학원 초등교육학과 초등국어교육전공, 2004.
유경순, 초등학교 4학년 과학과 수업에서 마인드맵 활동이 학생들의 과학 탐구능력과 과학적 태도에 미치는 효과, 한국교원대 교육대학원 석사논문, 2005.
유경환, 동시와 성인시, 동시, 그 시론과 문제성, 신진출판사, 1975.
유소영, 아동문학 어떻게 이용할까, 건국대학교출판부, 2001.
유창근, 동시창작 12강, 학지사, 1999.
______, 마음으로 부르는 전래동요, 학지사, 2000.
______, 이럴 땐 이런 얘기, 양서원, 1991.
______, 짧은 얘기 깊은 지혜, 도서출판 서원, 1993.
______, 차세대문학의 이해, 태영출판사, 2006.
______, 현대아동문학론, 동문사, 1989.
______, 현대아동문학의 이해, 동문사, 1999.
유창근 · 홍성식, 아동문예교육의 이론과 실제, 창조문학사, 2003.
윤강숙 · 홍은경, 유아를 위한 NIE, 신문으로 놀자, 다음세대, 2007.
윤대영, 읽기지도를 위한 질문법 개발 연구, 서울대학교 석사학위논문, 1996.
윤미순, 독서 교육으로서 '영화읽기'에 관한 연구― 사례 분석과 성찰적 교육모형 개발을 중심으로, 중앙대학교 신문방송대학원 신문방송학과 출판잡지 전공 석사논문, 2005.
윤석중, 아동문학독본, 을유문화사, 1972.
이경화, 읽기 교육의 원리와 방법, 박이정, 2001.

이권우, 각주와 이크의 책읽기, 한국마케팅연구서, 2003.
이명조 · 배미희, 유아교육현장에 쉽게 적용할 수 있는 프로젝트 접근법, 동문사, 2007.
이상금 · 장영희, 유아문학론, 교문사, 1988.
이상룡 외, 논리와 논술, 부산대출판부, 2004.
이상섭, 문학비평용어사전, 민음사, 1981.
이상현, 아동문학강의, 일지사, 1987.
이승선, 한국신문사설에 나타난 언론 이데올로기에 관한 연구, 연세대학교 석사논문, 1991.
이오덕, 시정신과 유희정신, 창작과 비평사, 1977.
이원수, 아동과 문학, 웅진출판사, 1984.
______, 아동문학 프롬나아드, 아동문학, 제13호, 1966.
______, 아동문학입문, 웅진출판사, 1984.
이재철, 아동문학의 이론, 형설출판사, 1983.
______, 한국현대아동문학사, 일지사, 1978.
이정춘, 미디어교육으로서 독서교육에 관한 연구 – 어린이의 '책 읽어주기'를 중심으로, 한국출판학회 통권 제44호.
이정호 외, 세상읽기와 논술, 한국방송통신대출판, 2005.
이종운 편, 제2판 국어의 맞춤법 표기, 세창미디어, 2006.
이차숙, 유아의 그림 이야기책 읽기 활동에서 어머니의 매개적 역할이 유아의 문식성 발달 과정에 미치는 효과, 고려대학교 교육대학원(박사), 1992.
이철원, 초등학교 4학년 학생들의 과학관련 독서가 과학 지식 습득에 미치는 영향, 수원대 교육대학원 석사논문.
이태종, 논술 면접 신문이 보약이다, 김영사, 2003.
______, NIE 학습원론1–기초 과정(NIE 이론과 다양한 활용법), 통키, 2006.
이현진, 이야기 꾸미기 활동에서 교사의 발문유형이 유아의 창의성에 미치는 효과, 영남대학교 교육대학원 석사논문, 1996.
이희정, 반응중심 초등 문학교육방법 연구, 한국교원대학교 석사학위논문, 1999.
인터넷 국어교육연구소, 문장 바로 쓰기, 국어닷컴.
임동권, 옛날 옛적에, 계몽사, 1980.
임성미, 독서논술 3, 4, 5학년 때 잡아야 한다. 북하우스, 2006.
임재춘, 한국의 이공계는 글쓰기가 어렵다, 마이너, 2003.
장병림, 심리학개론, 박영사, 1982.
______, 아동심리학, 법문사, 1984.
장혜순, 유아기의 아동문학 교육에 관한 연구, 이화여자대학교대학원 석사학위논문, 1980.
장휘숙, 아동발달, 박영사, 2001.
전경원과 서봉창의성개발연구소, 신문을 이용한 창의성 교육, 창지사, 2003.
전길자, 비판적 읽기 능력 신장을 위한 교사의 발문 내용 연구, 경기대학교 국제문화대학원 석사논문, 2004.
전명남, 토의식 교수법, 토론식 학습법, 계명대학교출판부, 2006.
전정재, 독서의 이해, 한국방송출판, 2001.

전혜실, 우리나라 창작 그림책에 대한 분석, 연세대학교 대학원 석사학위논문, 2002.
정만영, 한국전래동화에 관한 연구, 공주사대교육대학원 석사학위논문, 1988.
정상모, 논리적 사고의 길잡이, 담론사, 2000.
정선심, 신나는 토론, 즐거운 논술, 미래 M&B.
정영숙 외, 아동발달과 부모교육, 시그마프레스, 2001.
정영주, 신문활용교육과 논술, 태일사, 2006.
정창희, 원고지 사용법, 서울 : 명지출판사, 1990.
정희모, 이재성, 글쓰기의 전략, 들녘, 2005.
조선일보, 중앙일보 일간지
조명한, 언어심리학, 정음사.
______, 한국 아동의 언어 획득연구, 서울대학교출판부, 1982.
조성민 · 정선심, 토론이 된다. 논술이 된다, 사계절, 1997.
조해숙, 유아 NIE의 이론과 실제, 양서원, 2000.
존 로 타운젠드, 강무홍 옮김, 어린이책의 역사 1 · 2. 시공주니어, 2006.
주 평, 아동극집, 교학사, 1964.
주영희, 유아를 위한 언어교육, 교문사.
중앙일보, NIE & 통합논술 상, 하, 2007.
진명희, 멀티미디어시대의 유아언어교육, 창지사, 2000.
진형준, 논술비법, 살림, 2003.
차한필, 국내신문사설의 주제분석과 각 신문간 상관관계에 관한 연구, 연세대학교 석사논문, 1989.
최내옥 엮음, 한국전래동화집, 창작과 비평사, 1983.
최상희, NIE의 이해와 활용, 커뮤니케이션북스, 2001.
최용재, 언어 교육 연구, 형설출판사, 1975.
탁석산, 탁석산의 글짓는 도서관, 김영사, 2005.
페리 노들먼, 김서정 옮김, 어린이 문학의 즐거움 1 · 2, 시공주니어, 2001.
한갑수, 인체 해부학, 고문사, 1985.
한국신문협회, NIE가이드 북, 2006.
한국어린이문학교육학회 독서치료연구회, 독서치료, 학지사, 2003.
한상수, 한국아동문학의 교육적 기능연구(박사학위논문), 단국대대학원, 1988.
한철우 · 김명순 · 박영민 공저, 문학 중심 독서 지도, 대한교과서, 2001.
한철우 · 박진용 외, 과정 중심 독서 지도, 교학사, 2001.
한효석, 너무나도 쉬운 논술, 한겨레신문사, 1998.
허 웅, 언어학 개론, 정음사, 1968.
현은자 외, 그림책의 그림읽기, 마루벌, 2004.
현은자 · 김세희, 그림책의 이해 1 · 2, 사계절, 2005.
(사) 한우리독서문화운동본부 교재집필연구회, 독서교육론, 독서지도논술지도론, 위즈덤북, 2005.
F. Philip Rice, 정영숙 외 역, 청소년 심리학, 시그마프레스, 2001.
Hyman, R. T., 곽병선, 김흥원, 서혜경 공역, 좋은 수업을 위한 질문법, 교학사, 1986.
J. W. Irwin, 독서지도론, 박이정, 2003.

John W. James 외, 홍현숙 역, 우리 아이가 슬퍼질 때, 북하우스, 2004.
Terry Eagleton, 김현수 역, 문학이론입문, 도서출판 인간사랑, 2001.

〈Internet〉
http : //www.hangeul.or.kr
http : //blog.naver.com/angeljunsi
http : //blog.naver.com/viridian114?Redirect=Log&logNo=110011695556
http : //cafe.naver.com/icheonmoolmi.cafe?iframe_url=/ArticleRead.nhn%3Farticleid
http : //cafe.naver.com/mykksik
http : //cafe.naver.com/mykksik/5184
http : //cafe.naver.com/readspeak
http : //kin.naver.com
http : //kr.encycl.yahoo.com/kidsenc
http : //nongae.gsnu.ac.kr
http : //www.easynonsul.com
http : //www.greenpr.com
http : //www.niecamp.com(한국NIE교육원)
http : //www.presskorea.or.kr/nie/nie05.asp(한국신문협회)
http : //www.xpert.co.kr/1social/2korea_cul/youngsun, 〈출판교정의 실제와 이해〉

집 필 진

✍ **유창근**

문학박사
문학평론가

✍ **성현주**

문학박사
명지대학교 문창과 출강

✍ **이가원**

문학박사
추계예술대 출강

✍ **김지영**

독서지도학 석사
명지전문대학 출강

✍ **심미향**

독서지도학 석사
숭의여대 미디어 문창과 출강

✍ **전신지**

독서지도학 석사
(사)한국어문능력개발원 책임연구원

✍ **신운선**

독서지도학 석사
(사)한국어문능력개발원 책임연구원

독서논술지도

초판발행 2009년 1월 20일
재판발행 2010년 1월 30일

편 자 (사)한국어문능력개발원
발행인 김현태
발행처 태영출판사

주 소 (152-705) 서울 구로구 구로동 104-10 동남오피스텔 201호
전 화 02·839-3757, 839-3752
팩 스 02·837-3754
등 록 2005년 5월 30일 제12-421호
http://www.taeyeongbook.co.kr
E-mail tys2005@paran.com
ISBN 978-89-6302-003-7 93370
정 가 19,000원

NAVER 태영출판사

* 잘못 만들어진 책은 교환해 드립니다.